KB207178

연극치료의 진단평가

Assessment in Drama Therapy

David Read Johnson · Susana Pendzik · Stephen Snow 공편

박미리 · 김숙현 공역

학지사

Assessment in Drama Therapy
by David Read Johnson Ph.D., Susana Pendzik Ph.D.
and Stephen Snow Ph.D.

역자 서문

연극치료라는 지붕 아래 하나 되는 기쁨으로

내가 그 세 사람을 처음 본 것은 2011년 11월 샌프란시스코에서 열린 미국연극치료협회 워크숍에서였다. 스테판 스노우, 데이비드 리드 존슨, 수잔나 펜직이 세 사람의 공동 작업으로 진행되는 그 워크숍의 제목은 '연극치료의 진단평가'였고, 6, 70명 정도가 둘러앉아서 그들을 기다리고 있었다. 그들은 홀에 들어서자마자 아직 서점에 나오지도 않은 같은 제목의 새 책을 소개하면서 매우 흡족해하였는데, 순간 내 눈이 번쩍 뜨였다. 연극치료를 시작한 다음 줄곧 고민했던 바로 그것을 이제 확실하게 접할 수 있게 된 것이었다. 나는 그 자리에서 즉시 그들에게 다가가서 내가 한국어로 번역하겠다고 말했고, 그들은 기꺼이 수락했다. 얼마나 기뻤던지!

그들과의 만남이 나를 행복하게 한 것은 이것만이 아니었다. 그들은 각자 자신의 진단평가 방법을 실제 작업으로 보여 주었는데, 짧은 시간이었는데도 매우 깊은 접근법임을 알 수 있었다. 이 첫 만남 이후 나는 워크숍 기간 동안 그들의 작업에 빠짐없이 참여하였다. 특히 글로만 접했던 데이비드 리드 존슨의 발달변형 모델을 짧게나마 직접 경험하고, 많은 연극치료사들이 그를 진심 어린 마음으로 존경하는 모습을 보면서, 그리고 미국과 캐나다 지역 연합 단체로 새롭게 발족하며 연극치료의 발전에 힘을 합하는 그들을 보면서, 나는 정말 많은 것을 배울 수 있었다. 지금 돌이켜 보아도 그 열기와 감동에 새삼 가슴이 벅차오른다.

다음 해 2월 나는 정식으로 데이비드를 초청하여 우리 동료들로 하여금 발달변형 모델 워크숍을 직접 경험하도록 하였다. 그는 우리의 진지한 모습에 진심으로 기뻐하면서 열정적으로 지도해 주었다.

이 책을 번역하면서 나는 그동안 만났던 사람들을 한 사람씩 떠올렸다. 미국의 데이비드 리드 존슨, 스테판 스노우, 수잔나 펜직, 로버트 랜디, 르네 에무나, 샐리 베일리, 영국의 수 제닝스, 필 존스, 디티 독터, 마들린 앤더슨-워렌 등등. 연극치료라는 비전과 소명 아래 만난 그들은 한결같이 따뜻하고 열정적이었으며, 무엇보다 우리의 연극치료에 대해, 그리고 한국이라는 나라에 대해 많은 호기심과 기쁨을 표현하였다. 어쩌면 그들은 40년 정도 늦게 시작한 우리들을 보면서 젊은 시절 자신들의 순수한 열정을 돌아보았을 것이다. 또한 동양과 서양이라는 지역적인 차이나 시간적인 격차도 연극치료 앞에서는 아무 장애가 되지 않는다는 사실을 확인할 수 있었을 것이다.

이 책은 연극치료라는 제목하에 가장 좋은 글들을 엄선하여 골라놓은 거대한 종합선물세트와도 같다. 이처럼 좋은 선물을 받은 우리는 하나하나 음미하며 어떤 것이 제일 마음에 드는지 고민하면서 마음껏 즐길 것이다. 그것만이 선물을 준 사람들에 대한 멋진 보답이 될 테니까 말이다. 그러다 보면 머지않아 우리의 연극치료 진단평가와 방법들을 그들에게 멋진 답례의 선물로 보낼 수 있게 될 날이 올 수 있을 것이다.

이 책에서 우리는 연극치료의 진단평가뿐만 아니라 치료사의 자세, 특히 참여자를 대하는 진심 어린 마음과 그들의 변화에 대한 간절함 등을 충분히 확인할 수 있었다. 그래서 사소한 용어 하나도 소홀함 없이 원 뜻을 그대로 전하고자 노력하였다. 그런 점에서 혼자가 아니라 둘이 함께 번역한 것은 참 다행이었다. 책의 출판을 기꺼이 맡아 주신 학지사 김진환 사장님, 꼼꼼하게 편집을 담당한 이하나 선생님께도 감사의 말을 전한다.

이제 연극치료 작업에서 진단평가의 활용이 보다 적극적으로 실행될 것이다. 이와 동시에 치료 효과를 입증하기 위한 자료들이 보다 많이 쌓이게 될 것이다. 연극치료가 갈 길은 참 멀고 험난하다. 그런 만큼 이 길을 가는 사람들은 이 책의 저자들이 그랬던 것처럼 참 만남을, 그리고 사랑을 깊이 간직하게 될 것이다. 각 저자들의 학문적 깊이와 더불어 참여자에 대한 사랑의 마음 역시 많이 전파되기를 기대한다.

2013년 가을

박미리

한국어판 서문

먼저 이 책을 한글로 바르고 정확하게 옮긴 박미리 교수의 노고를 치하하고 싶습니다.

나는 한국을 방문하면서 한국의 연극치료사들이 연극치료 및 창의적인 예술치료에 대해 치열한 관심을 가지고 있으며 그들이 연극치료 영역에 기여할 가능성이 무궁무진하다는 사실을 확인할 수 있었습니다. 한국은 용기, 갈등, 고통, 아름다움 등 모든 요소가 합쳐져 있어, 연극치료가 꽃피울 수 있는 환경을 가지고 있는 특별한 장소입니다.

연극치료는 창의성, 정신, 공감, 연극을 중시하는 분야입니다. 우리는 연극치료 안에 과학, 통계, 진단평가를 끌어들이는 데 어려움을 겪었습니다. 그러나 우리는 필수적으로 과학, 통계, 진단평가와 같은 기술을 배워야만 하며, 이 책의 내용은 그중에서도 진단평가를 진지하게 다루기 위한 첫 번째 시도를 담고 있습니다. 한국인들은 생각이 깊습니다. 그렇기 때문에 나는 언제나 한국인들이 연극치료 연구를 대할 때 보여 주는 신중함과 진지함에 놀라움을 느낍니다.

바라건대 이 책을 통해서 한국의 연극치료사들이, 우리가 타인의 고통을 돕기 위한 과정에서 어떤 고통을 느꼈는지 배우기를 원합니다. 그리고 한국의 참여자들에게 연극치료 기법을 적용할 때도 도움이 된다면 좋겠습니다.

연극적 놀이와 상상 세계의 힘을 이해하려면 본능이나 재능 이상의 것이 필요합니다. 우리가 효과적으로 작업하고 개별 참여자를 위해 특별하게 계획한 개입을 하기 위해서는 반드시 엄격하고 정교한 평가 절차를 발전시켜야 할 것입니다.

한국은 다른 분야에서 나타난 생각을 통합하고, 그 생각을 한국의 특성을 살려 적합하게 탈바꿈시키는 데 놀라운 적응 능력을 보여 주었습니다. 나는 한국의 연극치료계에서도 이러한 적응이 나타날 것으로 기대합니다. 나는 한국으로부터 새로운 연극치료 진단평가 도구가 발전되어 다른 지역으로 퍼져 나가는 순간을 고대합니다. 그때를 기다리면서 나는 계속해서 한국이라는 아름다운 나라를 찾게 될 것입니다.

따뜻한 안부의 인사를 전하며

데이비드 리드 존슨

PREFACE TO THE KOREAN EDITION ASSESSMENT IN DRAMA THERAPY

I wish to express my gratitude to Miri Park for her generous translation of this book into Korean. In my visits to Korea I have seen the intense interest in drama therapy and the creative arts therapies, and the tremendous potential to contribute to the field, among Korean drama therapists. Korea is a special place: filled with courage, conflict, suffering, and beauty…. all things that should make drama therapy flower!

Drama therapy is a field that celebrates creativity, spirit, empathy, and play. We have had difficulty embracing science, numbers, and assessment. However, it is essential that we learn these skills, and the chapters in this book are a record of our first attempts at taking assessment seriously. Koreans are a thoughtful people, and I have always been impressed with the carefulness and seriousness that you have brought to the study of drama therapy. My hope is that this book will contribute to your efforts to apply drama therapy methods to your clients, indeed by learning from our own suffering how to help the suffering of others. Understanding the power of dramatic play and the imaginal world will take more than intuition, more than talent; developing rigorous and sophisticated assessment procedures will be necessary to ensure that our work is effective, and that our interventions are specifically designed for each individual client.

Korea has shown a remarkable ability to adapt, by integrating ideas from others and then transforming them in ways that are unique to Korea. I expect no less here. I look forward to a time when new methods of drama therapy assessment are developed in Korea and sent out to the world! In the meantime, it will be my pleasure to continue to visit your beautiful country!

My warmest regards

SHAPE * MERGEFORMAT

David Read Johnson, Ph.D., RDT-BCT
Co-Director, Post Traumatic Stress Center, and
Associate Clinical Professor
Department of Psychiatry
Yale University School of Medicine

저자 서문

우리 세 사람은 예루살렘의 YMCA에서 점심식사를 하던 중에 이 책에 대하여 구체적으로 생각하기 시작하였다. 수잔나와 데이비드는 2008년 샌프란시스코에서 개최한 NADT 컨퍼런스에서 스테판이 진행한 진단평가 패널 과정을 검토하면서 다시 연극치료 진단평가의 발생기에 대해 생각하였다. 데이비드는 초기 연극치료 역할연기검사를 발전시켰으며, 수잔나는 최근 연극치료를 위한 통합적 평가 규정을 개발하였다. 스테판은 근 10년간 몬트리올에서 자신의 환자를 위하여 정교한 진단평가 과정 개발에 힘을 쏟았고, 다른 연극치료사들에게도 참여 및 재참여를 독려해 왔다. 우리 세 사람은 모두 진단평가에 열정적이었지만, 가끔 우리만이 이 문제에 관심을 갖는 것이 아닌가 생각하였다.

예루살렘에서 이처럼 과감한 생각을 함께 나눈 우리는 자연스럽게, 바로 그날부터 전 세계에서 우리와 함께 생각을 공유하고 연극치료 진단평가에 대해 작업할 사람들을 찾기 시작했다. 결과적으로 이와 같은 우리의 도전은 꽤 성공하였다고 보는데, 세 명의 영국인, 두 명의 네덜란드인, 두 명의 이스라엘인, 한 명의 캐나다인, 그리고 네 명의 미국인이 모였기 때문이다. 전체적으로 이 책은 진단평가에서 실제로 사용되는 최상의 부분들을 취합하고 있다. 이러한 여러 자료를 수집하여 읽고 편집하는 과정을 통해 오늘날 진단평가 분야가 당면한 여러 쟁점과 도전 과제에 대해 우리 스스로도 더욱 이해의 폭을 넓힐 수 있었다. 이러한 생각들을 제1부 3장의 도입 부분에서 언급하였으며 역사, 개념과 원리, 그리고 연극치료에서 최근 진단평가 동향을 검토하였다. 많은 진단평가의 관점은 모든 연극치료사에게 다음과 같은 중요한 질문들을 던진다. 치료사들은 환자를 관찰할 때 무엇을 볼 것인가? 비슷한 현상에 대해 우리가 사용하는 다양한 용어들은 타인들과의 정보를 공유하는 우리의 능력에 어떤 지장을 주는가? 과학과 경험주의와의 연관성은 무엇인가? 연극치료는 정량화할 수 있는 것인가? 그리고 우리는 그렇게 되기를 원하는가?

이 책의 많은 장에는 개인 프로젝트로 혼자 작업했던 여러 치료사들의 노고가 담겨 있다. 몇몇 사람들은 자신의 영감을 학생들과 나누기도 하였다. 이 책을 통해 진단평가에 관심 있는 사람들이 함께 모여 서로의 작업을 나눌 수 있는 토대가 형성되기를 바라는 것이 주요 목적이자 우리의 진정한 꿈이다. 이 책을 통해 함께 대화를 나누고 서로 지지하면서 힘을 합쳐 이 분야를 더욱 발전시킬 수 있게 되기를 바란다.

데이비드 리드 존슨
수잔나 펜직
스테판 스노우

감사의 글

수잔나는 자신의 환자에게 그와 함께한 작업 내용을 수정하여 이 책에 싣도록 해 준 것에 대해 감사를 표한다. 그리고 도표화 작업을 기꺼이 도와준 데이비드 네스텔 박사에게 깊은 감사를 전한다.

스테판은 그를 지지하고 8년간의 진단평가 프로젝트 연구에 동참해 준 것에 대해 콘코디아 대학교의 인류발전예술센터(The Centre for the Arts in Human Development)와 대학원생들에게 감사를 표한다. 그리고 캐나다의 사회과학과 인문연구 위원회(the Social Science and Humanities Research Council)와 이 프로젝트의 기금을 제공한 콘코디아 연구지원단, 마지막으로 이 연구에 참여자를 제공한 서부 몬트리올 재적응센터에 감사를 드린다.

데이비드는 DRPT에 대한 무한한 헌신과 열정을 지닌 동료 로버트 밀러와 함께 작업한 것에 대해 감사를 표한다.

우리 세 사람은 긴 시간 동안 연극치료를 탐구하도록 한결같이 지지하고 인내해 준 우리 모두의 동료, 멘토, 학생들, 환자, 그리고 가족에게 감사를 표한다. 이 책의 공동 편집자로서 우리는 함께 작업하고, 생각과 열정을 나누고, 또 서로 배우는 특권을 누렸다. 그것은 정말 무한한 기쁨이었다.

차 례

제1부
개괄 조사

제1장

연극치료 분야의 진단평가 역사

Stephen Snow, David Read Johnson, Susana Pendzik

이상하게 생각할 수도 있겠지만 진단평가의 역사는 인류학의 영역에서 출발한다. 19세기 후반 인류학은 '인체측정학(anthropometry)'으로 불렸는데, 그것은 인간다움의 모든 면모와 기능을 측정하는 것이었다. 찰스 다윈의 사촌인 프랜시스 골턴 경(Sir Francis Galton, 1822~1911)은 개인의 유전적인 차이점에 대해 지대한 관심을 가짐으로써 진단 도구의 주요 원리 가운데 일부를 정립하였다(Pearson, 1924). 조시-바스(Jossey-Bass)의 총서 『심리적 진단평가의 진보(*Advances in Psychological Assessment*)』의 편집장이었던 폴 맥레이놀즈(Paul McReynolds, 1981)는 진단 연구의 미래에 대해 골턴이 끼친 지대한 영향에 관하여 다음과 같이 말하였다.

> 다방면에 걸친 그의 기여—상상과 연상에 관한 연구, 자기-보고 질문지의 발전, 진단 센터에서 진행하는 종합검사의 착상, 심리검사의 주요 통계, 그리고 무엇보다 중요한 것으로서 개개인의 차이를 측정하는 중요성에 대한 보편적인 생각—의 모든 것들이 요즘 진단평가자들이 사용하는 도구의 근원이며, 따라서 골턴에 대한 존경은 당연한 것이다(p. 14).

여기에서 측정(measuring)은 매우 핵심적인 용어다. 왜냐하면 인간의 육체, 심리, 행동 그리고 표현을 측정하는 맥락으로부터 진단에 대한 연구가 발전하였기 때문이다. 연극치료의 진단평가에 관해 이 책 전반에 걸쳐 재고할 것은 예술적·표현적 과정이 어떻게 측정될 수 있는가에 대한 문제다. 이에 대해 우리는 단순히 **은유 측정**의 다양함이라는 주제로 다루고자 한다. 누군가는 이것을 예술과 과학의 전형적인 갈등으로, 인간 영혼의 이분법적 시도로 간주할 수도 있다. 페더와 페더(Feder & Feder, 1998)는 창조적 예술치료에서의 진단과 가치평가에 대한 그들의 주요 논문에서 다음과 같은 대안적 관점을 제시한다. "치료가 예술인지 아니면 과학인지에 관한 논쟁은 무익할 뿐만 아니라 비생산적이다. 그것은 예술적 창조성과 과학적 타당성, 둘 다 필요한 영역을 영원히 분리시킬 뿐이다."(p. vii)

진단평가 연구는 세기말의 정신의학 분야와 그 무렵에 새롭게 등장한 심리학에서 시작한다. 루빈(Rubin, 1998), 스노우와 다미코(Snow & D'Amico, 2009)가 언급한 것처럼, 진단평가에서 처음으로 예술 매체를 도구로 사용한 것은 정신의학자와 심리학자들이었다. 특히 "정신장애에 대한 프랑스 정신의학자들과 심리학자들의 연구와 논문이…… 임상적 진단 기법과 검사의 발전에 영향을 끼쳤다"(Aiken, 1971, p. 2). 이 가운데 가장 유명한 사람은 알프레드 비네(Alfred Binet)일 것이다. 1905년 그가 테오필 시몬(Theophile Simon)과 함께 만든 지능검사는 널리 사용되고 있으며, 이어서 그는 1908년 **정신 연령**(mental age)이라는 개념을 진단 범주로 확립하였다(Aiken, 1971, p. 4). 수잔나 펜직(2003)은 연극을 매개로 한 진단의 기원에 관한 연구에서 '1893년, 비네가 아이들의 심리적 유형을 관찰하기 위해 극적 장면을 가지고 어떻게 조사 연구하였는지'를 흥미로운 일화로 기록하였다(p. 91).

진단평가에 관심이 많았던 시대

골턴의 연구(1869~1888), 그리고 그의 미국인 제자 제임스 매킨 케텔(James McKeen Cattell—1888년 그는 세계 최초의 심리학 교수라 불린다—이 두 사람의 작업으로 인해 20세기 진단평가 연구의 발전은 본 궤도에 오를 수 있었다(McReynolds, 1981))의 심리 진단과 검사에 대한 관심은 제1차 세계대전부터 1960년대까지 넓게 확산되었다. 1905년 비네-시몬 지능검사의 출간부터 1917년 미군에 의해 알파 군과 베타 군으로 알려진 집단지능검사의 발전에 이르기까지 개인적 차이에 관한 초점이 주 관심 대상이었다(Aiken, 1971). 1921년에 나온 허먼 로르샤흐 검사는 초기 성격검사 중 하나였다(Wiener-Levy & Exner, 1981, p. 236). 1935년 하버드 대학교의 심리학과 교수인 헨리 머레이(Henry Murray)는 주제통각검사(Thematic Apperception Test)를 만들었으며, 몇 년 뒤 모레노(Moreno)의 초기 진단 작업에 기초하여 군전략사무국(OSS: the Army's Office of Strategic Studies)을 위한 진단 도구를 고안하였다(McReynolds & DeVoge, 1977, pp. 228-229). OSS에서 개발한 이 즉흥 역할연기 진단 도구에 관한 작업은 이 장 후반부에서 충분히 설명할 것이므로, 여기에서는 역할연기검사와 모레노의 자발성 검사가 연극치료 분야에서 즉흥 진단평가의 발전과 역할연기 진단평가의 미래에 중대한 영향력을 행사하였다는 것을 언급하는 정도로 그치겠다. 미군은 제2차 세계대전 동안 어떤 사람이 해외의 특수 임무에 가장 적합한지 가려내는 데 이 즉흥 검사의 가능성을 성공적으로 활용하였다(Bronfenbrenner & Newcomb, 1948).

1950년대와 1960년대 무렵 진단평가와 검사(testing)는 학교, 군대, 공장, 상담센터 등에서 폭넓게 사용되었다. 이 검사들이 지능, 특별한 재능, 그리고 성격 특성에 관한 개인의 차이를 식별하는 데 탁월하다는 사실을 누구나 확신할 수 있었다. 그 시기는 심리검사 분야의 절정기라고 볼 수 있었다. 특히 행동심리학 분야에서 발전한 수많은 역할연기검사가 대세였다. 『행동수정*(Behavior Modification)*』『행동연구와 치료*(Behavior Research and Therapy)*』 등의 학술지에는 이 주제와 관련된 방대한 양의 논문들이 실렸는데, 이 가운데 「역할연기를 통한 분노 표현 강화」(Wagner, 1968), 「평가 기술로서의 역할연기」(Levine & McGuire, 1968)와 같은 것들을 간략하게 살펴보기만 해도 이 시기의 역할연기에 대한 행동주의자들의 열광적인 흥미가 어느 정도인지 알 수 있다. 이러한 집중적인 관심은 1970년대에도 계속되었다.

1960년대에는 검사 및 진단평가에 관한 의문들이 제기되었다. 이 무렵에 개개인의 차이에 주목하고 개인의 '내면 공간(inner space)'을 심리적, 문화적으로 통찰하는 검사들에 대한 의문이 제기되기 시작하였다. 미국 대학입학 자격시험(SAT: the Scholastic Aptitude Test)의 실행 측정에서 드러난 문화적·민족적 차이를 근거로 그 시험의 공정성에 관한 논쟁이 팽팽하게 대립적인 견해를 보이며 펼쳐지기도 하였다. 1960년대의 사회의식에 영향을 받아 이 검사의 숨은 편견에 대한 분노를 표출하도록 하였던 것이다.

연극치료 분야에 있어서 진단평가 역사의 개괄

연극치료는 1970년대까지 공식적인 분야로 발전하지 못하였다. 모든 창조적 예술치료와 마찬가지로 연극치료 역시 최근에서야 진단 표를 갖게 되었다. 1988년에 발간된 『심리치료예술(*The Arts in Psychotherapy*)』은 전적으로 진단평가라는 주제에 초점을 맞추었다. 이 학술지의 편집자이자 연극치료사인 데이비드 리드 존슨은 그 당시 이 분야에서 발전한 것이 무엇이며, 어떤 면에서 위기감이 있는지의 두 측면에 대해 다음과 같이 설명하였다.

> 창조적 예술치료는 책임, 경비 효과, 짧아진 치료 기간, 그리고 질적 보장에 더욱 집중했지만 보건 의료 체계에 대한 압박으로부터 벗어나지는 못했다. 각 치료 분야에서 배상과 질적 통제 결정을 위한 신속하고도 특수한 진단

들이 더욱더 요구되었다(1988a, p. 1).

1996년부터 2009년 사이 연극치료 분야에서 진단평가에 관한 4개의 중요한 논문이 발표되었다(Forrester, 2000; Jones, 1996; Rubenstein, 2006; Snow & D'Amico, 2009). 이들은 모두 연극치료 영역에서 진단평가의 사용을 옹호하였는데, 흥미롭게도 그들이 다루는 시대는 대체로 동일하다. 그리하여 일종의 진단평가 연대기 표가 만들어졌다(〈표 1-1〉 참고). 이 글의 나머지 부분은 이 표에 따라 설명될 것이다.

루벤슈타인(2006)은 멜라니 클라인(Melanie Klein)의 초기 영향력에 대하여 언급하였는데, 그녀는 '무의식으로 가는 왕도'로서 놀이에 초점을 맞추었으며 따라서 '아이들의 놀이에서 이야기, 행동, 허구(make-believe) 세계, 환상'이 어떻게 아이들의 내적 세계를 진단하는 도구가 되는지에 대해 관심을 기울였다(p. 233). 그럼에도 연극치료에 있어 진단의 왕도는, 어쩌면 당연하겠지만 사이코드라마의 창시자 제이콥 레비 모레노(Jacob Levy Moreno)로부터 시작된다고 본다. 앞서 말한 네 사람은 모두 모레노의 자발성 검사와 역할연기 실험을 연극치료 진단평가 발전의 중요한 원천으로 인용한다. 모레노의 작업은 제2차 세계대전 동안 OSS 프로젝트에 직접적으로 영향을 미쳤는데, OSS에서의 상황역할연기검사는 군사요원을 진단하기 위한 것으로 사용되었다. 네 사람은 모두 OSS 프로그램의 주 지도자였던 것으로 보이는 두 명의 심리학자 브론펜브레너와 뉴콤이 한 작업의 중요성을 언급하였다. 1948년도에 발표한 그 두 사람의 논문 「즉흥극-성격 진단에 있어서 사이코드라마의 적용」은 이 분야에서 중요한 논문으로, 다음 장에서 자세하게 분석할 것이다.

폴 맥레이놀즈는 매우 중요한 인물로서 미국 심리학계 진단평가의 '총수' 격인 심리학자이며, 역할연기 진단평가를 발전시켰다. 그가 네바다 대학교에서 동료들과 함께한 작업은 진단 도구로서의 즉흥 역할연기에 대한 연구에 기여한 바가 컸다. 1970년대에 그들이 고안한 방법들은 개별 즉흥 검사(즉흥의-나, Impro-I)와 커플 즉흥 검사(즉흥의-커플, Impro-C)로 알려져 있고, 이 또한 앞서 말한 네 사람의 논문에서 모두 언급되었는데, 이는 연극을 매개로 한 진단평가 역사에서 공통되는 요소다.

1970년대에 이르러서 연극치료사들은 진단평가에 개입하게 된다. 엘리노어 어윈(Eleanor Irwin), 바바라 샌드버그(Barbara Sandberg), 데이비드 리드 존슨을 시작으로, 1980년대와 1990년대에는 수 제닝스(Sue Jennings), 물리 라하드(Mooli Lahad), 로버트 랜디(Robert Landy)가 그 뒤를 잇는다. 이들의 작업은 연극치료 분야의 진단평가를 위한 초석을 만드는 역할을 하였다. 따라서 이 장의 마지막인 네 번째 부분에서는 이들의 작업에 대해 집중적으로 살펴볼 것이다. 우리의 목적은 연극치료 진단평가 도구의 발전에 끼친 중요한 역사적 영향력에 대해 전체적인 개관을 그리고자 하는 것, 그리고 그것들이 어떻게 일반적인 진단평가 영역의 공식적인 틀과 다른 식으로 평가를 진행하는지 알아보고자 하는 것이다.

〈표 1-1〉 연극치료 진단평가의 역사적 전개 요약

1879년	1908년	1930년대	1940~1950년대
골턴이 인류측정학에서 심리측정을 고안하고 심리진단평가의 기초를 만든다.	비네와 시몬이 지능검사를 만든다. 비네는 아이들의 성격검사를 위해 **극적 장면**을 사용한다.	모레노는 **극적 즉흥**에 기초한 자발성과 역할 검사를 개발한다.	OSS는 해외근무를 위한 군인을 진단하기 위해 자발성 검사를 채택한다. 브론펜브레너와 뉴콤은 가치 분석에서 이 연구를 확장한다.
1970년대	**1980년대**	**1990년대**	**2000년대**
심리학자들이 역할연기와 즉흥을 진단평가로 실험한다. 맥레이놀즈는 브론펜브레너와 뉴콤의 작업을 확장한다. 연극치료의 초기 선구자(어윈, 존슨, 샌드버그)들은 첫 번째 진단평가를 소개한다.	연극치료 진단평가가 추가로 도입된다(제닝스).	연극치료에서 진단에 대해 더 진지해짐에 따라 더 많은 진단 도구가 고안된다(캐슨, 존스, 라하드, 랜디, 스노우, 비너).	포레스터, 존스, 루벤슈 타인, 스노우와 다미코 등은 연극치료 진단평가 역사를 검토한다. 새로운 방법들이 고안된다(클리븐, 펜직, 벨튼).

모레노와 군전략사무국(OSS) 역할연기 진단평가의 초기 실험

사이코드라마의 창시자인 모레노를 OSS와 함께 살펴보는 것이 이상할 수도 있겠지만, 실제로 1930년대와 1940년대의 모레노의 자발성 검사에서 역할연기 작업은 군대의 심리학자들이 상황역할연기검사를 발전시키는 데 직접적으로 영향을 미쳤다. 브론펜브레너와 뉴콤이 말했듯이 "기법으로서…… [사이코드라마는]…… 어떤 하나의 기술이 아니라 기술의 집합체를 의미한다. 심리학자들은 OSS의 인성검사 프로그램에 관한 일과 관련하여 그 집합체의 한 구성요소에 대한 산파역을 담당하는 특권을 부여받았다"(1948, p. 367).

모레노의 자발성 검사

1934년 **사회측정 검사**(sociometric testing)의 구성을 설명하는 글에서 모레노는 자발성 검사의 기본 형태를 명확하게 밝힌다.

> 자발성 검사는 한 개인을 공포, 분노 등과 같이 소위 자발성 상태라고 불리는 분명하고 본질적인 감정 반응을 요하는 일상적인 상황에 처하도록 한다. 여기에서 더욱 확장하면 그다음에는 역할연기로 바뀐다. 연기하는 동안 보여주게 되는 다양한 범주의 모방과 언어 표현들을 기록하고, 그것은 인물 연기의 구성, 연기된 상황과 그 자신과의 관계, 그리고 검사에서 그와 반대로 행동한 인물이나 집단에 대한 특유의 실마리를 제공한다(Moreno, 1987, p. 108).

모레노는 자신의 사회측정 실험이 "상황이 요구하는 것에 따라 자발성 검사, 역할 검사, 인터뷰, 심리극적·사회극적 검사 등"의 영역을 살펴보기 위한 것임을 분명하게 밝힌다(1993[1953], p. 92). 그는 **『사이코드라마*(Psychodrama)*』 제1권**에서 특히 자발성 검사의 형식을 강조하고 자발성을 촉진시키기 위해 사용되는 몇 가지 상황을 제안한다(1946, pp. 123-129). 예를 들어 역할연기 상황에서 평가자는 가족주치의의 역할을 맡아 주인공에게 그의 아버지가 길을 건너다 차에 치여 숨졌다는 이야기를 주제로 제공한다. 모레노가 말한 것처럼 "주인공과 평가자는 실제로 아들(혹은 딸)과 가족주치의의 역할을 담당해야 한다. 그리고 극적 상황에 전적으로 가치를 부여해야 한다. 이는 직접적이고 정면적인 접근으로, 마치 실제 삶에서도 벌어질 수 있는 것이다."(1946, p. 127) 이러한 상황을 통해 주인공의 자발성뿐만 아니라 인성과 감정의 양상까지도 진단할 수 있다. 이는 물론 역할연기 진단평가에서 심히 우려되는 점 또한 수반한다. 허구 상황에서 보여 준 주인공의 반응은 그가 실제 삶에서 반응하는 방법을 있는 그대로 반영하는가? 모레노는 주인공들이 "삶 그 자체에서 일어날 수도 있는 것처럼" 연기를 아주 잘할 것이라고 기대하고, 이러한 유사 상황들이 환자에 관하여 매우 정확한 정보를 제공한다고 생각했던 것 같다. 또한 그는 자발성의 측정에 온 관심을 기울였던 것으로 보인다.

> 자발성 척도는 한편으로 주인공의 자발성-지수를 결정하고, 다른 한편으로는 그들이 속한 사회를 비교하는 관점으로 구성될 수 있다. 지금까지의 연구 결과, 자발성 척도는 매우 정밀하게 구성되어 각 개인이 규범에서 벗어나는 정도를 보여 준다. 주인공들은 각 검사의 극적 동기가 자신에게 표면화될 때 놀라움에 사로잡히게 되며, 여기에서 자발성, 즉 위기 상황에서 행동할 준비가 되어 있음을 시사하는 특성이 드러나게 된다. 이로 인해 위급 상황에 대한 대처능력이 측정되고 다른 사람들과 비교될 수 있다(1946, pp. 128-129).

군전략사무국(OSS)에서의 실험들

불운하게도 모레노는 이런 사회측정(sociometric) 실험들을 출간한 적이 없었다. 그래서 그 분야의 연구자들은 이러한 척도에 대한 정보를 이용할 수 없었다. 그러나 1942년 OSS는 어느 군 요원이 임무를 수행하기에 가장 적합한지를 판별하기 위해 특별한 진단 프로그램을 마련하게 된다. "OSS가 갖는 업무의 중요성과 부담이 큰 업무 성향상 군 요원은 매우 조심스레 선발되어야 했다. 그에 따라 후에 하버드 심리 클리닉(Harvard Psychology Clinic)의 지도자가 된 헨리 머레이(Henry Murray)의 지도하에 군 요원 선발 절차를 개발하고 수행하기 위한 특수 그룹이 조직되었다."(McReynolds & Devoge, p. 228) 이 계획을 위해 개발된 중요한 절차들 중 하나가 상황역할연기검사였다. 이러한 시도를 이끌었던 심리학자들 중 두 명이 바로 유리 브론펜브레너(Uri Bronfenbrenner)와 테오도르 M. 뉴콤(Theodore M. Newcomb)이었다. 그들은 이렇게 쓰고 있다(1948). "앞에서 언급한 방해 요소들을 피할 상황 검사를 개발하려는 노력의 일환으로…… (정서적인 개입에 최선이 아닌 절차들)…… 우리는 사이코드라마적 접근을 생각해 냈다."(p. 368) 그들은 자발성 검사를 만든 모레노의 길을 뒤따르고 있었는데, 그 검사는 역할연기를 행하는 두 피검사자(subject)들의 인성을 드러낼 수 있는 삶과 아주 똑같은 갈등 상황을 이용한다. 방법을 보면, 예를 들어 두 명의 OSS 지원자들은 그들이 수개월간 함께 일한 동료라는 가상의 상황에 있는 것으로 설정된다. 그중 한 사람이 다른 사람의 차를 빌려 사고를 내게 된다. 차 주인은 그날 아침 자신의 차가 곧바로 필요하게 될 것이라는 메시지를 받고 그의 동료를 찾으러 간다. 때마침 동료가 문을 열고 나오고…… 장면이 시작된다.

이것은 투사적 기법으로, 정보의 일부만 주어짐으로써 장면은 단지 부분적으로만 구조화된다. 일단 장면이 시작되면 피검사자들은 그들이 해야 한다고 느끼는 것에 따라 연기해야 한다. 역할연기 이후 한 스태프 요원이 피검사자들인 지원자들에게 역할연기에서 자신과 타인의 행위에 대해 스스로 관찰한 것에 대하여 질문을 하고, 이런 방식으로 OSS 지원자들의 반응을 진단한다. 브론펜브레너와 뉴콤은 "진단 스태프로 구성됐던 정신병리학자들과 심리학자들이 비록 임상적 유용성과 관련하여 인터뷰에 버금가는 것으로서 즉흥극을 평가한다 할지라도, 타당성이나 신뢰도와 연관하여 어떤 데이터도 아직껏 이용할 수 없다는 사실만이 남아 있을 뿐이다…… (또한 거기엔)…… 해석에 대한 보편적 규준과 기준이 없었다"(1948, p. 370)고 기록하고 있다.

브론펜브레너와 뉴콤의 역할연기검사

전후, 브론펜브레너와 뉴콤은 미시간 대학교 심리학 프로그램과 연계된 연구 프로젝트에서 퇴역군인관리국(Veterans Administration)을 위한 역할연기 진단방법을 계속 개발해 나갔다. 그들은 특히 표준화의 등급을 상향시키는 것에 중점을 두면서 절차를 정교화하기 시작했다. 그들은 이렇게 진술한다.

> 두 피검사자를 비교하는 어떤 공통의 기반을 제공하기 위해, 그리고 과거 자신의 인생사에 대한 인식에 기반하여 각각의 개인이 새로운 상황을 구축해야 하는 필요성을 제거하기 위해 표준화된 일련의 즉흥극이 고안되었다. 그리고 그것은 일반적으로 성인들에게 적용될 수 있으리라 믿었다. 이러한 표준 장치는 6개의 상황들로 구성된다. 이전에 만들어진 세 가지 고전적 갈등 상황 하나하나가 2개로 나누어진다. 관계성의 각 유형을 위해 존재하는 2개의 상황은 양쪽 역할 안에서의 피검사자를 볼 수 있게 해 준다(1948, p. 373).

이러한 고전적 갈등에는 세 가지 유형이 있다. (1) 부모-아이 관계, (2) 권위 관계, (3) 반대의 성 관계다. 하나의 유형을 상연함에 있어, 파트너들은 연극적 전제가 담긴 쪽지를 각각 전달받은 다음 즉흥적으로 그 장면을 연기하도록 요구받았다. 예컨대 권위 상황들 중 하나로 교장 토머스 씨가 고등학교 교사 그린 씨를 근거없이 추정된, 좋지 않은 성적 품행에 대한 우려를 표명하려고 사무실로 부른다. 그린 씨는 미혼의 35세 남성이다. 그가 교장실로 들어간다. 장면이 시작된다.

이러한 새로운 진단들을 위해 좀 더 엄격한 규준이 정해졌다. 이러한 규준들은 다음과 같은 범주들을 포함했다. "피검사자는 그 자신의 역할과 파트너의 역할을 어떻게 구조화하는가?" "파트너의 행위에 대해 피검사자가 반응하는 특징은 무엇인가?" "피검사자의 참여에 있어 장면에서 장면으로의 일관성 혹은 변주는 있는가?" "어떤 특정한 역할에 머물러 있는가?" "어떻게 그 장면에서 정서적 요소들을 조정하는가?" "어떻게 그 장면을 끝내고자 하는가?" 말의 내용, 목소리의 특질, 그리고 마지막으로 신체적인 움직임과 자세 변화 또한 분석되었다(Bronfenbrenner & Newcomb, 1948, pp. 376-379). 관찰은 좀 더 정확해지거나 분자화(molecular)되었다. 비록 그들이 나중에 "즉흥극에 특별히 적용된 척도의 개발은 아직껏 완수되어 본 적이 없었다"(1948, p. 376)며 한탄했음에도 불구하고 말이다.

OSS를 위해 개발된 그 절차들이 하나의 진단 도구로서 즉흥 역할연기와 함께 하는 모레노 초기 실험의 진정한 진전이었다 할지라도 타당성과 신뢰도, 그리고 역할연기 진단의 표준화라는 어려운 도전들은 여전히 계속되어야만 했다. 1970년대 심리학자들은 진단에서의 역할연기 사용에 관한 많은 연구에서 진지하게 이러한 문제들을 내놓기 시작했다.

맥레이놀즈(McReynolds)와 1970년대의 심리학자들

폴 맥레이놀즈(Paul McReynolds)는 좀 더 정교한 즉흥극 진단평가 발전을 이끈 인물이었다. 모든 연극치료사는 『심리적 진단평가에서의 진보』(1977)라는 책에 수잔 드보쥐(Susan DeVoge)와 함께 쓴 그의 글을 참고하였다. '진단에서 즉흥 기술의 사용'이라는 제목의 글은 역할연기진단의 발달사에 대해 완벽하게 설명하고 있으며, 이러한 진단평가 접근방식을 실제로 구성하는 것에 대한 통찰력 있는 분석을 제공한다.

맥레이놀즈와 네바다 대학교(Reno)의 동료들은 진단 연구 프로그램을 위한 일련의 역할연기검사를 창안했다. '즉흥의-나(Impro-I)'는 일정한 순서로 제시되는 12개의 표준화된 역할연기로 구성된다. 먼저 피검사자(Subject, 'S')에게 상황을 시작하는 설명을 준다(앞에서 언급한 미시간의 VA 모델과 같다). 그런 다음 'S'는 미리 받은 그와 똑같은 상황에 기반한 간단한 대본을 스태프 중 한 명 혹은 그 이상의 요원들과 함께 읽게 된다. 마지막으로 역할을 맡은 스태프와 함께 주어진 상황에 대한 즉흥극 상연이 있게 된다(McReynolds et al., 1981, pp. 359-362). 그 상황들이란 피검사자에게 있어 자기주장, 감사, 분노, 슬픔, 거부와 같은 반응을 불러일으키는 것을 의미하였다. 상황들은 특별한 대인관계적인 주제에 초점을 두어 고안되었다. 예를 들어 세탁소에 코트를 찾으러 갔는데 전에는 없었던 얼룩이 코트에 묻어 있는 것을 발견하는 상상을 하도록 피검사자에게 요구한다. 그는 곰곰이 생각한 다음 스태프와 함께 대본의 오프닝 대사를 읽는다. 뒤이어 자신의 스태프 파트너와 함께 즉흥 연기를 한다. 맥레이놀즈와 드보쥐(1977)가 말한 것처럼, "'즉흥의-나(Impro-I)'는 단 한 번의 검사 회기 내에 충분히 실행될 수 있도록 넓은 영역의 대인관계적인 주제들을 견본으로 뽑아 만들어졌다"(p. 260). 예를 들어 다음과 같은 동성 친구의 슬픔에 대한 반응과 연관된 상황을 소개하며 시작하는 오프닝 대사가 있다.

> 토요일 밤이다. 당신은 가장 친한 친구와 함께 쇼를 보러 갈 계획을 갖고 있다. 당신은 친구를 데리러 가지만 아무 대답이 없다. 뒤로 돌아가 보니 친구가 베란다에 앉아 있다.
>
> 친구: 오, 안녕. 너였어?
>
> 피검사자: **그래, 왜 대답을 하지 않았니?**
>
> 친구: 응, 이웃일까 봐 그랬지. 나는 그녀에게 말하고 싶지 않았거든. 하지만 네가 여기 있는 나를 찾아 줘서 기뻐.
>
> 피검사자: **나도 그래. 자, 나갈 준비됐니?**
>
> 친구: 어디?
>
> 피검사자: **쇼 보러. 기억나지 않아? 오늘이 마지막 밤이잖아.**
>
> 친구: 아니, 잊고 있었어.
>
> 피검사자: **자, 서둘러 준비해. 늦지 말자.**
>
> 친구: 근데 나는 사실 오늘 밤 나가기 어려울 듯해. 그냥 집에 있으면 안 될까?

피검사자: **왜, 무슨 일인데? 왜 가기 싫은데?**

친구: 우리 사촌이 오늘 아침 죽었어. 나와 함께 자랐던. 정면충돌이었어. 다 죽었대.

피검사자: (즉흥 연기를 시작한다.)

(McReynolds & DeVoge, 1977, pp. 260-261)

우선 이는 상당 부분 모레노의 자발성 검사처럼 들린다. 아들이 가족주치의(검사자가 역할로 맡은)로부터 그의 아버지가 교통사고로 죽었다는 것을 알게 되는 그 장면처럼 전술한 상황 또한 "삶 그 자체에서 일어날지도 모르는 직접적인 정면의 접근"이며, 피검사자는 실제와 똑같은 즉흥적 반응으로 채워 넣는다. 맥레이놀즈가 지적하였듯이 "역할연기 기법들은 특히 대인관계 양상을 진단하는 데 적합하다. 왜냐하면 그 기법들은 필연적으로 피검사자에게 자신의 행위 레퍼토리에서 나오는 실제적인 대인관계 행위를 드러내도록 요구하기 때문이다" (McReynolds et al., 1981, p. 359).

맥레이놀즈의 작업이 다른 것은 돌봄(care)인데, 이는 모든 역할연기가 표준화되고 협력자(스태프 연기자)들이 표준화된 반응을 독려할 수 있게 훈련되어 있다는 믿음을 주었다. 더 중요한 것은 이러한 역할연기 진단이 엄격한 평가방법으로 구조화되어 있다는 점이다.

각각의 역할연기에서 피검사자의 행위는 하나 혹은 그 이상의 관찰자들이 열두 가지의 '**상황 양상 척도**'를 사용하여—각각의 역할연기에 한 가지를—평가하게 된다. 각 단계는 7점으로 되어 있다. 중간점은 상황에 대한 최적의 반응을 나타낸다. 그리고 2개의 극한이 부적합한 반응의 반대 방향을 나타낸다— 반응 이하 혹은 과도반응. 덧붙여 각 피검사자는 자신의 공연을 8점짜리 2개로 '**참여자 평가 척도**'를 평가한다(McReynolds et al., 1981, p. 360).

'즉흥의-나' 검사는 피검사자들이 사실적으로 여기는 12개의 즉흥 역할연기 공연에 관해 좋은 결과를 얻었다. 12단계(20가지 경우에 기반한)에 대한 상호평가자의 신뢰도 점수는 "0.83을 중간치로, 최하 0.45에서 최고 0.97까지로 되어 있다"(McReynolds & DeVoge, 1977, p. 261).

맥레이놀즈와 그의 팀은 계속해서 '즉흥의-C'로 알려진 커플들의 즉흥극적 진단을 창안하였다. "'즉흥의-C'는 10개의 구조화된 역할연기로 구성되며, 진단받을 커플 두 명이 함께 연기한다. '즉흥의-나'의 형식과 달리 진단 스태프 요원들은 즉흥극에 참여하지 않는다"(McReynolds & DeVoge, 1977, p. 362). 이러한 커플치료와 진단 작업은 즉흥극을 사용하여 커플 진단방법을 개발했던 대니얼 비너(Daniel Wiener)(14장 참고) 작업의 전신이 된다.

맥레이놀즈와 그의 동료들은 진단으로서의 즉흥 역할연기의 사용을 새로운 단계로 진입시켰다. 그들은 역할연기진단에 대한 주요 난제들과 씨름했다. 신뢰도와 타당성, 검사 절차의 표준화, 진단 기획의 강도, 관찰자 평가의 효율성, 연기능력 평가의 혼돈, 그리고 즉흥적 반응의 확신성에 대한 의문 등의 난제들이었다.

진단 연구는 인류학에 뿌리를 두고 있음에도 불구하고 1970년대까지는 전적으로 정신측정학의 새로운 하위 전문 분야로서 심리과학 안에 완전히 감추어져 있었다. 1970년대에 맥레이놀즈는 역할연기로 치료와 진단 양쪽의 매혹적인 연계를 마련해 주었다. 이 기간 동안 이 주제에 대해 서술된 수많은 논문을 대충 살펴보기만 해도 그 당시의 심리학자, 행동주의 과학자, 사회학자 그리고 교육자들이 역할연기와 그것의 가능성에 대하여 얼마나 예리했는지 알 수 있다. 맥레이놀즈와 드보쥐는 편재하는 역할연기의 기법들을 재검토하였다.

> 역할연기 방법론은 행동치료에서 광범위하게, 특히 자기주장 훈련, 행위 리허설, 그리고 사회 기술 훈련에 사용되었다. 역할연기 기법 사용이 심리치료사의 의료 양식의 공정한 기준이 되어 왔음은 자명하다. 그러나 이러한 기법들은 임상적인 배경에 한정되어 있는 것은 아니다. 반대로 교육에도 폭넓

게 사용된다(1977, pp. 247-248).

특히 심리학자들은 자기주장에 관심을 가졌다. 1973년 아이슬러(Eisler), 밀러(Miller), 허슨(Herson)은 행동주장검사(BAT), 즉 자기주장과 연관된 열네 가지 상황으로 이루어진 기법을 구축했는데, 이는 한 명의 진단 스태프 요원이 연기한 모델과 상호작용하는 피검사자의 역할연기로 되어 있다(McReynolds & DeVoge, 1977, p. 251). 이 시기에 선호된 또 다른 연구의 초점은 대학생들의 데이트와 이형사회적(heterosocial) 행동이었다. 1979년에 페리(Perri)와 리처드(Richards)는 『남자 대학생들의 각기 다른 사회적 기량의 진단: 행동적 역할연기검사의 경험적 발달』이라는 연구물을 간행했다. 루벤슈타인이 지적한 것과 같이, 이 연구의 중요한 결과 가운데 하나는 "역할연기진단의 발달에서 타당성을 구축하는 것은 상호-평가자의 신뢰도보다 훨씬 덜 중요하다는 것이었다"(2006, p. 240).

이 당시의 사회학 역시 역할연기 방법론에 대하여 비상한 관심을 보였다. 긴스버그(Ginsberg)는 『**방법의 사회적 맥락: 사회학적 방법론 안에서 읽기***(The Social Contexts of Method: Readings in the Sociology of Methodology)*』(1978)라는 책에 '사회심리학적 연구에서의 역할연기와 역할 공연'이라는 글을 써냈다. 1974년 모레노는 사망했다. 그러나 많은 중요한 글이 그의 잡지 〈Sociatry〉에서 발표되었으며, 사이코드라마적 접근은 블래트너(Blatner, 1973), 그린버그(Greenberg, 1974), 야블론스키(Yablonsky, 1976)의 저서들과 더불어 지속되었다.

또 다른 역할연기 방법론에 관한 매우 중요한 고찰이 1987년 블러머(Blumer)와 맥나마라(McNamara)가 간행한 『**주요 쟁점들, 전문심리학에서의 발달과 경향***(Critical Issues, Developments & Trends in Professional Psychology)*』에서 이루어졌다. 전문심리학자의 관점에서 본 역할연기의 잠재적 가치에 대한 깊이 있는 분석이라 하겠다. 저자들은 역할연기 진단에 대한 **몰적**(molar)이면서 **분자적인**(molecular) 양자의 접근법 발달과 관련하여 1970년대에 계속되어 온 상당한 양의 중요한 연구를 인용한다. 분자적 평가 체계는 세밀한 행동 관찰에 기반한다. 몰적 체계는 보편화된 척도를 사용하며 더 넓은 관찰에 기초한다. 두 체계는 강점과 약점이 있다. 블러머와 맥나마라가 진술하듯이, "보편적 평가(rating)의 가장 강력한 논리적 근거는 등급화(rating)와 규준측정(criterion measures)의 좀 더 완벽한 일치다……. 그러나 보편적인 평가의 주요한 한계란 신뢰도가 형성되고 유지되는 것이 어렵다는 것이다"(1987, p. 120).

이들 두 저자는 역할연기 진단 영역에 또 하나의 분류를 한다. 그들은 이 영역에 2개의 주요한 세력으로서 행동주의자와 사이코드라마치료사들을 거론한다. 모레노는 "현대의 치료적 역할연기의 창시자"로 보이는 한편, 행동주의자들은 사회적 기량, 자기주장, 데이트 기술, 그리고 부부요법 영역 내에 역할연기를 사용하는 것으로 인정받는다(1987, p. 112). 결국 저자들은 두 접근의 통합을 추천하는 것 같다.

> 역할-연기는 상호침투(cross-polleniization)를 요구하기 시작한다. 역할연기에 대한 여러 다른 접근의 정보와 절차를 배우고 공유하는 것이 시도되어야만 한다. 행동역할연기는 정서적 참여와 표현을 북돋아 깊이를 주는 연극적 기법들로부터 이점을 얻을 수 있었다. 이것들이 치료과정을 고양할 수 있었다. 나아가 사이코드라마적 기법은 상황에 대한 정서를 끌어내는 데 도움을 줄 수 있었고, 그럼으로써 자연스러운 상황들에 대한 역할연기의 유사성과 적합성을 증가시키는 데 도움을 줄 수 있었다. 상호침투는 단일한 "최상의" 역할연기 치료를 추구하려 시도하지 않으며, 해서도 안 된다. 대신 다른 접근들을 강화하는 것이 그 목표가 되어야만 한다(Blumer & McNamara, 1987, pp. 140-141).

만약 여기서 사이코드라마라는 단어를 연극치료로 대체한다면 연극치료 분야에 전체적으로 새로운 지평이 열리게 된다. 연구는 우리가 하는 수많은 역할연기 과정을 타당하게 하는 데 필수적이다. 심리학 분야, 특히 인지-행동 분야와의 협력은 가능하며, 바람직한 것으로 보인다.

아이들을 위한 놀이 진단평가

유사한 과정으로 아이들의 놀이를 분석하는 것에 대한 관심이 1920년대부터 1940년대까지 멜라니 클라인, 마거릿 로웬펠트(Margaret Lowenfeld) 그리고 에릭 에릭슨(Erik Erikson)의 초기 작업에서 나타나게 되었다. 제롬 싱어(Jerome Singer)와 같은 발달심리학자, 버지니아 액슬린(Virginia Axline), 클락 무스타키스(Clark Moustakis) 등의 심리치료사들은 아이들의 놀이에 관한 피아제(Piaget, 1952)의 방대한 연구를 기초로, 브라이언 서튼-스미스(Brian Sutton Smith), 피터 슬레이드(Peter Slade), 도로시 헤더컷(Dorothy Heathcote), 넬리 맥케슬린(Nellie McCaslin), 브라이언 웨이(Brian Way) 등과 같은 학자들에게 영향을 끼쳐 새로운 교육연극의 움직임을 형성하였다. 그들은 0세에서 사춘기까지의 아이들의 놀이와 극적 행동을 주의 깊게 관찰하여 세세한 목록을 만들었다. 이들은 또한 많은 연극치료 선구자들의 발달 이론에 영향을 끼쳤고, 그 결과 각별히 엘리노어 어윈, 바바라 샌드버그, 데이비드 리드 존슨 그리고 수 제닝스 등의 진단 기법에 기여하게 되었다. 오늘날 놀이 진단평가 도구는 많아졌으며, 지틀린-바이너(Gitlin-Weiner), 샌드그런드(Sandgrund), 그리고 셰퍼(Schaefer)의 『**놀이진단과 평가**(*Play Diagnosis and Assessment*)』를 보면 이해하기 쉽게 잘 정리되어 있다. 연극치료사들은 이러한 도구 사용에 익숙해짐으로써 훨씬 유리하게 작업할 수 있을 것이다.

교육연극 또는 창조적 연극은 우리 분야에 매우 중요한 영향을 미쳤다. 많은 연극치료 선구자들은 교육연극 운동의 지도자들로부터 직접적인 가르침과 훈련을 받았다. 이러한 영향력은 이 분야의 초기 단계에서 특히 발달적 관점을 강조하는 것과 직접적인 관련이 있다. 하나의 예로 질 래지어(Gil Lazier)와 브라이언 서튼-스미스가 연구한 「연극적 행동 목록: 창조적 연극을 위한 내용 분석 기법」은 극적 행위에 대한 아이들의 반응을 측정하였다(1971, pp. 155-165). 그들이 언급한 것과 같이 "고도로 변형된, 즉 암묵적으로 연극적인 행동은 조종되었고, 측정할 수 있는 차원으로 환원되었다. 그래서 양적 과정으로 분석되었다"(1971,

p. 164). 이 연구팀은 **극적 행동 목록**(IDB: Inventory of Dramatic Behavior)을 좀 더 발전시키기 위한 결과물을 도출하기 위해 세 가지로 분리된 즉흥 장면, 측정할 수 있는 여덟 가지 범주를 만들었다. 그 결과 가능한 사용법에 대해 다음의 세 가지 관점으로 말한다. 첫째, 다양한 창조적·극적 기법의 효과성을 조사할 것, 둘째, 인지적 기술에 대한 창조적 연극의 긍정적 효과와 관련된 가설을 검토할 것, 셋째, 공연에서 생기는 자연스러운 현상을 체계적으로 비교할 것(1971, p. 165). 예를 들어 그들은 참신한 사건들(본래 자연적으로 생기는 즉흥)을 반복 행동(하나의 장면에서 계속 반복되는 극적 행동)과 비교할 수 있었다. 결국 그들은 "현상적 차원을 넘어선 극적 즉흥 행동을 기록하기 위한 체계적인 방법을 발전시킬 수 있었다. 이러한 방법은 즉흥극에 참여하는 다양한 연령의 아이들에게서 발달적 특성을 확인하는데 사용되었다"(p. 156). 실제로 그들은 나이 차에 따른 아이들의 행동에서 통계상 유의미한 차이점을 발견할 수 있었다(p. 160). 래지어와 그의 동료들의 연구는 연극치료가 아닌 창조적 연극의 맥락 속에서 다양한 연령의 아이들을 살펴보는 것이지만, 그렇다고 해도 그것은 첫째로 연극과 심리학 간의 효과적인 결합으로, 둘째로 세세한 행동 데이터를 모으고 분석하기 위해 잘 고안된 기법으로 사용된다. 필 존스(1996)는 이러한 연구에 기초하여 연극치료 상황에 적용함으로써 자신만의 '극적 개입 척도'를 만들었다.

연극치료의 시대

1970년대 후반 연극치료는 전문적인 정신건강 학문으로 등장하였다. 그 당시에는 심지어 20세기의 전환기로 다시 돌아가고자 하는 움직임이 불길처럼 일어났다. 하지만 존스가 지적한 대로, "1930년대 후반부터 1970년대 초반까지는 연극을 변화의 최우선 매체로, 그리고 독립적으로는 치료로 강조하고자 하는 움직임이 계속되고 있었다"(1996, p. 77). 1960년대의 반체제 혁명으로부터 많은 영향을 받아 다음과 같은 움직임들이 결성되었다—개인적 표현의 자유에 대한 강조, 연극에서 제4의 벽 붕괴, 즉흥의 큰 즐거움, 사회적 소통이라는 극적 본질에 대한 새로운 관점(고프먼과 같은), 게슈탈트 치료 등의 새로운 실험과 랭(R. D. Laing)의 작업이다. 1970년대 중반에 이르러서야 전문 조직을 통해 학문적 프로그램과 정치적 지지를 받으며 연극치료가 독자적인 직업으로서 출현하였고, 공식적인 방법론 또한 제시되었다. 1976년 영국의 연극치료사협회, 뒤이어 1979년 미국에서도 연극치료협회가 결성되었다. 모든 예술치료는 예술 형식을 심리치료의 실제 방법으로 사용하며, 이 가운데 연극치료는 1980년대 초에 새로운 창조적 예술치료 양식으로 확고하게 자리 잡았다.

초기 연극치료사들이 진단평가를 발전시키는 데 있어서 가장 중요한 학문으로 연극을 전적으로 신뢰하였다는 사실은 『**치료에서의 연극**(*Drama in Therapy*)』(Courtney & Schattner Eds.)에서 코트니가 쓴 「**아이들을 위한 연극적 진단평가**」에서 명확하게 드러난다. 이 책은 특히 북미 지역 연극치료 발전의 교점이 된다. 이 책으로 인해 초창기에 많은 사람들이 치료로서의 연극에 대해 생각하게 되는데, 흥미롭게도 코트니가 쓴 진단평가에 관한 바로 이 글이 시발점이 된다. 코트니는 20세기 교육연극의 주요 이론가 중 한 사람이다. 그의 초기 저서 『**놀이, 연극과 사고: 교육연극의 지적 배경**(*Play, Drama & Thought: The Intellectual Background of Drama in Education*)』(1968)은 이 분야의 고전이다. 1970년대 중반 코트니는 연극치료에 관심을 갖기 시작했고, 1981년 진단의 도구로 연극적 매체를 사용하는 것에 대해 탁월한 분석을 하였다. 그는 다음과 같은 질문으로 시작한다. "치료사는 환자의 마음에서 일어나고 있는 것이 어떻게 극적 행동으로 드러나는지 설명하는가?"(p. 2)

30년이 지난 지금도 그의 글을 간단히 검토하기만 해도 연극치료 분야에서의 진단에 대한 연구와 실제 작업이 구축되는 지지대를 이해하는 데 도움이 된다. 코트니의 생각은 독창적이며 통합적이고 예리하다. 연극치료사들은 그가 만든 큰 틀을 통해 결정론적/범주적/분석적/외적/묘사적/극적(스타니슬라브스키와 브레히트의 양대 관점에서 제시되는) 그리고 발달적 진단평가의 여러 양식을 분석하고 이에 대한 견해를 제시할 수 있다(1981, pp. 7-20). 각각의 관점은 의심할 여지없이 인간의 현실에 대한 철학적·도덕적·정치적 전제를 기초로 하는 편파적 성향을 대변한다. 그렇기 때문에 코트니는 결국 "연극치료사는 제각각 스스로 선택해야 한다"고 제안한다(1981, p. 20). 하지만 그는 자신의 '극적 상상력 이론'에 영향을 준 발달 접근법을 매우 강력하게 지지하는 것으로 보인다. 코트니는 자신의 **발달적 드라마 목록**(Developmental Drama Checklist)을 포함하여 다양한 유형의 놀이, 역할연기, 극적 체현 등을 연계한, 0세부터 13세 아동들의 발달적 건강의 극적 지표를 제시하였다(1981, pp. 21-26).

코트니는 발달이론과 자신의 극적 상상력 이론을 통합한 진단 범주 유형을 분류하였다. 그가 규정한 여섯 가지 유형은 다음과 같다.

1. **정신적 과정** - 자각, 인식, 집중의 수준은 어떠한가?
2. **연극과 마음** - 동일시와 공감의 수준은 어떠한가?
3. **놀이와 예술** - 특별한 매체와 과정에는 어떤 관련이 있는가?
4. **연극과 성격** - 극을 매개로 할 때 "나는 ~이다" "나는 ~ 한다" "나는 ~창조한다"의 수준은 어떠한가?
5. **사회적 행동으로서의 연극** - 다양한 극 활동에서 사물 혹은 사람으로서의 다른 존재와 연계되는가?
6. **극적 피드백** - 다양한 극 활동에서 자신의 지위를 어떻게 드러내는가?

(1981, pp. 15-19)

이러한 여섯 가지의 유형은 후에 연극치료사들이 진단하는 일반적인 범주들과 일치한다. 여기에서 가장 중요한 것은 근본적인 진단 도구가 극 매체라는 점이다. 코트니는 1970년대의 심리학자들과 대조적으로 역할연기와 즉흥극에 대한 심리적 반응을 과학적으로 측정하려고 노력하였지만, 지나치게 방만한 그의 발달적 접근은 측정에 대해 아무런 언급도 하지 않고 있다.

셰트너와 코트니의 저서 2권(1981)에 수록된 데이비드 리드 존슨의 「연극치료의 몇 가지 진단적 암시」는 실제 임상가의 관점에서 본 진단에 관한 초기 견해들을 잘 보여 준다. 존슨은 진단방법으로서 연극치료의 한계를 언급한 다음 진단에서 즉흥의 중요성을 강조하였는데, 이는 환자의 자발적·창조적 산물이 생각과 감정, 그리고 성격의 중요한 면모들을 표현하는 것과 유사하다는 **투사적 가설**(projective hypothesis)에 근거한다. 또한 그는 극적 진단평가의 주된 범주로 **자발성, 집중과 인내, 탁월함, 장면의 조직화, 성격 발달** 혹은 **역할 레퍼토리, 역할 내용의 패턴, 상연 태도**(attitude toward enactment)에 대해 설명한다. 환자가 불안해할 때는 그가 말하는 **자발성**이 나오지 않는다. **집중 그리고 지연됨에 대한 인내**는 개인의 힘 및 자기훈련과 관련이 있다. **탁월함**은 상상할 수 있는 능력과 유연한 사고와 관련된다. **장면의 조직화**는 인지 능력 수준을 측정한다. **성격 발달 혹은 역할 레퍼토리**는 대상관계의 발달수준을 측정한다. **역할 내용의 패턴**은 자신의 정체성, 자기-이미지 그리고 성격의 기호들이며, **상연 태도**는 자기-존중의 증거이자 자기-반성과 성찰의 능력일 수 있다. 존슨은 공통되는 대인관계 방식에 기초하여 역할연기의 공통적인 방식을 **어색해하는, 과도한 개입**의, **강박적인**, **충동적인** 네 가지 유형으로 설명하고, 각 유형마다 다른 치료적 접근이 필요하다고 말한다. 우리는 코트니와 존슨의 글을 통해 후에 연극치료사들이 더욱 발전시키게 되는 주제와 생각들을 알게 된다.

진단평가를 발전시킨 연극치료 선구자들

엘리노어 어윈(Eleanor Irwin)

진단 도구를 발전시킨 최초의 연극치료사는 엘리노어 어윈이다. 그녀는 피츠버그 대학에서 이 분야의 기초를 세운 아동심리분석학자다. 1970년대 중반, 그녀는 아이들과 그의 가족들의 진단을 위해 인형을 활용하는 것에 관한 몇 편의 논문을 발표하였다(Irwin & Malloy, 1975; Irwin & Shapiro, 1975). 어윈의 **인형진단 인터**

뷰는 정서장애 아이들과 작업하는 아동심리치료사들에 의해 폭넓게 사용되었다. 어윈과 동료들은 진단과 처방의 두 가지 목적을 위해 반 구조화 인형놀이 인터뷰를 발전시켰는데, 그것은 심리분석 틀을 사용하면서도 그중 하나는 아이들의 투사놀이에 대한 극적 이해와 깊이 연관되어 있다. 아이는 다양한 종류의 인형 가운데 몇 개를 고른 다음 무대 뒤로 가서 치료사가 유도하는 말에 따라 각각의 인형 인물을 소개한다. 그런 다음 아이는 인형들을 가지고 이야기를 만드는 법을 배운다. 이야기가 완성되면 치료사는 각각의 개성 있는 인형들을 인터뷰하는데, 이것은 '마치 꿈처럼' 추가 연상을 하도록 한다. 그다음 치료사는 아이에게 어땠는지 인터뷰하고 실제 경험과 연관시킬 수 있는지를 묻는다.

관찰 자료는 등장인물, 행동, 플롯의 내용에 따라 분석된다. 등장인물과 장면 형태의 특성, 그리고 이야기의 진행과정이 그것이다. 이를 통해 아이의 집착, 방어, 불안, 자기 조절 그리고 자아력(ego strengths)에 대한 정보가 파악된다. 어윈이 설명한 세부적인 사례들을 보면 이 진단과정의 힘을 알 수 있으며, 이는 후에 발전하는 진단평가, 즉 물리 라하드의 **여섯 조각 이야기 만들기**(6PSM)와 랜디의 **이야기 말하기**(TAS)와 같이 스토리메이킹을 사용하는 성인용 검사들과 공통되는 요소들이 많다. 이 진단평가는 치료사의 해석 능력에 의존하기 때문에 많은 연극치료 진단들과 마찬가지로 질적 분석에 해당된다. 지금까지 신뢰성, 유효성 혹은 표준화에 대한 연구는 이루어지지 않았다.

바바라 샌드버그(Barbara Sandberg)

그러는 동안 1970년대 중·초반에 바바라 샌드버그와 그녀의 동료들은 뉴저지에 있는 이틀슨(Ittelson) 아동연구센터에서 **극적 과정 관찰 척도**를 개발하였다. 그들은 극적 행위에 개입하는 과정에 있어서 발달 국면의 공식을 분명하게 설명한다. 이 척도는 『**치료에서의 연극**(*Drama in Therapy*)』(Sandberg, 1981)에 잘 나타나 있다. 치료사 혹은 교사는 가설에 근거하여 개인이나 집단이 시간 외 특별 연극 프로그램에 참가함에 따라 그 진행과정을 결정하는 데 이 척도를 사용할 수 있다. 그녀와 동료들은 정신장애 아이들 및 청소년과의 연극 프로그램에 대해 철저한 평가를 내리지는 못한다고 할지라도, 그 작업을 연극치료라고 부르며 특히 어떻게 극적 매체가 이 대상들에게 영향을 미치는지에 대해 설명한다. 여기에서 측정된 범주는 다음과 같은 연극적 틀의 용어로 정의된다. **주제 인식, 역할 입기와 역할연기, 플롯 창조, 물리적 공간의 사용**(Sandberg, 1981, pp. 38-39). 이 척도는 극적 행위에서 보여 준 개입 정도를 묘사하는 것에 근거를 제공하며, 따라서 아이들을 위한 연극치료 진단으로 사용하는 데 유용한 도구다.

데이비드 리드 존슨(David Read Johnson)

가장 확실한 진단 검사 도구들 중의 하나는 최초의 연극치료사들 중 한 사람인 데이비드 리드 존슨이 개발한 **역할연기진단검사(DRPT-1과 DRPT-2)**다. 존슨은 1970년대 중반 예일 대학교에서 임상심리학 박사학위 연구의 일부로 이러한 도구를 창안했다. 그는 이미 1980년대에 이러한 방법론을 기초로 『**성격진단평가저널**(*Journal of Personality Assessment*)』을 간행하였다(Johnson & Quinlan, 1980). 임상심리학이라는 그의 학문적 배경 때문에 존슨은 보다 전통적인 진단평가 연구의 틀 안에서 작업하게 되었고, DRPT라는 심리측정의 견실성을 보여 주는 통계적으로 중요한 결과물들을 생산해 낼 수 있었다. 초기 연극치료에 대한 연구에서 랜디가 말하고 있듯이 "그 검사는 참여자(subject)의 역할연기에 대한 아홉 가지 측면을 진단한다. **체계성, 행동, 재현, 행동의 통합, 동기, 상호행위, 결말(ending), 정확성, 내용, 움직임**. 극적인 역할연기검사는 특히 **연극이라는 예술 형식에 기반해 있으므로** 연극치료 연구와 관련된다"(1986, p. 225). 존슨은 연극예술에 기초한 도구인 즉흥극으로 심리측정 연구를 함으로써 블러머와 맥나마라(Blumer & McNamara, 1987)가 언급했던 예술과 과학 사이의 분열을 치유할 수 있었다.

DRPT-1과 DRPT-2에서는 참여자에게 자유롭게 즉흥행위를 하도록 한다. DRPT-1에서 참여자는 사전에 설정된 서로 다른 5개의 역할과 탁자 위에 지정된 소품들을 선택하여 짧은, 열린 즉흥극을 행한다. 좀 더 열린 형식의 DRPT-2에서 참여자는 "자신이 원하는 어떤 방식으로 세 가지 존재들(beings) 사이에서 한 장면을 연기하도록" 요구받는다(Johnson, 1988b, p. 26). DRPT-2에서는 소품을 사용하지 않는다. 이 책에 수록된 존슨의 글에서 보게 되겠지만 그는 이러한 도구에 대한 연구를 지속해 왔다. 30년 후인 2008년, 그는 1978년에 처음 만든 검사의 수정판 매뉴얼을 내놓았다. 1988년에 이미 그는 이렇게 쓰고 있다.

> 연구 도구로서 DRPT는 점수 측정에서 신뢰할 만하며 심리학적 도구로서도 타당하다는 것이 확실하다……. 일련의 검사는 시간에 따라 치료적 개입의 진전을 측정할 수 있었다. 큰 규모의 기준이 될 수 있는 표본을 검사함으로써, 연극치료의 미래를 위한 주요 목표인 다양한 심리적 기능 혹은 특질과 연계되는 역할연기의 면면들을 확인할 수 있었다(p. 35).

DRPT는 연극치료 분야의 진단평가 발전에 중요한 기여를 했는데, 그 이유는 특히 심리측정에서 신뢰성 있고 타당성 있는 것으로 증명되었기 때문이다. 하지만 존슨이 제시한 것과 같이 DRPT가 표준화된 것은 아니다. 존슨의 DRPT는 다른 연극치료사들에게 영향을 미쳤고, 특히 발달장애자와 함께 하는 스노우(Snow)와 다미코(D'Amico)의 작업에 영향을 주었다(5장을 보라). 세계 여러 다른 곳의 많은 연극치료사들이 DRPT를 진단평가 도구로 계속 사용하고 있다. 그 역사와 현재적 위상은 이 책의 4장에서 정확하게 기술될 것이다.

수 제닝스(Sue Jennings)

진단평가의 개척자들 중 그다음의 인물로는 수 제닝스가 있다. 영국의 연극치료사인 그녀는 역동적 리더로 거의 40년간 이 분야에 있었다. 그녀는 자신의 첫 번째 저서인 『**치료적인 연극***(Remedial Drama)*』(1973)에서 특별한 보살핌을 받아야 하는 어린이들을 위한 연극 활동의 치료적 가치와 발달에 대해 기술하였다.

1980년대 중반동안 제닝스는 **EPR 패러다임**으로 잘 알려진 연극치료를 위한 진단평가를 창안하였고, 뒤이어 **마음의 극적 구조**(Dramatic Structure of the Mind)(Jennings, 1998, 1999)를 만들었다. 전자는 연극치료를 위한 발달 모델인데, 이는 아이가 자연스럽게 발달해 나가는 방법에 관한 이론에 기반한다. 생의 첫해는 기본적으로 **체현놀이**, 1세에서 3세까지는 **투사놀이**, 3세부터 6세까지는 연극적인 **역할놀이**다. 그렇게 우리는 체현놀이, 투사놀이, 역할놀이라는 유기적인 진전으로 건강한 인간 기능화를 위한 스키마를 형성한다. 연극치료사들은 각각의 양식 안에서 운용되는 개개인의 능력에 의거하여 그들을 진단할 수 있을 것이다. 일단 치료사가 어떤 한 개인이 장애가 있는 것으로 이해하면 이러한 발달상의 결점을 정정하기 위해 지속적인 개입을 행할 수 있다. 두 번째 모델은 **마음의 극적 구조**라 불리는 것으로, 연극치료를 위한 일종의 성격 이론이다. 이는 정방형으로 된 만다라에 개념적 토대를 둔 성격에 관한 네 가지의 기본 기능에 기초한다. 네 가지 정신상태란 **안내자, 전문인, 예술가, 약자**다. 만다라에서의 채움(filling)이라는 투사적 기법을 통해 이와 같은 정신상태에 접속함으로써, 치료사는 진단평가를, 참여자는 자가진단을 할 수 있다. 제닝스의 방법은 매우 해석적이며 기술적(descriptive)이다. 달리 말해 그 방법들은 극적 표현을 통해 한 개인이 어떻게 성장해 가는가에 관한 이론들에 기반해 있으며, 치료사가 참여자를 이해하는 데 도움을 주도록 고안되어 있다.

지금까지 어떤 연구도 제닝스 식의 진단평가 접근에 대해 신뢰성과 타당성을 밝히려 해 본 적이 없으며, 또한 그녀의 방법론에 대한 어떤 표준화도 없었다. 결국 연극치료 임상가들 자신의 보고서를 제외하고는 이 형식들이 진단평가에 임상적으로 적합한가에 대한 어떤 증거도 없는 셈이다. 이러한 기법들에서 가장 큰 가치라 할 수 있는 것은 체현, 투사, 역할이라는 연극치료의 발달적 언어, 그리고 극적 방식으로 세계를 본다는 것에 기반하고 있다는 점이다.

물리 라하드(Mooli Lahad)

물리 라하드는 매우 영향력 있는 이스라엘의 연극치료사이자 임상심리학자다. 그의 6PSM 기법은 전 세계 연극치료사들에게 잘 알려져 있으며 널리 사용되고 있다. 그는 1990년대 초반 영국의 하트포드셔(Hertfordshire) 대학교에서 수학하는 동안 알리다 저시(Alida Gersie)와 함께 작업하면서 그 방법론을 개발했다. 6PSM은 한 장의 종이에 6개의 틀을 만들고, 그 안에 쓰고 그리는 이야기 창조에 기반한 접근방법으로 사실상 독서치료의 한 형식이다. 그럼에도 불구하고 연극치료사들은 6개의 틀을 상연함으로써 참여자의 체현된 태도 안에 모든 것이 드러나도록 6PSM을 응용하였다. 많은 연극치료사가 스토리텔링과 스토리메이킹을 연극매체라 여긴다. 그러므로 이러한 진단평가 도구는 분명 일정 부분 진단 분야에 대한 연극치료의 공헌이다. 또한 라하드는 전쟁의 위협 속에 사는 아동의 외상 후 스트레스에 관한 전문가이기도 하다. 그는 본래 참여자의 대응 방식의 강점과 약점을 찾아내는 신속한 진단평가 도구를 위한 자신의 방법론을 창안했다. 그는 다음과 같이 쓰고 있다.

> 나의 진단평가 도구는 독서치료에 기반해 있다. 개인이 자각에 도달하는 것을 돕고 내적·외적 소통을 개선하기 위해 이야기와 스토리텔링을 사용하는 치료적 기술이다……. 특히 고통스러울 때, 개입이 시작될 수 있도록 대응 방식에 대한 빠른 평가가 필요할 때, 이 '도구'는 가장 유용하다(Lahad, 1992, p. 156).

라하드의 도구에서 특히 중요한 것은 구체적인 대응 방식의 있고 없음을 측정하기 위한 규준(criteria)의 사용이다. 이를 BASIC Ph라고 부르며, 신념, 정서, 사회, 상상력, 인지 그리고 신체 영역 면에서의 대응 범주를 규정한다. 예컨대 만약 누군가 규칙적인 운동을 하러 감으로써 스트레스에 성공적으로 대처한다면 신체적인 방식에서 높이 평가받을 것이다. 최근 6PSM은 신뢰도, 타당성, 표준화의 측면에서 연구되어 왔다. 포괄적인 방법론 기술은 6장에서 제시할 것이다.

로버트 랜디(Robert Landy)

연극치료에서 진단평가라는 문제를 가지고 해결하려 노력한 그다음의 선구자는 로버트 랜디다. 그는 뉴욕 대학교 연극치료대학원 설립자이자 연출가이며 이 분야에 관한 다작의 저자이기도 하다. 교육연극 분야 출신인 랜디는 코트니를 중요한 멘토라 여기고 일찍이 『**교육연극 핸드북***(The Handbook of Educational Drama and Theatre)*』(1982)을 간행했다. 라하드처럼 랜디도 진단평가에서의 첫 시도는 이야기를 창조하는 참여자에 기반해 있었다. 바로 그 '**이야기 말하기**(Tell-A-Story)'는 그가 20년 넘게 개발해 왔던 그의 역할 이론과 방법에 연원한 것이다. 이는 연극치료에서 가장 잘 자리 잡은 접근방법들 중 하나다(Landy, 1993, 2009). 랜디(1993)는 "역할을 환기하고 명명하는 능력" "불러내어 명명한 역할들의 수" "역할의 특질" "역할의 기능" 그리고 "허구적인 역할과 일상의 삶 사이의 연계"라는 척도를 포함하여 진단평가의 윤곽을 그려 낸다(pp. 128-134). 이러한 범주들이 때때로 모호하게 규정됨에도 불구하고, 이 척도들은 연극치료에서 진단평가 데이터의 정량화를 향한 중요한 진전을 보여 준다. 제닝스처럼 랜디도 연극치료라는 언어 내에서 성격 이론의 골조를 세웠으며 거기서 그는 "역할 체계"로 개인의 성격을 밝혀낸다. 랜디와 그의 동료들이 쓴 바 있듯이, "결국 인간의 성격이란 근원적으로 한 인물에게 부과되고, 그리고 쇠퇴한 역할들의 융합체다. 역할 이론에 따르면, 인간은 자신의 모순된 역할들 사이에서 균형을 찾도록 동기를 부여받게 된다"(Landy, Luck, Conner, & McMullian, 2003, p. 152). 그는 또한 개인 안의 근본적인 역할들을 제시하고, 그 **역할 프로파일** 내에서 역할들의 의미를 실험하기 위해 투사적 진단평가를 창조해 냈다. 랜디의 접근방법은 오랜 기간 동안 발전을 거쳐 왔는데, 이는 7장에서 자세히 기술할 것이다. 매우 인상적인 것은 **역할 프로파일** 방법으로 진단평가에 대한 졸업 연구 논문을 쓰는 랜디 제자들의 숫자다. 그들 연구의 대부분은 진단평가 도구의 임상적 유용성과 효과의 측면에 관한 것이었다. 신뢰도, 타당성 혹은 표준화에 관해서는 지금까지 어떤 연구도 없었다. 하지만 진단평가에 관한 랜디의 연구는 연극치료 분야에 주요한 개척적인 공과를 남기고 있다.

최근의 발전상들

1990년대와 2000년대에 또 다른 연극치료사들이 새로운 도구들을 개발하기 시작했다. 그들 중에는 커플 간의 상호작용을 진단하는 대니얼 비너(Daniel Wiener, 14장 참고)와 발달장애 성인을 진단하는 스테판 스노우(Stephen Snow, 5장), 연극치료 진단평가를 위해 종합화된 지시문을 개념화한 수잔나 펜직(Susana Pendzik, 9장), 고리 클리븐(Gorry Cleven, 11장), 그리고 표준화와 개별화의 방법들을 각각 개발했던 네덜란드의 얍 웰튼(Jaap Welton)과 단 반 덴 보쉬(Daan van den Bossche, 12장), 참여자들이 복잡한 내적 상태를 표현하기 위해 다양한 상징적 오브제들을 배치하는 5단계의 플렉시글라스(plexiglass) 구조의 **'커뮤니큐브(communicube)'**를 창조한 존 카슨이 있다(John Casson, 2004, 15장 참고). 다른 치료사들은 이러한 다양한 방법을 정교한 임상적 진단평가로 통합하기 시작했다. 사이코드라마와 심리학적 가계도를 통합한 안나 체스너(Anna Chesner, 10장), 랜디의 검사, 인물 그리기, 그리고 서사 기법들을 통합한 파멜라 던(Pamela Dunne, 13장 참고), '커뮤니큐브'와 사이코드라마, 정서카드, 그리고 표준화된 질문지를 통합한 디티 독터(Ditty Dokter, 15장 참고)와 같은 이들이 있다. 임상은 지속되고 있지만, 이 방법들 중 양적 연구에 사용된 것은 거의 없다.

연극치료에 있어 좀 더 엄격한 행동 관찰을 이용하라는 요구는 폰타나(Fontana)와 발렌테(Valente)의 글, 「연극치료 발전의 안내자로서 참여자 행동 모니터하기」(1989, pp. 10-17)와 함께 시작되었다. 이들 두 저자는 근거(rationale)를 사용하여 실행, 진단, 평가에 대한 좀 더 행동주의적인 접근을 표방한다. 왜냐하면 연극치료는 행동지향의 방법론이며 그 결과 논리적으로 관찰 가능한 행동주의적 데이터를 제공하고 있기 때문이다.

> 치료과정 내내 행동주의적 모델은 치료사와 참여자 양자를 포함하여, 행동 관찰(예를 들어 참여자의 언어, 신체적 자세, 다른 그룹원들과의 상호행위, 얼굴 표정, 제스처, 일반적 웰빙)을 통해 참여자가 호전됨을 주시한다. 비록 이와 같은 관찰로 참여자의 내면에서 일어나는 직접적인 변화를 목격할 수는 없지만 고도의 객관성이라는 가치는 갖게 된다(1989, p. 16).

여기서 비록 저자들이 진단보다는 형성적인(formative) 가치평가를 말하고 있기는 하지만 그들이 강조한 것은 좀 더 분자적인 것, 즉 "연극치료사가 하고자 하는 것의 '과학적' 타당성을 회의론자에게 입증할"(p. 17) 수 있는 과학지향의 관찰에 있다는 점이다. 이런 의미에서 그들의 선언은 블러머와 맥나마라의 제안뿐만 아니라 존슨의 작업을 반향한다. 역할연기 진단평가를 사용한 행동주의자들과 진단평가에 연극이라는 매개체를 사용한 연극지향의 치료사들은 은유를 측정할 수 있는 좀 더 효율적이고 타당성 있는 진단 접근을 창조하도록 힘을 합쳐야만 한다는 것이다. 수년간 좀 더 엄격한 측정들과 방법들을 사용하여 더 큰 신뢰도와 타당성이 있는 연구물들을 산출하려는 압박은 꾸준하게 증가했다. 연극치료 분야가 이러한 요구와 연결될 수 있게 될지의 여부는 지켜봐야 한다.

결 론

우리는 현재의 새 세기 10여 년에 이르기까지 개척 단계에 있는 연극치료 진단평가 연구의 윤곽을 잡아 보려고 했다. 연극치료 진단평가 전개과정을 따라감으로써 현재의 우리와 미래의 연구자들이 기대게 될 지지대들을 주의 깊게 기술하는 데 그 목표를 두었다. 이 책은 이러한 초기 진단평가 도구들의 계속적인 개선과 발달을 반영하면서도 좀 더 최근에 개발된 또 다른 도구들을 소개하는 이중의 목적이 있다. 비록 전체를 망라한 것은 아닐지라도 우리는 이 책이 차세대 연극치료사들에게 열정과 새로운 계획을 위한 하나의 토대가 될 것을 희망한다.

1996년 필 존스(Phil Jones)가 "연극치료는 신생학문이다. 많은 '시도와 검증을 거친' 진단평가 방법론과 평가 절차라는 영향력 있는 몸체는 아직 없다"(p. 268)고 말한 이래, 연극치료는 계속 진보해 왔다. 〈표 1-1〉은 인체측정학에서의 진단평가 초기부터 심리학 분야에서의 심리측정학으로의 발전과 모레노(Moreno)와 맥레이놀즈(McReynolds)의 영향을 거쳐, 매혹적인 행동주의자들의 역할연기로, 그리고 1970년대 초 연극치료 선두주자들의 접근에 이르기까지 넓은 의미의 발전과 주요한 영향들을 제시한다. 연극치료는 진단평가에 대한 저항감이나 두려움이 있음에도 불구하고 그 자체의 진단평가 규준을 만들어 낼 수 있는 한, 독립적인 한 분야로서 온전히 발전하게 될 것이 분명하다. 우리들 자신과 연관된 진단평가에 대한 이와 같은 고찰이 이제 임상적 실천과 연구 양쪽 모두가 필요하다는 공식적 결정을 위한 하나의 출발점이 되어 줄 것을 기대한다.

참고문헌

Aiken, L. R., Jr. (1971). *Psychological and educational testing.* Boston: Allyn and Bacon.

Blatner, A. (1973). *Acting in: Practical applications of psychodramatic methods.* New York: Springer.

Blumer, C. A., & McNamara, J. R. (1987). Role playing: Clinical assessment and therapy considerations. In J. R. McNamara & M. A. Appel (Eds.), *Critical issues, developments and trends in professional psychology* (pp. 112-145). New York: Praeger.

Bronfenbrenner, U., & Newcomb, T. M. (1948). Improvisations-an application of psychodrama in personality diagnosis. *Sociatry, 1,* 367-382.

Casson, J. (2004). *Drama, paychotherapy and psychosis.* London: Routledge.

Courtney, R. (1968). *Play, drama & thought: The intellectual background to drama in education.* London: Cassell & Collier Macmillan.

Courtney, R. (1981). Drama assessment. In G. Schattner & R. Courtney (Eds.), *Drama in therapy* (Vol. 1, pp. 5-27). New York: Drama Book Specialists.

Feder, B., & Feder, E. (1998). *The art and science of evaluation in the arts therapies: How do you know what's working?* Springfield, IL: Charles C Thomas.

Fontana, D., & Valente, L. (1989). Monitoring the client behaviour as a guide to progress in dramatherapy. *Dramatherapy, 12*(1), 10-17.

Forrester, A. (2000). Role-playing and dramatic improvisation as an assessment tool. *Arts in Psychotherapy, 27*(4), 235-243.

Ginsburg, G. P. (1978). Role-playing and role performance in social psychological research. In M. Brenner, P. Marsh, & M. Williams (Eds.), *The social contexts of method: Readings in the sociology of methodology* (pp. 91-121). London: Croom Helm.

Gitlin-Weiner, K., Sandgrund, A., & Schaefer, C. (2000). *Play diagnosis and assessment.* New York: John Wiley & Sons.

Greenberg, I. (1974). *Psychodrama: Theory and therapy.* New York: Behavioral Publications.

Irwin, E., & Malloy, E. (1975). Family puppet interviews. *Family Process, 14,* 179-191.

Irwin, E., & Shapiro, M. (1975). Puppetry as a diagnostic and therapeutic technique. In I. Jakab (Ed.), *Psychiatry and art* (Vol. 4). Basel, Switzerland: Karger.

Jennings, S. (1973). *Remedial drama.* New York: Theatre Arts Books.

Jennings, S. (1998). *Introduction to dramatherapy.* London: Jessica Kingsley.

Jennings, S. (1999). *Introduction to developmental play therapy.* London: Jessica Kingsley.

Johnson, D. R. (1981). Some diagnostic implications of drama therapy. In G. Schattner & R. Courtney (Eds.), *Drama in therapy* (Vol. 2, pp. 12-34). New York: Drama Book Specialists.

Johnson, D. R. (1988a). Introduction to the special issue on assessment in the creative arts therapies. *Arts in Psychotherapy, 15,* 1-3.

Johnson, D. R. (1988b). The diagnostic role-playing test. *Arts in Psychotherapy, 15,* 23-36.

Johnson, D. R., & Quinlan, D. (1980). Fluid and rigid boundaries of paranoid and non-paranoid schizophrenics on a role-playing task. *Journal of Personality Assessment, 44,* 523-531.

Jones, P. (1996). *Drama as therapy, theatre as living.* London: Routledge.

Lahad, M. (1992). Story-making in assessment method for coping with stress: Six-piece story-making and BASIC Ph. In S. Jennings (Ed.), *Dramatherapy: Theory and practice 2* (pp. 150-163). London: Tavistock/Routledge.

Landy, R. (1982). *Handbook of educational drama and theatre.* Westport: Greenwood.

Landy, R. (1986). *Drama therapy: Concepts and practices.* Springfield, IL: Charles C Thomas.

Landy, R. (1993). *Persona and performance: The meaning of role in drama, therapy and everyday life.* New York: Guilford Press.

Landy, R. (2009). Role theory and the role method of drama therapy. In D. R. Johnson & R. Emunah (Eds.), *Current approaches in drama therapy* (2nd ed., pp. 65-88). Springfield, IL: Charles C Thomas.

Landy, R., Luck, B., Conner, E., & McMullian, S. (2003). Role profiles: A drama therapy assessment. *Arts in Psychotherapy, 30,* 151-161.

Lazier, G., Sutton-Smith, B., & Zahn, D. (1971). A systematic analysis of developmental differences in dramatic improvisational behavior. *Speech Monographs, XXXVIII*(3), 155-165.

Levine, H. G., & McGuire, C. (1968). Role-playing as an evaluation technique. *Journal of Educational Measurement, 5,* 1-8.

McReynolds, P. (1981). Introduction. In P. McReynolds (Ed.), *Advances in psychological assessment* (Vol. 5, pp. 1-21). San Francisco: Jossey-Bass.

McReynolds, P., & DeVoge, S. (1977). Use of improvisational techniques in assessment. In P. McReynolds (Ed.), *Advances in psychological assessment* (Vol. 4, pp. 222-277). San Francisco:

Jossey-Bass.

McReynolds, P., & DeVoge, S., Osborne, S. K., Pither, B., & Nordin, K. (1981). A role-playing test for the assessment of interpersonal style. *Journal of Clinical Psychology, 37*(2), 359-362.

Moreno, J. L. (1946). *Psychodrama, First Volume.* New York: Beacon House.

Moreno, J. L. (1987). The sociometric test. In J. Fox (Ed.), *The essential Moreno: Writings on psychodrama, group method, and spontaneity by J. L. Moreno, M.D.* (pp. 102-112). New York: Springer.

Moreno, J. L. (1993) [1953]. *Who shall survive? Foundations of sociometry, group psychotherapy and sociodrama* (student ed.). McCliean, VA: American Society for Group Psychotherapy and Psychodrama.

Pearson, K. (1924). *The life, letters and labors of Francis Galton* (Vol. 2). Cambridge: Cambridge University Press.

Pendzik, S. (2003). Six keys for assessment in drama therapy. *Arts in Psychotherapy, 30,* 91-99.

Piaget, J. (1952). *Play, dreams, and imitation in childhood.* New York: Norton.

Rubenstein, T. (2006). The use of role-play as an assessment instrument. In S. Brooke (Ed.), *Creative arts therapies manual: A guide to the history, theoretical approaches, assessment, and work with special populations of art, play, dance, music, drama and poetry therapies* (pp. 232-243). Springfield, IL: Charles C Thomas.

Rubin, J. A. (1988). *Art therapy: An introduction.* Philadelphia: Brunner/Mazel.

Sandberg, B. (1981). A descriptive scale for drama. In G. Schattner & R. Courtney (Eds.), *Drama in therapy* (Vol. 1, pp. 29-50). New York: Drama Book Specialists.

Schattner, G., & Courtney, R. (1981) *Drama in therapy* (Vols. 1 & 2). New York: Drama Book Specialists.

Snow, S., & D'Amico, M. (Eds.). (2009). *Assessment in the creative arts therapies: Designing and adapting assessment tools for adults with developmental disabilities.* Springfield, IL: Charles C Thomas.

Wagner, M. K. (1968). Reinforcement of the expression of anger through role-playing. *Behavior Research and Therapy, 6,* 91-95.

Wiener-Levy, D., & Exner, J. E. Jr. (1981). The Rorschach comprehensive system: An overview. In P. McReynolds (Ed.), *Advances in clinical psychology* (Vol. 5, pp. 236-293). San Francisco: Jossey-Bass.

Yablonsky, L. (1976). *Psychodrama.* New York: Basic Books.

제2장
연극치료 진단평가의 개념과 원리

David Read Johnson, Susana Pendzik, Stephen Snow

연극치료사들에게 **진단평가**라는 단어는 흔히 과학의 의미를 함축한다—연구조사, 측정, 도구, 척도, 목록, 결과, 증거, 그리고 수. 예술과 미학에 뿌리를 둔 연극치료는 직관이나 우연성, 그리고 충동과 같은 용어를 선호하면서 진단평가와 거리를 둔다. 그럼에도 불구하고 우리는 만들어 낸 주장에 대한 증거를 끊임없이 요구받는 세계에 살고 있다. 예컨대 우리는 놀이가 진실하다는 것을 제시하지 않고서는 놀이가 성장을 증진시킨다고 더 이상 말할 수 없다.

이 책에서 우리는 상대적으로 좁은 의미에서의 '진단평가'라는 말을 사용하게 될 것이다. 이는 현상의 관찰에 기반한 개인 특유의 특질에 대한 결정으로서, 개인을 이해하거나 혹은 개입을 계획할 목적으로 관찰을 어떤 특별한 개념적 범주로 분류한 것이다. 우리는 진단평가를 정의하는 데 있어 개입의 효과성을 결정하는 것과 같은 '가치평가(evaluation)'를 포함하지는 않는다. 마찬가지로 우리는 진단평가를 연구조사(research)와 동일시하지도 않는다.

진단평가의 목적

일반적으로 진단평가는 우리가 함께 작업할 사람들을 이해한다거나 그들의 치료에 사용될 절차를 결정하는 데 적용된다. 참여자를 진단한다는 점에서 **상태**(state) 혹은 **특질**(trait) 특성이라 불리는 것에 관심을 가질 수도 있다. 상태 특성이란 현재적 계기에 나타나는 것들이며, 시간과 환경에 따라 변화하기 쉬운 것들이다. 특질 특성은 좀 더 지속적인, 오랫동안 계속되어 온 개인의 패턴들이다. 그것은 성격 혹은 개별인격(diagnosis)과 같은 것으로, 시간과 환경 전반에 걸쳐 계속되는 경향이 있다.

치료 계획을 목적으로 한 진단평가라는 면에서 우리는 집단/개인 치료가 최상인지 어떤지, 또는 구조화된, 비구조화된 연극치료 방법 사이에서 참여자의 삶 속에서 일어나는 사건들이 명백히 드러나는 역할연기가 어느 정도까지 유용한지를 결정하는 데 관심을 둘 수 있다. 또한 연극치료라는 특별한 방법 내에서 치료사 자신이 적용하게 될 구체적인 방법을 결정하도록 해 주는 것이 진단평가다. 예를 들어 사이코드라마에서 차기 주인공을 결정하는 기술을 사용하는 것이나, 혹은 발달변형에서 소리의 도입 여부나 상호행위의 증가 여부를 결정하기 위해 참여자의 행위를 관찰하는 것이다. 이는 **내적 진단평가**(internal assessments)의 예인데, 다시 말해 그것은 치료사가 다른 전문가들과 그 결과를 소통하지 않고 그들 자신의 이론적 혹은 임상적 구조의 틀 내에서 상대적으로 특수한 개입 결정을 돕기 위한 것이다. **외적 진단평가**(external assessments)는 참여자에 대하여 다른 동료와의 소통을 목적으로 이루어질 수 있다. 그런 경우에 사용되는 언어는 연극치료사 자신들보다는 더 넓은 전문적 공동체에 의해 이해되는 언어여야 할 것이다. 이 장 후반부에서 우리는 연극치료를 언어화하는 것의 중요성을 토론할 것이다.

과학적 방법

많은 사람들은 과학적 방법의 역사와 가치 체계, 그리고 원리의 진가를 제대로 인식하지 못한다. 현대에는 대체로 과학이 권위의 중심에 있어 왔기 때문에 결국엔 그 본질이 당연한 것으로 혹은 모반적인 것으로 취급된다. 과학적 방법은 교회의 엄격한 권위에 문제를 제기하기 시작한 일군의 사상가들에 의해 1550년부터 1700년까지 대략 100년 넘게 축적되어 이루어진 것이다(Nola & Sankey, 2007). 그때까지 진리는 정전화된 텍스트들, 즉 성경, 코란, 탈무드, 다양한 교령(敎令)들과의 관계망 안에서 결정되었다. 왕, 교황 혹은 성직자와 같은 권위 집단의 판단들 내에서 말이다. 안에서 누군가가 어떤 주장을 하려한다면 이러한 텍스트들 중의 하나나 혹은 권위자들 중 한 사람의 선언에 대해 언급하게 된다. 이는 우리가 전문가나 권위자들의 출판물을 참조하거나 인용하는 것처럼 오늘날에도 계속되고 있다. 기성의 권위와 관련하여 기초 가설(truth claim)들은 그 권위가 어떻게 수립되었는가에 관해, 즉 정확도가 증명된 기록인지 아니면 특권의 다양한 분파인지에 관해 불가피하게 의문을 제기한다.

갈릴레오와 데카르트, 뉴튼 그리고 라이프니츠가 주도하여 과학적 방법을 개발한 예의 그 그룹은 가설이란 전문가들의 판단이 아니라 **현상의 관찰**에 기초하여 정의되어야 한다고 주장했다. 실험(혹은 '경험의 조각')이라는 개념은 관찰로 이루어진 것이었다. 불가피하게 현상은 기대치나 가정들 혹은 전문적 견해와 융화되지 않았다. 그래서 과학적 방법은 기존의 권위와 충돌을 일으키게 된 것이다. 기본적으로 과학적 방법은 가정된 것들을 의문시하고 들춰 낸다.

왕이나 성직자만이 아니라 사람들도 가정을 만들어 내고 편견을 가지며 진실이 아닌 주장을 한다. 짐작컨대 우리의 신념은 세상에 대한 어떤 안정적인 관점을 위해 중요하지만, 그 결과 너무 자주 우리의 욕구와 욕망을 조화시키려는 경향이 있기 때문에 이와 같은 일이 발생한 것으로 보인다. 이기심을 가지고 있기에 편견이 있는 것이다. 우리는 우리 관점으로 세계를 보며 다양한 관점이 있다는 것을 잘 이해하려

하지 않는다. 이들 초기 과학자들은 다양한 관점들(서로 다른 조건하의 많은 관찰자들)로부터 도출된 관찰이 유사할 때 그것들이야말로 **객관적**인 것으로 기술될 수 있다고 생각했다. 서로 다른 관점으로부터 도출된 관찰들이 상이할 때 그것들을 **주관적**(관찰자가 결정한)이라고 생각했다. 양자 모두 연구에 중요하며 상관적일 수 있다. 둘 다 진리의 형식들이다. 예를 들어 우리가 참여자들에게 그들의 경험을 물을 때 그들은 말로 혹은 질문지에 대답하게 되는데, 이때 우리는 그들의 주관적인 자기-보고서를 받게 되는 것이다. 이러한 정보는 객관적인 사실이 아님에도 불구하고 흔히 그들을 이해하고 치료를 계획하는 데 있어 결정적이다. 반대로 우리가 그들의 행위(예컨대 그들의 정서적인 말의 사용)를 관찰할 때 다른 관찰자들이 그 행위(예컨대 정서적인 단어의 수를 센다든지)를 확실하게 측정하여 객관적인 결정을 하게 된다. 이러한 유형의 관찰은 연극치료에서도 매우 유용하다.

연극치료사들이 그들의 존재 조건에 영향을 받지 않는 것은 아니다. 그래서 그들은 창조성, 자발성, 놀이, 신화, 이야기, 역할, 상연, 그리고 몸의 가치에 대한 가정들을 비교적 의심 없이 지지하는 편이다. 우리는 이러한 생각들을 열정적으로 믿고 유사한 견해를 공유하기 위해 함께 모이며, 이로써 객관성(많은 관찰자들 사이에서의 유사성)이라는 환영을 창조하고, 그러고는 이러한 가정들을 공유하지 않는 타인들이 이에 맞설 때 고통을 느끼게 된다. 많은 연구를 보면, 참여자들은 개입을 하지 않는 것보다 개입을 해야 더 많은 이점이 있을 것이라 믿고 있다. 그래서 우리는 연극과 놀이가 가치가 있다고 믿는 참여자들과 작업하려는 경향이 있으며, 참여자들은 우리의 작업이 매우 효과적일 것이라는 인상을 풍기면서 그로부터 혜택을 얻으려는 경향이 있다. 과학적 방법처럼 좋은 진단평가란 수나 양이 아니라 좋은 관찰이며, 우리 자신의 가정이나 당연시되는 편견을 취하지 않는 관찰이다. 좋은 진단평가는 현상에 우리의 눈을 여는 것이며, 이런 식으로 우리의 참여자들도 스스로를 드러내는 것이다.

가장 뛰어난 진단평가의 예는 장 피아제(Jean Piaget)의 작업이다. 그는 40년 동안 약 열명의 아이들을 관찰하여 아동 발달의 기본원리를 발견하였다. 그는 어떤 것도 측정하지 않았다—수나 통계적인 검사를 사용하지 않았다. 그는 아이들을 활용했다. 그가 내린 결론의 대부분은 그 후 수십 년에 걸쳐 행해진 경험적 연구로 지지를 받았다. 그의 연구가 진실을 드러냈기 때문이다. 어떻게? 밀도 있고 주의 깊으면서도 세심한 관찰, 그것은 그의 많은 책에 들어 있는 기록에 선명하게 드러나 있다.

> 0시 8분 13초에 나는 그녀가 오른 손을 쥐었다 폈다 반복하는 것을 관찰했다. 마치 이 움직임이 그녀에게는 새로운, 단 하나의 스키마처럼 매우 집중하여 주시하였다(관찰 130을 보라). 나는 그 시점에서 리드미컬하게 쥐었다 펼쳐 보였다 하는 나의 손을 그녀에게 보여 주는 실험을 하였다. 그때 그녀는 서툴지만 꽤나 뚜렷하게 움직임을 모방했다. 그녀는 엎드리고 있어서 자신의 손을 보지는 못했지만 그녀의 움직임과 내 것 사이에는 명백한 연관성이 있었다(Piaget, 1962, p. 23).

이러한 관찰이 저서 20여 권의 페이지들을 거의 채우고 있다. 거기엔 어떤 수량화나 측정이 소용되지 않았다. 하지만 그가 행한 '실험'을 주목해 보면 거기엔 다른 어느 것 못지않은 과학적 전통이 많이 있다.

연극치료에서 최고의 작품은 참여자의 행위와 사고, 그리고 감정을 그들 스스로가 드러내도록 허용하는 그런 논문이나 책이다. 이는 저자의 최상의 가정이나 신념에 대한 변경을 초래하면서 이루어졌다. 이러한 과정은 새로운 질문의 창조와 탐구의 길을 열어 놓게 된다. 현장에서의 학문은 우리가 내놓은 가정들(예컨대 "신화는 표현의 기본적인 형식이다."라든지, "우리는 우리의 이야기들로 구성된다."라든지, "그 무엇보다도 우리는 체현된 존재다."라든지)에 대한 진술로 시작한다. 그리고 그때의 소재는 우리의 참여자들이 제시하는데, 그들은 이러한 가정들을 지지하고 확신하며 공고히 해 준다. 불행하게도 이러한 과정이야말로 전문가와 권위를 통합시켜 지식을 정전화한다.

수량화

수란 무엇인가? 어째서 수는 그렇게 많은 권력을 거머쥐고 있는 것인가? 어째서 연극치료사들은 통계에 능숙하지 않은 것인가? 우리는 그래야 하는가? 이러한 질문들에 대한 관점과 무관하게 수는 추상의 순수성, 무제한의 유연성, 그리고 경험의 다양한 요소들을 비교하게 해 주는 변형적 능력이 있는 강력한 실재다. 수는 서로 다른 관찰자들 간의 소통을 좀 더 효과적이게 한다. 이런 면에서 수는 말과 유사한 추상적 실재다. '레드(red)' 현상이 무엇을 언급하는지 미리 동의함으로써 나는 그것 자체를 보여 주지 않고서도 다른 사람과 소통할 수 있다. "내 아들의 체온은 섭씨 42도다."라고 말함으로써 내 아들의 머리에 (통화 중에 있는) 의사의 손을 얹게 할 필요가 없게 하는 것이다. 그러므로 말처럼 수, 또는 실제로 어떤 추상적인 개념은 복잡한 현상을 간단하게 해 준다(나의 아들은 확실히 그의 체온보다 더 높다). 그리고 의사소통의 효용성과 특수성을 증가시켜 준다(의사에게 내가 원하는 전부란 내 아들의 열을 내리게 해 달라는 것이다). 그러므로 만약 내가 한 참여자에게서 나온 두 장면, 혹은 두 명의 참여자들 혹은 두 가지의 연극치료 방법론 혹은 치료 동안의 두 지점을 비교하기를 원한다면 숫자가 유용할 수 있다.

수 혹은 수량화는 객관성과 연관되어 주관성을 지닐 수 없는 것으로 생각되어 왔지만, 이런 연계야말로 잘못된 것이다. 주관적 경험은 수량화될 수 있다. 자기-보고서 측정에서 나온 다음의 척도를 보자.

나는 나의 배우자를 사랑한다.

극도로	매우 많이	다소	많지는 않은	전혀 아닌
1	2	3	4	5

또는

역할연기 동안 나는 나의 몸을 감지했다.

내내	대부분을	때때로	드물게	결코 없는
1	2	3	4	5

객관적이거나 주관적인 어떤 것은 수량화될 수 있다. 이와 같은 척도들은 통역의 모체(translational matrices)다. 로제타석은 숫자들 사이의 관계가 이미 주의깊게 계산되어 있기 때문에 현상들과 어마어마한 힘을 지닌 추상적 언어를 연결한다. 그러므로 만약 참여자에게 네 명의 캐릭터(예를 들어 왕, 남자 노예, 여왕, 여자 노예)를 역할연기하도록 요구하고 그런 다음 자기-보고 척도를 채우도록 하는 진단평가 도구를 구축한다면 특별한 참여자 혹은 어느 표본의 참여자들에 대한 성, 지배/굴종, 그리고 체현 사이의 관계를 비교하여 정보화할 수 있다. 이러한 체현이라는 주관적 경험들의 결과는 통계적으로 분석될 수 있으며 그래프상에도 나타낼 수 있다.

체현의 정도

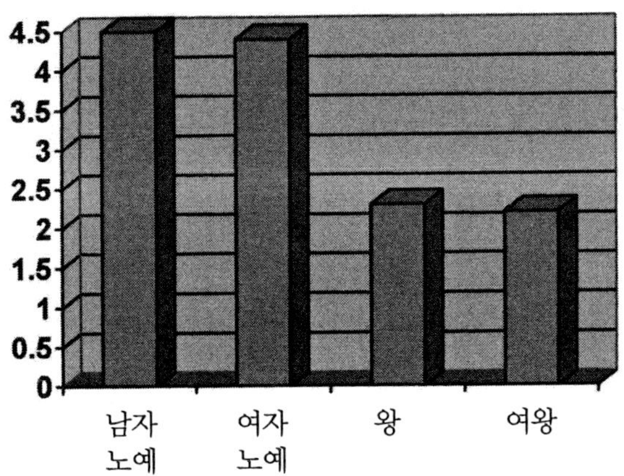

이러한 데이터 중 어떤 것도 객관적인 것은 아니다. 하지만 수량화된다. 그렇다. 그것은 참여자들의 전체성에 대해 환원주의적인 입장을 취한다. 하지만 구체적인 질문이 제기됨으로써("체현은 성이나 사회적 지위 역할과 좀 더 연관되는가?") 더 정확해질 수 있다(이와 같은 예에서는 사회적인 지위).

이러한 통역의 골조를 만들어 낸다는 것은 개념 혹은 변수들을 **작동시키는 것**을 의미한다. 그러므로 만약 우리가 **놀이공간**이라는 개념을 작동시키고자 한다면 기록하거나 측정할 수 있는 구체적인 특성들을 규정해야만 할 것이다. 예를 들어 에너지의 수위, 눈 접촉, 목소리 바꾸기, 제스처의 사용, 그리고 만약 치료사와 참여자 사이의 놀이공간이 제시되었다면 몸짓으로 표현된 오브제들의 현존을 우리는 목록화할 수 있을 것이다. 이러한 항목들 중 하나가 놀이공간이 아니라 놀이공간과 연관된 표지(marker)일 수 있다는 것에 주목하라. 만약 표지가 있다면 결정하려는 한 현상의 모든 면을 목록화할 필요는 없다. 예를 들어 만약 내가 "이제 겨울이지?"라는 질문을 작동하는 데 관심을 가졌다면 나는 (1) 눈의 현존, (2) 사람들이 코트를 입었는지 어떘는지, (3) 기온 혹은 (4) 낮 동안의 태양의 높이를 목록화해야 할지도 모른다. 현상은 많은 요소들의 복잡한 연합이기 때문에 정확한 진단평가는 흔히 소수의 좋은 표지들을 앎으로써 만들어질 수 있다. 어떤 생각이나 이론을 작동하는 것의 이점은 다른 사람들 역시 똑같은 현상을 관찰할 수 있을 것이라는 가능성을 증가시키는 것에 있다. 눈을 관찰하고 태양의 높이를 측정하는 것은 겨울을 '보는' 것보다 훨씬 더 쉽다—혹은 눈 접촉을 관찰하거나 치료사와 참여자 사이의 무언극을 관찰하는 것은 놀이공간을 '보는' 것보다 훨씬 더 쉽다. 스테판 스노우는 이러한 원리를 발견하여 그의 책에 다음과 같이 적고 있다.

> 다루기 어렵다는 것을 가장 잘 말해 준 것은 우리가 만족할 만한 상호 간의 신뢰도 구축에 무능하다는 점이었다……. 첫 성과는 매우 미약했다……. 중견의 저자는 등급화된 척도를 해석하는 자신의 방식으로 후배를 훈련시키고

자 했다. 하지만 성공적인 것은 아니었다……. (우리는 우리가 확인하고자 했던 것을 발견했다) 매우 미세한, 구체적인 관찰 가능한 행동들…… 구체적인 방법으로 범주에 조응하는 특별한 행위들의 일람표(Snow & D'Amico, 2009, p. 127).

또한 '작동하기'는 자기 자신의 개념에 대해 좀 더 탐구하고 학습하는 데 탁월한 방법이다. 왜냐하면 개념의 특별한 면들을 목록화하려는 시도에서 자신의 많은 항목이 다른 개념들의 특질이라는 것을, 혹은 항목 X를 포함한 것으로 생각했던 그 개념이 '**아주 드물게만**' 그렇다는 것을 항상 발견하게 될 것이기 때문이다. 이러한 과정을 통하여 현상에 대한 이해가 향상되는 것이다. 이론과 관련하여 진단평가는 실로 발견의 한 과정이다!

신뢰도

신뢰도는 가설의 필수적인 한 부분이다. 만약 땅을 향해 아래로 물체를 당기는 중력으로 불리는 어떤 힘이 존재한다고 말한다면, 오늘 그리고 내일, 여기 그리고 다른 나라에서도, 크고 작은 대상들에 대해 그것이 참이길 원할 것이다. 만약 공이 던져지고 땅으로 떨어진다면 우리는 지켜보는 사람이 누구이거나 관계없이 공이 땅으로 떨어졌다는 것을 확인하고 싶어 할 것이다. 만약 이러한 상황들이 일어난다면 우리는 그때 분명 중력의 힘이 있다는 것을 더욱 신뢰하게 될 것이다. 참여자들이 자신과 매우 다른 역할을 하는 것은 그들이 드러내는 정서의 강도를 감소시킬 수 있다. 또한 그들이 일정 시기, 특정한 치료사와 함께 한 어떤 역할이 진실하다고 말한다 해도 그것을 진실한 것으로 믿을 수 는 없다.

그러므로 우리는 오늘 진실한 것이 내일도 진실하다는 신뢰도를 추구한다(**검사-재검사 신뢰도**). 혹은 서로 다른 관찰자들이 만들어 낸 똑같은 관찰(**상호 신뢰**

도), 혹은 다른 방법론들을 사용한 같은 관찰(**상호방법론 신뢰도**)을 추구한다. 다시 말하건대 신뢰도를 개발하고 가늠하는 데 숫자를 필요로 하지는 않는다. 예를 들어 만약 여러 명의 연구자들이 모두 똑같은 비디오테이프(예를 들면 **마치 ~처럼as-if** 공간의 현존)를 볼 때 같은 역할, 행동 혹은 개념들을 확인할 수 있다면 그때 이러한 개념들은 신뢰될 수 있다. 이는 보기보다 훨씬 더 어렵다. 이 책의 편저자들은 그들이 본 것을 다른 사람들도 보도록 훈련하고자 하였고, 그렇게 할 수 없을 때 당황했던 경험을 가지고 있다. 누군가는 관중이 받아들이고 이해할 것 같은 매우 명료한 강의를 한다. "이해하나요?"라고 물으면, 그들은 "예, 우리는 완전히 이해합니다."라고 말한다. 그때 그들은 특별한 행위의 표본을 볼 것을 요구받는데, 비참하게도 거기엔 어떤 동의도 없다. 당신이 너무나도 명백한 진실이라고 믿는 것을, 다른 사람에게 그것을 알도록 훈련시켰음에도 그들이 믿고 인정할 수 없다는 것을 깨닫는 것은 상당히 겸허한 경험이다. 과학적 방법의 초기 개발자들이 발견했던 것처럼 인간은 항상 현실에 대한 그들 자신의 생각이 진실하다고 확신하며, 다른 사람들도 그들에게 동의한다고 믿는다.

타당성

타당성은 가설의 또 다른 결정적 요소다. 타당한 진단평가란 측정하고자 하는 것을 측정하거나 감정하는 것이다(**타당성 구축**). 무게 척도는 매시간 똑같은 무게를 지시하여 신뢰할 수 있지만 만약 그것이 똑바르게 맞춰져 있지 않다면, 예를 들어 계속해서 실제 무게보다 더 낮게 보여 준다면 타당성을 결여하게 될 것이다. 연극치료에서는 참여자에게 하나의 장면을 역할연기하도록 요구하여 자발성의 정도를 측정하는 진단평가 도구가 개발될 수 있다. 개발자는 이러한 진단평가가 한 개인의 자발성에 관한 능력을 평가한다고 주장할 수 있으며, 실제로 비디오로 녹화되고 있을 때 한 인물이 지닌 사회적 불안의 정도를 측정할 수도 있다. 어떤 이는 다른 사람의 진단, 즉 똑같은 현상들에 대한 기성의 진단들과 자신의 진단을 비교함으로써 타당성을 결정한다(**수렴된 타당성**). **표면적 타당성**은 측정되고 있는 것을 알게 하여 측정을 표층에 드러내는 진단평가를 말한다—길이를 재는 지팡이, 역할의 수를 측정하기 위해 역할 수를 세는 것 등. 예를 들어 만약 한 배우자가 상대에게 갖는 사랑의 정도를 측정하기를 원한다면 다음과 같은 서술로 질문지를 개발할 수 있다. "나는 나의 배우자를 사랑한다: 예/그럴지도/아니요" 이는 높은 표면적 타당성을 갖는다. 하지만 모든 사람들이 그와 같은 질문에는 "예."라고 답하기 때문에 타당성은 낮게 구축된다. "하루에 몇 번이나 당신의 배우자와 키스를 합니까?"와 같은 질문을 할 수 있는데, 이는 표면적 타당성은 덜하지만 의견이 아닌 실제 행위에 대한 언급이기 때문에 사랑에 대한 좀 더 근거 있는 측정일 수 있다. 이것은 우리에게 **문화적 타당성**을 상기시킨다. 어떤 문화에서 진실일 수 있는 것이 다른 문화에서는 완전히 다를 수 있기 때문이다. 일부 문화권에서 키스의 양은 사랑의 양과는 연관이 없거나 혹은 심지어 부정적으로 연관될지도 모르는 것이다.

여기서 연극치료사들은 어떤 난관에 봉착하게 된다. 왜냐하면 우리가 가진 다수의 진단평가 도구들은 다른 전문가들이 인정한 증상, 기능성, 그리고 행복의 기준과 같은 구조들과의 연계성 없이 극적 놀이의 측면만을 측정하기 때문이다. 연극치료 분야는 이러한 쟁점을 다루는 시작점에 있긴 하지만 만약 보편적인 건강관리 영역에 연극치료의 잠재적인 기여와 그 관련성에 대해 타인들을 설득해 낸다면 연극치료는 중요한 분야가 될 것이다. 지금까지의 진단평가는 대체로 연극치료사들을 위해 연극치료사들이 개발해 왔다. 비록 연극치료사들이 특별한 참여자에 대한 펜직의 첫 열쇠(Pendzik's First Key, 통로)가 갖는 본질을 아는 것이 유용할 수 있음에도 불구하고, 이를테면 첫 열쇠가 지능, 자발성, 우울증과 같은 개인의 비-연극적 측면에 연관되는지는 여전히 명료하지 않다. 이러한 연관성의 발견은 연극치료의 개념적 범주와 보편적인 기존의 범주들을 동시에 적용함으로써, 그리고 똑같은 참여자들을 대상으로 양자를 비교함으로써

만 실현될 수 있다. 이렇게 연극치료의 타당성은 설립될 수 있을 것이다.

삶의 만족도, 증후군, 그리고 기능화

건강에는 3개의 중요한 영역이 있다—(1) 행복과 그 자체에 대한 생각과 감정, 그리고 종합적인 행복을 포함하는 기본적인 삶의 만족도, (2) 우리를 불안하게 하거나 고통의 원인이 되는 증상을 수반하는 병, (3) 직장, 학교, 가족 체계에서 기능하는 능력. 첫 번째 영역은 경험의 영역이고, 두 번째는 진단, 세 번째는 장애의 영역이다. 어떤 이는 내부적으로 고통받고 있어서 병적인 증상 없이 일을 할 수 있는지도 모른다(예를 들어 나르시시즘적 인격장애, 특별한 유형의 알코올 중독자). 그래서 세 영역은 모두 중요하며 연극치료 진단의 대상이 될 수 있다. 우리는 참여자의 내부 작업에 관심을 가질 수도 있다(4, 6, 7장 참고). 혹은 개인의 증상이나 진단을 평가하기를 원할지도 모른다(11, 15장 참고). 우리는 실제적인 기능화를 가늠하고자 할 수도 있다(5, 13, 14장 참고). 각각의 진단평가 유형은 일련의 다른 측정과 방법론을 요구한다. 평가자는 진단의 목표지점이 무엇인지, 그리고 그것의 한계가 무엇인지를 이해하는 것이 중요하다. 연극치료 진단평가는 참여자의 의학적 진단(diagnosis)에 도움을 줄 수 있을까? 연극치료 진단은 직장과 학교에서 참여자의 기능화를 어떻게 결정할 수 있을까? 역사적으로 창조적인 예술치료에서의 진단평가는 대부분 참여자의 내적 경험에 대한 정보를 밝히는 데 초점을 두어 왔다. 왜냐하면 사람들이 직접적으로 자신의 생각을 표현하는 투사적인 매개체로 예술을 보기 때문이다. 존슨의 DRPT(4장 참고), 라하드의 6PSM(6장 참고), 그리고 랜디의 역할검사(7장 참고)는 이러한 전통을 반영한다. 스노우의 DTRPI(5장)는 기능성과 연계되어 왔다(예를 들어 치료적 연극 제작에서의 역할 캐스팅). 그리고 존슨의 DRPT는 과대망상적 정신분열증과 외상 후 스트레스 장애와 연계되어 왔다.

방법론

진단평가는 다른 방식들 속에서 행해지고 서로 어울려 매우 다양해질 수 있다. 일반적으로 가장 추천할 만하고 믿을 만한 진단방법은 **직접적인 방법**(in vivo)이다. 만약 사람들이 얼마나 멀리 점프할 수 있는가를 진단하고자 한다면 그들에게 얼마나 멀리 점프할 수 있는지를 적어 내라는 질문지보다는 직접 점프하라고 요구하는 것이 좋다. 만약 사람들이 어떻게 극적 현실에 빠져 들어갈 수 있는지를 알고자 한다면 연극 장면에서 공연하는 그들을 관찰하면 된다. 대조적으로 **간접적인 방법**(in vitro)은 참여자에게 실제 상황이 아닌 유사한 대체 상황에서의 몇몇 행동을 요구한다. 예를 들어 만약 사람들이 일자리를 위한 인터뷰에서 어떻게 할 것인지 진단하고자 한다면 가장 좋은 방법은 그들의 실제 인터뷰를 관찰하는 것이다(in vivo). 두 번째로 좋은 것은 일자리 인터뷰를 역할연기하는 그들을 관찰하는 것인데(in vitro), 명백하게 그들 자신으로서 혹은 은밀하게 또 다른 개인이나 일자리 인터뷰의 캐릭터를 연기하는지를 관찰한다. 극적 역할연기는 간접적인 방법인, in vitro의 상황에서 가능한 것을 크게 확장한다. 세 번째로 좋은 방법은 그들에게 인터뷰에 대한 자기-보고 질문지를 작성하도록 하는 것이다. 많은 투사적인 검사들은 간접적인 방법론이다. 만약 정서적 표현에 대한 사람들의 능력에 관심이 있다면 그들에게 다양한 정서를 지닌 일련의 얼굴을 그리게 하거나 혹은 마스크들 중에 특정한 마스크를 선택하라고 요구할 수도 있다. 이러한 방법은 그들의 실제 생활환경에서 그들의 정서적 표현을 평가하는 것(in vivo)과는 대조적이다. 만약 사람들이 어떻게 이야기를 하는지 진단하고자 한다면 그들에게 이야기를 하게 하거나(in vivo) 이야기의 요소들이 있는 카드 중에서 일련의 카드를 선택하게 할 수 있다(in vitro). 간접적인, in vitro 절차가 사용되는 이유는 실제적인, in vivo 상황을 나열하는 것이 더 번거롭다는 점 때문이다. 간접적인 방법의 검사들은 관찰에서 추론을 발전시키는 것을 더 쉽게 하는 범주들로 사전 계획된다.

직접적인 방법을 더 많이 치환하는 그다음의 방법론이 있다—**자기-보고**(self-report). 여기서 행위 자체는 요구되지 않는다. 단지 행위에 대한 참여자의 의견만이 있을 뿐이다. 그래서 사람들의 역할 레퍼토리를 평가하고자 한다면 그들에게 많은 역할들을 연기하게 하거나(in vivo) 또는 점검표에 그들이 동일시했다고 느낀 역할들을 체크하게 할 수 있다(자기-보고). 여기에서 만들어진 가정은 사람들의 역할 레퍼토리에 대한 자기-보고가 그들의 실제 역할 레퍼토리와 유사하다는 것이다(그들의 의견은 상대적으로 정확하다). 이러한 가정은 자주 부정확하고, 그리고 직접적인 방법(in vivo), 간접적인 방법(in vitro), 그리고 자기-보고라는 조건들과는 상당한 차이가 있을 수 있으며, 심지어는 모순이 일어날 수도 있다(Forrester, 2000).

자기-보고 기술들은 간단한 말로 된 리포트, 점검표들, 리커트 척도(여기서의 진술들은 숫자화된다), 그리고 카드류들을 포함한다. 자기-보고의 더 엄격한 형식은 인터뷰다. 거기에서는 개인에 대해 질문한 다음 그와 관련한 관찰들을 점수화한다. 이러한 기술의 이점은 인터뷰 진행자가 개인이 질문을 이해했는지 혹은 정확한 답을 하는지에 대한 확신이 없을 때 좀 더 세밀하게 후속 질문들을 할 수 있다는 것이다. **열린 결말의 인터뷰**(open-ended interview)는 미리 결정된 어떤 질문이나 점수화 없이 평가자에게 흥미로운 일련의 주제를 관통하며 참여자를 따라간다. **구조화된 인터뷰**(structured interview) 방식은 각 참여자에게 특정한 주문과 세부적인 단계를 요구하는 어떤 종류의 득점 절차를 지닌 매우 조직화된 질문들을 포함한다. 이 책의 독자는 이러한 네 가지 방법론의 사례와 만나게 될 것이다(직접적인 방법, 간접적인 방법, 자기-보고, 인터뷰).

극적인 행위를 언어화하기

진단평가는 불가피하게 참여자의 행위/경험을 정신분석학

적이든, 행동주의적이든, 융 이론이든, 혹은 역할 이론이든 몇몇 다른 이해 체계로 번역하는 것을 포함한다. 만약 이것이 진실이 아니라면 우리는 단순히 비디오테이프를 보여 주면 될 것이다. 발달변형에서는 참여자가 '놀이공간' 안에 있는지 어떤지가 중요하다. 놀이공간이란 무엇인가? '안에'가 의미하는 것은 무엇인가? 역할 이론에서 우리는 반대 역할이나 혹은 안내자를 보기를 기대한다. 안내자란 무엇인가? 정신분석학적 맥락에서 무엇이 방어인가? 가정컨대 각 실천가는 그들의 놀이공간, 안내자, 혹은 방어를 관찰하는 수단을 갖고 있다. 그렇기에 모든 진단평가는 일정 형식의 언어와 번역을 수반한다. 만약 연극치료 이론의 언어가 의사소통하기를 원하는 타인들에게 잘 알려지지 않았다면 그런 경우 현상에서 연극치료 언어로 그리고 다시 기존의 전문적 언어로 이중의 번역 과정이 있어야만 진실한 것이다.

각각의 접근에는 장단점이 있다. 심리학의 영역에서 나온 기존의 개념들을 이미 사용하는 진단평가들은 좀 더 쉽게 그 분야의 전문인들과 소통할 수 있다. 국민건강기관들이 개발한 범주를 적용한 진단들은 좀 더 쉽게 제도 내의 기존 구조들로 통합된다. 하지만 이러한 진단평가는 극적 행위 혹은 연극치료에는 덜 구체적인 것일 수도 있다. 그래서 실제적인 작업에 잘 적용되지 않을 수 있다. 특별한 연극치료 작업의 실천가에게 유용한 진단은 매우 특수한 장치 안에서 그들에게만 적용될 수 있는 방법을 사용해야 할지도 모른다. 내적/외적 측정을 아울러 사용하는 것이야말로 명백히 가장 좋은 접근이다. 왜냐하면 그것은 연극치료 영역에서부터 건강보건기구와 전체 대중에 이르기까지 가장 넓은 범위로의 전환을 제공하기 때문이다.

이러한 노력에 도움이 되는 것은 기본적인 사상과 개념의 정의에 대한 연극치료 전문가들 사이의 상대적인 동의다. 흥미롭게도 연극치료사들은 상상의 영역, 역할, 이야기, 극적 매체에의 집중, 그리고 연극과 실제 삶 사이의 혼동과 같이 수많은 기본적인 개념들을 일치시키는 데 성공하지 못했다. 선구적인 학자들은 이러한 중심 개념들에 대해 서로 다른 정의를 사용한다. 예를 들어 극적 영역의 개념에 대한 정의는 랜디, 존스, 제닝스, 어윈, 존슨, 루이스, 스노우, 펜직, 모레노와 같이 그 분야를 이끄는 권위자들마다 다르게 사용하고 있다(Emunah & Johnson, 2009). **상상 영역, 바로 그때**(illude tempus), **놀이공간, 마치 ~처럼, 극적 현실, 환상적 현실, 믿게 만들기, 가장의 세계, 그리고 잉여현실**과 같은 용어들은 유사한 현상에 사용된다(Penzik, 2006). 짐작컨대 각각의 학자는 특정한 단어나 문구의 뉘앙스를 선호한다. 이 모든 서로 다른 단어들은 같은 현상에 대한 것인가, 혹은 이들 학자들이 서로 다른 현상들을 오버랩하여 언급하고 있는 것인가?

우리에게 중요한 것은 진단평가가 관찰한 현상들에 어떤 언어를 부여하는 것과 연관된다는 점이다. 그리고 진단의 목적과 목표지점을 지각하는 것이 필수적이라는 것이다. 연극치료 분야에 모든 방면의 진단평가 언어들의 네트워크가 요구된다. 그리고 이와 같은 과제에 가장 유용한 접근법을 추출하기 위해 수년간의 실험과 연합, 대화를 취해야 할 것이다. 그러므로 우리는 직접적 방법, 간접적 방법, 인터뷰, 자기-보고의 다양한 방법이 필요할 것이다. 덧붙여 우리는 평범한 언어, 국민건강보건 언어, 기존의 전문적인 언어, 연극치료 언어, 그리고 특별한 연극치료 방법론 언어를 활용하는 체계들을 필요로 할 것이다. 해야 할 일이 많다.

중요한 문제는 무엇인가?

이 모든 논의는 평가할 중요한 현상이 무엇인지에 대한 논점을 회피한다. 무엇이 어떻다는 것인가? 중요한 문제가 무엇인지 알지 않고서는 답할 수 없다. 만약 내가 사용한 연극치료 방법이 어떤 특별한 참여자에게 효과적이라고 믿는다면 나는 사전에 진단할 필요가 없다. 내가 질문이 있다면, 내가 어떤 것을 알 필요가 있고 결정을 해야 할 필요가 있다면 그때 진단평가가 필요한 것이다. 우리 분야의 멤버들이 제기할 질문이 있다는 것은 희망적이다! 이 책의 각 장들을 읽어 보면 각각의 저자는 어떤 문제들에 특별한 관심(privilege)을 주는 것 같다. 이들 문제 중 일부는 연극치료 영역 안에, 그리고 몇몇은 그 영역 밖에 있게 된다.

연극치료 영역 안에서의 문제

구조 대(對) 즉흥

다양한 연극치료 방법론 가운데 가장 명백한 차이는 자발적인, 흔히는 즉흥적인 놀이과정에 참여자를 이끄는 접근 대(對) 이전에 이미 있는 이야기들, 신화, 주제 그리고 희곡들과 같은 잘 구조화된 소재에 의존하는 접근에 있다. 수년간의 실행에도 불구하고 우리는 어떻게 이러한 두 유형의 연극치료가 참여자들에 대해 다른 정보를 제공하는지, 그리고 어떻게 최대화될 수 있는지 알지 못한다. 구조화된 방법은 심각한 병이 있는 환자들에게 더 효과적인가? 증상을 개선하는 데 더 효과적인가? 즉흥적인 방법은 자존감을 개선하는 데 좀 더 효과적인가? 이러한 유형의 정보가 없다면 우리는 특정 환자들에 대한 특정 접근이라는 효율성에 의한 선택이라기보다는 차라리 서로 다른 연극치료사들이 그저 그들 자신이 선호하는 서로 다른 방법들을 사용하는 상황 속에 계속 놓여 있게 될 것이다. 외과의사가 어떤 특별한 방법으로 그렇게 하는 것이 그저 '좋았기' 때문에 똑같은 수술을 다르게 실행했다면, 확실히 혼란스러울 것이 아닌가!

치료사의 입장

연극치료사는 놀이공간과 관련하여 목격자에서부터 연출가, 사이드 코치, 참여자에 이르기까지 다양한 입장을 취할 수 있다(Johnson, 1992). 우리는 개개의 연극치료사들의 강한 선호도에도 불구하고 이러한 서로 다른 치료사의 입장이 특정 유형의 참여자들에게 미치는 효과에 대해서는 전혀 알지 못한다.

체현

연극치료 접근법은 회기 동안 참여자들이 그들의 몸을 활동적으로 움직이기를 요구받는 정도가 상당히 다양하다. 만약 그렇다면 체현은 치료적 과정과 결과에 어떤 영향을 미치며, 어느 참여자에게 어떤 효과를 가지는가?

신체적 접촉

연극치료 과정에서 신체 접촉은 어떤 효과가 있는가? 어느 참여자에게 신체 접촉이 권장되거나 혹은 권장되지 않는가?

정서표현

연극치료 과정에서 정서의 표현 혹은 정서적 카타르시스는 어떤 역할을 하는가? 그리고 누구를 위한 것인가?

역할에 대한 개인의 거리

모든 연극치료사들은 참여자들이 연기하는 역할과 실제 그들의 상황 사이의 거리를 다룬다. 몇몇 연극치료 방법은 극적 은유 안에 온전히 머물러 있다. 다른 방법들은 참여자가 그들 자신과 그들의 실제 삶의 상황들을 연기하게 한다(예를 들어 사이코드라마). 참여자에게 이러한 차이들은 어떤 효과를 가져다주며 그리고 그것들은 언제 나타나는가? 어떤 형식의 연극치료 진단 도구가 개발되어 우리가 이러한 상태의 결과를 탐구하도록 도울 수 있는가?

연극치료 영역 외의 문제

정서적 표현과 지능

정서의 기능과 표현에 상당한 관심이 있다. 아이의 발달과 사회적 관계에서의 정서의 역할에 기울이는 관심이 증가하고 있다(Goleman, 1996).

회복력

점차 건강관리는 병리적 관점보다는 정신력에 기반한 관점에서 운용되고 있다. 그래서 역경에 직면한 회복력의 본질이 면밀히 검토되고 있다. 명백히 연극치료는 이러한 개념과 관련하여 기여할 수 있다.

기능적 진단평가

심리치료와 내면 탐험이 약해져 감에 따라 행위와 기능성에 대한 관심이 증가하고 있다. 어떻게 연극치료는 사회와 직장, 그리고 학교와 가족 안에서 기능하는 참여자의 능력에 대한 진단에 기여할 수 있을까?

트라우마

심리적 트라우마는 아이와 성인 양자 모두의 치료적 놀이 회기에서 어떻게 드러나는가? 연극치료에는 어떤 트라우마 표지들이 있는가? 극적 놀이공간에서 참여자의 행위는 어떻게 외상적 경험에 대한 중요한 정보를 드러내는가?

신경과학

신경과학 분야는 연극치료의 발전에 실마리를 줄 수 있는 새로운 정보를 갖고 성장하고 있다(Jennings, 2010). 놀이 회기에서의 공감과 상호성 확립은 거울뉴런 체계에 영향을 미치는가? 체현된 놀이는 오른쪽과 왼쪽 뇌 반구 사이의 의사소통에 영향을 주는가?

결론

연극치료사들이 좀 더 진지하게 진단평가 과정을 택하는 일은 중요하다. 왜냐하면 이러한 방법들을 탐험하는 중에 새로운 질문과 탐구의 통로가 그 모습을 드러내어 연극치료 영역이 더 큰 영역의 건강관리에 힘을 보태는 데 도움을 줄 것이며, 연극치료의 개념과 실천들을 좀 더 신뢰성 있고 타당성 있게 해 줄 것이기 때문이다. 연극, 놀이 그리고 체현에 대해 의문을 갖지 않고 가정된 것만을 계속 되풀이해서는 안 된다. 우리는 새롭고도 전통적인 관찰 수단들을 사용하여 연극치료의 관찰 기술을 개선해야만 한다. 놀이공간, 미적 거리, 역할과 같은 우리 식의 개념들이 의미하는 것의 포장을 벗겨 내어 우리 기술의 독특한 요소들을 비판적으로 탐구해야만 한다. 물론 계량화에 위협받지 않아야 한다. 실천가들 각자가 '진단평가 정신'을 개발해야만 한다. '초보자 정신'과 같이, 마치 처음처럼 새로운 빛 속에서 스스로를 보도록 자기를 새로운 가능성과 기회에 열어 놓아야 한다. 이런 식으로 우리는 진지하게 연극치료 과정을 택하는 방법과 연극치료가 사회에 기여하는 바를 제시하게 될 것이다.

참고문헌

Emunah, R., & Johnson, D. (Eds.). (2009). *Current approaches in drama therapy* (2nd ed.). Springfield, IL: Charles C Thomas.

Forrester, A. (2000). Role-playing and dramatic improvisation as an assessment tool. *Arts in Psychotherapy, 27*(4), 235-243.

Goleman, D. (1996). *Emotional intelligence.* New York: Bantam.

Jennings, S. (2010). *Healthy attachments and neuro-dramatic-play.* London: Jessica Kingsley.

Johnson, D. (1992). The dramatherapist 'in role' In S. Jennings (Ed.), *Dramatherapy: thoery and practice 2* (pp. 112-136). London: Routledge.

Nola, R., & Sankey, H. (2007). *Thearies of scientific method: An introduction.* Montreal: McGill-Queens University Press.

Penzik, S. (2006). On dramatic reality and its therapeutic function in drama therapy. *Arts in*

Psychotherapy, 33, 271-280.

Piaget, J. (1962). *Play, dreams, and imitation in childhood.* New York: Norton.

Snow, S., & D'Amico, M. (Eds.). (2009). *Assessment in the creative arts therapies: Designing and adapting assessment tools for adults with developmental disabilities.* Springfield, IL: Charles C Thomas.

제3장

연극치료 진단평가에 있어서 예술의 위상

Susana Pendzik, Stephen Snow, David Read Johnson

이 책의 목적은 연극치료 분야에서 진단평가의 최근 동향을 조사하는 것이다. 비평적 관점으로 보면 이러한 노력들이 시도되기는 했지만 만족할 만큼 충분히 발전되지는 않았다. 여러 저자들은 서로 의견을 공유하지 않았고, 따라서 같은 현상에 대해 서로 다른 용어를 사용하는 결과를 초래하였다. 또한 심리학의 투사 검사, 발달적 드라마, 미술치료, 독서치료, 카드 분류, 설문지, 그리고 정신과 진단평가의 리커트 척도 등과 같은 다양한 기법들이 많은 분야에서 차용되었다. 긍정적인 측면으로 보면, 이와 같은 연극치료 진단평가의 새로운 시도를 위한 노력에서 볼 수 있듯이 연극치료 자체의 핵심 개념에 대한 논의가 점점 더 활기차게 진행된다는 것이다. 이제는 전체적으로 교육에서의 이론과 연구, 그리고 원칙에의 엄격함을 하나로 모아 더욱 집중하여 진단평가를 통합 정리하고 명확하게 하려는 경향이 강해지고 있다. 이 책이 이러한 에너지를 더욱 발전시켜서 통합과 엄격함이 더욱 잘 이루어지는 데 도움이 되기를 바란다.

연극치료 진단평가 방법은 교육의 핵심 철학 안에 내포된 관점들을 간과해서는 안 된다. 1970년대 베이트슨(Bateson, 1976)은 **놀이**와 **현실** 사이의 관계가 **지도**와 **땅**의 관계와 같다고 주장하였는데, 그는 자신도 모르는 사이에 연극치료 분야에 있어서 진단평가에 대한 방향성을 제공하였던 것이다. 극적 현실 속에서 사람들이 보여 주는 공연에 대해 관찰하면 그들의 공연과 실생활(땅)에서의 패턴을 진단평가할 수 있도록 하는 지도를 구성할 수 있다.

스노우와 다미코(2009)가 지적한 것처럼 진단평가를 위해 연극을 사용하는 것은 사회과학에서 새로운 것이 아니다. 하지만 심리학자, 정신과 의사, 그리고 다른 연구자들이 데이터를 수집하기 위한 수단으로 극적 도구를 사용하였다고 해도 연극치료 진단평가에 본질적 요소인 연극치료적 관점을 적용한 것은 아니다(Pendzik, 2003). 이 책에서는 바로 이 점에 대하여, 즉 각각의 저자들이 그와 같은 연극치료적 관점에 관하여 어떻게 분명하게 밝히려고 하는지 살펴보고자 하는 것이다! 교육에서 연극치료의 범위가 확장되고 고유한 이론적 배경이 성립됨에 따라 이 분야의 고유함을 반영하는 특성을 사용하려는 요구가 더욱 커지고 있다. 이에 대한 연극치료사들의 연구로는 존스의 **핵심과정**, 펜직의 **6-열쇠**, 라하드의 BASIC Ph, 랜디의 **6영역**, 제닝스의 EPR, 존슨의 **5차원** 등이 있다. 한 코끼리의 각기 다른 부분을 만지는 시각장애인들처럼 서로 관찰한 부분들을 공유해야만 코끼리의 정확한 전체 모습이 완성될 수 있는 것이다. 이제 각 장에서 다루고 있는 내용을 살펴본 다음, 연극치료 진단평가에 대한 비교 분석으로 결론짓고자 한다.

각 장의 개괄

4장 데이비드 리드 존슨의 **역할연기진단검사**(DRPT: Diagnostic Role Playing Test)는 초기의 연극치료 진단평가 도구 가운데 하나인데, 역설적이게도 (스노우와 다미코의 연극치료 역할연기 인터뷰와 함께) 양적 측정을 사용하는 유일한 방법으로 남아 있다. 이러한 관찰만으로도 충분히 놀랍다. 왜냐하면 역할연기진단검사는 거의 40년 전에 개발되었고 양적 연구에 대한 필요성은 끊임없이 요구되었기 때문이다.

DRPT는 우리가 어떻게 역할을 취하는지(DRPT-1) 혹은 **놀이공간**(playspace)에서 어떻게 역할을 만드는지(DRPT-2) 측정하며, **투사적 가설**(projective hypothesis)을 거쳐 이러한 행동들이 실제 삶에서 일을 수행하는 방법의 표본을 구성한다고 가정한다. 피아제의 적응과 동화 개념과 관련하여 볼 때, 극적 현실에서 역할을 입는 두 방법을 체계적으로 관찰하면 사회적 요구를 받아들이거나 현실 생활에서 창조적으로 환경에 도전하는 방법에 대해 알 수 있다. 게다가 이러한 진단검사는 인간의 정서지능이나 상상놀이의 능력, 대상관계의 성숙함, 혹은 역할 체계의 특성에 관하여 알게 해 주기 때문에 연극치료 이론뿐만 아니라 다른 심리적 이론과 상호 참조될 수도 있다. DRPT는 경험에 의거한 진단방법으로 유효하며, 매우 신뢰할 만하고 일관성이 있다. 그것은 비디오 촬영과 숙련된 평가자를 필요로 하기 때문에 임상 작업을 진행하는 것이 쉽지는 않지만, 연구에 유용한 행동을 주의 깊게 기록할 수 있게 해 준다.

최근 10년간 퍼포먼스에 대한 연구가 실생활에 존재하는 연극적 관점을 수용함에 따라 일상과 연극의 경계는 점차 모호해졌다. 고프먼(1972), 기어츠(Geertz, 1973), 터너(Turner, 1986), 셰크너(Schechner, 2005) 등의 연구는 삶과 연극 사이의 관계를 새롭게 바라보게 하였고, 현실과 연극적인 것 사이의 경계를 재정립하였다. '세상이 무대'라는 은유는 더욱 확장되어 실제 현실의 모든 면을 포함하게 되었다. 5장에서 스노우와 다미코는 이런 관점에서 치료적 공연 기획에서의 배역 선정 과정을 진단평가 과정으로 보았다. 그들(2009)은 다양한 발달장애 성인을 진단하는 도구를 개발하였는데, 그것은 DTRPI라 불리는 즉흥 역할연기 도구다. 이 모델은 심리적·인지적 기능의 다섯 영역에 초점을 맞추어 측정한다. 그것은 주의 집중, 자기주장, 자발성, 소통 능력, 명령 수행 능력이다. 이것은 임상 환경에서 시간의 흐름에 따른 치료적 성장의 측정으로 매우 유용하다. 하지만 5장에서 그들은 이 모델을 치료적 공연의 배역 선정과정에 특별히 적용하는 것에 주목한다. 배우에게 고정된 배역을 맡기는 상업적 공연 캐스팅 과정의 미학적 및 사업적 가치와 달리 치료적 공연의 배역 선정과정은 환자의 치료적 요구를 유념해야 하는데, 이는 주로 환자에게 **아직 더 살펴봐야 하는 역할**(less traveled role)을 취할 기회를 주는 것을 포함한다. 스노우와 다미코의 연극치료에 기초한 모델은 모든 형태의 공연 지향적 연극치료(Bailey, 2009; Emunah, 2009)뿐만 아니라 TIE(교육연극)나 공동체 연극과 같이 연극을 특정 대상에 적용하는 대안적 분야로도 확장된다. 또한 그들의 작업은 그 분야의 다른 작업에 대한 존중과 지식을 반영한다. 그들은 존슨의 DRPT와 랜디의 역할 기법(Landy, 1993)에 기초하여 DTRPI를 개발하였다. 또한 DTRPI는 영상 녹화와 숙련된 평가자에 의존하여 양적 결과물을 만들어낸다. 따라서 임상뿐만 아니라 연구에도 쉽게 적용된다.

6장에서 라하드와 덴트-브라운은 라하드가 정립한(1992, 2000) 6PSM 진단 기법을 제시한다. 그것은 라하드와 알리다 저시가 함께한 연구의 영향을 받은 것으로 구조적으로는 환자가 이야기를 하도록 하는 접근 방식을 사용하는데, 먼저 6개의 그림을 그린 다음 그 내용을 언어로 기록하게 한다. 그 결과 나온 이야기의 내용은 먼저 라하드의 BASIC Ph, 즉 신념(Belief), 정서(Affect), 사회성(Social), 상상력(Imaginative), 인지(Cognitive), 신체(Physical)라는 대처방식의 구조 내에서 범주화된다. 그다음 진단과정은 여섯 가지의 다음 단계, 즉 주제, 지금 여기에서의 질문/갈등, 발전 단계, 주인공의 탐색, 상징적 수준 등을 다룬다. 엄격한 개념적 구조 덕분에 하나의 이야기에서조차 놀랄 만큼 많은 정보가 나온다. 이 장에서는 또한 실제로 장애 진단을 받은 환자들에게 적합한 부가적인 척도와 관련된 덴트-브라운의 연구와 그 척도 내에서 측정 방식을 입증하려는 노력에 대하여 언급한다. 이러한 노력의 어려움은 존슨과 스노우, 다미코도 이미 반복하여 경험하였듯이 우리의 핵심 개념들을 명확하게 설명하고 정의해야 하는 필요성을 일깨워 준다.

7장 랜디의 역할 프로파일, 역할 점검표와 TAS 기법은 그가 자신의 역할 기법 이론을 발전시키고자 한 노력과 통찰의 결과, 추상적인 경험의 범주나 영역에 해당하는 역할에서부터 환자의 이야기에 대한 보다 통합적인 연구에 이르기까지 더욱 진보하였다. 진단평가는 평가자의 주관적인 해석에 근거하며, 평가자는 랜디의 **역할, 반대 역할, 안내자**의 개념에 기초하여 환자의 내적 삶의 서사를 구성하고, 또한 영웅의 여정에 대한 캠벨(Campbell, 1972)의 개념에서 얻은 지식을 활용함으로써 자료를 이해한다. 하지만 역할 프로파일과 역할 점검표는 참여자 스스로의 역할 선택에 의존하므로, 따라서 지극히 환자 중심적이다. 이 세 가지 기법들은 모두 치료과정에 쉽게 포함되는데, 왜냐하면 중요한 역할들과 주제를 빨리 알아차려 즉각적으로 역할연기나 극 행동을 시작할 수 있기 때문이다. 또 다른 한편으로, 이 기법들은 현재로서는 아직 그 유효성과 신뢰성이 입증되지 않았지만 연구에도 적용될 수 있다.

8장 제닝스의 **체현-투사-역할**(EPR) 도식은 연극치료 진단방법뿐만 아니라 진행 방식의 틀로도 적용되었다. EPR은 **마치 ~처럼**의 상황에 들어가고 상상하는 능력으로 구성되며, 연극놀이의 자연스러운 발달에 기초한다. EPR 연속체에 따라 개인이나 집단을 관찰하면 놀이 능력, 선호하는 애착 유형, 그리고 물질적·사회적 세계와의 관계 등에 대한 유용한 정보를 얻는다. EPR 구조는 치료사로 하여금 현재진행 중인 치료과정을 이끌고 갈 수 있도록 한다. 신경-극적-놀이(NDP: Neuro-Dramatic-Play)는 이 패러다임이 더욱 발전된 것으로, 갓난아기와 첫 양육자 간 관계의 극적 요소에 대해 질문함으로써 초기 애착 유형에 집중한다. **놀이와 이야기를 통한 애착 진단검사**(PASAA: the Play and Story Attachment Assessment)는 NDP를 아이의 애착 유형을 결정하는 근거로 사용한다. 아이의 문제점은 감각, 율동, 극적 놀이에서 결핍된 부분들을 점검해 보면 더욱 잘 이해된다. 참여자에게 직접 질문에 답하게 하는 것보다 움직이고, 놀고, 이야기를 하도록 하는 진단 접근법은 비공격적이다. 이렇게 해서 놀이, 연극, 이야기 등의 다양한 행위를 하도록 하는 것에 대한 추론이 형성된다. EPR과 NDP는 연극치료 진단평가에 대한 학문적인 접근의 우수한 예로서, 랜디와 라하드의 기법과 같이 치료 계획과 진행에 쉽게 투입될 수 있다.

공연에 대한 분석은 삶 자체가 그렇듯이 그 내용에 대한 관찰보다 더 많은 것으로 이루어지는 복잡한 일이다. 공연의 절충적인 본성으로 인해 실제 작업가들은 모든 상황에 적용되는 진단 모델을 찾기 어려워한다. 그런데도 '극적 현실' 이라는 개념은 모든 형태의 연극치료를 단일화하는 핵심 개념으로 두드러진다. 9장 수잔나 펜직의 **6-열쇠 모델**은 연극치료 과정에서 진단을 위한 통합적인 틀을 제시하는데, 그것은 그 분야에서 앞으로 진행될 작업에 대해 보다 더 명확하고 일관성 있게 해 준다. 이 모델은 매우 임상적이며, 극적 현실의 여섯 가지 중점 내용(현실 사이의 전환; 극적 현실의 특성; 역할과 인물; 주제, 갈등 그리고 플롯; 극적 현실에 대한 반응; 그리고 메타 현실-말해지지 않은)을 탐구한다. 6-열쇠 모델은 연극치료 과정에서 나타나는 참여자나 집단의 행동을 진단하기 위한 도구이며, 치료사가 각각의 열쇠를 명확하게 다루는 개입을 하기 위한 지침을 제공한다. 그것은 질적·주관적 분석 체계로서 어떤 연극치료 기법과도 양립될 수 있으며 따라서 폭넓게 적용된다.

10장에서 안나 체스너는 사이코드라마 기법(심리학적 가계도, 스펙토그램, 역할-전환)을 사려 깊게 사용하여 치료사가 견고한 통합적 임상 지식으로 훌륭한 접근 계획을 세우는 방법에 대해 설명한다. 예를 들어 체스너는 **텔레**(tele)라는 모레노의 개념이 환자-치료사 간에 앞으로 좋은 치료적 유대관계를 만들 수 있는 잠재적 징조로 어떻게 사용되는지 보여 준다. 텔레가 긍정적이든 부정적이든 상관없이 그것을 처음 인터뷰를 구상하는 데 사용하게 되면 치료사는 환자의 애착 문제나 유형에 관한 정보를 얻을 수 있다. 체스너는 심리학적 가계도와 스펙토그램과 같은 투사 기법이 환자의 가족과 사회 관계망에 대한 임상가의 이해를 어떻게 깊이 있게 해 주는지 설명한다. 체스너의 작업은 평가자로서의 치료사의 우수한 사례로, 진단과 개입의 기능이 어떻게 통합되는지 잘 보여 주고 있다.

11장에서 고리 클리븐은 연극치료적 사고와 진단방법을 심리적·법의학적 구성과 연계한다. 클리븐의 네덜란드 관찰 기법(DOM: Dutch Observation Method)은 연극치료에서 나온 몇 가지 이론적 원천에 근거하며, 법의학 심리요법 대상을 진단하는 도구로 만들어진 것이다. 그것은 환자의 정신적 태도, 극적 요소의 사용, 그리고 역할 레퍼토리에 관한 정보들을 결합한다. 이 기법은 주로 청소년과 성인에게 적용되는데, 세 번의 집단 작업과 세 번의 개별 작업으로 구성되며, 그 안에서 일련의 극적 즉흥 작업이 이루어지고 일람표를 사용하여 진단된다. 그 작업은 바텔스먼(Bartelsman, 1987)이 만든 놀이와 창조의 발달에 관한 전제들에 따라 구성된다. 관찰된 사항은 치료 작업 제안서로 마무리된다. 이 방법은 또한 매우 임상적이지만, 정신건강 환경에 더 적합한 도구와 방법들로 연극치료 진단평가를 그 환경에 통합시키고자 하는 시도다. 따라서 DOM은 연극치료와 보다 광범위한 정신건강 전문직 사이의 간격을 없애고자 하는 시도의 예다.

이러한 관점은 단 반 덴 보쉬와 얍 웰튼(12장)에 의해 반박되는데, 그들의 진단 접근법은 연극치료 만남에 대한 현상학적 관점에 기초한다. 그들은 인간 상호작용에는 항상 주관적인 면이 있다는 질적 연구자의 가정을 고려하고, 연극치료는 치료사의 능동적 개입을 요구한다고 주장하면서 치료사뿐만 아니라 환자의 진단도 포함하는 구성주의적 전인론적 접근을 제시한다. 이 모델은 치료사 자신의 이론적 방향성 못지않게 환자들도 진단 전략에 영향을 미친다고 단언한다. 왜냐하면 각각의 개인은 특별한 요구를 가진 유일하고 역동적인 존재이기 때문이다. 그들의 견해에 따르면 환자는 진단의 대상으로 축소되어서는 안 된다. 그들은 자신의 치료 환경에 능동적으로 개입한다. 이 모델의 진단평가는 세 가지 차원, 즉 자기, 공간 그리고 타인으로 구성되며, 각 범주는 세 가지 하위 레벨, 즉 개인, (극적 현실 내에서) 연기자 역할로서의 개인, 그리고 사회적 역할에서의 개인(치료사나 환자)을 포함한다. 이 기법은 연극치료 과정에서 이러한 측면들을 주의 깊게 관찰함으로써 어떻게 정교한 임상 진단평가가 완성될 수 있는지 잘 보여 준다. 스노우와 다미코같이 반 덴 보쉬와 웰튼은 다른 연극치료사, 특히 에무나의 **5단계 모델**, 존스의 **극적 개입 척도**, 그리고 존슨의 **5차원**으로부터 많은 영향을 받았다.

다음 3개의 장은 특별한 대상에 대한 진단평가다. 팸 던(13장)은 그룹홈의 청소년들을 위한 진단평가에 초점을 둔다. 그녀는 라하드의 6PSM, 랜디의 **역할 프로파일**과 TAS, 매코버의 **인물 그리기** 검사를 혼합하여 청소년들의 내적 갈등, 주된 관심, 그리고 평가 자료들을 통한 행동 성향이 드러나는 포괄적인 임상 진단 검사를 사용한다. 또한 그녀는 진단에서 드러난 정보가 어떻게 효과적인 연극치료 개입을 시작하는 데 사용되는지 설명한다. 이는 임상 작업에서 진단 전략을 통합적으로 사용하는 훌륭한 사례다.

대니얼 비너(14장)는 즉흥 기법을 통한 커플의 진단평가에 대한 작업의 발전을 보여 준다. 성장 리허설(RfG: Rehearsals for Growth)은 좋은 즉흥의 원리가 좋은 관계 기능의 원리와 동일하다는 전제에 기초한다(Wiener, 1994). 그는 임상 경험을 통해 **지위**(status)라는 개념이 커플 간의 상호 갈등을 이해하는 열쇠임을 알게 되었다. 그는 **지위** 책략을 수반하는 일련의 진단 방식을 개발하였는데, 그 책략을 커플로 하여금 수행하도록 하면 그들의 관계에 숨은 중요한 의미가 드러난다. 최근 들어 치료사를 진단과정에 포함시키는 중요성에 대한 반 덴 보쉬와 웰튼의 견해를 지지하여 진단평가 과정에 치료 체계에서 치료사의 지위에 대한 조사가 포함되었다. 비너는 커플에게서 유의미한 정보를 끌어내는 많은 흥미로운 방법들을 설명하는데, 이는 일반적인 진단평가와 치료 전략의 발달이라는 양측면에도 유용하다. 그의 작업은 커플치료에서 진단평가라는 복잡한 주제에 대하여 유일하면서도 중요한 공헌을 하였다.

디티 독터(15장)는 연극치료의 진단평가에서 정신의학적 조치와 개별 현상학적 방법의 두 가지를 하나의 통합 진단으로 검토하는 것을 핵심 문제로 삼는다. 그녀는 연극치료사들이 영국국민건강보험(NHS)이라는 거대한 맥을 무시할 수 없다는 사실에 주목한다. 그녀는 영국연극치료사협회가 2008년에 정리한 증거기반 실습(EBP: Evidence-Based Practice)에 대한 연구를 발표하였는데, 그것은 영국의 연극치료사들이 사용하는 표준화되고 개별화된 측정을 다룬다(Dokter & Winn, 2009). 그녀는 표준화된 측정과 개별화된 측정을 혼합하여 사용할 것을 주장한다. 그녀는 산후우울증을 앓고 있는 여인의 사례를 들면서 NHS에서 다른 정신건강 전문가들이 사용하는 표준화된 방법인 **정기검사의 임상 결과**가 어떻게 치료과정의 기준점을 정하는 데 도움이 되는지 보여 준다. 또한 연극치료사들에게 그들의 실행 방식의 유효성을 보여 주는 증거 기반 기초를 제공한다. 질적 연극치료 진단평가 도구는 환자의 극적 매체 참여, 그리고 은유 사용 능력과 같은 가변성을 진단하는 데 도움을 준다. 독터는 표준화된 검사에 대한 연극치료사들의 거부 그리고 질적 기법에 대한 선호가 우리의 도구를 다른 분야의 전문가들이 납득할 수 있도록 하고 증거를 제공하라는 현장의 요구를 무시하는 것으로 보일 수도 있다고 지적한다.

비교 분석

이 책의 내용을 검토하면서 우리는 연극치료 분야에서 진단평가의 위상에 관한 수많은 연구에 놀랐다. 다른 무엇보다도 이들의 노력에도 불구하고 **이 분야에서 진단평가에 대한 관심은 충분하지 않았다는 사실에 놀랐다**. 우리 훈련 프로그램에서 핵심점이 치료임에도 불구하고, 진단평가의 역할은 충분히 다루어지지 않았다. 그 이유 가운데 하나는 아마도 양적인 것, 그리고 연구 패러다임과 기법—진단평가는 이러한 영역과 관련된다—에 대한 연극치료사들의 보편적인 혐오감일 것이다. 어쨌든 이 책에서 언급되는 진단 기법들은 거의 대부분 질적인 것으로, 다시 말해 대부분의 기법들이 임상 상황에서의 유용함을 확실하게 제시하고 있다. 따라서 우리는 교육훈련 프로그램이 치료에서 이러한 진단의 잠재적인 유용한 역할을 강조할 것을 권한다. 사실 진단 경험이 기본적으로 연극치료사의 관찰 능력, 즉 과학적 기법의 핵심을 증진시킨다고 생각한다. 우리는 제각기 진단평가 틀의 강력함에 깊은 인상을 받았으며, 그것은 환자에 관한 우리의 믿음이 어떻게 우리의 추측과 이론적 배경, 개인적 편향에 근거하는지 명백히 드러내 주었다. 어떤 현상—이 경우에는 참여자의 행동인데—을 관찰하는 체계적인 방식을 따르는 것은 보다 정확한 관찰로 귀결되며, 그것은 보다 나은 치료로 이어진다. 공감 능력 그리고 환자와 함께 있을 수 있는 능력은 정확한 듣기와 관찰에 기초해야만 한다. 이러한 기술들은 진단 경험에 의해 직접적으로 향상된다.

둘째로, **연극치료 진단평가를 보다 엄격히 할 것에 대한 요구**에 감명을 받았다. 이 책의 많은 저자들은 주로 임상가로서 작업하고 연극치료의 이론을 발전시키면서 부수적인 관심으로 진단 기법들을 발전시켰다. 예외로는 『창조적 예술치료의 진단평가』(2009)를 공동 저술한 스노우와 다미코가 있는데, 그들은 DTRPI에 대해 세심하게 기록한 작업에 엄격함을 적용시키고 있다. 또한 디티 독터가 영국에서 표준화된 질적 측정방법에 대해 연구한 것 역시 예외다. 존슨의 DRPT는 실제로 수년에 걸쳐 여러 연구에서 사용되었고, 랜디의 검사는 그의 대학원 학생들에 의해 연구되었고, 라하드의 6PSM은 폭넓게 임상적으로 사용되었다. 하지만 보다 많은 사람들이 자신의 작업에서 이러한 진단평가를 적용하기를, 보다 많은 연구가 다양한 센터에서 진행되기를, 그리고 기존의 것들을 재검토하고 발전시키기를 바라는 욕구가 아직도 많이 남아 있다. 진단과정에 더욱 많이 개입하게 되면 보다 나은 엄중한 작업들이 뒤따라 생길 것이다.

셋째로, 이러한 진단평가 모델의 저자들 사이에 **대화와 나눔이 충분하지 않다**는 것이다. 각각의 모델은 다른 것들과 상대적으로 고립되어 그 저자의 고유한 이론적 혹은 임상적 방향성에 기초하여 개발되었기 때문에 극적 현실이 각 사람의 관심의 초점이 된 이후 거의 동일한 현상에 대한 개념과 용어들이 사용되었다. 그 결과 겹치기도 하고 약간 달라지는 개념들의 과잉이 생겼는데, 다른 전문가들은 말할 것도 없고 가장 똑똑한 연극치료 학생들에게조차도 불필요한 혼란을 야기시키게 된 것이다. 현재 우리는 너무 각자의 말로 이야기하고 있다. 예를 들어 라하드의 BASIC Ph 모델의 여섯 가지 대응 방식(신념, 정서, 사회성, 상상력, 인지, 신체)은 랜디의 역할 분류의 6영역(신체, 인지, 정서, 사회적, 영적, 미적)과 어느 정도 유사하다. 다른 점은 개념적 차이라기보다는 그 두 사람이 다른 방향에서 시작하였다는 사실에서 부분적으로 기인한다(랜디는 연극의 역할을 분석하는 것으로부터, 라하드는 이야기와 스트레스 대책으로부터). 더 나아가 펜직의 6-열쇠(현실 사이의 전환, 극적 현실의 특성, 역할과 인물, 주제, 갈등 그리고 플롯, 극적 현실에 대한 반응, 그리고 메타 현실)는 존스의 여덟 가지 핵심과정(극적 투사, 놀이, 역할놀이와 의인화, 공감과 듣기, 능동적 엿보기, 체현, 삶-연극 연계, 변형, 2007), 그리고 라하드의 7단계(대응양식, 주제, 지금 여기에서의 질문, 갈등, 발전 단계, 주인공의 탐색, 상징적 수준)와 유사하다. 이 세 사람은 완전히 다른 현상을 이야기하고 있는 것일까? 우리는 파이를 여섯 조각, 일곱 조각, 아니면 여덟 조각으로 나누고 있는 것일까? 그것들은 조각, 열쇠, 차원, 영역 이 가운데 어떤 것일까? 그것은 놀이공간일까, 극적 현실일까, 마치 ~처럼일까, '**바로 그때**(illud tempus)'일까 아니면 상상 공간일까? 우려되는 점은 상대적으로 약소한 차이점에 대해 논쟁하면서 불필요한 시간을 보낸다면 이 분야에 대해 보다 광범위한 합일점과 보다 설득력 있는 일관성을 이루지 못하게 될지도 모른다는 것이다.

따라서 연극치료가 지금 직면하고 있는 가장 강력한 도전 중 하나는 핵심 개념들의 정의와 명칭에 대한 상대적 합의점을, 그리고 학자와 임상가들이 서로 다투는 퍼즐의 다른 부분 사이에 연계성을 찾을 필요가 있다는 것이라고 생각한다. 이 점은 특히 진단평가와 관련될 때 중요한 의미를 지닌다. 왜냐하면 그것이 우리 분야를 좀 더 체계적인 게슈탈트와 같은 다른 학문에 소개할 수 있도록 할 뿐만 아니라 우리의 정체성, 목표 그리고 한계에 대한 근본적인 질문들을 되짚어 보도록 하기 때문이다.

이러한 통합 작업은 오직 각각의 작업에 대한 관심에 기초한 연극치료사들 간의 대화가 더욱 많아질 때 실현될 수 있다. 그래서 바로 이 책에서 그 작업을 시작하고자 한다—던이 라하드와 랜디의 검사를 사용한다는 것, 스노우와 다미코가 존슨의 검사를 창조적으로 발전시킨다는 것, 존슨의 DRPT 척도 개발은 랜디의 역할 기법에 근거한다는 것, 반 덴 보쉬와 웰튼은 에므나와 존스, 존슨의 틀을 진단 방법론에 적용한다는 것 등등. 이 선구자들 자신뿐만 아니라 그들의 학생들 역시 더 많은 요구를 할 것이다.

마지막으로 **연극치료 분야를 향해 내적으로 이끌리는 진단평가와 보다 광범위한 전문적 공동체를 향해 외적으로 이끌리는 진단평가 사이의 긴장**에 대해 주목하고자 한다. 연극치료가 이 분야의 고유한 관점들(창조성, 놀이 능력, 역할 레퍼토리, 극적 현실)을 반영하는 특별한 진단평가 모델을 성립시킴에 따라 우리의 기법과 결과들을 동료들과 공유하는 것에 대한 요구 또한 성립된다. 2장에서 지적한 것과 같이 각각의 진단평가는 어떤 식으로든 언어화된 형태를 포함하기 때문에 유사 전문직 동료들이 반드시 연극치료의 언어를 구사할 필요는 없다. 연극치료사들은 종종 다른 정신건강 전문가들과 협력하여 작업하므로 지금 직면한 한 가지 도전은 우리의 진단 기법에 관해 비연극치료사들도 이해할 수 있는 방식으로 소통되어야 할 필요성이 있다는 점이다. 이는 특히 다양한 학문적 배경하에서 작업하는 사람들에게 관련된다. 반 덴 보쉬와 웰튼(12장)은 연극치료사들은 하나의 언어를 사용할 입장이 아니라 다양한 언어를 사용할 필요가 있다고 주장한다. 독터(15장)는 다음의 사실에 동의한다. "증거 기반 임상은 우리의 작업을 다른 사람들과 연계할 것을 요구하는 것—최고의 임상을 확인하는 결정적인 단계—이다. 연극치료사로서 연계하지 않는 것은 위험한 일이다. 예술가로서 우리는 독창성과 창조성을 인정하고 그것에 가치를 둔다."

결 론

존슨(2009)이 주장한 것과 같이 모든 창조적 예술치료는 역사적으로 정신건강 전문직의 지배적인 패러다임에 부응하는 것에 대하여 투쟁하여 왔다. 이러한 패러다임 간의 싸움은 분명 진단평가에 대한 연극치료사들의 사고 방식에 영향을 미친다. 특히 의료 체계에서 일하는 사람들은 증거에 기초한 진단평가 기법을 요청하지만, 이와 정반대 선상에 있는 연극치료사들은 **미학적 패러다임**(Johnson, 2009)과의 관련성을 더욱 발전시킨다. 거기에서는 **유효성**과 같은 핵심 지표가 **진실성**이라는 개념으로 대체되는데, 그것은 창조적이고 주관적인 과정의 복합체에 대해 보다 정확한, 따라서 보다 신용할 만한 표현이 된다(Wadsworth Hervey, 2000). 하지만 존슨(2009)도 물었듯이, "우리가 감히 거기에 설 수 있을까? 우리가 중심 영역의 힘을 피하고 우리 영토를 보다 깊이 캐들어갈 용기가 있을까?"(p.119)

결론적으로 두 가지를 다 할 필요가 있다. 극적 현상의 언어화에서 다른 전문 분야와 연계하는 것, 그리고 이와 동시에 극적 현실에 대한 이해를 그 자체의 용어로 보다 심화하는 것. 이 두 유형의 연구를 위한 관점은 다음과 같다—놀이공간의 친밀함에 대한 미시적 접근과 환자의 증상에 대한 거시적 접근.

우리가 고심해야 할 질문 가운데 하나는 맞추고자 하는 퍼즐의 종류와 관련된다. 그 조각들은 동일한 디자인에 속하는가? 연극치료와 같이 많은 사람들과 함께 작업하며 무질서하고 어려운 분야에서 공통점을 찾는 것은 힘든 일이다. 여러 진단평가들을 하나의 원칙 안에, 그것도 상이한 철학적 기준과 병행하는 원칙 안에서 공유하는 것은 쉽지 않다. 연극치료는 유사한 그리고 대립되는 기준들의 합류지점에 놓여 있다. 각각의 기준은 다른 신념 체계와 목표를 가지고 있으며 심지어 치료적 과정이 무엇을 의미하는가에 대한 이해도 다르다.

한 분야로서의 우리의 딜레마는 일부분만이 그것의 본질에 기인한다. 연극치료는 한 사람(프로이트, 펄스, 모레노와 같은), 하나의 이론(심리분석, 실존주의, 학습이론) 또는 하나의 기법(사이코드라마, 게슈탈트, 안구운동민감소실)의 주도하에 형성되지 않았다는 것이다. 우리는 유목민과 같아서 동일한 빈터에 함께 있으면서도 다른 언어로 말했고, 텐트의 색깔도 제각각이었다. 단지 우리가 있는 주변 환경에 대한 사랑만 공유할 뿐이었다. 우리는 이 환경을 다른 이름들로 불렀고, 따라서 서로 이야기를 나누어야 한다. 우리의 다른 관점들을 서로 통역해야 한다. 왜냐하면 '우리는 같은 땅 위에 서 있기' 때문이다.

이 책에서 우리는 이러한 통역과 대화의 과정을 시작하고자 하며, 생각을 나누고 서로 합침으로써 함께 퍼즐을 맞추고자 한다. 우리는 편집자로서 관점을 교환하여 서로를 위한 생산적인 대화로 진입하게 되면 이론적 사고는 활발해지고 진단평가의 개념화를 심화할 수 있으며, 또한 공동의 지식을 확고하게 하고 그 결과 연극치료의 범위를 더욱 확장할 수 있을 것이라고 믿는다.

참고문헌

Bailey, S. (2009). Performance in drama therapy. In D. R. Johnson & R. Emunah (Eds.), *Current approaches in drama therapy* (2nd ed., pp. 374-389). Springfield, IL: Charles C Thomas.

Bartelsman, J. C. (1987a). *Drama & pedagogie. Beschouwingen voor de docent. [Drama and pedagogy: Considerations for the trainer.]* Leiden, the Netherlands: Martinus Nijhoff.

Bateson, G. (1976). A thoery of play and fantasy. In R. Schechner (Ed.), *Ritual, play and performance: Reading in the social sciences/theatre* (pp. 67-73). New York: The Seabury Press.

Campbell, J. (1972) (1949). *The hero with a thousand faces.* Princeton, NJ: Princeton University Press.

Dokter, D., & Winn, L. (2009). Evaluating dramatherapy: EBP and PBE: A reseach project. *Dramatherapy, 31*(1), 3-10.

Emunah, R. (2009). The intergrative five phase model of drama therapy. In D. R. Johnson & R. Emunah (Eds.), *Current approaches in drama therapy* (pp. 37-64). Springfield, IL: Charles C Thomas.

Greertz, C. (1973). *The interpretation of cultures.* New York: Basic Books.

Goffman, E. (1972) (1959). *The presentation of self in everyday life.* London: Cox & Wyman.

Johnson, D. (2009). Commentary: Exmining underlying paradigms in the creative arts therapies of trauma. *Arts in Psychotherapy, 36,* 114-120.

Jones, P. (2007). *Drama as therapy: Theory, practice, and research.* New York: Routledge.

Lahad, M. (1992). Story-making in assessment method for coping with stress: Six-piece story-making and BASIC Ph. In S. Jennings (Ed.), *Dramatherapy Theory and practice* (Vol. 2, pp.

150–163). London: Routledge.

Lahad, M. (2000). *Creative supervision: The use of expressive arts methods in supervision and self supervision.* London: Jessica Kingsley.

Landy, R. (1993). *Persona and performance: The meaning of role in drama, therapy and everyday life.* New York: Guilford Press.

Pendzik, S. (2003). Six keys for assessment in drama therapy. *Arts in Psychotherapy, 30,* 91–99.

Schechner, R. (2005) [1988]. *Performance theory.* London: Routledge.

Snow, S., & D'Amico, M. (Eds.). (2009). *Assessment in the creative arts therapies: Designing and adapting assessment tools for adults with developmental disabilities.* Springfield, IL: Charles C Thomas.

Turner, V. (1986). *The anthropology of performance.* New York: PAJ Publications.

Wadsworth Hervey, L. (2000). *Artistic inquiry in dance/movement therapy.* Springfield, IL: Charles C Thomas.

Wiener, D. J. (1994). *Rehearsals for growth: Theater improvisation for psychotherapists.* New York: Norton.

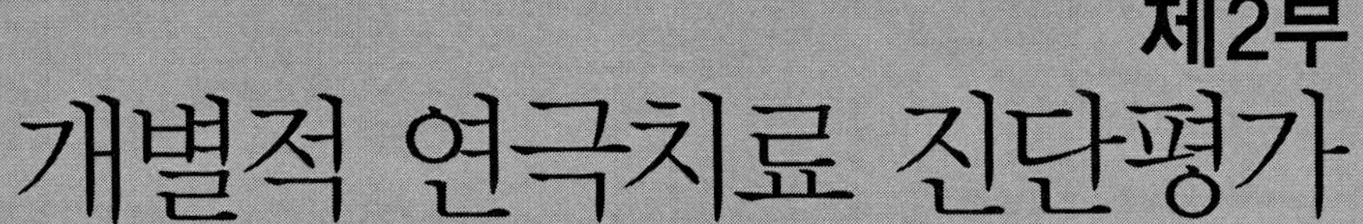

제2부
개별적 연극치료 진단평가

제4장
역할연기진단검사

David Read Johnson

역사와 배경

나는 1974년 겨울부터 1975년 겨울까지 역할연기진단검사(DRPT: Diagnostic Role-Playing Test)를 개발했다. 당시 스물세 살이었던 나는 예일정신의학연구소의 '드라마 전문가'가 된 것에 대한 흥분으로 상기되어 있었다. 극적인 역할연기가 사람들의 여러 측면을 표현하는 풍요로운 투사적 매체라는 것은 명백했다. 나는 예일정신의학연구소의 몇몇 멘토와 롤 모델에게서 자극을 받아 투사법에 대한 심리학적 문헌뿐만 아니라 모레노의 모든 저작물을 읽고 있었다. 브룩스 브레니(Brooks Brenneis)는 꿈을 분석하고 있었고, 장 시멕(Jean Schimek)은 피아제의 견지에서 정신분석학 이론을 재개념화하고 있었다. 제세 겔러(Jesse Geller)는 움직임의 심리학에 관심을 가지고 있었으며, 시드니 블랫(Sidney Blatt)은 로르샤흐 검사(the Rorchach)를 이용하여 발달적 관점에서 나온 정신분열증과 우울증을 탐구하고 있었다. 나 또한 연극과 인형을 사용한 진단적 평가에서 엘리노어 어윈(Eleanor Irwin)에게 영감을 받았다(Irwin & Shapiro, 1975; Irwin & Rubin, 1976).

이전의 수많은 사람들이 이러한 영역을 탐구하였다. 모레노는 1930년대에 자발성 검사를 개발했다. 이 검사에서 검사자는 예를 들어 귀가한 남편이 아내에게 자신에게 정부가 있다고 말을 할 때와 같은, 미리 마련한 어떤 장면들에 반응하도록 훈련받는다(Moreno, 1964). 이때 아내를 연기하는 참여자는 수많은 다른 변수들과 더불어 그녀가 보여 주는 자발성의 정도에 따라 평가받게 된다. 나는 또한 1970년대 초 즉흥적인 역할연기검사(Impro-I, 즉흥의 나)를 개발했던 폴 맥레이놀즈(Paul McReynolds)의 작업과도 합류했다. 그의 작업에서 검사자와 참여자는 모레노의 자발성 검사에서처럼 부분적으로 대본화된 장면을 역할연기한다. 그는 자신의 점수화 매뉴얼을 발간하기에 앞서 이것을 나와 공유했다(McReynolds & DeVoge, 1977). 연구자의 잠재적인 기여가 한 개인의 내적 측면들을 진단평가하는 데 방해될지도 모르기 때문에 나는 단지 참여자만을 위한 검사가 강구될 필요가 있다는 결론에 도달했다. 또 다른 역할연기의 사용이 널리 실용화되었는데, 이를테면 사람들이 면접시험에서 어떻게 하는가를 그들에게 역할연기하게 함으로써 평가하는 것이다. 여기에는 역할연기 행위와 예상되는 실제 행위 사이의 일대일의 조응, 즉 학습 이론이 취한 관점이 있었다. 정신분석학적 관점은 좀 더 흥미로웠다. 왜냐하면 투사적 매체에서의 행위는 개인의 숨겨진 다른 면들을 상징하는 것으로 그들이 세계를 인식하고 구성하는 방법에 좀 더 심오한 통찰을 드러낼 것이기 때문이다. 내가 역할연기검사를 고안하고자 했던 것은 바로 이러한 뜻에서였다.

나는 또한 연극치료를 아주 빠르게 습득하고 있었다. 그래서 나는 실제 임상적 상황에서 만나게 될 행위들로 구성된 검사에 관심을 두었다. 역할 입기와 역할 구성하기(각각 DRPT-1과 DRPT-2가 되는 것). 이런 식으로 검사에서 임상적 상황으로의 전환은 더 강해져 갔던 것이다.

브레니, 시멕 그리고 블랫을 이어 주는 피아제뿐만 아니라 초기 수년간 내가 받은 영국의 교육연극(drama in education)에 점점 더 영향을 받아 피아제의 **조절과 동화**(accommodation and assimilation)의 개념을 따르는 두 버전의 DRPT를 만들었다. 조절이란 인간이 환경이 제공하는 것과 조화를 이루기 위해 자신의 스키마를 변경하는 과정이다. 조절은 주로 모방을 통해 표현되고, 나중에는 기대한 것을 행하는 일 속에 표현된다. 조절은 교사처럼 주어진 하나의 사회적 역할이 되는 것을 의미한다. 그리고 다른 이들에게 인정받기 위해 어떻게 행동하는지 아는 것을 의미한다. DRPT-1은 참여자들에게 주어진 5개의 사회적 역할을 연기하게 함으로써 능력을 검사하도록 개발되었다. 동화란 반대의 과정인데, 이를 통해 인간은 내적인 스키마에 조응하도록 환경을 변경하는 것이다. 놀이에서 어떤 이는 연필을 마치 로켓인 것처럼 움직이는데, 그 로켓은 내적인 스키마가 연필에 적용된 것이다. DRPT-2는 참여자들이 원하는 어떤 방식의 세 **존재들**(beings)을 포함하여 그들에게 한 장면을 만들게 함으로써 그 능력을 검사하도록 개발되었다. 여기서 그들은 사회적인 규준 혹은 외적인 스키마의 제한을 받지 않는다. 두 버전의 검사를 통해 나는 참여자가 역할을 수행하고 구성하도록 요구받는 것에 어떻게 응답할 것인지를 탐구하였다. 두 가지 모두 내가 사용하고 있는(줄곧 사용해 왔던) 연극치료 형태와 즉흥극에 필수적인 것이다. 피아제는 성공적인 적응 혹은 학습은 조절과 동화의 과정이 균형을 맞추게 될 때 일어난다고 강조한다. 인간이 언어를 사용하기 위해서는 모방을 통해 26개의 알파벳을, 그 다음엔 단어들을 배워야만 한다(조절). 그리고 동시에 그것들에 대한 자신의 연상과 의미들을 지니고 있어야 한다(동화). 새로운 언어를 배울 때 이해의 감정이나 생각 없이 먼저 단어와 문법을 암기해야만 한다. 그리고 어느 시점에 언어 안에서 생각하기 시작한다. 이렇듯 언어란 조절과 동화가 균형을 맞추게 된 기호다.

똑같은 과정이 **미적 거리**라는 개념의 근간이 된다. 미적 거리는 형식(인식 가능한 제스처와 말처럼 스스로 표현하는 기존 수단들을 조절하기)과 감정(자신의 경험을 예술적 표현으로 동화하기) 사이의 균형이다. 많은 형식과 충분치 못한 감정은 과잉거리 두기(overdistanced)가 되고, 감정의 과잉과 형식의 부재는 과소거리 두기(underdistanced)가 된다.

나는 역할 분석과 역할연기 양식, 즉흥극 과정 그리고 역할-개인 간의 거리라는 기본적인 개념들이 나의 일련의 논문들 속에서 진단평가와 연관됨에 따라 그 개념들을 탐구하기 시작했다. 셰트너(Schattner)와 코트니(Courtney)의 **『치료에**

서의 연극*(Drama in Therapy)*』에 쓴 진단평가에 대한 논문을 시작으로(Johnson, 1981) 「연극치료의 원리와 기술」(Johnson, 1982a), 그리고 후에 **발달변형**의 기본이 되는 극적역할연기를 위한 발달 스키마를 설계했던(Johnson, 2009) 「연극치료에 대한 발달적 접근」(Johnson, 1982b)을 탐구하였다. 나는 예일대의 발달심리학자 그레타 페인(Greta Fein)의 지도하에 20개월 된 아이의 장난감 선호도에 입각한 어린이의 놀이를 조망하여 1975년 그 연구를 완성하였다(Fein, Johnson, Kossan, Stork, & Wasserman, 1975). 또한 춤/움직임 치료사 수잔 샌들(Susan Sandel)과 함께 발달 스키마에 기반한 진단평가 가이드라인을 개발하여 정신과 입원환자들을 춤치료 혹은 연극치료 그룹에 보냈다. 그때 우리는 수년에 걸쳐 **움직임 회기의 구조적 분석**(Structural Analysis of Movement Sessions)이라 불리는 춤 치료 그룹들의 평가를 위해 세부적인 관찰체계를 구조화하였다. 그리고 이러한 방법을 사용하여 여러 질적/양적 연구물들을 발간했다(Johnson & Sandel, 1977; Johnson, Sandel, & Bruno, 1984). 이러한 모든 활동은 움직임, 형상화, 연극 그리고 한 개인의 심리적 존재 사이의 관계성에 대한 기본적인 호기심으로 수행되었다.

검사 절차의 발달

DRPT-1을 창조하기 위해서 나는 참여자가 연기할 역할들을 선택해야 한다는 것을 알았다. 어떤 역할을? 검사를 표준화하기 위해 각각의 개인에게 똑같은 역할들을 갖게 해야만 했다. 나는 사회심리학자 만(R. D. Mann)의 작업을 통해 이러한 딜레마를 해결했다. 그는 모두 네 가지 영역에서의 다양한 사회적 역할을 제안했던 인물이다. 그 네 가지 영역은 **양육, 통제, 섹슈얼리티** 그리고 **경쟁**이다. 최근 용어로 말하자면 이는 역할의 특질들이다. 이 체계는 충분히 합리적이고 중립적인 것 같다. 나는 100개 이상의 사회적 역할 목록을 만들어서 내가 가르치고 있던 심리학 수업의 학부생들에게 양육, 통제, 섹슈얼리티 그리고 경쟁의 단계로 각 역할을 평가하도록 요구했다. 그런 다음 나는 학생들이 일관되게 10개의 역할을 규정하였음을 확인하였다—다른 4개보다 상위의 역할 하나, 다른 4개보다 하위의 역할 하나, 4개의 차원 중 단 한 차원에서만 높은 역할 4개. 4개의 차원 중 단 한 차원에서만 낮은 역할 4개. 나는 그렇게 네 가지의 기본적인 특징들을 거쳐 균형을 맞춘 10개의 역할을 한 그룹으로 만들었다.

그 당시 나는 이러한 초기의 검사 판형을 예일정신의학연구소의 환자들과 워크숍 참가자들, 그리고 학부생들에게 적용하기 시작했다. 약 6개월 후 두 가지가 분명해졌다. 10개의 역할이 합리적인 검사와는 너무 거리가 있다는 점과 이러한 역할들 중 몇 가지는 참여자들 사이에서 충분한 변환을 불러일으키지 못했다는 점이다. 그래서 최상의 변환을 유발하면서도 총체적으로 네 차원에 걸쳐 균형이 잡힌 5개의 역할로 줄였다. 역할들은 이러하다.

	양육	통제	섹슈얼리티	경쟁
조부모	×	-	-	-
부랑아	-	-	-	-
정치가	-	×	×	×
교사	×	×	-	×
연인	-	-	×	-
총계	2	2	2	2

그러므로 DRPT-1에서는 참여자가 양육, 통제, 섹슈얼리티 그리고 경쟁의 특질들을 각각 두 번씩 보여 주게 된다.

DRPT-2에서 나는 지시를 최소화하고, 참여자에게 부분적인 대본도 주지 않고, 이야기를 하라는 신호조차도 주지 않기로 결정하였다. 나는 몇몇 참여자들이 이러한 모호성을 다룰 수 없을 것이라 우려했다. 하지만 검사의 첫 결과는 달랐다. 초기의 지시는 "세 **사람**(people)을 포함하여 한 장면을 상연하는……." 것이었지만 정신분열증 환자들이 계속해서 동물, 식물 그리고 심지어 바위까지 캐릭터에 포함시키는 것을 보고, 나는 지시문을 '존재들(beings)'로 바꾸었다.

조절의 원리에 따라 DRPT-1에서는 실제적인 소도구들을 포함시켰다. 왜냐하면 이러한 소도구들은 참여자들이 그것을 사용하거나 무시하는 데 영향을 미치기 때문이다. 동화의 원리에 부합하여 나는 DRPT-2에서는 모든 것이 참여자에게서 나오도록 하기 위해 오브제들을 두지 않았다.

나는 초기 반응들을 수합한 후 표준의 로르샤흐 연구 초안을 따라 **질문**을 포함시켰다. 이것의 가치에 대해서는 어떤 확신도 없었다. 나는 단지 질문이 역할연기에서 불분명한 정보를 채우는 한 방법이라고 생각했다. 하지만 검사를 시작하면서부터 나는 많은 참여자들의 역할연기와 말로 하는 반응 사이에 차이가 있다는 사실에 놀랐다. 몇몇 참여자들의 역할연기는 매우 미니멀하고 제한적이었지만 캐릭터들이 어떻게 느꼈는가에 대해서는 세밀하게 묘사하며 자세하게 설명하였다. 다른 참여자들은 역할연기를 정말로 세밀하고 복잡하게 했지만 말은 매우 제한적으로 사용하였다. 이러한 2개의 다른 매체에 참여자의 반응을 비교함으로써 많은 정보를 얻을 수 있었다. 그 장면에 대해 생각하는 것과 실제로 그 장면을 상연하는 방법은 엄격히 구별되는 일이라는 것이 이제 분명해졌다. 나는 어느 하나가 특권적이어서도 안 되며, 결국 둘 다 평가에 이용되어야 한다고 생각한다. 게다가 DRPT를 임상적으로 사용할 때 참여자들과 그 장면의 의미를 토론하는 데 더 많은 시간을 보낸다. 장면에서 그리고 대안적인 결말이나 플롯을 상상하면서 묘사된 캐릭터와 행동, 그리고 그들 실제 삶 사이의 연관관계에 대해서 말이다. 따라서 DRPT는 손쉽게 치료 그 자체를 위한 발판이 될 수 있다.

나는 DRPT를 주로 참여자의 역할연기 능력과 그들이 묘사한 대인관계적 주제, 그리고 어떻게 내적 갈등과 문제들이 극 안에서 상징적으로 일어나는가를 공식화하는 하나의 임상 도구로 사용하기 시작하였다. 따라서 나는 그 장면들을 녹화하지는 않았다. 일단 DRPT가 하나의 조사 도구로 사용되기 시작하자 비디오 녹화는 필수적이 되었다. 나는 이러한 장면을 비디오녹화하면 참여자에게 보여 줄 수 있으며, 뒤에 이어질 토론이 매우 유익해질 수 있다는 것을 알았다.

검사 절차

DRPT의 표준 절차는 이러하다(Johnson, 1988).

검사환경

두 가지 검사는 집중력을 방해하는 것이 없는 빈 방에서 이루어져야 한다. 그 방에 참여자와 검사자만이 있어야 최상이다.

동의

DRPT는 세세한 검사 절차와 목적, 그리고 검사에서 나온 데이터가 어떻게 사용되고, 어느 정도의 익명성과 기밀성을 갖게 되는지에 대한 동의를 참여자에게 구한 후 이루어져야 한다. 임상에서 이러한 동의는 말로 할 수 있다. 조사할 때는 글로 된 동의서가 요구될 것이다.

비디오 녹화

이상적으로 DRPT 회기는 임상 환경에서 참여자와 함께 하는 토론과 조사환경에서 정확한 평가를 허용해 주는 비디오녹화를 해야만 한다.

검사자의 행위

검사자는 지시를 하고 나서 멀리 앉아 역할연기 장면 내내 조용히 있어야 한다. 검사자는 참여자에게 일체의 도움을 주어서는 안 된다. 만약 참여자가 멈추고 도움을 요청하면 검사자는 "당신에게 달려 있어요."라고 말할 수 있다. 검사자는 참여자를 바라볼 수는 있지만 눈 접촉을 해서는 안 된다.

DRPT-1

장치(Set Up)

방에는 책상과 의자가 하나씩 있다. 책상 위에는 종이, 전화, 책, 컵, 지팡이가 하나씩 있다. 의자 위에는 모자, 스카프, 남자의 코트, 여자의 드레스가 하나씩 있다.

지시사항

"나는 당신에게 5개의 역할을 하나씩 연기하도록 요구할 것입니다. 각각의 예에서 이 사람들이 무엇을 하는지 보여 주세요. 당신이 할 수 있는 만큼 반드시 노력해 주세요. 하고 싶은 대로 하세요. 각 역할에 대해 남자인지, 여자인지 선택해도 됩니다. 전화 통화를 포함하여 원하는 대로 소도구를 사용해도 됩니다. 세심하게 계획하지 마세요. 천천히 하시고 다 마친 다음에 말해 주세요. **조부모**로 시작하지요." **부랑아**, **정치가**, **교사**, 그리고 **연인**이 그 뒤를 잇는다. 이것이 본래의 5개 역할이다. 만약 특별한 역할 유형이 검사자의 관심을 끈다면, 예를 들어 직업/취업에 연관된 역할들, 어떤 원형의 심리적인 문제와 가족 역할에 대한 참여자의 퍼포먼스를 살펴보고자 한다면 다른 역할이 사용될 수도 있다. 선행연구를 통해 우리는 5개의 역할이 어떤 특별한 문제가 있는 참여자를 진단평가하는 데 충분하다고 믿는다.

질문

참여자가 장면을 만든 다음 검사자가 말한다. "그 장면에 대해 몇 가지 질문을 하려고 합니다. 그 장면에서 무엇이 일어났는지 가능한 한 세세하게 묘사해 주세요. 각각의 캐릭터를 설명해 주세요. 그들은 누구였나요?" (참여자가 대답을 한 후 "그것에 대해 더 말해 주세요."라고 덧붙일 수도 있다.)

임상 진단평가에서 검사자는 그 장면의 의미와 관련된 질문을 추가한다. 그것은 캐릭터들에 대한 참여자 개인의 생각을 끌어낸다. "그 장면에서 당신의 삶과 연관된 문제, 관심 혹은 사건들을 어떻게 표현하였는가?" "캐릭터들은 당신의 삶과 관련된 사람들을 어떻게 상기시켜 주었는가?" "만약 이 장면 속에 당신이 있다면 어느 캐릭터가 당신인가? 그렇다면 당신은 어떤 다른 행동을 할 것인가?"

DRPT-2

장치

방은 어떠한 사물이나 사용 가능한 가구(의자나 커튼과 같은)도 없이 완전히 비어 있어야 한다.

지시사항

"당신이 원하는 대로 세 가지 존재 사이에서 한 장면을 상연해 보세요. 그들은 당신이 되고 싶은 어떤 사람 혹은 어떤 것이 될 수 있습니다. 끝나면 말하세요."

질문

"그 장면에 대해 몇 가지 질문을 할 것입니다. 가능한 한 자세히 묘사해 주세요. 각각의 세 존재에 대해 말해 주세요. 그들은 누구입니까"(참여자가 대답을 끝마친 후 "그것에 대해 더 말해 주세요."라고 덧붙일 수 있다) 다시 임상의 맥락에서 장면과 인물의 의미와 관련된 추가적인 질문이 있게 된다.

이러한 지시사항들이 각 장면에 앞서 되풀이된다.

임상적 진단평가

DRPT-1

역할

참여자가 5개의 역할—조부모, 교사, 정치가, 부랑아 그리고 연인—을 연기하는 방법을 탐구하는 것은 역할의 특질과 기능을 포함하여 역할 레퍼토리와 역할 체계에 대한 넓은 정보의 원천을 제공하는 것으로 밝혀졌다. 이러한 역할들은 다양한 인간 행위를 재현하는 능력을 필요로 한다. 나는 이러한 역할의 본질을 이해하는 안내자로서 만(Mann, 1967)과 랜디(Landy, 1993)의 역할 분류 체계를 사용할 것이다.

조부모. 이 역할은 사회적 영역에 있으며 그 범주는 가족이다. 역할의 특질은 '현명하고 철학적이며 참을성이 있고 이해심이 있음을' 내포한다. 그 역할의 기능은 아이에게 전통적인 가치를 전수하는 것이며, 경험에 기반하여 좀 더 먼 거리에서 볼 수 있는 시선을 제공하는 것이다. 만의 분석에서 조부모는 통제, 섹슈얼리티, 경쟁이 아닌 양육을 보여 주어야 한다(반면에 부모 역할은 양육과 통제를 보여 준다). 그러므로 참여자가 이러한 캐릭터를 실제로 어떻게 묘사하는가는 다음과 같은 정보를 줄 것이다. (1) 역할의 특질에 관한 참여자의 내적인 이해, 그리고 (2) 망령이 나고 미친 노인이라는 랜디의 하위 유형처럼 방해가 되는 경쟁적인 역할들. 부모와 조부모 역할 사이의 혼돈 또한 드러날 수 있다.

부랑아. 부랑아는 분류 체계에 들어 있지 않지만 상실한 자(감정적인 영역, 감정상태 분류)의 측면이 있는 랜디의 버림받은 자(pariah, 사회적 영역, 사회경제적 지위 분류)에 매우 가깝다. 부랑아의 특질은 또래에게 거부당하고 사회의 비주류로 분류되는 것을 포함한다. 기능은 "모든 것이 좋지 않다는 경고로 기존 질서에 도전하는 것이며…… 또한 구경꾼들에게 행운의 반대편을 경험할 수 있다는 것을 고통스럽게 상기시키는 것이다." 만의 주석에서 부랑아는 양육, 통제, 섹슈얼리티 그리고 경쟁의 부재로 묘사된다. 그리고 참여자가 이러한 요소들 중 어느 것을 도입한다면 그것은 그러한 특질들과 어느 정도 개인적인 관계가 있다는 것을 나타낸다(예를 들어 다스리기 힘들 정도로 정신적으로 아픈 사람으로 연기되는 부랑아가 도움을 요청하거나 혹은 현명한 경우).

정치가. 이 역할은 분류 체계 내의 모든 사회적 영역과 정치/통치 유형 분류 하에 있는 일련의 모든 역할을 망라한다. 그것은 반동분자, 보수주의자, 전통주의자, 평화주의자, 혁명가, 국가 원수, 목사, 관료를 포함한다. 참여자가 이러한 역할을 어떻게 묘사하는가는 곧 이러한 역할 유형 중 어떤 것에 대해 관심이 있거나 친밀한지를 명료하게 드러내 보여 줄 것이다. 정치가 역할은 항상 더 높은 수위의 통제, 섹슈얼리티 그리고 경쟁(혹은 이러한 특질들의 왜곡)을 포함한다. 그래서 이 역할은 참여자들에게 그들이 재현하고자 선택해야만 했던 것 혹은 아닌 것에 관해 더 많은 것을 요구한다. 참여자들은 자신의 견해를 표현하는 대신에 실제 정치가들(대통령들, 후보자들)에게서 나온 유형화된 인물들을 가져오기로 결정할지도 모른다. 대통령과 정치가 사이의 혼돈 또한 일어날 수 있다.

교사. 이 역할은 이상하게도 랜디의 분류 체계에 없다(랜디 자신이 교사임에도 불구하고). 그것과 가장 밀접한 역할은 현명한 사람이다. 이는 인지적 영역에 있으며, 2개의 하위 유형을 지닌다. 지성인과 사이비 지성인. 그것의 특질은 "특별한 문제와 연관된 진정한 통찰력과 지식을 소유하는 것이다. 그리고 기능은 진실을 판별하며 이해할 수 없거나 불명료한 것을 다른 사람들에게 이해시키는 것이다." 정치인처럼 교사는 참여자에게 더 큰 단계의 양육, 통제 그리고 경쟁을 재현할 것을 요구한다. 참여자가 이러한 예측된 요소를 묘사해 내는 정도를 평가한 다음 좀 더 개인적인 선택(예컨대 교사가 유혹적인 방식으로 묘사된다든지)을 드러내는 독특한 요소들의 첨가에 주목한다.

연인. 이 역할은 정서적인 영역과 감정상태 분류 유형에 위치한다. 특질은 "로맨틱하고 다정하며 신체와 정신을 상대에게 헌신하는 것"이다. 기능은 사랑하는 대상을 향하여 로맨틱하고 열정적인 감정을 표현하는 것이다. 섹슈얼리티의 재현만을 요구함에도 불구하고 참여자들은 시기하는 연인처럼 자주 통제라는 주제를 첨가하게 된다. 가끔은 참여자가 양육자로서의 연인을 재현하여 섹슈얼리티의 요소를 제거하기도 한다.

전반적으로 이러한 역할의 예측된 요소들을 재현하는 참여자의 능력을 평가한 뒤에 변형된 사항들을 평가한다. 이 모든 것은 참여자의 내적 세계에 대한 묘사와 역할 레퍼토리를 개발하는 데 유용할 수 있다.

대인관계

이러한 역할 중 어느 것이든 알기 쉽게 연기하기 위해서는 다른 사람들을 재현해야 한다. 왜냐하면 역할은 오직 어떤 관계의 한 끝이기 때문이다. 그래서 조부모는 손자녀를 포함한다. 정치가는 유권자들을, 교사는 학생을, 연인은 연인을, 그리고 부랑아는 구경꾼을. 그럼에도 일부 참여자들은 역할 관계의 '반대' 편을 생기 있게 하지 못할 것이다. 교사는 카메라에 대고 말하는 것으로 혹은 정치가는 연설을 하는 것으로 묘사된다. 따라서 참여자의 대인관계 능력은 부여된 역할뿐만 아니라 그 역할을 둘러싸고 행동하는 타자들을 묘사하는 정도에 따라 드러나게 될 것이다. 참여자는 타자의 말이나 행동에 방해받는 캐릭터를 제시하는가? 참여자는 다루기 힘든 학급의 교사를 묘사하지만 개개의 학생들은 보여 주지 못하는가? 조부모는 불특정의 수동적인 대상에게 말하는가? 아니면 참여자의 무릎에 앉아 있는 손자녀와 그 아이를 돌봐주는 것에 대해 고마워하는 아들이나 딸을 보여 주는가? 각각의 장면은 참여자가 가진 대인관계의 풍부함과 복합성, 그리고 존재하는 다른 인물들에 대한 적응 능력에 관해 좀 더 일관성 있는 그림을 그릴 수 있게 할 것이다.

소도구의 사용

DRPT-1에서 다양한 종류의 자극(딱딱한/부드러운, 특수한/일반적인, 큰/작은, 여성/남성)을 줄 수 있는 10개의 소도구들은 참여자들이 사용하기에 유용하다. 이러한 소도구들은 어느 정도까지 물리적인 세계를 재현한다. 그리고 그것들의 사용 여부와 방법은 물리적 환경에 대한 그들의 태도를 말해 줄 것이다. 몇몇 참여자들은 사용할 수 있는 오브제들을 몸짓으로 표현한다(예를 들어 코트가 거기에 있는데도 불구하고 코트를 입는 척 가장하는 것이다). 그것은 실재하는 보조물들을 사용할 필요를 못 느끼거나 관심이 없음을 말해 주는 것이다. 소도구들을 무시하는 것은 세계와의 관계가 부족함을 알려 준다. 소도구를 부적절하게 사용하는 것(예를 들어 지팡이를 마이크로 사용하기에 더 적합한데 컵을 이용한다든지, 코트를 총으로 이용하는 경우)은 빈약한 현실-검사(reality testing)를 암시한다. 반면에 창조적으로 도구를 사용하는 것(예를 들어 드레스를 낙하산으로 사용하는 것)은 활동적이고 건강한 상상력을 말해 준다. 각각의 소도구를 구체적으로 사용하는 것(예를 들어 그 책은 한 권의 책이며, 그 코트도 하나의 코트다)은 사회적 규준에 대한 일종의 속박감이자 상상력의 부족을 뜻한다. 중요한 질문이란 이렇다. 소도구의 사용이 장면을 진전시키는가? 그저 어울릴 뿐인가? 손상시키는가?

실로 DRPT-1은 제닝스의 체현, 투사, 역할이라는 범주에 대해 상당한 정보를 제공한다. 참여자의 신체적인 움직임과 제스처, 소도구와 오브제들, 그리고 역할에 대한 선호도를 쉽게 인식할 수 있을 것이다(8장 참고). 제닝스의 EPR 모델을 참여자의 행위 해석에 적용하는 것은 치료 계획에 유용한 관점을 제시해 줄 수 있다.

주제

묘사된 장면들에서 플롯이나 스토리의 명시적인 내용 또한 중요하다. 그리고 5개의 장면 전체에 걸쳐 되풀이되는 주제들은 참여자와 연관된 문제를 반영하는 것일 수 있다. 이러한 주제들은 있는 그대로 혹은 임상의의 특별한 관점을 통해 해석될 수 있다(예를 들어 정신분석학, 융 이론, 발달 이론).

치료에 미치는 영향

DRPT-1은 연극치료 계획에 도움을 줄 만한 정보를 제공한다. 참여자들이 극적 놀이공간에 들어가 상상의 세계에서 몰입할 수 있는 정도는 연극치료에 대한 그들의 관심과 참여 능력에 대한 강한 지표가 될 것이다. 치료사는 참여자들이 쉽게 받아들이는 역할의 특질과 기능, 그리고 재현하기 어려워하는 역할에 주목해야 한다. 또한 단순히 참여자 자신의 역할만을 표현하기보다는 대인관계의 복잡성과 다른 역할과의 상호행위 능력이 고려되어야 한다. 마지막으로 의상과 소도구의 구체성 있는 사용의 정도 또한 연극치료 회기 안에서 반복될 것이다. 이러한 역할연기를 분석하는 데 펜직(Pendzik)의 6-열쇠 접근(9장 참고)을 적용하는 것도 유용한 정보를 제공할 것이다. 왜냐하면 그 열쇠들 중 많은 것이 여기에서 언급한 분석들과 중복되기 때문이다.

DRPT-2

조직화

"당신이 원하는 대로 장면을 상연해 보세요." 무엇을 하는가? 그 캐릭터는 누구인가? 이야기는 무엇인가? 어떻게 시작하는가? 어떻게 끝나는가? 포인트는 무엇인가? 대부분의 참여자들은 15초 내에 어떤 것을 제시한다. 그것은 그 자체로 놀라운 것 같다. 치료사는 물론 물을 것이다. "무엇이 당신 삶의 이야기인가? 당신은 당신 삶을 어떻게 이해하는가? 당신은 누구인가? 무엇에 관심을 두는가?" DRPT-2는 이러한 질문에 대한 참여자의 간접적인 대답이 될 것이다. 참여자가 어느 정도로 조직화된 극적 장면을 보여 주는가는 조직화에 대한 개인의 전반적인 수준에 대한 측정이 될 것이다. 몇몇 참여자들은 플롯이 아니라 잘 발달된 캐릭터들을 보유할 것이다(그들은 그들이 누구인지 알 수는 있지만 어디로 가고 있는지는 모른다). 다른 참여자들은 명백하고 활기 넘치며 흥미로운 방법으로 시작할 것이다. 그런 다음 장면은 결말 없는 모호함으로 빠질 것이다(그들은 일을 완성하는 데 어려움이 있다). 그리고 다른 참여자들은 영화와 같은 유형화된 드라마를 재생할 것이다("어떤 이가 내게 누군가가 되어서 무엇을 하라고 말하는 한 나는 좋다."). 첫 장면의 빈약한 조직화는 '첫날 밤의 초조감'일 수 있으므로 세 장면 전체에 걸친 일관된 패턴들을 진지하게 평가해야 한다.

상호행위 다루기

단 하나의 구조화된 요소를 지닌—역할의 수(3개)— 즉흥인 DRPT-2의 가장 중요한 도전은 세 캐릭터들 사이의 상호행위를 다루는 것이다. 하나의 역할에 머물기를 선택한 다음 다른 두 역할의 말없는 모습에 반응하거나 혹은 위치를 바꾸어 각 역할이 되어 말하기도 한다. 이는 각 역할의 세부사항들에 대한 관심을 요구한다(예를 들어 제스처, 자세, 악센트). 어디를 보는지 기억하고, 그다음에 다른 이들의 추정되는 행동에 반응하는 것이다. 한편으로는 한 역할 안에 머무는 것이 더 단순한 것 같다. 하지만 그것은 다른 사람이 어떻게 행하고 무엇을 말하는지 의사소통하는 방식으로 행동해야만 하기 때문에 복잡하다. 한 장소에서 다른 장소로 이동하는 것은 잠정적으로는 도전적인 것 같다. 하지만 그때 (부재하는) 타자를 재현할 필요는 없다. 또한 이동으로 인해, 일어나고 있는 것에 대한 좀 더 세부적인 사항이 관객에게 직접 소통된다. 어떤 상호행위도 특별히 요구되지 않음에도 불구하고—3개의 존재를 포함하는 한 장면의 상연—만약 참여자가 상호행위를 회피한다면 그 자체가 말을 하고 있는 것이다. 혼란스러워하지 않고 세부사항을 제공하는 참여자의 능력 또한 상상 능력과 복합적 사고에 대한 일반적인 측정이 될 것이다.

역할 분석

선택된 역할들은 온전히 참여자가 결정한 것이며, 그렇기에 그들의 역할 레퍼토리와 자기-이미지의 중요한 요소들이 반영되어 있을 것이다. 랜디의 분류체계를 사용하는 것은 이러한 역할을 분석하는 데 유용할 것이다. 3개의 역할은 대부분 랜디의 **역할, 반대 역할** 그리고 **안내자**라는 세 조항과 연관된다(Landy, 2009). 역할은 항상 말하거나 행동하는 첫 번째 캐릭터다. 반대 역할은 역할이 하는 것과는 다르게 반대 행위를 하거나 어떤 문제를 제시하는 캐릭터다. 세 번째 캐릭터는 흔히 장면을 통합해 주는 중재적인 인물이다(안내자). 그러나 DRPT-2의 즉흥적 본질 때문에 이러한 기능들은 즉각적으로 자리 잡지 못할 수도 있다. 그래서 장면이 진행됨에 따라 변화가 일어날지도 모른다. 장면을 만든 이후 치료사는 이러한 기능들을 명확하게 하기 위해 참여자에게 직접적인 질문을 할 수 있다.

몰입

실제 생활에서 극적인 놀이공간의 세계로 전환하고, 그런 다음 상상의 영역에 몰입하는 정도는 참여자의 상상 능력의 주요 지표가 될 것이다. 만약 지나치게 몰입하고 개별적이어서 무슨 일이 일어나고 있는지 관찰자가 분명하게 파악할 수 없다면 그건 참여자의 상상 세계는 풍부하지만 다른 사람과 내적인 사유와 감정을 소통하는 능력이 제한적이고 손상되었다고 생각할 수도 있다. 이와 반대로, 짧고 판에 박힌 묘사를 하는 참여자는 풍부한 내적 삶이 부족하거나 정상적 범주에서 분리될 것을 심히 두려워하며 위축되어 있다 할 수 있다. 몰입은 DRPT를 위해 우리가 개발한 **상상 능력 척도**의 구성요소다. 그리고 그것은 본질적으로 펜직의 첫 열쇠와 똑같은 요소다—현실에서 연극으로의 이동(9장 참고).

자발성

모레노가 발견했듯이 DRPT-2에서 요구되는 유형에 대한 즉흥 역할연기는, DRPT-1에서는 그 정도가 더 작지만, 아마도 한 개인의 자발성과 자신감을 측정하는 최상의 방법일 것이다. DRPT-2의 요구사항들은 훈련된 배우들에게조차도 손쉬운 것이 아니다. 세 명의 캐릭터가 각각의 세 장면을 즉석에서 즉흥 연기하는 것, 참여자가 장면들을 수행하는 동안 보여 주는 에너지와 기쁨, 그리고 재미의 양, 묘사에서의 지속성과 흐름의 정도는 자발성의 확실한 척도가 될 것이다. 자발성은 이제 우리의 '**상상 능력 척도**'에도 포함된다.

표현 매체

DRPT-2는 장면을 표현하는 데 도움을 줄 어떤 소도구들도 제공하지 않는다. 그래서 참여자들은 극적 묘사를 창조하기 위해 자신의 몸의 역량에 의존해야만 한다. 만약 참여자들이 단지 카메라 앞에 서서 각자 개인의 대사만을 말한다면, 자신을 말로 된 표현에만 제한시킨 것이다. 치료사는 다른 어떤 매체가 사용되는지 주목해야 한다. 참여자들은 형태를 만드는가 혹은 그들의 몸을 움직이는가, 제스처를 사용하는가, 그들의 말에 악센트가 있는가, 주변 환경의 소리를 만드는가(예를 들어 번개, 기차 소리, 호각 소리, 삐걱대는 소리), 오브제, 날씨 혹은 배경(예컨대 사막의 모래, 눈, 비)을 팬터마임으로 표현하는가? 발달적 관점에서 보면 매체의 수가 많으면 많을수록 참여자가 체현과 형상화에 더 유연하게 열려 있다는 것이다. 좀 더 엄격한 참여자들이 말의 영역에 있으면 있을수록 더욱더 그들은 사회 규준 내에 남아 있는 것 같다. 반면에 다른 참여자들은 너무 억제한 나머지 말을 할 수 없으며, 추상적인 춤이나 팬터마임으로 신체를 움직여 언어화할 수 없음을 보여 준다.

정서

이러한 장면에서 정서의 묘사도 참여자를 이해하는 데 유용하다. 어떤 형태의 정서가 상연되거나 언급되는가? 그것들은 어떻게 재현되고 묘사되며 실연되는가? 실연되었다면 스테레오 타입의 양식화된 것인가? 혹은 진실하며 믿을 만한가? 어떤 영역의 정서들이 드러나는가? 결국 표현된 정서들이 일반적인 것과는 반대로 얼마나 미묘하고 특수한가? 즉흥적인 장면 내에서 정서가 살아 있게 하는 능력은 정서상태를 재현하는 참여자의 능력과 의사소통에 있어 정서 통합에 대한 두려움이 없음을 보여 주는 것이다. 만약 그들의 놀이공간이 정서적 긴장을 유지할 수 있다면 그것은 곧 건강의 한 표지다. 이러한 차원들은 **정서 지능 척도**의 구성요소들이다.

주제

DRPT-1에서처럼 DRPT-2의 장면의 명료한 주제와 플롯은 참여자의 관심과 갈등의 내용에 대해 상당 부분을 알려 준다. 주요 캐릭터에게 일은 순조롭게 진행되는가? 아니면 힘에 겨운가? 다양한 관점들이 제시되는가? 무엇이 다른 캐릭터들의 의지나 욕망을 가로막고 있으며, 통합 혹은 해결 방법은 제시되는가? 질문 중에 드러난 주제에 대한 참여자의 생각은, 어떻게 참여자가 그들 실생활과 그 장면들을 연결하는지에 관한 추가적인 정보를 치료사에게 제공할 것이다.

치료에 미치는 영향

DRPT-2는 참여자에게 완전히 즉흥적인 맥락에서 상상력과 조직화의 능력을 제시할 것을 요구한다. 일관성 있는 장면을 조직하고 표현하는 참여자의 능력은 참여자의 역할연기 능력을 매우 분명하게 보여 줄 것이며, 그 결과 치료적 맥락에서 참여자에게 어떤 종류의 도움이 필요한지를 알려 줄 것이다. 그래서 DRPT-2가 치료에 미치는 중요한 영향은 치료사가 어떤 차원(예를 들어 역할, 과제, 공간)에서 어느 정도까지 참여자에게 도움을 제공해야 할 것인지를 말해 준다는 데 있다. 검사를 통해 참여자의 자발성, 창조성, 복합성을 방해하는 불안이 드러날 것이며, 질문을 통해 좀 더 확인될 수 있다. 이러한 불안은 결국 개인의 삶 속에 있는 중요한 이슈, 사건들과 연관될 것이다. 검사에서 나타나는 주제들은 치료의 초점을 제공해 줄 수 있는 중요한 문제들을 반영한다.

연구의 적용

두 검사 자체는 참여자들에게서 나온 행위의 표본을 산출한다. 점수 측정은 평가자가 바라보는 개념으로 검사하도록 고안될 수 있다. 검사 절차는 역할연기와 역할-입기(role-taking) 행위의 표본을 수집하는 표준화된 방법을 제공한다. 하지만 이러한 행위의 표본은 측정 혹은 점수 체계를 경유한 관련 지식으로 전환되어야 한다.

양적 점수 체계의 개발은 힘든 과제다. 측정하고자 하는 각 개념에 대한 구체적인 정의가 개발되어야만 한다. 그다음, 평가자들은 훈련받아야 하며 그들에 대한 신뢰도가 표본 장면에서 검증되어야만 한다. 당신에게는 분명하게 보이는 것과 비디오테이프상에서 쉽게 볼 수 있다고 생각하는 것이 다른 사람들에게는 절대 이해할 수 없는 것일 수 있다. 연구조사(research)란 가장 겸손한 행위이며 많은 시간이 소요된다. 그럼에도 불구하고 우리는 통계적으로 믿을 만하며 타당성 있는 3개의 주요한 척도들을 개발할 수 있었다.

특수한 양적 측정들

대상관계의 발달 단계 척도

이러한 측정은 개인의 타자와 자기표현의 전체적인 발달 단계를 진단평가하며 심리적 성숙도, 복합성 그리고 건강의 정도를 반영한다. 이 척도는 연구조사에서 사용할 수 있는 정량화된 측정이다. 점수가 높을수록 대상관계에서 더 큰 성숙도를 나타낸다.

차별화(differentiation)는 참여자가 캐릭터들을 정확하게 그리고 더 높은 단계의 형식으로 재현할 수 있는지를 평가한다(동물과 무생물적인 사물에 대칭되는 인간과 유사인간). **통합**은 참여자의 장면들이 일관성 있게 조직되어 있는 정도와 캐릭터의 행동이 그들의 역할과 적합한 정도, 그리고 동기가 반응적이기보다는 의도적이며 상호행위가 수동적이지 않고 능동적인 정도를 평가한다. **명확도**는 모호하거나 혹은 일반적인 묘사라기보다는 신체적이고 기능적인 디테일이 있는 장면과 캐릭터를 재현하는 참여자의 능력을 평가한다. **내용**은 그들이 묘사한 것에서 악의, 섹슈얼리티, 공격의 정도를 측정한다. 총괄하여 이러한 측정들은 대상관계에 있어 참여자의 전체적인 성숙도에 대한 좋은 진단평가를 제공한다. 발달 단계 점수들은 수많은 진단법 가운데 정신병리학의 전반적인 단계와 매우 잘 연관된다.

인지적 유연성 척도

이 측정은 참여자의 인지적 유연성을 평가한다. 한쪽 극단에는 매우 유동적이고 구조화되지 않은 사고과정을 지닌 사람들이 있다. 그 사고과정에는 서로 다른 이미지, 역할 그리고 행동 사이의 경계가 겹쳐 있고, 또한 확실하지도 않다. 이것은 유동적 경계 척도를 통하여 평가되는데, 그 척도는 역할에서 벗어나기, 장면을 공연이 아닌 실제적인 것처럼 행동하기, 대상, 역할 그리고 기이하고 부적절한 요소들의 혼란스러운 행동과 같은 항목을 포함한다. 다른 쪽 극단에는 매우 엄격한 사고과정을 지닌 사람들이 있다. 여기서는 다른 요소들 사이의 경계가 지나치게 뚜렷하며 아주 정확하게 정해져 있다. 이것은 엄격한 경계 척도로 측정되는데 행동을 이야기하기, 경계를 재현하기, 타자 역할이 아닌 사물들과 상호행위하기, 요소들을 반복하기와 같은 항목들이 포함된다. 한쪽에서는 높은 점수이지만 다른 쪽에서는 그렇지 않은 것은 병리 가능성을 가리킨다. 예를 들어 우리는 비망상성 분열증 환자들이 유동적인 경계에서는 매우 높은 점수를 얻는 데 반해 망상성 분열증 환자들은 엄격한 경계에서 높은 점수를 얻는다는 것을 발견했다(Johnson & Quinlan, 1980). 양 척도에서 둘 다 낮은 점수는 상대적으로 건강하다는 것을 말한다. 둘 다 높은 점수는 상당한 고통이 있다는 것을 뜻한다(Johnson & Quinlan, 1985).

상상 능력 척도

후에 우리는 놀이공간에 들어가는 참여자의 상상적 수용력과 능력을 측정하는 데 관심을 갖게 되었는데, 이는 발달변형 작업에서 영향을 받은 것이다(Johnson, 2009). 이러한 측정은 극적·상상적·상징적 형식 안에서 감정과 생각을 재현하는 능력에 의거하여 참여자들의 상상 능력을 평가한다. 로버트 밀러

(Robert Miller)는 그의 논문의 일부에서 이러한 척도를 위한 새로운 측정을 개발했다. 그런 다음 그는 외상 후 스트레스 장애(PTSD)와 실감정증(말로 정서를 표현하지 못하는 무능력증)이 있는 재향군인과 그렇지 않은 재향군인을 연구했다. 그는 실감정증을 지닌 참여자들 혹은 엄격하고 두려워하고 장난기 없는 참여자들은 이러한 측정에 취약하다는 것을 발견했다(Miller, 1999; Miller & Johnson, 2011).

이 척도는 어떻게 참여자가 놀이공간에 들어가는지를 탐구하는 **상상적 경계의 묘사**라는 측정을 포함한다(편직의 첫 열쇠와 같은 개념). **상상으로의 몰입**은 역할에서 벗어나지 않고 다양한 영역에 걸쳐 표현 매체를 사용하는 참여자의 능력을 측정한다. **탁월성**(transcendence)은 부재하는 사물과 사람 또는 상호행위를 재현하는 참여자의 능력과, 유형화되거나 혹은 스테레오 타입의 캐릭터들을 피하는 참여자의 능력을 측정한다. **창조성**은 유머와 아이러니, 놀람, 날카로움, 장악력, 혹은 도덕, 그리고 좀 더 진보한 창조성과 자발성을 지닌 행위를 참여자가 사용하는 것을 포함한다.

신뢰도와 일관성

우리가 했던 양적인 조사에서 평가자들은 이러한 척도로 측정치를 신뢰할 수 있게 관찰하고 점수화하는 훈련을 받을 수 있었다. 일부 항목은 다른 것보다 신뢰의 근거가 낮았지만 전체적인 점수는 높은 신뢰도를 유지하였다(두 명의 평가자들이 약 80% 정도 점수가 일치할 것임을 의미한다). 게다가 우리는 놀랍게도 DRPT-1의 다섯 장면과 DRPT-2의 세 장면 사이에 일관성이 있음을 발견했다. 그것은 각 장면의 점수들이 서로 크게 다르지 않다는 것을 의미한다. 그러므로 우리는 역할연기 상황에서 참여자들이 어떻게 그들 자신을 표현하는가를 알기 위해서는 5개 혹은 3개의 장면으로 충분하다는 것을 알 수 있었다. 이러한 이유에서 우리는 DRPT의 초기에 구축된 3개의 측정이 신뢰할 만하고 일관성이 있음을 확신한다.

다른 적용들

1998년에 스테판 스노우는 DRPT-1을 몬트리올의 발달지체 환자들과의 작업에 적용했다. 그리고 후에 그는 계속해서 그것을 수정하여 '연극치료 역할연기 인터뷰(DTRPI)'라는 새로운 진단평가 도구를 창조했다. 그는 그것을 스노우와 다미코의 저서(Snow & D'Amico, 2009) 및 이 책의 5장에서 기술하고 있다. 또한 1988년부터 1992년까지 로버트 랜디는 뉴욕 대학교 연극치료 석사과정 프로그램에서 역할연기 진단평가를 인정하여 그 한 부분으로 DRPT-2를 사용했다.

점수화의 새로운 질적 방법

최근 들어 동료들과 나는 DRPT를 위한 2개의 질적 점수 체계를 개발했다. **정서지능**, 즉 정서적 상태를 알고 재현하며 처리하는 능력은 성격 진단평가와 치료에서 넓게 사용된 개념이다(Goleman, 1996). DRPT는 정서와 연관된 행동의 가장 유용한 표본이어야 한다. 이와 유사하게 랜디는 역할 메소드에 관한 연구에서 참여자에게 3개의 역할로 한 장면을 상연하도록 요구하는 DRPT를 통해 개인의 역할 체계가 순조롭게 드러날 수 있다는 것을 탐구했다. 그의 이론의 핵심적 구성요소인 역할, 반대 역할, 안내자라는 세 역할 안에서 참여자 스스로를 드러낼 것임을 기대할 수 있다.

정서지능 분석

이러한 질적인 측정은 정서상태를 알아내고 재현하며 처리하는 개인의 능력을 평가한다. 이 척도는 DRPT-1과 DRPT-2 둘 다 사용할 수 있다. 질문하는 동안 표준적인 치료 계획(protocol)에 덧붙여 다음과 같은 질문이 추가된다. "캐릭터는 어떻게 느끼고 있었나요?" 그리고 "캐릭터의 감정은 장면의 과정 중에 변화했나요?"

정서의 범위는 얼마나 많은 서로 다른 정서들이 그 장면과 질문에서 언급되거나 재현되었는지를 측정한다. **정서의 특이성**은 이러한 정서들이 얼마나 특수한지 반대로 보편적인지 혹은 분산되어 있는지를 평가한다. **정서의 재현**은 어떤 매체로 정서가 재현되었는지를 평가한다(제스처, 소리, 말과 같은). 혹은 정서가 상연 안에서 어떻게 재현되는지, 그리고 나중에 말로 된 질문에서 어떻게 다르게 재현되는지를 평가한다. **내재성**은 정서들이 내적인(감정), 그와 반대로 외적인 상태(신체적인 감각이나 행동들과 같은)로 재현되는 정도를 평가한다.

이러한 측정을 위한 점수화는 없다. 대신에 검사자는 역할연기와 말로 된 질문 사이의 차이에 주목하면서 계속 이어지는 질문들에 대한 답을 통합하고, 역할연기에서 정서적 상태를 재현하는 참여자의 능력에 대한 평가서를 쓴다.

DRPT-2를 위한 역할 메소드 분석

DRPT-2는 로버트 랜디의 역할 분류 체계와 역할 메소드를 사용하여 참여자들을 평가하는 데 매우 적합하다. 왜냐하면 DRPT-2는 역할 체계 내에서의 역할, 반대 역할, 안내자라는 3개의 기본적인 입장들을 나타내는 것으로 보이는 3개의 캐릭터를 요구하기 때문이다. 이것이 질적 진단평가인데, 검사자는 랜디가 그의 책 『**페르소나와 퍼포먼스**(*Persona and Performance*)』(1993)와 이후의 글에서 기술한 역할 메소드와 역할 분류 체계에 대하여 철저하게 이해하고 있어야 한다.

DRPT-2의 절차 이후, 적절한 역할 메소드 측정을 도출하기 위해 질문이 조정된다. 검사자가 관련된 측정을 평가하기 위해 필요한 정보를 유도해 낼 때 참여자의 반응이 충분치 않으면 자유롭게 "그것에 대해 좀 더 말해 주세요."라고 말해야 한다. 또한 검사자는 장면과 캐릭터의 묘사 이후 주제, 캐릭터들 사이의 연관성, 장면과 실제 삶 사이의 연계, 그리고 참여자가 각 캐릭터와 유사한지 아닌지 혹은 그 캐릭터가 되고 싶은지를 묻는다. 이러한 질문과 상연을 통하여 검사자는 역할 유형과 역할 양식, 특질, 기능, 거리 두기의 수위와 삶-연극의 연관성, 그리고 그들 역할 체계에 대한 참여자의 통합과 이해의 깊이를 결정할 것이다.

질문이 끝난 뒤 검사자는 녹화된 장면을 참여자에게 보여 주고, 장면과 캐릭터들에 대한 그들의 추후 코멘트들을 끌어내도록 한다. 이것은 이 역할들이 참여자의 역할 체계 내에 얼마나 균형 잡혀/통합되어 있는지에 대한 추가적인 정보를 제공할 수 있다.

DRPT의 강점과 약점

DRPT의 강점은 연극치료 회기에서 일어나는 행위와 유사한 리얼한 체현적 실연을 보여 줄 것을 참여자에게 요구할 수 있다는 점에 있다. 랜디의 이야기하기(TAS)나 **역할 프로파일** 진단평가, 혹은 카드 분류나 언어(verbalization)를 이용하는 라하드의 6PSM 검사와 달리, DRPT는 우리에게 실제적인 극적 행위의 청사진을 제시한다. DRPT는 참여자에게 역할에 대해 생각한 것을 묻지 않고, 그러한 역할들을 우리에게 보여 줄 것을 요구한다.

DRPT는 극적인 역할연기에 있어서 특별한 것으로 클리븐(Cleven, 11장 참고)과 독터(Dokter, 15장 참고)가 기술한 표준화된 검사처럼 정신병리 혹은 증상에 대한 일반적인 검사는 아니다. 펜직의 '6-열쇠 모델(6-Key Model)'은 극적 행위를 분석하기 위한 틀로 DRPT에 쉽게 적용될 수 있다.

DRPT의 약점은 그 장면들을 적절하게 분석하기 위해 비디오로 녹화한 후 그 다음으로 평가해야 한다는 것이다. 이는 참여자에게 카드를 분류하게 하는 것보다 덜 효율적인 절차일 수 있다. 독자들은 어느 유형의 검사가 그들의 요구에 적합한지와 관련하여 적절한 판단을 해야만 한다.

연구 결과

DRPT-1을 사용한 초기 연구에서 우리는, 지금은 '인지적 유연성 척도'이지만 그 당시에는 '유동과 경직의 경계 척도'라고 불리던 것을 사용하여 예일정신의학연구소에서 31명의 백인 정신질환자들을 조사했다. 우리는 정신분열 환자의 분명하면서도 유연한 역할 유지 능력의 본성을 탐구하고 있었다. 또한 우리는 망상성 정신분열 환자들이 역할 형성에 훨씬 더 경직된 접근을 할 것이고, 반면에 비망상성 정신분열 환자들이 더 유동적인 역할(덜 명료하게 형성하는)을 보여줄 것이라고 예측했다. 건강한 능력이란 유동성과 경직성, 즉 유연성과 명료성 사이의 균형을 갖는 것이다. 우리는 155장면(31명의 환자들에게 각각 5개의)을 비디오 녹화했고, 나는 비디오테이프를 연구하기 위해 두 명의 평가자를 훈련시켰다. 그들과 나 자신이 보았던 것 간의 의견 일치가 이루어지지 않았기 때문에 범주의 정의에 대해 상당한 조정이 이루어져야 했다. 우리는 약 6개월간 이에 대해 연구했다. 결국 우리는 더 나은 척도를 얻을 수 있었는데, 유동 경계에 대한 마지막 신뢰도가 피어슨 계수(Pearson coefficient, 일상적인 통계적 신뢰도) 0.82였고, 경직 경계는 0.86으로 매우 훌륭했다. 5개의 장면에 적용되는 일관성(한 장면의 결과가 다른 장면들의 결과와 상호연관되는 정도) 또한 매우 높았다(알파 계수로는 유동 경계:[0.78], 경직 경계:[0.58]). 결과는 DRPT-1이 인지적 유연성 척도를 사용하여 망상성과 비망상성 정신분열증 환자들을 구별할 수 있다는 것을 보여 주었다. 실제 그 검사는 아주 훌륭하게 그들의 진단명(diagnosis)을 결정하는 데 사용될 수 있었던 것이다.

이러한 결과에 힘입어 우리는 더 큰 표본의 정신분열증 환자들(48명)로 연구를 확장했고, 환자들과 비슷한 나이의 평범한 대학생 표본을 첨가하였다(31명). 우리는 DRPT-1만을 계속 사용했다. 왜냐하면 흥미롭게도 경계 측정이 좀 더 비구조화된 DRPT-2에서는 중요한 결과물을 주지 못한다는 것을 발견했기 때문이다. 또한 우리는 유사한 경계 측정으로 망상성과 비망상성 정신분열증 환자들을 구별했던 로르샤흐 검사를 사용하여 DRPT-1이 타당하다는 것을 입증하고자 하였다. 그리고 모든 참여자들에게 '성인용 웩슬러 지능검사(Wechsler Adult Intelligence Scale)' (IQ)를 했다.

여기에서도 측정에 대한 높은 신뢰도(모든 피어슨 계수가 0.80 이상이었다)와 일관성(모든 알파 계수가 0.77 이상이었다)을 발견했다. 그 검사가 믿을 만한 측정으로 정착할 수 있음을 보여 주었던 것이다. 결과적으로 망상증 환자들은 경직 척도에서, 비망상적 환자들은 유동 척도에서 높은 반응을 보인다는 이전의 연구가 사실로 확인되어 통계적 의의는 매우 컸다. 또한 DRPT-1은 척도의 타당성을 지지해 준 로르샤흐 검사 결과와도 잘 연관되었다. 유사한 검사들에서도 비슷한 결과가 나왔기 때문이다. 하지만 추가적으로 확인된 중요한 결과는 평범한 참여자들이 유동과 경직 측정 양자 모두에서 낮은 점수를 보였다는 점이다. 이로써 역할 형성에 대한 건강한 능력은 유동성과 경직성의 균형(낮은 단계에서)을 보여 준다는 우리의 생각을 확인할 수 있었다. 사실 유동과 경직 척도를 첨부한다면 DRPT-1은 로르샤흐 검사보다도 정상적인 참여자와 정신분열증 환자를 훨씬 더 잘 구분할 수 있다(정확히 80% 이상). 우리는 이러한 연구를 가장 명망 높은 심리학 저널인 **『이상심리저널**(*Journal of Abnormal Psychology*)**』**에 발표하였다. 그것은 그 저널에서 발표된 역할연기에 대한 유일한 연구일 것이다.

다음으로 우리는 발달측정에 입각하여 DRPT-1과 DRPT-2를 점수화하였다. 우리는 이전의 연구에서 두 검사를 사용했고, DRPT-2에서는 경계측정보다 발달측정이 매우 중요하다는 것을 발견했다. DRPT-1은 참여자에게 사회적 역할 재현에 맞출 것을 요구하기 때문에 경계 형성에서의 문제들이 발생하는 것으로 보인다. 그런 반면에 그들이 원하는 어떤 역할을 구성할 수 있다면 경계 문제는 거의 드러나지 않는다. 이것이 심각한 병이 있는 많은 환자들이 좀 더 구조화된 역할연기(DRPT-1으로 불리는) 대신 즉흥극(DRPT-2에 의해 도출된 기술)을 잘하는 이유일 수 있다.

발달측정의 신뢰도는 탁월했다(계수 0.80 이상). 발달측정에 관한 연구는 복합성, 명확도(세부사항), 그리고 역할과 장면의 조직화 면에서 정상인들이 가장 높고, 그다음은 망상성 정신분열증 환자, 그리고 그다음은 비망상성 정신분열증 환자들임을 보여 주었다. 선택된 역할 유형처럼 많은 흥미로운 결과들이 나왔다. 정상인들이 비-인간의 역할을 선택한 것은 드물었다(3%). 망상성 환자들은 유사인간과 동물 역할을, 그리고 비망상성 환자들은 더 많은 동물과 심지어 식물 역할(22%)을 선택했다. 어린아이가 사람 인형보다 동물을 선호한다는 관찰과 유사하게, 더 높은 발달 단계에 있는 참여자들은 인간을 묘사하는 데 요구되는 더 큰 복합성과 자유의 정도를 조절할 수 있다. 두 번째 재미있는 결과는 망상성 환자들이 정상인들보다 훨씬 더 역할 선택에서 영화나 정치에서 나오는 유형 인물들을 가져온다는 것이다(46% 대 33%). 반면에 비망상성 환자들은 유형 인물들을 드물게 사용했고,(단 17%) 대신 유별나고 특이한 역할들을 취했다. 이러한 결과는 통계적으로 매우 중요했다. DRPT-2가 발달측정을 위해 더 좋은 결과를 보여 주었던 이유는 참여자들이 여러 역할과 장면들을 구성해야 할 때 조직화에 대한 내적인 능력이 드러났고, 반대로 하나의 역할이 주어질 때는 그러한 차이가 은폐되기 때문일 수 있다. 이 연구는 『**성격진단평가저널**(*Journal of Personality Assessment*)』에 발표되었다(Johnson & Quinlan, 1993).

그동안 나는 코네티컷(Connecticut)의 웨스트 해븐(West Haven)에 있는 재향군인국(VA) 메디컬센터에서 재향군인, 특히 베트남 참전군인들과 작업하기 위해 자리를 옮겼다. 나는 연극치료가 진단과 PTSD를 지닌 사람들의 치료에 어떻게 사용될 수 있는지 관심을 두게 되었다(Johnson, 1987). 데보라 스타일즈(Deborah Styles)가 나와 합류했는데, 그녀는 학위 논문을 위해 PTSD를 지닌 베트남 참전군인들에게 DRPT-2를 실행하기로 결정했다(Styles, 1994). 그녀는 26개의 DRPT-2 회기(78개의 장면)를 녹화했고, 그다음엔 우리가 정신분열증 환자들과 함께 수행한 연구에서 사용하였던 발달측정을 이용하여 테이프들을 평가했다. 우리는 또한 그 분야에 가장 합당한 '임상 관리 PTSD 척도(CAPS: Clinician Administered PTSD Scale)'로 환자의 PTSD 증후 단계를 측정했다. 선행 연구에서 이미 알려져 있던 것과 일치하는 그녀의 가설은, 재향군인이 증상을 보이면 보일수록 발달측정에서 그들이 받게 되는 점수는 더 낮아진다는 것이었다. 나는 우리 두 사람이 컴퓨터 인쇄물을 보았던 그 날을 기억한다. 그것은 반대의 결과를 보여 주었다. 더 많은 증상을 보이는 재향군인들은 발달측정에서 더 높은 점수를 얻었다. 이는 상호관계 계수가 약 0.65로 상당히 높은 것인데, 나는 그것을 믿을 수 없었다. 이러한 결과는 심한 트라우마를 겪은 재향군인들이 흔히 시각 예술과 시는 말할 것도 없고 뛰어난 역할연기를 해낸다는 우리의 임상경험과 다소 조화를 이룬다는 것을 즉시 알 수 있었다. 상징화 능력이 PTSD환자들에게 다소 더 높다고 할 수 있는가?

이러한 가능성을 탐구하기 위해 나의 동료인 로버트 밀러(Robert Miller)는 그의 박사논문에서 이러한 질문을 좀 더 세밀하게 연구하였다(Miller, 1999). 그는 PTSD를 지닌 56명의 재향군인들(168장면)과 PTSD가 없는 14명의 비재향군인들에게 DRPT-2를 실시하였다. 모든 참여자들은 DRPT-2와 더불어 PTSD 증후군과 실감정증 단계를 측정받았다. 밀러는 발달측정과 함께 DRPT-2를 위한 몇 개의 새로운 측정을 구성했다(지금은 상상 능력척도에 포함된). DRPT-2는 참여자가 현실과 역할연기 사이의 경계를 어떻게 재현했는가를 말하는 **반응 구축**(Response Construction)과 극적 현실에 참여하는 정도인 **몰입**으로 장면들을 점수화하였다. 밀러는 두 명의 연극치료사인 평가자들과 작업했고 많은 실행 뒤에 탁월한 신뢰도를 이룩하였다(0.58에서 0.80까지 다양한). 그의 결과물은 참으로 믿기 어려웠다. 좀 더 심각한 PTSD를 지닌 재향군인들이 발달과 상상 능력측정에서 더 높은 점수를 받았다는 스타일즈의 발견과 일치한다는 점이다(상관계수는 0.65로 매우 크다). 뿐만 아니라 PTSD가 있는 재향군인들은 이러한 측정에서 정상인들보다 더 높은 점수를 기록했다. 비교하자면 정상인들은 일상적이고 다소 판에 박힌 장면들을 묘사한 반면에, PTSD를 지닌 참여자들은 너무 많은 창조성과 복합성을 보여 주는 묘사를 하였다. 이것은 정상인들이 PTSD를 지닌 재향군인들보다 좀 더 교육을 받았고 역할연기에 대한 경험이 더 많음에도 불구하고 사실이었다. 언어적 명확도에서 두 그룹의 차이는 없었다. 단지 감각운동적이고 상상적인 단계의 재현에는 차이가 있었다. **만약 이러한 결과들이 앞으로의 연구에서 입증된다면 PTSD 치료에 연극치료와 같은 상징적 매체 사용이 타당하다는 명분을 얻게 된다.** 이에 대한 연구는 최근에 간행된 저서 『**심리적 트라우마: 이론, 연구, 실천, 정책**』(Miller & Johnson, 2011)에 실려 있다.

트라우마가 있는 아이들뿐만 아니라 성적 학대나 강간과 같은 다른 트라우마적인 사건들로 PTSD를 겪는 환자들을 연구하기 위해 DRPT를 사용하는 것은 미래지향적임이 분명하다. 그러나 DRPT 두 검사는 형식의 단순성 덕분에 발달지체나 정신분열증, 그리고 심층 연구되었던 PTSD 환자들만이 아니라 어떤 사람에게나 조사 도구로 사용될 수 있다. 나는 DRPT에 관심을 가지는 이는 누구든지 연구하도록 격려한다. 매뉴얼, 형식, 그리고 추가적인 정보를 알고 싶다면 이 글의 마지막에 적힌 메일주소를 통하여 확인할 수 있다.

사 례

DRPT-1의 유용성을 입증하기 위해 나는 DRPT-2의 한 장면을 개인 사례로 제시하고 임상적 관점에서 그 결과를 토론할 것이며, 그다음 5개의 해석적 체계로 그 장면을 분석할 것이다.

참여자는 42세의 백인 남성으로 기혼자이며, 12세가 된 아들이 있다. 그는 보험회사의 중간 지위에서 일하고 있다. 그는 '중년의 위기'와 관련된 문제를 가진 심리치료 외래환자로서, 자신의 결혼과 스포츠를 잘하지 못하는 아들에 대한 실망감, 그리고 현재의 안정된 직업에서 성장잠재력에 대한 불만을 지니고 있다.

참여자는 서서 평가자와 마주하고, 평가자는 그에게 DRPT-2의 지시문을 읽어 준다. 이것은 두 번째 장면이며, 그래서인지 그는 편안해진 것 같다. 그는 미소를 지으며 잠시 생각한다. 그다음 시끄러운 소리를 내면서 운전하는 것을 팬터마임으로 보여 준다. 그리고 그가 트럭 속에 있다는 것을 알려 주기 위해 위아래로 덜컹댄다. 그가 옆으로 고개를 돌린다.

남자: 좌석벨트를 조여, 아가! 길이 울퉁불퉁할 거야.

소녀: (그가 상대편으로 바꾸어 약간 몸을 굽히고 위를 쳐다보며 어린 소녀다운 목소리로 말한다.) 싫어, 아빠. 항상 너무 꽉 조여.

남자: (다시 되돌아와서) 자, 우리 예쁜 아가, 내가 말했지! (그는 무언가를 찾다가 쳐다본다.) 와! 이게 뭐지? 방어벽 같네, 젠장. (그는 급브레이크를 밟아 트럭을 세운다.) 내려, 아가. 보자.

소녀: (소녀로 바꾸어 주변을 몇 발자국 걸은 뒤 저 아래 어딘가의 절벽을 바라보고 있다.) 와, 아빠, 절벽이야. 다리가 떨어져 나간 것 좀 봐!

남자: 그래, 우리는 갇힌 것 같구나……. 집 말고는 아무 데도 가지 못해.

소녀: 집에 가고 싶지 않아……. 나는 거길 건너뛸 거야. (그런 다음 그는 조금 뒤로 움직인다. 그리고 마치 협곡을 넘어서는 것처럼 앞으로 뛴다. 그리고 몸을 돌려 아버지를 되돌아본다.) 재미있어! 나는 집에 가지 않을 거야. 안녕, 아빠!

남자: (남자로 바꾸고서는, 충격 받은 것으로 보인다. 그의 손을 든다.) 예쁜 아가야, 어디 가는 거야? 너는 내가 그렇게 멀리 뛸 수 없다는 것을 알잖니! (그는 그녀를 더 이상 볼 수 없는 것처럼 바라본다.) 엘리자베스, 어디로 가는 거니! 돌아와! 돌아와! (정신이 산란해진 것으로 보인다.) 뭘 해야 할까? 봐, 저 나무에 오르면 볼 수 있을 거야. (그는 마임으로 큰 나무에 오르고 바라본다.) 보이지 않아. (우는 척하며) 내 딸을 잃어버렸어!

나무: (그는 나뭇가지처럼 손을 펼치고 똑바로 선다.) 안녕하시오, 선생! 나는 나이 많은 현명한 나무요! 무엇을 도와드릴까?

남자: (깜짝 놀라 바라보며) 딸은 달아났고, 나는 협곡을 건널 수 없어! 어찌해야 할지 모르겠어!

나무: (바꾸고서는) 딱 한 가지 방법이 있지.

남자: 그게 뭔데? 거기로 갈 수 있다면 어떤 것이라도 할 거야. 트럭을 운전할까?

나무: 아니.

남자: 도움을 청할까?

나무: 아니.

남자: 통나무를 찾나?

나무: 더 가까이.

남자: (나무를 보고 놀란다) 안 돼, 그건 아냐!

나무: 당신이 딸을 찾을 수 있는 유일한 길은 협곡을 건너도록 나를 자르는 거야. 그러면 당신은 지날 수 있지.

남자: 하지만…… 하지만 난 당신을 자를 수 없어……. 당신은 나를 도와주는데…… 그리고 당신은 이렇게……. 당신은 살아 있는데!

나무: 당신의 딸과 나에 대한 의무, 어느 쪽이 더 중요한가?

남자: (고통스러워 보인다…… 그런 다음 갑자기 소리치며 도끼 집는 시늉을 하고는 나무 밑둥을 치기 시작한다.) 아아아아아아. (그는 이리저리 움직이며 나무를 민다.) 미안해…… 미안해…… 너무 미안해! (그런 다음 그는 소리 지르면서 옆으로 달려간다.) 엘리자베스, 내가 왔어. 내가 협곡을 건넜어! ……

(조사자에게로 돌아서서) 다 됐어요.

(전체 시간: 2분 15초)

질문

이 장면에서 무슨 일이 일어났는가? "한 남자가 그의 딸을 소형 오픈 트럭에 태워 드라이브하고 있었다. 그들은 물에 떠내려간 다리까지 왔다. 딸은 용감했다. 그래서 갑자기 협곡 너머로 뛰어 달려갔고, 몸이 좋지 않아 멀리 뛸 수 없었던 아버지를 화나게 했다. 그래서 그는 그녀를 찾기 위해 나무로 기어 올라갔다. 현명하고 늙은 나무는 협곡에 나무를 잘라 놓는다면 건널 수 있다는 것을 깨닫게 해 준다. 그는 그 나무를 죽이길 원하지 않기에 주저했지만 다른 방법을 찾지 못한다. 결국 그는 딸을 찾기 위해 간다. 장면은 그녀를 찾기 전에 끝이 난다."

당신이 할 수 있는 만큼 각 인물에 대해 자세히 묘사해 보라.

남자 나이 들고, 아는 체하며, 우두머리 행세를 하는 사람으로, 그의 딸을 사랑하고 그녀의 모험심을 부러워하며, 그를 도왔던 나무를 자르는 것에 대해 내키지 않아 한다. 정말로 속이 상한다.

소녀 용감하고 귀여운 말괄량이로, 잘 뛰고 자신감이 있으며 위험을 감수하고 독립적이다.

나무 현명하고 진짜 남자이며, 잘 이해하고 오랫동안 거기에 있어 우리가 아는 모든 것을 보아 왔으며, 기꺼이 자신을 희생하며, 도움을 주는 것이 기쁘다. 하지만 그 남자가 무엇을 하고 있었는지는 확실하지 않다. 그게 전부다.

주제 무언가가 너의 길을 막고 있을 때 네가 나아가기 위해서는 희생을 해야만 한다.

인물들 간의 연관성 소녀는 아버지로부터 독립적이며, 아버지는 나무에 의존하지만 그를 자르는 것에는 죄책감을 느낀다. 그리고 소녀는 그 나무에 대해서 아무것도 모른다.

실제 삶과의 연관성 나는 정말로 나의 직업 안에 갇혀 있다고 느낀다. 그리고 실제로 나의 결혼도 그렇다. 하나의 방법이 있긴 하지만 내가 그 희생을 원하는지 확실하지 않다. 아마도 나무는 나의 아내와 같을 것이다. 나는 나의 결혼을 희생시키고 싶지 않다. 흥미롭게도 딸은 내가 되고 싶은 인물이다. 용감하고 자발적이며 위험을 감수할 수 있다. 나의 아들은 그와 다르다. 나는 그가 나와 같다고 생각한다.

어떤 인물들이 당신과 같거나 다른가? 나는 그 아버지처럼 갇혀 있으며 불안하다. 나는 딸처럼 되고 싶다. 나는 현명하고 기꺼이 희생하는 나무와 다르다.

일반적 임상 공식화

이러한 장면에 대한 이해는 분명 참여자와 그의 실제 삶을 더 많이 알게 되면서 고양될 것이다. 그럼에도 불구하고 장면과 그 이후의 질문은 장면의 모든 것이 그 개인의 표현이라는 단순한 원리에 기반하여 해석될 수 있다. 이 남자는 구속하는 안전벨트, 방어벽, 그리고 깊은 협곡의 씻겨 내려간 다리가 표상하듯이 그의 삶 안에 봉쇄당했다고 느낀다. 실로 그는 '씻겨 내려갈' 것으로 느낄지도 모른다. 여전히 모험심이 살아 있고, 위험이 있음에도 움직이기를 원하는 그의 내면의 영혼은 딸로 재현된다. 그녀는 벨트를 매지 않으려 하고 협곡을 뛰어넘으며 그런 다음에는 아버지에게서 사라지고 만다. 그 자신의 의존의 감정들은 그의 딸을 찾기 위해, 그리고 그다음으로는 협곡을 건너는 방법을 알아내는 데 도움을 받기 위해 나무에 의지하는 것으로 표현될 수 있다. 그리고 그 이면에는 스포츠에도 능하지 않고 '남자'로서도 강하지 않다고 생각하는, 그의 아들을 매도하는 감정이 있을 수 있다. '진짜 남자'로 언급된 나무와 그의 딸을 뒤쫓기 위해 나무를 희생시켜야 하는 딜레마는 그 자신의 여성적 측면을 자기-개념(self-conception)으로 통합하려고 다투는 것과, 그렇게 하기 위해서 지금까지 그가 남성으로서 가치를 두었던 것을 희생해야 할지도 모른다는 것을 암시한다. 그가 장면의 끝에서 그의 딸에게 도달하지 못한다는 것은 그가 이러한 중년의 발달적 과제를 성취할 수 있을지 어떨지 확신하지 못함을 보여 준다.

구체적인 측정에 의한 분석

발달적 대상관계 분석

차별화. 인간(남자와 딸) 그리고 유사-인간(나무) 형식이 사용된다.

통합. 장면의 조직화는 **발달하였고**, 역할과 행동은 **잘 맞았으며**, 인물들의 동기는 **의도적**이었고, 인물 간의 상호행위는 **행위-행위**(Active-Active)와 **행위-반응**

(Active-Reactive)의 혼합이었다.

명확도. 대체로 인물의 신체적 특징들이 표현되었고, 아버지/딸의 사회적 역할 또한 어느 정도까지 분명하게 발화되었다. 소녀는 이름이 주어졌다.

내용. 장면은 소녀가 아버지로부터 떠남과 나무를 자르는 것을 포함하여 어느 정도의 악의와 **공격성**이 있었다.

요약. 전체적으로 좋은 조직화와 통합, 그리고 그보다는 낮은 명확도를 보여 주는 잘 발달된 장면이었다. 장애와의 만남에 대한 주제들, 장애를 접근하는 데 있어서의 차이들, 그리고 상처를 입혀야만 하는 누군가로부터 도움을 찾는 것은 모두 복잡한 장면을 재현하는 능력을 보여 준다. 이러한 유사-인간 형식들의 현존, 공격적인 행동, 그리고 행위-반응의 상호행위는 참여자의 잠재적인 혼란과 갈등을 암시한다.

인지적 유연성 척도

경계. 경계에 대한 두 가지 재현이 있었다(방어벽, 협곡). 그러나 유동적인 경계는 없다. 두 경계는 캐릭터의 행동과 변형을 통해 연결되었다. 캐릭터는 그렇게 함에 있어 정서적 시련(안내자를 잘라내는 죄)에 직면했다. 이는 역할 경계에 대해 균형 잡힌 유연한 접근을 지닌 사람들, 극적 장면에서 그들의 생각을 재현하는 데 정상적 혹은 더 건강한 능력을 지닌 사람들과 일치하는 장면이다.

상상 능력 척도

상상적 경계의 묘사. 잠재성은 처음에는 중간이었다. 참여자는 놀이공간에 경계를 표시하지 못했다. 역할에서 벗어나는 것은 없었다.

몰입. 참여자는 좋은 매체의 사용을 보여 주었고(움직임, 소리, 제스처, 말), 생생한 극적 환경을 창조했다.

탁월성. 참여자는 마임으로 사물을 재현할 수 있었으나 사람은 하지 못했다. 왜냐하면 그는 역할들 사이를 왔다갔다만 했기 때문이다. 그는 현명한 나무라는, 상대적으로 유형적인 캐릭터를 가져왔지만 독특한 방법으로 그것을 사용했다.

창조성. 유머와 아이러니는 없었지만 장면은 놀랄 만하고 날카로우며, 몰두하게 만들고 도덕적이었다.

요약. 남자는 현실로부터 연극에 이르는 통로를 묘사하지 못했다. 그러나 역할에서 벗어나거나 평가자를 바라보지 않았으며, 또는 자기 지시적인 진술을 만들어 내지 않고 공연 내에서 행동을 지속할 수 있었다. 역할연기에서 그의 몰입은 강했다. 그리고 탁월성을 보여 주는 그의 능력은 역할과 행동에 걸쳐 다양했다. 놀랍고 날카로우며 어떤 장악력과 도덕("네가 나아가기 위해서는 어떤 것을 희생해야만 한다.")을 보여 주는 그의 이야기는 창조적이었다. 그래서 그의 상상 능력은 평균 이상인 것 같다. 그리고 추가적인 발달 영역은 마임으로 다른 사람을 재현하려는 그의 능력에 있다.

정서지능 분석

부가적 질문. (각각의 캐릭터를 어떻게 느꼈는가? 그리고 그들은 장면의 과정을 어떻게 바꿨는가?)

남자. 그는 처음에는 기분이 좋았지만 그의 딸이 좌석벨트를 매지 않으려 해서 화가 났을 수도 있다. 하지만 그녀가 협곡을 뛰어넘어 달아났을 때 매우 기분이 나빴다. 그는 어떻게 해야 할지 몰랐다. 그는 또한 기꺼이 잘려져 딸을 찾을 수 있도록 한 나무로 인해 깜짝 놀랐다. 그는 그 당시에 느낀 것을 알지 못했다. 결국 그는 건널 수 있게 되어 행복했다. 하지만 여전히 소녀를 찾지 못했고, 그래서 그렇게 행복하지 않았다.

소녀. 그녀는 좋은 시간을 갖고자 하였다. 그녀는 그가 어떻게 느끼고 있었는지에 대해 크게 신경 쓰지 않았다.

나무. 모르겠다. 늙어 가는 것에 지쳤을지도 모른다. 자살(크게 웃는다), 모르겠다.

정서의 범위. 다소 위축되어 있었다. 질문에서 그는 좋고, 행복하고, 지치고, 멋지고, 화 나는 것과 같은 보편적 정서들을 언급했다. 장면에서 그는 나무를 자르는 것에 대해 우유부단하였고, 딸을 잃었다는 것을 생각할 때는 울었다.

정서의 특수성. 정서는 다소 산만했다.

정서의 재현. 그는 질문에서보다는 상연에서 더 넓은 영역의 정서 강도를 보여 줄 수 있었다.

내재성. 그는 주로 행동을 통해 정서를 재현했고, 언어화에서 더 많은 불안함을 느꼈다.

요약. 참여자는 감정을 알아내고 재현하며 느끼는 데 있어, 특히 직접 표현할 때 약간의 어려움이 있다. 그의 능력은 역할연기에서 두드러졌다. 그것은 그가 앞으로 이러한 기술들을 더 개발하는 데 연극치료가 유용한 방법이 될 수 있다는 것을 암시한다.

역할 메소드 분석

역할 유형

남자('역할'로서 제공된). **역할 유형:** 양면적인 사람/아버지. **특질:** 두 갈래 길에 있었지만 그의 딸을 보호하고자 한다. **기능:** 안내를 필요로 하는 것. 가족을 보호하는 것. **양식:** 사실적인, 다소 미적 거리를 두지 않은.

딸('반대 역할'로서 제공된). **역할 유형:** 아이/딸, 변절자/반역자. **특질:** 자기 확신에 찬, 힘차고 독립적인. **기능:** 그녀 자신이 필요한 것을 찾기 위해 인습적인 억압으로부터 벗어나는 모델. **양식:** 사실적인, 미적 거리가 있는.

나무('안내자'로서 제공된). **역할 유형:** 현명한 사람/돕는 자. **특질:** 중요한 지식을 소유한, 이기적이지 않고 이타적이며 지지해 주는. **기능:** 방법을 찾도록 돕고 남자가 자신의 길에서 더 앞으로 나아가게 한다. **양식:** 양식화된, 미적 거리가 있는.

주제. 목표를 성취하기 위해서는 희생이 요구된다. 딸과 나무 사이의 통합이 부족하다. 그들이 상호행위를 하지 않기 때문이다.

삶-연극 연관성. 참여자는 자신의 삶과의 연관성에서 역할에 대한 이해가 확고하다. 하지만 자신의 남성성과 여성성 사이의 역동성을 온전히 지각하지 못한다. 왜냐하면 그것들이 아들과의 관계적 측면을 드러내거나 혹은 중년으로서 자신의 내면을 드러내기 때문이다.

요약. 이 장면은 한 남자로서, 아버지로서, 정체성 문제와 싸우는 중년의 남자를 묘사한다. 그는 말 그대로 '그를 잘라' 냄으로써 안내자에 대한 의존을 희생하는, 그런 자신이 되고자 함에도 불구하고 안내자를 붙잡으려 하고 그의 말을 듣는다는 것을 안다. 비록 그가 딸을 보호하려는 욕망으로 동기화되어 있음에도 딸은 보호를 필요로 하지 않는 것으로 묘사되었다는 사실은 그 장면의 몇몇 아이러니 중 하나다. 그러므로 참여자는 연극치료를 통한 깊은 탐험으로 성숙해질 것 같다.

토론

임상의 양적·질적 관점에서 나온 이와 같은 한 장면에 대한 탐구와 분석은 참여자들에 대한 유용한 정보의 원천으로서 즉흥 역할연기의 풍요성을 분명하게 보여 준다. 각각의 관점은 참여자의 심리적 문제들, 창조적 능력, 세계관의 또 다른 측면을 조명해 준다. 표준화된 일련의 역할연기 지시의 사용은 좀 더 정확한 치료를 권하고, 연구의제가 성립될 수 있는 더 단단한 토대를 제공하면서 이들 진단평가 접근법들 사이에서 좀 더 집중된 비교를 가능하게 한다.

앞으로의 방향

DRPT-1과 DRPT-2는 임상적 진단평가, 치료 계획, 그리고 연극치료의 연구조사에서 잠재적으로 유용하다. 그 절차들은 점수 체계를 참조하지 않고서도 자체로 사용될 수 있다. 또한 그 절차는 실제 작업자와 환경의 구체적인 요구에 부합하기 위해 수정되거나 변경될 수도 있다. DRPT의 정의와 득점 기입표, DRPT를 위한 5개의 점수 체계에 대한 이해하기 쉬운 목록이 있는 매뉴얼은 artspsychotherapy@sbcglobal.net에서 무료로 이용할 수 있다. DRPT를 임상 진단평가나 조사에 적용하는 것에 관심이 있는 사람은 그 출처를 알리는 한 누구나 사용할 수 있다.

적절한 진단평가는 어렵고 부담스러운 행위다. 일단 극적 행위의 세부사항들에 초점이 맞춰지게 되면 불가피하게 새로운 것들을 발견하게 되고, 경험에서 나온 가설들이 우리에게 얼마나 만연해 있는지 알게 되며, 따라서 겸허해질 수 밖에 없다. 어떤 사람은 서로 다른 참여자들에게 똑같은 자극을 제공함으로써 사람들 사이의 개인적인 차이를 좀 더 명백하게 본다. 또 어떤 사람은 많은 DRPT 장면과 새로운 어떤 장면을 다소 독특하게 보면서 서로 다른 영역에서의 참여자들 삶의 차이를 추정하는 방법을 좀 더 배우게 된다. 이것이 바로 표준화된 진단평가의 힘이다. 그것은 더 많이, 더 멀리, 더 깊이 보기 위한 우리의 관찰에 초점을 맞추는 렌즈 역할을 한다. 이러한 노력은 시간이 걸림에도 불구하고, 확실히 연극치료 영역에 새로운 지식과 통찰력을 생성할 것이다.

우리는 특히 DRPT로 트라우마가 있는 성인과 아이들을 연구 조사하는 것에 관심을 둔다. 밀러와 스타일즈의 연구에서 나온 결과는 상상적 공간이 트라우마에 미치는 영향을 더 많이 발견하고, PTSD의 치료에서 창조적 예술치료 사용의 정당성을 제공할 중요한 기회가 될 수 있다.

참고문헌

Fein, G., Johnson, D., Kossan, N., Stork, L., & Wasserman, L. (1975). Sex stereotypes and preferences in the toy choices of 20 month old boys and girls. *Developmental Psychology, 11,* 527–528.

Goleman, D. (1996). *Emotional intelligence.* New York: Bantam.

Irwin, E., & Rubin, J. (1976). Art and drama interviews: decoding symbolic messages. *Art in*

Psychotherapy, 3, 169-175.

Irwin, E., & Shapiro, M. (1975). Puppetry as a diagnostic and therapeutic technique. In I. Yakab (Ed.), *Art and Psychiatry* (Vol. 4, pp. 86-94). Basel: Karger Press.

Johnson, D. (1981). Diagnostic implications of drama therapy. In G. Schattner & R. Courtney (Eds.), *Drama in therapy* (Vol. 2, pp. 13-34). New York: Drama Book Specialists.

Johnson, D. (1982a). Principles and techniques of drama therapy. *Arts in Psychotherapy, 9,* 83-90.

Johnson, D. (1982b). Developmental approaches in drama therapy. *Arts in Psychotherapy, 9,* 183-190.

Johnson, D. (1987). The role of the creative arts therapies in the diagnosis and treatment of psychological trauma. *Arts in Psychotherapy, 14,* 7-14.

Johnson, D. (1988). The diagnostic role-playing test. *Arts in Psychotherapy, 15,* 23-36.

Johnson, D. (2009). Developmental transformations. In D. Johnson & R. Emunah (Eds.), *Current approaches in drama therapy* (2nd ed., pp. 89-116). Springfield, IL: Charles C Thomas.

Johnson, D., & Quinlan, D. (1980). Fluid and rigid boundaries of paranoid and non-paranoid schizophrenics on a role-playing task. *Journal of Personality Assessment, 44,* 523-531.

Johnson, D., & Quinlan, D. (1985). Representational boundaries in role portrayals among paranoid and nonparanoid schizophrenic patients. *Journal of Abnormal Psychology, 94,* 498-506.

Johnson, D., & Quinlan, D. (1993). Can the mental representations of paranoid schizophrenics be differentiated from those of normals? *Journal of Personality Assessment, 60,* 588-601.

Johnson, D., & Sandel, S. (1977). Structural analysis of group movement sessions: Preliminary reseach. *American Journal of Dance Therapy, 1,* 32-36.

Johnson, D., Sandel, S., & Bruno, C. (1984). Effectiveness of different group structures for schizophrenic, character-disordered, and normal groups. *International Journal of Group Psychotherapy, 34,* 413-429.

Landy, R. (1993). *Persona and performance.* New York: Guilford Press.

Landy, R. (2009). Role method and role theory. In D. Johnson & R. Emunah (Eds.), *Current approaches in drama therapy* (2nd ed., pp. 65-88). Springfield, IL: Charles C Thomas.

Mann, R. D. (1967). *Interpersonal style and group development.* New York: Wiley.

McReynolds, P., & DeVoge, S. (1977). Use of improvisational techniques in assessment. In P. McReynolds (Ed.), *Advances in psychological assessment* (pp. 222-277). San Francisco: Jossey-Bass.

Miller, R. II (1999). *Alexithymia in Vietnam combat veterans diagnosed with posttraumatic stress disorder.* Ph.D. Dissertation. Union Graduate School.

Miller, R. II, & Johnson, D. (2011). The capacity for symbolization in posttraumatic stress disorder. *Psychological Trauma: Theory, Reseach, Practice, and Policy.* Washington, DC: American Psychological Association.

Moreno, J. L. (1964) (1946). *Psychodrama* (Vol. 1). Beacon, NY: Beacon House.

Sandel, S., & Johnson, D. (1974). Indications and contraindications for dance thrapy and sociodrama in a long-term psychiatric hospital. *American Dance Therapy Association Monograph, 3,* 47-65.

Snow, S., & D'Amico, M. (Eds.). (2009). *Assessment in the creative arts therapies: Designing and adapting assessment tools for adults with developmental disabilities.* Springfield, IL: Charles C Thomas.

Styles, D. (1994). *Alexithymia in combat-related posttraumatic stress disorder: A preliminary study.* Master's thesis. California Institute of Integral Studies, San Francisco.

제5장

치유적 역할 캐스팅

치료적 공연에서의 진단평가

Stephen Snow, Miranda D'Amico

이 글에서 우리는 치료적 공연의 연출가들이 자기 환자를 위해 가장 유익한 역할을 선정할 수 있도록 돕는 진단평가 도구를 변형, 적용하는 것에 관해 이야기할 것이다. 연극치료 역할연기 인터뷰(DTRPI: Drama Therapy Role-Play Interview)는 시간의 흐름에 따른 환자의 진전에 대한 치료 계획과 연구를 위해 주로 사용되었다(Snow & D'Amico, 2009). 이제부터 살펴보고자 하는 것은 치료적 공연에서 역할 선정의 진행과정에 고유한 적용방법에 관한 것이다. 이 과정은 실생활에서 우리가 연기하는 역할과 무대에서 맡게 될 역할, 좀 더 전문적으로 말해서, 연기하도록 요구되는 건강한 역할과 달라져야 할 필요가 있는 건강하지 못한 역할 사이의 연관성에 대한 이해에 근거를 둔다.

연극치료에서의 역할, 치료적 공연, 그리고 삶

여기에 기록된 작업은 20세기 후반 포스트모더니즘 문화에서 발생한 역할과 역할연기의 역동적인 재개념화 덕분에 확립될 수 있었다. 1977년 포스트모던 퍼포먼스 국제 심포지엄에서 미첼 베나무(Michel Benamou)

는 다음과 같이 질문하였다. "정치에서부터 시에 이르기까지 모든 것이 연극적인 것이 되었는가?"(Benamou & Carmello, 1977, p. 3) 이 심포지엄은 사회 사상에서 거대한 인식 체계 변환의 조짐이었다. 거츠는 1980년의 글에서 이와 동일한 대전환을 인식하였다—'모호한 장르: 사회 사상의 재형상화'. 그는 "추론이라는 도구는 변화하고, 사회는 정교한 기계나 준-유기체보다는 진지한 게임, **길거리 연극**(sidewalk drama)으로 대변된다."라고 말한다(1980, p. 168). 일상과 연극의 접점에 대한 이러한 연구에서 또 다른 중요한 인물은 사회학자 어빙 고프먼(Erving Goffman)으로, 그는 『**일상생활에서의 자기 표현**(*The Presentation of the Self in Everyday Life*)』에서 얼마나 많은 사회적 상호작용이 극적 역할연기와 유사한지를 보여 준다. 다음과 같은 고프먼의 지적은 잘 알려져 있다. "물론 세상이 전부 무대인 것은 아니다. 하지만 그렇지 않다는 결정적인 증거를 명시하기란 쉽지 않다." (1959, p. 72) 그로부터 영향을 받았다고 하는 랜디의 말처럼, "역할은 매일의 심리적, 사회적 혹은 문화적 삶을 그 공연의 질과 관련하여 분석하는 데 유용한 은유로 기능한다"(Landy, 1993, p. 7). 심리학자 댄 맥애덤스(Dan McAdams) 역시 '자기'가 어떻게 **역할**과 **이야기**를 통해 발전하는가 하는 질문을 제기하였는데, 그는 이 요인들을 개체 정체(personal identity) 개인의 정체성의 출현과 그 발전을 연관시켜 분석하였다.

> 한 사람의 이야기 문맥 속에는 다양한 인물들이 많은 것들을 원한다. 많은 목소리들이 말하고 싶어 한다. 성인은 심리적으로 20대와 40대 사이의 여러 인물들이 역할을 정립하고 목소리를 찾게 되는 개인의 신화를 창조하는 데 몰두하게 된다……. 성인이라고 해서 30대에서 40대 사이의 정체성의 주요 갈등을 조절하고 이를 전적으로 해결할 것이라고 기대해서는 안 된다. 이 시기에 인물들은 여전히 '자기'를 정의 내리는 이야기 안에서 고유한 역할들을 찾고 있다. 그리고 이야기는 여전히 다양한 인물과 그들의 발전적인 방향을 충실하게 수용하는 고유의 형태를 찾고 있다(McAdams, 1993, p. 132).

역할, 인물 그리고 **이야기**는 최근의 사회학, 심리학 그리고 예술에서 주요 주제로 엉켜 있다. 흥미롭게도 심리학자 맥애덤스와 연극치료사 랜디 둘 다 그들의 이론을 만드는 데 결정적인 것으로 소설가 필립 롯(Philip Roth)의 글을 인용한다. "롯은 (자신의 삶에서 병을 치료하는) 과정을 자신이 믿었던 하나의 단순한 이야기에서 창조했던 많은 허구적 이야기들을 없애는 것으로 묘사한다."(McAdams, 1993, p. 32) 맥애덤스는 롯의 창조적 행동과 심리치료에서 치유하는 이야기의 힘의 사용을 연관시킨다. 랜디는 롯의 인물 주커맨이 보여 주는 것에 따라 전체적인 성격 이론을 정립하였다. 주커맨은 랜디가 인용하듯이 자신의 정체성을 '자신이 내재화한 한 무리의 연기자'로 보고, 더 나아가 "나는 연극이다. 오직 연극일 뿐이다."라고 말한다(1993, p. 27). 삶에서의 역할과 연극 사이의 구별은 진정으로 모호해졌다.

다음으로 **역할**은 극적 역할연기에 기초한 치료과정을 발전시키는 데 주요 개념이다. 우리의 삶이 여러 면에서 의식적, 무의식적으로 세상이라는 거대한 무대 위에서 연기하기 위해(사회적 상호작용) 선택한 역할들로 이루어진 극적 퍼포먼스이고 자기 창조 이야기라면, 진정한 치료과정은 우리를 성장시키고 치유하고, 극적 구조 안에서 그러한 역할을 연기할 기회를 주는 역할 캐스팅으로 구성될 수는 없을까? 바로 이것이 **치료적 공연**의 근본 원리다. 그것은 우리 마음에 내재한 체현될 필요가 있는 잠재적 역할들과 그와 같은 치유적 기회를 제공하는 극적 퍼포먼스의 가능성, 이 둘의 접점에 기초한다(〈표 5-1〉 참고).

〈표 5-1〉 치료적 공연의 진단과정, 캐스팅, 그리고 역할 체현

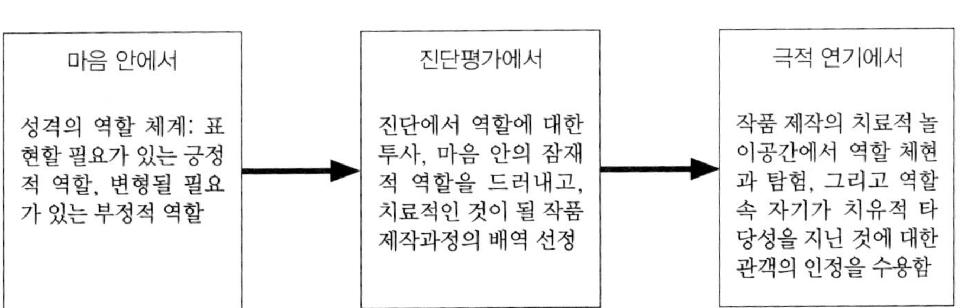

마음 안에서
성격의 역할 체계: 표현할 필요가 있는 긍정적 역할, 변형될 필요가 있는 부정적 역할
진단평가에서
진단에서 역할에 대한 투사, 마음 안의 잠재적 역할을 드러내고, 치료적인 것이 될 작품 제작과정의 배역 선정
극적 연기에서
작품 제작의 치료적 놀이공간에서 역할 체현과 탐험, 그리고 역할 속 자기가 치유적 타당성을 지닌 것에 대한 관객의 인정을 수용함

역할은 연극치료 이론의 발전에 본질적인 부분이며, 랜디(1986, 1993, 2008, 2009)는 이 특정 영역에서 중요한 이론가다. 그는 역할이라는 구성체의 기본적인 위상을 확고히 한다.

> 역할은 무대 위의 배우와 일상생활 속의 배우 둘 다 특징짓는 주요 개념이다. 후자의 의미로 볼 때 역할은 총체적이라기보다는 한 개인의 구체적인 성격을 나타내는 인격 구성체다. 이러한 이해는 환자에게 전체적인 것보다 일부분을 개선하기 위해 노력하라고 권하는 연극치료의 실제 작업을 알리는 데 도움이 된다(2008, p. 104).

치료적 공연에서 환자/배우들은 자신의 일부분을 구축하거나 인격의 어떤 면을 치유하는 데 도움이 되는 역할로 작업한다. 그들은 극적 역할연기에 필수적인 집중을 통해 이 부분에 초점을 맞춘다. 역할은 독립적인 단위다. 랜디의 말처럼 "역할은…… 극적 행동의 그릇이다. 그것은 전체적인 인격이라기보다 하나의 페르소나와 연관된 행동, 그 안의 감정, 사고와 가치로 된 형태이자 표현이다"(1993, p. 31). 그래서 참여자의 올바른 역할을 선택하는 데 있어서 치료적 공연의 치료사/연출은 환자/배우의 전체 인격의 발전에 가장 가치 있는 것을 찾아내는 것을 목표로 한다. 이것은 매우 까다로운 일인데, 왜냐하면 역할은 의심할 여지없이 배우의 무의식적 마음(집단정신, collective psyche) 그리고 문화적 배경과 관련되기 때문이다. 예전에 모레노가 말했듯이 "역할은 개인의 문화적 특징을 결정짓는 가장 중요한 단일 요소다"(1946, p. 175).

그러므로 역할은 집단 원형과 개인 발달이라는 두 단계와 모두 연관된다. 랜디의 개념으로 보면 "인격은 역할들의 상호행동 체계로 인식될 수 있다"(2009, p. 67). 역할 기법이라 불리는 랜디의 연극치료 작업과정에서 주된 목표는 이러한 인격 체계를 건강한 균형 상태에 놓이게 하는 것이다. 치료적 공연 접근에서 우리의 목표는 무대에서 환자/배우에게 일상적 기능에서 인격이 긍정적으로 성장하도록 돕고, 그로 인해 실생활의 질을 향상시키게 되는 역할을 연기할 기회를 주는 것이다(Snow, D'Amico, & Tanguay, 2003; Snow, 2009).[01]

펜직 역시 역할을 자신의 연극치료 기법의 주 요소로 사용하였는데, 역할과 인물을 구별하는 흥미로운 방법을 정립하였다.

> 역할은 구조이자 그릇으로, 엄마, 안내자, 사기꾼 등과 같은 원형적 층과 연계되어 있다. 등장인물은 **체현된 역할**이다. 그것은 각자 주어진 역할을 인격화하거나 구현하는 특별한 방법이다……. 이 점을 분명히 하기 위한 예로, 그리스도는 역할인 반면 예수는 인물이라고 말할 수 있다(Pendzik, 2003, p. 95).

이러한 통찰 덕분에 역할이 얼마나 강력하게 마음의 심층과 연계되는지, 그리고 영웅 신화와 같은 원형적 신화들과 얼마나 다이나믹하게 연관되는지 설명할 수 있는 것이다(Snow, 2009).

치료적 공연에서 배우에게 실생활에 영향을 미치게 될 역할을 찾는 데 있어서 그 사람의 심리적 배경을 어느 정도 세밀하게 이해하는 것은 필요하다. 삶과 연극, 연극과 삶(〈표 5-1〉 참고) 사이의 접점은 매우 중요한데, 왜냐하면 효과적인 치료를 위해 이 두 영역 사이를 앞뒤로 움직이며 진행되기 때문이다. 치료사/연출은 결과적으로 삶에서 중요한 역할들을 연기할 수 있는 능력을 향상시키게 될 무대 위 역할을 선택하기 위하여 환자/배우의 역할 체계의 나약함을 알아야 한다. 이러한 선택과정은 주로 배역 선정으로 거론되고 치료적 공연의 중심부에 있으며, 이에 대한 적절하고 효과적인 기술이 요구된다.

---

01 삶의 질(QOL: Quality of Life)은 몬트리올 콘코디아 대학교 인류발전예술센터(CAHD: Center for the Arts in Human Development)의 주요 패러다임이 되었다. 이 장에서 언급되는 모든 치료적 공연 제작은 이 센터에서 이루어졌다. 이에 대해 더 알고 싶으면 스노우와 다미코의 저서(2009)를 참고하기 바란다.

배역 선정과 진단평가

많은 연출가들은 성공적인 연극 제작을 창조하는 데 있어서 90%는 배역 선정과정에 있다고 말할 것이다. 그런데 치료적 공연에서는 아마도 이보다 더할 것이다. 치료적 공연의 목표가 기본적으로 미적인 것이 아니라 치료적인 것이라고 할지라도, 배역 선정의 기능은 여전히 모든 제작 목표의 완성과 거기에 참여한 모든 사람들의 행복에 매우 중요하다(Snow et al., 2003).

배역 선정은 여러 다른 관점으로 볼 수 있다. 이제는 이에 관한 전문용어들도 일상적인 언어가 되었다. 예를 들어 어떤 사람이 구체적인 삶의 역할에서 "고정배역을 맡았다"고 말한다면, 그것은 그들이 그렇게 '그 부분을 보기' 때문이다. 또 누군가 '주요 배역 선정'이 되었다면, 그것은 그들이 실생활에서 연기하는 사회적 역할에 그처럼 아주 완벽하게 어울리기 때문이다. 배우가 전문 연극이나 영화, 텔레비전에서 특정 대본의 특정 역할에 선택된다면, 그가 가장 능력 있고, 오디션을 제일 잘 보고, 그 배역에 가장 잘 어울리기 때문이다. 이러한 점은 또한 공동체, 아마추어, 혹은 대학 극단에서 캐스팅할 때도 적용되는 것이 어느 정도는 사실이다.

치료적 공연의 캐스팅은 전문 혹은 교육연극에서보다 더 복잡한데, 왜냐하면 역할 선정이 되는 사람에 대한 보다 깊은 지식을 요구하기 때문이다. 전통적인 공연에서 배우는 배역에 대한 오디션을 볼 기회를 갖는다. 그리고 진단평가에서와 마찬가지로 오디션을 보는 사람에 대하여 아주 많은 정보들이 수집된다. 하지만 치료적 공연에서 오디션은 거의 진행되지 않는다. 그것은 환자/배우들에게 많은 스트레스의 원인이 되기 때문에 비치료적일 수 있다. 대신 워크숍을 꽤 긴 시간 동안 진행하며, 이를 통해 깊이 탐색하는 가운데 치료사/연출은 환자/배우를 행동과 상호작용의 양측 구조 속에서 볼 수 있게 된다. 이렇게 볼 때 치료적 공연의 배역 선정과정은 오히려 실험 연극의 워크숍 과정과 더 유사하다.

이러한 과정은 즉흥성과 창조성에 의존하며, 가끔은 혼란스럽지만 매우 자발적인 과정을 거쳐 놀이와 그 놀이 안에 있는 배우의 역할을 발견한다. 실험 연극과 치료적 공연 둘 다에서 배역 선정은 퍼포먼스 점수의 상승, 다시 말해 무대 위 배우가 마침내 아주 정확하게 연기하게 되는 것과 동시에 이루어진다.

올바른 선택을 하는 것은 모든 종류의 공연에서 연출의 머리 위에 걸려 있는 〈다모클레스의 칼〉[02]처럼 연출을 힘들게 한다. 치료적 공연에서의 관점은 약간 다른데, 왜냐하면 배역 선정의 초점이 배우에게 치료적 경험을 제공하는 것이기 때문이다. 그래서 캐스팅 선택은 매우 중요하며, 이 선택을 하는 데는 세심한 배려와 주의를 기울여야 한다. 바로 이 지점에서 공식적인 진단평가가 캐스팅 과정과 만나게 된다. 브루시아(Bruscia)가 말한 것처럼 "진단은 환자와 그의 상황, 치료적 요구를 이해하는 것과 연관되는 치료과정의 부분이다"(Bruscia, 1988, p. 3). 진단은 주어진 양식 내에서 그들을 치료함에 있어 가능한 한 최고의 선택을 하기 위해 그들의 재능과 힘, 잠재력뿐만 아니라 결핍, 나약함, 개인의 특별한 요구에 대하여 구체적인 정보를 모으는 것을 목표로 한다. 치료적 공연에서 진단평가는 치료사/연출이 배우에게 자기소개를 하도록 하고 그 뒤에 숨어서 그들이 하는 방식을 어떤 식으로 그리고 왜 작동시키는지 볼 수 있게 해 준다. 치료적 공연에서 그것은 또한 환자/배우에게 가장 유익한 역할을 지정해 주고 발전시킬 수도 있다.

극적 진단평가의 많은 형태는 즉흥, 역할연기, 스토리텔링, 가면, 인형 그리고 모래놀이를 사용한다. 이러한 진단은 환자/배우를 개인적 성장과 치유를 위한 이상적인 역할로 캐스팅하고자 할 때 잠정적으로 매우 유용하다. 예를 들어 랜디의 TAS 진단평가(7장)는 구성된 이야기 속에 있는 역할들을 말 또는 행동으로 동일시하라고 주인공에게 요청한다. 예를 들어 환자에게 **"이야기 속 인물과 당**

---

02 역주: 다모클레스(Damokles)는 기원전 4세기 전반 시칠리아 시라쿠사의 참주(僭主) 디오니시오스 1세의 측근이었던 인물이다. 어느 날 디오니시오스는 다모클레스를 호화로운 연회에 초대하여 한 올의 말총에 매달린 칼 아래에 앉혔다. 참주의 권좌가 '언제 떨어져 내릴지 모르는 칼 밑에 있는 것처럼 항상 위기와 불안 속에 유지되고 있다'는 것을 가르쳐 주기 위해서였다. 이 일화는 로마의 명연설가 키케로에 의해 인용되어 유명해졌고, 위기 일발의 상황을 강조할 때 '다모클레스의 칼(Sword of Damokles)'이라는 말을 속담처럼 사용하기 시작했다.

신의 일상 사이에는 어떤 관계가 있나요? 당신의 어떤 면이 이야기 속 인물과 유사한가요? 이러한 배역이 어떻게 살아가며, 함께 존재할 수 있나요?"라고 질문한다. 이는 치료사/연출이 배우의 자기성찰 능력을 이해하는 데 매우 도움이 된다. 진단평가는 어떤 사람의 중요한 면을 많이 드러내 주며, 따라서 연출로 하여금 각 사람의 욕구와 욕망을 깊이 들여다볼 수 있도록 한다. 포레스터(Forrester)가 말한 것처럼 "다음과 같은 진단의 목표를 유념해야 한다. 자료를 많이 수집하여 개인에 대해 많이 축적된 가설들을 지지하는 것이다."(2000, p. 242) 특정 진단평가에서 도출된 정보는 치료사/연출이 이전의 기록, 인터뷰 그리고 워크숍 과정에서 이미 수집했을 수도 있는 지식에 첨부된다. 진단평가는 이전의 지식을 확장하고, 환자에게 적합한 역할을 고르는 데 매우 중요한 요소가 될 수 있다. 진단평가는 삶/연극이라는 두 측면(〈표 5-1〉 참고)에서 치료사/연출이 환자의 삶의 질을 향상시키는 데 있어서 최대의 치료적 영향을 미칠 수 있는 방식으로 그들을 위한 극적 경험을 형상화하도록 하는 데 주요한 도구가 될 수 있다.

치료적 공연을 위한 모델의 발전

몬트리올 콘코디아 대학교에 있는 **인류발전예술센터**(CAHD)는 캐나다에서 창조적 예술치료 방식하에 운용되는 유일한 기관으로, 콘코디아 대학원 창조적 예술치료학과와 협력하고 있다. CAHD는 1996년에 창설된 이래 네 가지 중요한 업무를 수행하였다. (1) 광범위한 발달지체 및 다른 장애를 지닌 성인들을 위해 창조적 예술치료를 통한 치료 프로그램을 제공한다. (2) 콘코디아 대학교의 창조적 예술치료와 교육학과 대학원생들의 훈련과 교육을 실행한다. (3) 창조적 예술치료의 효과에 대한 연구를 발전시킨다. (4) 오픈 하우스, 예술 전시, 오리지널 뮤지컬 연극 제작과 같은 정규지원 프로그램을 통해 장애에 대하여 일반인을 교육시킨다.

현재 CAHD는 여덟 번째 집단과 작업하고 있다. 각 그룹은 20명 정도이며, 그들은 프로그램에 참여하여 2년 동안 예술, 무용/동작, 음악, 연극치료를 경험한다. 참여자들은 또한 이 네 가지 중 한 예술 양식에서 개인치료를 받기도 한다. 프로그램은 일일 치료 작업으로, 월요일부터 금요일까지 오전 9시에서 오후 3시까지, 10월부터 4월 중순까지 진행된다. 각 집단은 2년차 말에 오리지널 뮤지컬 제작을 하는 것으로 치료적 공연 경험에 들어간다. 1996년 이후 7번에 걸쳐 이와 같은 제작을 하였다(〈표 5-2〉 참고).

CAHD의 모든 참여자들은 지적장애 혹은 발달장애의 진단을 받았다. 다운증후군, 취약X 증후군, 아스퍼거 증후군, 윌리엄스 증후군을 비롯하여 여러 증후군과 장애군들까지 다 포함된다. 몇몇 환자들은 또한 정신분열병, 조울장애, 불안, 우울증, 경계성 인격장애와 같은 중복장애를 갖고 있었다. 최근 미국의 지적발달장애협회(AAIDD: the American Association for Intellectual and Developmental

〈표 5-2〉 그룹, 제작된 공연, 활용된 DTRPI 형식 목록(1996~2010)

그룹	연도	치료적 공연 제목	DTRPI 형식
1	1996~1998	〈오즈의 바람〉	진단평가의 초기 실험
2	1998~2000	〈그리고 앨리스는 꿈꾼다……〉	첫 번째 단순 형식: 의사, 부모, 상사
3	2000~2002	〈피노키오의 전설〉	2001 형식: 상사, 조부모, 10대
4	2002~2004	〈단테 거리의 로미오와 줄리엣〉	2002 형식: 새 범주, 보다 세밀한, 두 역할: 10대, 요리사
5	2004~2006	〈멋진 세계: 민족 뮤지컬 드라마(2007/2008 공연)〉	2004 형식: 최종 형식: 두 역할: 10대, 청소부
6	2006~2008	〈옛날 옛적 한여름 밤에〉	진단평가 안 함
7	2008~2010	〈개구리와 공주: 환경 뮤지컬드라마〉	10월/4월에 마지막 형식 반복

Disability)에서는 **발달장애**라는 용어를 '개념적·사회적·실용적 적응 기술로 표현되는 적응행동과 지적 기능의 양 면에서 분명한 제약이 있는 장애"로 정의한다(Luckasson et al., 2002, p. 1). CAHD의 많은 참여자들은 이러한 장애명으로 확실한 진단을 받았지만, 특별한 재능을 지니고 있는 경우도 있다. 환자들 가운데는 가라테의 검은 띠로, 라스베이거스에서 노래로, 자신의 예술 작품을 전시하고, 바이올린 연주로 생계를 유지하는 사람들도 있었다.

CAHD의 참여자는 모두 18세에서 55세 사이의 성인들이었다. 거의 대부분 가족과 함께 살거나 그룹홈, 아니면 관리형 아파트(supervised apartment)에서 살았다. 교육을 받을 때는 아무도 완전히 독립하여 살지 않았다. 그들은 대개 특수학급이나 학교에서 2차 교육을 받았다. CAHD에 오지 않을 때는 다양한 유형의 일을 하였다. 그들은 대부분 영어권 지역에서 왔으며 몬트리올 지역의 대규모 사회복지 정보망을 통해 이 프로그램을 알게 되었다.

CAHD 프로그램이 시작된 지 2년 뒤인 1998년, 치료 효과가 가장 좋았던 것은 주로 연극 제작 기간 동안이었다는 것을 알 수 있었다(D'Amico, Barrafato, & Varga, 1998). 새로운 연구 주제가 나왔다—네 가지 창조적 예술치료에서는 퍼포먼스를 통해 참여자의 심리적 기능 양상을 진단하기 위하여 예술 매체를 어떻게 사용하는가?

진단평가 연구와 치료적 공연의 접점

진단평가 연구

CAHD에서는 1996년 설립 이후 연구가 진행되었지만, 진단평가를 실험하는 프로젝트는 1998년 두 번째 그룹이 센터 프로그램에 들어가면서 비로소 시작되었다. 예술치료 진단평가인 인물 그리기 검사(HFDAT: The Human Figure Drawing

Test), 그리고 존슨(1988)의 역할연기진단검사(DRPT-1)에서 스노우 박사가 차용한 연극치료 역할연기 인터뷰(DTRPI)는 1998년 10월에 처음으로 시행되었다. DTRPI의 기본 과정은 다음과 같다.

> DTRPI의 각 참여자는 세 가지 역할(의사, 부모 그리고 상사)을 연기하게 된다. 이 역할들은 참여자가 힘 있는 자리에 놓였을 때 어떻게 반응하는지 보기 위하여 선택된 것이다. 연극치료사는 각 참여자들과 함께 즉흥극에 참여한다. 또한 테이블 위에는 역할에 수반되는 물건들이 놓여 있다. 각 참여자들은 힘 있는 인물을 화나게 하는 상황에 처한다. 이 즉흥극에 대한 참여자의 전반적인 반응을 측정하는 데는 7단계 리커트 척도가 사용된다. 연극치료사는 녹화한 각 회기 영상을 살펴본 다음 매번의 작업을 다섯 가지(주의 집중, 행동반응의 적합성, 자기주장, 자발성, 의사소통의 명확성) 항목으로 점수화하여 평가 척도에 기록한다(D'Amico, 2002, p. 2).

(부록 A 최신 판본 〈변수의 운용상의 정의〉를 참고하기 바란다.)

이 실험적 프로젝트는 10년 장기 연구 프로젝트로 바뀌게 되었고, 마침내 캐나다 인문사회과학연구재단의 지원을 받아 저서(Snow & D'Amico, 2009)로 출간되었다. 우리는 10년의 기간(1998~2008) 동안 치료적 공연 제작을 발전시킴에 따라 이 진단평가 도구가 어떻게 환자/배우를 진단하는 효과적인 도구로 등장하였는지 설명하고자 한다.

DTRPI는 초기 몇 년간 그것을 가장 적합하고 효과적인 구성 방식으로 규정하는 과정에서 많은 변화를 거쳤다. 〈표 5-2〉는 그룹과 그들이 만든 치료적 공연 제작, 그리고 그들이 경험한 DTRPI의 형태들을 연계하여 보여 준다. 이 표를 보면 치료적 공연 작업에서 DTRPI가 어떤 식으로 가치 있게 적용되며 진화하였는지 알 수 있다.

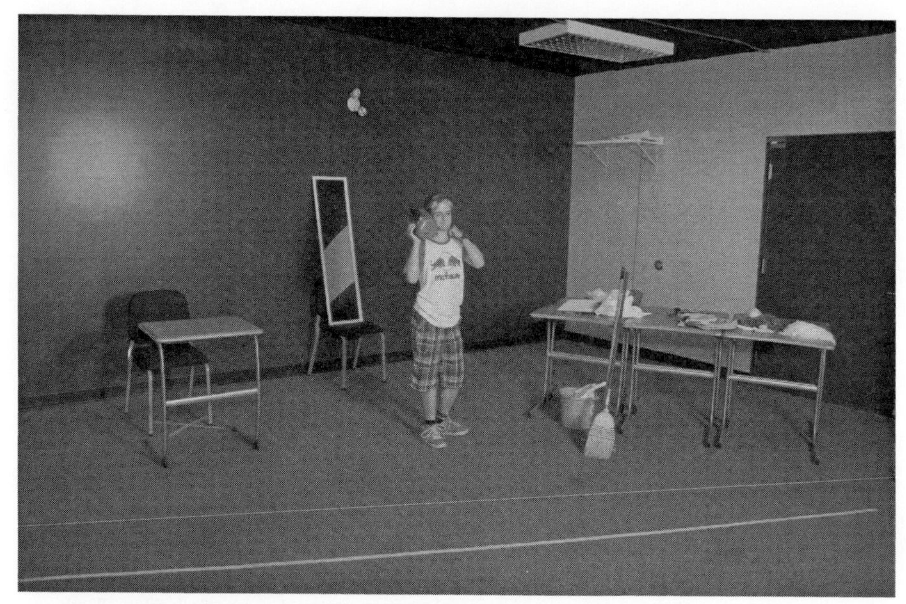

[그림 5-1] DTRPI 무대의 주인공(사진: Vincenzo D'Alto)

〈표 5-2〉에서 나타나듯이 진단평가에서 수행된 역할과 측정 범주들은 10년 동안 몇 차례에 걸쳐 달라졌다. 2002년, 우리는 이전의 몰적 접근에서 좀 더 구체적이고 행동으로 관찰할 수 있는 분자적 구성 방식으로 전환하였다.[03] 하지만 DTRPI의 기본 형태는 이 기간 내내 근본적으로는 동일한 것으로 남아 있었다. 전화벨이 울리면 (역할 속) 참여자가 받는데, 그는 평가자(전화를 건 인물의 역할로)와 필요한 대화를 시작하면서 뭔지 모를 자극을 받고 예기치 않은 곤경에 처하게 된다. 이렇게 두 사람 사이에서 즉흥극이 전개된다. 참여자는 자신의 감정을 즉흥극 속에 투사한다. 즉흥 연기자로서 평가자의 존재가 예상치 못한 요소였는

03 Molar(몰적인)는 진단평가를 측정하는 관찰 단계에 속하는 것으로 널리 활용되고 있으며, 관찰 대상과 관련하여 숙련된 전문가에게 좌우되므로 매우 질적이다. Molecular(분자적인)는 구체적이고 세밀한 관찰로, 유용한 통계 분석을 산출함에 있어서 보다 신뢰할 만하다.

데도, 이로 인해 거의 모든 환자들이 진단평가에 참여하는 것 또한 가능해졌다. 2004년 10월 DTRPI의 최종판에 모든 평가자의 대본이 기록되었고, 표준화되어 모든 참여자에게 적용가능한 동일한 방식이 거의 완성되었다. 이 최종본에는 참여자만이 즉흥으로 할 수 있다. 다음은 2004년 10월 최종본의 역할연기 1의 대본이다.

역할연기 1의 대본

[청소부 역할을 선택한 참여자는 의상과 소품을 고른 다음 2개의 짧은 장면을 연기한다. (1) 무대 위 거울 앞에 가서 자신을 그 인물로서 바라본다. 다음으로 (2) 정확히 30초 동안 '청소부로서 그곳에서 할 일을 하면' 된다. 그러면 평가자가 장면 설정을 해 준다.]

평가자: 이제 당신은 아주 비열한 상사로부터 전화를 받게 될 것입니다. 그는 당신이 직장에 늦었다고 말할 거예요. 당신은 지각하지 않았지만 상사는 당신이 늦었다고 하면서 월급을 깎으려 들 겁니다. 그는 계속 그러면서 당신을 속일 겁니다. 당신은 그에게 대응하셔야 해요.
따르릉!(3초 뒤 참여자는 "여보세요?"라고 말한다.)

평가자(역할 속에서): 안녕하세요, 존스 씨. 나 당신 상사입니다. 어제도 당신은 지각했더군요. 월급에서 10달러를 깎을 겁니다.

참여자(역할 속에서): [대답한다.]

평가자(역할 속에서): 사실 당신은 20분 늦었어요. 그러니 20달러 깎겠어요.

참여자(역할 속에서): [대답한다.]

평가자(역할 속에서): 거짓말하지 마세요! 당신이 한 달 내내 늦은 것을 알고 있습니다.

참여자(역할 속에서): [대답한다.]

평가자(역할 속에서): 당신이 뭐라 말하든 상관없어요. 당신 월급에서 20달러를 제할 겁니다.

참여자(역할 속에서): [대답한다.]

평가자(역할 속에서): 자, 그럼 안녕!

평가자: 이상으로 역할연기는 끝났습니다. 깊이 숨 쉬고 그 역할을 벗으세요. 감사합니다. 이제 다음 역할로 넘어가지요. 책상 위에 소도구를 모두 놓으시고(가리키며) 다시 나오세요.

[그림 5-2] 청소부 역할을 하는 참여자(사진: Vincenzo D'Alto)

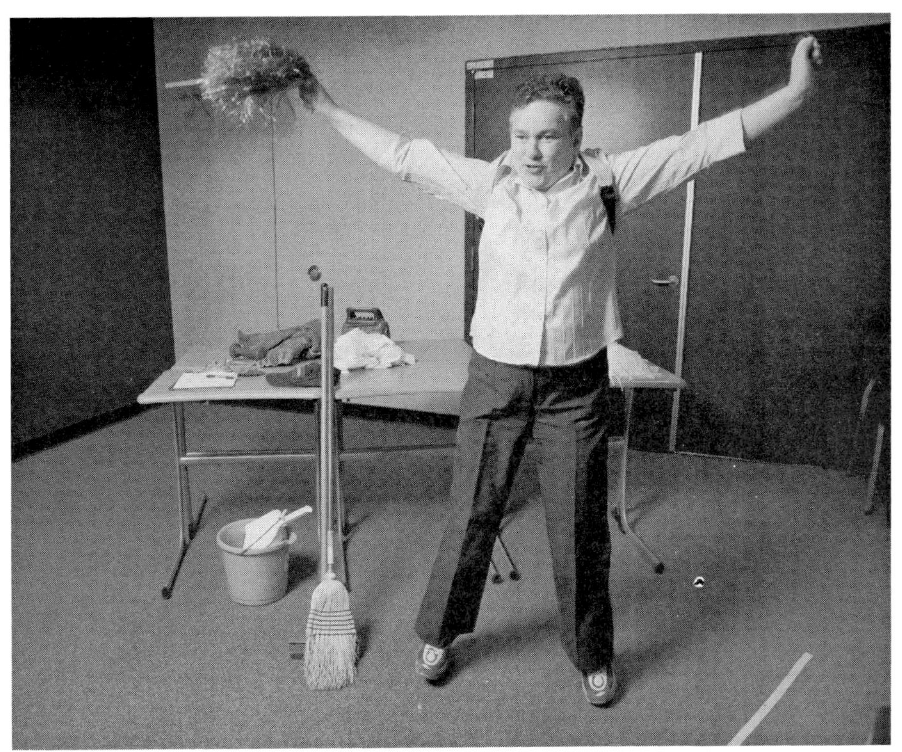

[그림 5-3] 10대 역할의 참여자(사진: Vincenzo D'Alto)

DTRPI의 처음부터 지금까지 가장 큰 변화는 참여자가 원래는 힘 있는 상사 역할이었다는 점이다. 이것이 나을 수도 있겠지만, 우리는 참여자가 피고용인 역할을 하는 것이 훨씬 더 현실적이라고 느끼게 되었다. 2002년 피고용인 역할은 요리사로 바뀌었고, 2004년에는 이 책에서 언급한 여러 이유들로 인해 청소부 역할로 바뀌었다. 이 장면의 갈등 구도의 내용은 참여자가 자기주장을 하도록 촉매 역할을 하기 위한 것인데, 자기주장은 알다시피 많은 발달장애 성인들에게 부족한 부분이다. 최근 사용되는 두 번째 역할은 10대로, 이는 환자의 소통 기술을 반영하는 행동을 자극하기 위한 것이다.

1998년과 2002년 사이에 측정된 다섯 가지 범주는 주의 집중, 행동반응의 적합성, 자기주장, 자발성, 그리고 의사소통의 명확성이다. 2002년 이후 '행동반응의 적합성'은 '명령 수행 능력'으로, '의사소통의 명확성'은 '소통 기술'로 바뀌었다. 이러한 변화는 세세한 행동 관찰에 기초한 기본 범주를 측정하는 신뢰할 만한 방법을 찾지 못했기 때문이었다. 우리는 그것들을 관찰과 평가에 관한 분자적 접근으로 명확하게 정의할 수 없었다. 그래서 2004년에 이 다섯 범주에 대한 새로운 운용상의 정의를 정립하였다. DTRPI의 모든 판본에서 측정된 세 가지 변수는 주장, 자발성 그리고 주의 집중이다. 일찍이 우리는 작업 안에서 시간이 흐름에 따라 이 범주들의 측정에 기초한 매우 바람직한 통계 결과를 얻었다. 이 범주에서 환자의 호전을 측정하는 T-검사는 0.05 수치에서 의미가 있었다. 그러나 평가자들끼리 신뢰도를 수합하여 보다 세세한, 분자적 방식으로 측정을 정의함에 따라 불행히도 더 이상 시간 흐름에 따른 의미 있는 변화를 찾지 못했다.

하지만 DTRPI를 개발하고 계속적으로 기획 시행하면서 우리는 DTRPI 자체의 특성과 떼려야 뗄 수 없는 진단 도구의 다른 가치를 인식하게 되었고, 환자에 관한 정보를 수집하는 방법으로 역할연기와 즉흥극이라는 극적 매체를 사용한다는 사실을 알게 되었다. 그리고 여러 새로운 그룹과 함께 치료적 공연 제작을 연속적으로 발전시켜 나가면서 진단평가 결과를 수집한 자료 덕분에 각 참여자들의 심리적 기능을 공연 기술과 연관하여 파악할 수 있게 되었다—주의 집중, 자발성, 나중에는 소통 기술이 되는 의사소통의 명확성, 그리고 명령 수행 능력. 이러한 진단 영역은 연극을 준비하는 데 매우 유용한 정보들을 주었다. 이 진단평가는 뜻밖에도 각 환자/배우에게 적합한 역할을 고르고, 최상의 캐스팅을 할 수 있도록 하였다.

캐스팅 과정에 도움이 되는 진단평가

1998년, 〈**오즈의 바람**〉 제작을 막 끝마친 첫 번째 그룹과 이제 막 시작된 두 번째 그룹을 대상으로 DTRPI를 실시하였다. 우리는 진단평가 결과가 프로그램의 치료적 공연 구성에서 캐스팅 결정에 적용될 때 매우 유용할 것이라는 점을 확인하였다. 환자에게 공연 경험이 치료에 도움이 된다는 것은 이미 알고 있었다. 이 점에서 우리는 특히 환자가 제작에서 취하게 될 역할과 관련하여 제작 경험을 가장 효과적으로 발전시키는 방법을 배우고자 하였다.

포레스터가 말했듯이 바로 이것이 진단평가가 해야 하는 일인 것이다.

> 진단평가는 렌즈를 확장하여 그 인물 특유의 본성을 포착하는 데 쓰여야 한다……. 역할연기/극적 즉흥은 적어도 세 가지 관점의 자료 수집을 사용할 수 있다—의식적·무의식적 소재, 인지 구성, 상호행동의 투사를 포함하는

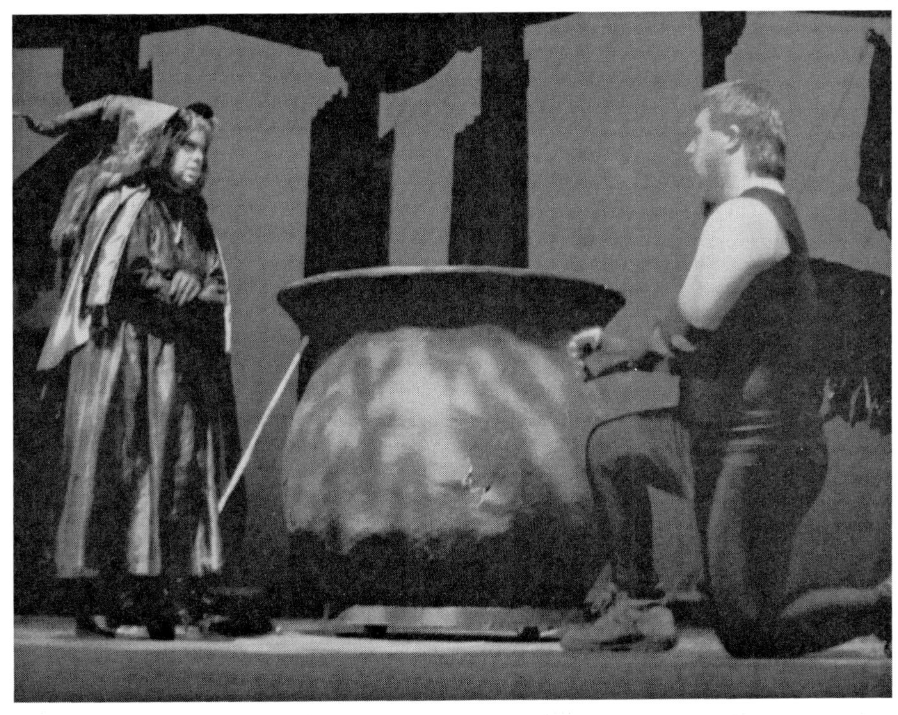

[그림 5-4] 〈오즈의 바람〉(1998)에서 마녀와 장의사(사진: CAHD 문서보관소)

내용(content), 불안을 동원하고 반응 방식을 끌어내는 가능성을 제공하는 **과정**(process)과 **문맥**(context). 역할연기/극적 즉흥은 공감, 감정 그리고 관용과 같은 정서적 표현을 살펴봄으로써 성격을 진단할 수 있다. 또한 그것은 동작 표현과 상징 표현, 그리고 상호관계의 직접적인 표현을 통해 개인의 내적 세계를 엿볼 수 있게 한다(2000, p. 242).

1998년 10월에서 2000년 4월까지의 기간 동안 CAHD의 두 번째 그룹은 여섯 번의 분리된 회기(매해 10월, 1월, 2월)별로 DTRPI를 경험하였다. 이것은 스태프들에게 각 개인에 대한 풍성한 정보를 제공하였다. 어떻게 움직이는가, 어떻게 말하는가, 그들의 심리적·감정적 요구, 과제에서 집중을 유지하는 능력, 역할연기에서의 일반적인 능력, 그리고 창조성과 자발성의 가능성. 이러한 모든 정보는 2000년 4월에 시작한 제작에서 캐스팅할 때 진가를 발휘했다.

DTRPI는 치료사/연출이 각각의 환자/배우의 재능과 특정 역할을 연기할 수 있는 능력 둘 다를 포함하여 공연이 가능한지 파악하는 데 도움이 되었다. DTRPI는 명확히 말하고 자신의 목소리를 내는 환자의 능력(이들에게는 제한적인 영역인)에 대한 정보를 좀 더 근본적인 단계에서 제공하였다. DTRPI에서 환자의 움직임은 또한 동작 기능 진단평가(FAM: Functional Assessment of Movement) 척도로 분석되었다.[04] 이는 개인의 능력과 한계에 대한 유용한 정보를 제공하였다. 또한 FAM은 일상의 움직임 스타일과 잠재적 댄스 능력에 대한 적절한 정보도 알려 준다. 자발적인 즉흥을 촉진하는 촉매 기능을 하는 DTRPI는 참여자의 즉흥, 극적 행동과 성격 개발 능력을 측정하는 데 폭넓게 쓰인다. 일례로 1998년에서 2000년 사이의 한 환자/배우는 진단평가 역할(의사, 부모, 상사)에서 언제나 가장

---

04 이 진단평가는 Nathan Leoce-Schappin 박사가 만든 것으로 CAHD의 무용/동작치료사 Joanabbey Sack이 DTRPI 촬영물을 분석하기 위해 사용하였다.

즐겁게 즉흥을 창조하였다. 그는 자발성에 관한 리커트 척도 정기검사에서 최고점을 받았다. 그는 CAHD 연극 제작 기간 내내 최상의 일원이며 가장 창조적인 배우였고, DTRPI로 볼 때 시대에 앞선 의식을 가진 것으로 파악되었다.

즉흥 연기 기술은 어느 정도까지는 타고난 재능이다. 다른 한편으로 그것은 공연 제작을 시작하기 전 각 환자들이 가졌던 2년이라는 연극치료 작업 기간 동안 습득된 것일 수도 있다. 연극은 대본을 쓰고 캐스팅하기 전 3개월에서 6개월 동안의 워크숍을 통해 발전되었다. 이 과정은 역할 선정에 지대한 영향을 미쳤다. 2000년 〈**그리고 앨리스는 꿈꾼다……**〉에서 한 참여자는 그가 연기하고 싶어 했던 인물의 시대 의상을 실제로 입고 사전 제작 워크숍에 참가하기도 하였다. 워크숍 기간 동안 그는 대본이 나오기 직전까지도 즉흥을 통해 자신의 인물을 계속 발전시켰다. 결국 그것은 그에게 딱 맞는 역할이 되었다.

CAHD에서 역할 선정은 다음의 세 가지 요인으로 얻은 환자/배우에 관한 정보들로 이루어진다—(1) 인터뷰를 통한 자료, 그리고 차트와 매주 모임, 병력 조사에서 나온 심리사회적 내력, (2) 대본을 완성하기 위한 즉흥 워크숍, (3) DTRPI에서 알게 된 세세한 심리적·행동적 측면들. 이 모든 정보들을 가지고 특별한 연극을 제작하기 위한 치료적·심미적 검토가 이루어진다. 워크숍 진행 과정은 역동적이고 즉각적이며, 이미지와 상징, 가능성 있는 역할, 주제, 플롯들로 가득하다. 그것은 참여자들에게 많은 발달상의 역할 탐험의 기간을 제공하며, 이를 통해 그들은 그 역할이 자신에게 적합한지 아닌지 알아보기 위해 다양한 역할들을 체험한다. DTRPI에서 나온 자료는 바로 그 배우에게 적합한 역할을 고르는 과정에 반영되며, 따라서 최상의 캐스팅 선택을 가능하게 한다.

사례 연구

앨리스 역할의 로라(2000)

〈**이상한 나라의 앨리스**〉를 각색한 뮤지컬 〈**그리고 앨리스는 꿈꾼다……**〉에서 앨리스 역 캐스팅은 매우 중대한 심미적 선택이었다. 그 역할은 노래도 잘할 수 있는 힘 있는 배우를 필요로 하였다. 하지만 이번에는 환자/배우를 위한 치료적 역할이 되어야 했다. 여기에서 우리는 이미 노래를 할 수 있는 특정 배우를 염두에 두었고, 따라서 어느 정도까지 배우의 요구에 대한 부분을 디자인하였다. 우리 식의 이야기에서 앨리스의 꿈은 위대한 가수가 되는 것이었다. 그녀의 영웅적인 여정은 이상한 나라(많은 비판적 소리들)에서의 모든 장애를 극복하는 것이었다.

로라가 1998년 가을 CAHD에 왔을 때, 그녀는 스무살이었다. 그녀는 어린 나이에 윌리엄스 증후군 진단을 받았다. 이 장애를 앓는 많은 사람들처럼 그녀는 음악에 대한 사랑과 천부적인 능력을 보여 주었다.[05] 그녀는 일곱 살이 되었어도 혼자서 신발 끈을 제대로 묶지 못했지만, 라디오에서 음악을 들으면 부모님이 준 전자 키보드로 즉시 연주할 수 있었다. 그녀는 이 질병에 해당되는 전형적인 양상을 많이 보여 주었다. 그녀는 매우 쾌활한 성격이었지만 DTRPI에서 인지적·지적 장애가 있음이 그대로 드러났다. 그녀는 "바닥에 ×로 표시된 곳에 의자를 놓으세요."라는 지시를 따르기 어려워했고, 바닥에 그은 흰 선을 따라 정확하게 걷는 것도 제대로 하지 못하였다.

하지만 1998년 10월 2일 처음 참여한 DTRPI에서 그녀의 역할연기 능력은 그대로 드러났다. 역할 입기 진단평가에 다음과 같이 기록되어 있다. "극 개입, 다소 사실적인 자발성, 집중은 매우 좋다. 역할에 대한 개념도 좋다. 놀랄 만큼

---

05 로라는 윌리엄스 증후군과 음악 능력 간의 관계에 대한 연구의 대상이었다(Levitin et al., 2004 참고).

[그림 5-5] 〈그리고 앨리스는 꿈꾼다……〉에서 앨리스 역의 로라(2000) (사진: CAHD 문서보관소)

좋은 기분을 유지하는 것으로 보인다." 2000년 4월 공연 제작 시작 전까지 2년에 걸친 DTRPI의 작업을 진행하는 가운데, 기록된 자료들을 보면 로라는 정말로 즉흥 연기를 즐기는 것이 분명하였다. 그녀는 쉽게 역할을 입었고, 재빨리 적절한 시대의상을 입었으며, 진단평가 대본의 요구에 따라 진지하게 참여하였다. 그녀는 자신의 연기에 집중하고 소신 있게 임하였으며 거의 역할에서 벗어나지 않았다. 그녀는 잘 들었으며 '인물로서' 생각하였고 역할연기의 상상 공간을 실제처럼 대하였다. 그녀의 역할연기 진단평가에서 주목할 만한 또 다른 점은 그녀가 독창적인 인물을 창조하였다는 것이다. 한 DTRPI에서 그녀는 여성

배관공(상사) 역할을 연기하였는데, 그녀는 모자 챙을 뒤로 돌리고 거침없이 행동하면서 자기 감독하에 스무 명의 배관공들을 거느리고 있다고 허풍을 떠는 것이었다. 그녀는 잠시 시간을 달라고 요청하는 피고용인의 요구를 거절하였고, 결국 피고용인은 항복하였다. 그녀는 이야기를 잘 듣고 웃기도 했지만 화를 내지는 않았다. 그녀는 배우로서 무한한 가능성을 보여 주었지만, 자기주장에 대한 작업이 필요하다는 것 또한 드러났다. 2000년 4월 로라는 모든 범주에서 6 또는 7점으로 향상되었는데, 예외적으로 자기주장은 4점이었다. DTRPI는 특정한 치료적 목표를 정확하게 찾아내었다.

공연 대본을 발전시켜 가면서 우리는 로라/앨리스가 프로 가수가 되고 싶어 하는 자신의 욕망에 대해 놀림 받는 장면을 넣기로 결정하였다. 그녀는 카드 공장에서 일하고 있었는데(실제로 CAHD의 참여자들은 이와 같은 방식으로 공장과 가게에서 관리고용으로 일한다), 그녀가 큰 소리로 자신의 꿈에 대해 말하자 동료들은 그녀를 비웃으며 조롱하였다. 이러한 극 장면에서 로라/앨리스는 자신을 옹호할 기회를 가지게 되었고, 진짜로 그녀는 공연에서 맹렬한 기세로 다른 인물들에게 소리쳤다.

로라가 〈**그리고 앨리스는 꿈꾼다……**〉라는 치료적 공연을 경험하면서 우리가 직접적 그리고 전적으로 변화를 이끌어 낼 수는 없었지만, 그녀의 자기주장 점수는 공연 다음 해(2000년 10월에서 2001년 4월까지)에 5점, 6점 그리고 2001년 4월에는 7점으로 놀랄 만큼 향상되었다.

이러한 자율성, 성숙함, 자기주장에서의 발전은 그녀의 실생활에서의 성공에서도 입증되었다. 그녀는 할리우드와 라스베이거스에서 큰 규모의 자선 행사를 위해 노래를 불러 달라고 초청받았으며, 서부 매사추세츠 주에서 윌리엄스 증후군 청년들과 그들의 음악적 능력을 위해 특별히 설립된 새 학교에 입학할 수 있었다(Snow, 2009, p. 138). 로라를 이끌어 준 것이 그녀 자신의 진짜 재능이라는 점은 의심할 여지가 없다. 하지만 〈**그리고 앨리스는 꿈꾼다……**〉에서 그녀가 맡았던 역할은 그녀의 자기 발전과 삶의 질에 긍정적인 영향을 미친 것으로 생각된다.

제페토 역할의 말콤(2002)

로라가 캐스팅 용어로 '슈어 벳(sure bet, 확실)'과 같았다면, 말콤은 이와 정반대의 경우였다. 2002년에 제작된 〈**피노키오의 전설**〉에서 말콤을 주도적 역할인 제페토로 선정하면서 우리는 몇 가지 이유로 이 모험을 감수하기로 하였다. 뒤에서 살펴보겠지만 DTRPI에서 나온 자료는 매우 위험한 상황으로 보이는 것에 대해 다소 희망적인 빛을 던져 주었다. 말콤은 CAHD의 치료 공동체에서 처음 2년 동안에는 주변 인물이었다. 그는 수줍음도 많았고 거의 대화를 나누지 않았으며, 종종 집단 참여에 거부당하기도 하였다. 그는 창조적 예술치료 집단의 안에서나 밖에서나 좀처럼 다른 참여자들과 어울리지 않았다.

DTRPI를 처음 시작할 때 그는 자신을 다소 은둔적이며 불안정하다고 소개하였다. 역할 입기 진단평가의 기록에서도 내향적이고 수줍어하는 인물로서의 프로필이 분명하게 드러난다. "천천히 느리게 움직이고, 말소리도 작다……. 단조로운 리듬, 웅얼거림, 수줍어하면서도 자의식이 강한 것으로 보인다. 협조적이며 기복도 없다." 이러한 점들은 또한 그의 차트에 있는 심리사회적 내력에서도 확인된다. 말콤은 보통 수준의 지적장애를 지니고 있으며, 사물을 익히는 데 많이 교육받아야 하는 것으로 기록되어 있다. 그는 4형제의 장남으로, 가족과의 관계는 매우 좋다. 사회관계에 대한 그의 거부와 고립의 원인 가운데 하나는 어린 시절 경험한 상처에서 비롯된 것이라고 추정된다. 심리사회적 진단평가에 따르면, 말콤은 자기주장을 펼치지 못하는 것으로 나타난다. 처음 세 번에 걸친 DTRPI에 의한 자기주장 점수는 줄곧 하위(3점)였으며, 이러한 성격이 분명하게 드러난다. 하지만 다른 범주에서의 점수는 센터 내 2년차에 해당하는 기간 동안에 향상되기 시작하였다. 그런데 2002년 4월 공연 제작 바로 직전에 그의 자기주장 점수는 4점으로, 겨우 1점 높아졌다.

2002년 4월 DTRPI에서 말콤의 기록을 보면, 그는 즉흥적 선택과 연기에서 새로운 결단력을 보여 주었다. 그는 시종일관 미소 짓고 농담을 하면서 매우 상낭한 유머 감각을 보여 주었다. 또한 의미심장하게도 할아버지 역할(2001년 10월 DTRPI에 처음 도입된 새 역할)에서 그는 하얀 가발을 쓰고 안경 너머로 바라보는 주목할 만한 페르소나를 창조하였다. 그는 사랑스러웠으며 상냥하고 친절하였다. 비록 평가자의 대사에 대해서는 길게 침묵하는 경우가 많았지만, 그의 목소리는 매우 듣기 좋았다. 그는 집중하였으며, "나는 지나치게 서두르고 싶지 않아."라고 말하기도 하였다. 2002년 4월 DTRPI에서의 역할연기로 인해 우리는 말콤이 제페토 할아버지 역할에 최상의 선택이 될 거라고 확신할 수 있었다.

말콤의 차트에 따르면, 그는 스스로를 신뢰하지 못하고 자신의 한계에 쉽게

[그림 5-6] 〈피노키오의 전설〉(2002)에서 제페토 역할을 맡은 말콤(사진: CAHD 문서보관소)

좌절하며, 사람보다는 사물과 작업하는 것을 더 좋아하는 것으로 기록되어 있었다. 이러한 고립과 외로움의 모습은 많은 점에서 아들을 갖고 싶어 하는 외롭고 자식 없는 목수 제페토의 성격과 잘 맞는다. 마음 아프게도 이와 같은 본질적인 차원들이 말콤을 이 역할에 캐스팅하는 데 참고가 되었다. 또 다른 주요 요소로, 센터에서 그와 가장 친한 친구가 피노키오 역할에 선정될 것이라는 점도 있었다. 우연한 결정이었지만 우리의 기쁨은 놀라움으로 배가되었다. 말콤은 이 역할에서 빛이 났으며 깊은 감동을 주었다. 그는 관객과 동료 배우들로부터 칭찬을 받았으며 자신의 공연에 매우 만족하는 것 같았다.

리허설 동안 그는 좀 더 외향적이 되고 자신감도 생겼으며, 즉흥으로 동작선을 만들고 동료 배우들과 농담도 주고받게 되었다. 또한 그는 흥미롭게도 다른 배역의 동료들을 위하여 실제로 정서적 지지를 할 수 있었으며, 공연 날짜가 다가옴에 따라 다른 사람들에게 말로도 용기를 줄 수 있게 되었다.

말콤은 자신의 치료적 목표를 연극에서 모두 달성하는 것으로 보였는데, 그의 치료 목표는 스스로 일을 시작할 수 있도록 발전하는 것과 자신이 이룬 것에 대해 자부심을 갖는 것이었다. 이는 공연 이후 DTRPI의 자기주장과 자발성 점수에서 5점으로 상승한 것으로 입증되었다. 다시 말하지만 이러한 진단평가 결과는 전적으로 참여자가 치료적 공연 제작에 참여했기 때문만은 아니다. CAHD에서의 3년 과정 동안 그는 많은 다른 창조적 예술치료 작업을 경험하였기 때문이다. 가장 중요한 것은 말콤의 새로운 자기 신뢰와 자기 확신이었다. 제페토 역할 경험은 이러한 성장에 많은 도움을 준 것으로 보인다. 그는 역할 속에서 매력적이고 상냥하며 예민하고 품위가 있었다. 그리고 그것을 연기하고 자신의 성취에 자부심을 가질 수 있는 용기가 있음을 스스로에게 입증하였다. CAHD에서의 작업을 마친 다음, 말콤은 지역 공동체 극단에서 일할 수 있게 되었고 무대에서 계속 연기할 수 있게 되었다.

로미오 역할의 조지(2004)

조지는 CAHD에서 경미한 지적장애와 정신건강질환의 중복장애 환자에 속한다. 그는 불안을 감소시키고 안정적인 정서를 유지하도록 하기 위해서 계속 약을 복용하여 조절한다. 2002년 처음 CAHD에 왔을 때 조지는 낮은 자존감을 지닌 수줍음 많고 순응적인 인물이었다. 그의 심리사회적 기록에 따르면 조지는 자신에 관한 어떤 부정적인 말도 다 받아들이고, 좀 더 독립적이 되려고 노력할 때마다 죄책감을 느낀다고 되어 있다. 그는 대부분 매우 상냥한 것으로 보이지만 약을 먹지 않거나 특별히 스트레스를 받게 되면 공격적이 된다고 하였다.

2002년 DTRPI가 개정되었고, 따라서 조지는 두 가지 다른 방식으로 평가를 받았다. 2002년 역할 입기 진단평가에서 조지는 2에서 5점에 해당되는 낮은 점수를 받았다. 만약 이 진단평가를 단순히 양적으로 의존하였다면 2004년 CAHD가 제작한 〈**단테 거리의 로미오와 줄리엣**〉에서 그를 로미오로 선정하는 일은 없었을 것이다. 이는 이 제작을 위한 중대한 캐스팅의 선택이었다. DTRPI에서 그가 보여 준 다른 측면으로 인해 우리는 오직 그만이 로미오 역할을 할 수 있다고 확신할 수 있었다.

2004년 4월 이제 막 캐스팅을 하려고 할 때, 조지는 DTRPI의 세 가지 역할연기에서 매우 중요한 특징을 보여 주었다. 그는 역할에서 예민하고 남성적이며, 놀랍게도 독창적인 모습을 그대로 드러낸 것이다. 그는 느리고 예의 바르게 행동하였고 모든 지시에 주의 깊게 따랐다. 그의 언어는 저음이었지만 명확하고 발음이 정확하였다. 요리사로서의 성격(이 무렵 만들어진 새로운 역할)은 매혹적이었다. 그는 앞치마를 보기 좋게 두르고 초록색 농구 모자를 돌려 쓰고는 목에 빨간 냅킨을 두른 다음 애스콧처럼 셔츠 안에 넣었다. 이러한 모습 덕분에 그가 달걀 거품기로 상상의 재료를 섞을 때는 매우 예술적인 셰프처럼 보였다. 그것은 매우 독창적인 역할 입기 방법이었다. 하지만 조지를 로미오로 선정하는 것에서 보다 의미 있었던 것은 역할연기 #3인 '10대' 즉흥 연기였다(2004년 가을, '10대'는

DTRPI의 최종본에서 두 역할 가운데 역할 #2가 되었다). 그는 16세 소년 조이의 연기를 선택하였다. 그것은 평가자(작품 제작의 연출이기도 한)에게 로미오로서 조지의 천부적인 가능성을 보여 주었던 인물 구축이었다. 이처럼 특별한 역할연기를 한 조지의 진단평가 기록을 보면, 남성적이고 낭만적이며 시적인 연인의 탄생을 알 수 있었다.

역할연기 2를 위한 대본의 '전화'

평가자(전화로): 안녕, 조이. 나 지미야. 네가 이제 나랑 점심식사를 하지 않아서 나는 슬퍼. 너 새 친구랑 앉아 있더라. 난 정말 상처받았어…….

조이(전화로): [대답한다.]

평가자(전화로): 내가 말한 것에 대해 어떻게 생각해?

조이(전화로): [대답한다.]

평가자(전화로): 이젠 우리가 잘 지내지 못하게 되어서 속상하다.

조이(전화로): [대답한다.]

평가자(전화로): 어떻게 할 수 있을까?

조이(전화로): [대답한다.]

(대답에 대해 잠시 생각한 다음)

평가자(전화로): 잘 있어.

이 장면에서 조지는 매우 인상적이었다. 그는 예민하며 인간적이었고, 친구 지미의 말에 진심으로 귀 기울였으며, 다음에 지미에게 점심을 사겠노라는 좋은 제안을 하였다. 그는 10대 소년 역할을 하기에 약간 긴장했지만 그래도 꽤 멋져 보였다. 사실 그에게는 약간 젊은 시드니 포이티어를 닮은 듯한 낭만적인/영웅적인 분위기가 있었다(조지는 아프리카계 카리브해인 혈통의 캐나다인이다).

이 사례는 캐스팅 과정에 필수적인 영향을 미치는 진단평가의 분명한 예다. DTRPI에서 도출된 정보는 조지가 매우 멋진 로미오가 될 거라는 가능성을 확

[그림 5-7] 〈단테 거리의 로미오와 줄리엣〉(2004) 로미오 역할을 맡은 조지 (사진: CAHD 문서보관소)

고하게 하였으며 실제로 그랬다. 그가 보여 준 로미오는 상냥하고 예민하며 남성적이고 매우 낭만적이었다. 조지는 이 역할을 연기하는 것을 좋아하였고, 청중들은 매우 열렬하게 환호하였다.

2003년 9월, 주의 집중과 의사소통 기술 둘 다에 대한 조지의 점수는 최고점인 7점까지 올랐다. 로미오 역은 그의 최상의 자질과 실제적인 가능성을 끌어낸 것 같았다. 그가 정했던 목표는 자존감 수준을 올리는 것이었고, 이제는 심각해지지 않고 유쾌하기, 좀 더 자발적이고 누군가의 의견에 동의하지 않을 때는 죄책감 없이 '아니오'라고 말하기, 그리고 보다 독자적으로 자신을 표현하는 것을 배우는 것이 목표가 되었다. 로미오라는 인물을 풍성하면서도 깊이 느낄 수 있도록 한 그의 연기는 그가 공연을 통해 이러한 목표를 충분히 달성하였다는 것을 입증하였다. 비록 제작 후 몇 년 동안 그의 정신건강상태가 계속 좋지 않았다고 해도 말이다.

왕족 과학자 샐리 역할의 애나(2010)

애나는 우리가 그림형제의 유명한 동화에서 따온 〈**개구리와 공주**〉 제작에 착수할 무렵, 많은 문제를 갖고 나타났다. 그녀는 제2형 당뇨병과 프래더-윌리 증후군의 중복장애로 심리적 어려움을 겪고 있었다. 그녀는 집단 안에 머무는 것을 싫어하였고, 두통이나 어깨 혹은 팔의 통증과 같이 다양한 신체적 질병에 관해 불평하곤 하였다. 그녀는 실제로 신체적인 문제가 있었지만, 불평은 주로 그 순간의 정서적인 욕구에서 나왔다. 집단 속에서 그녀는 종종 자기에게 주목할 것을 요청하였다. 그녀는 오만하고 퉁명스러운 태도를 보이다가 불현듯 두려움 많고 불안정한 태도로 바뀌었다. 또한 그녀는 다른 참여자나 스태프에게 매우 거칠게 굴고 비난하곤 하였다. 2010년 임상 후반 기간 동안 그녀의 치료 목표는 다음과 같았다—(1) 자존감과 자신감을 향상시키기, (2) 심기증 염려를 넘어선 과장 행동을 감소시키기, (3) 적절한 경계에 대한 인식을 증가시키기, (4) 사회적 기술을 향상시키기, (5) 보다 효과적으로 의사소통하기.

초기 워크숍(2010년 1월에서 3월까지) 동안 애나는 특별한 관심을 요구하거나 집단에서 위축되지 않으면서 자신이 제작에서 주요 역할을 연기할 수 있을 것인지 아닌지 묻곤 하였다. 한 워크숍 과정에서 특별한 스토리텔링 훈련을 통한 진단을 하였을 때, 그녀는 지적인 모습을 보여 주었고 매우 말을 잘하였다. 또한 그녀는 노래할 때 좋은 목소리를 가지고 있었다. 명확한 발음과 투사력 덕분에 그녀는 원래 개구리 뉴스 프로 진행자 역에 지원할 예정이었다(개구리들의 곤경에 대한 중요한 정보를 퍼뜨리는 중심 역할). 하지만 결국 이 역할은 다른 환자/배우에게 돌아갔다.

초기에 즉흥극이 진행됨에 따라 독특한 인물이 등장하기 시작하였다. 왕족 과학자인데, 그는 주연급 악당이면서 동시에 영웅이었다. 그것은 매우 중요한 역할로, 그에 의해 대본의 플롯이 바뀌었다. 그는 인간의 농업을 파괴시키는 '끔찍하고 징그러운 피조물'을 모두 해치는 유독 농약을 개발하였다. 그 농약의 부산물은 개구리와 다른 동물들의 거주지를 오염시키는 것이었다. 극의 끝부분에

[그림 5-8] 〈개구리와 공주〉에서 왕족 과학자 샐리 역의 애나: 뮤지컬 생태연극(2010) (사진: CAHD 문서보관소)

서 왕족 과학자는 세상의 개구리들을 오염시켰던 살생의 개구리 곰팡이 해독제를 발견하는 영웅이 되었다.

애나는 이처럼 중요한 역할을 맡을 수 있을까? 그녀는 그것을 해낼 수 있는 헌신과 일관성을 지니고 있을까? 보다 중요한 것으로, 그것은 치료적 경험이 될 수 있을까? 2009년 4월 6일, DTRPI에서 그녀는 중요한 점을 보여 주었다. 모순되는 태도와 행동을 취했던 것이다. 의기소침과 오만, 배려하는 성품과 불결함, 연계되고 싶은 욕망과 내치고 싶은 마음. 공연 인터뷰에서 그녀는 좋은 배우가 되고 싶고, 자신이 이미 좋은 배우임을 알고 있다고 말하였다. 또한 "더 이상 올바른 어떤 것도 할 수 없다"고 하였다. DTRPI에서 그녀는 매우 부정적인 기분으로 진단평가실에 들어간다. 그녀는 기분이 좋지 않다고 불평하며, 슬퍼 보인다. 하지만 역할을 입을 때는 미소를 지으며, 또 소도구와 의상에 대해서는 꽤 관심을 보인다. 상사가 그녀에게 늘 지각했다고 말하는 장면에서 그녀는 화를 내며 항변한다. "당신은 내가 당신보다 청소를 더 잘할 수 있다는 것을 알잖아요!" 역할연기 2 대본의 '10대' 역할에서 그녀는 소년을 선택하고는, 농구캡을 쓰고 라디오와 화려한 백팩을 들고 거울을 쳐다보며 미소 짓는다.

그녀는 10대 소년 조이가 된 것을 즐기는 것 같다. 이 역할연기는 꽤 역동적이다. 이 역할을 했던 조지와 달리 그녀는 적대적이고 화를 내며 지미에게 아주 못되게 군다. 그녀는 결국 그가 자신의 것을 도둑질했다고 비난하면서 곧바로 말한다. "이제 너랑 친구하지 않을 거야!" 이러한 반응은 이 문맥에서는 약간 맞지 않는 것으로 보인다. 이 장면에서 그녀는 냉혹한 악당이 될 수 있음을 보여주었다. 그 악당은 해롭지 않은 어린 개구리들에게 독이 든 농약을 던지는 인물이었다. 하지만 그녀를 이 역할에 캐스팅하는 것이 역치료적이지는 않을까? 그 역할이 그녀의 성격에 있는 부정적인 속성을 부추기지는 않을까? 우리는 이러한 가능성을 고려해야만 했다.

결국 DTRPI에서 그녀가 보여 준 역할연기의 내용은 그녀를 샐리 역에 캐스팅하는 것에 그다지 영향을 미치지는 않았다. 오히려 진단평가에서 알게 된 사항들, 즉 그녀의 뛰어난 지성, 우수한 담화 기술, 그리고 역동적인 성격 표현을 포함한 일반적인 특성으로 인해 캐스팅할 수 있었다. 우리는 그녀가 주인공 역할을 성공적으로 연기할 수 있을 거라고 믿을 수 있었다. 그녀는 주의 집중과 명령 수행 능력의 양 면에서 7점을 받았다. 이 두 가지 면은 환자/배우에게 있어서 좋은 집중 기술의 지표였다. 우리는 애나를 믿고 그녀를 왕족 과학자의 역할에 캐스팅하기로 결정했다. 애나는 후에 그 역할의 이름을 샐리라고 하였다(대부분의 배우들은 스스로 이름을 지었는데, 이렇게 하면 그 역할에 대한 주인의식을 더 갖게 된다). 그녀는 동작선을 배우고 처음과 마지막 장면에서 부를 노래를 배우는 것을 매우 두려워하였지만, 왕족 과학자 샐리의 역할에서는 단연 돋보였다.

이 제작에서 그녀를 위한 주요 목표는 자신감을 갖기 위해 연극에서 긍정적인 경험을 하는 것이었다. 그녀는 리허설이 진행될수록 점점 더 자신감을 갖게 되었다. 실제로 그녀는 노래를 더 부르라고 요청받았다. 그녀가 역할에 몰입하면 할수록 자신감은 더욱 커졌다. 그녀는 최상의 공연을 하기 위해 열심히 노력하였다. 그녀는 최고의 노래와 대사로 무대를 독차지하면서 공연 속 역할로 더욱 빛이 났다.

공연 후 인터뷰에서 자신에 대한 그녀의 평가는 연기인으로서의 긍정적인 경험을 표현한다. 다음은 인터뷰 내용을 발췌한 것이다.

> 그녀는 공연이 훌륭했고, 자신은 너무 좋았다고 말한다. 처음에는 좋아하지 않았는데 사랑하게 되었다고 했다(그녀의 목소리는 매우 컸다). 그녀는 결국 그 역할을 연기하는 것을 좋아하게 되었다는 것이다……. 첫날 그녀는 불안해했고, 무대가 두려웠지만 곧 익숙해졌다……. 그러고는 '100만 배나 더' 기분이 좋았고 매우 행복했다……. 그녀는 자신이 '영웅'처럼 느껴졌다고 한다. 그녀의 역할이 위대한 과학자였지만 그녀 자신도 매우 똑똑하다고…… 공연은 놀라웠고 그녀가 그렇게 훌륭할 거라고는 결코 생각하지 않았다고…… 그녀의 부모님도 공연이 좋았다고 말했다……. 그리고 그녀는 배우가 된 것에 대해 자부심을 느낀다고 하였다(Kiriluk, 2010년 6월, 공연 후 인터뷰에서).

세 명의 조연출은 애나가 모든 공연 팀 중에서 가장 의미 있는 치료적 경험을 하였다고 느꼈다.

> 따라서 [애나가] 공연 동안 긍정적인 변화를 경험한 것은 분명하였다. 그리고 나는 그녀가 캐스팅된 역할 선택이 그것에 많이 기여하였다고 생각한다. 그녀는 리허설 과정 동안 한 번도 포기하지 않고 두려움에 압도될(혹은 실패할) 때마다 용감하게 회복했다. 그녀는 어떻게 해서든 자신의 인물을 매우 신뢰할 만한 모습으로 창조하였고, 대사를 전부 다 암기하였으며, 끊임없이 자신의 역할에 공을 들이면서 최선을 다하였다. 그 인물이 그녀 자신의 강점을 살

려서 창조되었다는 사실은 그녀에게 보다 긍정적인 자기 이미지를 반영하는 것과 동시에 자신감을 보다 갖는 데 도움이 된 것 같다……. [애나의] 인물은 그녀에게 각별한 의미가 있다고 생각한다. 왜냐하면 어떤 면에서는 그녀 자신의 치료적 과정에 대한 은유를 포착한 것 같았기 때문이다. 그래서 그녀는 파괴적인 것 대신 긍정적인 대응 전략을 사용하기로 결정하였던 것이다 (Baladi, 2010, pp. 15-16).

이 사례에서 적절한 역할 캐스팅은 배우를 긍정적이고 치유적인 경험으로 이끌어 갔다.

결 론

이 글은 진단평가가 치료적 공연의 잠재력을 향상시키는 데 사용될 수 있는 고유한 방법을 정의하고 설명하는 것을 목표로 한다. 모든 형태의 공연에서 그러하듯이 역할 캐스팅은 극적 노력의 성공에 필수불가결한 요소다. 배우가 특별한 신체적·심리적·인지적·신경학적 욕구가 있는 환자이기도 한 치료적 공연에서는 정말로 그러하다. 각 환자/배우의 역할 선정은 그 사람에게 치료적 경험을 제공하도록 특별히 조정될 필요가 있다. 진단 도구의 사용은 치료적 공연과정에서 매우 가치가 크다. 왜냐하면 그것은 환자/배우 특유의 성격을 보다 많이 드러내고, 그의 복합적인 욕구와 관련하여 보다 적절한 자료를 산출해 주기 때문이다. 이런 방식으로 진단평가는 치료적 공연 제작에서 역할 캐스팅이라는 지극히 중요한 작업에 역동적이고 효과적으로 기여하게 된다.

1996년 이후 CAHD는 환자에게 치료적 공연 제작을 통해 개인적인 성장을 경험할 수 있도록 독창적인 환경을 제공하였다. CAHD의 스태프는 참여자들을 매우 깊이 알게 되었다. 심리사회적 내력을 기록한 치료 차트, 각 환자의 특별한 욕구를 전하는 한 주 동안의 간단한 소식(weekly rounds), 인터뷰, 치료적 목표 설정과 관찰은 각 참여자에 관한 풍성한 정보를 제공한다. 즉흥 역할연기진단검사인 DTRPI는 환자에 대해 이해할 수 있도록 한다. DTRPI 진단평가는 심리적·인지적 기능의 다섯 범주를 측정함으로써 환자/배우에게 공연에 앞서 2년에 걸친 치료 계획과 심리적·인지적 문제들에 근거하여 효과적인 치료 목표를 세우도록 한다. DTRPI는 각 참여자가 제작에서 연기할 역할을 아주 민감하게 고를 수 있도록 스태프를 도와준다. 이러한 기능은 치료적 공연에서 중요한데, 왜냐하면 배우는 자신의 역할에 대한 심미적 지배 감각이 있어야 할 뿐만 아니라 그 역할연기를 통해 치료적 경험을 해야 하기 때문이다. 이 장에서 언급한 사례 연구는 이와 같은 경험이 CAHD의 네 명의 참여자들의 삶 속에서 어떻게 나타나는지 보여 주고자 한 것이었다. 로라의 예에서 우리는 DTRPI가 진단평가와 관련하여 그녀의 약점을 어떻게 드러내는지, 그리고 그 결과 카드 공장에서의 앨리스 역할이 어떻게 구축되었는지 살펴보았다. 그 역할은 또한 그녀 자신의 실생활에서의 욕망과 천부적인 음악 재능에 대한 도전을 반영하였다. 이것은 그녀로 하여금 현실 세계에서 천재적인 가능성을 실현할 수 있도록 도와준 것 같았다. 말콤의 사례에서 DTRPI는 어디에서도 볼 수 없었던 그 자신의 다른 면을 드러내 주었다. 그것은 CAHD에서 집단 작업에 참여할 때 내재되어 있었던 상냥하고 배려심 많고 외향적인 면을 돋보이게 하였다. DTRPI에서 말콤이 제페토 역할에 캐스팅된 것이 탁월하였음을 입증하였고, 그것은 사실로 드러났다. 또한 조지는 진단평가 동안 강하고 적극적인 모습을 보여 주었으며, DTRPI의 '10대' 소년 조이 역할에서 로미오가 될 수 있음을 분명하게 입증하였다. 치료적 공연 제작의 경험은 센터의 참여자들에게 그러하듯이 그에게도 매우 중요한 결정적인 경험인 것 같았다. 마지막으로 DTRPI는 2010년 공연 제작에서 애나를 주요 역할로 선정한 것과 관련하여 균형점을 전환하였다. DTRPI는 그녀가 강하고 믿을 만하며, 열성적일 것이라는 단서를 주었다. 결국 우리 모두 애나가 왕족 과학자 샐리 역할에서 매우 중요한 치료적 경험을 하였다고 느꼈다. 리허설과 공연 동안 그녀에게는 결정적으로 긍정적인 변화가 있었다.

CAHD에서 치료적 공연의 모델은 진단평가가 캐스팅 과정의 역동적인 부분으로 사용될 수 있는 접근법임을 명확히 밝혀 준다. 물론 진단평가는 이미 그 자체로 일종의 캐스팅이다. 그것은 보다 효과적인 개입을 촉진함으로써 치료사가 환자로 하여금 실생활에서의 역할을 더 잘 준비할 수 있도록 돕는다. CAHD의 모델은 다행스럽게도 올바른 방향으로의 일보 전진이다. 왜냐하면 참여자를 그들의 발전에 유익한 역할로 효과적인 캐스팅을 함으로써 치료적 공연에서의 그들의 경험이 CAHD 밖의 삶 속에서 연기할 역할로 이어지기 때문이다. 이런 식으로 공연의 역할과 실생활의 역할은 강한 치료적 동맹관계를 형성할 수 있다.

부 록 A

DTRPI: 다섯 가지 변수의 운용상의 정의(최신 판본)

주의 집중

참여자는 역할연기 전반에 걸쳐 연기하는 작업에 초점을 맞춘다. 참여자는 선택된 역할에 대해 스스로 정한 행동에 계속 집중하며, 정신적이나 육체적으로 이러한 행동 집중에서 일탈하지 않는다(예: '청소부'는 일터를 청소하는 연기를 하기 위해 빗자루와 양동이, 대걸레를 사용한다. 평가자가 '10대' 소년에게 10대들은 집에서 무엇을 하느냐?고 물으면 라디오, 손톱 다듬는 줄이나 야구 카드를 진짜처럼 실감나게 갖고 논다. 참여자는 계속 역할과 그 행동을 수행하며, 역할 아닌 자신으로 평가자에게 말을 걸거나 대본과 무관한 행동을 함으로써 역할에서 벗어나지 않는다).

자기주장

참여자는 역할연기 내에서 캐릭터의 욕구를 명확하게 표현하고 그의 입장을 옹호하며, 그의 권리를 위하여 계속 싸운다. 참여자는 역할에서 조종당하고 억압되거나 이용당하는 것을 받아들이지 않는다. 참여자는 자신이 원하는 것과 욕구를 주장한다(예: '청소부'는 자기 상사가 부당하게 '월급에서 20달러를 제하려고' 한다는 것을 알게 되면, 이에 대해 불평하고 정당한 대우를 해 달라고 주장한다. '피고용인'은 '상사'의 요구에, 특히 부당할 때 굴복하지 않는다. 그는 자신의 권리를 위하여 싸운다).

자발성

참여자는 역할에 주어진 상상의 상황을 즐겁고 자유롭게 표현하며, 참신한 생각과 행동으로 반응한다. 참여자는 역할연기를 할 때 고집, 융통성 없는 전형적인 반응, 기계적인 행동을 피한다(예: '청소부'는 캐릭터에 맞는 새로운 목소리, 그의 목소리와는 아주 다른 목소리를 창조한다. '10대' 소년은 자신과 매우 다른 10대와 유사한 걸음 및 동작을 창조한다. 참여자는 모든 역할에 동일한 옷을 입거나 모든 역할연기에 같은 소도구를 사용하면 안 된다. 이는 상상력과 창조성을 나타낸다).

소통 기술

이것은 역할연기 안에서 관계를 맺는 참여자의 능력이다. 주의 깊게 듣기, 다른 인물에 공감하기/말하기, 듣게 하기, 명확하게 이해시키기/다른 인물의 필요와 욕구를 존중하고 반응하기. 다시 말해 이것은 상호주관성—중요한 관계를 잘 맺는 능력—이다(예: 다른 사람의 욕구를 무시하고 자신의 환상 세계에 머무르며 자신과 이야기하려고 하는 사람을 의식하지 못하는 참여자와는 대조적으로, '10대' 소년은 다른 인물의 고통이나 아픔을 진심으로 듣고, 그 상황을 어떻게 개선할 것인지 위로하고 조언한다).

명령 수행 능력

참여자는 평가자가 제안하고 규정하는 행동을 실행한다. 이 행동은 즉시 그리고 정확하게 수행된다. 참여자는 평가자가 요구하는 과제를 듣고, 이해하고 정확하게 수행한다(예: 의자를 책상 뒤 × 자리에 갖다 놓으라고 하면 혼동하여 그것을 책상 위에 올려놓는 다른 참여자와 달리, 그 의자를 정확히 × 자리에 갖다 놓는다).

참고문헌

Baladi, T. (2010). *Meeting one's self: Observations and hypotheses on the development of the self-concept of three participants during the therapeutic thetre production: "The Frog and the Princess: A Musical Ecodrama."* (T. Baladi & S. Snow, Trans.) Unpublished manuscript. Independent Study course, Concordia University, Montréal.

Benamou, M., & Carmello, C. (Eds.). (1977). *Performance in postmodern culture.* Madison, WI: Coda Press, Inc.

Bruscia, K. (1988). Standards for clinical assessment in the arts therapies. *Arts in Psychotherapy, 15,* 5-10.

D'Amico, M. (2002). *Summary of the research conducted at the Centre for the Arts in Human Development.* Montréal, Québec, Canada: Concordia University, The Centre for the Arts in Human Development.

D'Amico, M., Barrafato, A., & Varga, S. (1998). *The Centre for the Arts in Human Development: A report of progress, 1996-1998.* Montréal, Québec, Canada: Concordia University, The Centre for the Arts in Human Development.

Forrester, A. (2000). Role-playing and dramatic improvisation as an assessment tool. *Arts in Psychotherapy, 27*(4), 235-243.

Greertz, C. (1980). Blurred genres: The refiguration of social thought. *American Scholar, 49*(2), 165-182.

Goffman, E. (1959). *The presentation of self in everyday life.* Garden City, NJ: Doubleday.

Johnson, D. R. (1988). The diagnostic role-playing test. *Arts in Psychotherapy, 15,* 23-36.

Kiriluk, N. (2010). *Notes from postperformance interviews with actors in 'The Frog and the*

Princess.' Montréal, Québec, Canada: Concordia University, The Centre for the Arts in Human Development.

Landy, R. (1986). *Drama therapy: Concepts and practices.* Springfield, IL: Charles C Thomas.

Landy, R. (1993). *Persona and performance: The meaning of role in drama, therapy and everyday life.* New York: Guilford Press.

Landy, R. (2008). *The couch and the stage: Integrating words and action in psychotherapy.* New York: Jason Aronson.

Landy, R. (2009). Role theory and the role method of drama therapy. In D. R. Johnson & R. Emunah (Eds.), *Current approaches in drama therapy* (pp. 65-88). Springfield, IL: Charles C Thomas.

Levitin, D. J., Cole, K., Chiles, M., Lai, Z., Lincoln, A., & Bellugi, U. (2004). Characterizing the musical phenotype in individuals with Williams Syndrome. *Child Neuropsychology, 10*(4), 223-247.

Luckasson, R., Borthwick-Duffy, S., Buntinx, W. H. E., Coulter, D. L., Craig, E. M., & Reeve, A. (2002). *Mental retardation: Definition, classifications, and systems of support* (10th ed.). Washington, DC: American Association of Mental Retardation.

McAdams, D. P. (1993). *The stories we live by: Personal myths and the making of the self.* New York: Guilford Press.

Moreno, J. L. (1946). *Psychodrama* (Vol. 1). New York: Beacon House.

Pendzik, S. (2003). Six keys for assessment in drama therapy. *Arts in Psychotherapy, 30,* 91-99.

Snow, S. (2009). Ritual/theatre/therapy. In D. R. Johnson & R. Emunah (Eds.), *Current approaches in drama therapy* (pp. 117-144). Springfield, IL: Charles C Thomas.

Snow, S., & D'Amico, M. (Eds.). (2009). *Assessment in the creative arts therapies: Designing and adapting assessment tools for adults with developmental disabilities.* Springfield, IL: Charles C Thomas.

Snow, S., D'Amico, M., & Tanguay, D. (2003). Therapeutic threatre and well-being. *Arts in Psychotherapy, 30,* 73-82.

제6장

여섯 조각 이야기 만들기의 재고

7단계의 진단평가와 임상적 진단평가

Mooli Lahad, Kim Dent-Brown

이 글은 '여섯 조각 이야기 만들기(Six-Piece Story-Making: 6PSM)' 진단평가 방법의 발달에 대한 요약을 시작으로 서로 다른 7단계의 진단평가에 대해 설명할 것이다. 그럼으로써 이 방법론을 거쳐 만들어진 이야기들을 분석하고 이해해 보고자 한다. 이러한 과정을 실증하는 한 사례가 제시될 것이다. 그런 다음 경험적인 연구가 제시될 터인데, 이는 몇몇 단계의 진단평가에 대한 가정을 타당하게 해 주며, 6PSM 작동 방식을 말해 준다. 그리고 마지막으로 6PSM의 실제적인 실행을 위한 제안이 있게 된다.

6PSM은 참여자에게 주어진 일련의 구조화된 지시사항들을 통하여 어떤 이야기를 구축하는 것과 연관되어 있다. 중심행동 혹은 절정, 그리고 결과가 포함된다. 처음에 참여자는 스케치하듯 이것들을 그려 낸다. 윤곽이 잡히면 참여자는 치료사에게 말로 이야기를 풀어낸다. 그런 다음 치료사는 이를 좀 더 상술하도록 질문한다. 이 기술에 대한 상세한 설명은 라하드의 글(1992)을 참조하기 바란다.

방법의 기원

'여섯 조각 이야기 만들기'는 20세기 초의 동화 연구와 뒤이은 기호학 연구에 그 뿌리를 두고 있다. 첫 번째로 기여한 인물은 다름 아닌 블라디미르 프롭(Vladimir Propp, 1968)이다. 그의 『**설화형태론**』은 1928년 러시아에서 처음 출간되었다. 러시아 동화의 공통되는 주제에 관심을 가졌던 프롭은 영웅, 파견자(dispatcher, 영웅에게 임무를 주는 자), 악한(영웅과 반대되는 자) 그리고 제공자(무엇인가를 주어 영웅을 돕는 자)와 같은 등장인물의 목록을 만들었다. 초기의 이러한 분석은 러시아 동화라는 매우 특수한 장르에 제한되어 있었지만, 1950년대의 프랑스 구조주의자들과 기호학자들이 프롭의 작업에 많은 관심을 가지면서 좀 더 일반화하여 적용되기 시작했다. 예를 들어 테스니에르(Tesnière, 1959)는 이야기의 등장인물에 행위소(actant)라는 개념을 제시했다. 그는 행위소를 '단순한 단역으로라도 혹은 가장 수동적인 방법일지라도 그 무엇이든지 어떤 식으로든 과정에 참여하는 존재나 사물들'(p. 102)로 정의했다. 뒤이어 그레마스(Greimas, 1966)는 프롭의 등장인물들을 부호화하기 위하여 행위소라는 개념을 사용했다. 그는 [그림 6-1]에서와 같이 정립된 6개의 행위소를 한 체계로 하여 그것을 단순화시켰다. 그레마스는 프롭과 달리 이러한 구조가 모

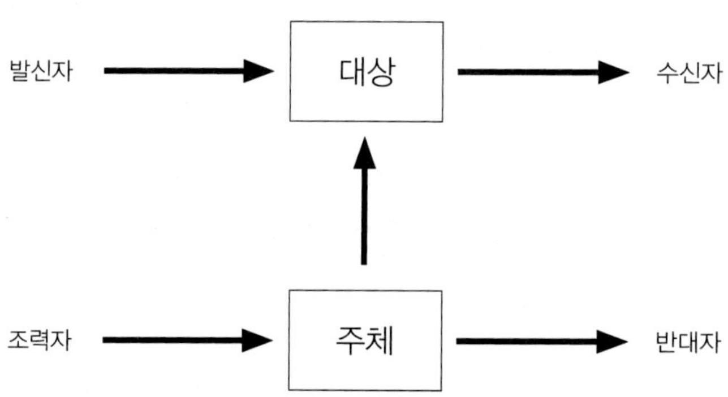

[그림 6-1] 그레마스의 여섯 가지 행위소

든 이야기들, 동화의 본체를 특수화하여 기술할 것이라 생각했다. 이야기의 핵심은 주체-대상의 쌍이거나 영웅과 그의 과제다.

프롭의 책(『설화형태론』) 두 번째 판(『형태론』)서문에서 앨런 던데스(Alan Dundes)는 "프롭의 형식은 또한 새로운 이야기를 만들어 내는 데 쓰일 수 있다."(Propp, 1968, p. xv)라고 제안했다. 알리다 저시(Alida Gersie)는 이 제안을 주목하고 받아들였다(1991, 1992, 2002; Gersie & King,1990). 저시는 새로운 이야기를 창조하는 참여자에게 도움을 줄 방법을 개발했다. 그녀는 그것을 **이야기 환기 기술**(SETs: story evocation techniques)이라 불렀다. 이것은 질문에 기반한 테크닉인데, 이야기의 골조를 세우고 그다음 정교하게 발전시키는 한 수단으로서 참여자에게 질문을 하여 의견을 받는(open questions) 것이다. SETs는 연극치료사들에게 알려지긴 했지만 최근까지도 그 세부사항들에 관한 문건은 없다(Gersie, 2002, 2003).

6PSM이라는 연극진단평가 도구는 라하드와 저시, 그리고 아얄론(Ayalon)의 협업에 기반한 몇 년간의 실험을 거친 후, 1992년에 처음 소개되었다. 애초에 이것은 진단평가 도구를 의미하는 것이 아니었다. 개인 그리고 그룹과 함께 이야기를 만들기 위한 또 다른 창조 형식으로, 창안한 이야기에서 나오는 장면들을 탐험하는 연극치료 회기의 근간이 되는 것이었다. 1988년 라하드와 저시가 연극치료 수강생들이 만들어 낸 6-부분(six-part)의 이야기를 듣고 있었는데, 라하드가 자신의 박사논문(1984)에 명시한 대로 수강생들은 실제 그들의 대응자원(coping resources)을 설명하고 있었다(후에 대응의 통합 모델로 알려진). 그때부터 라하드는 대응자원을 위한 진단평가 도구로, 그리고 개인의 연극치료 계획을 위한 지도(map)로, 그리고 후에는 그룹의 대처언어를 듣고 이해하는 도구로 6PSM을 개발하고 가르쳤다. 〈스트레스 대응 진단평가 방법에서의 스토리-메이킹: 여섯 조각 이야기 만들기와 BASIC Ph〉(Lahad, 1992)라는 글을 발표한 이후 18년 동안 많은 변화가 일어났고 새롭게 응용된 도구가 개발되었다.

6PSM을 사용한 7단계의 진단평가

진단평가 6PSM 기법은 의식과 무의식의 두 차원에서 참여자를 이해할 수 있는 청사진을 만들기 위해 7개의 단계를 사용한다. 우리는 개입, 심리치료, 지원방법 혹은 관찰에서 연극치료사가 제시하고자 하는 것을 결정하려 할 때 어떻게 이와 같은 다양한 단계에 대한 이해가 지도로 제공될 수 있는지 보여 주고자 한다.

진단평가 도구로서 6PSM의 토대는 사람을 '스토리텔링의 동물'이라고 말하는 심리언어학적 구조에 있다. 사람들은 BASIC Ph 양식(신념, 정서, 사회성, 상상력, 인지 그리고 신체)을 통한 특수한 심리언어학적 어법으로 정보를 흡수하고 메시지를 전달하는데, 바로 그 방법에 따라 그들 이야기를 구축한다는 것이다. 그 가정은 치료사가 참여자에게 동화와 신화의 요소에 기반한 이야기를 하게 함으로써 참여자가 세계와 '만나기' 위해 자신을 현실에 투사하는 방법을 관찰할 수 있다는 것이다.

일단 참여자가 이야기를 하면 치료사가 명료한 질문을 하게 되는, 그 과정에는 있는 그대로의 재료가 유용하다. 이야기에 있는 단어들과 각 부분을 명료하게 하기 위해 치료사는 유도질문보다는 설명이나 추리가 필요 없는 질문을 할 수 있다. 예컨대 만약 이야기의 줄거리가 "그는 점점 더 높이 올라갔죠."라면, 치료사는 "그는 무엇을 느끼고/생각하고/보았나요?"라고 묻지 않아야 한다. 좀 더 중성적인, 이를테면 "그것에 대해 좀 더 말해 줄 수 있을까요?"라는 질문이 더 좋다. 또는 "X는 무엇을 의미하지요?" "Y에 대해 좀 더 말해 주실 수 있나요?" "Z에 대해 좀 더 자세하게 얘기해 주시겠어요?"가 좋다.

이해의 첫 단계, 즉 **대응 양식**은 참여자의 의식적 지각과 매우 밀접하다. 그래서 참여자는 상당 부분 쉽게 피드백하여 반응할 수 있다(받아들이거나 혹은 거부하거나). 라하드는 이러한 단계를 탐구하여(1999) BASIC Ph 대응 경로를 심리언어학적 표현형식과 연관하여 기술했다. BASIC Ph는 여섯 가지 대응 가능한 방식을 언급한다. 말 그대로 신념(Belief), 정서(Affect), 사회성(Social), 상상력(Imaginal), 인지(Cognitive), 신체(Physical) 그리고 이러한 대응 양식은 참여자가 이해하는 혹은 구사하는(또는 그렇지 않은) '언어들'과 비교된다. 개인의 이야기를 분석함에 있어 치료사는 단어와 문장의 내용을 6개의 대응방법에 따라 범주화함으로써 BASIC Ph 모델을 적용한다. 사용된 방법의 빈도와 강도를 보면서 분명한(혹은 현재의) 언어(가장 강한 대응 양식에 기반한)와 인접한 언어들(좀 더 약하지만 여전히 현재의 대응 양식들에 기반한), 그리고 잊어버린 언어들(전적으로 부재하는 대응 양식들에 기반한)을 추론하는 것이 가능하다. 이것이 지도(map)의 첫 단계다.

두 번째 단계는 의식(consciousness)에 더 가까우며 **주제**(thematic) 단계로 기술된다. 치료사는 전체적으로 이야기를 읽고 중심 주제, 믿음의 상태 혹은 참여자에게서 떠나지 않는 중요한 문제를 자신이 추적할 수 있는지 어떤지를 본다. 이러한 소재는 참여자의 인생 이야기 혹은 그들 현재 문제의 일부로 그들이 제시한 이슈에서 나타나며, 참여자에게 질문함으로써 쉽게 확인될 수 있다. 그러나 메그드(Megged, 2001)가 제시한 것과 같이, 참여자에게 이 단계는 불분명할 수도 있다. 왜냐하면 주제의 일부는 참여자들이 그들 자신과 세계에 대해 가지고 있는 기본적인 가정을 재현할 수 있기 때문이다. 예를 들어 "세계는 불안전하다." "내가 나쁜 일의 원인이다." "나를 위한 장소는 없다." 혹은 "나는 항상 사랑받고/성공해야만 한다. 그렇지 않으면 나는 가치가 없다."

주제를 확인하는 몇 가지 방법이 있다. 이 이야기의 제목이 무엇인지, 영웅이 투쟁하는 중요한 문제가 무엇인지, 이야기에 표현된 자기와 타자에 대한 믿음이 무엇인지, 혹은 참여자가 미래에 대한 희망, 기대와 관련하여 어떤 메시지를 전달하려 하는지 스스로에게(혹은 참여자에게) 묻는 것이다. 실제로 치료사는 여기에서의 분석 작업을 위해 이야기에 제목을 부여하는 것이나 어떤 도덕이나 메시지를 식별하는 것 등을 참여자에게 물어봄으로써 알아내는 게 가능하다(그리고 좀 더 효과적이다).

세 번째 단계가 비록 지각과 잠재의식 사이에 위치하고 있다 할지라도 참여자에게는 다소 불분명하다. 이 단계는 **여기 그리고 지금의 질문**이라 불린다. 이야기는 소통의 목적을 지닌다는 가정하에 이야기에 삽입된 많은 문제들이 여기-지금(치료적 만남), 혹은 참여자가 알고자 하는 문제와 직접 연관된다고 추론할 수 있다. 치료사는 텍스트 저변에 숨어 있는 문제들을 드러내도록 해야 한다. 이야기에 질문이 숨겨져 있다는 생각은 아이들과의 작업을 통해 나왔다. 흔히 아이들은 자신들이 두려워하는, 성인이 대답하기 어려운 질문을 하기 위해서 혹은 불분명한 상황을 명쾌하게 하기 위해서 스토리를 말한다. 성인들 또한 간접적인 방법으로 질문할 수 있다(**숨은 뜻**subtext으로 알려진 것). 예를 들어 치료가 시작될 때 말한 이야기는 어떤 치료가 좋을지 혹은 참여자가 치료사를 신뢰할 수 있을지 어떨지에 대한 문제를 표현하고 있을지도 모른다. 페라라(Ferrara, 1994)가 말했던 것처럼, "다양한 말투로 표현되는 내러티브 해석에서 치료사의 역할은 적어도 두 단계에서 이야기를 듣는 것이다……. 그것은 언어학적 용어인 표층 그리고 심층 구조와 유사하다. 중요한 것은…… 사건보다는 차라리 근원적인 의미, 즉 '숨은 뜻'이다"(pp. 53-54).

네 번째 단계 혹은 **갈등** 단계는 무의식의 진상을 캐는 것이다. 그러므로 해석적 오류의 위험은 증가한다. 치료사는 참여자들이 쉽게 접근할 수 없는 영역으로 이동할 때, 자신의 전문성을 신뢰하고 해석의 역동성을 깨달아야 한다. 이러한 심층을 심리언어학적 접근으로 이해하는 것은 확대 해석의 위험을 피할 수 있게 해 준다.

신경증적 증상이 주로 내적 긴장, 불안, 정서적 고통, 혹은 무의식적 갈등을 재현한다는 임상적 가정이 있다. 무의식적 갈등은 신체적 증상을 포함한 다양한 생리적·정신적 장애를 통해 표현된다. 이를 근거로 증상은 개인이 불안을 줄이기 위한 시도로 이해된다(예를 들어 OCD 참여자의 손 씻기). 이런 점에서 증상이란 내적인 불안에 대응하여 취해진 행동들이다. 문학적인 형식에서 행동은 동사와 부사로 나타난다. 그러므로 치료사는 텍스트 내의 동사와 부사를 모두 표시하면서 표출된 행동들을 찾아낸다. 그리고 단어 하나하나를 맥락에서 추론된 반대 동사나 부사와 대조시킨다. 이런 방식으로 반대되는 혹은 숨겨진 의도나 갈등이 드러나게 한다. 예를 들어 '빨리'와 '승리한'이라는 단어가 이야기 텍스트에 나타난다면 그것들은 각각 '느리게'와 '실패한'이라는 단어와 짝을 이룰 수 있다. 후자의 개념들이 이야기에 드러나 있지는 않다 할지라도 그 반대어의 현존에 내포되어 있을 수 있다. 일단 반대어의 목록이 세부화되면 치료사는 다양한 반대어들 사이의 유사성을 찾는다. 접근 혹은 회피, 힘 혹은 힘 없음과 같은 더 높은 차원의 집락(cluster)을 찾으면서 말이다.

다섯 번째는 **발달**(developmental) 단계다. 여기서 우리는 이야기에 출현하는 발달 단계를 평가하기 위하여 프로이트(Freud)와 에릭슨(Erikson), 제닝스(Jennings) 혹은 피아제(Piaget)의 접근법과 같은 발달적 접근을 적용할 수 있다. 이 단계는 연극치료에서 중요하다. 따라서 연극치료사는 두 가지 목적이 있는 다음의 함의를 실행하여야 한다.

1. 참여자의 이야기 속에서 평가된, 특별한 발달 단계에 관련된 문제와 주제에 대해 **충분히 좋은**(good enough) 양육 방식 안에서 반응하는 것. 한 예로, 만약 주제가 오이디푸스적 갈등을 나타낸다면 치료사는 올바른 경험을 제공하는 방식으로 참여자가 집에서 경험했을지도 모를 검열과 통제와 비판의 반응보다는 독립과 자기 통제를 어떻게 지지할지 고려해야만 한다.
2. 이 단계의 치료사가 맞을 수 있는 난관과 극적 행위를 연습하고 준비하는 것, 그리고 잘 성장하도록 반응하는 것. 앞과 같은 예에서 여성 치료사는 유혹적인(seductive) 메시지들을 평가하며, 뒤로 물러서거나 거부하지 않고 반응해야 한다.

융 학파의 분석적 접근에 기반한 여섯 번째 단계에서는 개성화(individuation)를 위한 **영웅의 탐험**으로 이야기를 본다. 융에 따르면, 신화와 다른 많은 문화 현상에서 자기 실현의 열쇠는 인간의 삶과 정신 작용의 측면을 포함하는 원형-상징 요소들이다. 원형들 중 가장 중요한 것은 영웅, 즉 자신의 운명을 깨닫기 위해 곤경을 용감하게 극복하는 사람이다. 영웅은 우리들 각자에게 우리 자신에 대한 탐험을 추구하라고 권하는 하나의 역할 모델로 설명될 수 있다. 융의 영웅은 탐험 중에 어떤 인물과 사건, 그리고 방해물들을 만난다. 영웅 혹은 더 보편적으로 **주인공**(protagonist)은 그 무엇보다 먼저 이야기를 하고 있는 사람의 상징적 재현이라는 것을 암시한다(Chatterji, 1986).

6PSM과 같은 이야기들은 영웅 탐험 시퀀스(hero quest sequence)에 기반한다. 벨랑저(Belanger)와 댈리(Dalley)는 융의 심리학에서 아니마와 아니무스가 페르소나 혹은 인격의 외적 측면과는 반대되는 것으로서, 개인의 무의식 혹은 진정한 내적 자기라고 설명한다(2006). 남성의 무의식에서 여성의 내적 인격으로서의 표현이 발견된다(아니마). 동등하게 여성의 무의식에서 그것은 남성의 내적 인격으로 표현된다(아니무스).

앤코리(Ankori, 1991)는 융이 여성성 혹은 아니마 탐험과 남성성 혹은 아니무스 탐험을 성숙 혹은 개체화를 위한 개인의 내적 탐험의 재현으로 이해한다고 말한다. 아니마와 아니무스 이야기는 각각의 구성 방식들이 있다. 아니마 방식은 순환적이다—이야기의 결말에서 영웅은 변화되지 않은 처음의 모습으로 돌아간다(예를 들어 〈어부와 황금고기〉라는 동화에서 그의 아내를 바다의 통치자가 되게 해 달라고 요구하면서 이야기가 끝이 난다. 그리고 물고기는 그녀를 낡고 작은 집으로 돌려보내고 깨진 빨래판을 되돌려 줌으로써 그녀의 욕심을 치유한다). 아니마 이야기들은 성장할 수 없거나 혹은 집을 떠나지도 못하고 동굴에 붙잡힌 영웅과 함께 끝날 수 있다. 그러나 회복과 재생이라는 자연스러운 순환의 힘이 중요하게 작용하는 그런 이야기도 있을 수 있다. 아니무스 구성 방식은 영웅이 변화할 때 나타난다. 그것은 죽음 혹은 결혼으로 끝날 수 있는 선형적이고 연대기적인 이야기다. 영웅은 그의 여정을 시작했던 때와 동일한 상태에 있지 않을 것이다.

또한 앤코리(1991)는 이야기의 양식, 다른 말로 아니마와 아니무스는 참여자의 내적 에너지가 있는 장소와 그가 집착하고 있는 것을 재현한다고 말한다. 치료사들은 이러한 점을 알아내는 방법을 배움으로써 참여자의 탐험에 참여하고 호흡을 맞출 수 있게 된다. 이는 참여자들의 탐험을 지지하는 것으로, 탐험에 도전하도록 하고 변화를 지지하거나 혹은 다른 선택사항들을 발견하도록 돕는 것이다. 영웅 탐험에 대한 임의적인 해석은 참여자의 삶에 대한 태도를 암시하는, 이야기 속 영웅 유형(능동적인 혹은 수동적인)과 또 다른 등장인물 유형 간의 대비에 관한 것일 수 있다.

영웅 역할 탐구는 랜디(1991)의 역할 분류 체계를 사용하여 살펴볼 수 있다. 그는 역할을 자기-탐구(self-examination)와 삶을 개선하기 위한 수단으로 제공한다. 랜디는 더 나아가 성격을 하나의 역할 체계로 보면서 역할을 개념화한다. 역할이 중요한 개인적 문제의 탐색과정에 얼마나 독자적이고 효과적인 방법을 제공하는지를 보여 주면서, 정서적 행복은 복잡하고 대조적인 일련의 역할을 다루는 개인의 능력에 달려 있다고 한다.

일곱 번째이자 마지막 단계는 이야기에 나타난 **상징**을 분석하는 단계다. 그리고 상징을 내적 문제의 재현으로 이해하기 위해서 분석적인, 인류학적인, 혹은 다른 접근들을 적용하는 단계다. 상징은 기호와 구별된다. 융의 관점에서 기호는 알려진 어떤 것을 나타내지만 상징은 알려지지 않은 것, 그리고 명료하거나 정확하지 않은 것을 재현한다. 때때로 상징은 하나 이상의 의미를 갖기에 참여자의 연상과 기억을 탐구하는 과정은 색다른 의미를 발견하게 해 준다.

지도

지도는 치료사들이 평가할 수 있는 모든 단계의 요약이므로 치료 작업 계획에 사용될 수 있다. 즉시 사용할 수 있는 질문들은 다음과 같다.

1단계–대응 양식

참여자의 강점은 무엇인가? 그가 사용하는 가장 분명한 언어는 어느 것인가? 이것은 어떻게 세상에 드러나는가? 인접 언어들, 변화와 성장을 위한 잠재성은 무엇인가? 어느 정도까지 갈등 안에 대응 양식이 있는가? 어느 것이 잊어버린 언어이며, 치료의 시작 단계에 이것은 어떤 영향을 미칠 것인가?

2단계–주제

자신과 세계에 대한 중요한 신념은 어떻게 참여자 자신에게 영향을 미치는가? 그것은 참여자의 관계성에 어떤 영향을 미치는가? 참여자는 얼마나 낙관적인가 혹은 염세적인가? 주제가 나이에 걸맞는가? 그렇지 않은가?

3단계–여기 그리고 지금의 질문

나는 전에 이러한 질문들을 들어 본 적이 있는가? 그것은 배려심 있는 성인인 나를 자극하는가? 너무 힘들어서 그것들을 다룰 수 없는가? 나는 그 문제들을 해결할 용의가 있는가? 어떻게 치료 회기에서 그것들을 듣고 더 자세히 서술할 수 있는가? 믿음이 가거나 혹은 가지 않는 문제가 있는가?

4단계–갈등

나이에 걸맞는 갈등인가? 이야기 속 갈등은 다른 회기에서 드러난 적이 있는가? 일부 갈등은 참여자가 지닌 고통의 근원인가? 이러한 갈등은 그 개인에 대해 다른 사람들이 언급한 내용들로 가득 차 있는가? 치료사는 갈등을 재현하는 행위를 알아낼 수 있는가? 어떤 갈등이 두려운가?(죽음 소망)

5단계–발달 단계

연령에 따른 발달에 대해 나는 무엇을 아는가? 이러한 심리적 단계에서 기대되는 발달 과제는 무엇인가? 이 단계에서 충분히 좋은 부모나 치료사는 개인과 무엇을 해야만 하는가? 이 단계에서 예측되는 행위는 무엇이며, 나는 어떻게 해야 이미 알려진 그 연령대의 위험에서 벗어날 수 있는가?(예를 들어 사춘기의 반항적이고 정면대결적인 행위 혹은 오이디푸스적인 아이의 유혹적인 행위)

6단계–탐험

나는 치료 중에 일어나고 있는 것과 연관하여 영웅의 탐험을 어떻게 이해하는가?(예를 들어 참여자가 '순환하고 있다'는 의미) 외적인(현실) 행위와 내적인(아니무스/아니마) 탐험 사이의 간극을 어떻게 이해할 수 있는가? 이러한 관점은 극적 공간에서의 상연을 분명하게 해 주는가? 나는 랜디의 모델을 사용하여 회기에서 역할과 그 의미를 알 수 있는가?

7단계–상징

하나의 상징에 대한 해석적 언급을 참조하여 이야기 안의 상징에 부여된 의미와 비교하라. 상징들에 부여한 의미는(예컨대 풍요의 상징으로서의 계란) 앞선 6단계와 관련하여 앞뒤가 맞는가? 상징은 지금까지 얻은 지식에 무엇을 더 덧붙일 수 있는가?

마지막으로 전체적인 그림을 검토하고 다음의 질문을 고려하라.

- 어느 항목이 일치하고, 상호행위하며, 그림을 더 명료하게 하는가?
- 어느 항목이 참여자에 대한 당신의 이전 관찰과 지식을 확고하게 해 주는가?
- 어떤 것이 당신을 놀라게 하거나 특이한 것으로 혹은 불가능한 것으로 보이게 하는가?

이러한 7단계의 목적은 참여자가 그것을 실체화하기 위한 것이 아니라 치료사가 참여자의 내적 세계의 지도를 얻고자 사례를 더 깊게 그리고 철저하게 살펴보도록 하기 위한 것이다. 이는 또한 치료사가 여러 가능성에 대한 즉각적인 결정을 돕는다는 것을 의미한다. 이러한 지도(map)는 참여자가 균형을 찾는, 즉 참여자의 회복력을 증진하도록 돕는 개입을 말하는가? 그것은 참여자가 집중적인 짧은 만남 이후 힘을 회복하여 치료사와 분리되는 것에 대한 것인가? 지도는 갈등에 있어 대응자원이 거의 없거나 혹은 너무 많은 경로를 보여 주는가?

그렇다면 인접의 그리고 잊어버린 언어를 개발하는 데 초점을 두는 장기치료가 권고될 수 있다. 지도는 발달상의 관심사들, 즉 아주 어린 시절에 속한 것이거나 혹은 나이에 전혀 걸맞지 않은 갈등들을 드러내는가? 그 개인의 문제는 만성적인가? 탐험은 순환적인가? 그래서 지지적 접근이 가장 좋은 방법으로 추천될 수 있는가? 참여자는 많은 대응자원을 가지고 있고 나이에 어울리는 갈등과 질문을 갖고 있기에 약간의 관심은 필요하지만 그 역시 반드시 치료사인 당신일 이유는 없다는 점 또한 가능하다.

사 례

다음은 이야기 분석의 한 예다. 각 단위는 BASIC Ph를 사용한다. 부호는 문구나 단위의 끝에 붙인다.

"옛날에(C) 꽃이 있었는데(C), 그것은(C) 작았다(Ph). 그것이 자랐을 때(Ph) 그것의 임무는(뚜렷하지는 않았지만) 다른 꽃에(S) 도달하는 것이었다(Ph). 그를 키워 준(Ph) 조력자가 있었는데(S, Ph) 그는 활과 화살을 가지고 있었다(C, I). 장애물은 한 남자였는데(S–) 그는 총과(C) 불을 가지고서(C, Ph), 그 꽃을(C) 포위하고 있었다(Ph). 꽃을 돌보던 남자는(S) 총을 가진(C) 그 남자를(S–) 쐈다(Ph). 그는 호스도 가지고 있었다(C). 그래서 꽃은(C) 다른 꽃에(S) 도달했다(Ph). 결국 선량한 남자는(B/A) 2개의 꽃을(S) 그의 정원에(C) 가져왔다(Ph). 나는 그의 발자국도 그렸다." 〈표 6–2〉는 이 이야기의 여섯 조각 이야기 그림을 보여준다.

〈표 6–2〉는 BASIC Ph 범주들의 점수를 나타낸다. 마이너스(-) 기호는 갈등을 가리킨다.

〈표 6-1〉 이야기의 분석: BASIC Ph 요약

B+	B-	A	A-	S	S-	I	I-	C	C-	Ph	Ph-
1		1		5	2	1		11		10	

〈표 6-2〉 이야기에서 갈등의 분석

동사, 형용사, 부사	대립항들	군집(cluster)
작은	큰	유능:무능
자라다	죽은/발달 없는	생존:소멸
도달하는	실패하는	실패:성공
키우는	포기하는/죽이는	생존:소멸
포위된	자유로운	수용:거부
돌보는	포기하는	생존:소멸
쏘다	안전한	생존:소멸
도달한	도달하는 데 실패한	실패:성공
가져오다	보내다	수용:거부

대응 양식

C/Ph가 우세한 것은 참여자의 대응 전략이 계획과 수행을 포함하는 실질적이고, 이성적인 것에 의존한다는 것을 의미한다. S/Ph가 대조적인 것은 활동적인 역할을 수행하는 능력을 지시하지만, 확신을 유보할 필요가 있다. S가 2개의 S-와 갈등하고 있긴 하지만 참여자가 다른 것들을 장애물로 볼 수 있기 때문이다. S/C가 대조적인 것은 사회적 규준과 법칙에 대한 의존과 구조화되고 잘 규정된 역할들을 선호한다는 것을 말해 준다(그러나 S가 갈등 속에 있기 때문에 일부 규칙을

고수하는 데 어려움이 있을 수 있다). 잊어버린 언어에는 믿음, 정서, 상상력이 포함된다. 그것은 특히 의미 찾기와 무의식의 문제들과 대면하는 데 초점을 두는 예술 심리치료가 도움이 될 것임을 의미한다.

주제

주된 주제는 다음과 같다. 인생은 위협과 위험으로 가득하지만 만약 당신을 돕는 누군가가 있다면 당신은 이를 견딜 수 있다. 감당하지 못하기 때문에 당신은 외부의 조력자를 필요로 한다. 그 결과는 긍정적일 것 같다.

여기 그리고 지금의 질문

텍스트 내의 명백한 질문들은 다음과 같다. 당신은 나를 도울 것인가? 당신은 친구인가? 적인가? 당신은 나를 도울 도구가 있는가? 친구와 함께 있는 것은

[그림 6-2] 여섯 조각 이야기 그림

괜찮은가? 여기는 얼마나 위험한가?

갈등

'수용:거부' '생존:소멸'은 신뢰 및 소속감과 관련된 어린 시절의 공포를 암시할 수 있다. '실패:성공'은 자기-불신의 가능성을 암시한다(〈표 6-2〉 참고).

발달 단계

가장 눈에 띄는 단계는 '신뢰-불신'으로 나타난다. 왜냐하면 이야기는 생존을 위해 부모의 형상에 대한 강한 의존을 보여 주기 때문이다. 그래서 충분히-좋은 치료사의 역할은 파트너를 찾으려는 시도를 지지하면서 안전, 보안 그리고 수용을 보장하는 것이다.

탐험

이 이야기는 A지점에서 시작하여 B지점에서 끝난다. 그러므로 그것은 선형적인 아니무스 탐험이다.

상징[06]

- **꽃**: 기쁨과 활력, 단순성, 순수성 그리고 순백성과 함께하는 희망과 긍정적인 성장.
- **활과 화살**: 재빠름, 강력하고 빠른 직관력, 정신적 경고, 분명한 생각, 그리고 남근 상징.
- **총**: 남성의 성기, 공격성, 거칠음과 공포, 스스로를 보호하려는 욕구.
- **불**: 연금술적 의미에서 행위와 변형의 원형적 특성들을 수행한다.

---

06 잭 세이지(Jack Sage)가 번역한 서롯(Cirlot, J. E., 1971)의 『상징사전(*A Dictionary of Symbols*』(2판)을 참조하기 바란다.

- **호스**: 남성의 성기.
- **정원**: 잃어버린 순수 혹은 젊음.
- **발자국**: 앞으로 움직이는, 균형이 잡혀 있고, 현실에 기반을 두고 있는.

공식화

대응하는 힘은 타인과 갈등할 때 현실을 판단하고 능동적일 수 있는 능력을 포함한다. 일반적인 세계관은 이러하다—"당신은 당신을 보호하기 위하여 타인을 필요로 한다. 하지만 다 잘될 것이다." 내적인 문제 중심에는 수용과 버려짐(abandonment)에 대한 두려움이 있다(아주 큰 시련에, 즉 총과 불을 지닌 남자와 싸우는 데 그의 보호자(정원사)를 넣음으로써 분명하게 보여 주었다). 탐험은 상당 부분 남성(아니무스)지향적이며, 그래서 상징들 대부분도 그러하다. 중요한 두려움은 아마도 변형과 순수함을 상실하는 것일 것이다. 충분히-좋은 치료사는 이것이 하나의 변형 단계라는 것과 기본적인 신뢰와 능력에 관한 문제들을 보여 주고 있다는 것을 알아야만 한다. 그렇기에 신뢰와 확신의 메시지를 주는 치료사의 존재가 요구되는 것이다. 역할들은 매우 분명하다. 정원사는 능동적인 역할이다. 꽃은 다소 수동적이다. 그렇게 대립항을 만들어 참여자를 연구하는 것은 도움이 될 것이다. 참여자는 이 단계에서 치료사에게 의존할 수 있다. 정서, 상상력 혹은 신념이라는 잊어버린 언어의 사용을 독려하는 것은 치료에 필요한 기능일 것이다.

임상 진단을 받은 참여자의 6PSM

우리는 이제 6PSM의 수정판, 6PSM-C를 사용한 연구 프로젝트로 전환하고자 한다. 6PSM-C는 임상 진단을 받은 환자들에게 사용하기 위해 다소 수정되었다(〈표 6-3〉 참고).

〈표 6-3〉 6PSM과 수정된 6PSM-C의 비교

순서	원 6PSM	수정된 6PSM-C
1	주요 등장인물	어떤 배경에서의 주요 등장인물
2	대처할 과제와 문제	이야기의 시작단계에서 주요 등장인물이 당면한 과제
3	등장인물이 대처하도록 돕는 것들	등장인물을 더욱 힘들게 하는 것들
4	등장인물을 더욱 힘들게 하는 것들	등장인물을 돕는 것들
5	등장인물이 과제와 문제에 대응하는 방법	주요 행동: 등장인물이 그들 임무에서 성공하는지 혹은 실패하는지 어떤지(그리고 어떻게)
6	문제가 처리된 후 어떻게 되는가	주요 등장인물은 성공과 실패 이후에 어떻게 되는가

6PSM-C의 검증

6PSM을 참여자들과 함께 사용하고 다른 임상의들에게 그것을 가르치는 과정에서 이 방법론에 대한 상당한 임상적 지지를 얻게 되었다. 그러나 한동안 방법론의 타당성과 신뢰도에 대한 공식적인 증거는 없었다. 타 학문을 전공한 동료들은 6PSM 사용을 지지해 줄 어떤 연구가 있었는지, 그리고 그 가설들이 얼마나 검증되었는지를 물었다. 대답하지 못했던 질문은 다음과 같다.

- 6PSM에 의미를 두는 임상의들은 어느 정도까지 참여자에 대해 그들 자신의 선개념을 투사하고 있는가? 보조 임상의는 같은 결론에 도달하는가? 다시 말해 그 방법에 어느 정도의 상호평가자 신뢰도가 있는가?
- 6PSM이 어떤 개인의 성격이나 상황에 대해 상대적으로 안정적인 요소들

을 드러내거나 소통한다는 것을 의미한다면, 짧은 시간 동안 동일한 인물이 만들어 낸 이야기들은 서로 비슷한 중심주제들을 드러내는가? 다른 말로 하면 어느 정도의 검사-재검사 신뢰도가 있는가?

- 특정한 인간의 문제를 드러내는 특별한 이야기들이 있는가? 다른 말로 6PSM을 진단법으로 사용할 수 있는가?

앞의 질문들은 방법론을 검증하고 개선하기 위해서, 서로 다른 단계의 진단평가를 위한 초기의 주장이 입증될 수 있는지를 보기 위해서 통계방법이 필요하다는 것을 말해 준다. 만약 이것이 가능하게 된다면 그때 임상의들과 참여자들, 그리고 다른 사람들은 그 방법론의 사용을 더욱 확신하게 될 것이다.

영국의 NHS 내의 인격장애자 한 팀과 함께 이러한 질문들 중 일부를 연구하게 되었다(Dent-Brown, 2003). 사전에 의료서비스에 대한 정보가 제공되었는데(Dunn & Parry, 1997), 그것은 인지분석적 치료 원리에 기반하여 6PSM을 사용하는 것이었다(Dent-Brown, 1999).

세 그룹에서 여섯 조각 이야기를 수집하였다. (1) 경계성 인격장애(BPD)를 포함한 정신건강에 문제가 있고 공동체 생활을 하는 NHS 환자들, (2) BPD를 포함하지는 않았지만 비슷한 문제를 가진 환자들, (3) 그리고 두 참여집단과 작업하는 NHS 임상의들. 이야기를 수집하기에 앞서, BPD 진단을 받은 사람들의 이야기에 나타날 수도 있는 다양한 특성을 작성했다. 예를 들어 이러한 이야기들은 버려짐이라는 주제로 규정되는가? 또는 이상화된, 보살피는 조력자들을 포함하는가? 이야기가 이상화와 인격폄하라는 양극 사이에서 우왕좌왕하는가? BPD에서 흔한 공허함이나 정체성 혼동이라는 주제들을 묘사하는가? 이야기들은 어떤 의미로 집합될 수 없는 각각의 독특한 특성들을 내보이면서 동질성은 갖지 못하는가?

상호평가자 신뢰도

각각의 평가자들이 이야기의 일부 특징에 대해서는 믿을 만한 것으로 합의했다 할지라도 모든 것이 다 그럴 수는 없었다. 특히 평가자들은 BASIC Ph 대응 양식(제안된 7단계 중 1단계)을 확인해 주는 표현들에 동의하지 못했다. 예를 들어 평가자들은 "이러한 이야기에서 문제는 신체적인 사이즈와 힘, 혹은 작음/약함에 대한 것일 수 있다." 또는 "배경과 캐릭터, 그리고 사건은 대부분 마술적인 혹은 환상적인 요소들을 갖는다."와 같은 말에 동의할 수 없었다. 이러한 진술에는 신체 그리고 상상이라는 BASIC Ph 대응 양식을 찾아내고자 하는 의도가 내재해 있었다. 임상적 진단의 열쇠를 제공하고자 했던 일부의 항목들 또한 평가하기 어려웠다. 평가자들은 다음과 같은 진술에 동의할 수 없었다. "이 이야기에서 일부의 캐릭터들은 최상의, 웅장한, 상위의, 축복을 받거나 존경할 만하다." 혹은 "이 이야기에서 적어도 한 사람은 아프거나 병들었거나 가난하거나 혹은 도움을 필요로 한다." 이와 같은 말들은 각각 자기애적이거나 혹은 경계성을 드러내는 표현에서 나온 요소들을 끄집어내고자 의도된 것이었다.

이러한 결과들은 BASIC Ph 진단평가 1단계가 원하는 만큼 그렇게 간단하지만은 않다는 것을 말해 준다. 이는 참여자가 표현한 그 외의 것에 대해 면밀하게 살펴봄으로써 알아내야 한다는 것을 말해 준다. 그리고 (아마도 이상적으로) 참여자 자신의 이야기를 스스로 해석하게 하여 그 자신의 전문지식을 사용하는 것으로써 알 수도 있다. 조사한 것에 대해 평가를 했던 임상의들은 그 방법에서 간단한 훈련만을 받았다. 대응 양식을 알기 위해서는 믿을 만하게 이야기를 평가하도록 더 많은 훈련이 요구된다. 흥미롭게도 참여자들이 이야기를 하기보다 차라리 그들의 대응 기술에 직접 이름을 붙이도록 했을 때 상호평가자 신뢰도는 더 높아진다(0.60-0.85). 이는 더 간접적인, 상징적인 구성 방식의 이야기가 인지(identification)를 더 어렵게 만들 수 있다는 것을 암시한다(Lahad, Shacham, & Niv, 2000; Lahad, Shacham, & Shacham, 2010; Shacham, 2000; Shacham & Lahad, 2004).

지속적인 안정성

많은 참여자들은 한 달 간격으로 2개의 이야기를 만들었다. 우리가 원한 것은

2개의 이야기에 걸쳐 공통된 주제가 발견된다면 이것이 일시적인 정신상태보다는 좀 더 안정적인 인격적 특성을 나타낼 것이라는 점이었다. 이야기에 대해 좋은 상호평가자 신뢰도를 보여 주었던 진술은 집락 분석(cluster analysis)으로 알려진 통계적 방법에 따라 분류되었다. 도출된 세 부류의 진술은 세 가지의 중심적인 특성으로 구분되었다—비관주의와 실패의 주제들(B), 주요 인물에게 도움을 주는 타인들의 존재(S), 그리고 이야기 속 폭력의 발생(Ph/A). 이러한 내용들은 초기에 설정한 2단계에서 5단계까지 일치하는 것으로 보인다. 그리고 이것이 개개의 평가자들이 확실하게 동의할 수 있었던 이야기의 특성이었다는 것을 뒤이은 상호평가에서 검증된 것을 보고 확신하게 되었다. 다시 말해 이러한 주제들은 개인 평가자들만의 투사물이 아니라 많은 개별 관찰자들이 말한 대로 독립적으로 인식될 수 있는 이야기들의 특질임이 분명하다는 것이다.

한 달 간격으로 수집된 이야기들에서 3개의 군집이 평가되었는데, 그중 단 하나만이 두 경우에 걸친 안정적인 현상으로 나타났다. 이것이 비관주의와 실패라는 주제였다. 다른 두 군집은, 만약 하나가 발생했다면 나머지 2개에는 일어나지 않았다. 그때 남겨진 것은 다음과 같이 이야기들을 집약해 주는 일군의 기술어들(descriptors)이었다.

- 결과는 주요 인물과 대부분의 타자들에게 '윈-윈(win-win)'상황이다. +
- 결과는 주요 인물에게 긍정적이다. +
- 삶, 건강, 성장, 생산이라는 긍정적 이미지들이 지배적이다. +
- 전체 이야기는 비관적이거나 부정적인 듯하다. -
- 이 이야기의 전체 분위기는 황량하고 암울하며 외롭다. -
- 죽음, 공격, 고통, 쇠락이라는 병적인 주제들이 지배적이다. -

이러한 6개의 기술어들 각각에 대해 개별적인 평가자들은 확실하게 동의할 수 있었으며, 이러한 기술어들은 한 달이라는 기간을 뛰어넘어 그 이상 안정적인 것으로 나타났다. +와 −기호는 주어진 이야기에서 처음 3개의 기술어들이 낮게 평가되었다면 나머지 3개는 반대로 높게 평가되었다는 것을 말해 준다.

다른 2개의 군집도—주요 등장인물에게 도움을 주었던 타인들의 존재와 이야기 속 폭력의 발생—유용하고 적절한 결과다. 그럼에도 이것들은 단 하나의 경우에서만 일어날 수 있는 결과들이다. 짐작컨대 이는 그 결과들이 스토리텔러의 일시적 상태(안정적인 특성이라기보다는)에 더 연관되거나, 혹은 그 이야기가 중심적인 것은 아니어서 모든 경우에 다 나오지 않는다는 것을 의미한다. 여섯 조각 이야기에서 어떤 정보는 한 개인의 삶에 대한 지속적인 특성에 관한 것이 아니라 어느 한 지점에 대한 것임을 임상의는 기억할 필요가 있다.

BPD 진단을 받은 사람들에게서 나온 이야기의 특질인 것으로 여겨지는 많은 진술들이 있었다. 이러한 진술들은 상호평가자 신뢰도나 검사-재검사 신뢰도가 거의 없거나 아예 없다는 것이 입증되었다. 이러한 신뢰성 없는 진술들은 다음과 같다.

- 이야기에서 적어도 한 등장인물은 아프고 병들고 가난하며 도움이 필요하다.
- 이야기에서 등장인물들은 다른 사람들의 욕구를 감지하지 못한다는 것을 보여 준다. 그리고 다른 사람에 대해 심사숙고하지 않는다.
- 버려짐과 타인들에 의해 홀로 남겨진 존재라는 주제가 우세하다.
- 바늘, 약, 칼 그리고 자해가 가능한 다른 도구들에 대한 몇몇 언급이 있다.

특히 버려짐이라는 주제는 BPD 진단을 받은 사람에게서 나온 이야기들의 특성일 것으로 생각되었다. 그들의 이야기는 염세적이고 척박하며 병적인 것 같다. 주요 등장인물을 보호하지 않거나 유기하는 역할에서조차도 긍정적인 타인은 없다. 버려짐은 이야기가 시작되기 이미 오래전에 일어난 것 같으며 우리에게 남겨진 것은 버려짐 그 자체의 행위보다는 그것의 후유증에 대한 묘사다.

동시병행 타당성

동시병행 타당성에 대한 도전은 검증된 방법으로 평가할 때 새로운 진단평가 도구가 기존의 특성과(진단법과 같은) 연계되는지 어떤지를 묻는 것이다. 예를 들어 앞서 확인된 비관주의/실패 척도에 관한 점수가 BPD 진단을 받은 참여자들을 구별할 수 있는가? 남자와 여자 사이에 점수 차이는 있는가? '벡 우울 척도(BDI: Beck Depression Inventory)'와 같은 우울증 검사와 상호연관되는가?

표면상으로 비관주의/실패 척도는 BPD를 지닌 사람보다 우울증을 지닌 사람에게 더 많이 나타난다. 그 척도의 요소들에는 이상화 혹은 인격 폄하, 도움 혹은 완벽한 보호에 대한 환상과 관련한 것은 아무것도 없다. 그럼에도 불구하고 통계적인 분석은 비관주의/실패 척도가 우울증 증상이 아닌 BPD 진단과 매우 잘 연계되었다는 것을 보여 주었다. BPD 진단을 받은 사람은 이러한 진단을 받지 않은 사람보다 확실히 더 높은 수위의 비관적인 이야기를 했다(Dent-Brown & Wang, 2004). 사실 비관주의/실패 척도상에서 BPD가 없는 건강한 환자들은 그들을 다루는 임상의들이 말하는 것과 구분되지 않는 이야기를 했다. 아주 흥미롭게도 BPD 없이 우울증 진단을 받은 사람들의 이야기에는 비관론과 실패에 관한 표현이 더 적었다. 이는 마치 6PSM이 화자가 본 것을 평범한 세계관으로 표현하도록 하는 것과 같다. 우울증을 지닌 개인들은 그들의 우울한 현재 상태를 보통 긍정적·낙관적 상태에서 일시적으로 일탈한 것으로 본다(6PSM은 긍정적 상태를 반영한다). 아마도 BPD 진단을 받은 개인에게 비관주의는 훨씬 더 안정적이고 변화가 없는, AxisⅡ 장애와 일치하는 어떤 것을 나타내는 것 같다. 6PSM이 꼽은 BPD의 핵심적인 특성은 BPD를 위한 DSM-IV 규준 중 하나인 공허함의 감정일 것이다. 이러한 실존적 고통은 표준적인 임상 인터뷰에서 평가하기가 매우 어렵다. 또한 말로 옮기는 것조차도 그렇다. 그것에 생명을 부여하기 위해서는 6PSM과 같은 은유적 표현 양식이 요구된다.

[그림 6-3]은 BPD 진단을 받은 참여자들에게서 나온 이야기와 다른 참여자들의 이야기 사이의 차이를 분명하게 보여 준다. 각 박스를 관통하는 중심선은

소집단의 중간점수를 보여 준다. BPD 그룹의 반 이상이 비관주의/실패 점수에서 2.0 이상을 기록했고, 반면에 다른 두 그룹의 절반 이상이 1.0에 덜 미치는 점수를 얻었다.

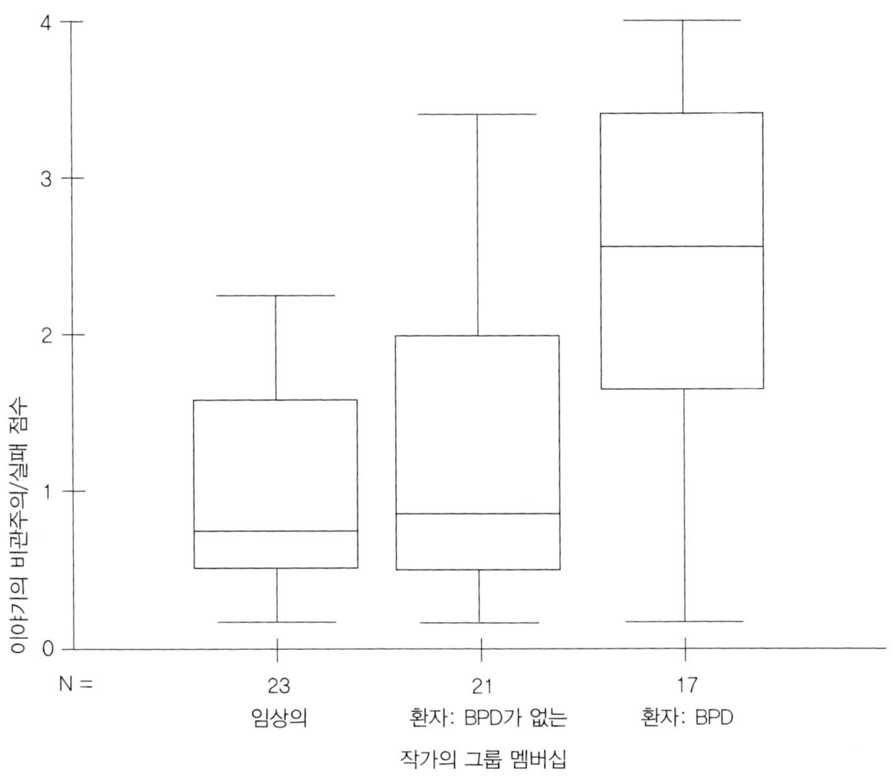

[그림 6-3] 작가 그룹별 비관주의의 분포

이러한 기술들(descriptions)은 이야기에서 나온 개별 작가의 인격 유형에 관한 힌트를 임상의에게 줄 수 있을 것이다. 그 기술들은 연극치료에서 사용된 진단 평가 방법이나 더 일반적인 투사검사에도 적용할 수 없었던 엄격하고 견고한 상호평가 신뢰도와 검사-재검사 신뢰도를 갖고 있다는 것을 확실하게 보여 주었다. 하지만 연구의 핵심이 'DSM-IV를 위한 구조화된 임상 인터뷰' 'AxisII 인격장애(SCID-II)'와 같은 진단 인터뷰에 대해 경쟁하려고 만든 것은 아니었다. 이미 간단한 방법이 완벽하게 존재하는데 왜 인격장애 진단에 대하여 좀 더 우회하여 가는 방법을 만들어 내겠는가? 더 정확히 말하자면 핵심은 여섯 조각 이야기의 특성들이 청자의 투사라기보다는 화자의 인격에 대해 무언가를 드러낼 수 있는지를 시험해 보는 데 있었다. 이는 성공적으로 제시된 것 같다.

6PSM은 어떻게 작동하는가?

조사를 위해 참여자들에게 이야기를 하게 한 다음 스토리메이킹 과정에 대한 그들의 주관적 반응을 요청했다. 그 방법론의 행동 메커니즘에 관한 어떤 보편적 결론이 나올 수 있는지 보고, 그것을 적용하는 최상의 방법에 대해 유용한 제안이 만들어질 수 있는지를 보는 것이 목적이었다.

근거이론분석은 6PSM이 어떻게 그리고 왜 작동하는가에 대한 더 완전한 이론적 청사진을 만드는 데 적용되었다. 참여자들은 계속해서 이와 같이 말했다. "당신은 내가 할 수 있는 만큼 현실생활과 동떨어진 이야기를 해 보라고 했다. 하지만 나는 그것을 할 수 없었다. 말하면 할수록 그것은 나에 관한 것인 것 같았다." 이러한 언급은 프랭크(Frank, 1939)가 투사적 방법에 관해 그의 독창적인 논문에서 최초로 착수한 투사적 가설을 확고하게 해 준다. 프랭크는 상대적으로 작은 구조로 된 영역(오브제들, 소재들, 경험들)을 참여자에게 줌으로써 투사적 과정을 설명했는데…… 그 결과 개인은 삶을 보는 방식, 의미 중요성 패턴 그리고 특히 자신의 감정을 허구적 영역(plastic field)에 투사할 수 있다는 것이다.

역설적으로 6PSM 영역에 구조의 생산적인 결핍을 부여하는 것은 바로 실제 삶과의 거리다. 슬라이드 프로젝터처럼 거리가 멀면 멀수록 드리워진 이미지가 더 크고, 더 보기 쉽게 되는 것과 같다.

또 다른 참여자가 말했다. "나는 처음에는 다소 어리석다고 느꼈지만 그다음에는 익숙해져서 이야기를 이을 수 있게 되었던 것 같다. 나는 우리가 나중에 그 이야기에 대해 말할 때까지 내가 했던 것을 깨닫지 못했다." 이것은 랜디(1986)와 존스(1993)가 말한 **미적 거리** 개념과 매우 가깝다. 거기서 이야기의 은유적 본질은 참여자들과 그들의 소재 사이의 거리를 통제하기 위한 하나의 메커니즘과 같은 행위(acting)로 보인다. 처음에 참여자들은 자의식을 느낀다. 하지만 거리두기를 본질로 하는 은유는 참여자들을 좀 더 자유롭게 그 소재와 놀이할 수 있게 해 준다. 나중에서야 그들은 역설적이게도 그 이야기가 그들 자신의 문제에 얼마나 근접한지를 주목하게 된다.

임상의들에게도 6PSM이 어떻게 작동하는지 알아보았다. "내가 대본에서 벗어나 질문하기 시작했을 때 이야기는 변하여 우리가 함께 창조한 것이 되었다는 것을 알았다. 그것이 참여자의 이야기인지, 우리의 이야기인지 나는 더 이상 확신하지 못했다." 이러한 이야기의 상호주관적·상호창조적 본성은 위니컷(Winnicott, 1971)에게서 암시를 얻었다—비록 그가 그러한 말을 사용하지 않았음에도 불구하고. 그는 놀이, 창조성 그리고 치유가 일어날 수 있는 어머니와 아이(혹은 환자와 분석가) 사이의 **잠재적 공간**(potential space, p. 107)에 대해 말한다. 그의 중간지대(intermediate zone)라는 개념은—완전히 내적인 주관적 경험도 아니고 완전히 외적인 객관적 경험도 아닌—또한 6PSM과 같은 창조적이고 투사적인 체계에서 일어나는 것을 설명한 것으로 보인다.

글로 옮긴 기록에 대한 근거이론분석에서 나온 핵심적인 결론은 이야기의 점진적인 발달에 대한 것이었다. 대부분의 참여자들은 호기심이 있거나 불안하지만, 다소 무심한 상태에서 출발하여 강한 동일시의 감정적인 개입이 있는 결말로 이동하는 강렬한 경험을 하였다. 일견 관련 없는 출발선상의 이야기가 상관성 있는, 개인적으로 중요한 어떤 것이 되었던 것이다. 소수의 참여자들은 다른, 좀 더 정적인 경험을 하였다. 주요 등장인물은 어떤 식으로든 스토리텔러를 재현하지 않았으며 정서적 강도가 미미하거나 전혀 변화가 없었다.

이는 레니(Rennie, 1994)가 말한 두 가지의 결론과 유사할 수 있다. 레니는 심리치료에서 이야기를 말하는 참여자들의 경험에 대한 근거이론분석을 수행하였다. 레니는 참여자들이 말한 스토리텔링에 두 가지의 중요한 (그리고 대조적인) 기능이 있다는 것을 관찰했다—(1) 치료적 경험으로서, (2) 그들의 정서적 혼란으로부터 스스로 거리를 두는 한 수단으로서. 두 번째 기능은 정서적 혼란에 대한 적극적인 치료 작업을 지연하거나 방해하였다. 이는 거리를 유지하여 정서의 수위가 일정하게 낮은 주요 등장인물로 정적인 스토리텔링을 했던, 현재 연구에서의 참여자들과 상당 부분 비슷한 것으로 보인다(Rennie, 1994, pp. 237-239).

6PSM은 두 그룹에 있는 참여자들을 지지한다고 말할 수 있다. 레니가 말한 첫 번째 기능에 해당하는 그룹의 사람들은 그들 자신의 소재에 더 가까이 가기 위해, 만족스러운 결과물이 있는 소재를 다루기 위해 스토리텔링을 생산적으로 이용할 수 있다. 두 번째 그룹의 사람들은 그들 자신의 소재로부터 거리를 유지하기 위해 방어적으로 스토리텔링을 사용할 수 있다. 소재에 압도되어 버릴지도 모른다며 두려워하는 참여자들은 그것에 거리를 두고 그들의 개인적 동일시를 최소화할 수 있다. 좀 더 참여하기를 원하는 사람들은 은유가 도움이 될 수 있다.

사례들

옛날 어두운 방에 곰이 있었다. 그는 두려워서 나가고 싶었다. 그래서 나가는 방법을 찾으려고 생각해 보았지만 나갈 수가 없었다. 그는 방처럼 생긴 어두운 공간 안에 있었다. 그곳에서 나가는 유일한 길은 열쇠를 얻는 것이었다. 열쇠를 구하는 것을 방해하는 것은 담이다. 망치와 몇 개의 다이너마이트 외에 그가 가진 것이라고는 없었다. 그래서 그는 생각한다. 나는 그 벽을 폭파할 것이다. 왜냐하면 그는 담 때문에 열쇠를 얻을 수 없기 때문이다. 건물 밖으로 나가고자 하는 것이다. 그래서 그는 담을 무너뜨리기 위해 폭파물을 사용하는데, 그것이 그를 기진맥진하게 했고, 벽은 무너졌지만 그는 결국 나쁜 상태에 처하게 된다. 열쇠가 있는 그 방은 아직도 어둡다.

연구 프로젝트에서 나온 이 이야기는 관계가 불안정하고, 권위자에게 적대적으로 행동하는 한 남자의 이야기다. 확신과 주장이 분명한 것을 나타내는 권위자는 연약한 곰 인형과는 상반되는 인물이다. 이야기는 어떤 다른 그림, 즉 희망이 없고 더 나빠질 것이라는 예언을 말하는 것 같다.

첫 번째 형식적인 분석방법은 역할들의 상호 간 관계 찾기를 포함한다. 인지분석치료에서 나온 이 개념은 자기는 결코 고립 속에 있다고 여기지 않고 항상 다른 사람들과의 관계 속에 있다는 가정을 따른다. 비록 타자가 내면화되어 있어서 참여자의 내적 대화의 한 부분이라 할지라도 말이다(연극치료사들은 상호 간 역할 모델의 유용성을 빨리 깨달을 것이다). 참여자는 그 이야기에서 가장 중요한 3개의 행위소를 알아내도록 요구받는다(행위소란 그것이 무생물일지라도 중요한 역할을 담당하는 요소를 의미한다). 곰 이야기에는 3개의 주요 행위소가 있다.

A. 곰
B. 다이너마이트
C. 벽

그런 다음 각 행위소는 차례로 다른 것과 짝을 이루어 세 쌍을 이룬다—A-B, B-C 그리고 C-A. 참여자에게 쌍의 각 요소가 다른 것을 향해 어떻게 행동하는지 질문을 하고, 그 대답에서 3개의 상호 간의 역할 쌍을 도출할 수 있다(〈그림 6-4〉 참고).

이것은 참여자와의 토론을 풍부하게 해 주는 배경을 형성해 준다. 그들은 삶에서 이러한 역할 쌍들을 인식하는가? 그들은 자신이 상처받은 경우에 도움을 받으려 하거나 아니면 회피할 때, 스스로 상처받고 있다는 것을 아는가? 그들은 힘 혹은 폭력적인 규제에 대항하여 싸우는가? 이 사례자의 경우에는 이 모든 질

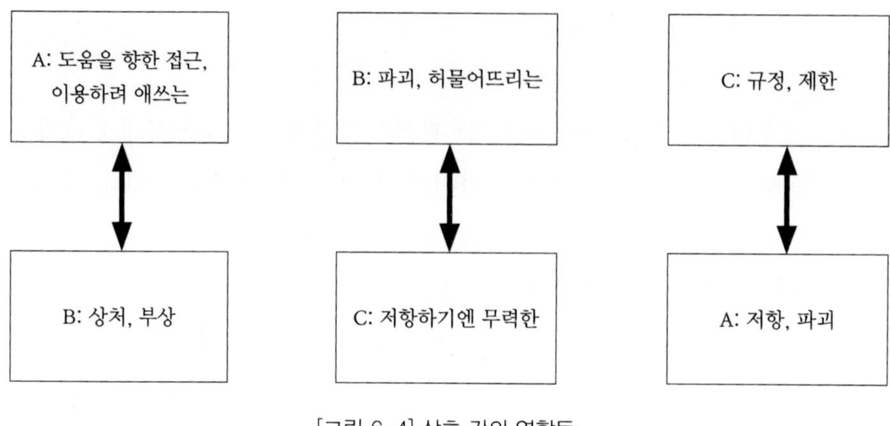

[그림 6-4] 상호 간의 역할들

문에 대해 "예"라고 대답할 것이다. 심리적으로 무심하거나 자신의 삶에서 드러나는 패턴들을 볼 수 없는 참여자에게 6PSM은 이러한 패턴들을 좀 더 명료하게 보게 해 주는 충분한 심리적 거리를 주는 것 같다.

두 번째 이야기는 인격장애 환자들을 위해 제공된 임상 작업에서 나온 것이다. 효과적으로 작업하기 위해 더 많은 지침을 요구하는 정신건강팀이 주목했던 한 남자의 이야기는 다음과 같다.

> 옛날 버려진 섬에 한 선원이 있었다. 그의 과제는 단지 살아남는 것이었다. 그는 코코넛 나무 때문에 살 수 있었는데, 그는 코코넛 나뭇잎에서 떨어지는 물을 마셨다. 그는 나뭇잎 무더기를 만들어 놓고는 멀리서 다가오는 배를 볼 때면 신호를 보내곤 했다. 하지만 그는 그들이 그것을 볼지 어떨지, 혹은 그들이 왔던 방향을 바꾸는 것조차도 알 수 없었다. 어느 날 그는 배를 보았고 불을 지폈다. 마침내 선원들은 그를 구하러 왔다. 그가 갑판에 오르자 선원들은 왜 그가 섬에 있었는지에 대해 의문을 갖기 시작했다. 어떤 죄 때문에 다른 배가 그를 섬에 버려 놓고 갔는지 혹은 그가 난파된 배의 유일한 생존자였는지, 그가 불행을 가져왔는지 등의 의문이었다. 동시에 그는 그들이 곧바로 그를 죽일 것인지 혹은 배 밖

으로 버릴 것인지 걱정하기 시작했다. 결국 선원들은 또 다른 섬에 그를 내려놓았다.

인지분석치료에서 나온 두 번째 분석방법은 과정(procedure)들의 이동(tracking)을 포함한다. 과정이란 일련의 희망, 행동, 믿음, 결과 그리고/또는 누군가의 삶에서의 어떤 문제를 규정하는 정서다. 문제가 있는 과정들은 자주 순환하면서 어떤 목표를 성취하거나 혹은 불운의 상황을 빠져나오는 데 실패로 끝난다.

시작 지점은 주요 등장인물의 희망이다. 이와 같은 경우에는 2개의 대조적인 희망이 있는 것 같다—도움을 주는 타자들에게 더 가까이 가려는 처음의 희망, 그 뒤를 이어 위협적인 것으로 보이는 타자들과 좀 더 거리를 두려는 나중의 희망. 각 희망은 타자들의 반응을 끌어내고, 나아가 타자들의 반응은 주요 등장인물의 반응을 만들어 낸다. 예컨대 앞서 묘사한 2개의 희망은 [그림 6-5]에서 보여 준 연속적인 과정을 끌어낼 수 있다.

흥미로운 것은 이러한 2개의 선형적인 시퀀스들이 연결될 수 있다는 것이다.

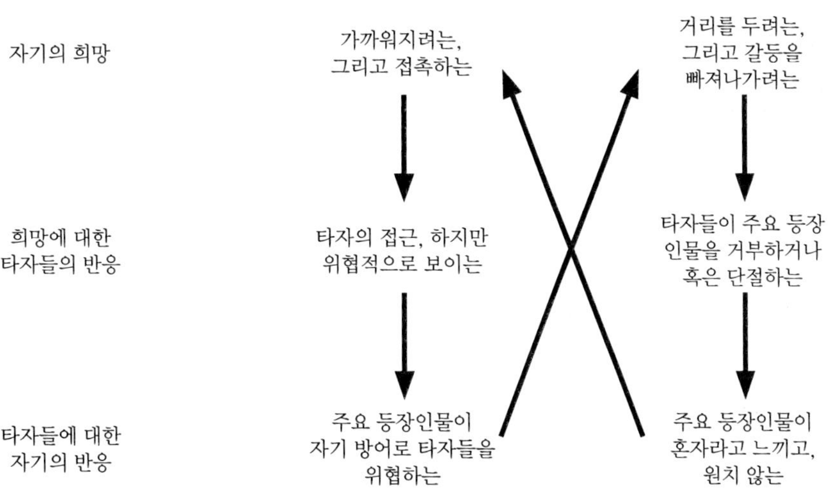

[그림 6-5] 자기(self)와 타자들의 희망과 반응

[그림 6-5]에서 본 대로 깨트리기 어려운 순환으로 서로를 연결하면서 하나의 끝은 다른 것의 시작을 내포하게 된다.

등장인물과 타자와의 관계에 대한 이와 같은 세부적인 묘사는 참여자 자신의 관계성과 비교될 수 있다. 주어진 예에서 희망과 반응은 앞과 뒤가 순환하는 이야기의 본질을 반영하는 순환적 방법으로 정돈되어 연결된다. 출구 없는 끝없는 순환은 본질상 인지분석치료가 참여자의 지도(map) 만들기를 돕고, 그들의 일상적인 관계의 방식을 인식하는 데 사용하는 도식적 공식(diagrammatic reformulation)이다. 연극치료사들에게 있어 상호 간의 역할이 참여자 연극의 등장인물들이라면 묘사된 그 과정은 플롯이다. 이런 식으로 그것들을 명백하게 설명하는 것이야말로 대안적인 역할과 플롯의 실험을 가능하게 한다.

6PSM의 실제

진단평가에 6PSM을 사용하고자 하는 임상의들에게 몇몇 실제적인 제안을 하자면 다음과 같다. 이는 6PSM을 임상적으로 사용하여 얻은 경험에서뿐만 아니라 그것의 타당성과 메커니즘에 대한 최근의 연구에서 도출된 것이다.

준비

- 이 기법은 펜 혹은 연필, 그리고 종이 한 장을 필요로 한다(편지지 크기가 이상적이다). 재료(색채들, 그림 물감들, 콜라주 재료들)가 많다고 해서 이야기가 생산적이고 의미 있는 내용으로 심화되지는 않는다.
- 6PSM은 1시간 내에 그림을 그린 뒤 말하고 토론하는 것으로 진단평가한다. 진단평가를 연장할 수 있다면 치료적 관계망이 형성될 수 있도록 두세

번째 회기에서 행하는 게 좋다.

- 6PSM은 심리치료 영역에서는 낯설고 새로운 접근법이다. 연극치료에 처음 참여한 사람들이 그 방법론에 대해 간단한 근거를 요구하면 이렇게 말하면 된다. "이것은 당신 자신에 대해 나에게 좀 더 말하도록 해 주는 창조적 방법이다." 길고 자세한 설명은 도움이 되지 않는다. 왜냐하면 그러한 설명으로는 이 방법론을 진솔하게 묘사할 수 없으며, 두려움을 줄이기보다는 오히려 증가시키기 때문이다.
- 6PSM 회기를 오디오로 녹음하는 것은 도움이 된다. 녹음의 목적에 대해 참여자에게 설명해야 한다. 대안적 방법으로는 참여자가 스토리를 말할 때 청자 혹은 치료사가 정신없이 받아쓰는 것인데, 대부분의 사람은 녹화의 의미를 이해하고, 또 녹화 중이라는 것을 잊어버린다.

지시사항

- 한 번에 단 하나의 지시사항을 간단하게 주라. 예를 들어 첫 번째 지시사항은 이와 같을 수 있다. "이것은 6개의 부분으로 된 하나의 이야기다. 종이에 6개의 공간을 만들면서 시작할 것인데, 당신이 원하는 방식으로 분할하라." 말한 것이 완성될 때까지 더 이상의 지시사항을 주지 마라.
- 2개의 지시사항이 6PSM 성공의 열쇠인 듯하다. 하나는 먼 허구적인 혹은 환상의 배경 속에 이야기를 갖다 놓도록 독려함으로써 되도록 참여자 자신과는 다른 주요 등장인물과 배경을 만드는 것이다. 다른 하나는 그들 자신의 삶에서 나온 사건 혹은 기존의 옛날 이야기를 다시 말하는 것이 아니라 새로운 이야기이어야 한다는 것을 참여자에게 환기하는 것이다.
- 앞에서 말한 6개 부분의 순서는 진단평가를 위하여 다소 변화될 수 있다. 그 이유는 오리지널 6PSM 안에 있다. 6PSM의 목적은 스트레스를 받고 있는, 기본적으로 건강한 사람들의 대응 메커니즘을 알아내고 강화하는 것이

었다. 그러므로 주요 등장인물이 그 문제에 성공적으로 대응할 수 있고, 할 것이라는 것은 당연한 가정이다. 6PSM이 특히 인격장애와 같은 복잡한 문제를 지닌 환자에게 사용되고 있다는 가정은 정확한 것이 아니다. 환자에게는 분명 실패의 가능성이 있으며, 도움을 주거나 주지 못하는 일련의 요인들은 해결보다 문제 자체가 더 핵심적일 수 있다는 사실을 반영한다.

- 각 조각마다 차례로 지시사항을 주고 완성할 때까지 기다려라. 그 그림에 대한 질문도, 대화도 하지 마라. 질문에는 최소한만 반응하라. "내가 제대로 이것을 하고 있나요?"와 같이 흔히 하는 질문에 항상 긍정적으로, 그리고 용기를 주는 대답을 하는 것이 좋다.

말하기와 질문하기

- 일단 그림을 모두 그리고 나면 참여자에게 그 이야기를 곧바로 말하게 하라. 당신이 질문을 하거나 방해하지 않을 것임을 강조하라. 그리고 참여자에게 이야기를 말할 때 되도록 더 자세히 덧붙일 것을 요구하라.
- 이야기를 듣기 전에 하는 마지막 지시사항은 이러하다. "'옛날에'라는 고전적인 말로 시작하세요." 이것은 스토리텔링 형식을 강력하고 유용하게 해준다.
- 이야기를 말하고 토론할 때 3인칭을 유지하도록 격려해 주라. 몇몇 화자들은 무의식적으로 주요 등장인물을 묘사할 때 '나는'으로 시작한다. 가능한 한 미적 거리를 유지하기 위해 그들에게 그, 그녀, 그것 혹은 등장인물의 이름을 사용할 것을 요구하라.
- "내게 ……에 대해 좀 더 말해 주실 수 있으세요?"라고 말함으로써 질문을 열어 놓도록 하라. 되도록이면 이야기의 틀 내에서 질문하도록 하라. 달리 말하자면 이야기를 확장시키는 질문은 제한하라.
- 스토리텔링의 맨 마지막에서 많은 세부적인 것들이 덧붙여질 때 "이 이야

기의 주제가 당신 자신의 인생에서 어떤 것을 상기시키는가?"와 같은 질문은 이야기의 틀을 벗어나게 한다. 이와 같은 질문들은 앞으로 전개될 은유적 소재를 제한하게 될 것이다. 이러한 질문들은 불필요하다. 왜냐하면 참여자들은 자발적으로 그들 자신과 연계할 수 있기 때문이다.

회기 끝내기

- 많은 다른 연극치료 기술과는 대조적으로 6PSM의 한 가지 이점은 6개의 그림이라는 형식 안에 그 자체로 실재하는, 영원한 기록을 만들어 낸다는 것이다. 그림을 복사하여 각자 가짐으로써 치료사와 참여자는 회기 사이마다 참조할 수 있도록 하는 것이 유용하다.
- 유사하게 치료사와 참여자가 언급한 사항들을 녹음할 수 있다. 이야기를 기록할 때 완전하고 세밀한 서사를 제시하기 위해서는 치료사의 질문에 대한 참여자의 대답을 처음 말한 텍스트에 포함시키는 것이 유용하다. 어떤 식으로든 의미를 왜곡시키지 않고 참여자 자신의 말로 온전하게 기록되어야 한다.
- 다음 회기를 위한 준비에서 참여자에게 그림을 집으로 가져가서 그것에 대해 곰곰이 생각하거나 연관될 것 같은 꿈이나 생각을 적어 오라고 할 수 있다. 이러한 것들은 다음 회기를 시작할 때 유용하게 쓰일 수 있다.

결 론

여섯 조각 이야기는 연극치료사에게 참여자의 진단평가를 위한 다양한 단계를 제공한다. 이러한 단계 중 일부는 경험적으로 조사된 것이며, 적합한 신뢰도와 타당성을 갖는 것으로 보인다. 이러한 탐구의 목적이

6PSM을 몇몇 종류의 심리측정학적인 점수화된 검사로 되돌리려는 것이 아니라는 점이 중요하다. 정확히 말하자면 그것은 참여자의 이야기에 대응하는 어떤 외적인 입증을 제공하려는 것이었다. 이는 필연적으로 계량적 방식보다는 창조적인 질적 시도로 이해되어야 할 것이다. 스토리텔러의 말에 대한 질적 분석은 다른 이론가의 서사적 치료 접근법에 대한 이해와 일치한다. 우리는 오리지널 6PSM(모든 연령별로 수천 명의 참여자들에게 사용되었던)과 임상 진단을 받은 참여자들에게 사용된 6PSM-C, 두 버전의 사용을 제시했다. 이제 앞으로는 6PSM의 효용성과 영향력뿐만 아니라 여기서 설명한 진단평가 단계의 유용성과 타당성을 더 연구해야 한다.

참고문헌

Ankori, M. (1991). *And this forest has no end: a comparative study in Jewish mysticism and depth psychology.* Tel Aviv: Ramot Publishers.

Belanger, J., & Dalley, K. (2006). *The nightmare encyclopedia: Your darkest dreams interpreted.* Newark, NJ: Career Press.

Chatterji, R. (1986). The voyage of the hero: The self the other in one narrative tradition of Purulia. In V. Das (Ed.), *The word and the world: Fantasy, symbol, and record* (pp. 95-114). New Delhi: Sage Publications.

Cirlot, J. E. (1971). *A dictionary of symbols* (2nd ed.). (J. Sage, Trans.). New York: Philosophical Library.

Dent-Brown, K. (1999). The six-part story method (6PSM) as an aid in the assessment of personality disorder. *Dramatherapy, 21,* 10-14.

Dent-Brown, K. (2003). Six part storymaking in the assessment of personality disorder: History, practice and research. In O. Ayalon, M. Lahad, & A. Cohen, (Eds.), *Community stress prevention* (Vol. 5, pp. 43-60). Kiryat Shmona, Israel: Community Stress Prevention Centre.

Dent-Brown, K., & Wang, M. (2004). Pessimism and failure in 6-part stories: indicators of borderline personality disorder? *Arts in Psychotherapy, 31,* 321-333.

Dunn, M., & Parry, G. (1997). A formulated care plan approach to caring for people with borderline personality disorder in a community mental health service setting. *Clinical Psychology Forum, 104,* 19-22.

Ferrara, K. W. (1994). *Therapeutic ways with words.* New York: Oxford University Press.

Frank, L. K. (1939). Projective methods for the study of personality. *Journal of Psychology, 8,* 389-413.

Gersie, A. (1991). *Storymaking in bereavement.* London: Jessica Kingsley.

Gersie, A. (1992). *Earthtales: storytelling in times of change.* London: Green Print.

Gersie, A. (2002). Some thoughts about the development of therapeutic storymaking. *The Prompt (The magazine of the British Association of Dramatherapists),* Winter, 6-7.

Gersie, A. (2003). Further thoughts about question-based storymaking. *The Prompt (The magazine of the British Association of Dramatherapists),* Summer, 6-8.

Gersie, A., & King, N. (1990). *Storymaking in education and therapy.* London: Jessica Kingsley.

Greimas, A. J. (1966). *Sémantique structurale: Recherche de méthode.* [Structural semantics: Methodological research.] Paris: Larousse.

Jennings, S. (1992). *Dramatherapy: Theory and practice* (Vol. 2). London: Routledge.

Jones, P. (1993). DramatherapyL Five core processes. *Dramatherapy, 14,* 8-15.

Lahad, M. (1984). *Evaluation of a multi-model program to strengthen the coping of children & teachers under stress of shelling.* Unpublished dissertation. Columbia Pacific University, California.

Lahad, M. (1992). Story-making in assessment method for coping with stress: Six-piece story making and BASIC Ph. In S. Jennings (Ed.), *Dramatherapy theory and practice* (Vol. 2, pp. 150-163). London: Routledge.

Lahad, M. (1999). *The integrative model of BASIC Ph and its application to individuals, groups, and organizations.* Tel. Hai, Israel: Tel Hai College.

Lahad, M., Shacham, Y., & Niv, S. (2000). Coping and community resources in children facing disaster. In A. Y. Shalev, R. Yehuda, & A. C. McFarlane (Eds.), *International handbook of hunman response to trauma* (pp. 389-395). New York: Kluwer Academic/Plenum Press.

Lahad, M., Shacham, Y., & Shacham, M. (2010). The impact of the 2nd Lebanon war on the traumatic experiences and the coping of Jews and Arabs in North Israel-a longitudinal study. In F. Azaiza, N. Nahmias, & M. Cohen (Eds.), *Health, education and welfare services in times o crisis: Lessons learned from the Second Lebanon War* (pp. 117-144). Haifa: Pardes Publishing House.

Landy, R. J. (1986). *Drama therapy: Concepts and practices.* Springfield, IL: Charles C Thomas.

Landy, R. J. (1991). A taxonomy of roles: A blueprint for the possibilities of being. *Arts in Psychotherapy, 18,* 419-431.

Megged, A. (2001). *Fairies and witches: Metaphoric stories in treatment for children at risk* [in Hebrew]. Haifa: Nord.

Propp, V. I. (1968). *Morphology of the folktale* (2nd ed.). Austin: University of Texas Press.

Rennie, D. L. (1994). Storytelling in psychotherapy: The client's subjective experience. *Psychotherapy, 31,* 234-243.

Shacham, M. (2000). *Stress reactions and coping resources mobilized by evacuees (adults and children) and the adults' perception of needed future preparatory measures.* Unpublished Ph.D. Dissertation. Anglia Polytechnic University.

Shacham, M., & Lahad, M. (2004). Stress reactions and coping resources mobilized by children under shelling and evacuation. *Australasian Journal of Disaster and Trauma Studies, 2,* 11-17.

Tesniére, L. (1959). *Eléments de syntaxe structurale.* [Structural elements of syntax.] Paris: C. Klinksieck.

Winnicott, D. W. (1971). *Playing and reality.* London: Tavistock.

제7장
역할 이론을 통한 진단평가

Robert J. Landy, Jason D. Butler

연극치료사들은 효과적인 임상을 하기 위해 환자에 대한 정보 수집을 필요로 한다. 이러한 정보는 환자의 중요한 문제들, 연극치료 과정에 개입하는 능력, 가장 효과적인 개입 수단 등을 포함한다. 환자를 진단하는 명확하고 적합한 수단이 없다면 우리는 단순히 추측만 하는 것이 된다. 진단 도구는 우리가 정보를 모으고, 그것을 이론 모델을 통해 해석하는 데 도움을 준다(Landy, 2006). 이러한 진단방법은 해석적이라고 말할 수 있다. 브루시아(1988)에 따르면, 해석적 진단평가에서는 "환자의 문제를 특정 이론, 구성체, 혹은 지식 체계의 측면에서 설명하고자 하는 노력이 이루어졌다"고 한다(p. 5). 이 장에서는 역할 이론과 연극치료의 역할 기법에 근거한 세 가지 진단 도구에 관해 살펴보고자 한다(Landy, 1993, 1996, 2008). 처음 두 가지, 즉 역할 프로파일과 역할 점검표는 참여자의 역할 레퍼토리와 기능 정도, 그리고 자기(self) 인식을 진단하기 위해 랜디(1993)의 역할 유형을 사용한다. 세 번째, 즉 이야기 말하기(TAS: Tell-A-Story)는 참여자에 관한 정보를 모으기 위해 스토리텔링 형식을 통하여 역할을 분석한다. 이 세 가지 모두 공통적으로 인간 행동을 이해하고 해석하는 수단으로 역할 이론을 사용한다.

존스(2007)는 연극치료 진단 도구의 두 가지 주요 기능을 정의하였는데, 첫째는 환자의 문제에 대한 조사와 관련된다. 두 번째는 치료과정에서 극적 매체를 최선으로 사용하는 방법에 대한 정의다. 이 장에서 말하고자 하는 세 진단평가는 이 두 가지 기능에 모두 해당된다. 여기에서 치료사는 환자의 일상적 삶에 대한 통찰과 함께 연극치료 실제 작업에 참여하는 환자의 능력에 관한 정보도 수집한다.

진단평가에서 역할의 사용은 새로운 개념도 아니며, 연극치료사들만 사용하는 것 또한 아니다. 역할을 통한 진단평가는 주로 다양한 역할연기 기법으로 실행된다. 포레스터(2000), 루빈슈타인(2006) 그리고 스노우와 다미코(2009) 등은 여러 연구와 실제 현장에서 진단평가 방법으로 사용된 역할연기의 역사를 살펴보았다. 그들이 본 대부분의 진단에서는 참여자의 역할연기의 특성과 내용에 초점을 맞추었다. 진단 도구로서의 역할연기를 실제로 사용한 연극치료사들의 대표적인 예로는 어윈의 **인형 인터뷰**(1985), 존슨의 DRPT 등이 있다(1988; Johnson & Miller, 2008).

하지만 랜디의 역할 이론에 근거한 진단평가는 어윈의 인형 인터뷰나 존슨의 DRPT와 달리 역할연기를 할 수 있는 개인의 능력에 초점을 두지 않고, 역할로서 생각하는 능력에 주목한다. 이 과정 속에서 참여자들은 그들의 역할 체계를 살펴보는 것에서부터 다른 사람과의 관계에서 나오는 다양한 역할을 살펴보는, 보다 능동적인 이야기 형태까지 경험한다. 이 세 가지 진단평가 도구는 역할 이론의 사고와 개념으로부터 영향을 받았다.

역할 이론

역할 이론의 기본 전제가 되는 주요 성격 구성체는 **역할**이다. 역할은 성격의 개별적인 특성을 나타내며, 그 사람을 자신이 속한 사회 안에 안착하도록 한다. 역할 이론은 인간 존재가 본질상 역할 취득자이며 역할연기자라고 추정한다. 각 개인은 발달을 거치면서 다양한 역할들을 관찰하고 모방하며, 내재화하고 취득한다. 그다음으로는 이 역할의 내적 이미지를 외부, 즉 객관적 세계의 요구와 연계하기 위하여 역할연기를 하게 된다. 성격은 서로 연관된 역동적인 역할들의 융합이라고 할 수 있으며, 각각의 역할은 그 사람의 고유한 특성을 나타낸다. 랜디에 따르면, "역할 이론에는 실제적이고 순수한 것을 가장하는 거짓 자기도, 거짓 역할도 없다. 모든 역할들은 사실적이며 연기하기 쉽다"(Landy, 2008). 역할 이론에서 역할은 핵심 자기(core self) 위에 켜켜이 쌓인 가짜 층들이 아니다. 그것은 오히려 전체 성격을 창조하기 위해 소통하는 기본 구성체다. 역할 이론 내에서 인격은 역할들의 역동적인 체계로 이해될 수 있으며, 각각의 역할은 인격의 어떤 단면을 나타낸다(Landy, 2009).

포스트모던 개념으로서의 역할 이론은 **자기**를 복합적이며 탈중심적이라고 본다. 이와 같이 **자기**는 유동적이고 변화하는 역동적인 세계 안에 존재하는데, 그 안에서 어떤 하나의 역할이 변화하면 역할들의 새로운 배치를 통해 다시 균형을 찾고자 하는 목적으로 균형이 깨진 채로의 체계를 정립한다.

역할 이론은 인간의 행동이 고도로 복합적이고 모순적이며, 이 세상의 어떤 생각이나 행동도 그 이면과의 맥락 안에서 가장 잘 이해될 수 있다고 추정한다. 따라서 우리는 실제 작업에 대한 역할 이론의 적용을 뜻하는 역할 기법 안에서 역할과 **반대 역할** 둘 다를 조망한다. 반대 역할이란 어떤 주어진 역할의 반대 쪽에 혹은 상반되게 존재하는 것이다. 따라서 성격은 능동적으로 활동하는 역할뿐만 아니라 그 반대 부분까지도 포함하여 형성된다. 이러한 다양한 역할과 반대 역할은 한 개인의 역할 체계를 창조하기 위해 결합된다.

역할 이론의 관점으로 본 연극치료 방식은 참여자를 실제 자기와 일상의 이야기로부터 벗어나 역할과 이야기로 된 허구적 틀 안으로 이동하도록 한다. 이러한 과정을 통해 참여자들이 다양한 역할과 반대 역할을 가지고 작업할 수 있을 때 **미적 거리**(Landy, 1996)가 창조된다. 그 양극성은 둘 사이의 모호함을 받아들이고 균형을 이루도록 하는 안내자 역할을 통해 중재된다. 역할 이론에서 건강함은 "균형 있고 역동적인, 그리고 상호적인 역할 체계의 창조, 그리고 한 사람의 인생 스토리를 집단 문맥 안에서 이야기하고 수정하는 수용력이라고 생각된다. 목표로서의 균형은 정신 내적 그리고 대인관계적인 안정성에 대한 절대적이라기보다는 상대적인 측정이다"(Landy, 2008, p. 110).

랜디는 역할로 작업하고, 또한 역할에서 이야기로 옮겨 가는 구조를 찾기 위하여 서사시, 신화, 극문학을 기초로 하는 원형적인 영웅의 여정을 적용하고자 하였다. 영웅의 여정이라는 서사 구조는 보편적인 특성의 전형적인 예이기 때문에 치료적 사용에 유일하게 적합하다. 영웅의 보편적 특성에 관해 랜디(1993)는 다음과 같이 말한다.

> 반복되는 영웅의 역할은, 예를 들어 그리스의 오이디푸스 왕에서부터 영국의 리어왕, 미국의 윌리 로먼에 이르기까지 어떤 원형적 특성을 상징하였고, 나는 그것들을 명확히 하기 시작하였다. 거기에는 미지의 세계와 대면하고자 하는 이해할 수 없는 의미에 대한 영적 탐구를 향해 여행하려는 의지가 포함되었다. 나는 또한 모든 영웅들이 극 안에서 공통되는 기능, 즉 이해와 변형을 향한 위험한 심리적·영적 여행을 하고자 한다는 사실에 주목하였다(p. 230).

영웅 여정의 원형적 이야기는 호머의 〈오디세이〉에 등장하는 오디세우스에서 가장 잘 드러날 것이다. 그는 집을 떠나 전쟁터로 가면서 갈등에 직면하고, 그 갈등을 극복한 후 많은 투쟁 끝에 집으로 돌아온다. 영웅의 여정에 대해 쓴 것은 매우 많지만 가장 주목할 만한 것은 조셉 캠벨의 글(2008)이다. 이는 문학, 치료 그리고 일상의 삶에서 세월이 흘러도 변치 않고 반복되는 주제다. 사실 치료과정 자체는 영웅적 여정이라고 볼 수 있다(Landy, 1997). 캠벨의 생각과 개념은 종종 임상에 적용하기에는 너무 복잡하지만, 영웅 여정의 기본 윤곽은 역할을 이야기로 바꾸도록 해 주는 일반적인 형태다.

역할과 역할 체계의 개념을 정립하는 데 있어서 랜디는 존재의 수많은 가능성을 가장 잘 이해하도록 하는 역할 분류 체계를 만들었다. 그는 600개 이상의 희곡을 살펴본 다음, 157개의 역할 유형과 하위 유형으로 분류하였다(Landy, 1993). 이 역할들은 인간의 행동을 분석하고, 성격을 특징짓는 수단을 제시하였다. 역할 분류 체계는 1993년에 구축된 이후 그대로 남아 있는데, 이것을 기초로 한 진단평가 도구에서 주어진 역할들은 몇 차례 반복과정을 거쳤다.

랜디와 그의 학생 및 동료들은 분류 체계를 만든 다음, 이것이 치료를 용이하게 하는 도구로 어떻게 사용되는지 살펴보았다. 그들은 이것이 단순히 인간 행동과 성격을 해석하는 것보다는 어떻게 행동으로 바뀌는지 알아보고자 하였다(Landy, 2001a). 역할 프로파일, 역할 점검표 그리고 TAS의 진단 도구는 이러한 과정을 거쳐 개발되었다.

역할 이론을 통한 진단평가의 개발

연극치료 진단평가의 다른 개발자들(Irwin, 1985; Johnson & Miller, 2008; Rubenstein, 2006; Snow & D'Amico에 인용된 Snow, Maeng-Cleveland, & Steinfort, 2009)과 마찬가지로 랜디(1997)는 '맨 처음 진단평가 작업은 치료사가 환자를 하나의 역할 혹은 일련의 연관된 역할을 말할 수 있도록 돕는 것'이라고 믿었다(p. 129). 초기에 랜디는 역할을 언급하기 위해 스토리텔링, 그림 그리기, 그리고 모래놀이를 사용하였다. 그는 초기 사례 연구에서 다음과 같이 말했다. "나는 샘이 말한 역할과 그가 역할들에 이름을 붙이고, 성격을 부여하는 방식에 주목하였다. 샘의 사례에서 특히 중요한 것은 그가 역할을 상상으로, 추상적으로, 은유적으로 창조하는 방식이었다. 그 방식이 거리 두기를 나타냄에 따라 나는 샘이 감정을 직접적으로 표현하기 어려워한다는 인상을 받았다. 그리고 그의 내적 삶에 접근하는 가장 좋은 방법은 극적 형태 안에서 간접적으로 그의 이미지를 통하는 것임을 알게 되었다"(1997, p. 131). 이러한 과정을 거쳐 역할 이론의 원칙은 역할연기 방식뿐만 아니라 그 특성과 기능까지도 해석하게 되었다.

시간이 흐르면서 랜디의 학생과 몇몇 동료들은 역할 이론에 근거한 진단평가 개념과 역할 분류 체계를 실험하였다. 초기 연구는 학생들의 석사·박사 논문으로 나왔다(Fistos, 1996; Portine, 1998; Raz, 1997; Tangorra, 1997). 1997년, 랜디는 역할 분류 체계의 단축 버전인 90개 역할을 작성하는 지필검사로 구성된 진단평가를 개발하였다. 참여자들에게 리커트 척도에서 자신을 각 역할의 측면에서 평가하도록 하였다. 그다음에 중요한 역할들을 고르고, 그 인물들에 관한 이야기를 하라고 하였다(Landy, Luck, Conner, & McMullian, 2003).

그의 대학원생들과 연극치료사들은 이후 몇 년간 역할 프로파일의 초기 형태인 평가 도구에 대해 연구 · 조사하였다(Clayton, 2000; Fistos, 1996; Portine, 1998; Raz, 1997; Rosenberg, 1999; Sussman, 1998; Tangorra, 1997). 결과적으로 이 형식은 역할 선택과 스토리텔링이 혼합된 리커트 척도와 함께 너무 번거롭고 시간 낭비가 심한 것으로 판명되었다.

2000년, 랜디는 이 도구를 재구성하였다. 그 과정에서 스토리텔링 부분이 빠지면서 따로 분리되어 진단 도구 TAS가 되었다. 리커트 척도는 카드 분류도구로 변환되었고, 학생과 동료들에게 언어의 명확성과 보편성, 중복에 대해 설문한 결과 그 반응에 의거하여 본래 90개였던 역할 대신 70개 주요 역할 유형으로 단순화되었다. 가능한 한 각 역할마다 한 단어로 된 명칭을 붙였다. 이 과정에서 참여자는 각각의 카드를 골라 그것을 다음의 네 가지 중 한 범주에 놓았다. **'나는 누구인가' '내가 아닌 것은 무엇인가' '이것이 나인지 아닌지 모른다' '나는 누가 되고 싶은가'** 참여자가 역할의 의미를 잘 모를 때는 스스로 판단하여 가장 적합한 것으로 생각되는 범주에 놓으라고 하였다. 평가자는 참여자가 역할을 놓는 위치와 과정에서 드러나는 태도에 주목하였다(Landy, 2001a).

진단의 수단으로 카드 분류를 사용하는 것은 역할 프로파일에 고유한 것은 아니다. 카드 분류는 여러 학문에서 오랫동안 사용되었다. 위스콘신 카드 분류는 사고의 유연성을 진단하기 위한 것으로 여러 대상에게 폭넓게 사용되었다(Berg, 1948). 또한 카드 분류는 고통을 진단하는 수단으로 사용되었고(Reading &

Newton, 1978), 직업적인 선호도와 의사 결정을 규정하는(Tyler, 1961) 수단으로, 그리고 정신의학적 진단에서 편향성을 진단하는(Iwamasa, Larrabee, & Merritt, 2000; Sprock, Blashfield, & Smith, 1990) 수단으로 사용되었다. 카드 분류는 참여자에게 여러 개념을 범주화하는 신체적인 일을 하도록 한다. 카드에 있는 확실한 정보가 제공됨에 따라 평가자는 또한 참여자에 대한 정보를 추론하기 위해 카드를 분류하는 과정을 보다 효과적으로 관찰할 수 있다.

역할 프로파일 진단평가가 2000년에 새로운 카드 분류로 수정되자 수많은 다른 문화권에서 온 학부생과 대학원생들과 함께 이 도구를 개선하고, 다른 방식으로 적용해 보고 문제들을 살펴보고자 하는 시도가 재개되었다(Florin, 2001; Landy, 2001a; Landy et al., 2003; Tranchida, 2000).

최근 들어 이 도구는 더 수정되었다. 랜디(2009)는 역할에서 이야기로의 변환을 보다 효과적으로 쉽게 할 수 있도록 하기 위해서 **'나는 ~이다' '나는 ~이 되고 싶다' '누가 나를 가로막는가' '누가 나를 돕는가'**의 범주로 바꾸었다. 이렇게 함으로써 치료사는 답변을 이야기와 행위로 변형시킬 수 있게 되고, 그것은 영웅 여정의 서사 구조에 보다 가까워졌다. 랜디는 역할 유형의 수도 수정하여 58가지의 주요 역할로 축소하였다.

여기에서는 대답을 평가하기 위한 채점 체계도, 지시문도 없다. 대신 랜디는 평가자로 하여금 참여자와 작업할 수 있도록 해 주는 안내문(protocol)을 제공하며, 그것은 다음과 같다.

역할 프로파일 카드 분류: 도구

1부: 카드 분류

참여자에 대한 지시: **이 작업은 당신의 성격을 마치 연극, 영화, 이야기에서 공통적으로 찾을 수 있는 인물들로 이루어진 것처럼 살펴보도록 하는 것입니다. 당신에게 한 묶음의 카드를 줄 것입니다. 각 카드에는 역할 이름이 있고, 그것은 당신이 영화나 연극**

에서 본 적이 있거나 책에서 읽은 적이 있는 인물의 유형입니다. 각 카드를 지금 당신이 자신에 대해 어떻게 느끼는지 가장 잘 묘사하는 범주 안에 놓으세요. 나는 누구인가, 나는 누가 되고 싶은가, 누가 나를 방해하는가, 누가 나를 돕는가 카드를 가능한 한 빨리 분류하세요. 질문 있나요? 준비되셨으면 시작하세요. 각 카드를 오직 한 범주에만 놓을 수 있습니다.

2부: 토론

평가자는 참여자에게 각 범주의 역할에 이름을 붙이고, 그처럼 선택한 것에 대해 이야기를 하라고 청한다. 다음 질문들을 가이드라인으로 하면 도움이 될 것이다.

- 분류한 것을 보니까 어떠세요?
- 놀라운 점이 있나요?
- 어떤 역할이 가장 중요한 것 혹은 가장 중요하지 않은 것으로 보이나요? 설명해 보세요.
- 각 범주에서 당신에게 가장 중요한 것으로 보이는 특정 역할이 있나요? 어떻게요?
- 당신의 답변에 어떤 패턴이 있나요?
- 역할 간에 어떤 연결 고리가 있나요?

만약 참여자가 어떤 강렬한 역할들을 놓친다면 평가자는 참여자가 배제하였던 것들, 따로 놓았던 것, 그리고 어디에 놓을지 골똘히 생각하거나 이 집단에서 다른 곳으로 이동하였던 것들을 참조할 수 있다.

참여자가 한 역할에 대하여 혼란스러워하거나 망설인다면 평가자는 역할에 이름을 붙이고, 그 역할로서 짧은 독백을 하라고 권할 수 있다. 평가자는 참여자로 하여금 역할의 특성을 좀 더 잘 규정하고, 적합한 배치를 결정지을 수 있도록 하기 위하여 역할에 대한 질문을 할 수 있다.

평가자는 참여자에게 중요한 것으로 생각되는 역할 프로파일의 다른 측면이 있는지 질문한다.

토론을 마친 다음 평가자는 참여자에게 카드를 걷어서 다시 섞으라고 청한다. 마무리하면서 평가자는 참여자의 기분을 확인한다. 참여자가 불안해하면 평가자는 그 문제를 해결하거나 더 탐색하도록 도울 수 있는 방법을 제안한다.

만약 진단평가가 연구 목적으로 진행되고, 참여자의 전체 역할 프로파일을 보유하는 것이 중요하다면 평가자는 카드를 뒤섞기 전에 동의를 구한 다음, 사진을 찍을 수 있다.

〈표 7-1〉 역할 유형(카드 한 장마다 써 있다)

아이	돕는 사람	자매
청소년	겁에 질린 사람	형제
어른	생존자	고아
노인	좀비	버림받은 자
미인	뱀파이어	친구
야수	낙천가	완벽주의자
보통 사람	염세주의자	증인
특별한 사람	화난 사람	가난한 자
아픈 사람	조용한 사람	부자
건강한 사람	혁명가	전사
치유자	연인	노예
무지한 자	이기주의자	자유로운 자
현명한 사람	어머니	살인자
광대	아버지	자살자
비평가	아내	영웅
순수한 자	남편	예언자
비열한 자	딸	죄인
희생자	아들	성자
신자	예술가	
의심하는 자	꿈꾸는 자	

3부: 결과

카드를 집단 분류하는 데 옳거나 틀린 방법은 없다. 하지만 평가자는 랜디의 역할 이론과 일관되게 참여자가 균형 잡힌 방식으로 자신을 볼 수 있는지 살펴보려고 노력한다. 균형이란 **'나는 누구인가' '무엇이 되고 싶은가' '누가 방해하는가' '누가 돕는가'** 사이에서 비교적 동등한 역할 배분을 의미하는 것일 수 있다. **'나는 누구인가'**라는 첫 질문은 역할의 존재, 즉 삶을 여행하는 인물을 뜻한다. **'무엇이 되고 싶은가'**라는 둘째 질문은 목적과 방향 감각-지향점을 의미한다. 셋째 질문인 **'누가 방해하는가'**는 반대 역할, 역할에 대한 방해 또는 장애를 의미한다. 넷째 질문인 **'누가 돕는가'**는 안내자, 즉 역할이 장애물을 지나 움직일 수 있게 도와주는 존재를 의미한다. 역할 이론에 따르면, 이 네 인물들이 역할 프로파일 안에서 온전할 때 참여자는 균형 상태에 있는 것이다. 한 집단이 부족하거나 제한적이라면 불균형 상태인 것이 명백하다. 정도의 차이는 있지만 평가자에 의해 주관적으로 진단된다는 것은 모든 면에 해당된다.

평가자에게 중요한 것은 자신의 판단을 참여자에게 부과하는 것이 아니라 참여자로 하여금 역할 프로파일을 이해하도록 하기 위하여 예리한 질문을 하는 것이다. 하지만 평가자가 역할 프로파일의 결과를 기록할 때 참고할 가이드라인이 있다. 이것은 질문 형태로 되어 있다. 결과를 기록할 때 평가자는 이 질문에 답변하려고 하면서, 또한 관련이 있다고 생각되는 참여자의 형식과 내용에 관한 것이면 무엇이든 첨부하려고 할 것이다. 질문에 답함에 있어 평가자는 참여자의 생각과 반응뿐만 아니라 자신의 생각과 관찰도 기록해야 한다.

- 참여자는 지시에 어떻게 반응하는가? 좀 더 명확하기를 요청하는가? 진행과정에 곧바로 참여하는가? 과정에 대해 어떤 불안이나 거부를 드러내는가?
- 참여자는 어떻게 카드를 분류하는가? 집단 분류를 어떻게 결정하는가? 빨리 혹은 천천히, 의도적으로 혹은 충동적으로 분류하는가? 카드를 분류하

는 동안 평가자에게 신경을 쓰는가? 시간과 공간을 어떻게 사용하는가?

- 어떤 역할들을 각 집단에 배치하는가? 각 집단에 몇 개씩 있는가? 집단은 균형적인가? 비균형적인가?
- 강렬한 역할, 즉 문제를 일으키거나 혼란스러운 혹은 어떤 정서적 반응을 환기하는 것 같은 역할들이 있는가? 그것은 무엇인가? 참여자는 결국 그 역할들을 어디에 위치시키는가? 참여자는 그 역할에 어떻게 반응하는가?
- 어떤 역할이 가장 중요하고, 중요하지 않은가? 왜?
- 한 집단 내에서 역할 사이의 연결고리는 무엇인가? 한 집단에, 일례로 '나는 누구인가'의 집단 안에 아빠와 엄마처럼 모순되는 역할들이 있는가?
- 다른 집단에서 역할 사이의 연결고리는 무엇인가? 예로 '나는 누구인가'에서 아이와 '누가 나를 방해하는가'에서 성인과 같이 말이다.
- 참여자는 패턴을 알아차릴 수 있는가? 다시 말해서 가족 내에서 연기하는 역할 사이에 연결고리를 볼 수 있는가? 혹은 그 역할들은 서로 무관하고 부분적인 것으로 보이는가?
- 참여자는 역할과 집단 안에서 자신의 정체성을 인식할 수 있는가? 아니면 자의적이고 무의미한 것으로 결과를 보는가?
- 참여자는 역할 사이의 모순, 즉 영웅과 보통 사람 등과 같은 대립을 알아차리고 둘 혹은 그 이상의 모순되는 역할들이 그 정체성의 일부임을 받아들일 수 있는가? 아니면 참여자는 모순을 무시하려 하고 자신을 단일한 방향으로, 다시 말해 영적 탐색 중인 공상가적 영웅-예술가로 보려고 하는가?
- 참여자는 집단 분류를 어떻게 해체하고 카드를 다시 섞는가? 과정을 기꺼이 종결하거나 아니면 늦추려고 하는가? 어떤 감정이 드러나는가? 참여자는 균형 잡힌 상태인가? 불균형의 상태인가? 검사 결과 어떻게 할 것인지 표현하는가?

4부: 분석

이 시점에서는 어떤 분석적 판단도 잠정적이어야 한다. 하지만 역할 프로파일 내용에 대한 몇 가지 해석은 역할 이론과 참여자의 반응에 대한 임상적 관찰 두 가지 측면에 다 기초하여 이루어질 수 있다.

- **'나는 누구인가' '무엇이 되고 싶은가' '누가 나를 방해하는가' '누가 나를 돕는가'**의 각 집단에 역할의 수가 비교적 동등하게 있다면 참여자는 균형 있게 존재하고 있다.
- **'나는 누구인가' '무엇이 되고 싶은가' '누가 나를 방해하는가' '누가 나를 돕는가'**의 각 집단에 역할의 수가 비교적 다르다면 참여자는 불균형적으로 존재하고 있다.
- 어떤 집단에 특히 역할이 적다면 자기 인식, 인생 목표에 대한 인식, 혹은 인생에서 도움이 되는 인물의 가능성에 대한 인식이 부족함을 나타낼 수도 있다. 다시 말해 이러한 잠정적인 결핍 부분은 종류보다는 정도의 문제인 것이다.
- 평가자는 강렬한 역할, 즉 참여자에게 갈등을 일으키거나 혼란을 주는 역할에 주목하는 데 참여자가 그 중요성을 부인한다면 그 역할은 참여자에게 지나치게 위협적인 것일 수 있다. 평가자는 참여자가 이 역할에 대해 좀 더 작업할 필요가 있음을 주목할 수 있다. 역할이 특히 과중한 것이라면 평가자는 참여자에게 치료를 권할 수 있다.
- 참여자가 어떤 역할이 가장 중요하고 또 중요하지 않은지, 그리고 왜 그런지 분명하게 말할 수 있을 때는 균형의 좋은 징조다. 만약 그렇지 않다면 참여자가 여러 삶의 모습에 대하여 우선순위를 매기고 집중하도록 도움이 필요하다는 증거일지도 모른다.
- 한 집단 안에 모순적인 역할들이 많다면 참여자가 역할 양면가치에 편안해한다는 것을 의미하거나, 아니면 그와 달리 참여자가 매우 혼란스러워서

모순적인 성향에서 빠져나오도록 도움이 필요하다는 것을 의미하는 것이다.

- 참여자가 다른 집단의 역할 사이에 의미심장한 연결고리를 만들 수 있다면 그는 균형 상태에 있다.
- 참여자가 역할 사이의 패턴을 파악할 수 없다면 그것은 무질서한 사고 패턴이나 우울성향을 의미할 수 있다.
- 참여자가 자신의 역할 프로파일을 자의적인 것이나 무의미한 것으로 본다면 그것은 정체성 위기에 대한 인식과 치료가 필요한 상태, 아니면 단순히 그 참여자와 특정 평가자 사이의 빈약한 유대감을 의미할 수 있다.
- 참여자가 둘 혹은 그 이상의 역할 속에서 모순점을 파악할 수 없다면 참여자가 불균형적인 아니면 방어적인 상태에 있다는 것이다.
- 참여자가 둘 혹은 그 이상의 역할 속에서 어떤 양극성을 인정하고, 안내자가 어떻게 그 양극성을 통합하는지 이해할 수 있다면 그는 균형 상태에 있다.
- 참여자가 이 검사를 인생 이야기로, 즉 자신의 인생 이야기를 현재 순간에 말하는 것으로 지각한다면 그는 균형 상태에 있는 것이다.
- 참여자가 검사 후 기분이 고조됨을 느끼고, 역할 프로파일의 경험을 사용할 방법을 알 수 있다면 그는 대체로 균형 상태에 있다. 만약 참여자가 검사를 반영할 수 없거나 멍하거나 우울하다면 그는 불균형 상태에 있으며, 균형을 찾기 위해 치료받을 필요가 있을 것이다.

역할 프로파일 사례 연구: 대런

대런은 27세의 남자로, 현재 누나와 함께 살고 있다. 대런의 아버지는 그가 어렸을 때 돌아가셨고, 어머니와 누나가 그를 키웠다. 지난 수년간 대런은 누나와 함께 아파트에서 살았는데, 누나는 최근에 딸을 낳았다. 그녀는 결혼하지 않았고, 아기의 아빠는 그들과 무관하게 살고 있다. 대런의 직업은 영화 무대장치 디자이너인데, 최근 고향의 기획사들이 감소한 탓에 회사에서 쫓겨났다. 지금 대런은 슈퍼마켓에서 계산 담당으로 일하고 있다.

역할 프로파일을 만들 때 대런은 먼저 역할들을 인식하기 위해 카드 묶음을 통째로 획획 넘겼다. 그는 역할들을 간략하게 살펴본 다음 4개의 카드를 골라 각각의 범주 맨 위에 놓았다. 첫 번째 카드들은 '나는 누구인가: 꿈꾸는 자' '무엇이 되고 싶은가: 예술가' '누가 나를 방해하는가: 부자' '누가 나를 돕는가: 현명한 사람'이다. 그다음에 그는 카드 뭉치를 계속하여 꼼꼼하게 훑어보면서 카드를 한 장씩 네 범주에 차례로 놓았다. 그는 재빨리 작업하였고, 어떤 질문도 하지 않았다. 처음에는 범주 위에 첫째 역할을 놓더니, 각각의 범주에 카드를 모두 쌓아 올렸다. 다 쌓은 다음 그는 카드를 펼쳐서 각 범주마다 전체적으로 드러나게 하였다.

〈표 7-2〉는 대런의 역할 프로파일을 나타낸다. 토론할 때 대런에게 바꾸고 싶은 역할들이 있는지 물었다. 그는 목록을 살펴보고는 "아니오, 모든 것이 제자리에 놓인 것 같아요. 내가 진짜 연결시킬 수 없는 카드가 조금 있기는 한데—어떤 식으로든 그것들이 내 일부분일지 모른다는 것이 두렵군요." 대런은 특히 살인자, 비평가, 희생자 역할들이 두렵다고 하였다. 그는 그 역할들이 자신의 일부라면 목표를 이루고 행복해지지 못하게 할 것 같다고 말했다. 이 세 역할은 **'누가 나를 방해하는가'**에 놓여 있었다.

대런에게 또 발견한 것이 있으면 말하라고 하였더니, 그는 아버지 역할이 **'무엇이 되고 싶은가'**에 있다는 것을 지적하였다. 그는 누나의 딸에 대해 언급하면서 많은 사람들이 자신을 그 아이의 아버지로 생각한다고 말했다. 대런은 자신이 조카에 대해 아버지처럼 느끼지만 진짜 아버지가 아니라고 하였다. 그 대신 대런은 **'나는 누구인가'**의 영웅 역할을 지목하면서 "그래서 이 역할이 여기 있는 겁니다—나는 아버지가 아니지만 가끔은 조카의 영웅이거든요."라고 말했다. 그는 계속하여 "언젠가 나는 내가 사랑하는 여자와 함께 살 집을 짓고, 내 아이의 아빠가 되고 싶어요. 내 조카가 결코 내 딸이 될 수는 없지만 나는 그 아이의 영웅은 될 수 있어요."라고 하였다. 역할 배치에 대한 대런의 설명은 그가 실제로 하는 역할들을 구분할 수 있는 능력과 역할의 변하기 쉬운 본성을 이해하는 능력까지도 입증하였다.

그 외에 무엇을 보았는지 묻자 그는 **'내가 누구인가'**의 꿈꾸는 자 역할을 지목하였다. 그는 자신이 그 역할을 좋아하지만, 그것이 저절로 행동으로 나오는 것은 아니라고 말했다. 대신 그것은 그를 옭아매고 좌절시키는 부분이라는 것이었다. 그는 꿈꾸는 자는, **'무엇이 되고 싶은가'**의 예술가가 되기 위한 방법을 찾을 필요가 있다고 하였다. 대런은 이미 역할과 반대 역할에 대하여 그 두 역할이 함

〈표 7-2〉 대런의 역할 프로파일

	나는 누구인가	무엇이 되고 싶은가	누가 나를 방해하는가	누가 나를 돕는가
1	꿈꾸는 자*	예술가*	부자*	현명한 사람*
2	어른	특별한 사람	무지한 자	아이
3	건강한 사람	완벽주의자	노예	아내
4	아들	전사	희생자	딸
5	영웅	자유로운 자	얼간이	돕는 자
6	친구	연인	버림받은 자	어머니
7	생존자	아버지	이기주의자	누나
8	반항아+	반항아+	죄인	형
9	광대	낙천가	가난한 사람	고아
10	순수한 자	신자	뱀파이어	증인
11	미인	남편	자살자	치유자
12	형제	조용한 사람	의심자	청소년
13			비관주의자#	성자

* 첫 번째 최우선 역할
+ 두 집단에 해당됨
# 이 범주의 부가적인 역할은 다음과 같다: 좀비, 야수, 살인자, 악당, 비평가, 보통 사람, 걱정하는 사람, 화난 사람, 아픈 사람.

께 가야 할 필요성이 있음을 말한 것이었다. 그래서 어떻게 될 것 같냐고 묻자 그는 **'누가 돕는가'**의 현명한 자의 도움이 필요하다고 말했다. 현명한 자는 부자가 만들어 내는 어려움을 극복하는 방법을 가지고 있을 거라고 말했다. 대런은 돈의 필요성이 언제나 그의 꿈을 실현하는 것에 방해가 된다고 말했다. 그래서 부자를 **'누가 나를 방해하는가'**의 최우선에 놓았던 것이다. 그는 현명한 사람이 꿈꾸는 자에게 부자로부터 벗어나서 예술가가 되기 위해 무엇을 할 필요가 있는지 말해 줄 거라고 하였다. 대런은 자신을 행동으로 나아가도록 돕기 위해 함께 협력할 수 있는 안내자 역할을 찾은 것 같았다.

또 누가 그를 도울 수 있는 것 같냐고 묻자 대런은 반항아를 지목하였다. 반항아 카드가 **'내가 누구인가'**와 **'누가 되고 싶은가'** 사이에 위치한 것으로 보인다고 지적하자 그는 의도한 것이 아니라고 말하였다. 그는 자신이 예전에 반항아였다고 말했다. "나쁜 방법으로가 아니라 나는 강한 사람이고, 다른 사람들이 뭐라고 생각할지 신경 쓰지 않는다는 의미에서 말입니다. 반항아는 자부심이 매우 큽니다. 나이가 들수록 반항이 사라진다고 생각해요. 그래서 두 범주 사이에 놓인 것으로 이해되는군요. 내 생각으론 나이가 들면서 성인으로 대체된 것 같아요." 대런은 반항아 역할을 보다 단호하게 주장하게 되면 예술가가 되고자 하는 자신의 꿈을 실현할 수 있을 것이라고 생각한 것 같았다. 그는 예전에 자신의 목표를 이루게끔 하였던 능력에 대해 오래 회상하기 시작하였다.

반항아 역할을 명확히 하기 위해 짧은 독백을 해 보라고 하자 대런은 말했다. "나는 반항아입니다. 나는 다른 사람들이 뭐라고 생각하든 신경 쓰지 않습니다. 나는 내가 무엇을 원하는지, 어떻게 그것을 얻을 수 있는지 압니다. 물론이지요. 때로는 사람들의 감정을 상하게 하겠지만 나는 내가 원하는 것을 얻을 겁니다. 나는 내게 필요한 것을 가질 것입니다. 나는 힘 있고 중요한 사람입니다." 대런은 독백을 하는 동안 함박 미소를 지으며 당당하게 앉아 있었다. 기분이 어떠냐고 묻자 그는 대답했다. "기분 좋아요. 야! 나는 아직 반항아군요. 나는 반항아가 아주 좋아요. 그것을 기억할 필요가 있네요. 내가 예전에 반항아였다면 또다시 그럴 수 있습니다."

대런의 역할 프로파일을 보면 그는 비교적 균형 상태에 있는 것 같았다. 4개의 범주는 합리적으로 같은 규모로 되었고, 역할들은 잘 배치되었다. **'누가 나를 방해하는가'**의 범주에 역할이 좀 더 많았는데, 이는 그의 직업적인 삶에서 꼼짝달싹 못하는 경험을 대변하는 것으로 생각되었다. 부정적인 암시를 지닌 역할들이 대부분 **'누가 나를 방해하는가'**의 항목에 모여 있다는 점이 흥미롭다. 이것은 그가 모호함을 불편해한다는 것을 보여 준다. 또한 부정적인 행동을 할 가능성에 대한 두려움을 입증하는 것으로 생각된다. 대런에게 부정적인 암시를 지닌 역할들을 탐색하도록 하는 것은 생산적인 것으로 보인다.

대런은 어떤 역할이 가장 중요하고, 그 이유가 무엇인지 분명히 밝혔다. 그는 또한 역할 간의 관계를 명확하게 할 수 있었고, 그것들이 어떻게 그의 목표에 도달하도록 도울 수 있는지 알았다. 특히 대런은 예술가가 되기 위해 현명한 사람과 반항아를 묶는 가능성을 언급할 수 있었다. 이로 인해 부자와 성인의 대립 역할을 극복하기 위해 안내자 역할을 사용할 수 있는 능력을 알 수 있었다.

대런은 자신을 반항아로 부를 수 있었고, 그것이 도움이 된다는 것을 알았다고 말했다. 그는 극적 매체를 통해 역할로 작업할 수 있는 능력을 보여 주었다. 또한 그는 반항적 예술가가 되도록 하기 위한 것에 관심을 드러냈다. 대런과의 작업을 역할 이론으로 보면, 예술가가 되기 위해 꿈꾸는 자의 길을 탐험함에 있어서 영웅의 여정을 통해 작업하는 것이 많은 도움이 되었다.

앞으로의 방향

역할 프로파일 카드 분류는 아직 유동적인 도구다. 도구의 법칙과 진단평가의 실제 방법은 엄밀히 또는 확고하게 표준화되어 있지 않다. 이 도구의 유효성과 신뢰성은 많은 검사와 연구 없이는 입증될 수 없다. 그렇다고 해서 이것이 임상적으로 사용하기에 가능성이 매우 크다는 것을 부정하는 것은 아니다. 앞에서 말했듯이 역할 프로파일은 환자에 관해 상대적으로 짧은 시간 동안에 아주 많은 정보를 얻을 수 있는 효과적인 수단이 될 수 있다. 또한 역할과 이야기로 작업을 진행할 수 있는 단단한 기초를 제공한다. 역할 프로파일이 일단 성립되면 환자는 어떤 하나의 역할, 그리고 다양한 역할 사이의 관계들을 계속 탐색할 수 있다. 그것은 환자에게 자신의 역할 체계를 인식하는 기회를 제공하고, 연극치료 작업 과정을 좀 더 이해한 상태에서 참여할 수 있도록 한다.

이 점에서 역할 프로파일 카드는 보다 유연하게 사용될 수 있다. 많은 연극치료사들은 역할 프로파일 이면의 생각들을 수정하였고, 이를 특정 임상의 목표로 사용하였다. 예를 들어 주간 치료 프로그램에 참여하는 정신질환자들과의 작업에서 랜디, 맥멀리언, 맥렐런(2005)은 참여자의 역할 체계를 알아보기 위해 초기에 사용한 58가지의 전체 목록 대신에 21개의 주요 역할을 사용하였다고 한다. 다른 연극치료사들은 역할 프로파일 카드를 투사물로 사용하고, 적절한 카드 세트로 그들 자신의 치료 작업을 만들기도 한다. 몇몇 치료사는 카드를 외국어로 번역하여 특정 문화권의 사람들에게 문화적 배경의 이슈를 알아보는 데 사용하였다(Bikki Tam, 2004). 랜디는 학생과 동료들에게 역할 프로파일의 사용을 가르치면서 그 유연성과 상황적인 본질을 거듭 강조한다. 그는 연극치료사들에게 특정 의뢰인에 따라 그 도구를 변형하여 진단평가와 연구의 수단으로 사용하고, 설령 증명되지 않았다고 해도 그 결과를 발표하라고 권장한다. 왜냐하면 그것은 상대적으로 새로운 것이며, 의심할 여지없이 계속 발전하고 변화할 것이기 때문이다. 특히 랜디가 많은 비영어권 문화의 연극치료실천가들을 교육시켰고, 그들 모두 역할과 역할 프로파일 사용방법을 자국어로 번역하였다는 점에서 의미가 크다. 따라서 국제적인 연구로 더 한층 진행된다면 연구자 모두가 그 도구를 문화적으로, 그들의 특별한 상황에 적합하게 만들기 위해 많은 노력을 기울일 것이다.

역할 점검표

역할 점검표(Role Checklist)는 최근 개발된 것으로, 뉴욕 대학교 대학원생이었던 앤드류 게인스(Andrew Gaines)의 발상으로 시작되어 2005년에 랜디가 완성한 것이다. 그것은 역할 프로파일 카드 분류에서 비롯된다. 역할 점검표는 카드 분류와 유사하게 참여자에게 네 가지 항목별로 역할을 분류하라고 한다. '나는 누구인가' '무엇이 되고 싶은가' '누가 나를 방해하는가' 그리고 '누가 나를 돕는가'가 그것이다. 카드 분류와 달리 역할 점검표는 종이와 연필을 도구로 사용한다. 그것은 많은 움직임이나 신체적 공간을 필요로 하지 않으며, 동시에 많은 사람들에게 실행할 수 있다.

역할 점검표의 진행과정은 초기의 역할 프로파일 카드 분류에서 파생된 것으로, 카드 분류 과정을 조금 수정한 것과 유사하다. 랜디는 58개의 역할 대신에 41개의 역할을 선택·포함시켰다(랜디는 점수 기입표를 유용하게 만들었다). 몇몇 역할은 본래 분류 체계에는 없는 것이지만 역할 이론에 부합하며, 분명한 양극성을 지니는 폭넓은 역할 유형 스펙트럼을 제시하기 위하여 첨가되었다. 이 역할들은 이러한 양극성을 극대화하기 위해 특정 시대별로 따온 것으로, 역할 분류 체계의 6영역에 걸쳐 있다. 점검표는 한 사람의 전체 그림을 얻기 위해 다양한 반응을 끌어낼 수 있도록 고안되었다. 초안은 다음과 같다.

1부: 목록

참여자에 대한 지시: **이 작업은 당신의 성격을 마치 연극, 영화, 이야기에서 공통적으로 찾을 수 있는 인물들로 이루어진 것처럼 살펴보도록 하는 것입니다. 당신은 점검표를 받을 것입니다. 왼쪽 칸에는 역할의 이름들이 있는데, 영화와 연극에서 본 적이 있거나 책에서 읽은 적이 있는 인물의 유형입니다. 각 역할마다 지금 당신이 자신에 대해 어떻게 느끼는지 가장 잘 묘사하는 범주 안에 체크 표시를 하세요. 범주는** '나는 누구인가, 무엇이 되고 싶은가, 누가 나를 방해하는가, 누가 나를 돕는가'**입니다. 가능한**

한 빨리 점검표를 작성하도록 하세요. 각각의 역할 옆에 오직 하나만 체크할 수 있습니다. 질문 있나요? 준비되셨으면 시작하세요.

2부: 토론

참여자가 표시한 점검표의 결과를 토론할 때 평가자는 참여자에게 그와 같이 선택한 것에 대해 이야기를 하라고 청하면서 역할 프로파일에서 사용한 것과 유사한 방식으로 진행한다. 다음 질문들을 지침으로 하면 도움이 될 것이다.

- 당신이 선택한 것을 보니 어떠세요?
- 놀라운 점이 있나요?
- 어떤 역할이 가장 중요한 것 혹은 가장 중요하지 않은 것 같으세요? 설명해 보세요.
- 당신에게 가장 중요한 것으로 보이는 특정 역할이 있나요? 어떻게요?
- 역할 간에 어떤 연결고리가 있나요?

역할 프로파일에서처럼 랜디는 이 도구를 진행 중인 작업으로 보며, 훈련생들에게 이를 사용하라고 권한다. 랜디 자신 역시 계속 이를 사용하면서 참여자에게 세 가지 역할을 선택하게 하고는, 특히 개별적인 특성과 기능, 그 관계에 대하여 말하라고 청한다. 그는 이렇게 함으로써 역할, 반대 역할, 안내자의 연계 요소에 관하여 역할 이론과 일관되도록 한다. 만약 참여자가 하나 혹은 그 이상의 강렬한 역할들을 놓친다면 평가자는 그 점을 지적하고, 참여자가 선택한 것에 대해 생각하도록 도울 수 있다. 랜디는 뉴욕 대학교 수백 명의 학생들, 그리고 자신의 개인 연구소, 전 세계의 여러 대학 등에서 전문적인 훈련을 받는 사람들에게 역할 점검표의 사용을 가르쳤다.

만약 참여자가 어떤 역할에 대해 혼란스러워하거나 망설인다면 평가자는 역할에 이름을 붙이고, 그 역할로서 짧은 독백을 하라고 권할 수 있다. 평가자는 참여자로 하여금 역할 유형에 대해 제대로 정의하고, 그 자신과의 연관성을 알아내도록 하기 위해서 역할에 대한 질문을 할 수도 있다.

토론이 끝나면 평가자는 참여자에게 검사지를 주고 복사본을 저장한다. 평가자는 마무리하면서 참여자의 기분을 확인한다. 만약 참여자가 불안해하면 평가자는 개인적인 문제를 해결하거나 더 탐색하도록 도울 수 있는 방법을 제안한다.

3부: 분석

역할 프로파일과 마찬가지로 점검표를 완성하는 데 있어서 옳거나 틀린 방법은 없다. 평가자는 랜디의 역할 이론과 일관되게 참여자 스스로 자신의 역할과 삶의 여정에 관해 어떻게 보는지 살펴보려고 노력한다. 각각의 역할은 참여자 성격의 부분을 나타낸다. 각각의 범주는 참여자의 인생 여정의 단면들을 나타낸다. 만약 네 범주가 모두 온전하다면 참여자는 균형 상태에 있는 것이다. 한 집단이 부족하거나 한정적이라면 불균형 상태인 것이 분명하다. 정도의 차이는 있지만 평가자에 의해 주관적으로 진단된다는 것은 모두에게 해당된다.

최상의 균형 상태에 있는 참여자는 역할-반대 역할, 내가 누구인가, 그리고 무엇이 되고 싶은가에 관하여 양극을 명확히 볼 수 있는 사람들이다. 그들은 자신의 인생 장애물을 인식하고 안내자 역할에 접근한다. 다소 불균형적인 참여자는 자신을 하나의 역할로 보려는 경향이 있으며 안내자를 정의하는 데 어려움을 느낀다. 불균형이 심한 참여자는 자신의 삶에서 특별히 의미 있는, 아니면 무엇인가 되고자 하는 최소의 욕구를 지닌, 혹은 최소 또는 최대의 방해물이 되고자 하는 사람을 고를 때 역할을 너무 많거나 너무 적게 선택한다.

평가자에게 중요한 것은 자신의 판단을 참여자에게 부과하는 것이 아니라 참여자로 하여금 자신의 반응을 인식할 수 있도록 하기 위해 예리한 질문을 하는 것이다. 역할 프로파일과 마찬가지로 평가자가 점검표의 결과를 기록할 때 따르는 지침이 있다. 그것은 역할 프로파일과 같이 질문 형태로 되어 있다(앞에 있는 적절한 질문 목록을 참조할 것). 분석을 기록할 때 평가자는 이와 같은 질문에 대해 답하고, 또한 관련이 있다고 생각되는 참여자의 형식과 내용에 관하여 무엇이든지 첨가하려고 노력해야 한다. 평가자는 질문에 답함에 있어 참여자의 생각과 반응뿐만 아니라 자신의 생각과 관찰 역시 기록해야 한다. 역할 프로파일에서처럼 분석적 판단은 잠정적이어야 하며, 앞에서 주어진 기준에 부합해야 한다.

역할 점검표 사례 연구: 샨드라

샨드라는 15세의 아프리카계 소녀다. 그녀는 학업과 행동상에 어려움이 있는 학생들을 위한 학교에 다닌다. 그녀는 아주 부드러운 목소리를 지녔고, 학교의 사회적 상황에 적응하는 것을 힘들어하며 교사들은 대부분 그녀가 수업 시간에 "극적 상황을 만든다"고 말한다. 교사들에 따르면, 그녀는 부적절한 언어를 사용하며, 자주 거짓말을 한다는 것이다. 그녀는 주의력 결핍/과잉행동 장애로 진단받았으며, 매일 아침 수업에 집중하기 위해 약을 복용한다.

샨드라는 집에서 어머니와 단둘이 사는데, 그녀의 어머니는 아파서 거의 집에만 있다. 샨드라는 어머니의 병 때문에 집안일을 많이 하고, 어머니를 돌봐야 하며 요리와 청소도 도맡아 한다. 그녀의 이복언니는 함께 살지 않으며, 이복오빠를 본 지는 몇 년 되었다. 하지만 그녀의 가족사에 대해 이야기해 보라고 하자 전혀 일관성이 없는 이야기를 하였다. 그녀는 종종 이야기를 꾸며 대는데, 자신이 아버지와 오빠들과 함께 살고 있다는 것이다. 어머니 이야기는 좀처럼 하지 않는다.

샨드라는 학교에서 학업적으로, 사회적으로 문제가 많다. 수업을 받을 때 그녀는 집중력이 부족하고, 가르침을 따라오지도 못하며, 과제를 수행하지도 못한다. 그녀는 집중력을 잃고 과제를 하지도 않은 채 먼 곳을 바라보기도 한다. 또한 수업 중에 주변을 어수선하게 하고, 다른 친구들도 집중하지 못하도록 방해한다. 지금까지 전 과정에서 낙제한 그녀는 미래에 대한 관심도 거의 보이지 않는다.

진단평가를 시작하기 위해 조용히 방 안으로 들어온 샨드라는 주위를 둘러보다가 평가자와 눈이 마주쳤다. 평가자가 샨드라에게 기분이 어떠냐고 묻자 샨드라는 거의 들리지 않는 목소리로 "좋아요."라고 하였다. 점검표를 보여 주자 샨드라는 연필을 고르더니 미동도 하지 않은 채 종이를 응시하였다. 그녀를 돕기 위해 평가자는 역할을 큰 소리로 읽기 시작하였다. 각 역할의 이름을 불러 주자 샨드라는 목록에 표시하기 시작하였다. 자신과 연관된 역할에 대하여 그녀는 여러 칸에 표시를 하였다. 자신과 관련되지 않은 역할에 대해서는 역할 이름 옆에 ×표를 하였다.

다섯 역할 정도에 표시한 다음 그녀는 평가자가 읽어 주지도 않았는데 빠르게 표시하기 시작하였다. 샨드라는 **'누가 방해하는가'**와 **'누가 돕는가'** 항목에는 어떤 역할도 표시하지 않았다. 다 마친 점검표를 보니 **'나는 누구인가'**와 **'무엇이 되고 싶은가'**에 표시된 것들이 있었고, 자신과 무관한 역할 옆에는 ×표시가 있었다. 샨드라가 **'나는 누구인가'**에 표시한 역할들은 비평가, 순수한 사람, 노예, 증인이었다. 그녀가 ×표 한 것은 미인, 현명한 사람, 희생자, 반항아, 아내였다. **'무엇이 되고 싶은가'**에는 청소년, 돕는 사람, 생존자, 연인, 걱정하는 사람, 어머니, 딸, 자매, 친구 그리고 영웅이었다.

다음으로 평가자는 샨드라가 선택한 것에 대해 이야기를 나누려고 시도하였다. 하지만 샨드라는 중얼거리며 계속 "몰라요."만 반복하였다. 그녀는 그 이상의 질문에 답을 하지 않았고, 작업은 곧 종료되었다.

이 진단 도구에 대한 샨드라의 반응은 역할 이론의 관점으로 해석될 수 있다. 역할 체계에서 단지 4개의 목록만 있다는 것은 그녀가 매우 한정적인 역할 레퍼토리를 가지고 있음을 보여 준다. 그녀가 동일시할 수 있는 역할 목록은 제한적인데 비해 자신의 역할 체계의 일부로 연상할 수 없는 목록은 매우 많았다. 이러한 균형의 결핍은 더 나아가 **'누가 나를 방해하는가'** 혹은 **'누가 나를 돕는가'**에서 어떤 역할도 표시하지 않았다는 사실에서 확인된다.

그녀의 불균형 상태, 그리고 동일시하지 못하는 특성은 학업적으로, 사회적으로 성공하기 위한 투쟁에서도 명확히 드러난다. 샨드라는 대부분의 역할을 외면하였고, 현명한 사람과 미인을 포함한 자신의 많은 잠재적이고 긍정적인

면 또한 거부하였다. 하지만 그녀는 **'누가 되고 싶은가'**에서 몇 개의 잠재적인 강력한 역할을 고를 수 있었다. 예를 들어 친구와 돕는 사람의 역할을 표시하였는데, 그 두 역할은 사회적으로 이루고자 하는 욕망을 보여 준다. 더 나아가 지향점으로 영웅, 생존자, 연인을 선택한 것으로 볼 때 그녀에게는 자신의 역할 체계를 확장하고 보다 긍정적인 역할을 취하고자 하는 욕망이 있음을 알 수 있다.

그녀가 **'누가 되고 싶은가'**에서 걱정하는 사람의 역할을 고른 이유는 불분명하다. 또한 그 범주에 청소년과 딸의 역할을 골랐다는 것도 흥미롭다. 집에서의 상황으로 인해 그녀는 자신을 청소년이나 딸로 느끼지 못할 것이다. 그것을 좀 더 조사하게 되면 틀림없이 유리하게 작용할 수 있는 역할들이다.

종합적으로 샨드라가 진단평가 시간에 집중할 수 있었고, 점검표를 완성할 수 있었다는 것은 주목할 만하다. 그녀는 진지하게 평가에 임하였고, 솔직하게 답한 것으로 보였다. 그녀는 자기 탐색의 과정에 몰두하였으며, 지시를 잘 따랐다. 그 후의 연극치료 작업에서 연극치료사는 샨드라와 함께 딸과 자매 역할을 탐험하는 이야기를 만들면서 작업을 좀 더 진행할 수 있었다. 그 이야기 안에서 그녀는 영웅이 목표를 이루기 위해 다른 역할들을 돕는 상황을 만들어 낼 수 있었다. 치료사는 진행과정 전반에 걸쳐 과정을 지켜보고 탐험을 격려하는 기준으로 점검표를 사용하였다.

역할 점검표 사례 연구: 대학원생 집단

나는 12명의 연극치료 전공 대학원생 집단에게 역할 점검표를 주었다. 그 집단은 점검표를 완성하였고, 그것을 그들의 대학원 경험에 관해 더 많은 이야기를 나누는 발판으로 사용하였다. 점검표에 대해 토론하면서 집단 구성원들은 그들이 유사하게 표시한 역할들에 대해 이야기를 나누었다. 많은 구성원들이 **'누가 되고 싶은가'**의 범주에 치유자와 현명한 사람을 표시하였다는 것이 눈에 띄었다. 그들은 이것이 치료사가 되어서 주변 사람들을 돕고 싶은 욕망에 부합된다고 말하였다. 또한 대다수의 구성원들은 **'나는 누구인가'**에 돕는 자의 역할을 표시하였다. 이에 대해 많은 사람들은 이미 돕는 자의 역할을 하였기 때문에 연극치료를 공부하러 온 것이라고 추측하였다. 그다음으로 구성원들은 돕는 자의 역할이 치유자가 되어 가는 여정을 탐험하는 이야기를 만들기로 하였다.

집단 토론에 따라 점검표를 평가자에게 주었고, 그는 다른 연관성이 있는지 살펴보았다. 점검표를 보니 구성원 간에 또 다른 흥미로운 유사점이 드러났다. 주목할 만한 사실은 80% 이상의 구성원이 **'누가 방해하는가'** 범주에서 희생자의 역할을, 마찬가지로 90%의 구성원이 **'나는 누구인가'**에 생존자 역할을 표시하였다는 점이다. 이는 그들 대부분이 공통적으로 희생한 경험이 있으며, 그로 인해 상처 입은 치유자라는 생각을 떠올리고, 자신의 상처에 대한 반응으로 돕는 직업을 선택하게 되었다는 가능성이 있음을 시사하는 것이다. 이것은 이러한 특정 집단, 그리고 다른 기관의 유사 집단과 함께 더 탐색할 수 있는 일련의 유익한 역할들이었다.

대부분의 학생들은 또한 **'내가 누구인가'**에 미인, 야수, 광대, 그리고 **'누가 나를 방해하는가'**에 걱정하는 사람과 자살자 역할을 선택하였다. **'누가 나를 돕는가'**에 표시된 가장 공통되는 역할은 가족과 관련된 것으로, 특히 형제와 어머니가 표시되었다는 사실은 흥미롭다. 이 집단과 함께한 작업에서 역할 점검표를 통해 확인한 이러한 공통 역할들의 탐험은 집단 경험을 향상시키고, 집단 응집력을 강화하는 데 도움이 되었다.

앞으로의 방향

진단평가 형태로서의 역할 점검표는 몇 가지 한계를 보여 준다. 그중 하나로, 점검표에 표시하는 신체 행동은 카드 분류보다 덜 표현적이다. 이는 참여자의 측면에서 신체적 행동의 범위를 제한하며, 따라서 참여자의 비언어적 의사소통을 읽어 내는 평가자의 능력도 한정된다. 그럼에도 불구하고 역할 점검표의 이점은 매우 많다. 예를 들어 그것은 치료사에게 구체적으로 제시된 환자의 역할 체계를 알려 준다. 그것은 관리하고 표시하기 쉬운 단순하고 함축적인 검사다.

더 나아가 그것은 비교적 짧은 시간에 완성할 수 있다. 역할 점검표는 한 집단의 개개인에게 동시에 실행될 수 있으며, 그런 다음 진행과정에 대한 집단 토론을 수월하게 한다. 그것은 임상에 기초한 새로운 진단 도구이기 때문에 어떤 연구 조사도 그 효과성에 대하여 출판된 것이 없다. 보다 광범위한 사례에 대한 연구가 수행된다면 진단평가 도구로서의 신뢰성은 향상될 것이다.

이야기하기(TAS: Tell-A-Story)

TAS는 역할에서 이야기로 자연스럽게 넘어가는 과정으로 역할 프로파일에서 발전된 것이다. 랜디와 그의 학생, 동료들은 초기에 역할 프로파일 도구에 대한 실험을 몇 년간 지속한 다음 그것이 너무 다루기 힘들다고 결론지었다. 그들은 스토리텔링 부분을 따로 분리하여 독립적인 진단평가인 TAS로 만들었다. TAS는 역할 프로파일과 역할 점검표와 달리 참여자에게서 창조적인 행동을 직접적으로 끌어낸다. TAS에서는 참여자에게 이야기를 말하라고 하고, 그들이 만든 것에 대해 생각해 보도록 한다. 이 과정을 통해 평가자와 참여자는 참여자의 개인적·사회적 세계에 대한 소중한 정보를 얻는다.

이야기의 사용은 연극치료 진단평가에서 긴 역사를 지닌다. 예를 들어 존슨(1988)의 DRPT-2는 스토리텔링을 포함하는데, 왜냐하면 참여자에게 세 인물을 연기하면서 이야기를 하라고 하기 때문이다. 라하드(1994)와 저시(1997) 또한 이야기에 기초한 연극치료 진단평가를 만들었다.

라하드(1994)의 6PSM 도구는 참여자에게 여섯 장면으로 된 이야기를 쓰거나 그리라고 한다. 이 여섯 장면에서 참여자는 주인공을 설정하여 그의 욕구를 정하고, 방해물을 인식하고, 그 방해를 극복할 수 있는 방법을 구상한다. 참여자가 이야기를 다 쓰고 나면 그 이야기를 말로 해 보라고 권한다. 라하드(1994)는 믿음과 신념(Belief and Values), 정서(Affect), 사회성(Social), 상상(Imaginative), 인지(Cognitive), 그리고 신체 능력(Physiological capacities)의 머리글자를 딴 BASIC Ph를 통해 참여자의 대응 양식을 점검하기 위해 이야기를 사용한다.

스토리텔링을 통한 저시(1997)의 진단평가 접근법은 라하드의 6PSM보다 덜 구조적이다. 그녀 역시 치료적 스토리메이킹에서 환자에게 이야기를 하라고 요청한다. 이 모델에서 치료사는 환자에게 즉각적으로 다음의 질문을 던진다.

- 이 이야기에는 어떤 풍경이 펼쳐지나요?
- 그 풍경에서 어떤 집이 보이나요?
- 누구 혹은 무엇이, 어떤 동물, 물체 혹은 사람이 그 집에 살고 있나요?
- 그 인물(들)은 실제로 지금 무엇을 원하나요?
- 그것은 어떻게 이루어질 수 있나요?
- 마지막 결과는 무엇인가요?(p. 67)

치료사는 그다음으로 환자의 스토리메이킹 능력을 진단하고 적절한 치료과정을 결정한다. 저시(1997)에 따르면 "스토리텔링은 삶과 두텁게 연관되어 있다. 그것은 현실에 깊게 기반을 둔다. 스토리텔링을 하는 동안 참여자의 자기 관점은 이야기 속에 푹 빠져서 몰입한다"(p. 28). 이러한 이야기 몰입을 통해 치료사는 환자를 안전하게 거리를 둔 관점에서 문제와 주제를 탐색하도록 할 수 있다.

TAS의 최근 과정은 6PSM이나 치료적 스토리메이킹 접근법보다 덜 구조적이다(Landy, 2001b; Landy, Luck, Conner, & McMullian, 2003). TAS에서 참여자들은 자유롭게 자신이 원하는 어떤 유형의 이야기 구조도 창조할 수 있다. 이에 대한 안내문은 다음과 같다(Landy, 2001b 참고).

1. 평가자는 참여자에게 이야기를 하라고 청한다.

내게 이야기를 하나 들려주세요. 그 이야기는 실제 삶에서 당신이나 다른 누군가에게 일어난 것을 근거로 할 수도 있고, 아니면 전적으로 꾸며진 것이어도 좋습니다. 이야기 속에 적어도 하나의 인물이 등장하면 됩니다.

평가자는 참여자가 이야기를 할 수 있게끔 준비된 대본을 줄 수도 있다. 평가자가 틀을 구성하는 것도 방법이다. "옛날 옛적에……."

참여자가 준비되지 않았다면 평가자가 질문을 할 수도 있다.

지금 당신에게 흥미로워 보이는 한 인물을 말해 줄래요? 그에 관한 이야기를 한 번 해 보세요.

참여자가 여전히 시작할 수 없다면 평가자는 말한다.

방을 한 바퀴 돌아 보세요. 당신 몸의 한 부분에 집중하시고요. 그 신체 일부에서부터 나오는 움직임을 찾아보세요. 그런 방식으로 움직이는 인물을 찾아보세요. 그 인물에 대한 이야기를 시작해 보세요.

참여자가 말로 이야기를 할 수 없을 경우라면 자신의 몸이나 인형과 같은 유연한 물체를 가지고 비언어적으로 말하도록 하게 한다.

2. 이야기에 따라 평가자는 참여자에게 이야기에 나오는 역할과 동일시하라고 청한다.

3. 각각의 역할(세 가지 이하)에 대해 평가자는 참여자에게 랜디(1993)의 역할 분류 체계에 나온 것과 관련되는 특성을 규정하라고 한다. 다음과 같은 질문들이 포함된다.

- **그 인물들을 묘사할 수 있나요?**
- **그들은 어떻게 보이나요?(신체적/육체적 특성)**
- **그들은 똑똑한가요?(인지적 특성)**
- **그들은 어떻게 느끼나요?(정서적 특성)**
- **그들의 신념과 가치는 무엇인가요?(정서적 특성)**
- **그들은 사회적, 영적, 창조적으로 어떤가요?(사회적·영적·미적 특성)**

4. 평가자는 참여자에게 각각의 기능을 명시하라고 한다. 다음과 같은 질문이 포함된다.

- **이야기 속에서 각 인물들은 무엇을 가장 원하나요?**

평가자가 참여자에게 상기시킬 수도 있으며, 랜디(2001a)가 진단 도구 연구로 공식화한 스물여섯 가지 욕구 목록을 참조할 수도 있다. 이 욕구 목록은 헨리 머레이(1938)가 1930년대에 하버드 대학교에서 한 성격 연구에서 발전시킨 심인성 욕구 목록을 변형한 것이다. 머레이의 욕구를 랜디가 변형한 부분은 역할과 반대 역할의 관계에서 나타나는 양극성의 균형에 대한 이해에 근거한다.

5. 평가자는 참여자에게 각 역할의 유형을 구체화하라고 청한다. 그 역할이 환상에 기초한 것인지, 양식화된 방식인지, 아니면 보다 사실에 기초한 것인지 제시하는 것이다. 이론으로 볼 때 현실로부터 멀어지는 것은 감정에 거리 두기를 암시한다. 현실에 기초한 스토리텔링은 보다 감정적인 욕구를 암시한다. 최상의 균형 상태는 감정과 사고 또는 추론이 둘 다 유용한 것이다. 질문은 다음과 같다.

- 그 인물들은 사실적인가요? 환상적인가요?
- 그들은 주로 사고형인가요? 감정형인가요? 아니면 그 중간인가요? 설명해 주세요.

6. 평가자는 참여자에게 질문한다.

- 이야기의 주제는 무엇인가요?
- 이야기 제목은 무엇인가요?

26개의 욕구 목록 〈표 7-3〉을 소개하는 것을 비롯하여 여러 도움을 줄 수 있다. 그래서 주제가 예를 들면 아름다움과 추함의 양극성에 근거한 것이 될 수도 있다.

7. 평가자는 참여자에게 질문한다.

- 그 인물들은 자신의 갈등을 해결할 방법을 찾아서 행복하게 함께 살 수 있나요? 어떻게?
- 인물들을 통합하도록 도와주는 안내자나 원칙이 있나요?

8. 평가자는 참여자에게 질문한다.

- 이야기 속 인물들과 당신의 일상의 삶 사이에 연관성이 있나요?
- 당신의 어떤 부분이 이야기에 나오는 인물과 유사한가요?
- 그 배역들은 어떻게 함께 살거나 존재할 수 있나요?

〈표 7-3〉 욕구 목록

아름다움	섹스	친밀감	모험
추함	독신주의	복수	안전함
건강	지혜	관련성	초월성
질병	무지함	자율성	가정
젊음	선량함	보호	예언
성숙함	부도덕함	힘	창조성
	외로움	무기력	

- **누군가 혹은 어떤 것이 그 배역들이 함께 화합하도록 도울 수 있나요?**

9. 평가자는 이야기에 나타난 또 다른 이해, 그리고 과정에 대한 비언어적 반응을 기록한다.

10. 평가자는 참여자의 과정에 대한 자신의 느낌과 인상을, 특히 평가자 자신의 역전이에 주목하면서 기록한다.

역할 프로파일과 역할 점검표와 마찬가지로 이야기를 하는 것에도 옳거나 틀린 방법은 없다. 하지만 역할 이론과 일관되게 평가자는 참여자가 일관된 이야기를 구성할 수 있는지, 그리고 참여자가 균형 잡힌 방식으로 존재하는지 아닌지를 살펴보아야 한다. 평가자는 판단을 강요하지 않고 이야기와 그 속에서 창조된 역할들에 대해 알아볼 수 있도록 질문을 한다. 평가자는 질문에 답함에 있어서 참여자의 반응과 생각뿐만 아니라 자신의 생각과 관찰도 기록한다.

TAS 사례 연구: 제레미

제레미는 38세로, 세 아이의 아빠다. 그래픽 디자이너인 그는 최근에 해고를 당했다. 작년에 그의 막내가 생명이 위험할 정도로 중한 병에 걸려서 몇 주간 병원에 있었다. 그다음 제레미는 우울증을 경험하였고, 신에 대한 믿음과 신뢰에 대해 갈등을 겪었다.

제레미는 루이라는 젊은이에 관한 짧은 이야기를 하였는데, 루이는 마법의 호수에 가고 싶어 하였다. 걷기에는 너무 멀었기 때문에 그는 자신을 태우고 갈 젊고 순종적인 말을 찾았다. 숲을 통해 곧장 가면 호수에 다다를 수 있었다. 길을 따라 가면서 루이는 많은 신비한 존재들을 만났는데, 그는 전에 어디선가 그들을 본 것 같았다. 하지만 그는 그들과 접촉하지 않았다. 잠시 후 루이는 숲 가장자리에 도착하였고, 그는 말에서 내려 호수로 걸어갔다. 그는 호숫가의 유일한 사람이었다. 그것은 그의 것, 오직 그만의 것이었다. 루이는 호수 주변을 걸으면서 시간을 보내고, 또 호수가 주는 평화를 느끼며 즐겼다. 잠시 후 그는 목마르다는 것을 느꼈고, 몸을 숙이고는 오랫동안 물을 마셨다. 그가 물을 마시는 동안 무엇인가가 일어나기 시작했다. 호수가 사라지기 시작했고, 그는 깨어났다. 모두 꿈이었다.

이 이야기에 대해 생각하면서 제레미는 루이라는 인물뿐만 아니라 말, 마법의 존재, 그리고 호수까지도 두루 살펴보았다. 그는 루이, 말, 호수에 초점을 두기로 하였다. 이야기 스타일에 대해 토론할 때 제레미는 인물들이 사실적이라는 것을 알았다. 하지만 그 이야기는 환상의 요소를 지니고 있었는데, 왜냐하면 그것은 꿈이었기 때문이다. 그는 루이를 상상력이 풍부하고 단호하며 헌신적이라고 묘사하였다. 그는 루이가 전에 있었던 곳에서 벗어나려고 하였으며, 자기 혼자 있을 수 있는 곳으로 가서 원하는 일을 하고 싶어 한다고 말했다. 루이가 어디에서 왔느냐고 묻자 제레미는 그가 볼 수 있었던 것은 오직 어둠뿐이었고, 루이가 몸을 돌려서 뒤를 본다면 아무것도 없을 거라고 말했다.

제레미는 말을 스스로의 의지가 없는 매우 순종적인 존재로 묘사했다. 심지어 말을 로봇으로 착각할 수도 있다고 말했다. 말의 눈은 게슴츠레하면서도 빛이 났다. 말은 스스로 만족하지만 그래서는 안 된다고 말했다. 말은 달리고, 놀고 싶어하며 스스로 결정하고 호수에 가야 한다는 것이다. 하지만 말은 스스로 즐기거나 자신의 욕망을 따르는 것에 대해 결코 배운 적이 없었다. 대신 철로를 달리는 기차와도 같이 그저 숲의 가장자리로 가서 멈출 뿐이다.

제레미는 호수를 유혹적인 것으로 묘사했다. 그는 왜 그런지 설명하기는 어렵지만 누군가 거기에 있기를 간절히 원한다고 말했다. 호수는 있고 싶은 곳에 있다. 그것은 기꺼이 루이에게 휴식과 재충전을 주었다. 호수의 행복은 누군가에게 봉사하는 것에서 온다. 후에 제레미는 호수가 더 넓고 깊어져서 그것이 나눌 수 있는 행복과 평화는 훨씬 많아진다고 상상하였다.

누가 루이를 그 호수에 머물도록 도울 수 있는지 묻자 제레미는 당황하였다. 그는 자신이 항상 호수에 머무는 것은 불가능한 것으로 생각된다고 하였다. 아마도 그는 작은 행복의 순간을 사는 법을 배워야 할 것 같았다. 루이는 무엇보다 혼자 있고 싶어 하였기 때문에 누군가가 그를 돕기는 힘들 것이라고 말했다. 하지만 작업이 끝날 즈음 제레미는 "내가 생각하기에 한 가지 더 있어요. 루이의 발에는 호수로부터 흘러나온 시냇물이 있어요. 그가 내려다본다면, 그가 시냇물을 따라 간다면, 그는 언제나 호수로 돌아갈 길을 찾을 수 있어요. 그는 단지 그것을 원한다는 것을 기억할 필요가 있어요."라고 말했다.

이야기의 주제를 찾아보라고 하자 제레미는 처음에는 힘들어하였다. "모르겠지만 아마도 깨어나지 않도록 더 좋은 휴식을 취하는 것일까요? 자기 전에 목욕탕에 가기? 모르겠네요. 난 정말 이 이야기가 무엇에 관한 것인지 말할 수가 없네요. 하지만 나는 그것이 행복한 이야기라고 생각하고 싶어요." 좀 더 이야기를 나누자 제레미는 주제를 "당신 자신을 즐기기, 휴식 시간을 확실히 찾기."라고 결정하였다.

제레미는 이야기와 자신의 삶 사이에 몇 가지 연관성을 맺을 수 있었다. 그는 자신이 루이와 관련된다고 말했다. 루이처럼 그 역시 짧은 시간 동안 방해받지 않는 곳에 가는 것을 즐긴다는 것이다. "나는 나만의 시간을 갖는 것을 수도 없이 생각해요. 하지만 곧 뒤로 물러나지요. 내게는 오랫동안 휴식 시간을 갖는 것이 허락되지 않았거든요. 내가 그곳에 가자마자 누군가 나를 잡아끌어요." 그는 가족을 부양하고 돌보기 위해 느끼는 요구와 스트레스에 대해 말했다. 그는 가끔 그 요구로부터 도망가서 혼자 있고 싶다고 말했다.

제레미는 또한 말과 자신을 연관지었다. "아마도 그 말은 나의 영적인 말인 것 같아요. 침례교도로서 교육받으면서 평생 동안 나는 믿는 한 가지 방법만을 알았어요. 생각하는 방법도 하나. 말과 같이 나는 다르게 걷는 방법을 몰라요. 나는 숲에서 벗어나는 방법도 몰라요." 제레미는 자신의 종교 안에서 딸의 병에 대처하기 위해 필요한 답을 왜 찾지 못했는지 이야기하였다. 그는 자기 인생에서 벌어진 비극을 이해하기 위해 몹시 애를 썼으며, 한 가지 신앙의 덫에 걸린 것처럼 느껴진다고 말했다. 말처럼 그는 인생의 많은 면에서 자동조타장치를 달고 있는 것처럼 느꼈다.

제레미는 진행과정에 참여하여 지시를 따를 수 있었다. 그의 이야기는 그의 최근 마음상태와 세상을 바라보는 방법에 대한 적지 않은 정보를 제공하였다. 특별히 주목할 것은 제레미가 다른 자원에서 도움을 찾으려는 투쟁이었다. 그의 투쟁과 일관되게 안내자 역할을 찾는 것이 제레미에게는 어려운 것 같았다. 갈등을 겪으면서 작업하는 방법을 찾는 것은 제레미에게 보다 더 큰 균형 상태를 제공하는 데 도움이 되었다. 연극치료 작업이 더 진행되면서 루이를 돕는 신비한 창조물의 잠재성을 볼 수 있게 되거나, 혹은 루이의 발 아래에 있는 시냇물의 역할을 확장함으로써 장래의 안내자 역할을 탐험할 수 있었다.

앞으로의 방향

TAS는 치료사와 참여자에게 환자에게 최근에 일어난 삶의 문제를 특정 인물들이 있는 이야기 형태로 탐색하는 수단을 제공한다. 그것은 창조적 행위이며, 또한 참여자로 하여금 이야기를 통한 미적 거리 상태에 도달할 수 있도록 하면서, 진단에서 치료까지 가능하게 해 준다. 지금까지 TAS에 관한 글은 한정적이었다(Landy, 2001b, 2006, 2008; Seitz, 2000). 연구가 더 진행되면 이 진단평가는 라하드와 저시의 것과 함께 연극치료사뿐만 아니라 임상 진단평가와 치료 작업에서 투사 작업의 사용을 중히 여기는 사람들에게도 유용한 스토리텔링을 통한 창조적 진단평가 방법을 제공할 수 있다.

결 론

역할 이론은 연극치료의 주요 이론 가운데 하나로, 참여자의 기능 정도를 진단하는 효과적인 수단을 개발할 수 있게 해 준다. 여기서 강조한 세 가지 진단 도구는 참여자의 자기 인식과 연극치료에 참여하는 능력에 대한 정보를 찾는 치료사들에게 유용하다. 이 도구들은 사용하기 비교적 단순하며 실행하기도 쉽다. 자료가 모아지면 그것들은 역할 이론의 관점을 통해 해석될 수 있다. 펜직(2003)이 말한 것처럼, "진단평가는 두 부분으로 나뉠 수 있는데, 첫째는 자료를 만드는 데 사용되는 기술이나 도구이며, 둘째는 그 자료를 해석하는 데 사용되는 방법 또는 접근법이다." 역할 프로파일, 역할 점검표, 그리고 TAS는 도구이며, 역할 이론은 자료를 해석하는 데 사용되는 접근법이다.

그것들이 정보를 모으는 효과적인 수단이라고 해도 최근 들어 전부터 암시되었던 몇몇 한계점들이 있다. 그것은 대부분의 연극치료 진단 도구와 함께 유효성, 신뢰성, 일반화 가능성의 면에서 엄격하게 검증되지는 않았다. 게다가 이 도구의 다문화적 적용에 관한 자료는 없다. 역할 프로파일, 역할 점검표, 그리고 TAS는 해석 기준이 일반적으로 역할 이론과 역할 기법에 기초한다고 해도 다른 연극치료 진단평가와 마찬가지로 행동을 해석하는 분명한 지시문이 부족하다.

이 진단 도구들이 인형 인터뷰나 DRPT와 같은 다른 진단평가보다는 체현에 대해 비중을 적게 둔다는 사실은 잘 알려져 있다. 하지만 역할 프로파일/역할 점검표 또는 TAS의 이야기에서 나온 역할들을 체현함으로써 역할과 이야기 선택에서 행동으로 옮겨 갈 가능성은 있다. 발달 지연으로 인한 인지적·언어적 능력에 문제가 있는 대상들에게는 이 도구가 극적 진단평가로서 최고의 선택이 아닐 수도 있다. 하지만 아직까지 유용한 연구 자료가 많지 않지만 이에 대해 설명할 가치가 있다.

앞으로 연극치료의 진단평가에서 해야 할 것은 매우 많다. 역할 프로파일, 역할 점검표, TAS는 이 도구들이 연구와 임상 실험의 대상이 되고 양적, 질적으로 결과물이 나온다면 실현하기에 최상의 것일 수 있다. 연극치료가 정신건강 분야 내에서 보다 큰 신뢰를 주장하기 위해서는 그 효과를 입증하기 위한 자료를 모으고 해석하는 것은 필수적이다.

연극치료사들 중에서 연구하는 사람들은 소수다. 하지만 연구를 진행하기 위해 보다 많은 사람들이 훈련받을 수 있으며, 임상가에게는 환자들의 본성을 보다 잘 이해하기 위해 연극치료 진단평가 도구를 사용하도록 권할 수 있다. 로튼(2007)은 그중 하나로 정신질환과 장애의 다양한 형태적 특성을 보다 잘 이해하기 위한 수단으로 표준 DSM에 따른 역할 분류 체계의 사용 가치에 대한 글을 썼다.

역할 프로파일, 역할 점검표와 TAS는 역할 이론에 기초한 진단 도구로서 연구의 대상자와 연극을 통해 치료받는 환자들로부터 정보를 모으는 확실한 수단을 제공한다. 이 세 가지 모두 긍정심리학의 한도 내에서(Snyder & Lopez, 2002 참고), 연극치료를 통해서, 그리고 아직 명시되지는 않았지만 심리치료의 다른 형태를 통해서 실제 임상 작업을 알리기 위한 정보를 제공한다. 그것들이 함께 사용된다면 표준화된 진단의 비난을 피할 뿐만 아니라 심리치료에서 예술의 중요성을 지킬 수 있는 진단방법을 제공하게 될 것이다.

참고문헌

Berg, E. A. (1948). A simple objective technique for measuring flexibility in thinking. *The Journal of General Psychology, 39,* 15-22.

Bikki Tam, J. (2004). *A survey and study of Role Profiles of the Hong Kong Chinese mentally ill rehabilitation population.* Unpublished master's thesis. New York University, New York.

Bruscia, K. (1988). Standards for clinical assessments in the arts therapies. *Arts in Psychotherapy, 15,* 5-10.

Campbell, J. (2008). *The hero with a thousand faces.* Novato, CA: New World Library.

Clayton, S. (2000). *Role Profile of an adult with chronic depression.* Unpublished master's thesis. New York University, New York.

Fistos, J. (1996). *Role call: The development of a card sort assessment based on the Role Method of drama therapy.* Unpublished master's thesis. New York University, New York.

Florin, N. (2001). *Role Profiles 2000: The many roles of mother.* Unpublished master's thesis. New York University, New York.

Forrester, A. M. (2000). Role-playing and dramatic improvisation as an assessment tool. *Arts in Psychotherapy, 27*(4), 235-243.

Gersie, A. (1997). *Reflections on therapeutic storymaking: The use of stories in groups.* Bristol, PA: Jessica Kingsley.

Irwin, E. C. (1985). Puppets in therapy: An assessment procedure. *American Journal of Psychotherapy, 39*(3), 389-400.

Iwamasa, G. Y., Larrabee, A. L., & Merritt, R. D. (2000). Are personality disorder criteria ethnically biased? A Card-sort analysis. *Cultural Diversity and Ethnic Minority Psychology, 6,* 284-296.

Johnson, D. R. (1988). The diagnostic role-playing test. *Arts in Psychotherapy, 15,* 23-36.

Johnson, D. R., & Miller, R. (2008). *Diagnostic role-playing test (DRPT): Test manual-revised.* New York: Institutes for the Arts in Psychotherapy.

Jones, P. (2007). *Drama as therapy: Theory, practice, and research* (2nd ed.). New York: Routledge.

Lahad, M. (1994). Story-making in assessment method for coping with stress: Six-piece story making and BASIC Ph. In S. Jennings (Ed.), *Dramatherapy theory and practice 2* (pp. 150-162).

New York: Routledge.

Landy, R. (1993). *Persona and performance: The meaning of role in drama, therapy and everyday life.* New York: Guilford Press.

Landy, R. (1996). *Essays in drama therapy: The double life.* London: Jessica Kingsley.

Landy, R. (1997). The case of Sam: Application of the taxonomy of roles to assessment, treatment and evaluation. In S. Jennings (Ed.), *Dramatherapy: Theory and practice 3* (pp. 128-142). New York: Routledge.

Landy, R. (2001a). Role Profiles: An assessment instrument. In R. Landy (Ed.), *New essays in drama therapy: Unfinished business* (pp. 144-167). Springfield, IL: Charles C Thomas.

Landy, R. (2001b). Drama therapy assessment: Tell-a-story. In R. Landy (Ed.), *New essays in drama therapy: Unfinished business* (pp. 130-143). Springfield, IL: Charles C Thomas.

Landy, R. (2006). Assessment through drama. In P. Taylor (Ed.), *Assessment in arts education* (pp. 83-106). Portsmouth, NH: Heinemann.

Landy, R. (2008). *The couch and the stage: Integrating words and action in psychotherapy.* Lanham, MD: Jason Aronson.

Landy, R. (2009). Role theory and the role method of drama therapy. In D. R. Johnson & R. Emunah (Eds.), *Current approaches in drama therapy* (2nd ed., pp. 65-88). Springfield, IL: Charles C Thomas.

Landy, R., Luck, B., Conner, E., & McMullian, S. (2003). Role profiles: A drama therapy assessment instrument. *Arts in Psychotherapy, 30,* 151-161.

Landy, R., McMullian, S., & McLellan, L. (2005). The education of the drama therapy: In search of a guide. *Arts in Psychotherapy, 32,* 275-292.

Murray, H. (1938). *Explorations in personality.* New York: Oxford University Press.

Pendzik, S. (2003). Six keys for assessment in drama therapy. *Arts in Psychotherapy, 30,* 91-99.

Portine, A. (1998). *The process of creating and refining a projective role assessment test in drama therapy.* Unpublished master's thesis, New York University, New York.

Raz, S. (1997). *Psychological type and changing acting personas-A hypothetical model of role theory in role acquisition among performing artist.* Unpublished doctoral dissertation. Miami Institute of Psychology, Miami, FL.

Reading, A. E., & Newton, J. R. (1978). A card sort method of pain assessment. *Journal of Psychosomatic Reseach, 22,* 503-512.

Rosenberg, Y. (1999). *Role theory and self concept.* Unpublished master's thesis. Lesley College, Israel.

Roten, R. (2007). DSM-IV and the taxonomy of roles: How can the taxonomy of roles complement the DSM-IV to create a more holistic diagnostic tool? *Arts in Psychotherapy, 34*(1), 53-68.

Rubenstein, T. (2006). The use of role-play as an assessment instrument. In S. Brooke (Ed.), *Creative arts therapies manual: A guide to the history, theoretical approaches assessment, and work with special populations of art, play, dance, music, drama, and poetry therapies* (pp. 232-243). Springfield, IL: Charles C Thomas.

Seitz, P. (2000). *Drama therapy storytelling assessment: A comparison of mentally ill and normal neurotic stories.* Unpublished master's thesis. New York University, New York.

Snow, S., & D'Amico, M. (2009). *Assessment in the creative arts therapies: Designing and adapting assessment tools for adults with developmental disabilities.* Springfield, IL: Charles C Thomas.

Snyder, C., & Lopez, S. (Eds.). (2002). *Handbook of positive psychology.* New York: Oxford University Press.

Sprock, J., Blashfield, R. K., & Smith, B. (1990). Gender weighting of DMS-III-R personality disorder criteria. *American Journal of Psychiatry, 147,* 586-590.

Sussman, F. (1998). *Application of role theory and myth to adult schizophrenics in a Continuing day treatment program.* Unpublished master's thesis. New York University, New York.

Tangorra, J. (1997). *Many masks of pedophilia: Drama therapeutic assessment of the pedophile.*

Unpublished master's thesis. New York University, New York.

Tranchida, J. (2000). *Open domains: Comparing the domains and classifications of role theory's taxonomy with the role-groupings of undergraduate drama students.* Unpublished master's thesis. New York University, New York.

Tyler, L. E. (1961). Research explorations in the realm of choice. *Journal of Counseling Psychology, 8,* 195-201.

제8장

체현-투사-역할을 통한 연극치료 진단평가

Sue Jennings

체현(Embodiment)-투사(Projection)-역할(Role)은 임신 기간 동안뿐만 아니라 탄생부터 7세까지의 극적인 놀이의 전개를 기록하는 발달 패러다임이다(Jennings, 1998, 1999, 2010a, 2010c). EPR은 아이들이 처음에는 신체적 체현 형식의 놀이를 하며, 그다음에는 그들 주변의 대상과 실체의 세계를 탐험하고, 마지막으로는 역할과 대인관계의 형식으로 놀이를 확장한다고 상정한다. EPR 모델은 1980년대 이래, 이스라엘 텔 하이(Tel Hai) 대학에서의 세부적인 실험(Jennings, 1990)과 영국 및 해외 연극치료 훈련과정에서의 EPR 교습교과(teaching modules)와 함께 연구주제로 확장되어 왔다(Jennings, 1987, 2001, 2003). 학생들은 EPR 개선을 위한 피드백을 통하여 EPR 발전에 기여하였고, 동료들은 그것을 연구와 실제의 모델로 사용해 왔다(Chabukswar, 2009; Jarman, 2005; Macfarlane, 2005; Manners, 2006). 근래에는 앤더슨-워렌과 그레인저(Anderson-Warren & Grainger, 2000), 카슨(Casson, 2004), 존스(Jones, 2010), 무어(Moore, 2009), 펜직(Pendzik, 2003, 2008) 그리고 시치(Seach, 2007)가 EPR을 논의하였다.

EPR 모델은 감각놀이와 투사놀이가 서로 중복되는 것과 관련한 논쟁으로 주목을 받았다. 또한 아기들, 어린아이들, 그리고 임신한 여성들에 대한 세밀한 관찰을 통해 **마치 ~처럼**(as-if) 현상의 출현이 언제 어떻게 아이의 발달에서 일어나는지를 규명하였다. 아기는 모방과 혁신적인 상호행위를 통하여 성인에게 반응할 수 있는 극적 능력을 갖고 태어난다. 아이의 극적 발달은 신체적, 인지적, 정서적 그리고 사회적인 발달과 유사하게 전개된다. **마치 ~처럼** 혹은 극적 반응이 갖는 중요성의 배후에 숨겨진 추론(reasoning)은 나중에 논의하겠지만, 간단하게 그것은 공감(empathy) 발달을 근간으로 하는 독특한 인간의 특성에 대한 것이다. 만약 내가 다른 사람인 것**처럼**(as-if) 상상할 수 있다면 어떻게 상대가 느끼는지에 대해서도 생각하게 될 것이다. 또한 **마치 ~처럼** 상상하는 능력은 가설과 잠재력 형성을 가능하게 한다.

EPR은 가치 중립적이다. 그것은 심리학 이론의 특별한 학파에 의존하지 않는다. EPR은 어떤 심리학적 모델이나 치료적/교육적 실천으로 통합될 수 있다. 왜냐하면 그것은 해석보다는 세밀한 관찰에 기반해 있기 때문이다.

초기의 영향

EPR은 25년간 발전되어 왔으며, 지금도 계속해서 개선되고 있다. 초기의 나의 모든 작업은 피터 슬레이드(Peter Slade, 1954, 1997)의 선도적인 실천과 글쓰기, 특히 **개별놀이**와 **투사놀이**라는 그의 개념에 영향을 받았다. 개별놀이에 대한 그의 발상은 좀 더 큰 어린아이의 관찰에서 도출된 것이지만, 투사놀이는 놀이의 중요성을 투사 행위로 명백하게 규명하였다. 베로니카 쉐르본(Veronica Sherborne, 1975, 2001)의 움직임 접근은 구르기, 앉기, 서기, 그리고 파트너와 함께 혹은 맞서서 작업하는 아이의 능력과 더불어 시작되는 초기 발달 단계에 중점을 둔다. 그녀는 움직임 관찰에 유용한 기록 차트를 제공하였는데, 그것은 라반(Laban)의 개념에 기반한다. 내 작업에 좀 더 중요한 영향을 준 것은 리처드 코트니(Richard Courtney, 1968, 1981)의 방대한 글이다. 그는 **발달 일람표**(Developmental Checklist)를 진전시켰는데(제닝스가 다시 만들어 냄, 1998), 이는 0세부터

13세까지의 아이를 세밀하게 관찰한 것이다. 열정적인 연극인인 코트니의 작업은 어린 아이의 극적인 반응을 알아내려 애썼다는 점에서 특히 중요하다. 어린 아이의 극적 상호행위를 기록한 사람은 거의 없기 때문이다.

존슨(1982; 1986) 또한 EPR과 유사한 어린아이의 신체적·투사적·극적 반응의 발달을 논의한다. 그러나 그의 패러다임은 몸짓으로 하는 의사소통 발달로서의 투사에 중점을 두고 있다. 나는 몸짓 소통을 체현의 일부분으로 보며, 퍼즐, 미술 작업 그리고 초기 인형놀이와 같이 신체에서 벗어나는 행위는 투사적인 단계의 행위로 간주한다. 인형놀이와 연극은 맥락에 의존하는 투사적 행위이면서 동시에 역할 행위일 수 있다.

진단평가에 대한 EPR의 적용

EPR은 아이들의 극적 발달을 기록한다. 이는 상상력과 상징의 세계, 극적 놀이와 연극의 세계, **마치 ~처럼**으로 들어갈 수 있는 아이의 기반이다. 엄마와 어린아이 사이의 초기 밀착은 놀이성과 역할-전환을 통한 엄마와 아이 사이의 초기 밀착은 강한 극적 요소를 갖는다. 임신기에도 엄마는 태어나지 않은 아이와의 극적 관계를 형성한다. 이에 따라 태아와 신생아, 그리고 엄마와 그들 간의 애착 초기 단계가 신경-극적-놀이(NDP: Neuro-Dramatic-Play)로 좀 더 디테일하게 다듬어졌다(Jennings, 2010a, 2010c).

초기의 대부분의 몸의 경험은 타인들과의 접근을 통해서 이루어진다. 대개 우리의 엄마 혹은 돌봐주는 사람들. 리드미컬한 흔들림과 노래와 상호작용하듯 우리는 부드럽게 안겨 흔들리게 된다. 아기는 반응하고, 엄마는 다시 반응한다. 왜냐하면 거기에는 육체적 표현에 대한 공동의 접근이 있기 때문이다. 나는 다른 사람과의 신체적인 접촉으로 나 자신의 몸에 대해 배운다. 그렇게 나는 모방적으로 관계를 맺게 된다(Wilshire, 1982).

몸은 학습의 최우선적인 수단이다(Jennings, 1990). 그리고 다른 모든 학습은 몸을 통한 학습에 부차적인 것이다. 그렇기에 신체적 트라우마를 지닌 아이들은 건강하고 자신감 있는 몸을 재건하기 위해 신체적 놀이의 확장이 필요하다. 아이의 체현 발달은 다음과 같은 것을 통해 왜곡될 수 있다.

- 과대평가된 존재: 과보호받은, 과잉의존적 아이: 융합 상태가 지속되고 몸의 경계가 흐릿하다. 아이는 항상 신체적으로 엄마와 함께 있으며, 결코 분리되거나 그녀에게 대항한 적이 없다(Sherborne, 1975; 2001).
- 과소평가된 존재: 고립 속에 오랜 기간 남겨진 아이. 자율성보다는 불안도가 높은 아이. 몸과 공간적 경계에 대해 자주 혼란스러워하고 믿지 않는다.
- 신체적 혹은 성적 학대를 받은 존재: 아이의 신체적 경계가 트라우마와 혼돈으로 침해되어 있다. 거기에는 두려움과 불안, 신체 접촉의 회피 혹은 부적절한 육체적 폭력 혹은 경계 없는 접촉(unboundaried touch)이 있다.

EPR/NDP에서의 숙련도는 아이의 성숙에 근본적인 것이다.

- 엄마와 아이 사이 애착의 핵심을 창조한다.
- 정체성과 독립심 성장의 근간을 형성한다.
- 극적인 몸을 확립한다(창조할 수 있는 몸).
- 상상력을 강화하고 개발한다.
- 제의와 위험의 균형 잡힌 통합을 통해 아이의 회복력에 기여한다.
- 아이가 일상현실에서 극적 현실로 움직이고, 다시 적절하게 되돌아갈 수 있게 한다.
- 문제해결과 갈등해결을 용이하게 한다.
- 역할연기와 극적 놀이를 제공하여 유연성을 창조한다.
- 아이에게 사회적 세계의 일원이 되는 경험과 기술을 제공한다.

EPR은 한 단계에서 다른 단계로의 전이로서, 놀이와 연극을 통한 제의화된 삶의 변화의 지표다(Snow, 1996, 위니캇(Winnicott)의 전이 공간에 관해서는 1974). 나는 발달과정을 간략하게 요약한 다음 진단평가에서의 EPR 사용을 언급할 것이다.

체현 단계(0세에서 1세까지) 동안 우리는 아이의 초기 경험이 어떻게 신체화되어 주로 몸의 움직임과 감각을 통해 표현되는지를 볼 수 있다. 이러한 신체적 경험들은 몸-자아(body-self)의 발달을 위해 필수적이다. 우리는 몸-자아를 가질 때 비로소 몸 이미지를 가질 수 있다. 아이는 자신의 몸으로 살면서 공간 속 움직임에 대해 자신감을 느낄 수 있어야 한다. 체현 단계에서 투사 단계로의 전환은 전이의 한 시기다. 그것은 또한 위니캇(1974)이 **전이대상**이라고 기술한 하나의 지표이기도 하다. 아이의 감각적 경험(냄새, 만지기)에 연계된 이 대상은 아이의 첫 번째 상징으로 간주된다—항상 부재하는 어머니 형상을 재현하는 것으로. 전이대상은 제의화되어 있으며 창조적인 것이다. 테디 인형이 더럽든 어떻든 바로 그것이어야만 한다. 하지만 그것 또한 변화하여 뒤로 숨기 위한 마스크, 인형을 위한 담요, 옷을 위한 스카프가 된다. 그 테디 인형은 언제나 이름이 주어진다.

투사 단계(1세에서 3세까지) 동안 아이는 몸 너머의 세계에 반응하기 시작한다. 아이의 반응은, 예컨대 아이가 핑거페인트로 놀 때는 신체적일 수도 있다. 하지만 중요한 점은 페인트는 몸 경계 외부의 어떤 실체라는 것이다. 감각놀이는 체현놀이와 투사놀이 사이의 교량 역할을 한다. 투사적 단계로 발달함에 따라 아이는 다른 대상과 실체를 연관할 뿐만 아니라 형태와 무리 안에 그것들을 함께 위치시킨다. 우리는 인형(doll)의 집이나 인형(puppet) 등의 몇몇 대상들을 통하여 이야기의 사용이 증가하는 것을 보게 된다. 그때 전이의 두 번째 단계가 나타난다. 아이가 인형에 이야기와 역할을 투사하는 것을 줄이고, 캐릭터로 연기하기 시작하는 시기다. 두 번째 전이는 다른 종류의 대상들, 아마도 권위의 대상에 나타날 수 있다. 그것은 아이의 행동 안에 있는 존재뿐만 아니라 행동을 지시하고 통제할 것을 허용하는 지팡이, 칼 혹은 특별한 의상일 수 있다.

최종적으로 아이는 역할을 입기 시작한다. 때로는 한 장면에서 몇 개의 역할들을 취한다. 그렇게 우리는 역할 단계(4세에서 7세까지)의 출현을 관찰할 수 있다. 나는 타인의 역할을 입음으로써 나 자신과 타인들에 대해 배운다(Blundon & Schaefer, 2000; Jennings, 1990, 1998; Landy, 1993; Mead, 1934; Smilansky, 1968; Wilshire, 1982). 어떤 장면이나 어떤 역할에 '무엇이 옳은가'에 대한 판단의 발달이 있게 된다. "엄마들은 그렇게 하지 않는다."나 "괴물들은 이렇게 걷는다." 등의 단지 역할을 행동으로 보여 주는 것만이 아니라 장면도 연출함으로써 맥락과 디자인에 대하여 점진적으로 자각하게 된다. 연극은 좀 더 복잡해져서 변장을 하고, 발전된 대화를 하며, 그리고 다른 역할이 연기할 환경을 창조하게 된다. 장면과 이야기는 점차 또래들과 함께 상연된다. 아이들이 사건을 조직하여 연극을 창조함으로써 그들 자신과 다른 이들의 연출가가 된다. 그들은 지팡이, 칼, 마법 봉, 특이한 유니폼이나 옷과 같은 권위의 상징을 습득한다. 그들은 짝이 되거나 작은 그룹의 일원이 되기도 하며, 그들이 만든 것과 거리를 두어 존재할 수 있다.

극적 놀이 또는 역할 단계는 EPR 주요 과정의 정점에 있다. 우리는 이전에 수년 간의 극적 놀이와 이 단계의 아이들의 연극과의 차이를 볼 수 있다. 이 시기의 극적 놀이는 아이가 텍스트나 즉흥 연기에서 나온 이야기 속의 역할을 입는 것과 그리고 역할 안에 치료사와 다른 것들을 끌어들이는 것을 포함한다. 아이들이 움직임, 의상, 소도구, 그리고 다양한 캐릭터로 연극 장면을 창조하고 연기할 수 있을 때 체현, 투사, 역할은 완전히 통합된다.

그러나 거기서 멈추지 않는다. 언제나 그런 것은 아니지만 사춘기와 청소년 발달에서 EPR 연속체의 각 단계들은 지속된다. 정체성이 계속해서 성장하듯이 그들에게도 시도와 검증의 실험이 있게 된다. 마침내 우리는 성인으로서 주도권을 갖고 선택을 하며, 여럿 가운데 하나의 직업과 취미에 종사하게 된다. 만약 우리의 인생이 우리 자신의 선택에 기반한 것이 아니라 타인들의 압력과 기대에 의하여 선택된다면 갈등과 고통이 뒤따르게 될 것이다.

EPR의 세 단계와 그것들의 적절한 전이는 건강한 발달과 성숙을 위해 필수적이다. 그것은 회복력과 자신감을 북돋을 뿐만 아니라 좌·우뇌 반구의 발달에 영향을 준다. 만약 아이들이 EPR 단계를 거치지 못한다면 후일의 삶에 심각한 결과를 가져올지도 모른다. 적절한 체현 단계를 거치지 못한 아이는(0세에서 12개월까지) 뒤틀린 몸의 이미지와 잠정적인 식이장애를 가질 수 있다. 손과 눈의 동작, 그리고 읽고 쓰는 데 어려움을 겪으며, 그들 자신의 예술적 능력에 전혀 자신이 없는 아이는 투사 단계(13개월에서 3세까지)를 거치지 않았을 것이다. 많은 아이들(그리고 성인들)이 가장하지(pretend) 못한다. 다시 말해 다른 사람의 역할(동물이나 사람)을 입을 수 없다. 왜냐하면 그들은 역할 단계(3세에서 6세까지)를 통과하지 못했기 때문이다. 그렇다면 그들의 일상생활에서의 역할은 파괴적이거나 고립되어 있을 것이다.

이러한 아이들과 성인들은 EPR의 역할 단계뿐만 아니라 생후 초기 몇 주와 몇 달 동안의 극적 놀이 시기도 놓친 것이다. 그들은 자신의 역할을 연극화할 수 없으며, 공격자나 희생자 역할을 맡아 매일매일 파괴적인 삶을 살게 된다. 일부 아이들은 즐겁게 신체적 게임 또는 움직임 운동을 하거나(Sherborne, 2001), 혹은 콜라주나 자화상 혹은 복잡한 점토 모델을 창조할 것이다(Beckerleg, 2009; Stagnitti & Cooper, 2009). 그러나 그들은 정말 그들 자신과는 다른 누군가가 되는 역할놀이를 할 수 없다. 나는 이에 대해 **극적 반응**이라는 용어를 붙였는데(Jennings, 1998), 우리가 누군가의 감정과 경험을 생각할 수 있는 것은 오직 극적으로 놀이할 수 있는, 즉 상상이나 행동으로 역할을 입을 수 있을 때뿐이다. 이것이 바로 우리가 공감을 개발하는 이유인즉, 극적 놀이에 참여할 수 없는 아이는 타자를 이해하는 데 큰 어려움을 갖게 될 것이다.

EPR이 극적 발달 단계에 대한 정확한 관찰이라는 전제하에 작업을 하다 보면 어떤 일관된 결론에 도달한다. 결국 EPR은 치료로서 아이 또는 성인에게 발달적 결핍의 일부를 보충하기 위하여 상실한 경험들로 다시 작업할 수 있다는 것이다.

그러므로 실제 작업과 연구를 위한 그다음의 가설은 EPR이 결핍된 부분을 결정하는 진단평가 절차로 적용될 수 있다는 것이다. 예를 들어 구석에 앉아 엄지

손가락을 빨고 몸을 흔들며 침을 흘리는 열 살짜리 아이는 모든 영역에서의 발달지체를 보여 주고 있다—신체적/정서적/지적/상상적/극적 그리고 사회적으로. 만약 아이가 부드러운 장난감, 퍼즐 혹은 플레이-도(play-doh)에 반응하지 않고 풍선껌 불기와 자장가 부르기에 집중한다면 그러한 정보에서 이미 우리의 진단평가는 시작된다. 모든 관찰이 진단평가지(필자에게서 구할 수 있는)에 기록된다.

아이가 신체적으로 체현된 행동 영역을 보여 주고 있음에도 불구하고 본래의 EPR 기록지는 초기 감각놀이에 대한 종합적인 진단평가를 기록할 수 있을 정도로 충분히 정교화되지 않았다. 교육과 관찰을 병행하는 동안 이러한 사실을 알고, 2006년에는 체현 단계를 더 확장하여 임신, 생후 6개월, 그리고 애착 형성을 위한 놀이의 중요성에 대한 더 많은 세부사항을 포함시켰다. 애착 발달에서 중요한 이 단계는 루마니아의 어머니와 아이들과 함께 개발되었다. 이와 같은 개선의 결과로 체현 단계의 첫 번째 국면은 이제 신경-극적-놀이(NDP)로 불리게 되었다(Jennings, 2010a, 2010c).

요약하면 체현, 투사 그리고 역할은 넓은 영역의 행위와 행동들을 망라하는 폭넓은 범주다. 덧붙여 출생 전후의 애착관계에서 체현적 상호행위들에 대한 좀 더 세부적인 더 많은 이해가 요구되었다. 그 세밀한 구성요소들은 프로젝트 와우(Project WOW)라는 연극치료 기획의 성과물에서 설명된다.

사례 연구: 프로젝트 와우(Project WOW)

프로젝트 와우는 '사회봉사(Social Services)' '특수교육(Special Education)' 그리고 '로완 센터(Rowan Centre)' '글래스톤배리(Glastonbury)' 출신 스태프들의 공동 연구로 2007년 가을 영국 남서부에서 개최되었다. 이러한 단체들에서 위탁은 받았지만 재정적 지원은 특수한 결핍이 있는 아이들과 관련된 새로운 계획을 지원하는 한 펀드로부터 받았다.

프로그램은 학습/행동 장애를 지닌 한 그룹의 관련 어린이들이 놀이와 예술에 집중적으로 참여하도록 고안되었다. 재원기금은 모든 스태프가 자원봉사자로 일한다는 조건으로 '지방자치지원단체(County Community Fund)'가 제공해 주었다. 아이들을 위한 교통과 간식, 그리고 미술, 놀이 장비에 충분한 기금이 제공되었다.

아이들

위탁기관 혹은 특수학교의 사회복지사들이 아홉 명의 아이들을 전체 자치주에서 선발하였다. 참가 이유로는 관계성과 사회적 장애, 위축과 고립, 분노와 행동상의 문제들이었다. 부모들은 참석과 프로그램 사진 촬영을 위한 허가서를 써 주었다.

7세에서 11세에 이르는 7명의 소년과 2명의 소녀는 그들 또래보다 기능이 떨어졌다. 몇 명은 가정폭력을 경험하였거나 결손가정의 아이들이었다. 한 아이는 가족들이 교통수송 시간에 관한 정보를 전달받지 못하여 2일간 참석할 수 없었다. 아이들은 정확하게 도착했고, 외출복을 입었다. 그들 중 대부분은 배가 고픈 채 도착했지만 아침식사는 다음날 아침에야 제공되었다.

스태프 채용(Staffing)

연극치료사, 놀이치료사, 심리치료사, 특수학교의 교사, 학습지도자, 그리고 학생 놀이치료사를 포함한 열한 명의 스태프 요원들은 두 명의 남자와 아홉 명의 여자로 구성되었다. 한 여자 스태프는 아파서 프로젝트를 그만두어야만 했다. 스태프 중 네 명은 경험이 적은 스태프들에게 적절한 개입을 할 수 있고, 애착 경험이 있으며, 자격을 갖춘 치료사들이었다.

슈퍼비전(Supervision)

매일의 슈퍼비전이 선배 스태프(치료사들)를 위해 제공되었고, 전체 그룹은 격일로 슈퍼비전을 가졌다.

진단평가

EPR과 BASIC Ph(Lahad, 1992)로 아이들을 평가했으며, 관찰과 피드백에 모든 스태프를 포함시켰다.

장소(Venue)

전체 프로그램은 학교 강당과 미술실, 감각적인 방, 놀이 마당, 스포츠 필드를 사용할 수 있는 특수학교에서 열렸다. 학교 식당에서 준비한 점심이 테이블이 연결되어 있는 조용한 방에 제공되었다.

재료들

체현: 핸드크림, 에센스 오일, 비눗방울, 물수건.

투사: 크레용과 펠트 펜들, 길쭉한 손가락형 붓과 페인트 붓, 점토, 공작용 점토, 종이접시들, 두꺼운 카드, 설탕종이, 실제 가위, 풀, 비즈와 단추들

역할: 마스크, 인형, 옷과 스카프, 그리고 정장용 모자들. 또한 감각적인 방에서 CD 플레이어와 세련된 장비들이 사용되었다.

목적

사회적, 정서적 혹은 행동장애에서 변화가 가능한지 어떤지를 보기 위해 EPR에 기반한 7일간의 프로그램을 수행하는 것. 모든 아이는 한 명의 성인 파트너를 배정받았다. 아이들은 큰 그룹 안에서 파트너와 짝을 지어 행동하였다.

구조

첫날은 정보를 얻고 질문을 하는 날이었고, 부모와 아이들이 참석하였다. 프로그램 내 행위 유형을 알려 주는 것으로 단순한 움직임과 연극 게임이 이루어졌다. 모든 사람들은 그 프로젝트를 이야기 캠프(The Story Camp)라고 말했다. 그 다음 6일 동안 첫 2일은 체현행위로, 점진적으로 전이해서 그다음 2일 동안은

투사행위로, 그리고 마지막 2일은 역할행위로 이루어졌다. 프로젝트의 마지막 날에 모든 아이는 '기술자격증'과 게임 혹은 미술 재료들을 선물로 받았다.

일반 관찰

스태프와 아이들은 함께 점심을 먹었는데, 첫날 이후 아이들은 자신들이 점심을 준비하고 제공할 수 있는지 물었다. 그것이 그날의 하이라이트인 것 같았다. 그들은 성인과 함께 앉아서 어른스레 대화하는 것을 감사히 여겼고, 급하게 서두르며 놀지 않았다. 그들은 아침식사를 매우 좋아하였다. 많은 아이들이 매우 배고파하면서 하루를 시작했다.

체현. 그날은 이름, 인사, 소통 그리고 큰 원형의 드럼을 치면서 리듬을 맞추는 것으로 시작했다. 뒤이어 발달 단계를 포함하는 창조적 움직임이 있었다(Sherborne, 1975)—균형을 맞추면서 감정을 억제하는 협동적이면서 대립적인 운동, 위험스러운 움직임과 반복적 운동, 튀어나오게 되어 있는 고무밴드 로프의 사용, 그리고 거대한 장난감 낙하산. 감각놀이는 마사지와 서로 다른 에센스 오일의 혼합, 핸드크림과 베이비 로션, 물수건, 그리고 비누거품의 이용을 포함했다. 감각적인 방에는 이동 가능한 색깔 있는 물침대와 이완시키는 음악, 그리고 반복적으로 움직이는 액체가 제공되었다.

투사. 투사에는 물감과 크레용이 사용되었다—핸드프린트 그리기, 모든 사람이 좋아하거나 싫어하는 자화상 그리기, 점토 모형 제작과 콜라주 그림들. 일부 아이들은 재료 때문에 싸웠지만 전반적으로 몰입하고 집중하였다. 일부 아이들은 다른 사람들이 자신의 작품을 파괴하거나 자신을 조롱할지도 모른다는 불안을 드러냈다.

역할. 놀라운 것은 단 한 명의 아이도 역할과 연극 작업으로의 전이를 할 수 없었다는 것이었다. 스태프는 가면, 이야기의 상연, 극적인 인형놀이를 도입하려고 했지만 아이들 중 어느 누구도 그 과정에 참여하지 않았다. 계속하여 노력해 보았지만 아이들은 첫 번째 장소에서 했던 행동으로 되돌아갔다. 그들은 말 그대로 부산만 떨었다. 창문으로 빠져나가려 했고, 박스 안으로 숨으려 했으며, 극도로 화를 내거나 외면해 버리고, 참석하지 않았다. 이러한 행동들은 감각·리듬 놀이의 체현 작업 혹은 그림과 점토의 투사놀이를 하는 동안에는 드러나지 않은 것이었다. 체현과 투사 작업은 그 프로그램이 끝날 때까지 계속되었다. 그리고 아이들은 그들의 부모가 그 작품을 보러 올 수 있느냐고 물었다. 그들은 자신들이 그리고 만든 것을 부모에게 보여 주기를 원했다. 대부분 그들은 부모의 손을 마사지하고 싶어 했다.

EPR 관찰

모든 아이가 모든 단계에서 체현 작업에 참여하였다. 그러나 훨씬 더 어린 연령대의 아이들이 하는 움직임이 대부분이었으며, 그것은 아버지와 어린아이들이 함께 어울려 소란스럽게 노는 형태로 나타났다. 그들 모두 다른 사람의 등에 기대어 흔들거리는 것을 좋아했고, 그들 대부분은 먼저 서로의 등으로 그다음엔 어깨로 균형을 맞추는 위험스러워 보이는 움직임을 택했다. 그들 중 몇몇은 많은 시간을 컨테이너 내부에서 보냈다. 박스 안, 커튼 뒤, 의자 아래, 손수레 위에 쪼그리고 있을 뿐만 아니라 점토로 컨테이너 모형을 제작하였다. 그러나 이러한 넓은 범위의 관찰은 NDP로 알려진 감각적이고 율동적이며, 극적인 놀이의 더 정교한 세부사항들을 뒤따라오지는 못하였다.

NDP 관찰

감각적 놀이. 그룹은 푹신한 담요로 둘둘 말고 있는 것을 좋아했고, 에센스 오일로 마사지하는 것을 좋아했다. 그들은 자신이 좋아하는 향수를 요구하기 시작했다. 핸드크림으로 손 마사지를 즐겼으며, 비눗방울놀이를 하고, 이것을 지저분한 손가락 페인팅으로 확장해 갔다. 음식을 준비하고, 소비하는 것 또한 감각놀이에 포함되었는데, 그들은 모두 음식 만들기에 참여하고자 했다. 그들은 그들 등에 하는 '날씨 마사지'를 즐겼다. 그리고 그들 대부분은 조용한 소리와 비눗방울, 그리고 감각적인 방의 색채에 반응했다.

율동적인 놀이. 그룹은 매우 큰 드럼으로 율동적인 행위를 하는 것에 잘 참여하였다. 그리고 시간이 허락됐다면 그들은 타악기 작업을 더 많이 했을 것이다. 그럼에도 불구하고 리듬과 소리 패턴들을 모방(copy)하고 착수하는 데 많은 에너지를 쏟아 넣고 있었다. 아이들에게 음악적인 행위로의 발전은 없었던 것이다.

극적인 놀이. 전체 프로그램에서 가장(dressing-up)에 대한 유일한 반응은 그들이 점심을 준비하기 위해 요리사의 앞치마를 하고 모자를 쓴 다음 음식을 제공하기 위해 팔에 수건을 두를 때였다. 요리사와 웨이터의 극적인 연기. 아이들은 주로 음식 준비를 진행하던 스태프의 행위를 모방했다. 그러나 그들 중 일부는 다른 사람들에게 음식을 제공할 때 과장된 동작을 덧붙였다.

점심식사 후 이야기를 주의 깊게 들었던 날에는 아이들에게 약간의 스토리텔링이 있었다. 하지만 BASIC Ph 이야기 진단평가는 전반적으로 싸움과 전쟁에 집착하는 결말로, 높은 수위의 폭력과 공격성을 보여 주었다. 아이들 중 그 누구도 극적 행동 역할연기에는 참여하지 않았다. 종이접시 가면들로 잠깐 시도하였지만 바로 쓰레기통에 버렸다. 원맨쇼를 시도했던 아이가 인형을 잠시 집었지만 곧 포기했다.

주목할 만한 것은 체현과 투사행위를 즉시 할 수 없는 경우에는 일상의 역할로 되돌아간다는 것이었다. 스태프는 아이들 일상의 역할이 매우 고립적이거나 반사회적이면서 가끔은 조증(manic)이 있음을 관찰했다. 아이들은 일상의 역할에서 다음과 같은 역할 특질을 가지는 것으로 파악되었다(랜디(1993)의 역할 분류 체계 참고)—젠체하는 자, 조력자, 외톨이, 광대, 엔터테이너, 분노하는 자(rager), 저항하는 자(Vigilante), 호언장담하는 자, 고아(마지막 5개의 역할은 자신의 희망이 좌절당하였기 때문에 일상에서 극도로 화가 나 있는 아이들의 것이었다).

EPR 관찰에 기반하여 아이들은 보통 4세가 행하는 역할놀이와, 발달지체를 감안하고서라도 8세가 행할 수 있는 마치 ~처럼으로 언제든 들어갈 수 있을 것으로 생각했다. 스태프는 EPR 발달 단계에서 그들 모두 두세 살의 정서적 나이로 어느 경우에는 더 어리게 기능하고 있다는 것에 동의하였다. 감각, 리듬 그리고 극적 놀이를 포함한 초기의 놀이 형식 때문에 이러한 관찰에 도달하게 된 것이다. 그들은 역할놀이를 하지 않은 것이 아니다—발달적으로 역할놀이를 할 수 없었다. 마치 ~처럼으로 놀이를 할 수 없기 때문에 스태프들은 NDP 진단평가를 사용하여 관찰하고자 하였다.

신경-극적-놀이

세계에 대한 이해는 감각을 통해 일어나며 출생 이전에 시작된다. 아기는 자궁 안에 있는 동안에도 기온, 소리, 리듬, 접촉, 감정 변화들을 감지할 수 있다. 엄마는 자신의 감각적 경험을 통하여 아기의 행복에 심오한 영향을 주게 된다. 아기는 엄마의 심장박동을 지각하고 그 리듬에 맞춰 움직인다. 임신한 여자는 태중의 아이를 노래로 마사지할 것이다. 마음을 안정시키는 이야기를 하고, 조용한 음악을 연주하는 것은 엄마와 태아의 신뢰와 평온에 영향을 미칠 수 있다. 많은 여성들은 리드미컬하게 몸을 흔듦으로써 규칙적인 리듬과 신체적 균형이 잡힌 안전한 모양을 만든다.

태아 때부터 관계적인 놀이와 창조가 시작된다. 그것은 삶을 리허설하는 것과 같다. 기분 좋은 임신에서부터 재미있는 화음, 그리고 놀이적인 반향과 흉내에 이르기까지 발달은 하나의 연속체다. 이러한 연속체는 생후 3개월 내에 완성된다. 아기는 그들 출생의 음악을 인식하며, 갓 태어난 신생아는 자궁 안에서 들었던 음악과 노래를 알고 있다. 그들은 태어나기 전에 들었던 귀에 거슬리는 목소리를 피하려 할 것이다. 그리고 출생 후에 엄마가 들어 올려 안아 주는 것에서 엄마와 관계하고 있음을 빠르게 감지하기 시작한다.

대부분의 아이들은 긍정적 애착과 안전한 육아를 제공해 주는 가족 안에서 감각/율동/극적 놀이의 단계를 거친다(Bowlby, 1969). 이러한 놀이과정은 임신 중에 시작된다. 그 시기의 엄마는 움직임과 행위로 놀이적인 상호행위를 하며, 아이가 6개월이 될 때까지 가장 강렬한 형식으로 이를 지속한다. 엄마와 아이의 상호행위 역동의 특질로 수개월 후 그들 사이의 정서적 애착관계가 예측될 수 있다(Jaffe, 2001; Trevarthen, 2005).

NDP는 애착과 관련하여 초기 두뇌 개발의 복잡성을 이해하는 동시대적 사유와 정서 및 행동 장애가 있는 아동과 10대에게 개입하는 연극치료(놀이치료)를 통합한다. 손상된 두뇌 기능, 발달지체, 애착 결핍을 지닌 어린이와 젊은이를 위해 연극치료는 개인이나 그룹 혹은 그룹 안에 있는 개인을 위한 개입의 주요한 수단이다.

놀이와 이야기 애착 진단평가(PASAA: Play & Story Attachment Assessment)

PASAA는 아이의 애착 패턴을 확인하는 근거로 NDP를 사용한다. 감각적·율동적·극적 놀이에서의 결손을 규명함으로써 아이의 현재 문제를 이해할 수 있다. 예컨대 아이에게는 신뢰 혹은 공감 부족, 놀이 재료의 파괴 혹은 지속적인 관계 회피가 있을 수 있다.

많은 어린이, 청소년, 성인에게는 어린 시절의 놀이와 이야기, 그리고 건강한 애착에 대한 기억은 별로 없다. 간혹 어린 시절을 이상화하여 무시당했거나 잔혹했던 시간들을 보상하기도 한다(Jennings, 1992). 하지만 자신의 어릴 적 경험에 대해 말하지 않는 한 임신, 출생, 그리고 생후 6개월에 관련한 사실을 알 수 없다. 이러한 단계들은 애착 능력 발달에 매우 중요하다. 우리는 어린 시절의 '본성과 양육' 사이의 균형에 대해, 특히 엄마(혹은 최초의 양육자)의 놀이적인 행위에 대해 알아야 한다. 가능하다면 부모와 조부모, 그리고 다른 가족에게서 직접 도움을 받아 정보 수집을 하는 것이 좋다. 그렇지 않다면 놀이와 연극을 하는 방에서 이루어지는 창조적 자극뿐만 아니라 가족, 교사, 양육자와 함께 최근의 아이 행위에서 어릴 적 경험을 추론할 수 있다.

PASAA는 세 부분에서 나온다—(1) 참가자, 부모, 친구, 친척이 기억하는 사건과 정보, (2) 감각적, 음악적 그리고 놀이 재료에 대한 반응(감각적·율동적·극적 놀이), (3) 스토리텔링에 대한 반응: 이야기의 공유와 구축.

첫 번째 부분

필요하다면 다음과 같이 즉석에서 소재를 끌어낸다. "너는 기억하니? 사이먼이 태어났고, 메리는 너무 화가 나 있었던…… 그때" "너다운 것은 무엇이었니? 캐리는 병원으로 갔고, 존이 항상 들러붙어 있었던…… 그때". 이야기를 말할 수 있다면, 그리고 비난받거나 부끄럽다고 느끼지 않는다면 사람들은 반응할 것이다. 그것은 아이와 함께하는 "기억하자……. 네가 새로운 집에 왔을 때, 엄마가 아팠을 때"라는 게임이 될 수 있다. 아이들과 청소년들은 어린 시절에 관해 자신이 들었던 것을 회상할 수 있다. "우리 엄마는 결코 아기를 원한 적이 없어."(혹은 남자 아기나 여자 아기) "그녀는 나와 함께 힘든 시간을 보냈다고 말했지."

부모는 기꺼이 정보를 줄 수 있다. 그리고 다른 친척들의 편향된 정보에 주의해야 한다. 결핍된 혹은 힘들었던 임신은 유용한 정보에 포함된다—산후우울증, 모유 먹이기, 잠자리 패턴, 인지적 장애(예를 들어 항상 우는 것), 파트너/친구들/친척들의 지지, 경제적 고충, 직장으로의 이른 복귀, 또 다른 양육자들, 발달적인 중요한 사건(신체적, 사회적), 놀이성과 스토리텔링(되도록 세세하게), 엄마 자신의 정서적이고 신체적인 행복. 토론 후에 기록지(필자에게서 구할 수 있는)를 작성한다. 그렇지만 개인에게는 항상 함께 나누고 싶은 다른 문제들이 있기 마련이다. 세부적인 것을 기억하는 데 도움이 된다고 설명하면 대개의 사람들은 치료사들이 적는 것을 염두에 두지 않는다.

두 번째 부분

놀이와 연극을 하는 방에서 제공되는 재료에 대한 아이의 반응을 주목한다. 그 방에는 면도용 거품, 비눗방울, 핸드크림, 핑거페인트 그리고 점토와 같은 다양한 감각적 자극물이 있어야 한다—벨벳, 캔버스, 코르덴, 냄비수세미, 뻣뻣한 솔/ 모래상자와 작은 장난감들/ 색깔 있는 공과 무지개들/ 에센스 오일 향/

종, 드럼 그리고 파이프들/ 맛 좋고 달콤한 간식과 과일/ 돌, 조가비, 크리스탈, 고리, 구슬들/ 물감, 색 펜 그리고 종이/ 풀과 콜라주 재료들(색지, 천 조각들, 그리고 여러 가지 잡지 같은)/ 다양한 인형들의 모음/ 챙모자(caps)와 털모자(hats)들, 망토와 날개들의 모음/ 마술 지팡이, 모바일 폰, 카메라, 작은 지갑(purse), 가방, 그리고 지갑(wallet)과 같은 소품들. 개인 혹은 그룹이 어느 재료에 끌리는가 혹은 어느 재료로 놀이하는가는 중요한 정보를 제공할 것이다. 혼자 노는가? 아니면 함께 놀이하기 위해 당신을 초대하는가? 어떤 놀이를 지속하고 있는가? 아니면 다른 재료들로 이동하는가? 감각적 놀이, 율동적 놀이, 극적 놀이에 참여하는가? 재료를 가지고 어떻게 노는가? 예를 들어 그들은 잠시 관심을 갖거나 혹은 대충 치고 두드리는가? 관찰을 기록할 때 놀이의 특질을 지각하라. 엉망으로 만들면서 놀이의 경계마저 지워 버리는가, 아니면 인내와 투지를 보여 주는가? 그것은 창의적이며 창조적인가? 이러한 관찰을 기록지에 적는다.

세 번째 부분

PASAA의 이야기-공유는 애착과 회복이라는 주제를 가진 이야기에 참여자가 반응하게 해 준다. 예를 들어 사라진 아이, 타라, 인어공주의 여행, 펠레와 화산, 매의 깃털 달린 망토(**연극치료 작업 매뉴얼**에서 구할 수 있는, 로완 센터, 2009)와 같은 것이다. 이러한 이야기들을 (혹은 비슷한 것들) 공유할 수 있고 그런 다음 그릴 수 있으며, 극화하고 토론할 수 있다(Jennings, 2004, 2005). 참여자는 기억된 혹은 만들어 낸 자신의 이야기를 제공할 수 있다. 아이들의 이야기에 대한 흥미 그리고 주제와의 동일시나 관심을 관찰한다. 호기심, 의문 그리고 삶과의 연결고리가 기록된다. 그런 방법으로 아이는 이야기를 활용하여 그림이나 연극을 만드는 것이다. 이러한 관찰들을 기록하여 참여의 척도를 0부터 5까지 평가한다.

이야기-구축 기술은(Jennings, 2010b) 모든 연령대의 그룹에게 사용할 수 있으며, 미술과 연극행위로 이끌 수 있다. 스토리메이킹(Gersie, 1991)과 또 다른 내러티브 기술은 확실히 중요하다. 진단평가에서 특히 관심을 두는 것은 참여자의 스토리텔링(상상력과 연계성) 능력과 애착, 상실, 신념, 감정, 희망, 변화와 연관된 스토리의 주제, 양 측면이다. 이야기를 구축하는 몇몇 방법은(많은 것 중) 다음과 같다.

1. 참여자와 공통된 이야기를 만들기 위해 간단한 단어나 구(句)의 연상을 사용하라.
2. 관계, 세대, 외로운 아이들, 척박하고 기름진 풍경, 길들여졌거나 길들여지지 않은 사나운 동물들, 그리고 부드러운 장난감이 그려진 다양한 엽서에서 나온 이야기도 할 수 있다는 것을 제시하라.
3. 쟁반 위에 대조적인 물건들을 놓고 참여자에게 그것들 모두를 포함하는 어떤 이야기를 만들게 하라(예를 들어 안경, 열쇠, 어떤 종류의 자격증 혹은 항공우편, 반지, 그리고 머리빗). 검사 중임을 느끼지 못하게 당신은 이야기의 전개를 도울 수 있다. 다음에 어떤 일이 일어날 것인가? 거기에 다른 어떤 사람이 있는가? 그들은 어떻게 느끼고 있는가? 그것은 어디에서 진행되고 있는가?

PASAA의 전개

정보, 관찰 그리고 이야기로 진단평가의 모든 부분들을 수합하진 못할 것이다. 친척에게서는 얻어내는 것이 없을지도 모른다. 아이들은 이야기나 놀이하는 것을 거부할 수도 있다. 그럼에도 불구하고 구할 수 있는 모든 정보와 패턴을 알아낼 수는 있다. 특히 다음과 같은 것에 연관된 패턴들을 확인할 수 있다. (1) 버려짐, 거부, 그리고 권력 빼앗기, (2) 폭력, 약자 괴롭히기, 분노(혹은 다른 극한의 감정들), (3) 음식, 마실 것, 약, 그리고 절도에 대한 강박적인 생각, (4) 학대, 잔인성, 성적인 특색이 있는 행위, (5) 사랑, 애정, 친절, (6) 희망, 용기, 공감, (7) 긍정적 애착의 표현들, 공감, 관계성, 또는 (8) 창조성, 상상력, 그리고 유머.

두 번째와 세 번째 부분의 서로 다른 주제와 재료 사이에 균형을 맞추는 것은 무엇인가? 관찰자는 몇몇 주제들의 강도, 빈도 혹은 집착에 주목함으로써 이에 대해 생각할 수 있다. 다양한 주제([그림 8-1] 참고) 혹은 재료들([그림 8-2] 참고)을 가지고 아이가 노는 시간의 비율을 알아보는 데 파이그래프가 사용될 수 있다.

[그림 8-1]과 [그림 8-2]는 프로젝트 와우(Project WOW) 프로그램에 참가한 8세 소년의 도표다. 이 아이의 폭력과 분노의 주제는 다른 아이들(성인이 아닌)에

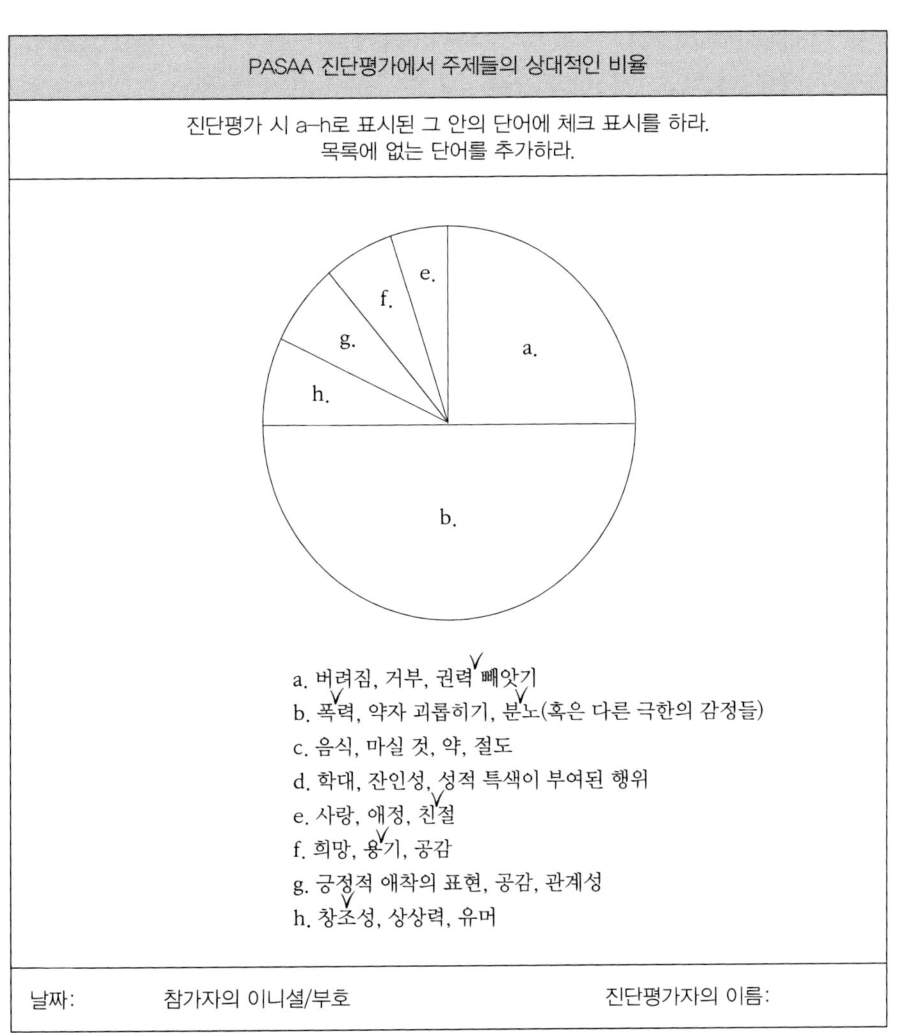

PASAA 진단평가에서 주제들의 상대적인 비율

진단평가 시 a–h로 표시된 그 안의 단어에 체크 표시를 하라.
목록에 없는 단어를 추가하라.

a. 버려짐, 거부, 권력 빼앗기
b. 폭력, 약자 괴롭히기, 분노(혹은 다른 극한의 감정들)
c. 음식, 마실 것, 약, 절도
d. 학대, 잔인성, 성적 특색이 부여된 행위
e. 사랑, 애정, 친절
f. 희망, 용기, 공감
g. 긍정적 애착의 표현, 공감, 관계성
h. 창조성, 상상력, 유머

날짜: 참가자의 이니셜/부호 진단평가자의 이름:

[그림 8-1]

대한 그의 친절로 완화된다. 그는 약간의 위험요소를 가지고 있었지만 그가 보여 준 어린이 파트너에 대한 기본적인 신뢰가 이를 상쇄하고 있음을 보여 준다. 그러나 과도한 분노와 긍정적 감정의 비율은 75대 25로 상당히 불균형하다.

사용된 재료들에 대한 PASAA 진단평가

사용하지 않는 아래 재료를 삭제한다는 것을 기억하라.
그리고 목록에 없는 것은 추가하라.

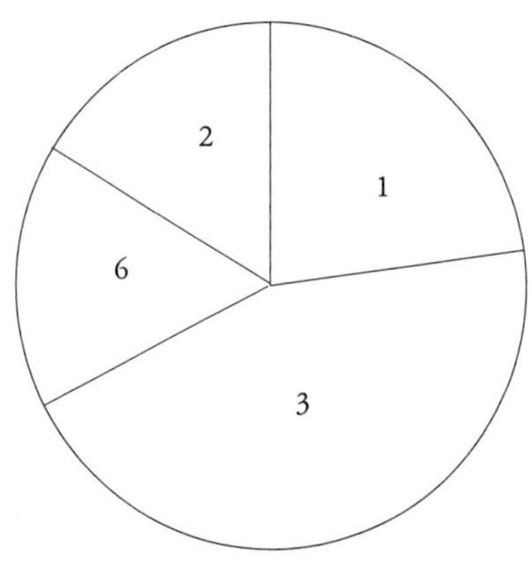

* (1) 감각놀이: ~~면도용 거품~~, 비눗방울, 핸드크림, 에센스 오일
* (2) 양육: 스낵, 음료, 과일, ~~젖병~~, 부드러운 담요
* (3) 지저분한 놀이: 핑거페인트, 점토, ~~모래와 물~~
* (4) ~~감촉: 벨벳, 캔버스, 코르덴, 냄비수세미, 빳빳한 솔~~
* (5) 운율적 놀이: 종, 드럼, 파이프, 땡땡이, 공용 드럼
** (6) 모래놀이: 모래상자, 작은 장난감들, 조가비, 돌, 크리스탈
** (7) 미술놀이: 구슬들, 물감, 색 펜, 종이, 콜라주(잡지들)
*** (8) 극적 놀이(i): 크고 작은 인형들, 동물과 인간 양자
*** (9) 극적 놀이(ii): 챙모자, 털모자, 망토, 날개, 마술 지팡이, 전화기, 지갑, 가방

*체현 **투사 ***역할

날짜: 참가자의 이니셜/부호 진단평가자의 이름:

[그림 8-2]

그는 에센스 오일로 마사지를 함으로써 그리고 따스한 담요와 스낵으로 스스로를 돌보는 놀이를 하였다. 그는 물감으로 긍정적인 자화상을 그릴 수 있었다. 그는 칼로 점토를 반복하여 찌름으로써 분노를 표현하였다. 그리고 이야기는 폭력과 권력 빼앗기라는 주제를 드러냈다. 그는 다른 아이들보다도 더 컨테이너와 연단 안, 커튼 뒤, 심지어는 티 카트 아래 부분에 숨었다. 그는 그의 성인 파트너와 싸우고, 수시로 어떤 남자 스태프에게 원조를 요청했다. 그는 화가 났을 때 모든 악담과 저주의 욕설을 퍼부었다.

불과 6일에 지나지 않았지만 애착에 기반한 EPR/NDP의 집중적인 과정을 통해서 그는 균형 연습에서 타인을 돌볼 수 있었고, 모델을 창조할 때 좌절을 견딜 수 있었으며, 위험 훈련에서는 용기를 보여 줄 수 있었고, 그리고 자화상에서는 자신을 긍정의 이미지로 창조할 수 있었다. 작업이 계속되었다면 의심의 여지 없이 더 많은 변화들을 성취하고 지속시킬 수 있었을 것이다.

결 론

전반적으로 이 글은 치료와 연극치료 진단평가의 한 수단으로서 EPR의 출현과 확립을 연대기적으로 기술했다. EPR은 사람들의 극적 발달이 역할이나 상황을 마치 ~처럼 상상하는 능력을 통하여 기록될 수 있다는 것을 보여 준다. 이는 개인이 공감과 관심을 표현하고 유연하게 세상과 만나며 협응적으로 그리고 사교적으로 타인과 사귈 수 있게 해 준다. EPR 관찰로 인해 체현이라는 초기 단계는 좀 더 정교한 조율이 필요하다는 것을 알게 되었다. 이로써 NDP를 통해 어린 시절의 애착에 기반한 놀이에 대한 세부적인 관찰이 이루어졌다. 극적 반응 혹은 **마치 ~처럼**은 생애 첫 6개월에 초점이 맞춰져 있다. 연극치료는 EPR과 NDP치료를 통하여 발달적 요구를 다루는 데 기여할 수 있는 것이다.

진단평가에 대한 이러한 접근은 직접적인 질문에 대해 반응하는 것보다는 참여자들에게 '이야기를 말하도록' 하는 국부적인 방식을 창조한다. 관찰과 추론은 일련의 놀이적이고 극적인 행위와 이야기에서 나온다.

'프로젝트 와우' 기획은 의도적으로 모든 어린이와 성인의 관계를 수립하고자 했다. 아이들은 놀이하는 성인과 함께 성장하고 집단 안에 존재할 수 있다는 것, 이것이야말로 애착 문제를 다룸에 있어 놀이와 연극이 근본적인 것임을 말해 준다.

앞으로도 EPR과 NDP 패러다임은 발전해야 한다. PASAA를 통한 잠재적인 진단평가도 요구된다. 그리고 앞으로의 연구는 다양한 어린이와 성인 그룹에게 좀 더 섬세한 적용을 하도록 해야 할 것이다. 과정 중에 있는 작업이지만, 이는 사람들의 발달에 연극이 미치는 영향을 이해하는 데 우리가 좀 더 근접해 있다는 것과 모든 사람이 출생부터 극적으로 놀이하는 능력을 가지고 있다는 것을 강변하고 있다. 태아가 착상하자마자 하는 최초의 행위가 극적 상호행위라는 것을 고려한다면, 문명화란 아마도 언어보다는 연극에 기반한 것이라고 생각해 볼 수 있다.

참고문헌

Anderson-Warren, M., & Grainger, R. (2000). *Practical approaches to dramatherapy.* London: Jessica Kingsley.

Beckerleg, T. (2009). *Fun with messy play.* London: Jessica Kingsley.

Blundon, A. J., & Schaefer, C. E. (2000). Play group therapy for social skills deficit for children. In C. E. Schaefer & H. G. Kadusan (Eds.), *Short term play therapy for children* (pp. 336-375). New York: Guilford Press.

Bowlby, J. (1969). *Attachment and loss, Vol. 1: Attachment.* London: Hogarth Press.

Casson, J. (2004). *Drama, psychotherapy, and psychosis.* Hove: Routledge.

Chabukswar, A. (2009). Making, breaking and making again: Theatre in search of healing in India. In S. Jennings (Ed.), *Dramatherapy and social theatre: Necessary dialogues* (pp. 117-

127). London: Routledge.

Courtney, R. (1968). *Playm drama and thought.* London: Cassell.

Courtney, R. (1981). Drama assessment. In Schattner, G. & R. Courtney (Eds.), *Drama in therapy Vol. 1: Children* (pp. 5-27). New York: Drama Book Specialists.

Gersie, A. (1991). *Storymaking and bereavement.* London: Jessica Kingsley.

Jaffe, J. (2001). Rhythms of dialogue in infancy: coordinated timing and social development. *Society of Child Development Monographs,* Serial No. 265, *66*(2). Oxford: Blackwell.

Jarman, S. (2005). *The sffectiveness of using dramatherapy with children who have witnessed domestic violence.* Unpublished masters thesis. University of Plymouth.

Jennings, S. (1987). *Dramatherapy: Theory and practice for teacher and clinicians, Vol. 1.* London: Routledge.

Jennings, S. (1990). *Dramatherapy with families, groups, and individuals.* London: Jessica Kingsley.

Jennings, S. (1992). The nature and scope of dramatherapy: Theatre of healing. In M. Cox (Ed.), *Shakespeare comes to Broadmoor* (pp. 229-250). London: Jessica Kingsley.

Jennings, S. (1998). *Introduction to dramatherapy.* London: Jessica Kingsley.

Jennings, S. (1999). *Introduction to developmental play therapy.* London: Jessica Kingsley.

Jennings, S. (2001). *Embodiment-Projection-Role.* Video with Gordon Wiseman. Bleaden: Actionwork.

Jennings, S. (2003). *Embodiment-Projection-Role 2.* Video. London: Actionwork.

Jennings, S. (2004). *Creative storytelling with children at risk.* Bicester, UK: Speechmark.

Jennings, S. (2005). *Creative play with children at risk.* Bicester, UK: Speechmark.

Jennings, S. (2010a). *Healthy attachments and neuro-dramatic-play.* London: Jessica Kingsley.

Jennings, S. (2010b). *StoryBuilding: 100+ ideas for developing story and narrative skills.* Buckingham: Hinton House.

Jennings, S. (2010c). Neuro-dramatic-play and attachment. *British Journal of Play Therapy, 6,*

35-50.

Jones, P. (2010). *Drama as therapy* (Vol. 2). London: Routledge.

Johnson, D. (1982). Developmental approaches in drama therapy. *Arts in Psychotherapy, 9,* 183-190.

Johnson, D. (1986). The developmental method in drama therapy: Group treatment with the elderly. *Arts in Psychotherapy, 13,* 17-33.

Lahad, M. (1992b). Story-making as an assessment method for coping with stress: Six-piece story making and BASIC Ph. In S. Jennings (Ed.), *Dramatherapy theory and practice 2* (pp. 150-163). London: Routledge.

Landy, R. (1993). *Persona and performance.* New York: Guilford Press.

Macfarlane, P. (2005). *Dramatherapy: Raising children's self-esteem and developing emotional stability.* London: David Fulton.

Manner, T. (2006). *Discovering the development of self-esteem and social skills in children with dyspraxia through dramatherapy.* Unpublished Masters thesis. University of Exeter.

Mead, G. H. (1934). *Mind, self, and society.* Chicago: University of Chicago Press.

Moore, J. (2009). Theatre of attachment: Working with adoptive and foster families. In S. Jennings (Ed.), *Dramatherapy and social theatre: A necessary dialogue* (pp. 203-212). London: Routledge.

Pendzik, S. (2003). Six keys for assessment in drama therapy. *Arts in Psychotherapy, 30,* 91-99.

Pendzik, S. (2008). Using the 6-Key Model as an intervention tool in drama therapy. *Arts in Psychotherapy, 35,* 349-354.

Rowan Studio. (2009). *Work manual for dramatherapy courses.* Glastonbury: Rowan Centre.

Seach, D. (2007). *Interactive play for children with autism.* London: Routledge.

Sherborne, V. (1975). Movement with mentally handicapped children. In S. Jennings (Ed.), *Creative therapy* (pp. 68-90). London: Pitman.

Sherborne, V. (2001). *Delopmental movement for children.* London: Worth Reading.

Slade, P. (1954). *Child drama.* London: Hodder and Stoughton.

Slade, P. (1997). *Child play.* London: Jessica Kingsley.

Smilanksy, S. (1968). *The effects of sociodramatic play on disadvantaged pre-school children.* New York: John Wiley.

Snow, S. (1996). Focusing on mythic imagery in brief dramatherapy with psychotic individuals. In A. Gersie (Ed.), *Dramatic approaches to brief therapy* (pp. 216-235). London: Jessica Kingsley.

Stagnitti, K., & Cooper, R. (Eds.). (2009). *Play as therapy.* London: Jessica Kingsley.

Trevarthen, C. (2005). Action and emotion in development of cultural intelligence: why infants have feelings like ours. In J. Nadel & D. Muir (Eds.), *Emotional development* (pp. 61-69). Oxford: Oxford University Press.

Wilshire, B. (1982). *Role playing and identity.* Bloomington: Indiana University Press.

Winnicott, D. (1974). *Playing and reality.* London: Penguin.

제9장

6-열쇠 모델-통합 진단평가 접근법

Susana Pendzik

연극치료의 실제는 다면적이고 다양한 이론적 틀과 기법을 아우른다. 어떤 치료사는 역할연기와 즉흥을 사용하고, 다른 사람은 텍스트, 희곡 또는 이야기를 선호한다. 접근법은 개인적이고 직접적인 것(플레이백 시어터나 사이코드라마에서와 같이), 아니면 치료 카드, 조각상, 인형, 모래놀이나 다른 투사 기법을 사용하는 식으로 더 거리를 두는 간접적인 것이다. 대부분의 많은 작업 형태가 창조적 과정에 강조점을 두는 데 비해, 다른 형태(퍼포먼스 스타일의 개입과 같은)들은 극적 형태와 제시에 초점을 둔다. 베일리(2007)는 연극치료에서 사용되는 작업 방식을 2개의 교차 연속체를 따라가는 것으로 정리한다. 이 두 연속체 가운데 한 축은 과정 지향적인 것에서 발표와 관련된 기법으로 향하고, 다른 한 축은 허구에서 비허구로 향한다. 베일리(2007)의 모델은 이 분야에서 사용될 수 있는 접근법의 광대한 범위를 잘 포착한다. 연극치료 분야에서 다양성은 언제나 정체성의 증거였으며, 동시에 힘의 근원이기도 했다. 왜냐하면 이로 인해 연극치료사들은 다양한 연령층과 대상에 맞게 활용하도록 자신의 접근법을 조절할 수 있기 때문이다.

연극치료 접근법의 다양성은 진단평가에 대한 실제적인 문제를 제기한다. 잠재적인 작업 유형들이 이처럼 많은데 어떻게 연극치료 과정을 진단할 수 있을까? 치료사가 과정을 진단하고, 평가하도록 이끌어 주는 변수는 무엇일까? 다양한 개입을 동일한 도구로 진단할 수 있을까? 예를 들어 치료 카드를 가지고 하는 개인 작업을 집단의 치료적 공연 시 사용하는 것과 같은 도구로 진단평가 하는 것이 가능한 것일까?

치료사들은 이 문제를 해결하기 위해 전통적으로 여러 방법을 취하였다. 몇몇 사람들은 연극에 기초한 기법들을 발전시켰는데, 거기서 도출한 정보들은 심리적 범주와 개념을 사용하여 진단되었다(Farmer, 1995; Johnson, 1988, Johnson & Miller, 2008; Lahad, 1992; Snow & D'Amico, 2009; Wiener, 1994, 2009). 또 다른 사람들은 연극치료 작업의 특정 단면을 진단하는 도구를 만들었는데, 역할(Landy, 1996, 1997, 2009; Moreno, 1964, 1987), 또는 EPR 패러다임과 같은 극적 놀이의 발달 단계(Jennings, 1996, 1998, 2004) 등이 그러하다. 극적 발달이나 개입에 근거한 점검표나 목록을 만든 학자들도 있으며(Courtney, 1981; Jones, 1996), 또 다른 많은 사람들은 심리학, 정신의학, 그리고 다른 정신건강 학문에서 여러 진단 도구를 자연스럽게 차용하기도 한다(Casson, 2004; Holmes, 1995; Lubin & Johnson, 2008).

6-열쇠 모델은 모든 연극치료 작업에 공통된 개념, 즉 **극적 현실**(dramatic reality)을 사용하여 다면적 분야에 대한 복합적 진단을 다루고자 하는 시도다. 이전의 논문(Pendzik, 2003; 2006)에서 지적하였듯이 이 개념은 모든 형태의 연극치료를 엮어서 일관성 있는 전체로 만드는 것인데, 왜냐하면 특정 연극치료사가 사용한 방식이나 접근법과 무관하게 그들 모두 극적 현실의 형태에 들어가게 되기 때문이다. 사실, 치료를 목적으로 극적 현실을 사용하는 것은 연극치료가 심리치료 영역에 유일하게 기여하는 부분이라고 할 수 있다.

극적 현실은 명시된 상상력이다. 그것은 "극적 상호행동에 고유한 경험의 범주로, 상상 영역으로 가는 확실한 문이 있어서 그것을 통해 환상놀이, 마치 ~처럼의 행동 속으로 들어간다"(Pendzik, 2006, p. 271). 위니컷(1971)은 "환상은 고립된 현상, 흡수하는 힘이지만 꿈을 꾸거나 살아가는 데 기여하지는 않는" 반면(p. 36), **잠재적 공간**(potential space)은—꿈처럼—상상의 건강한 영역에 속한다고 말하면서 환상과 상상 사이의 차이점을 명확히 했다. 극적 현실은 잠재적 공간과 같은 맥락인데, 왜냐하면 지금 여기에서의 확실한 상상을 포함하기 때문이다. 극적 현실로의 진입은 실제 세계에 대한 상상 세계의 능동적인 투사를 필요로 한다. 이렇게 볼 때 극적 현실은 근본적으로 투사적 구조물이며, 따라서 치료사에게 환자의 내적 세계, 상호 인간적 관계와 자아 기능에 관한 많은 정보를 제공해 줄 수 있다.

6-열쇠 모델은 극적 현실이라는 개념에 기초한 질적 진단평가 방법이다. [그림 9-1]에서 보듯이 연극치료는 몇 가지 단계로 전개된다. (a) 현실 사이의 이행 단계, (b) 극적 현실 안, (c) 치료 세팅 안의 극적 현실 외부에서, (d) 다른 세 단계에서 아직 드러나지 않은 단계, 즉 전이와 역전이 내용을 포함하는(그렇다고 제한적이지 않은) 메타 레벨. 심리치료(특히 역동지향적 접근법)는 주로 치료적 연합, 일상 현실 속 내용의 언어적 정교함, 전이관계, 즉 c와 d 단계에서 기능한다. 그러므로

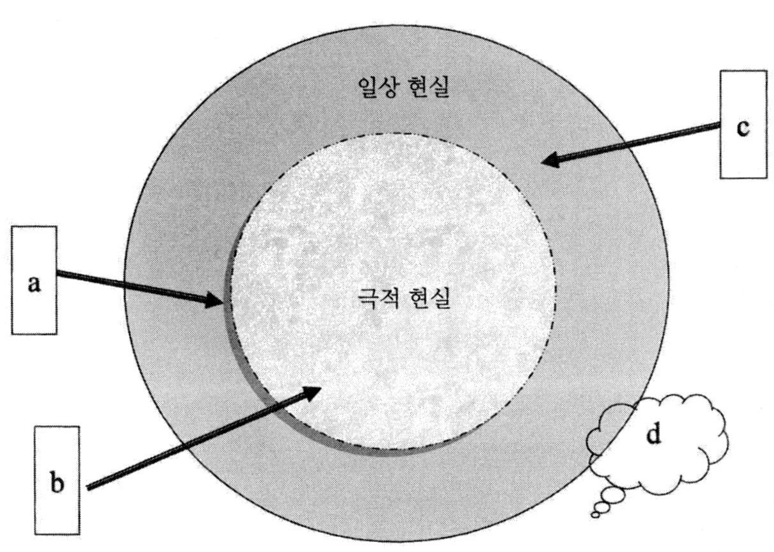

[그림 9-1] 연극치료가 위치하는 단계

심리학에서 사용된 진단 도구들은 자연적으로 이 단계에 초점을 두는 경향이 있다(Hinshelwood, 1991). 연극치료에서는 이와 대조적으로 처음 두 단계에 극적 현실과 연관된, 따라서 간과할 수 없는 기본 과정이 포함된다.

6-열쇠 모델은 극적 현실을 진단 도구로 사용하기 위하여 극적 현실 및 그 치료적 사용과 관련된 6개의 핵심 관점을 다음과 같이 구분한다([그림 9-2] 참고).

1. 일상 현실과 극적 현실 간의 통로
2. 극적 현실의 특성과 유형

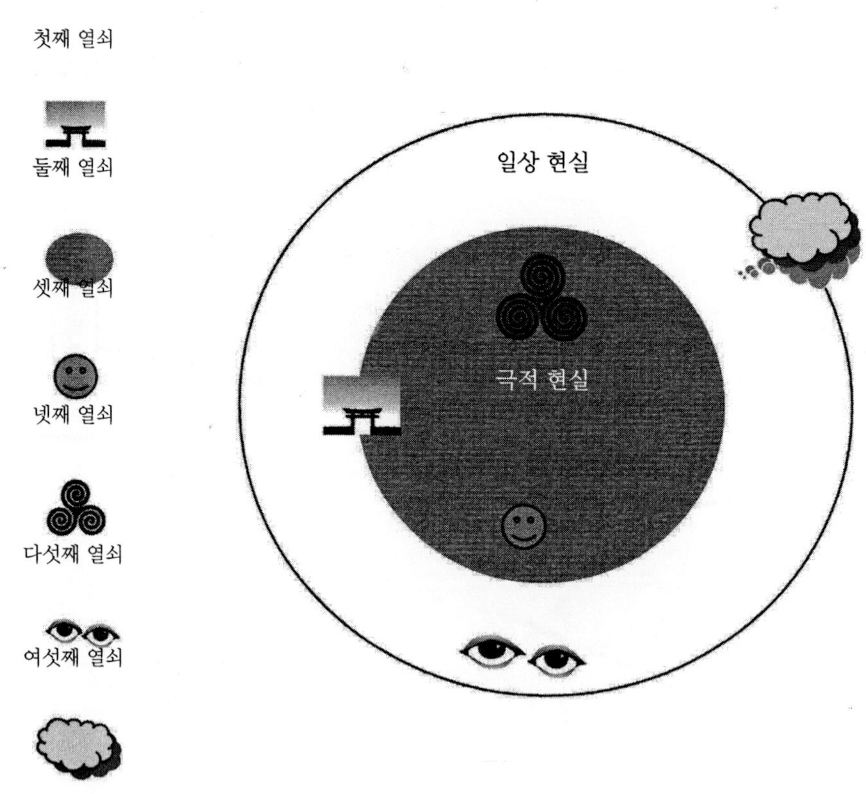

[그림 9-2] 아이콘으로 보는 6-열쇠 모델

3. 그것을 사는 인물과 역할들
4. 플롯, 주제, 갈등, 다른 내용
5. 외부로부터 극적 현실에 대한 반응
6. 메타 현실-드러나지 않은 숨겨진 의미

각 영역들은 연극치료 진행과정에 대한 이해의 열쇠다. 처음 5개의 열쇠는 극적 현실, 그리고 그것과 일상 현실과의 연계, 이와 관련된 제반 관점을 포괄한다. 여섯째 열쇠는 주로 무의식적이고 숨겨진 차원을 위한 공간을 제공한다. [그림 9-3]에서 보듯이 처음 두 열쇠(통로와 특성)는 특히 형태와 연관된 주제에 관해 말하고 있다. 가운데 두 열쇠(인물/역할, 주제/갈등)는 주로 내용과 연관된 소재와 관련된다. 마지막 두 열쇠는 극적 현실 밖에 위치한다. 열쇠의 순번이 중요함의 순서는 아니지만 처음 두 열쇠는 극적 현실의 존재를 가능하게 하는 것들이므로 중요하다.

6-열쇠 모델은 개인이나 집단의 연극치료 과정을 진단하고 평가하는 데 사용될 수 있다. 이 모델은 질적 방법으로서 연극치료사의 주관적 관찰에 기초한다. 치료사는 6-열쇠를 기점으로 임상 작업에 대한 자신의 느낌을 기록하는 것으로 회기를 정리한다. 이러한 점검은 치료사로 하여금 연극치료 과정과 관련한 개인이나 집단 환자들의 상황에 대하여 큰 그림을 그릴 수 있도록 해 준다. 이것은

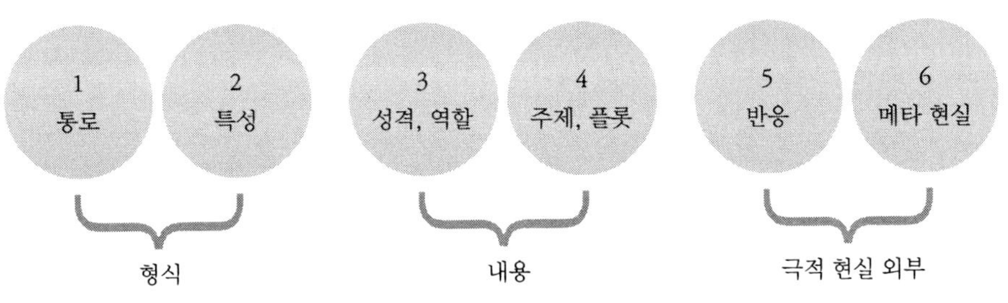

[그림 9-3] 6개의 열쇠

또한 6-열쇠 모델 시공도에 대한 주요 단어나 문장을 빠르게 쓰는 것으로 정리될 수도 있다. 일반적으로 모든 열쇠가 똑같이 적용되지는 않을 것이다. 통상적으로 1개 혹은 2개의 열쇠가 과정의 주된 부분을 잡고 있다. 이런 방식으로 점검함으로써 어떤 열쇠가 개입에 가장 효과적일지 파악하게 된다.

첫째 열쇠: 통로

일상과 극적 현실 사이의 이동은—모든 통로들처럼— 민감한 과정이다. 그것은 개인의 정서적 상황, 인지 능력, 발달상의 장벽, 자아의 힘과 기능, 대인관계의 문제를 반영할 수 있다. 극적 현실로 들어가고 나오는 능력은 성격의 양상을 보여 준다. 왜냐하면 어딘가를 넘나드는 이행은 다양한 심리적 기능을 필요로 하는데, 이는 경계선 잘 긋기, 자기에 대한 분명한 감각, 정신적 구조물을 구축하고 또 그것을 실제 대상에 투사하는 능력 등을 포함한다. 더 나아가 트라우마에 대한 최근 연구에 따르면, 상상의 영역으로 전환하는 능력은 트라우마가 외상 후 스트레스 장애로 진전하지 않도록 하는 건강한 대응기제와 동일하다고 보고한다(Kaplansky, 2009).

첫째 열쇠는 일상과 극적 현실 사이의 모든 이행 양상과 관련된다. 이 열쇠가 유도하는 질문의 유형은 다음과 같다.

1. 두 현실 간의 통로는 어떤가(출입 양 면에서)?
2. 두 현실 사이에 명확한 경계가 있는가?
3. 개인 혹은 집단은 그 이행을 혼자 수행할 능력이 있는가? 그들은 보조가

필요한가?

4. 어떤 종류의 보조인가?

5. 어떤 방식, 예술 형태 혹은 미적 거리가 쉽게 통과하게 하는가?

둘째 열쇠: 특성

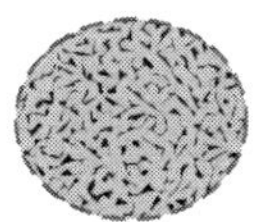

이 열쇠는 다른 어떤 것보다 더 미적 질문을 유도한다. 호이징가(1976)가 『호모루덴스』에서 주장한 것처럼, 우리는 놀이를 미적 용어로 묘사하는 경향이 있다. 이 열쇠는 두 가지 양상을 포함한다. 하나는 극적 현실의 특성이 개인 혹은 집단에 의해 얼마나 좋게 만들어지는가에 관한 질문과 연관된다. 이것은 사람의 행동 기술을 평가하는 것이 아니라 그들이 만든 상상의 세계에서 진정으로 사는 능력을 평가하는 것에 대한 것이다. 여기에 작용하는 기본 전제는 연극치료가 효과적이기 위해서 위니컷의 전문 용어로, 소위 '충분히 좋을' 수 있는 극적 현실의 단계를 필요로 한다는 것이다. 이전 글에서 나는 극적 현실에 적용되는 충분히 좋은 것에 대하여 몇 가지 지표를 언급하였다(Pendzik, 2008a). 간단히 요약하면 유연성과 안정성, 적절한 개입, 미적 거리, 소통, 공동 참여, 깊이 그리고 내적 일관성과 같은 특성들이다.

두 번째로 충분히 좋은 특성에 더하여, 어떤 극적 현실 형태라든지 그것을 유형화하는 특정 존재 방식, 즉 스타일을 가진다는 것이다. 앞에서 말한 것처럼 극적 현실은 인형극부터 술래잡기, 의식이나 장면 재연에 이르기까지 수많은 형태를 취할 수 있다. 따라서 특성의 다른 양상은 개인 혹은 집단이 창조한 극적 현실을 구분하는 특정 스타일이나 방식과 연관된다. 연극치료에서 이에 대해 고려하는 것이 매우 중요한데, 스타일의 변화가 치료의 진척이나 퇴행의 신호로 간주될 수 있고 장르를 변형시키는 것 또한 치료적 개입으로 사용되기도 하기 때문이다.

셋째 열쇠: 인물과 역할

라하드(2005)에 따르면 환상적 현실의 성립은 시간과 공간, 인물이라는 세 요소에 기초한다. 앞의 두 가지는 둘째 열쇠에서는 극적 현실의 특성 양상을, 넷째 열쇠에서는 주제를 의미한다. 셋째 열쇠는 극적 현실의 원 거주자와 그 기능을 맡고 있는 인물과 역할로 이루어진다.

6-열쇠 모델에서 역할은 원형적 층(Pendzik, 2003) 혹은 극적 현실을 성립시키는 기능(Duggan & Grainger, 1997)으로 간주된다. 일례로 왕, 어머니, 판사, 천사, 대통령은 존경받는 역할들이다. 마찬가지로 배우, 관객, 대본작가, 연출 역시 역할인데, 그것은 기능을 충족하는 의미에서다. 반면 인물(character)은 역할, 다른 말로 특정인이 취했던 역할들을 체현한다. 예를 들어 **'오바마 대통령'**이라는 이름은 이러한 단계들을 잘 보여 주는데, 오바마는 인물이고, 대통령은 역할이다. 일반적으로 인물은 보다 역동적이고 유연한 구조로 되어 있다. 인물은 많은 역할을 연기할 수 있으며 따라서 사람의 성격과 보다 더 유사하다. 그것은 인간스러운(humanesque) 특색을 지닌 것을 말한다(Reilly-McVittie & Liu, 2005). 역할은 다른 한편으로는 보다 구조적이므로 랜디(1993)가 말한 것과 같이 분류될 수 있다. 인물에 대해서는 어떤 목록도 만들 수 없다.

셋째 열쇠는 역할과 인물의 범주를 살펴본다. 그것은 한 사람의 역할 체계의 역동(Landy, 1993), 역할 레퍼토리, 역할 분석(Blatner, 2000; Johnson & Miller, 2008), 역할 발달(Moreno, 1987), 그리고 역할과 인물 간의 상호행동을 연구한다. 이 열쇠는 치료사의 관찰을 이끌기 위하여 사용될 수 있는 다른 모든 역할/인물 진단평가 방법과 맞물린다. 다음은 이 열쇠가 유도하는 질문들의 본보기다.

1. 극적 현실에 누가 살고 있나요?(인물과 역할 목록 만들기)
2. 인물/역할은 어떻게 연관되고 통합되나요?
3. 인물들은 여러 역할을 대변하나요? 아니면 모두 동일한 원형적 역할과 연관되나요?
4. 역할과 인물 간의 상호놀이는 한 사람의 전반적인 역할 체계에 대해 무언가를 말하나요?
5. 참여자는 어떤 기능적 역할(연출, 청중, 연기자)을 연기하나요? 혹은 못하나요?
6. 인물/역할은 극적 현실에서 선명해지나요? 아니면 극적 현실로 가져오기에 어려운 무엇인가가 있나요?

넷째 열쇠: 내용-플롯, 주제 그리고 갈등

이 열쇠는 극적 현실의 내용(연극치료에서 그 자체의 범주를 구성하는 인물과 역할 외의 것들)과 관련된다. 이 내용은 플롯, 주제, 갈등, 상징, 이미지, 감정, 콤플렉스 혹은 강박 등을 포함할 수도 있다. 극적 현실은 투사 구성체이며, 그 사람의 내적 세계에 대한 이미지 세계(imago mundi)다. 그러므로 그 안에서 나타나는 갈등, 패턴, 동

기는 그 사람의 심리 내적 핵심 문제와 기제를 표현하는 경향이 있다.

이 열쇠에서 진단평가는 이론적 틀 안에서 내용을 인식하는 것과 관련된다. 왜냐하면 이 열쇠는 다른 심리치료 접근법과 맞물리며, 따라서 내용에 대한 분석과 해석은 연극치료사가 지향하는 특정 방향에 따라 이루어지기 때문이다. 다음의 질문들은 나의 의도(주로 서사적 · 페미니스트적 치료)를 잘 반영한다.

1. 극적 현실에서 무슨 일이 생기나요? 그 플롯은 무엇인가요?
2. 그것은 어떻게 전개되나요?
3. 거기에서 생기는 주제 혹은 문제는 무엇인가요?
4. 주 갈등은 무엇인가요?
5. 주요 상징과 은유는 무엇인가요?
6. 플롯이나 갈등의 면에서 반복되는 패턴이 있나요?
7. 플롯은 진전하나요? 아니면 고착되어 있나요? 그것이 진전하기 위해서는 이 이야기에서 무슨 일이 일어나면 될까요?
8. 주된 이야기 밑에 대안적인 이야기가 있나요? 그것은 무엇인가요?

다섯째 열쇠: 극적 현실에 대한 반응

극적 현실에 들어가는 것은 일상과 다른 문맥으로 발생하는 경험에 참여하는 것을 수반한다. 이 열쇠는 그 경험이 평범한 현실로 돌아가는 것에 대한 과정 및 평가와 관련된다. 극적 현실은 객관적으로 사실이 아니기 때문에 그 안에서 수행되는 것에 대해 부여한 가치는 참여자들의 보편적인 판단

패턴을 반영한다. 이것은 성격의 '비평적' 혹은 '내적 판단' 측면의 장이다—왜냐하면 극적 현실 경험에 대한 반응은 종종 그들 자신을 향한 태도와 실제 세계에서의 성취를 모사하는 경향이 있기 때문이다(Johnson, 1981).

다섯째 열쇠는 세 가지 주요 영역을 진단평가하는 데 도움이 된다. 첫째, 그것은 주관적 경험을 진행하고 통합하는 능력에 대하여 알려 준다. 둘째, 그것은 자존감과 자기 가치 인식에 대한 정보를 제공한다. 셋째, 그것은 극적 현실에서 수행되는 작업이 개인의 삶에 대해 지니는 의미를 평가한다는 측면에서, 연극치료가 지지하는 치료적 전제로부터 이익을 취할 수 있는 참여자의 능력을 반영한다.

1. 참여자는 극적 현실에서 일어난 것을 어떻게 보는가? 그것에 대한 그의 전반적인 태도는 무엇인가?
2. 그는 그것을 의미심장한 경험으로 간주하는가?
3. 그는 그것에 가치를 두는가? 무시하는가?
4. 그 반응은 그 사람의 판단 패턴에 관해 무엇을 암시하는가?
5. 극적 현실에서 수행된 작업은 실생활에서 영향력을 행사하는가?

여섯째 열쇠: 메타 현실-명시되지 않은 숨은 의미

연극치료는 어떤 어렵고 숨겨진 혹은 무의식적 내용이 탐험되고 다루어지는가에 관해 두 가지 가능한 경로를 제공한다—한편으로는 치료적 장치의 평범한 현실, 그리고 다른 한편으로는 극적 현실의 평범하지 않은 실

제. 하지만 때로는 미묘하고 정의하기 어려운 숨은 의미가 전개되는데, 그것은 그 자체를 표현하기 위해 적합한 출구를 찾지 못하고 치료적 환경에 영향을 미치는 메타 현실 단계로 발전하게 된다.

여섯째 열쇠는 포착하기 힘든 내용으로 이루어져 있다. 그것은 전이와 역전이 과정, 숨겨져 있거나 공언되지 않은 문제 혹은 갈등, 말하지 않은 외부 세계로부터의 영향력, 즉 정치적 사건, 사회적 긴장 혹은 기후나 건강 관련 문제들(예를 들어 허리케인, 유행병)을 포함한다. 이러한 내용이 일상적이거나 극적 현실 단계에서 언급되지 않고 표현되지도 않는다면 누적되어 치료과정을 에워싸는 구름을 형성하기도 한다.

나는 이 열쇠가 연극치료에서 반드시 진행되어야 할 필요는 없다는 점을 지적하고자 한다. 심리역동 지향적 접근법—전이관계가 개입을 위한 주된 치료적 도구가 되는—과 대조적으로 연극치료에서는 극적 현실이 이처럼 숨겨진 면을 안전하게 빛으로 나오게 하는 장치를 제공한다(Jennings, 1996). 이 열쇠는 연극치료에서 필수적인 것은 아니기 때문에 항상 실행되지는 않는다(그리고 연극치료사는 이를 실행하기 위해서 작업하는 것은 아니다). 하지만 그것이 진행될 때는 다른 모든 열쇠가 기능하는 것을 방해하며, 따라서 긴밀한 주의가 요구된다.

1. 치료적 과정을 에워싸고 있는 어떤 직관, 예감, 설명할 수 없는 감정이나 뭐라 할 수 없는 생각들이 있는가?
2. 그것들은 무엇인가?(목록 만들기)
3. 그것들은 어디에서 오는가?
4. 거기에는 전이적 내용이 포함되어 있는가?
5. 치료사가 살펴볼 문제들이 있는가?(예를 들어 역전이)

사례 연구-사이먼과의 4회기

첫 회기

사이먼(가명)은 20대 남자로, 지인의 소개로 나를 찾아왔다. 그는 치료받은 적이 한 번도 없었다. 그는 레바논 전쟁에서 남동생이 죽은 이후 도움을 요청하였다. 하지만 이미 오래전부터 그는 마음속으로 '이야기를 나눌 누군가가 필요하다'고 생각하고 있었다. 그는 내가 연극치료사라는 것도, 그것이 무엇인지도 몰랐다. 단지 추천받아 왔을 뿐이었다. 그는 '비트족 같은 외모'를 하고 있었고, 상냥하고 직관력도 있는 남자로 보였다. 하지만 냉정하고 차분한 태도 이면에는 심각한 긴장감이 있었다.

사이먼은 공연 프로덕션에서 일하는데, 무대에서 자신을 드러내는 배우의 대담성을 지니고 있음에도 불구하고 자신은 연기할 수 없다고 생각하였다. 그는 도전하는 것, 특히 어떤 역할을 연기하는 것을 좋아하지만 다른 역할, 주로 사람들이 그를 보고 웃는 역할을 연기하는 것을 두려워한다고 말하였다. 내가 연극치료에 관해 설명하자 그는 신경질적으로 웃었다. 그는 기꺼이 해 보겠노라고 말하면서 "솔직히 말하면 나는 무대에서 연기하기 위해 치료를 받을 생각은 없고, 그냥 이야기하고, 듣고, 그러려고 오는 겁니다."라고 덧붙였다. 우리는 4회기를 진행하는 것에 동의하였다.

사이먼은 치료받으러 오는 몇 가지 이유를 설명하였다. 하나는 그의 인생에서 무엇을 할지 결정하기 어렵다는 것이었다. 그는 장기적인 일에 전념하는 것을 할 수 없었고, 그의 인생은 그가 아무것도 하지 않는 동안 흘러가는 것 같은 기분이 든다는 것이었다. 그는 많은 계획을 가지고 있었지만 무엇을 시작하든지 중도포기한 적이 많았다. 특히 공부와 관련해서는 확실히 그랬다. 그는 어느 프로그램에 입학해도 곧바로 거기에서 뛰쳐나오려고 하는 경향이 있었다. 그는 부모에 대해 많은 분노를 느끼고 있었다(현재 그는 부모와 함께 산다). 특히 아버지(정당활동가였다)에 대해서는 '자신에게 살아갈 준비를 시켜 주지' 않았다는 이유로 분노가 많았다. 그의 아버지는 그 지역의 정치적 투쟁에 관여하였는데, 어린 사이먼을 다른 아이들처럼 극장이나 미술 수업 혹은 콘서트에 데려가는 대신 정치적 행동주의에 가담하게 하였다. 현재 사귀는 여자 친구가 있는데 그의 말로는 매우 좋은 관계라고 하지만, 그가 떠나든지 아니면 여자 친구(자신보다는 훨씬 더 안정적이고 목표 지향적이라고 하는)가 그의 망설임을 견디다 못해 떠나거나 해서 그들의 관계가 깨질까 봐 두려워하였다.

그를 소개한 사람이 그의 창조적 가능성에 대하여 언급하였기 때문인지, 아니면 그가 극장과 관련되어 있거나 그의 '예술가적 외모' 때문인지는 모르겠지만, 나는 창조적으로 발산할 수 있는 수단을 찾는 것이 비교적 쉬울 것이라고 판단하였다. 첫 회기에서 나는 그에게 통상적으로 던지는 질문을 하였다. "당신의 인생이 책이나 영화라면 어떤 종류의 책이나 영화인 것 같아요? 그것은 무엇에 관한 것이지요?" 사이먼은 그 질문에 미소 지으며 자기 인생을 책에 비유하려는 아이디어를 맘에 들어 하였다. 하지만 그것을 좀 더 발전시키려고 하자, 그는 자신의 상상력을 사용하기 어려워하는 것 같았다. 나는 그가 미적 거리감을 갖도록 하기 위해 몇 가지 질문을 던졌는데, 의도대로 잘되지 않았다. 그는 어느새 다시 자신의 삶에 대해서 낱낱이 이야기하기 시작했다. 그가 극적 현실 속으로 들어갈 수 있도록 돕기 위해서 나는 그에게 종이 한 장을 주고 책 제목을 쓰게 한 다음, 뒷표지에 들어갈 책 내용에 대한 간략한 설명과 주인공에 대하여 몇 문장 정도 쓰라고 했다. 그는 다음과 같이 썼다.

사이먼 시걸의 삶과 인생

이 이야기는 고전도 아니며 계속되는, 완전한 이야기도 아니다. 그것은 25년 동안 진행된 이야기로, 스무 개 혹은 수천 개의 짧은 이야기들이 모여 하나의 이야기를 구성한다. 이 이야기는 긍정적이지도 비극적이지도 않으며,

또한 비극도 희극도 아니다. 이 이야기에는 많은 등장인물들이 나오는데, 이를 정의하자면 **'단순히'**라고 할 수 있다.

주인공에 대하여: 세상의 눈으로 보자면 그는 영웅이지만, 그 자신의 눈으로 보면 때에 따라 다르다…….

사이먼은 글을 쓰는 동안 상당히 집중했다. 그는 이 일을 하면서 기쁨을 느끼는 것 같았다. 하지만 그는 그 작업을 상당히 빠르게 끝냈으며, 나에게 주기 전에 글을 수정하거나 다시 한 번 읽어 보지도 않았다. 그가 쓴 글에 대해서나 글을 쓴 경험에 대해서 함께 이야기를 나누는 것은 거의 희망조차 없었다. 그는 그 일을 즐기는 것처럼 보였지만, 그것으로부터 재빨리 빠져나와 다시 자신의 삶에 대해서 숨김없이 이야기하기 시작했다. 마음속으로는 다른 생각을 하고 있는 것처럼 보였다. 회기가 끝날 무렵, 나는 그에게 다음에는 책에 언급된 '짧은 이야기들' 중 하나, 어쩌면 조연들 중 한 명을 소재로 한 이야기를 써 보는 것이 어떻겠냐고 제안했다. 그는 노력해 보겠노라고 대답했다. 회기는 희망찬 느낌으로 끝났다.

첫 회기의 진단평가

6-열쇠 모델로 진단평가를 하는 것은 치료사의 주관적인 인상과 관찰에 따라 각각의 열쇠를 점검하게 될 수도 있음을 수반한다. 검토 결과 만들어진 그림은 보다 효과적인 개입을 위한 단서를 제공하는 한편, 평가를 더 진행할 수 있도록 돕는다. 6-열쇠 작업 도표는 주요 문제들을 요약 정리할 수 있도록 해 준다. [그림 9-4]는 사이먼과의 첫 회기에 대해 6-열쇠 작업 도표를 이용하여 만든 진단평가다.

첫째와 둘째 열쇠인 '극적 현실에 들어가기'와 '그 안에서 살기'는 사이먼에게 있어 쉬운 일이 아니었다. 그는 "배우들이 부럽다"고 말했는데, 이는 그의 삶을 책으로 상상하라고 질문했을 때와 같이 '마치 ~처럼(as-if)'의 차원으로 들어가는 것에 대해 어려움을 대변한다. 그에게 글 쓰는 작업이라는 구조를 제공했더니, 짧은 시간 동안이나마 극적 현실로 들어가는 경계선을 넘을 수 있었다. 제닝스(1998, 1999)의 EPR 패러다임과 제의/위기 평가의 용어를 빌려서 설명해 보면, 그에게는 투사를 사용하는 일이 적합했다고 생각한다. 왜냐하면 체현이나 역할은 너무 많은 위험 부담을 가져다주었을 것이기 때문이다. 사이먼은 글쓰기 작업을 즐기는 것처럼 보이기는 했지만, 매우 빠르게(실제로, 가능한 한 가장 빨리) 극적 현실을 이탈했다. 따라서 그가 극적 현실에 들어가는 일도 힘들었지만, 그 영역에서 머무는 일도 어렵다는 사실을 알 수 있었다(둘째 열쇠).

특징적인 면에서 극적 현실이 정말 좋았는지는 판단할 수 없다. 왜냐하면 그가 거기에 머문 기간이 길지 않았기 때문이다. 나는 투사 모델로 글쓰기를 선택했는데, 그 이유는 사이먼이 언어로 자신을 표현하는 것에 관심이 많아 보였기 때문이다. 그러나 화이트와 엡스턴(1990)이 지적했듯이, 서구 문화에서 말하기와 글쓰기는 다르다. 나는 미적 거리의 척도를 만들기 위한 시도로 소외 효과로서의 글쓰기를 사용했다. 사이먼의 글은 그 자체로도 글 쓰는 스타일에 대한 통찰을 제공한다. 그의 글은 분리적이고 규정하기 힘들며, 뚝뚝 끊어져 있고 양면적이며, 너무 모호하면서도 일반적이다('희극도, 비극도 아닌'). 그의 서술 방식에는 일종의 무관심이 느껴진다. 그의 삶에 대한 이야기의 실제적인 세부사항들이 빠져 있기 때문이다. 우리는 단지 그 책 속에 많은 이야기들이 있다는 것만을 알 수 있고, 그 내용이 무엇인지에 대해서는 아무런 단서도 없다(과도한 분리). 그럼에도 불구하고 주인공의 이름은 작가와 동일하다(밀착).

셋째 열쇠는 사이먼의 아버지, 여자 친구 그리고 죽은 남동생과 같은 몇몇 중요한 인물들을 포함한다. 그러나 이들 중 그 누구도 책 내용에 드러나 있지 않은데, 그 줄거리에는 사이먼 시걸 자신 외에는 단지 '세상'과 '많은 등장인물들'만이 타인으로 나타날 뿐이다. 마찬가지로, 넷째 열쇠는 사이먼이 치료에서 다루고 싶어 했던 문제들인 핵심 주제와 갈등으로 이루어져 있다. 문제들은 상상의 책 안에서는 나타나지 않는다. 그것은 '수천 개의 짧은 이야기들'이라는 이름으로 어딘가에 숨어 있다. 그 책의 주된 이야기는 상당히 불명확하고 분절적이다. 그것은 겉으로 드러나는 방향이나 플롯 없이 여러 조각과 부분들로 이루어져 있다. 이것은 '삶이 흘러간다'는 사이먼의 느낌과 유사할지도 모른다. 하지만 책에 나타난 극적 현실에서의 주인공은 플롯이 필요로 하는 것과 전혀 관계가 없다. 사실 일관성 있는 플롯의 부재는 정체성으로 정의된다. "그것이 바로 인

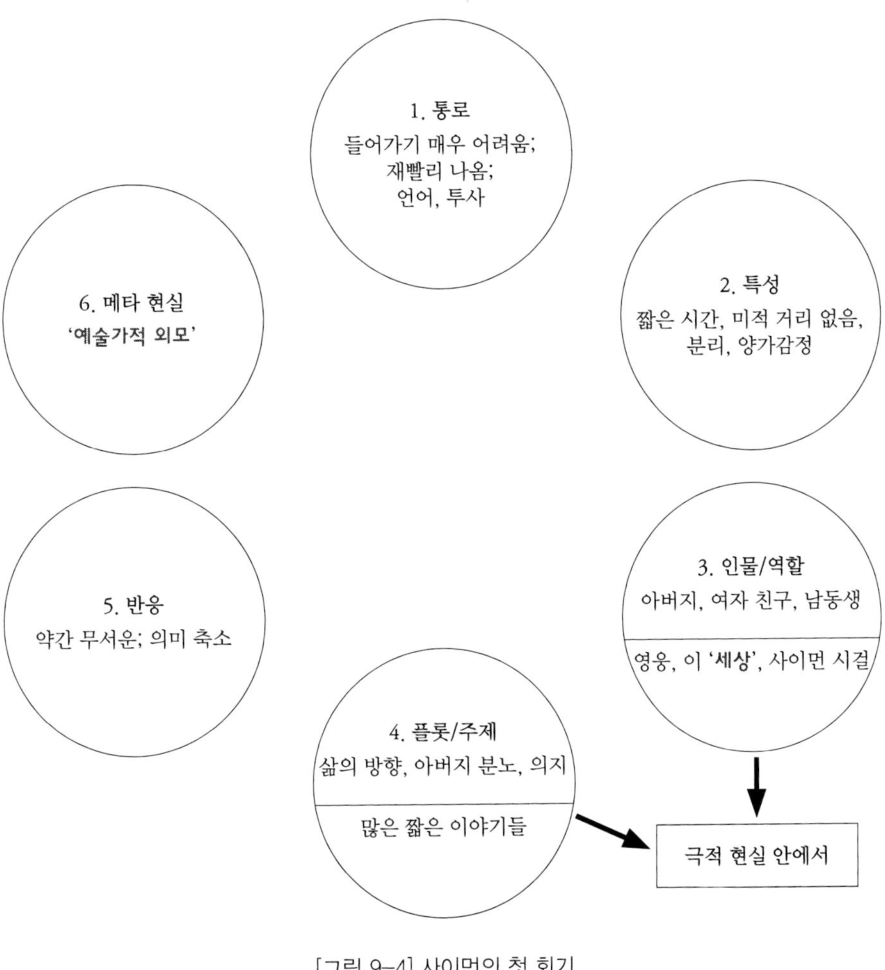

[그림 9-4] 사이먼의 첫 회기

식되어야 하는 방법이다. 단순히."

다섯째 열쇠인 반응은 '말하고 들을 누군가를 갖는다'는 것과는 대조적으로, 연극치료에 참여하는 것에 대한 사이먼의 양가감정을 거듭 강조한다. 그는 자신의 글과는 무관하다(심지어 회기를 마칠 무렵에는 잊어버리기까지 했다). 경험의 의미는 축소되었다. 그 대신 그가 말했던 것에 대해서는 너무 많은 의미를 부여하였다. 여섯째 열쇠는 이 시점에서는 없다.

열쇠들을 검토한 결과, 사이먼의 경우 주요 치료 목표 가운데 하나는 그로 하여금 극적 현실에 들어갈 수 있는 능력을 개발하고 그 안에 머무르도록 하는 것임을 알 수 있다. 그는 '배우의 대담함'에 대해 말할 때 이러한 소망을 표현하였다. 첫째와 둘째 열쇠에 대한 그의 어려움은 삶을 흘러가는 대로 두는(사이먼 식으로는 말하는 것) 대신 전념하고 행동하고 어떤 것에 자기 삶을 맞추고 그 삶을 통솔하고 자신을 위해 플롯을 창조하는, 이 모든 것에 관한 무능력과 유사하다. 이에 대해 작업하기 위해 나는 사이먼이 극적 현실로 이행하는 것을 쉽게 하는 방법을 찾을 필요가 있었다. 앞서 말했듯이 나는 투사의 사용이 그에게 균형감뿐만 아니라 조절 감각과 미적 거리를 제공하였다고 생각하였다. 넷째 열쇠가 내용으로 이루어졌다고 하더라도 그것은 개입에 적합한 열쇠는 아니었다. 왜냐하면 그 내용을 연극치료에서 다루기 위해서는 반드시 충분히 좋은 극적 현실이 만들어져야 하기 때문이다. 확실히 사이먼은 연극치료 도구를 사용하면서 문제를 점검하는 것보다는 그 문제에 관해 말하는 것을 더 편안하게 느끼는 것이었다. 하지만 나는 언어치료에서처럼 그 내용에 관해 솔직하게 말하는 것은 그의 두려움과 결탁하는 것임을 감지하였다. 게다가 우리가 정한 네 번의 만남 속에서 연극치료가 무엇인지 경험하는 것은 사실 매우 어려운 일이었다.

두 번째 회기

두 번째 회기에서 사이먼은 지난주에 여자 친구와의 관계에서 발생한 위기에 대해 말하였다. 그는 그 지역을 떠나 세계를 여행하고 싶은 갑작스러운 충동을 느꼈고, 여자 친구에게 "나는 여기를 벗어나야 한다"고 말했다. 그들은 함께 살기로 계획하고 있었기 때문에 이러한 말은 그녀에게 심각한 충격이었다(비록 그것이 처음은 아니었지만 말이다). 사이먼이 생각하기에 그는 '인생에서 많은 경험을 놓쳤으며', 정착하기 전에 하고 싶었던 것이 있다는 것을 알았다. 그는 자신의 삶이 어디로 가기를 원하는지도 모를 만큼 여러 수많은 방향으로 갈 수 있다고 말했다. 그는 '내면의 전쟁'에 대한 이미지를 떠올렸는데, 한쪽으로는 세계를 두루 다니며 마약 중개상과 같은 극단적인 것도 할 수 있는 삶과 다른 쪽으로는 여자 친구와 살며 공부도 하고 아이도 낳고 정착하는 삶 사이에서 어느 쪽을 선택할지 모르는 것이었다. 나는 그에게 각각의 삶을 양손에 하나씩 잡고 있는 모습을 상상하게 했다. 그는 '정착하고 관계를 맺는 삶'을 그의 오른손에 두었고, 왼손을 '사이먼 그 자체'라고 이름 붙였다. 나는 이 주제를 좀 더 깊이 탐구해 보고 싶었지만, 그는 자신이 만들어 낸 내적 전쟁의 이미지를 폐기하고 대신 갈림길 메타포를 선택했다.

나는 그에게 방에 있는 모든 사물을 이용해서 갈림길의 이미지를 설치미술의 형태로 나타낼 것을 제안했다. 갈림길은 금방 원형 교차로의 모습을 띠게 되었고, 쿠션이나 다른 소품들은 많은 가능성을 표현하였다. 선택사항 중에는 예술 공부, 심리학 공부, 단순하고 지루한 일을 하고 대신에 다른 일들을 할 시간을 갖는 것, 여자 친구와 결혼해서 가정을 꾸리는 것, 그리고 '사이먼 그 자체'(여행을 다니고, 순간순간 하고 싶은 일은 무엇이든지 하는 것) 등이 있었다. 설치물을 만드는 동안 그는 내게 말을 걸어 자신이 무슨 일을 하고 있는지 설명했다. 그는 자신이 선택한 사물들에 대해 너무 많은 생각을 하는 것으로 보이지는 않았다. 그는 그 사물들을 상징이라기보다는 일종의 기호로 집어 들었다. 실상 그는 자신의 행동에 대해서 설명함으로써 극적 현실 안에 있지 않고, 그 가장자리에 있는 것처럼 보였다.

그가 작업을 마치자 나는 그에게 설치 공간의 외부에 서서 그 설치물을 바깥에서 관찰하도록 권했다. 이렇게 보는 것은 그에게 도움이 되었다. 나는 그에게 멀리서 이미지를 바라보면서 시간적 관점도 택해 보는 것이 어떻겠느냐고 제안했다. 그에게 나이 든 사람, 그중에서도 그가 언젠가 되고 싶어 하는 '현명한 노인'이 되어 보는 것을 상상할 수 있는지 물어본 것이다. 그는 몇 문장밖에 말하지 않았고, 나는 더 이상 그를 압박하지 않았다. 사이먼은 역할놀이를 자연스럽게 받아들이지 못했지만, 그럼에도 '현명한 노인'의 영혼은 잠시 동안 방 안에 존재했다.

그런 다음 우리는 계속하기 위해 자리에 앉았다. 나는 사이먼에게 그가 맡았던 '현명한 노인'에 대한 피드백을 해 주었고, 성격의 내적 측면과 관련된 인물에 대해서 이야기하였다. 회기가 끝날 무렵, 불현듯 나는 사이먼에게 **극적 공명**(dramatic resonance)의 일환으로 다음의 이야기를 들려줘야겠다고 생각했다(Pendzik, 2008b).

옛날 옛적, 히말라야 산 꼭대기에 현명한 노인이 살았답니다. 그는 한적한 곳에서 혼자 살았지만, 가끔씩 음식이나 다른 생필품을 얻으러 마을에 내려가곤 했지요. 심령술에 재능이 있었던 그는 사람들의 생각을 읽거나, 어젯밤 꾼 꿈을 말해 주거나, 아니면 단순히 사람들의 주머니에 무엇이 있는지를 알아맞혀서 사람들을 즐겁게 해 주었답니다.

그의 신통력을 믿지 않았던 한 꼬마 소년은 그 현명한 노인에게 장난을 치기로 했습니다. 좋은 생각이 떠올랐습니다. 새를 한 마리 잡아서 손에 감추고는 노인에게 가서 소년의 손 안에 무엇이 있는지 알아맞히라고 물어볼 생각이었습니다. 소년은 노인이 그것이 새라고 정확히 알아맞힐 수 있다는 것을 알았기 때문에 그 새가 죽었는지 아니면 살았는지 물어볼 생각이었습니다. 만약 현명한 노인이 새가 죽었다고 말한다면 소년은 손을 펼쳐서 새가 날아가도록 할 계획이었습니다. 만약 노인이 새가 살았다고 말한다면 소년은 새를 꽉 눌러서 죽게 만든 다음 손을 펼칠 생각이었습니다. 어떤 방법이든 소년은 현명한 노인에게 모욕을 줄 계획이었습니다.

다음에 현명한 노인이 마을로 들어오자, 소년은 급히 새를 한 마리 잡아 들고는 노인에게 자신의 손을 보여 주었습니다. 소년은 "노인이시여, 노인이시여, 제가 손에 무엇을 들고 있습니까?"라고 물었습니다. 현명한 노인은 "새를 한 마리 가지고 있는 것 같구나, 얘야."라고 말했습니다. 소년은 "그렇습니다, 노인이시여. 이것은 새입니다. 그런데 혹시 이 새가 살아 있는지 아니면 죽어 있는지도 맞출 수 있으십니까?"라고 물었습니다. 현명한 노인은 소년을 바라본 다음 대답했습니다. "얘야, 그것은 너의 손에 달렸단다. 그리고 너의 삶도 그 새와 마찬가지로 너의 손에 달려 있단다."

나는 훌륭한 이야기꾼은 아니지만, 이 이야기를 하는 동안 마법이 일어났다. 사이먼은 이 이야기에 완전히 몰입해서 눈빛이 빛나고 있었다. 내가 이야기를 마치자 그는 "우와! 당신은 이 이야기가 얼마나 제게 딱 맞는 이야기인지 상상도 할 수 없을 거예요!" 라고 말했다. 이것으로 회기가 끝났다.

두 번째 회기의 평가

두 번째 회기는 [그림 9-5]에 요약되어 있다. '극적 현실로 들어감'은 이미지의 실체화를 통해서 시도되었다. 손 작업을 통한 사이먼의 '내적 전쟁'에 대한 이미지가 제일 첫 번째 시도였고, 그다음에는 설치 작업을 통한 '원형 교차로' 이미지가 시도되었다. 손 작업은 사이먼에게 있어서 극적 현실로 들어가기 위한 아주 효과적인 방법은 아니었다. 어쩌면 그 자신의 손을 사용하는 일이 너무 친숙해서였을지도 모른다. 설치 작업은 더 나았고, 또한 그가 항상 앉아 있던 구석뿐만 아니라 방 전체와 익숙해지는 데 도움을 줄 수 있는 기회가 되기도 했다. 하지만 둘째 열쇠의 측면에서는 극적 현실의 특성이 빈약했다. 사이먼은 사물에 큰 관심을 기울이지 않았고 단지 자신의 행동을 설명하는 정도였으며, 극적 현실의 가장자리에 머물렀다. 제시된 설치물은 상당히 우의적이었다. 우리가 이미지에서 멀어지자 극적 현실의 특성에 변화가 생겨났다. 신체적 거리감으로 인해 미적 거리가 생겨난 것이다. 멀리서 그 설치물을 관측하자 극적 현실의 특성에서 변화가 생겼다. 설치물의 질감이 보다 단단해짐에 따라서 나는 현명한 노인(셋째 열쇠)의 역할을 끌어들일—랜디(2009)가 한 것처럼 불러낼—수 있었다. 그 존재는 잠깐 동안이었지만 무척 중요했다. 극적 현실이 갑자기 사이먼을 제외한 다른 등장인물로 가득 차게 되었다. 거기에서 자극받은 나는 현명한 노인

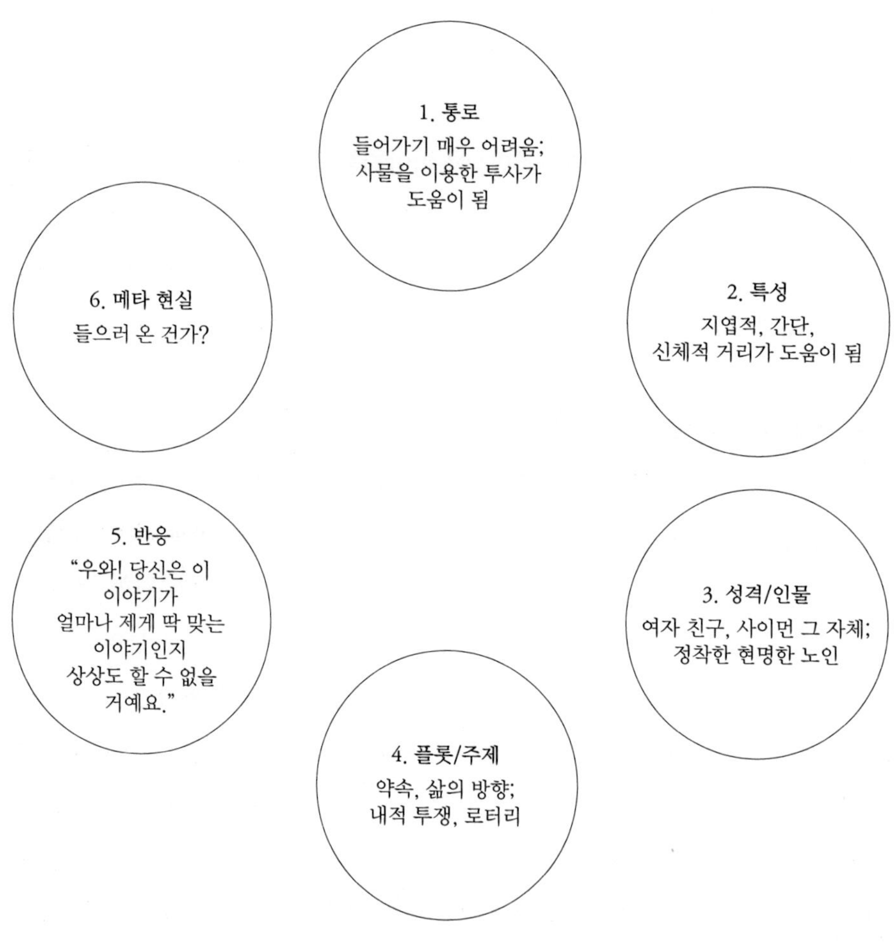

[그림 9-5] 사이먼과의 두 번째 회기

에 대한 민간 설화를 떠올렸다. 회기 중 이야기를 해 준 부분은 사이먼에게 감정적으로 자극이 되었다. 그것은 지금까지의 극적 현실 중에서 가장 훌륭한 특성을 지니고 있었다.

넷째 열쇠는 사이먼이 치료에서 다루고 싶어 했던 약속, 관계, 삶의 방향과 같은 몇 가지 주제들을 포함하고 있었다. 하지만 첫 번째 회기와 달리, 이번에는 그 주제들이 극적 현실 속으로 들어왔다. 원형 교차로의 이미지는 사이먼이 삶에서 전반적으로 느끼는 목적 의식의 부재와 기회들을 그냥 흘려보내고 있다는 감정을 보다 분명하게 인식하게 해 주었다. 그렇다고 해도 그 이미지는 여전히 우의적이었다. 감정이 없는 것은 아니었지만 그 경험은 감정적이기보다는 이성적이었다.

다섯째 열쇠는 내가 이야기를 마친 다음 사이먼이 그 이야기가 자신에게 매우 의미 있는 것이었다고 말했을 때 제시되었다. 앞에서 언급했듯이 사이먼은 그 이야기에 완전히 몰입해 있었고, 나는 그 순간 동안 우리가 극적 현실이라고 불리는 상상의 섬 안에 사는 것 같은 느낌이 들었다. 저시와 킹(1990)이 지적했듯이, "이야기는 우리의 내적 세계와 외적 세계 사이에 있는 문지기와도 같다"(p. 35). 그리고 이야기를 들으면 상상력이 풍부해져서 이야기를 하는 사람과 듣는 사람 사이에 이미지의 공간이 생겨나게 된다. 그러나 여섯째 열쇠의 범주에서 볼 때 그 이야기를 공명으로 떠올린 사람이 나였고, 이야기를 한 사람도 나였다는 사실로 인해 나는 사이먼이 집중해서 이야기를 들은 것이 정말로 그가 극적 현실에 들어온 것인지, 아니면 첫 회기에서 그가 말했던 것과 같이 치료를 말하기, 듣기 연습으로 생각해서 그랬던 것인지 고민하게 되었다.

세 번째 회기

사이먼은 지난 회기가 끝난 이후로 여자 친구와 대화를 잘 나누었고, 그 점에서는 상황이 안정되었다고 보고했다. 그는 열심히 일했으며, 직장 동료들에게 그의 능력에 대해서 칭찬을 받았지만 이런 긍정적인 칭찬을 받아도 그는 아무 것도 느낄 수가 없었다. 사실 그는 일을 그만둘 준비가 되어 있었다. 그는 과거에도 이렇게 잘 되어 가고 있는 일로부터 도망치려고 했던 적이 있었다. 나는 그에게 어릴 때 어땠는지 물어보았다. 사이먼은 복잡한 어린 시절을 보냈다. 그는 집중과 행동 부분에 문제가 있었고(아마도 진단되지 않은 ADHD), 폭력으로 대응하는 경향이 있었으며, 학교에서 여러 번 정학을 받은 적이 있었다. 그는 겉보기에 점점 더 거칠어졌고, 쉽게 싸움에 휘말려 들었으며 심지어 깡패 같은 친구들과 함께 어떤 불법적인 활동에 연루되기도 했다. 그는 이 모든 일에 대해서 사무적인 톤으로 말했으며, 어떠한 느낌이나 후회도 보이지 않았다. 그가 하나씩 이야기를 함에 따라, 나는 사이먼에게 그의 어린 시절을 세 단어로 표현해 달라고 요구했다. 그는 '용기 있고, 장난스럽고(거의 신경질적일 정도로), 쿨하다'고 말했다. 그는 대부분의 선생님들이 그에게 "너는 많은 가능성을 가지고 있어. 하지만 그 잠재력을 구체화시켜야 한다"고 했다고 자랑스럽게 말하고는, 해마다 교사들로부터 그런 말을 듣는 것을 매우 좋아했다고 덧붙였다.

나는 이 내용을 극적 현실로 끌어들일 수 있는 방법들을 생각하다가, 사이코드라마 기법을 해 보기로 하고는 2개의 빈 의자를 연기 공간에 놓았다. 사이먼에게 한 의자를 선택해서 그 자신으로서 앉은 다음 다른 의자에 '예전에 사이먼이었던' 아이가 앉아 있다고 상상하도록 했다. 나는 사이먼에게 그들 사이에 대화를 주고받는다고 상상하라고 한 다음, 그 아이가 들을 필요가 있는 말들을 해 주라고 했다. 사이먼은 만약 그가 아이일 때의 자신을 만난다면 아무 말도 하지 않고 대신 마음속으로 이야기를 건네겠다고 말했다. 나는 바로 이곳이 마음속에 있는 이야기를 하고, 진심을 말할 수 있는 좋은 장소라고 말했지만 그는 하지 못했다. 그에게 사이코드라마의 분신 역할을 설명한 다음, 그 의자에서 내가 먼저 몇 개의 문장을 말하고는 사이먼에게 자기 말로 하도록 하고, 바꾸어 말하고, 수정하고, 거부하라고 했다. 내가 말한 것 중에서 사이먼이 가장 중요하게 받아들인 것은 교사들이 거듭 말했던 그의 실현되지 못한 잠재력에 대한 말이었다.

사이먼은 아이였을 때의 자신에게 이 말의 위험성에 대해 경고했다. 왜냐하면 그것은 그의 인생을 지배한 자멸적인 전략이 되었기 때문이었다. 자신이 어떤 잠재력을 가지고 있다는 사실을 단지 알고 있기만 하는 것은 그 잠재력을 구체화하는 데는 도움이 되지 않았다. 이 대화를 통해서 사이먼이 깨달은 또 다른 사실은 어릴 때와 지금의 그가 너무나도 다르기 때문에 아이였을 때의 자신을 마주하기가 힘들다는 것이었다. 그는 이전에는 한 번도 어린 시절에 대하여 생각해 본 적이 없었다. 나는 사이먼이 어린 시절의 자신과 역할을 바꿔 보는 것은 이번 회기로는 너무 과할 것이라는 생각이 들었다.

이 경험을 극적 현실로 진행하는 동안 사이먼은 아버지가 되는 것에 대해 자신의 생각을 말하면서 자신은 아버지와는 달리 '아이에게 제대로 된 어린 시절과 많은 경험, 창의성, 그런 비슷한 것들을 주고 싶다'고 말했다. 나는 사이먼이 그의 아이와 어렸을 때의 자신을 구별한 것을 이용하여 어렸을 때의 사이먼도 그가 자식에게 주고 싶어 하는 것과 같은 경험을 누릴 자격이 있다고 말했다. 나는 치료를 스필버그의 영화 〈**백 투 더 퓨처**(Back to the Future)〉에 비유했다. 그 영화에서 주인공은 자신의 현재를 바꾸기 위해서 과거로 되돌아가야만 했다. 사이먼은 자신이 이번 회기에서 보여 준 모습은 '그의 어린 시절 중에서 좀 더 밝은 부분'이라고 말하고는, "아직 나의 어린 시절에 대해서 제대로 된 이야기를 시작조차 하지 않았어요. 학교에서의 경험만 얘기하고, 아직 집에서의 이야기는 하지도 않았으니까요……." 라고 덧붙였다. 다음 회기에는 사이먼의 가정과 관련된 어린 시절의 삶을 접하게 될지도 모른다는 모호한 약속만을 남겨 놓은 채로 작업을 마무리하였다.

세 번째 회기의 평가

세 번째 회기는 [그림 9-6]에 요약되어 있다. 사이먼의 어린 시절에 대해서 꽤 길게 이야기를 나눈 다음, 나는 빈 의자 기법을 통해서 그 대화를 극적 현실로 바꿔 보려고 했다. 돌이켜 보니 이것이 갑작스러운 도입이었을 것이라는 생각이 든다. 그가 지나치게 거리를 두는 어조로 이야기하는 태도와 그가 말했던 폭력적인 경험들이 겹치면서 내가 거기에 반응한 것이라고 생각된다. 사이먼은 청소년 시절의 외적 모습인 깡패의 이면사를 마치 장부를 다시 읽어 내려가는 것처럼 이야기하면서 어떤 시간적 관점도 사용하지 않았다. 나는 이 인물을 극적 현실로 초대해서 그 인물을 연구하고 질문을 던지고 그의 이야기를 듣고 결과적으로는 보살필 수 있도록 했다. 나는 사이먼의 두 가지 측면의 인물들을 직

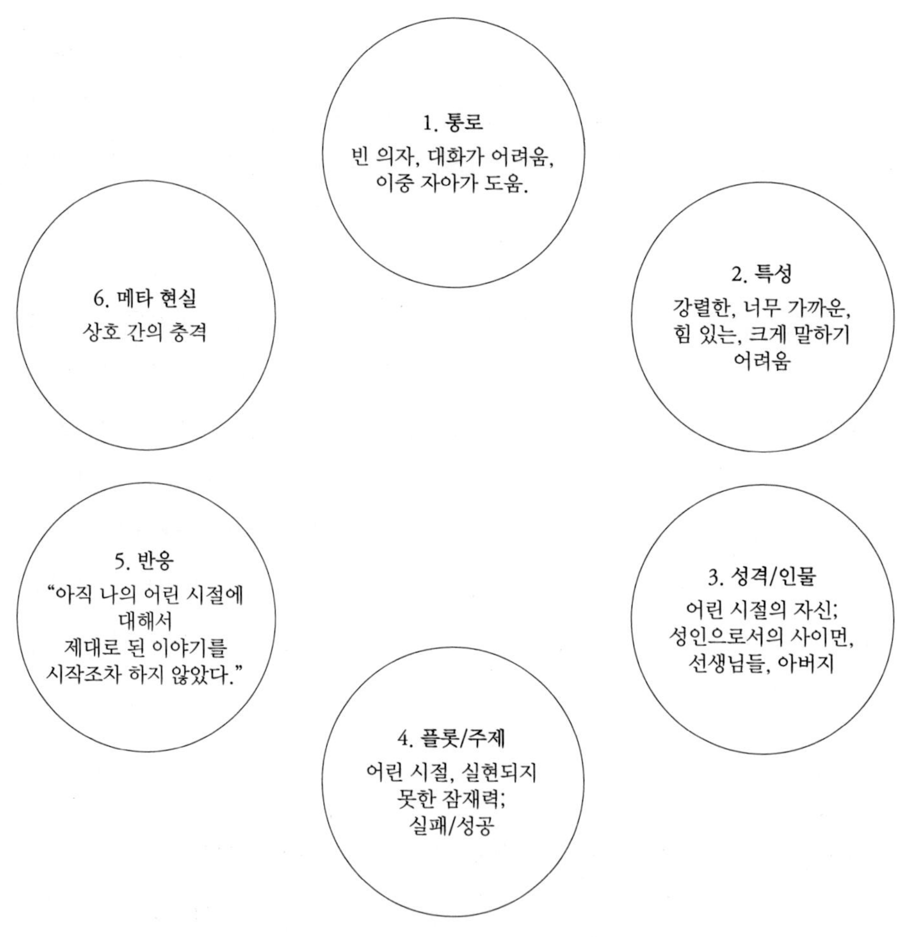

[그림 9-6] 사이먼과의 세 번째 회기

접 만나게 함으로써 분리의 간격을 메우고자 했다. 그것은 충격적이었다. 한편으로 사이먼은 처음으로 어린 시절의 자신을 현재 자신인 어른과 분리된 독립체로 보았다. 다른 한편으로 이러한 발견으로 인해 그는 아무 말도 할 수 없었다. 마음으로 말한 것은 무엇이든지 말로 할 수 있다고—여기에서는 그의 마음이 말할 수 있다고—제안했을 때, 극적 현실의 힘은 사이먼에게 명확해졌다. 이 단계의 작업은 매우 새로운 것이었으며, 그를 매우 놀라게 했다.

사이코드라마의 분신 역할을 개입시킨 것은 그의 두 부분 사이에 있는 소통의 간극을 메우는 데 도움이 되었고, 이로 인해 사이먼은 그가 여전히 일종의 자기 충족적 예언이 되었던 교사들의 말에 사로잡혀 있음을 알게 되었다. 그는 잠재력이 있다고 들은 것으로 만족하였을 뿐(예를 들어 학업 프로그램에 합격하는 것과 같은), 그것을 실행하는 것에는 성공하지 못했다(그 프로그램 안에 머묾으로써). 이것은 인생에서 실제 성공과 진정한 약속으로부터 그를 멀어지게 하였다.

셋째 열쇠가 이번 회기에서 매우 중요한 것이었는데, 왜냐하면 극적 현실은 주로 역할과 성격의 단계에서 다루어지기 때문이다. 작업이 진행되는 동안 극적 현실로부터 돌아오는 중에도 우리가 이야기를 나눈 주요 양상은 아버지 역할로서의 사이먼(그 자신의 아버지와 대조되는)과 아이로서의 자신과 함께 관련되어 있었다. 그를 치료받으러 오게 한 바로 그 문제로 인해 우리는 역할과 인물의 열쇠를 통해 극적 현실로 가는 방법을 찾을 수 있었다. 하지만 "아직 나의 어린 시절에 대해서 제대로 된 이야기를 시작조차 하지 않았다."는 그의 말은 다섯째 열쇠인 반응의 분명한 메시지인데, 거기에는 넷째 열쇠의 역할과 인물보다 더 많은 것(어린 시절의 어두운 면)이 함축되어 있었다. 여기에서 나는 또한 여섯째 열쇠가 두려움으로 격렬해지는 것을 감지하였다. 그로서는 극적 현실을 거대하게 경험한 것에 대한 충격으로, 나로서는 그의 상처 입은 어린 시절을 알게 된 것으로. 왜냐하면 나 또한 다음에 일어날 것과 비교하면 이것은 아무것도 아니라는 예감을 느꼈기 때문이다.

네 번째 회기

회기를 시작하면서 나는 사이먼에게 이번이 우리가 정한 마지막 만남임을 상기시켰다. 우리는 지금까지의 과정에 대하여 이야기를 나누었고, 사이먼은 나와 함께하는 작업이 기분 좋게 느껴지지만 아직 행동하는 것은 쉽지 않다고 말하였다. 그는 대학에 지원해서 다른 도시로 이사할 가능성이 있음에도 불구하고 당분간 치료를 계속하겠다고 결정하였다.

이번 회기에서 사이먼은 아버지의 폭력, 주로 아이들에 대한 신체적 폭력과 함께 어머니에 대한 정서적 폭력에 대해 말을 꺼냈다. 그는 "언제나 달걀껍질 위를 걷는 것 같았어요. 언제 잘못했는지도 몰랐어요. 우리가 할 수 있었던 것은 그에게서 벗어나 가능한 한 눈에 띄지 않는 것이었어요."라고 말했다. 건장한 외모에 학교에서도 최고로 잘했던 남동생('가족의 희망')과 대조적으로 사이먼은 언제나 학교에서 말썽을 피우곤 하였다. 그는 좋은 학생이 아니었으며, 학년이 올라갈수록 문제행동은 더욱 커졌다. 그래서 부모님은 학교 교장에게 자주 불려 갔고, 그래서 사이먼은 아버지의 울분과 폭력의 대상이 되었다. 그는 아버지로부터 맞았던 것을 전부 다 기억하고 있었다. 청소년 시기에 그는 아버지에게 저항하기 시작했고, 그로 인해 그들은 둘 다 서로에게 신체적 폭력을 행사하게 되었다.

아버지와의 관계에 대한 사이먼의 설명은 활기찼고 물 흐르듯 유연했다. 나는 그가 이러한 이야기를 수없이 많이 하였다는 인상을 받았는데, 왜냐하면 그 이야기 속에서 충분히 연습된 작품의 속성을 볼 수 있었기 때문이다. 그 내용은 그가 자신과 다른 사람들에게 이야기한 것으로 보아, 아버지와의 관계에 대한 공식 버전으로 인정받은 것 같았다. 모든 이야기를 들은 다음 나는 사이먼에게 선명한 세 순간을 떠올리고, 그것을 실제 삶의 단계별로 아버지와 그와의 관계에 관한 조각상으로 만들라고 하였다. 놀랍게도 그 조각상들은 그가 방금 말했던 이야기들과는 전혀 달랐다. 그는 다음과 같이 말했다.

1. 어릴 때의 기억: 어느 토요일 아침, 아버지의 손을 잡고 유대교회로 함께 걸어가던 것. 그림 속에서 아버지는 근사한 친구처럼 보인다.
2. 그는 몸을 웅크리고 집 모퉁이에 숨어서 자신을 향한 아버지의 분노에 공포스러워한다.
3. 성장한 후의 관계에 대한 느낌: 같은 집에서 살지만 각자 자기 일을 하고, 자기 일만 신경 쓰고, 회피하고, 서로에 대해 거리를 유지한다—적대적 침묵.

이 이미지들에 대해 우리 두 사람이 번갈아 가며 사이먼과 아버지 역할을 몸으로 표현하는 정지 조각상으로 만들었다. 여러 단계에서 나는 사이먼에게 각 조각상의 위치에서 한 단어 혹은 한 문장으로 말해 보라고 하였다. 그는 아버지 역할로 무언가를 말하는 것이 어려운 것 같았다. 어떤 단어나 문장을 발음하였지만 대체로 그 언어들은 다소 장황했다. 대부분의 감정들은 그 순간의 회상에 그리고 조각상을 만들 때 일어났다.

진행하는 중에 사이먼은 아버지와 만나는 것이 힘들다고 하였다. 사실 최근 가족 모임에서 일어난 상황에 대하여 그 자신은 인정하지 않았지만 아버지가 동생의 죽음 이후 급변하였고, '이제는 더 이상 예전의 아버지가 아니'라는 사실이 그로 하여금 아버지와 만나는 것을 매우 힘들게 하였던 것이다. 나는 이것이 지금까지 내가 들은 것 중에서 아버지에 대하여 처음으로 긍정적인 감정을 표현한 것임을 지적하였고, 사이먼은 매우 감정적인 어조로 "물론 나는 아버지를 사랑해요."라고 답했다.

나는 '내면의 아버지'와 실제 아버지에 대하여 말하면서 둘 사이의 차이점을 설명하였는데, 특히 우리가 치료 작업을 할 수 있는 것에 관해 분명히 말했다. 회기 끝 무렵, 나는 사이먼에게 카프카의 **『아버지에게 보낸 편지』**를 읽어 보라고 권하였다(거기에는 사이먼이 자기 아버지에 대해 묘사한 것과 공감되는 2개의 이미지가 있다). 또한 나는 그에게 자신의 감정을 표현하는, 그러나 실제 아버지에게 전달되지는 않을 편지를 쓰라고 권하였다.

네 번째 회기의 평가

네 번째 회기는 [그림 9-7]로 요약된다. 계속 치료받기로 한 사이먼의 결정은 다섯째 열쇠(반응)의 진술로 보인다. 그는 공공연하게 '연기하기 조금' 힘들다고 토로하였지만 이를 치료에 대한 전반적인 만족감과 연결지었다. 이것은 극적 현실 안에서 작업이 진행된 회기 내내 분명히 드러났던 양가감정을 나타내는 것이며, 여섯째 열쇠의 실행 가능성을 설명하는 것이었다.

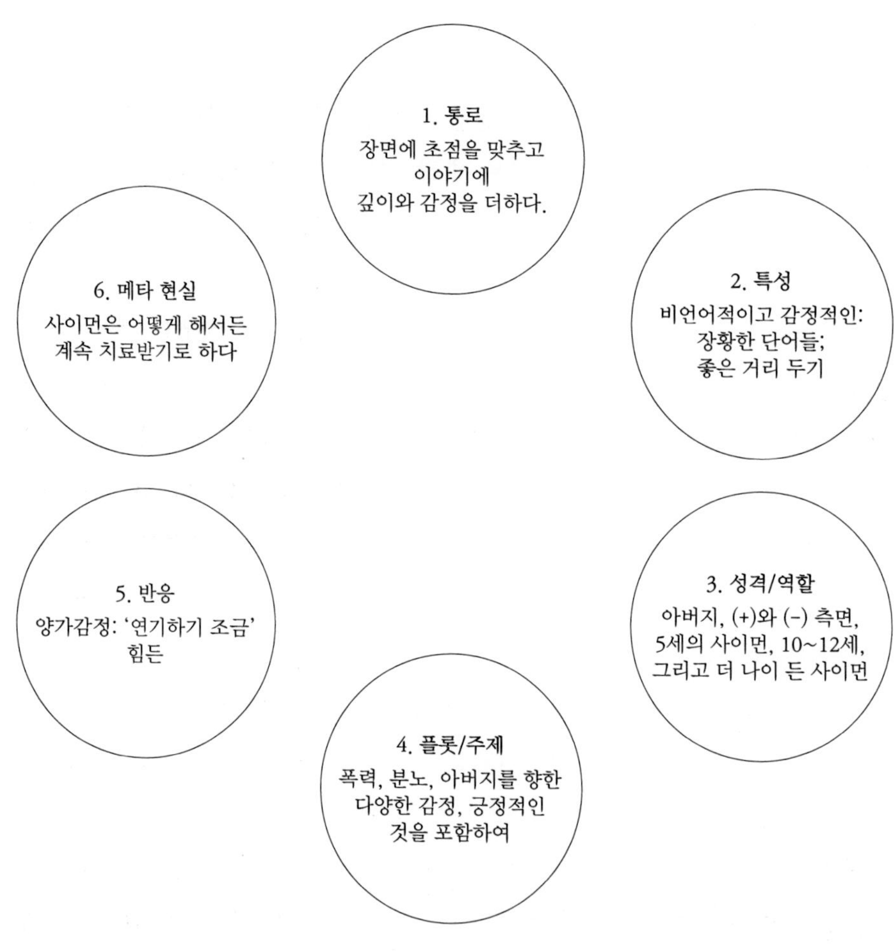

[그림 9-7] 사이먼과의 네 번째 회기

3개의 주요 그림을 중심으로 한 아버지와의 관계에 대한 이야기에 초점을 맞추라는 나의 제안으로, 사이먼은 보다 수월하게 일상의 대화에서 극적 현실로 이동할 수 있었다(첫째 열쇠). 게다가 그가 수년 동안 반복하여 말했던 이야기를 허물고, 그것을 새로운 미적 형식으로 재정리한 것은 특성(둘째) 열쇠의 개입으로 여겨진다. 그의 목소리 톤과 이야기는 마치 침묵과 몸 이미지들이 언어를 대신하는 것처럼 더욱 깊어지고 보다 감정적이 되어 갔다.

둘째 열쇠인 특성의 단계에서 성취한 미적 거리는 셋째와 넷째 열쇠 둘 다에 영향을 주었다. 사이먼은 긍정적인 면을 지닌 존재(어린 시절의 근사한 친구)로 아버지를 경험할 수 있었고, 아버지에게 실망과 분노뿐만 아니라 사랑도 표현할 수 있게 되었다. 게다가 회기 시작 즈음, 사이먼은 연기에 대한 자신의 양가감정을 분명히 표현함(다섯째 열쇠)으로써 극적 현실로 가는 방법을 찾을 수 있었으며, 이로 인해 연극치료뿐만 아니라 아버지에 대한 양가감정으로 더 나아갈 수 있었다.

후속 조치

이후의 회기에서 사이먼은 동생의 죽음을 둘러싼 심각한 작업을 진행할 수 있었다. 하지만 치료과정은 곧 중단되었다. 마침내 마을을 떠나게 되었기 때문이다. 사이먼에게는 부모의 집을 떠나 여자 친구와 함께 이사하고 학교로 돌아가기로 한 결정이 매우 긍정적인 걸음이었지만, 아직 치료가 더 필요하다는 것은 분명했다. 그래서 우리 두 사람은 후에 더 치료가 필요할 것이라는 것에 대해 동의하였다. 우리는 작업을 긍정적인 시각으로 정리하고, 앞으로 그에게 닥칠 어려움에 대해 이야기하였다. 그럼에도 불구하고 내가 동료를 추천하자 사이먼은 연극 대신 말로 하는 심리치료사를 찾아보겠다고 하였다. 나는 그의 연극치료 경험이 강렬했다고 믿는다. 또한 그는 아마도 말로 하는 심리치료사가 덜 부담스러울 거라고 기대하는 마음을 숨긴 것이라고 생각한다.

몇 년 뒤 내가 이 책을 쓰기 위해 사이먼에게 동의를 구하려고 만났을 때, 그는 내게 전문 배우가 되기 위해 공부하는 중이라고 말하였다.

사이먼의 사례를 마치며

6-열쇠 모델의 시각으로 보면 사이먼의 문제의 근원은 특히 첫째, 둘째 그리고 다섯째 열쇠에 있다. 사이먼의 연기 능력(극적 현실을 구축하는)의 결핍은 그가 건강한 어린 시절을 지내지 못했다는 사실과 연관될 수 있다. 극적 세계에 사는 것은 어린이의 특권이지만 사이먼에게는 어린 시절의 놀이공간 대신 어렵고 단단한 정치적 행동주의가 제공되었다. 이처럼 본질적으로 그리고 자연스럽게 행동으로 노는 것의 의미가 축소되거나 아예 사라져 버렸다(다섯째 열쇠). 배우의 용기를 부러워하고, 미래의 아이에게 장난기 많은 아빠가 되기로 작정했음에도 불구하고 그는 극적 현실이라는 치료적 가능성을 무서워하고 또 의심하였다. 자신이 삶의 경험에서 좋은 것을 놓쳤다는 생각은 아마도 그의 인생 경험에서 이 부분의 결핍과 연관되었던 것으로 생각된다. 충분히 좋은 단계의 극적 현실이 부재한 가운데, 그는 상상의 세계를 단지 말로 표현하거나 혹은 반대로 연인관계를 떠나 버리는 것과 같이 충동적인 행동에 굴복하고 저질러 버리는 것으로 표현하였던 것이다.

위니컷(1971)이 주장한 것처럼 치료는 놀 수 있는 능력을 필요로 하며, 놀이가 가능하지 않은 곳에서 치료사는 그 사람을 '놀 수 없는 상태에서 놀 수 있는 상태로' 가도록 하는 노력에 집중해야 한다(p. 51). 그러므로 첫째와 둘째 열쇠를 수정하는 방법을 찾는 것은 연극치료 과정의 중요한 치료 목표 가운데 하나다. 나는 극적 현실을 창조하고 유지하는 과정을 유연하게 할 수 있는 매개체, 스타일, 양식, 구성 방식과 장르에 대해 많이 심사숙고하였다. 내가 사용한 기법(글쓰기, 스토리텔링, 소품, 조각상)들은 첫째와 둘째 열쇠에서 사이먼의 능력을 관찰하고, 다양한 연극치료 모델을 고려하여 선택한 것이었다.

놀이가 가능하였던 순간, 비록 그것이 간단하고 미약한 것이었지만 사이먼은 또한 셋째와 넷째 열쇠(내용 열쇠)에서 많은 것을 수행하였다. 그는 현명한 노인(그 자신의 아버지를 재평가하기 위한 상황을 조성하는)을 적용할 수 있었고, 또한 첫 번째 이야기의 모호한 주인공 역할을 그의 역할 체계 속의 여러 부분을 연기하는 인물들의 내적인 어떤 존재로 해체함으로써 부분적이지만 자기 이미지를 수정할 수 있었다. 그에 대한 오래된 공식적인 이야기(어린 시절의 그와 같은)는 흔들리게 되었고, 확고했던 반박도 보다 유연해졌다.

지금까지의 작업과 성찰로 볼 때 극적 영역의 경험은 사이먼에게 매우 강력하였다. 하지만 다섯째 열쇠는 전 과정에 걸쳐 복잡하게 얽히면서도 강렬한 채로 남았다. 깊이 뿌리박힌 비판적 판단은 이 열쇠에서 비롯되었다. 아이도, 배우도 아닌 사이먼은 극적 현실에서의 경험을 정당화하는 것이 힘들다는 것을 알았다. 마지막 회기에서 말로 하는 심리치료를 해 보겠다던 그의 말은 이러한 느낌을 반영한다. 그럼에도 불구하고 나는 연극치료 과정이 그의 마음 뒤편에 확고하게 자리 잡았다고 생각한다.

결 론

극적 현실은 모든 연극치료 진행과정의 척도다. 사이먼의 경우에서 보았듯이 6-열쇠 모델은 연극치료사들로 하여금 극적 현실과 연관되는 모든 양상을 살펴봄으로써 치료과정을 지도로 나타낼 수 있도록 한다. 그리고 이러한 방법으로 무엇이 개입의 형태로 이루어져야 하는지에 대한 명확한 그림을 제공한다. 이 모델은 다른 연극치료 방법론들과의 접점을 통해 통합적인 연극치료 진단평가 방법을 제시한다.

참고문헌

Baily, S. (2007). Drama therapy. In A. Blatner (Ed.), *Interactive and improvisational drama: Varieties of aoolied threatre and performance.* New York: iUniverse, inc.

Blatner, A. (2000). *Foundations of psychodrama: History, drama, and pratice.* New York: Springer.

Casson , J. (2004). *Dramatherapy and psychodrama with people who hear voices.* New York: Brunner-Routledge.

Courtney, R. (1981). Drama assessment. In G. Schattner & R. Courtney (Eds.), *Drama in therapy* (Vol. 1, pp. 5-27). New York: Drama Book Specialists.

Duggan, M., & Grainger, R. (1997). *Imagination, identification, and catharsis in theatre and therapy.* London: Jessica Kingsley.

Farmer, C. (1995). *Psychodrama and systemic therapy.* London: Karnac Books.

Gersie, A., & King, N. (1990). *Storymaking in education and therapy,* London: Jessica Kingsley.

Hinshelwood, R. D. (1991). Psychodynamic formulation in assessment for psychotherapy. *British Journal of Psychotherapy, 8,* 166-174.

Holmes, P. (1995). How I assess for psychodrama groups, or "would you like a cup of tea oe coffee?" In C. Mace, (Ed.), *The art and science of assessment in psychotherapy* (pp. 87-101). London: Routledge.

Huizanga, J. (1976) [1955]. Nature and significance of play as a cultural phenomenon. In R. Schechner & M. Schuman (Eds.), *Ritual, play and performance: Readingd in social science/ theater* (pp. 46-66). New York: The Seabury Press.

Jennings, S. (1996). Brief dramatherapy: The healing power of the here and now. In A. Gersie (Ed.), *Dramatic approaches to brief therapy* (pp. 201-215). London: Jessica Kingsley.

Jennings, S. (1998). *Introduction to dramatherapy: Theatre and healing.* London: Jessica Kingsley.

Jennings, S. (1999). *Introduction to developmental playtherapy: Playing and health.* London:

Jessica Kingsley.

Jennings, S. (2004). *Creative storytelling with children at risk.* Bicester, UK: Speechmark.

Johnson, D. (1981). Some diagnostic implications of drama therepy. In G. Schattner & R. Courtney (Eds.), *Drama in therapy* (Vol. 2, pp. 13-34). New York: Drama Book Specialists.

Johnson, D. (1988). The diagnostic role-playing test. *Arts in Psychotherapy, 15,* 23-36.

Johnson, D., & Miller, R. (2008). *The diagnostic role-playing test.* (Test manual revised). Unpublished manuscript. Institutes for the Arts in Psychotherapy, New York.

Jones, P. (1996). *Drama as therapy: theatre as living.* London: Routledge.

Kaplansky, N. (2009). *Dissociating from death: An investigation intp the resilience potential of transcendence into fantastic reality during near death experiences.* Unpublished dissertation. Anglia Ruskin University, Chelmsford, UK.

Lahad, M. (1992). Story-making in assessment method for coping with stress. In S. Jennings (Ed.), *Dramatherapy: theory and practice 2* (pp. 150-163). London: Routledge.

Lahad, M. (2005). Transcending into fantastic reality: Story making with adolescents in crisis. In C. Schaefer, J. McCormick, & A. Ohnogi (Eds.), *International handbook of play therapy: Advances in assessment, theory, research and pratice* (pp. 133-157). Lanham: Jason Aronson.

Landy, R. (1993). *Persona and performance: The meaning of role in drama, therapy and everyday life.* New York: Guilford Press.

Landy, R. (1996). A taxonomy of roles: A blueprint for the possibilities of being. In R. Landy (Eds.), *Essay in dramatherapy: The double life* (pp. 111-136). London: Jessica Kingsley.

Landy, R. (1997). The case of Sam: Application of the taxonomy of roles to assessment, treatment and evaluation. In S. Jennings (Ed.), *Dramatherapy: Theory and practice 3* (pp. 128-142). London: Routledge.

Landy, R. (2009). Role theory and the role method of drama therapy. In D. R. Johnson & R. Emunah (Eds.), *Current approaches in drama therapy* (2nd ed., pp. 65-88). Springfield, IL: Charles C Thomas.

Lubin, H., & Johnson, D. (2008). *Trauma-centered group psychotherapy for women: A clinician's manual.* New York: Haworth Press.

Moreno, J. L. (1964) (1946). *Psychodrama* (Vol. 1). Beacon, NY: Beacon House.

Moreno, J. L. (1987) (1961). The role concept: A bridge between psychiatry and sociology. In J. Fox (Ed.), *The essential Moreno: Writings on psychodrama, group method, and spontaneity by J. L. Moreno* (pp. 60-65). New York: Springer.

Pendzik, S. (2003). Six keys for assessment in drama therapy. *Arts in Psychotherapy, 30,* 91-99.

Penzik, S. (2006). On dramatic reality and its therapeutic function in drama therapy. *Arts in Psychotherapy, 33,* 271-280.

Pendzik, S. (2008a). Using the 6-Key Model as an intervention tool in drama therapy. *Arts in Psychotherapy, 35,* 349-354.

Pendzik, S. (2008b). Dramatic resonances: A technique of intervention in drama therapy, supervision, and training. *Arts in Psychotherapy, 35,* 217-223.

Reilly-McVittie, N., & Lium C. (2005). Finishing Stanislavski…(An artificially intelligent autonomous agent prepares). *Performance Research, 10,* 126-132.

Snow, S., & D'Amico, M. (Eds.). (2009). Assessment in the creative arts therapies: *Designing and adapting assessment tools for adults with developmental disabilities.* Springfield, IL: Charles C Thomas.

White, M., & Epston, D. (1990). *Narrative means for therapeutic ends.* New York: W.W.Norton.

Wiener, D. (1994). *Rehearsals for growth: Theater improvisation for psychotherapists.* New York: W.W. Norton & Company.

Wiener, D. (2009). Rehearsals for growth: Drama therapy with couples. In D. R. Johnson & R. Emunah (Eds.), *Current approaches in drama therapy* (2nd ed., pp. 355-373). Springfield, IL: Charles C Thomas.

Winnicott, D. W. (1971). *Playing and reality.* London: Routledge.

제10장

심리학적 가계도, 스펙토그램, 그리고 역할-전환의 진단평가

Anna Chesner

진단평가 워밍업

참여자를 만나기 전부터 나의 워밍업은 시작된다. 첫 전화 메시지, 이메일, 혹은 개인적인 위탁 소개에는 초기 상상의 단계에서 시작되는 참여자와의 어떤 관계적 감각이 있게 된다. 모두에게 의미 있는 치료적 관계로 이어질 것인가? 좋지 않은 계절이나 나쁜 토양에 심은 씨앗처럼 실속 없는 조사에 머물러 형편없는 시간이 될 것인가? 이 글에서 나는 진단평가에 대한 근거와 심리학적 가계도(genogram), 스펙토그램(spectogram), 그리고 역할-전환을 진단 도구로 적용하는 접근법에 대해 기술할 것이다. 참여자의 비밀을 보호하기 위해 어떤 정보는 변경하여 짧게 제시할 것이다.

내가 한 모든 작업에서 진단평가는 결정적이라는 것을 알게 되었다—개인, 커플, 그리고 집단 작업, 개인적인 작업과 병원 체제 내의 작업 등. 나는 첫 만남, 첫 회기, 첫 작업에 주목한다. 이 모두가 진단평가 과정의 한 부분이라고 생각한다. 오랜 시간 발전시켜 온 방법론이 있음에도 불구하고 나는 계속해서 경험에서 배우고 복잡하면서도 때론 의외적인 진단평가 과정에 대한 접근방법을 개선해 나가고 있다.

나는 진단(diagnosis)과 치료 계획에 선행하는 조사(investigation)의 첫 단계로 항상 진단평가를 하지는 않는다. 그와 반대로 치료사와 참여자가 초기 두세 번의 회기 내에 어떤 점에서 서로 동의를 하고, 어떤 의도와 목적으로 진행할 것인지 알고자 하는 첫 만남이 합리적이라고 본다. 나는 잠정적인 치료관계를 형성하고 그 관계를 위한 틀을 협상하는 초기과정을, 충분하게 생각할 기회이자 탐색전(exploratory dance)으로 이해한다. 심리분석에서의 첫 번째 꿈처럼, 한 회기의 처음 5분이나 사이코드라마 무대에서 주인공이 하는 첫 말은 특히 흥미로운 사실을 드러내는 것으로 생각된다. 그러므로 치료에서 첫 만남은 중요한 주제와 역동의 열쇠를 쥐고 있는 것 같다. 이러한 통찰은 그 시점에서는 분명하게 파악되지는 않지만 관계성 발달과 치료적 과정의 시금석으로서 특히 주목할 가치가 있다.

작업의 맥락은 첫 회기에서부터 형성된다. 만약 집단에 참여하기 위해, 기간이 정해지지 않거나 혹은 짧은 개인치료를 하기 위해 온다면 그 개인의 의도와 나의 기대가 첫 대화에 영향을 미친다. 진단평가에서 나의 역할의 일부는 의도했던 기본 틀이 그 개인과 소재에 적절한지를 체크하는 것이다. 집단치료를 할 때 가끔 나는 심사숙고한 끝에 그 집단에 들어가기 위한 준비로서 일정 기간 동안 일대일 치료로 시작할 것을 결정한다. 이러한 경우에 개인치료의 기간은 사이코드라마 집단치료의 구도 안에 있게 되고, 치료사와 참여자는 집단치료 참여를 결정함에서 진단평가 의제를 공유하게 된다.

나는 이제 진단평가를 위한 네 가지 핵심 사안을 기술하고자 한다. 이것 중 일부는 포괄적인 것으로 다른 형식의 임상 작업과도 연관되어 있다. 나는 연극치료의 뿌리를 사이코드라마와 집단분석심리치료 작업에 두고 연극치료를 통합하여 온 실천가이므로, 나의 작업에는 행동(action)과 연극적 측면이 전경에 놓여 있지 않을 때가 있다. 그렇다고 할지라도 나는 연극 지향의 측면들이 내 이론의 귀중한 부분이라는 것을 보여 주고자 한다.

텔레와 잠재적 관계성

모레노의 개념인 **텔레**(tele)는 선호와 선택, 그리고 관계적 상호성의 측면을 포함하는 다면적 개념이다. 정신분석적 개념인 전이와는 다르지만 그렇다고 해서 독자적인 개념도 아니다(Blatner, 1994). 어떤 관점에서 텔레는 치료사와 참여자가 서로에게 적합한지에 대한 질문이기도 하다. 다른 관점에서 그것은 치료사와 참여자의 관계에 대한 것뿐만 아니라 참여자 자신의 상호 창조적인(cocreate) 삶의 관계 패턴을 알아내는 한 방법이다. 나는 처음부터 상호 능동의 텔레적 접속이 있어야 한다고 믿지 않는다. 때때로 도움을 요청하는 것이나 혹은 잠재적인 의존 관계에 관여하는 것에 대한 참여자의 불안은 방어와 함께 나타난다. 그들은 회의적이며 신중해 보일지 모른다. 그래서 나를 테스트하고 나 자신의 심리적 동기를 알아내려 애쓴다는 첫 느낌이 있을 수 있다. 어느 면에서 개인적인 관계를 위해 감당해야 하는 불가피한 억울함이 있을 수 있다. 거기엔 항상 비대칭의 역동적인 힘이 내재할 것이다. 이러한 이유뿐만 아니라 각자의 개성이 얽히는가 하면 대인관계 전반의 화학 반응과 같은 것 때문에 최초의 접촉은 서로 긍정적으로 느끼지 못할 수 있다.

첫 번째 사례로 어떤 참여자는 함께 작업할 누군가를 선택하기 이전에 수많은 치료사들을 방문하였다. 그는 치료사가 되기 위해 교육받는 중이었다. 회기에서 그는 매우 까다로운 사람이라고 느껴졌다. 나에게서 거리를 두려는 욕망이 있었던 듯하다. 그는 '여기저기 알아보고 다녔는데', 어디서든 상품 구입이 가능한 소비자의 권력을 가지고 있다는 것을 내가 알아주기를 원하는 듯 했다. 나는 그에게 함께하게 되면 행복할 것이라고 말했다. 시간을 갖고 결정하고, 그런 다음에 나와 함께 작업하기 원하는지를 말해 달라고 권했다. 그는 자신의 배경과 환경에 대한 나의 (공정한 규준의) 호기심을 지나친 것으로 생각한다고 느꼈다. 내가 느꼈던 그 관계에 대한 감각에 기반하여 나는 그가 나와 함께 시작할 것이라고 기대하지 않았다. 그러나 그런 생각이 잘못되었다는 것을 나중에 알게 되었다. 그가 나와 함께 작업하기로 결정할 수 있었던 것은 내가 그의 까다로움을 대면하고 포용할 수 있을 것이라는 그의 느낌 때문이었던 것이다. 그러므로 이런 경우, 불안정한 텔레를 다루는 것은 뒤이어 일어나는 관계에 유용한 기반이 된다.

진단평가 회기 동안 경험했던 역할 관계에 관하여 나는 '호기심은 있지만 회의적인 조사자로서의 치료사'를 만나는 '꼼꼼히 살피는, 다루기 힘든 고객으로서의 참여자'로 요약할 수 있었다. 내가 느낀 바로는 나는 그에게 다소 부정적인 텔레였고, 그는 나에게 중성적 텔레였다는 것이다. 사실 작업이 진행됨에 따라 참여자의 역할 요구는 '내게 거리를 두고 내가 가고 싶어 하지 않는 곳에 나를 밀어 넣지 말라'에서 출발하여, 시간이 지나면서 '내가 가까운 사람들의 접근을 막는 이유를 편안하게 알 수 있도록 도와 달라'로 변화했다.

집단치료의 한 참여자에 대한 진단평가에서 이와는 대조적인 사례가 있었다. 그녀는 집단치료에 대해 상세히 탐문했고, 우리는 진단평가와 준비과정으로서 세 번의 개인 회기를 마련했다. 텔레의 단계에서 나는 상호 간에 긍정적인 것으로 관계를 평가했다. 나는 진정으로 그녀를 좋아해서 편안하게 대했다. 그리고 나는 그녀가 집단 참여를 흥미롭게 생각한다는 것을 알았으며, 그런 그녀에 대해 감동하고 있었다. 그녀는 의욕이 높아서 창조적인 방법으로 참여할 수 있을 것 같았다. 그리고 그녀가 가진 충만한 소재를 내게 터놓을 것 같았다. 나는 진단평가에서 '열정적이고 창조적인 참여자가 열성적이고 편안한 치료사를 만나는' 것으로 역할 관계를 요약했다.

나는 집단 구성원들에게 그녀가 함께 참여하게 될 날짜를 알려 주었고, 그들은 이에 대해 준비했다. 하지만 뜻밖에도 시작하기 바로 직전에 그녀는 그만두고 말았다. 나는 놀랐을 뿐만 아니라 개인적으로 실망했다. 그로 인해 나는 진단평가 과정과 특히 우리의 텔레에 대한 느낌, 혹은 상호 긍정적 텔레 관계의 의미에 대해 자문해야 했다.

그렇다면 치료를 위한 평가에서 텔레의 개념은 얼마나 유용한가? 전반적으로 나는 보편적인 긍정적 감정, 나의 진정한 관심, 그리고 참여자의 잠재적인 신뢰 감각이 있어야 유익할 것이라고 생각한다. 한편으로 관계성과 애착 문제는 흔히 치료가 필요한 부분적 이유가 된다는 점이다. 그래서 최초의 접촉과 초기 회기에서 감지되는 긴장이 있을 때 나는 이것이 잘못된 만남이라기보다는 작업하는 데 있어서의 중요한 소재거리를 암시하는 것이라고 이해한다. 곧 균형의 문제인 것이다. 접촉을 신뢰하거나 기꺼이 받아들이지 않는다면 치료적 협력관계를 세우기는 어렵다. 하지만 상호 간의 호의 또한 작업을 위한 충분한 기반이 될 수 없다. 참여자가 공모성의 밀착된(underdistanced) 위험한 감정으로 갈 수도 있는 것이다. 어쨌든 처음부터 텔레에 대해 생각하는 것이야말로 시간의 추이에 따라 어떻게 관계성이 변화하는지를 주목하는 데 도움을 준다.

다른 치료사들에게 슈퍼비전을 행할 때 그들이 새로운 참여자를 제시하면 나는 그들의 텔레 감각을 탐구한다. 그리고 우리는 시간의 흐름에 따른 관계 감각을 모니터한다. 나는 치료사들에게 처음부터 텔레 관계를 분명히 하고 의식할 것을 독려한다(말로 혹은 창조적인 개입을 통해서도). 나는 긍정적이든 부정적이든 텔레 관계가 강렬할 때를 특별히 주목한다. 뒤이은 슈퍼비전에서 나는 텔레 관계의 명백한 변화에 반드시 이름을 붙인다. 그것은 치료에서 무언가의 변화 조짐 혹은 전이 현상의 지표와 같은 것이다.

치료에 참여하는 참여자의 준비상태

사이코드라마의 역할 이론은 치료의 **준비상태**(readiness)를 평가하는 데 유용한 관점을 제공한다. 역할은 무엇(what)이 아닌 어떻게(how), 즉 존재 방식으로 이해된다. 그것은 처음부터 관계적이다. 어느 한 역할은 또 다른/타자의 맥락에서 볼 필요가 있기 때문이다. 참여자는 치료사와 치료적인 틀과 관련하여서만 존재할 수 있다. 그리고 이들 각각의 존재 방식이 곧 타자의 반응과 존재 방식을 말해 준다.

참여자가 치료를 처음 받든 아니면 계속 받고 있든, 그 시점에서 나는 그들 자신에게 호기심을 느끼는 잠재적 감각을 얻으려 애쓴다. 보통 나의 질문은 이전에 받은 심리치료는 무엇이었는지, 그리고 어떻게 끝났는지에 관한 것이다. 치료적 관계가 종결된 방식에 관한 설명은—"마침 흐지부지되어서 그만두게 되었다."—명백한 기준을 설정하는 데 도움을 준다. 예를 들어 나는 '힘들거나 혹은 불만족스러운 상황과의 대립을 거부하는 회피자'의 역할을 알아내기 위해 이렇듯 공개하는 방법을 사용한다. 그리고 이것이 어느 한 상황의 일반화된 역할 경향인지 혹은 특수한 것인지를 알아내려 애쓴다. 또한 우리의 관계에서 야기된 난감한 그 순간들을 '금지' 구역으로 놓아두는 대신, 참여자에게 이름을 붙이게 한다. 나는 바로 그러한 과정이 이전의 치료적인 관계가 다소 조급하게 끝났을 때 참여자의 관점과 어긋나는 것을 알아내는 데 도움이 된다는 것을 알았다. "나의 이전의 치료사는 어떤 것도 말해 본 적이 없다." 혹은 "우리는 쳇바퀴 돌 듯 하고 있었다."와 같은 반응은 치료에 대한 기대와 의사소통 양상과 관련된 참여자의 욕구를 열어 주는 유용한 대화다. 참여자는 '기대와 욕구에 솔직하게 이름을 붙이는 자'와 같은 새로운 역할로 사는 기회가 주어진다. 그리고 잠재적으로는 '기대에 대한 상호 간의 정화제'와 같은 치료사와의 새로운 역할 관계를 개발하는 기회를 갖게 된다. 나는 치료에 허용되고 도움이 되는 것을 분명하게 하고자 한다. 특히 연장자와 권위적 인물에 순응하는 문화적 배경을 지닌 참여자들에게 그러하다.

개인 작업을 하기 위해 또 다른 차원에서 준비되어야 할 것은 시간, 장소, 비용, 중단할 때의 조치와 연관된 행정적인 치료계약 안에서 작업하는 능력이다. 이 모든 것들은 치료 작업과는 반대되는(countertherapeutic) 일로, 창조성을 결여한 잠재적 행위의 차원에 있다. 그래서 이러한 것은 작업 초기에 염두에 두어야 한다. 중요한 것은 참여자가 이 모든 영역들을 완전하게 준수하는 태도를 보여 줘야 하는 것은 아니라는 점이다. 만약 그들이 행정상의 요구를 준수할 수 있다면 일이 간단해짐에도 불구하고 말이다. 나는 행정적 요구에 대한 충분한 이해를 기대한다. 그래서 만약에 초기 단계에 약속했던 사항에 문제가 생긴다면 나는 참여자의 자료에 대한 진단평가의 부분으로서, 그리고 생산적인 작업을 위한 잠재성에 대한 평가의 부분으로서 이러한 문제들에 주목한다. 만약 참여자에게서 나온 역할 주장이 "요구만 들어 달라, 당신의 제한된 계획에 내가 순순히 응할 것을 기대하지 말라."라면, 특히 개별 작업 안에서는 연대 가능성에 대해 고려해봐야만 한다. 병원 체계 안에서는 경계를 설정하는 홀더-컨테이너(holder-container)의 역할을 에이전시와 공유하며, 공신력을 갖고 이러한 역할 요구를 효과적인 방법으로 다룬다.

초기의 소소한 문제들은 환경 설정 시기와 연관하여 이해될 수 있다. 혹은 그 문제들은 치료적인 관계와 계약의 본질에 대한 오해에서 기인할 수도 있다. 만약 치료에 대하여 치료사가 진단을 내리고 해결을 해 주는 것이라거나 혹은 요구를 무한정 다 들어주는 것이라고 이해하고 있다면 분명히 재협상되어야 한다. 현재 내가 하는 작업의 대부분이 개인 작업이기 때문에 참여자가 이러한 틀에 충분히 안정적으로 들어올 수 있을 것이라고 기대한다. 나의 역할 요구는 "우리가 합의한 치료 환경을 이해하고 변화하고자 하는 지점에 대한 협상을 명백하게 준비하라는 것이다."

적극적 청취

진단평가를 받는 대부분의 사람들은 자신이 갖고 있는 현재의 문제가 소통되기를 원하며, 도움을 받아야 하는 지점까지 오게 되었다고 생각한다. 여기서 평가자는 상당 부분 적극적인 청취자의 역할을 한다. "어떤 일로 여기 오게 되었는가?"라는 질문을 받으면 대체로 그들은 "어디서부터 시작해야 할지……."라고 반응하며 잠시 멈췄다가 최근의 상황에 대해 많은 말을 풀어 내놓는다. 모레노는 사이코드라마에서 한 현상으로서의 **행위 갈망**(act hunger)에 대해 말한다. 나는 참여자가 자신의 이야기를 하고 싶어 하는 것과 같이 진단평가 동안에 흔하게 나타나는 현상이 바로 대화 갈망(talk hunger)이라고 본다. 대화 갈망은 나중에 다시 언급되어 여러 다른 측면에서 탐구될 수 있으며, 회기 동안에 함께 생각하고 분석될 수 있고 창의적으로 놀이될 수 있으며, 다른 관점들로 이해될 수 있는 것이다.

이야기는 어떤 긴박감을 갖고 간단하게 말하고 듣는 것이어야 한다고 본다. 플레이백 시어터(Playback Theater)와 맥락이 닿는 이런 현상에 나는 친숙하다. 과거 15년 동안 나는 관객들의 이야기를 말하고, 그런 다음 앙상블로 연기하는 즉흥적인 연극의 지도자이자 퍼포머로 참여했다(Chesner, 2002). 치료방법이기보다는 퍼포먼스 형식이지만 플레이백 시어터는 개인적인 이야기를 말하려는 욕망이 얼마나 강한지 그 정도를 아는 데는 탁월하다. 지도자인 나는 때때로 "하고 싶은 이야기가 많은 사람이 누구인가요?"라고 묻는다. 치료를 위한 평가자의 입장에서 나는 이와 같은 현상을 되새긴다. 나의 임무는 이야기를 듣는 것이다. 그 연대기적인 이야기와 내용이 아니라 중요한 주제와 말하는 방식을 듣는 것이다. 또한 참여자가 말하지 않은 것에 관해서도 충분한 호기심을 가져야 한다.

때로는 이야기를 하는 방식이 정서와 내용 사이의 조화가 부족함을 말해 준다—고통스럽거나 혹은 트라우마가 있는 이야기는 화자의 마음과는 무관하게 언급된다. 이러한 정황들 속에서 나는 이것을 정보로 적어 두거나(훗날 어느 지점에서 이유를 발견하기를 희망하면서) 혹은 참여자가 소재와 더 가까워지게 하는 한 방법으로 **스펙토그램**을 제공한다. 연극치료와 사이코드라마에서 스토리메이킹은 치료과정의 부분이다. 참여자는 삶에 대한 이해가 있는 이야기를 가진 채 첫 회기에 들어오게 된다. 진단평가 회기에서 나는 참여자들이 이야기를 할 때 되풀이하는 반복적인 말에 귀를 기울인다. 그리고 한편으로는 창조성과 흐름, 그리고 다른 한편으로는 경직과 폐쇄—모레노가 **문화적 보존**(cultural conserve)이라 언급한 것의 한 측면인 연속체의 맨 끝—라는 연속체와 관련하여 이야기를 평가한다.

뒤에 나오는 사례에서 나는 참여자의 모습과 작업을 위한 어느 정도의 전략을 세우기 위해 많은 사이코드라마적 개념을 들여 왔다. 핵심은 모레노가 제시한 역할의 세 범주다. 신체적, 사회적, 그리고 사이코드라마/환상적 차원들과 역할 상호관계라는 개념도 있는데, 이는 다른 말로 각각의 역할은 맥락 속에 그리고 타자들과의 관계하에 있다는 것이다(Moreno, J. D., 1994).

조심스럽고 느리게, 그리고 나이가 많은 사람임을 넌지시 드러내는 신체적 자기-연민(self-concern)의 특성을 지닌 젊은 여자가 상담실에 들어왔다. 그녀는 신체적인 소재와 연관된 이야기만을 했다. 운동에서 얻은 부상(신체적 역할)에 관한 말로 시작하여 범위를 넓혀 더 심한 부상과 다양한 치료에 대한 얘기로 발전시켜 나갔다. 뒤이은 진단평가 회기에서 그 반복의 말은 말 그대로 그저 되풀이되었고 점차 어떤 정서적인 내용으로 확장되었는데, 대부분은 과거에 관한 후회와 상처, 치료로 불운해진 현재의 느낌에 초점이 맞춰져 있었다. 그런 다음에는 마치 부전승과도 같이 신체적 증상에 관한 친숙한 말로 되돌아갔다. 사회적 역할과 관련하여서는 왕족으로, 그리고 고통받는 딸로, 손녀로 점차 모습을 드러냈다. 그녀 가족의 여성적 계보에 있는 신체적 고통이 문제였던 것이다. 여자 친척들과의 강한 동일시는 그녀의 심리적인 무대에 아버지는 부재함을 의미했다. 사이코드라마의 견지에서 그녀의 환상적인 역할에 관하여 말하자면 오랜 기간 동안 그녀는 병약자, 그리고 자신의 삶에 대한 비관적 논평가라는 역할로 한정되어 있었다.

이에 입각하여 나는 나의 잠재적인 치료 임무를 참여자가 대안적 내러티브를 창조하도록 돕는 것으로 규정했다. 대안적 내러티브란 폐쇄된 내러티브를 여는 것이며 다른 차원, 특히 더 넓은 전기(biographical)와 정서를 포함하는 것이다. 닫힌 내러티브를 여는 과정이 치료과정에 속함에도 불구하고 진단평가 과정은 개입과 잠재적 변화를 모니터하는 매개 역할을 해 주었다.

진단평가 동안 참여자가 하는 이야기의 서술은 빈 무대와 유사하다. 첫 번째로 등장하는 인물은 바로 참여자다. 그는 어떻게 첫 모습을 드러내는가? 중립적인 모습의 등장이란 없다. 자세, 특유의 제스처와 얼굴 표정, 목소리 톤, 말하는 방법, 옷 스타일, 움직임에서 나오는 리듬, 관련된 표현 모두는 역할 반응에 관한 어떤 것과 그것들이 지닌 역사를 전달해 준다. 이러한 예로 참여자의 등장은 그녀의 나이와 어울리지 않게 두려움과 가녀림을 보여 주고 있었다. 가장 강력했던 처음의 역할 관계는, 상처와 나약함과 고통이 있는 그녀의 몸과 참여자 사이에 있는, 그녀 자신뿐이었다. 시간이 지나면서 신체적인 차원은 사회적인 것으로 확장됐다. 그녀는 또래 그룹에서 배제되었다고 느꼈으며, 조숙하게도 나이 많은 윗세대의 가족과 동일시했다.

말을 시작하자 그녀는 지나온 삶에서 얻은 경험과 그 의미를 진전시킨 특별한 세계관을 풀어내 놓았다. 그녀는 신체적으로 몸이 편찮은 어머니, 할머니와 동일시하고 있었고, 삶에는 너무 많은 시련이 있다고 가정하였다. 이는 정체성, 경계, 곤경이라는 문제에 주목해야 한다는 것을 암시했다.

참여자가 자신의 이야기를 말하면 중요한 타인들, 관련된 가까운 어떤 이들, 배경막이나 양쪽 윙에 있었던 타인들이 무대로 나와 살게 된다. 일부 인물은 부재함으로써 그 의미가 있다(이 사례에서는 아버지와 신뢰할 만한 또래들). 이야기 속 장면들이 펼쳐지면 다른 캐릭터들이 조명을 받으며 구체화된다. 적극적인 청취자로서의 역할에서 벗어나 나는 잠시 이야기를 방해할 수도 있고, 내게 첫 역할 역동감을 준 중요한 타자를 순간 주목함으로써 그에 대한 더 많은 정보를 얻을 수 있다. 각각의 역할은 반대 역할을 가지는데, 그것은 특별한 관계가 있는 역할들의 역동이다. 특유의 역동성은 전이와 반복 충동과 연관되어 되풀이될 수 있으며, 참여자가 자신의 삶을 보는 구조물에 영향을 미친다. 이 사례에서 아버지의 부재와 형제자매들의 결핍은 참여자가 병약자의 역할을 떠맡고 어머니와 할머니가 겪는 신체적 고통과 동일시하는 것이 불가피하다고 생각하는 데 영향을 주었다.

좀 더 불안한 참여자들과 함께하는 많은 초기 회기에서처럼, 이런 경우 나의 진단평가 접근은 대화적이다. 그럼에도 나는 계속 모레노의 사이코드라마 이론에 영향을 받는다. 다음에서 나는 좀 더 분명하게 역할을 보는 행동방법 접근을 어떻게 사용하는지 탐구할 것이다.

참여자의 인생사와 사회적 네트워크

이는 관계의 패턴과 애착 양식, 그리고 개인의 이야기를 포함한다. 그것은 진단평가 기술과 관련하여 **어떻게**라는 질문이 나오는 영역 내에 있다. 거기엔 사용할 수 있는 많은 행위 지향적 접근이 있다. 첫 번째나 두 번째 회기를 위해 내가 선택한 도구는 의심의 여지없이 **심리학적 가계도**(genogram)다.

심리학적 가계도

이것은 서류에 기반한 기술인데(스펙토그램에 적용될 수 있는 것임에도 불구하고), 참여자가 말하고 내가 쓰는 방식이다. 나는 참여자의 이야기를 이해하도록 도와주는 가족계보(tree)와 같은 기술을 도입하여 그의 배경에 대해 생각할 기회와 그의 상황이 어떻게 더 큰 가족 체계와 조화를 이루는지에 대해 관심을 둘 수 있다.

나는 영향력 있는 치료사들, 사회 근로자들, 그리고 타자들에게 친숙한 표준적인 방법으로 가족계보를 사용한다. 남자용 사각형과 여자용 원을 이용하여 이름, 나이, 위치, 그리고 덧붙여질 다른 중요한 정보를 써 넣는다. 이를 통해 결혼, 이혼, 관계의 파경, 출산, 유산, 죽음과 같은 가족의 탄생 순서를 처음부터 볼 수 있게 된다. 참여자의 나이를 참고하여 삼대 전까지 과거로 돌아가고, 만약 있다면 아이와 손자도 포함한다.

나는 기본적인 심리학적 가계도를 세우는 데 있어 참여자에게 중요한 과거의 커플관계사도 덧붙인다. 이를 위해 원가족에 초점을 둔 회기와 이어지는 관계사에 중점을 둔 회기처럼 회기를 분리하여 사용한다 할지라도 말이다. 나는 관계사를 위해 다른 기술을 사용할 수 있지만(예컨대 스펙토그램이나 생명선 형상 lifeline sculpt), 심리학적 가계도를 문서화하여 역사를 기술할 수도 있다. 이렇듯 심리학적 가계도는 간결하고 경제적인 방법으로 많은 정보를 제공한다. 참여자의 역사와 시스템 모두를 일일이 기억하기 어렵다는 것이 내겐 하나의 자원인 셈이다. 언급된 관계들은 처음엔 배경을 이루는 정보로 나타나지만 치료과정 동안에 전경화될 수 있다. 이즈음에 나는 심리학적 가계도로 되돌아가서 맥락 안에 이러한 중요한 타자들의 위치를 정하거나, 처음 그들이 언급된 방식 혹은 그들에 대한 첫 이야기를 기억해 낼 수 있다.

심리학적 가계도는 참여자가 듣고 목격하고 생각하며 능동적으로 맥락 안에 자리 잡는, 실재하는 증거를 재현한다. 심리학적 가계도를 구성할 때 참여자가 치료의 진척을 거부하는 것은 흔치 않다. 나는 참여자의 역할 관계 감각을 구성하기 위해 심리학적 가계도를 사용한다. 이를 위해 기본적인 가족계보의 뼈대에 살을 붙여 주는 약간의 개입을 한다.

- 그 사람을 묘사하는 3개의 단어를 달라. 이는 특히 부모와 돌보아주는 이들, 그리고 참여자의 형제자매뿐만 아니라 어린 시절 중요한 역할을 맡았던 사람들과 현재 혹은 가장 최근의 파트너에 관한 유용한 질문이다. 나는 그 사람에 대한 상징으로 이러한 세 가지 기술어를 쓴다. 그 상징이 참여자가 묘사한 것임을 지시하기 위해 인용부호를 사용한다. 때로는 사용된 최초의 단어들이 그 사람의 공적인 관점이나 관계성을 말해 준다. 두 번째 질문이 탐험될 때 그 사람에 대한 더 정직한 주관적 반응을 주기 위해 최초의 단어들은 수정된다.
- 당신은 그 사람과의 관계를 어떻게 묘사하고 싶은가? 나는 긍정적으로 느낀 관계에는 진한 선, 체크 표시 혹은 플러스 기호를, 갈등의 관계에는 지그재그나 마이너스 기호로 나타낸다. 의미심장하게 비대칭적 텔레가 있는 곳에서는(예를 들면 "나는 정말로 그를 좋아하지만 그는 나에 대해 매우 비판적이죠.") 같은 방향으로 화살표가 있는 체크 표시들과 다른 방향으로 화살표가 있는 교차표시(cross)를 사용할 수 있다.
- 다른 가족들은 어디에서 태어나 지금은 어디에서 살고 있는가? 장소, 거리

그리고 이동은 가족역동에 중요하다. 때로 어려운 어린 시절 혹은 초기 가족역동에 대한 반응은 전 세대가 지구의 서로 다른 방향으로 흩어지는 것으로 나타나기도 한다. 가까운 관계에서의 고통을 물리적인 거리로 해결(혹은 실패)하고자 하는 것이다. 또 다른 극단에는 한 장소와 하나의 믿음 체계에 뿌리를 둔 직계가족 내에서만 안도하는 가족이 있다. 영역을 확장하려 하는 사람은 스스로를 불필요한 위험에 놓이게 하고 가족을 불안하게 하며 자신의 처지를 도외시하는 것으로 보일 수 있다. 장소라는 측면은 계층이나 문화적인 신념과도 연계된다. 가족 내의 전통을 깨트리는 결혼, 즉 신앙이 다른 사람과 결혼을 하거나 계층이 낮은 사람과 결혼을 하는 것은 정체성과 자존감에 영향을 줄 수 있다. 이는 어떤 신체적 특성이 가족 불화의 한 면 혹은 다른 면과 연합될 때 더 강해진다. 키가 크고 날씬한 가족 구성원들은 더 높은 위치의 사람들로 보일 수 있다. 반면에 작고 펑퍼짐한 사람들은 소작농의 피를 가진 것으로 보일 수 있다. 신체적 유사성은 기질과 심지어는 의학적 조건과 관련된 신념을 예측할 수 있다("우리 스미스 일가는 모두 식성이 까다롭다. 나의 딸은 분명 스미스 사람이다. 그녀 또한 나와 같이 긴장하며 살 것이다."). 이러한 코멘트는 중립적인 기술어는 아니지만 가족 체계 내에 새겨진 명령어로 작동할 수 있으며 정체성에 영향력을 행사할 수 있다.

문화 간 횡단에는 복잡한 역동성이 있다. 나는 부모가 영국으로 이주해 온 젊은 여자를 기억한다. 그녀는 고국에 가 본 적이 없었으며 그곳과는 거리를 두길 원했다. 그녀는 자신이 다녔던 학교의 유명한 소수자 그룹과 교감하는 것을 좋아했다. 심리학적 가계도를 통해 가족의 원류와 관련한 그녀의 소외감, 수치감 같은 것이 조명되었다. 동시에 그들 출신의 문화적 뿌리를 가짐으로써 생기는 잠재적인 갈등 기류, 특히 파트너를 찾는 문제에 직면했을 때 그녀에 대한 가족들의 어떤 기대도 있었다.

• 당신은 이러한 심리학적 가계도를 볼 때 어떤 주제를 주목하는가? 이러한 질문은 중독, 특별한 질병이나 사고로 인한 죽음, 생식의 문제, 이혼 혹은

관계에서의 폭력과 같은 주제의 패턴을 조명해 준다. 이러한 주제에 대한 참여자의 불안이 드러나게 되는 것이다. 질문에 대한 참여자의 반응은 또한 그들이 세상을 보는 준거 틀을 보여 준다. 한 참여자에게는 오랜 기간 동안 풍요롭게 결혼생활을 유지한 가족이 있었다. 심리학적 가계도에서는 갈등이나 트라우마가 표면에 거의 나타나지 않았다. 그러나 그녀는 그런 가족의 수준에 미치지 못하는, 결혼하지 않은 먼 친척과 동일시하였다. 적령의 나이가 되자 많은 동년배들은 결혼을 하여 아이를 낳았고, 그런 결혼식과 세례에 참석할 때마다 그녀는 자신은 누군가를 만나지 못할지도 모르며 가족과 사회 양쪽 모두에서 아웃사이더가 될 것이라고 생각하였다.

- 이 시점에 당신이 나에 대해 알고 싶어 하는 것이 있는가? 이러한 질문은 식이장애, 가족 정신건강 혹은 법의학적인 문제들, 수치심과 연관된 다른 문제들이나 트라우마적인 사건들과 관련한 진술을 이끌어 낸다. 이러한 문제는 심리학적 가계도를 풀어내고 형성하는 동안 회피했던 것일 수도 있다. 회기가 끝날 때까지 참여자는 청사진이 불완전하다고 느끼거나 혹은 말해야 하지만 동시에 금기의 무게를 지닌, 비밀이라 여기는 어떤 정보를 말하도록 참여자를 독려할 수 있는 충분한 신뢰가 있다고 느낄 수도 있다.

심리학적 가계도를 창조하고 논의하는 데 있어 정서가 분명해지는 것을 보는 것이야말로 흥미롭다. 현재의 문제들에 대한 논의도 아니며, 그 즉석에서는 지각하지 못하는—그래서 정서적인 면에서 화자를 놀라게 하는 힘을 지닌—어떤 것에 대해 말할 때 그럴 수 있다. 현재 파트너의 책임에 대한 자신의 반응이 문제점으로 드러난 참여자는 이전의 관계를 논의할 때 갑자기, 함께한 해외 휴가에서 건강 때문에 힘들어하고 있을 때 그가 어떻게 그녀를 궁지에 빠지게 내버려 두었는가를 회상해 냈다. "나는 수년 전의 일을 다루고 있다고 생각해요!"라고 그녀는 말했다. 사실 위기 시에 버림받았다는 트라우마는 현재의 관계 문제들에 대한 그녀의 반응에서 중요한 요소임을 증명했다.

심리학적 가계도는 참여자가 잊고 억압하거나 무시한 정서적 반응들과 접촉하게 하는 힘이 있다. 그러한 예는, 태어난 지 몇 년 후에 죽은 자신의 형제에 대해 말하는 남자 참여자에게서 찾을 수 있다. 이러한 가족사적인 면에 대해 생각할 시간을 가짐으로써 그는 상실한 바로 그 아이의 그림자가 그에 대한 부모의 기대치에 얼마나 많은 영향을 미쳤는지를 알게 되었다. 그래서 자신은 항상 흡족한 존재가 될 수 없었다는 것을 깨달았다.

치료사에게 심리학적 가계도의 또 다른 가치는 추정한 것에 방향을 제시해 준다는 점이다. 해체된 가족들 혹은 확장된 복합가족(stepfamily)들, 그리고 입양 분쟁과 양육은 제시된 문제의 배경을 형성하는 복잡한 이야기다. 나는 이러한 환경들이야말로 함께하는 작업을 더욱 분명하게 해 주는 유용한 것임을 안다. 심리학적 가계도는 이러한 이야기를 풀어놓음으로써 간단하게나마 작업의 장면 설정에 좋은 기회를 제공한다. 예를 들어 한 젊은 남자가 치료를 의뢰해 왔는데, 내가 심리학적 가계도를 만들 수 있는지 어떤지를 그에게 물었을 때 그는 이렇게 대답했다. "아, 복잡해지겠는걸요. 하지만 내가 왜 여기 있는지 알 수 있어요. 좋아요, 시도해 보죠." 어릴 적에 앓았던 병, 가족의 비밀, 버려짐과 밝혀지지 않은 방치에 대한 이야기는 새롭고 사랑스러운 복합가족과 해외에서 새로이 이룬 가정과의 연관을 통해 인내와 생존이라는 서사적 이야기로 발전하게 되었다.

질문에 대한 대답에서 나온 심리학적 가계도와 대화는 참여자가 가진 핵심적 태도를 드러낸다. 한 참여자는 그의 관계 문제를 해결하기 위해 치료받고자 하였다. 나는 진단평가 과정 동안에 심리학적 가계도도 함께 만들었다. 그의 아버지를 묘사할 것을 요구했을 때, 그는 '충성스럽고, 일관성 있으며, 감정이 없는'이라는 단어를 사용했다. 그의 어머니와 관련한 똑같은 질문의 대답에서 그는 '다루기 쉽고, 과잉감정의, 혐오스러운'이라는 단어로 그녀를 묘사했다. 그는 어린 시절의 중요한 사건으로 6세 때 부모의 이혼을 꼽았다. 아버지는 도박사로, 많은 돈을 잃고 집을 나갔다. 네 명의 어린아이와 함께 남겨진 어머니는 충격에 빠졌지만 가족과 집을 계속 유지하기 위해 열심히 일했다. 그럼에도 불구하고 그는 아버지를 이상화하였다. 뒤이은 방문과 주말마다 아이들과 함께한 외출은 일관성 있는 것으로 인식되었다. 반대로 어머니는 평가절하되었다. 그녀의 고통은 불충분의 기호로 인식되었고, 그녀의 감정은 혐오스러운 것으로 생각되었다. 역할 역동과 관련하여 참여자는 '존경과 비판을 동시에 갖고 있는 아들'이었다. 자유분방했지만 후에는 일관되고 정서적인 면에서 힘들지 않은 아버지가 전자라면, 후자는 지속적으로 존재하고는 있었지만 정서적인 표현과 요구가 많은 어머니와 연관되었다. 이러한 태도는 그 자신의 관계 문제와 똑같았다. 그의 관계에서 정서적 솔직함에는 불균형한 반대 감정이 있었고, 그리고 친밀함과 상호의존성에는 불안이 에워싸고 있었다. 하나의 기법으로서 심리학적 가계도는 극적이면서도 간결한 미적 방식으로 현재의 시련을 개인의 역사나 가족의 역사와 상호 연결해 주는 힘을 가지고 있다.

스펙토그램

심리학적 가계도가 행동방법(action method)으로서 쓰고 그리는 행동에 개입하는 치료사가 있다고 이해할 수 있다면, 스펙토그램 혹은 작은 세계 형상화(sculpting)는 참여자 자신에게 상징적으로, 창조적으로 그리고 행동으로 표현하게 하는 것이다. 이는 치료사에게 창의성과 행동방법을 이용하는 참여자의 능력을 평가하게 해 줄 뿐만 아니라 다른 차원의 사실을 드러내게 하는 것을 용이하게 해 준다.

이러한 행위의 시작 지점에 몇 가지 필요한 게 있다. 나의 상담실에는 이 작업에 유용한 다수의 미니어처 오브제와 인형, 가면, 쿠션 그리고 헝겊이 있다. 항상 치료사 입장에서의 직관적 결정이 참여자의 스펙토그램을 위한 초점이 된다.

사례 하나

최근에 그의 여자 친구 집으로 이사한 젊은 남자는 자신의 관계성 문제에 역점을 두기를 원했다.

치료사의 제안. "선반에 있는 세 가지의 오브제로 당신 자신을 재현하고 역시 파트너를 재현하여 서로의 관계에 대한 이미지를 내게 보여 주세요. 당신이 느끼는 대로 서로를 관련시켜 그것들의 위치를 정해 보세요."

스펙토그램. 남자는 기관포 모양의 금관악기와 정장을 입은 남자 형상, 그리고 길을 잃은 것으로 보이는 축구공을 가진 어린 소년으로 자신을 재현한다. 파트너는 암호랑이로, 그리고 어깨에 쓰레기통을 멘 남자의 형상과 연약한 발레리나로 재현한다.

토론. 서로를 관련시켜 형상을 배치하는 동안 관계 안의 사람들은 화가 나 있거나 공격적일 때 행동하는 방식(기관포와 암호랑이)과 성인의 양상(정장을 입은 남자와 쓰레기통을 멘 남자), 그리고 취약점이나 어린아이(길 잃은 소년과 발레리나)와 연관되어 있음이 명백했다. 참여자는 전형적인 시나리오를 보여 주는데, 거기서 그의 역할 중 하나는 그녀의 역할 중 하나와 그리고 반대되는 역할을 환기해 준다. 그래서 우리는 그의 기대가 무엇인지, 무엇을 잘하고 못하는지를 탐구한다. 예를 들어 그가 작은 불만에 대한 반응으로 기관포를 발사할 때 그의 희망은 그녀가 그 사건을 무시하고 자신이 그것을 처리하게 놔두거나 해결사인 그녀 역할(쓰레기통을 멘 남자, 그는 모든 것을 수행하고 일을 처리할 수 있다)로 반응하는 것이다. 그는 그녀가 발레리나로 반응할 때나(이런 경우 그녀는 마음이 상하고, 그는 그런 그녀를 돌보는 상황에 처한다) 암호랑이로 반응할 때도 몹시 놀라 어찌할 줄을 모른다(이 경우 한 사람의 공격은 다른 사람의 공격의 원료가 되어 적대감은 확대된다).

진단평가 도구로서 스펙토그램은 참여자와 치료사 모두에게 이점이 있다. 스펙토그램은 참여자가 생각해야 할 일부 핵심 영역을 열어 준다. 그들이 서로에게 어떻게 연계되어 있는지, 상대방의 어떤 행동에 각자 느끼는 것은 무엇인지에 대해 그의 파트너와 직접적인 대화가 가능하게 된다. 그는 삶의 시련을 처리하는 데 있어 그의 아버지를 모델로 하고 있었다. 어느 지점에서 그는 어머니가 아버지를 구원하는 방식으로 행동하도록 파트너에게 역할 압력을 넣고 있었다. 아버지의 변덕에 항상 비판적이었으며, 아버지를 가정 내의 응석받이 어린애와 같이 간주하고 있었음에도 불구하고 여기서 그는 매우 유사한 무언가를 재생산할 위험이 있는 것으로 나타났다.

이 과정은 참여자가 상징적이고 창조적인 방식의 작업에 쉽게 들어간다는 것을 깨닫는 기회를 제공해 주었다. 그가 이 방법을 통해 매우 분명한 역동을 찾아냈고, 그가 인식한 것을 분명히 말할 수 있었다는 그 사실이야말로 계속되는 작업에서 창의적인 것과 행동방법의 상당 부분을 제공하는 데 자유로워야 하는 나에게는 결정적 정보였다. 그 자신과 파트너 사이의 역할 호혜에 대한 이해를 분명히 표현하는 그의 능력을 통해 나는 그가 훌륭한 잠재적 통찰력을 지닌, 심리를 잘 이해하는 사람이라는 것을 알았다.

관계가 있는 두 명의 주인공을 재현하기 위해 각각 3개의 오브제를 요구하는 치료적 선택은 치료의 초기 단계에 기대할 수 있는 것, 그 이상의 차별적 지점의 관계를 심층적으로 탐구하게 해 주었다. 작업이 진전됨에 따라서 이러한 진단평가 스펙토그램에 사용된 오브제들은 참여자의 내적 역할과 가정 내 역할역동에 대한 우리들 사이의 어떤 약칭(shorthand)이 되었다. “그러한 충돌(cannon)이 생기는 계기 중 하나였다.”거나 “그랬다, 우리는 경기하고 춤추는 축구 선수와 발레리나 같았다.”

사례 둘

심리치료 훈련과정의 일부로 치료에 참석하고 있는 젊은 여자가 있다.

치료사의 제안. “핵심적인 사람과 주제를 위한 상징으로 선반에 있는 작거나 큰 오브제들을 사용하여 지금 당신 삶의 이미지를 제시해 주세요.”

스펙토그램. 그녀는 자신과 자신의 파트너를 작은 나선형 조가비로 재현함으로써 작업을 개시했다. 다음은 파트너의 전처를 크고 하얀 불투명한 조약돌로, 그들의 두 아이는 새끼 돼지와 강아지로 재현하였다. 그녀와 파트너의 것보다 다소 큰 조가비를 택하여 어울리는 한 쌍의 부모를 재현하였고, 그녀 뒤에 가까이 놓았다. 그녀가 시작했던 훈련 코스를 재현하기 위해 나무를 사용하였고, 그다음으로 은행에서의 현재 직업을 재현하기 위해 황동 모형 컴퓨터를 사용하였다.

치료사의 추가적인 개입. "이러한 이미지의 어느 부분이 당신을 편안하게 하며, 어디에서 긴장을 경험하게 되나요? 각각을 보여 주기 위해 손가락이나 실조각을 사용하세요."

토론. 이러한 이미지에 나타난 것은 그녀의 부모로 상징화된 모범적인 결혼생활과—친밀하고 행복하며 단합된—현재 자신이 처한 관계와의 대조적인 모습이었다. 부부는 서로 사랑하고 행복하다. 하지만 그녀는 그의 전처와 그 자식들과의 관계에 대해서 갈등을 한다. 그녀 파트너에게 있어 그들 모두는 그녀 자신보다 우선순위에 있기에, 그녀는 그들을 부담이 큰 수요자라고 생각한다. 비록 옛 가족에 대한 그의 책임에 대해 관대하게 이해하려 노력함에도 불구하고 그녀는 점차 감당하기 힘든 또 다른 감정들이 있음을 드러내게 된다. 그녀는 스펙토그램에 이러한 좀 더 힘겨운 감정들에 대한 또 하나의 상징을 배치한다—뚜껑이 달린, 조각이 새겨진 작은 박스. 그녀는 아직껏 그 뚜껑을 들어 올리지는 않았지만 이것이 그녀가 어느 지점에서 필요한 어떤 것일 수 있음을 인정한다. 그녀는 사이 좋은 부모 밑에서 아이라고는 단지 그녀 자신뿐인, 갈등이 거의 없는 가족 안에서 자랐다. 조화로운 삶에 대한 소망과 현재의 일에서 새 직업으로의 부드러운 변이 소망이 있는 것이다.

진단평가 과정으로서 이러한 예는 처음 치료할 때 있을 수 있는 방어가 잠재되어 있음을 드러낸다. 내 경험으로 치료에 들어가는 사람들에게 방어는 보편적이다. 훈련과정이 그들의 소재를 드러내 놓기엔 긴박감이 덜하다는 것을 보여 주기 위해 방어를 기대하거나 고집하기 때문이다. 열려지지 않은 박스의 상징은 아마도 치료사로서의 나를 시험하는 어떤 방식이었을 것이다. 이러한 난해한 감정을 접근하는 데 참여자의 호흡을 존중할 것인가? 자신의 그림자에 가까이 접근하는 것이 안전하다고 느끼게 해 줄 것인가? 모르는 채로, 그리고 내버려 둔 채로 놔두는 게 최상이라는 말과 공모할 것인가? 앞선 스펙토그램 사례에 따라 박스와 그 뚜껑은 우리에게 각각 '감정'과 '가능성' 간의 연계를 탐험하는 언어적이고 상징적인 약칭(shorthand)이 되었다. 그것은 또한 초점이 되는 일부 핵심적인 사안들을 확인시켜 주었다—관계의 기원적인 모델로서의 가족, 그녀의 복잡한 현재의 상황 다루기, 훈련 프로그램을 통한 여정의 시작.

사례 셋

우울증과 불안 증상을 지닌 젊은 남자가 치료에 참석하였다. 그의 현재 관심은 직장에 있고, 거기서 그는 승진과 발전의 기회에서 제외되고 있다고 느낀다. 개인적인 관계에서 그는 인정받지 못하고 있으며 파트너의 비위를 맞출 수 없다고 한다. 상황을 말하는 데 있어서 그는 정서는 없고 자신의 이야기에 대한 거리감이 있었다.

치료사의 제안. "당신 인생에서 중요한 때의 이미지를 내게 보여 주시겠어요? 뭔가 변화하는 시기, 유용했던 한 시기를 선택하세요."

스펙토그램. 여덟 살 때의 참여자는 개로 재현된다. 그리고 깨진 단추는 네 살짜리 그의 어린 동생을 나타낸다. 그들을 둘러싸고 있는 것은 조가비와 단추들로 재현된 다른 아이들이다.

토론. 상황에 대해 묘사할 것을 요구받자 그는 거리에서 놀고 있는 상황이며, 그의 어린 동생이 신체적·지적 장애를 갖고 있는 것에 대해 놀림을 받고 있을 때라고 말한다. 그는 수치심과 분노, 그리고 억울함으로 고통스러워하고 있고, 다른 아이들에게 맞서지만 그와 그의 동생이 소외되는 결과만을 낳게 된다. 그는 이때를 자신이 남과 다르며 혼자라고 느낀 시기라고 기억한다.

치료사의 추가적인 개입. "이런 상황에 부모님은 어디에 계셨나요? 그들을 보여 줄 수 있나요?"

토론. 그는 말과 소를 선택하고, 그것들을 행동에 개입하지 않는 먼 위치에 놔두어 나이 든 부모가 아픈 동생을 돌보는 문제로 이미 충분한 짐을 지고 있기에 그들 또한 보호해야 한다는 어린 시절의 느낌을 드러낸다. 그는 자신의 일에 대해서 될 수 있으면 요구하지 않고, 뒤로 물러나 있으면서 욕구를 가지지 않는 것이 좋은 것이라고 생각한다.

스펙토그램에서 파악된 그 순간은 참여자의 정체성 발달에서의 원 위치(locus)를 나타내 준다. 나는 고전적인 사이코드라마의 역할 분석을 뒷받침하는 모레노의 개념들, **원 위치**(locus), **모체**(matrix), **발생 당시의 상태**(status nascendi)를 참조한다(Bustos, 1994). 가족의 한 구성원 그리고 가족 전체가 위험에 처했다고 느꼈던 힘든 상황에 대한 참여자의 반응은 가족에게 헌신하고 더 큰 이익에 대한 사리사욕을 희생하는 것이었으며, 그 한편으로는 저자세를 유지하는 것이었다. 선택에 대한 대가는 그의 가족에게서 어떤 특별한 지지나 포상을 받지 못하면서 그의 또래 집단에서 스스로 아웃사이더가 되었다는 점이다. 이 이야기는 최근 직장에서 부딪힌 문제와 관련하여 공명하는 바가 있다. 그는 자신을, 회사를 위해 말없이 충성하며 일하는 것으로 보았지만 스스로를 고려 대상에서 제외되기 쉬운 사람으로 간주했다. 이것이 그를 화나게 했고, 다시 그가 속한 집단에서 낙인찍히는 결과를 낳게 했던 것이다.

연대표 형상

스펙토그램의 특별 버전이 바로 **연대표 형상**(time-line sculpt)이다. 오랜 기간에 걸친 핵심 주제의 추이를 지켜보고자 할 때 나는 연대표 형상을 사용한다. 보통 첫 진단평가 회기에서 이것을 제시하는 것은 아니다. 진단평가 맨 첫 단계에서 제시하게 되면 너무 제한된 초점만을 가져올 수 있기 때문이다. 하지만 연대표 형상은 이미 평가된 참여자의 주요 문제들을 살펴보는 효과적인 도구일 수 있다.

사례 넷

짧은 기간 내에 수많은 파경을 맞은 중년에 들어선 여자가 헌신적인 사랑으로 가족을 형성하려는 바람이 저지되는 이유가 무엇인지 보고자 한다.

치료사의 제안. "이 밧줄을 사용하여 하나의 선으로 과거에서 현재까지의 관계사를 상징으로 보여 주세요. 당신이 관계했던 그 사람과 당신 자신을 재현하는 오브제들을 사용하면서 말이지요." 밧줄은 스펙토그램을 위한 커다란 공백의 캔버스가 되어 방 한쪽 끝에서 다른 쪽 끝까지 길게 이어져 있다.

스펙토그램/연대표. 그녀는 먼저 작은 소녀들과 어린 동물들의 표상인 섬세한 보석들로 자신을 재현하는 상징을 선택하였다. 초기의 파트너들은 남녀 모두 건방져 보이는 남성 형상의 스파크가 박힌 조가비들, 전사들, 그리고 왕으로 상징화하였다. 최근에는 좀 더 어른스러운 단단한 상징물로 자신을 상징화한 반면에 파트너들은 2개의 작은 위스키 병과 알약 한 통을 추가하였지만 유형에서는 유사한 채 그대로였다.

토론. 연대표는 대부분 침묵 속에서 창조된다. 그런 다음 어떻게 시작되었는가, 무엇이 일어났는가, 그리고 어떻게 끝났는가와 관련하여 각각의 관계가 묘사된다. 주제에는 어린 시절의 천진난만함과 착취가 드러난다. 섹스와 약물 혹은 알코올 간의 상관성이 증가하는 것과 두어 개의 예외는 있지만 그녀는 친밀함과 친절이 없는 관계 속에서 다른 사람에게 이용당하고 자신을 돌보는 것에 소홀했던 경험을 한다.

연대표는 긴 역사를 미니어처로 볼 수 있는 기회를 제공해 준다. 평가 척도에 대해 거리를 두어 안심시키는 한편 역사를 한눈에 훑어보는 영향력 있는 것으로, 많은 비슷한 관계의 이야기에 누적된 결과를 제시해 준다. 그 이미지에는 고통과 깊은 슬픔이 있었다. 우리는 그녀가 어떻게, 그리고 왜 이러한 관계에 대해 그렇게 민감했는지 중요한 질문을 하기 시작했다. 거기에는 어린 시절의 가족 환경과 폭력적인 대가족의 둘째인 그녀가 처한 위치와 연관된 문제들이 있었다. 비록 이러한 가족역동이 그녀의 심리학적 가계도에서 인식되었다 하더라도 연대표는 그녀의 관계 패턴에만 초점을 맞추어 증류시킨 것이다. 그녀는 그녀 파트너들과의 관계에 순진하고 외로우며 학대받는 어린아이의 역할을 들여왔다.

연대표 스펙토그램이 사용된 더 좋은 예가 있다. 예를 들어 기억할 수 있는 어린 시절이 없다는 참여자에게 나는 그가 떠올린 기억의 작은 편린들에 대한 상징물을 선 위에 배치하도록 했다. 우리가 동의한 것과 같이 초기 8년간을 재현하는 것이었다. 그가 연대표를 구성해 감에 따라 점차로 하나의 기억이 다른 것을 촉발시키게 되었는데, 그가 가진 불안은 자신의 과거에 접근한다는 생각 때문에 진정되었다. 과체중의 한 참여자와 음식의 관계를 탐구하기 위해 우리는 연대표를 사용하였다. 그녀는 그녀의 체중을 의식하는 어머니로 인해 어릴 적부터 다이어트를 했으며, 다이어트와 체중 증가를 반복하는 오랜 역사를 가지고 있었다. 우리는 연대표라는 특별한 렌즈를 통해 그녀 자신의 삶을 보도록 격려한 것은 바로 타인이었다는, 그녀의 인생사를 알 수 있었다.

역할-전환

집단치료를 위한 참여자의 진단평가에서 특별히 심사숙고해야 할 것이 있다. 이 역시 초기의 회기 동안 심리학적 가계도와 스펙토그램을 사용하는 개인치료와 유사한 진단평가 과정으로 진행한다. 먼저 초점은 개개인과 그들의 치료 목표와 필요성에 있다. 집단치료를 위한 한 방법론으로서 사이코드라마가 지닌 적합성과 준비사항들은 항상 한 번 혹은 두 번의 회기를 거쳐 고려하게 된다.

하나의 기법으로서의 **역할-전환**은 사이코드라마의 기본 구성요소다. 그래서 나는 항상 그룹의 사이코드라마 심리치료를 위한 진단평가에서 이에 대한 작은 경험을 포함시킨다. 기본적인 역사가 있는 심리학적 가계도를 완성할 때 나는 가장 단순하고 가장 접근하기 용이한 형식으로 역할-전환 기법을 도입한다. 그리고 그 기법을 집단치료 안에서 사용하는 사이코드라마 메소드의 표본이라고 설명한다. 나는 참여자들에게 상담실에 빈 의자가 있음을 제시하고, 잘 알고 좋아하는 누군가를 생각할 것을 요구한다. 나는 어느 순간 그들에게 빈 의자로 이동하라고 요구할 것이며, 거기서 그들이 생각하고 있는 그 인물과 같은 역할을 맡은 그들과 내가 대화할 것이라고 설명한다. 나는 세 번째 의자를 사용하는데,

그 의자에서는 단지 상대방으로서만 말하게 될 것이라고 전한다. 그래서 만약 그들이 자신으로서 어떤 것을 말하고자 한다면 그들 본래 의자로 돌아가야 한다고 말한다. 나는 세 번째 의자에서 그들이 선택한 인물의 신체적 자세를 취하게 하고, 그 인물의 육체적인 감각을 얻어 그들이 어떻게 앉는지, 그들의 자세와 입고 있는 것 등을 주목하도록 요구함으로써 작업을 시작한다. "그러므로 당신은 X의 친구다. 서로 안 지는 얼마나 되었는가? 그리고 어떻게 만났는가? 얼마나 많은 시간을 함께 보내는가? X에 대해 특별하게 가치를 두거나 인정하거나 좋아하는 것은 무엇인가?"와 같은 질문을 함으로써 나는 고전적인 사이코드라마의 역할 속-인터뷰(interview-in-role) 기술을 사용한다. 만약 그들의 관계가 친밀하다면 나는 또한 이렇게 말할 수 있다. "그렇다면 당신은 X가 집단치료에 합류하고자 한다는 것을 아는가? 만약 그렇다면 X에게 어떤 충고나 메시지를 주겠는가? 그녀가 저 의자에 있다. 직접 말하라!" 몇 가지 핵심적인 정보가 이 과정에서 나오게 된다. 먼저 나는 타인과 자신을 조화시킬 수 있는 참여자의 능력에 대한 감각을 얻는다. 이는 제3의 인물 안에서 그들 스스로를 언급한다는 단순한 의미론적 차이를 넘어선다. 그것은 타인의 눈을 통하여 그들 자신을 보고, 강조할 줄 아는 참여자의 능력에 대한 지표다.

모레노의 아동 발달 이론은 자기(self) 발달의 세 번째 단계로 역할-전환을 인용한다.

> 전환 기법은 후기 아동 발달의 세 번째 단계에 해당한다. 거울 단계에서 우리는 아이가 점차 타인으로부터 분리된 한 개인으로서 자신을 인식하는 것을 배운다고 추정한다. 덧붙여 전환은 자신의 위치를 타자의 위치로 이동하여 그의 역할을 행할 수 있음을 상정한다(Moreno, 1987, p. 131).

모레노의 이론은 **정신화**(mentalization)에 관련한 최근 작업에서 잘 받아들여지고 있다. 우리 자신을 타자에게 조응하는 능력은 타자가 자기 주체성을 갖고 있다는 것을 아는 능력과 동등한 정신화의 첫 번째 핵심적 측면이다. 베이트먼과 포나지(Bateman & Fonagy, 2006)는 정신화하기(mentalizing)의 정의를 "정신화하기란 효과적인 사회집단을 만들게 해 주는 인간의 핵심적인 사회-인지 능력이다."(p. 10)라고 쓰고 있다. 역할-전환은 타자의 눈을 통해 자신을 보고, 타자가 마음속에 자기-표상에 조응하거나 혹은 조응할 수 없는 자신에 대한 뚜렷한 표상을 가지고 있다는 것을 인식하는, 양 자에 대한 참여자의 능력을 평가하는 탁월한 진단 도구다.

진단평가에서 이러한 기법을 탐구하는 두 번째 가치는 그것이 긍정적인 피드백, 지지, 그리고 중요한 타인의 시련을 받아들이는 참여자의 능력을 조명한다는 데 있다. 중요한 타인이란 역할-전환을 통해 회기에 그들이 데리고 온 누군가를 가리킨다. 피드백을 용인하는 능력은 그룹 참여에서 특히 중요하며, 다양한 관점을 인지하는 감각은 변화를 증진시키는 핵심요소다.

세 번째, 그 훈련은 자주 참여자들의 마음을 움직이는데 그것을 어떤 방식으로 그리고 어떤 지점에서 보는 것은 흥미롭다. 참여자들이 정서적으로 가장 많이 개입하는 계기는 다른 사람들에게 사랑을 받고 있다는 느낌이 들 때다. 그들이 이렇게 환기된 감정을 얼마나 잘 유지할 수 있는지 보는 것은 유용하다.

네 번째는 집단 작업이 갖는 복합적 특성으로 참여자들에게 발생하는 깜짝 놀라는 순간과 연관되어 있다. 통제를 넘어서는 일이 일어나는데, 그것이 바로 그룹 내 타자들이 지닌 기능이다. 그들 자신의 역할 안에서는 접근할 수 없었던 타자의 역할에서 알게 된 정보나 혹은 역할-전환이라는 정서적 혹은 관계적 충격에 의해서도 얼마간 놀라게 된다. 일단 그들이 자신의 역할로 의자에 되돌아오면 나는 그들에게 그 과정에 대해 어떻게 느꼈는지, 그리고 어떤 놀라움이 있었는지를 묻는다. 이는 사이코드라마 회기의 마지막 단계인 공유(sharing) 과정을 모델로 한 것이다. 공유하는 과정에는 개인적 공명 그리고 학습과 관련하여 경험한 과정을 되돌아볼 기회와 격려가 있게 된다. 이는 기본적으로 쉬운 일은 아니다. 개별적인 반응을 드러내기 전에 충분하게 생각하는 것을 선호하는 사람에게는 특히 그렇다. 그래서 나는 이에 대한 감각을 주는 진단평가 과정을 사용한다.

다섯 번째, 그 훈련은 **마치 ~처럼**(as-if) 혹은 **잉여현실**(surplus reality)의 세계로 간단하게 들어가는 기회를 준다. 중요한 타인이 우리와 함께 그 방에 실재하는 것은 아니다. 하지만 그 과정에 있는 동안 양편에는 불신의 자발적 중지가 있게 되는데, 이는 집단심리치료에서의 사이코드라마를 위한 기본 전제다. 사이코드라마나 연극치료에서 우리는 상징적 현실이 있는 진지한 연극에 참여한다. 무대 위에 제시된 것들은 사실이면서 동시에 사실이 아니다. 처음부터 불신의 자발적 중지에 참여하는 능력은 참여자가 갖는 자발성의 한 기능이다. 만약 참여자들이 진단평가 동안 역할-전환 과정에 참여할 수 없다면 그룹 내에서의 그들의 불안에 대처하기 위해 그들이 지닌 능력과 준비상태를 고려해야 한다. 나는 기본적으로 그런 그들을 그룹에서 배제하지는 않지만, 그들이 일대일 체제에서 어느 정도 그 과정을 다룰 수 있을 때까지 진단평가 과정을 늘릴 수 있다.

역할-전환의 경험이 집단치료에 참여하기 위한 진단평가의 유용한 도구임에도 불구하고 그 자체로는 한계가 있어서 다른 과정들과 결합해야 한다. 역할-전환 경험은 사이코드라마에서의 작업 방식과 교류할 수 있으며, 집단치료 회기와 진행 중에 있는 그룹의 프로세스의 작은 구성요소와 연결될 수 있다. 하지만 일대일 진단평가 회기에 한해서는 설명(description)을 통해서만 이루어질 수 있다.

그렇기에 나는 집단에 들어가는 참여자들을 준비시키기 위해, 그리고 그룹 참여가 그들에게 어떤 의미인가에 대한 감각을 얻기 위해 부가적인 접근들을 사용한다. 스펙토그램처럼 내가 개발한 훈련은 **구체화**(concretization)라는 사이코드라마적인 기술에 기반해 있다. 나는 참여자들에게 그들이 참여하기를 희망하는 집단에 대해 생각하고, 그 안에 있는 사람들을 상상할 것을 요구한다. 특히 그들은 어떤 종류의 사람들을 거기에서 보고자 하는지, 그리고 그 사람들에 대해 어떻게 반응할 것이라고 상상하는지를 말이다. 이렇게 상상한 유형들은 상담실의 오브제와 소도구들을 이용하여 상징화된다. 그리고 우리는 참여자들에게 유용한, 불안감을 없앨 수 있는 상호행위를 탐구한다. 다음으로 그들에게 '최악의 시나리오'에 해당하는 멤버들에 대해 생각할 것을 요구한다. 그들이 가장 힘들다고 여기는 사람, 그리고 그룹에서 보는 것조차 두려운 사람. 다시 이것들을 구체화하여 우리는 이러한 인격들이 참여자에게 환기하게 될 불안을 논의한다.

집단 내에서 어떤 화학 반응이 있게 될지는 알 수 없다. 새롭게 형성된 그룹이거나 혹은 옛 멤버를 내보냈을 때 새로운 멤버를 위해 종종 문을 개방하는 집단일 수도 있다. 적어도 그 과정은 집단치료 상황에 들어가는 데 수반되는 자연스러운 희망과 불안을 인식하게 도와준다. 어떤 집단은 안전하게 경험할 수 있는 그릇이 될 수 있지만 위험스럽고 괴롭히는 환경이 될 수도 있다.

참여자들이 사이코드라마 그룹에 들어가는 준비를 돕는 또 다른 방법은 내가 해마다 여러 번 개최하는 주말 워크숍 체험에 한 번이나마 참여할 것을 독려하는 것이다. 이는 집단 참여의 가장 근접한 경험이라 할 수 있다. 비록 이러한 경험이 그들이 참여하게 될 집단만의 특별한 감각을 주지는 못한다 할지라도 방법론과 그 집단과 그에 수반하는 과정들에 대한 감각을 제공해 준다. 이런 식의 주말 체험이야말로 집단치료를 위한 잠재적 참여자들의 진단평가 과정의 일부를 배가시키는 계기가 될 수 있다.

결 론

지금까지 나는 철학적으로나 실제적으로 진단평가에 어떻게 접근하는지를 제시하고자 했다. 체계적이고 분석적인 전통에서 취해 온 심리학적 가계도, 그리고 연극치료와 사이코드라마 전통에서 가져온 스펙토그램과 역할-전환이라는 기술들을 어떻게 이용하는지를 기술했다. 나는 이러한 행동 기법의 일부 사례를 공유했으며 진단평가 접근에서 내가 경험했던 일부의 한계들뿐만 아니라 분명하게 확인된 순간들을 조명했다. 나에게 진단평가는 과학이 아닌 관계의 여정 안에 있는 어떤 단계로 남겨져 있다—자기와의 관계, 치료사와의 관계, 그리고 방법론과의 관계.

참고문헌

Bateman, A., & Fonagy, P. (2006). *Mentalization-based treatment for borderline personality disorder.* Oxford: Oxford University Press.

Blantner, A. (1994). Tele. In P. Holmes, M. Karp, & M. Watson (Eds.), *Psychodrama since Moreno: Innovations in theory and practice* (pp. 289-291). London: Routledge.

Bustos, D. (1994). Wings and roots. In P. Holmes, M. Karp, & M. Watson (Eds.), *Psychodrama since Moreno: Innovations in theory and practice* (pp. 63-66). London: Routledge.

Chesner, A. (2002). Playback theatre as group communication. In A. Chesner & H. Hahn (Eds.), *Creative advances in groupwork* (pp. 40-66). London: Routledge.

Moreno, J. D. (1994). Psychodramatic moral philosophy and ethics. In P. Holmes, M. Karp, & M. Watson (Eds.), *Psychodrama since Moreno: Innovations in theory and practice* (p. 103). London: Routledge.

Moreno, J. D. (1987) [1952]. Psychodramatic production techniques. In J. Fox (Ed.), *The essential Moreno: Writings on psychodrama, group method, and spontaneity by J. L. Moreno* (p. 131). New York: Springer.

제11장
네덜란드 연극 관찰 기법

Gorry Cleven

역 사

네덜란드에는 약 400명의 연극치료사들이 있다. 이 가운데 대략 40%가 정신건강 분야에서 일하며, 35%의 연극치료사들은 다른 분야에서 청소년들과 작업한다. 다른 연극치료사들은 법정신의학 분야에서, 그리고 발달장애인, 난민, 중독자들과도 작업하고 있다. 또한 15% 정도의 연극치료사들은 개인적으로 개업하여 작업한다.

연극 관찰 기법(DOM: The Drama Observation Method)은 법정신의학에서 학제 간의 치료를 지지하기 위해 기록된 관찰을 필요로 함에 따라 개발되었다. DOM은 정신의학적 진단의 측정을 뒷받침하고, 드러나는 문제들을 세세하게 기록하여 치료 계획에 도움을 준다.

지난 10여 년간, 연극치료사들은 법정신의학에서 600가지 정도의 사례에 대하여 DOM을 적용하고 발전시켰다. 많은 치료 담당자들이 학제 간에 서로 지지하고 자문기록을 체계적으로 평가하였으며 그 결과 DOM은 정신건강과 청소년 돌봄을 위한 연극치료의 기본 도구로 개선되었다. 점검표의 사용은 슈퍼비전과 대학 간의 재검토를 촉진하였다.

정신건강이나 행동장애 환자를 관찰하고 진단하는 것은 발달장애와 정신병리학의 지식뿐만 아니라 창조적 예술치료 분야, 그중에서도 특히 연극치료에 대한 이해를 필요로 한다. 이것은 결국 환자의 특별한 요구에 따라 조절되어야 한다. 덧붙여 건강한 표현과 창조에 대한 지식도 필요하다.

이론적 배경

DOM은 치료, 질병, 건강, 인성을 개념화하기 위해 몇 가지의 이론적 요소를 연극치료에서 가져온다. 창조성과 표현의 발달(Bartelsman, 1987a, 1987b), 인성 양상(Way, 1977), 그리고 정서적 기억(Stanislavski, 1985)은 관찰의 기본으로, 표현기술, 형태와 주제를 구성한다. 관찰은 트윈스트라(Twijnstra, 1987)와 존스톤(Johnstone, 1990)의 즉흥 기법, 라반과 라반(1960)이 개발한 움직임 분석, 그리고 존스(1996)의 극적 신체와 진단방법을 기초로 하는데, 존스의 방법은 신체, 공간, 의도와 형태의 수준에 대한 진단을 포함한다. 정서 관찰은 리네한(Linehan, 1996)의 작업에 근거한다. 상호행위 그리고 집단역동의 관찰은 커블리어(Cuvelier, 1977), 드 종(de Jong, 2000), 레어리(Leary, 1957)와 레빈(Levine, 1982)의 이론과 랜디(1991a, 1991b, 1993)가 정리한 역할 이론에 근거한다.

DOM에서 치료는 '힘 북돋워 주기(empowerment)'의 개념에 기초하며, 생물심리학적 그리고 사회정신의학적 모델을 모방하여 패턴화한다. 정신의학적 문제를 비롯한 여러 정신적·심신적 통증은 어떤 사람의 현재 상황에서 이제는 기능하지 않는 생존 전략을 사용한 결과로 나타난다는 것이다. DOM에서 질병, 건강, 인성에 대한 해석은 스트레스 체질 모델과 발달심리학(Erikson, 1998; Kohnstam, 1993; Verhofstadt-Denève, 1994), 그리고 컬버그(1990)의 심리역동 관점의 영향을 받았다.

스트레스-체질 모델에서 생물학적 혹은 유전적 취약점이나 성향(체질)은 환경과 삶의 사건(스트레스 요인)과 상호작용하여 행동장애나 심리장애를 유발한다. 근본적인 취약점이 크면 클수록 행동이나 장애를 유발하는 스트레스는 덜 요구된다. 역으로, 유전적 분담이 적을수록 특수한 결과를 야기하는 삶의 스트레스는 더욱 커진다. 그렇다고 하더라도 장애성 기질을 가진 사람이 반드시 장애로 발전되는 것은 아니다. 체질과 스트레스, 이 두 가지가 작동할 때 장애가 발생하게 되는 것이다. 스트레스-체질 모델은 스트레스와 유전적·신체적·심리적·사회적 취약점이 어떻게 정신의학적 장애 발달에 관련되는가를 강조한다.

이 진단평가에서 중요한 것은 정신병리학과 발달 단계를 주목하는 것, 그리고 이것을 여러 연계 학문 팀에서 해석하고, 환자에게도 공개되는 읽기 쉬운 언어로 기록하는 것이다. 대개 두 집단의 장애, 즉 기능장애와 성격장애 사이에는 차이가 있다. 기능장애의 경우 환자는 공포와 공황장애, 우울, 정신이상 혹은 정신분열증과 같이 자신의 개인적·사회적 행동에 지장을 주는 심각한 문제를 갖고 있다. 진단하는 동안 우리는 그들에게서 자발성과 감정 표현의 결핍을 확인한다. 가끔은 시간, 장소, 공간의 혼란도 나타난다. 성격장애는 환자의 성격과 좀 더 관련이 있으며, 환자는 외향적이고 과장된, 내성적이거나 불안한 것으로 보일 수 있다.

발달장애와 생존 전략을 인식하기 위한 진단으로는 연령별로 적합한 놀이를 실험하는 것이다. 성격장애 매뉴얼(Derksen, 1993)과 발달 프로파일(Abraham, 1997)은 성격 발달과 관련한 장애의 관찰을 설명한다. 에이브러햄은 사회적 태도, 대상관계, 자기 인식과 자의식, 규범, 욕구, 인지, 문제해결행동과 주제에 있어서 몇 가지 단계를 구분한다. 이를 관찰하는 것과 더불어 환자의 문화적 관점, 개인적·사회적 상황, 지지적 혹은 비지지적 환경 또한 치료 가능성을 공식화함에 있어서 고려되어야 할 것이다.

기 법

진단은 정신건강과 법정신의학에서 환자의 심리상태를 결정하기 위해 사용된다. 그 결과는 연계 학문 간 치료 계획 내에서 치료 가능성을 제시하고 목표로 하는 데 사용된다. DOM은 청소년과 성인에 초점을 둔다. 12세 이하 어린이의 진단으로는 반 더 폴(van der Pol, 1998)이 개발한 구조화된 놀이 관찰이 효과적이다.

최상의 진단을 위해서 첫 만남에서의 관찰은 상황극과 연극 연습에 초점을 맞춘다. 다음 질문들은 관찰의 지침이 된다.

- 참여자는 자신의 상상력을 사용할 수 있는가?
- 객관적 인식이 있는가?
- 모방 혹은 거울놀이가 가능한가?
- 놀고 싶어 하는가?
- 참여자는 자기 자신의 문제에 대한 통찰력이 있는가?

다섯 W—누가(who), 무엇을(what), 어디서(where), 언제(when), 왜(why)—는 극적 장면의 기본 요소들로서 참여자를 위한 유용한 도구가 된다. 예를 들어 나는 아침 6시에(언제) 로켓에서(어디서) 더 이상 지구와 어떤 접촉도 없는 공간 속 곤충(무엇을)의 행동을 연구하는(왜) 우주비행사(누가)의 역할을 맡아 연기를 한다.

참여자나 치료사는 이러한 기본 요소들을 놀이의 다양한 면을 강조하고, 진단하기 위해 사용할 수 있다. 예를 들어 참여자가 우주비행사 역할을 한다면, 그는 다른 요소들로 마음껏 채울 수 있다. 참여자는 자신의 능력을 사용하여 즉흥으로 '마치 ~처럼' 연기하며 자신의 상상력과 자신감을 이용한다. 그들은 자신의 생각을 따라가는 능력, 알지 못하거나 대립적인 상황에 대처하는 능력을 인식한다. 이 진단평가는 모방으로 시작하는데, 이를 통해 객관적 인식과 주관적

인식 사이를 오가며 선택하는 환자의 능력을 알아보고, 또한 환자에게 그 요소들을 행동으로 인식하고 모방하는 기회를 제공하게 된다. 치료사는 지시와 개입 방식을 환자의 요구에 맞춘다. 현실과 놀이를 구분하는 데 문제가 있는 환자들에 대해서는 기본적인 극적 요소에 보다 세심한 주의가 요구되어야 할 것이다. 정신병이나 정신분열증 환자를 위해서는 체계적이고 지지적인 태도가 요구된다. 기본적인 기술이 충분히 발달되지 않았다면 치료의 첫 목표는 주관적·객관적 인식 영역의 연습에 초점을 둔다. 이는 다음을 포함한다.

- 환경적·개인적 욕구와 관련하여 조절한다.
- 그들 자신의 내적·외적 환경 영향을 다룬다.
- 행동에서 정서적·사회적·인지적 문제를 표현한다.

진단평가는 발달적·심리적 주제를 진단하는 것뿐만 아니라 극적 놀이를 통해 나타나기 시작하는 개인적 주제에 초점을 둔다. 여러 요소들을 통합하기 전에 이를 개별적으로 살펴보는 것이 가능하며 또 필요하다. 참여자가 자신의 가능성을 찾고 조절할 수 있도록 개인적인 주제를 살펴보기 위해서는 집중, 감각, 환상, 상상력, 신체, 언어, 감정과 인지에 초점을 둔 것과 같은 특별한 연습이 요구된다.

네덜란드 DOM은 연극치료 진단평가의 현존하는 방법들과 유사하다. 연극치료에 존재하는 관찰 기법은 주로 역할연기나 스토리메이킹과 같은 연극치료 주요 과정의 하나에 초점을 둔다.

랜디(1993)는 다음의 7과제를 포함하는 역할연기 능력을 설명한다.

- 역할 인식과 이름 짓기
- 다양한 수의 역할을 연기하는 능력
- 역할의 특정 요소나 특성을 표현하기

- 대안적이고 부차적인 역할연기 능력
- 역할 다루기
- 역할과의 미적 거리
- 역할 속 현실과 허구의 연계

존슨(4장 참조)은 역할연기진단검사(DRPT)를 개발하였는데, 이는 참여자가 설정한 일련의 역할과 즉흥을 연기하는 것이다. 역할연기검사에서 존슨이 진단하는 기준은 다음에 초점을 둔다.

- 역할 레퍼토리
- 반복되는 패턴
- 역할 양식
- 공간 활용
- 과제와 역할 구조
- 인물 간의 복잡성과 상호행동
- '마치 ~처럼' 연기하는 수준과 퍼포먼스

존슨의 역할연기검사는 즉흥과 역할연기에서 일어나는 투사에 기초한다. 그것은 참여자의 성격 구조와 욕구에 대한 정보를 제공한다.

라하드(6장 참고)의 여섯 조각 이야기 만들기(6PSM)는 이야기를 만드는 가운데 참여자의 강함, 대응기제, 그리고 갈등 영역을 진단하며 다음을 주목한다.

- 가치와 확신
- 감정과 정서
- 사회적 표현
- 상상력

- 인지적 표현
- 신체적 표현

그의 방법은 치료사의 개입 방식에 대한 지침을 포함한다.

펜직(2003)은 극적 현실에 기초한 다양한 방법의 조합을 선호한다. 그녀의 진단평가는 연극치료 과정을 DOM(Cleven, 2004)에서 살펴보는 것과 유사한 6축의 기준에 근거하여 분석한다.

- 연기 기술
- 심리미학적 공간으로서 극적 현실의 특성
- 원형적 역할연기 능력
- 신체적 본성의 역할연기 능력
- 주제와 갈등 연기 능력
- 관객 인식 능력

DOM은 다른 정신과 치료가 필요한 참여자들에게도 적용될 수 있다. 중요한 출발점은 참여자의 내적 자원이 관찰될 수 있다는 것이다. 출발의 기본점은 창조성과 표현의 발달, 그리고 인성 발달이다.

DOM의 발달 단계

DOM은 바텔스먼(Bartelsman, 1987a)이 지적한 창조성과 표현 발달 단계를 따른다—자동현상, 모방, 표현, 관습, 재경험, 재생된 표현.

자동현상

자동현상은 아이가 태어나는 순간부터 존재한다. 욕구, 반사 신경, 감각 인식이라는 전체 안에서 아이의 신체는 주변의 인상에 대해 자신의 감각과 반사 신경으로 반응한다. 아이는 인간적 접촉의 특성을 알아차리게 된다. 예를 들어 부모가 아이를 사랑스럽게 안아 주는가, 긴장한 채 아이를 침대에서 들어 올리는가 아니면 불안해하면서 모유를 먹이는가? 어린아이는 이런 경험으로는 자신과 다른 사람을 구별하는 방법을 알지 못한다. 내적 세계와 외적 세계, '타인'과 '나'는 아직 하나이며 다른 대상으로 구별될 수 없다. 자신과 타인 혹은 주변 환경을 구별하는 힘은 이 초기 단계에서는 충분히 발달하지 않는다.

자신과 타인을 구별하는 능력의 부족함은 다음과 같은 경우에 더 분명해질 것이다.

- 참여자가 한 장면에서 합의한 순간 또는 합의한 공간 내에서 멈추지 않을 때
- 장면이 끝난 뒤에도 참여자가 역할에서 벗어나지 않을 때
- 참여자가 다른 사람의 개인 공간을 가로지르고, 자신의 개인 공간도 가로지를 때
- 참여자가 치료사나 다른 동료들의 개입 혹은 행위에서 나온 주제와 자기 존재를 차용할 때

여기에서 신체적 경계와 영역을 목표로 하는 과제가 제시된다. 이 과제들은 개인의 공간에 초점을 두며, 그 공간은 역할행동과 영역 경계로 설정된다. 조건은 관객의 공간과 놀이공간을 구별하는 것이다(Cleven, 1998). 예를 들어 나는 연극 공간을 블록으로 나눈다. 절반이 참여자 A가 있는 공간이며, 다른 절반의 공간에는 참여자 B가 있다. 물리적으로 방을 나눔으로써 참여자는 어떤 자동 반응이 일어나는지, 자신의 영역을 통제하는 경험이 무엇인지 관찰할 수 있다.

모방

모방에 대해서는 '타인과 나'라는 기본 감각이 필요하다. 아이들은 얼굴 표정

뿐만 아니라 소음, 자세, 나중에는 언어까지도 자동적으로 모방한다. 모방행동은 세상을 이해하고 이를 자신의 것으로 만들 수 있는 방법이며, 나를 둘러싼 세상에서 '나'를 경험할 수 있는 방법이다.

그 뒤를 잇는 다음의 발달 과제는 보고 보일 수 있는 것을 수반하며, 이는 인식하고 인식되는 능력을 뜻한다. 이 과제는 매우 흥미로운데, 왜냐하면 그것이 독립으로의 첫 걸음과 일치하기 때문이다. 걷는 능력, 이와 더불어 다른 사람의 도움 없이 독자적으로 움직일 수 있는 능력은 사람이 처음으로 말을 하는 것과 거의 동시에 생긴다.

모방 과제는 주변의 정보를 관찰하고 모으는 데 어려움이 있는 참여자에게 많은 구조를 제공한다. 그것은 신체 표현 능력을 확장하고 연습하고 누군가의 목소리와 흉내를 보다 의식적으로 사용하기 위하여 객관적인 관찰을 하도록 돕는다. 연극치료는 관찰이나 경험이 문제 영역인 지점에 등장한다.

참여자가 성찰할 능력이 있다면 경험에 대하여 집중적으로 논의한다. 정신병 혹은 정신분열로 의심되는 환자는 연극치료를 통해 객관적 관찰과 주관적 경험을 구별하는 것을 습득할 수 있다.

표현

테이블이 오두막이 되고, 구두가 큰 보물이 되고, 또는 용이 그를 기다리며 누워 있다는 환상을 하기 시작할 때 아이는 상상할 수 있는 능력을 갖게 된다. 이러한 놀이 단계는 무의식적으로 즐거움을 표현하고 불편함을 느끼는 것을 목표로 한다. 이와 더불어 결점을 보완하고 욕구를 끌어내고 환상 속에서 좌절을 표현할 수 있게 된다. 이 게임은 스스로가 드러나는 것을 목표로 하며, 참여자가 이러한 발달 단계에서 대처하는 것에 대한 중요한 정보를 끌어낼 수 있다.

연극치료에서 즉흥은 무의식적 과정을 표현하고, 경계 내에서 충동을 표현하고, 자발성에 여지를 주는 가능성을 제공한다. 여기에서는 감정을 표현하거나 행동하는 것, 공상하는 것, 환각을 느끼는 것, 이런 것들과 즉흥을 구별하는 것을 습득하는 것이 중요하다.

자발적인 것 혹은 생각과 느낌을 표현하는 것에 장애가 있는 참여자는 자신을 표현하는 방법을 배울 것이다. 이처럼 표현하는 것이 문제 영역과 연관될 때는 즉흥의 요소에 단계적으로 들어가야 할 것이다. 또한 즉흥은 관찰과 경험 요소와 관련된다. 여기에서 내적 경험, 자기 성찰, 반영에 관하여 문제가 발생할 수 있다. 보고 보이는 것, 주도권 갖기, 갈등을 시작하고 끝내기, 이와 관련된 도전이 분명해질 수 있다. 즉흥 과제를 통해서 어떤 주제가 참여자 앞에 있는지, 그가 누구를 감정적으로 다룰 수 있는지, 이와 관련된 최선의 방법이 무엇인지 등이 명확해질 수 있다. 즉흥은 장면에 과제와 역할을 적용하고 시간과 공간의 요소들을 한정함으로써 보다 잘 구조화할 수 있다.

관습

관습은 행동, 사고 방식, 경험, 감정과 이미지, 가치와 기준들이 형태를 취하고 사회화한 패턴이 되는 시기와 관련된다. 확고한 형태와 버릇은 생각하고 느끼고 행동하는 양태 내에서 발전한다.

대응기제와 생존 전략은 종종 단기적으로 고통스러운 경험을 견딜 수 있게 해 주는 기능적인 해결책이 된다. 이러한 해결은 그 순간에는 충분할 수 있다. 하지만 해결책이 항상 동일한 생존 전략이고, 실제 사건과 관련이 없을 때는 부적합할 수도 있다.

생각과 느낌, 행동 안에서의 확고한 형태와 습관은 또한 사물을 넓게 보고 사색하고, 개인화하고, 자신의 정체성을 발전시키는 방법을 배우기 위해서도 중요하다.

'나' 자신과 그것을 반영할 가능성이 강해질수록 개인사, 인생 대본, 또는 연극치료 내에서의 전통적인 대본으로 초점이 옮겨진다. 대응기제와 생존 전략이 어떻게 발전했는지 재구성하고, 그리고 어떤 사건이 흥미로운지 알 수 있게 된다. 어떻게 의미가 경험과 연관되고, 확신과 행동으로 형성되는지도 알 수 있다. 여기서부터 부적절한 해결책이 연구되고 대안적인 전략으로 서서히 바뀔 수 있게 된다.

연극치료 안에서 텍스트, 대화, 이야기, 시를 가지고 작업하는 것은 종종 정서적, 사회적, 신체적 그리고 인지적 단계에서 행동에 초점을 맞추는 방법을 제공한다. 텍스트를 가지고 작업하는 것은 종종 참여자에게 그들의 무의식적 확신을 탐험할 수 있도록 해 준다. 연출가뿐만 아니라 배우의 역할에서도 개인적 확신이 나오고 해결된다. 참여자에게 텍스트를 선택하라고 하면 그들은 그 텍스트가 적합하지 않다고 느낄 수도 있다. 따라서 참여자 자신의 논리에 의거해서 텍스트를 다시 쓰라고 한 다음, 그 두 텍스트를 가지고 연출가의 도움을 받아 작업하고 해석한다.

재경험

재경험은 창조 단계에 있는데, 거기에서 오래된 느낌과 이미지들은 재평가되어야 하는 새로운 경험과 통찰, 감정 등과 관련되어 옛 경험에 다른 의미를 부여한다. 일상생활에서의 재경험은 좋고 나쁜 사건들을 다 보이게 한다. 이것은 특성상 신체적 지각, 시각적 기억 그리고 감정의 느낌과 항상 일치한다. 나쁜 사건의 재경험을 자극하고 고통을 반복하거나 증가시키는 것은 대처 수단이 아니며 치유되기보다는 더 해로울 수도 있다.

관찰 기간 동안 참여자가 주제에 대해 개인적으로 개입하는 것이 장면에서 보이기 시작하는데, 예를 들어 참여자가 역할이나 상황에 들어가는 거리 두기를 통해서 나타나기도 한다. 이 상황을 위해서 치료사는 자신의 극적 개입과 치료적 태도를 조율하는 방법을 알아야 한다. 아직 진행되지 않았거나 이제 토론될 주제, 그리고 안전한 거리에서 살펴볼 수 있는 주제를 대조하여 검토하기 위해서는 다른 접근법들이 요구된다.

연극치료와 같이 행동에 초점을 두는 접근법에서는 통찰력이 실제로 발달한다. 집단 내에서 치료사와 참여자 간의 상호작용, 그리고 극 연습은 감정적 개입의 재경험을 가능하게 한다. 예를 들어 참여자는 실제 연기에서 어린아이 역할을 하면서 자신의 길을 가야 할 필요성을 표현한다. 가난한 엄마의 역할을 연기하는 적대자는 자신의 아이를 비밀로 해야 하는 약점을 매우 강조한다. 참여자는 분개하여 반응하면서도 그것이 얼마나 강한지, 그리고 실제로 그런지조차 여전히 의식하지 못한다. 참여자는 갑자기 후퇴하여 역할에서 빠져나와서는 장면 내에서 무기력함과 분노를 재경험한 것에 관해 곧바로 언급한다. 이러한 시각에서 참여자는 억압된 감정을 말로 하게 되며, 그 결과를 이끌어낸 자신의 선택을 인식하기 시작한다.

재생된 표현

창조적 표현은 새로운 해결책에 도달하기 위한 공간과 도구를 제공한다. 이 창조 단계에서 고정되기 시작한 패턴, 대응기제, 생존 전략에 대한 방향 전환이 일어난다. 여기에서 대안적 해결이 생길 수 있는데, 이는 낯선 감정을 불러일으킬 수 있다.

치료과정의 이 단계를 조심스럽게 마무리하는 것은 중요하다. 일찍 분리된 감정과 경험의 통합과 함께 새로운 대처 접근법을 살펴보는 것은 깊이 뿌리박힌 감정과 문제가 드러날 수 있는 가능성을 열어 준다. 이는 치료 기간 동안 토론을 통해 진행될 수 있다. 방향 전환 단계 동안 참여자의 환경에 대한 방향 전환을 쉽게 하고 지금의 관계를 재정립하는 것은 중요하다. 그러므로 새로운 해결과 경험은 실제로 일상생활 속에 통합될 수 있다.

치료의 마지막 단계에서는 잘 헤어지기 위한 주의가 필요하다. 집단의 구성원들은 그들이 다른 사람들과 함께하였다는 것을 알려 주는 상징적 선물을 주어야 한다. 이 상징적 선물은 종종 그들이 집단과정 동안 작업했던 중요한 사건들을 표현한다.

DOM 절차

연극치료는 자신을 드라마와 연극 형태로 표현하는 것을 포함한다. 연극 장면에서의 경험과 실제 삶의 경험 사이에서 상호작용이 일어난다. 참여자가 놀이와 현실 사이에서 구체적인 몸이 됨에 따라 행동과 기호 사이의 연계가 빨리 만들어질 수 있다. 놀이와 현실의 접점에서 환자에게 실제 있었던 사건을 생각하는 능력과 새로운 경험을 얻도록 하는 가운데서 역할과 인물이 만난다. 참여자가 자신과 다른 사람을 대하는 방법들은 종종 연극치료에서 핵심적인 중요성을 지닌다. 이 모든 것은 상호 동의를 근거로 일어나는 상상의 상황 안에서 볼 수 있고 만질 수 있게 되며 경험될 수 있다. DOM의 구체적인 절차는 다음과 같다.

문맥

극적 관찰은 치료의 첫 단계보다 먼저 혹은 그 단계에서 참여자의 능력과 욕구를 결정하는 데 유용할 수 있다. 극적 관찰은 치료를 위한 진단과 예후, 지시를 결정하는 것에 도움이 된다. 이는 더 나아가 참여자를 위한 구체적인 주제와 현재의 대응 전략을 찾는다. 치료를 위한 지시는 이러한 조사에 기초하여 보다 구체적으로 만들어지고, 참여자에게 개인 혹은 집단 만남을 권유한다.

집단 만남에서의 과제는 구체적으로 기본적인 극적 기술을 사용하는 것과 협력을 조성하는 것을 목표로 한다. 이러한 제안은 이전에 묘사된 표현 단계에 기초하며, 그 효과를 모방, 즉흥, 텍스트 방향 과제에서 찾는다.

극적 관찰 기법은 구성원들이 자유롭게 드나드는 열린 형태 또는 전체 프로그램이 4주 완성으로 제공되는 닫힌 형태에 적합하다. 집단은 남녀 세 명씩 총 여섯 명으로 구성되는 것이 이상적이다. 집단 크기와 다른 종류에 대한 결정은 두려움, 혼란 정도 혹은 잠재적 구성원 간의 사회적 행동 수준에 기반한다. 또한 현재 관심 있는 부분이 밀접하게 연관되어 있는 경우 여덟 명까지도 가능하다.

개별 만남은 명확히 개인의 욕구, 주제, 투사에 초점을 맞춘다. 창조적 과제는 참여자의 개인 공간과 그 주변을 연상하고 다루는 능력, 그리고 소리, 마임, 신체, 움직임과 행동 표현을 쉽게 할 수 있도록 하는 것을 목표로 한다. 참여자가 도움을 청할 경우에는 표현과 정서, 그리고 부모, 아이, 성인의 역할을 사용하도록 한다. 다음과 같은 질문에 대해서는 특별히 주의해야 한다. "당신의 삶이 어떻게 달랐더라면 지금의 치료가 필요 없는 것이 될까요?"

관찰하는 동안 참여자는 연극치료의 효과, 그리고 그것이 치료 안에서 무엇을 의미하는지 등을 체험한다. 치료사는 연극치료가 각각의 참여자에게 가능성이 있는지 아닌지 결정한다. 조사 결과는 참여자의 정신상태, 다양한 극적 요소와의 관계, 연극치료의 가능성 여부에 대한 추천을 포함한 관찰 기록으로 요약 정리된다. 참여자와 치료사는 이에 관해 논의한다.

집단 진단평가

첫 집단 모임. 집단 모임을 진행하는 연극치료사는 공동 작업과 존중에 대한 기본원칙에 유의한다. 그는 또한 연극치료의 목적, 관찰의도, 그리고 전체 관찰 기간의 형식에 대하여 적절한 설명을 한다. 관찰과 진단을 위해 오는 참여자들은 일반적으로 힘든 삶을 살며, 그들을 놀라게 하거나 낙담시키거나 혼란스럽게 하는 현상들과 대면한다. 치료사는 참여자의 상황과 기본사항을 관찰할 필요가 있다.

안전과 신뢰를 경험하는 것은 극도로 두렵거나 혼란스러운 참여자에게는 어려운 일이다. 그러므로 치료사로서 신뢰할 만하다는 사실은 중요하다. 기분장애, 불안장애, 심리장애를 포함한 1군 정신질환을 가진 환자들에게는 경계, 구조, 예측 가능성 등이 강조된다. 인격장애와 같은 2군 장애를 지닌 환자들에게는 인지, 이해, 의미를 강조하는 활동을 지시한다.

첫 집단 만남에서의 초점은 모방에 둔다. 집단 구성원은 소리와 움직임에 중점을 둔 공동 과제로 시작한다. 이 과제에서 구성원들은 모두 동그랗게 서서 각자 보여 주는 움직임과 소리를 반복한다. 연극치료사가 먼저 천천히 혹은 활기

차게, 크게 혹은 부드럽게 등과 같이 다양한 모습을 보여 준다.

이 과제의 목표는 참여자의 표현, 소리나 언어, 몸짓이나 행동을 따라하는 능력을 용이하게 하는 것이다. 이를 통해 참여자가 속도를 잘 따라가는지, 어떻게 모방하는지, 어떤 이미지를 보여 주는지, 균형을 잃는지 아니면 유지하는지 등을 알게 된다.

다음으로 둘씩 짝을 지어 상대에 대한 장면을 만들라고 한다. 서로 다른 짝에 대한 장면을 만드는 것은 그것에 대해 생각한 다음 덜 정서적인 방법으로 표현하는 것을 필요로 한다. 이런 방식으로 공간과 거리가 창조되고, 이 두 가지는 연상의 자유로운 흐름을 시작하는 데 필수적이다.

먼저 시작한 짝이 장면을 보여 주고, 그런 다음 상대로 하여금 그 장면을 따라하도록 한다. 모방은 재현의 기능을 가지며, 이렇게 함으로써 객관적인 관찰과 역할연기의 능력을 갖추도록 한다. 그것은 다른 사람이 어떻게 신체 동작과 소리와 내용을 관찰하는지, 그리고 어떻게 그것을 재현하는지 보여 준다. 집단 모임을 진행하는 동안 치료사는 각 요소가 어떻게 모방되는지 관찰한다. 여기에서 강조점은 공간, 행동, 억양, 언어, 기억, 관찰과 해석, 이 모든 것에 대한 창조에 있다. 참여자가 자신의 정보를 덧붙여서 장면을 다르게 끝맺거나 아니면 끝이 나지 않을 때 모방이 확실하게 달라지는지 아닌지 기록한다. 또한 참여자가 지나치게 전경에 있고 싶어 하는지 아니면 현실과 놀이를 구별하지 못하는지 등을 관찰한다.

모방에 대한 초점은 상황적인 극적 요소와 관련이 있어야 한다. 참여자는 객관적으로 장면을 관찰하고 재현할 수 있는가? 그는 자신의 경험을 성찰할 수 있는가, 다른 사람들과 함께할 수 있는가?

두 번째 집단 모임. 두 번째 모임은 즉흥에 초점을 둔다. 즉흥은 최소의 준비와 동의로 놀 수 있는 능력이며, 자발적으로, 언어적으로 그리고 비언어적으로 반응하는 능력을 포함한다. 모임은 벨 누르기 게임과 같은 집단 과제로 시작하여 매번 세 명의 참여자에게 주어지는 즉흥 과제로 이어진다. 벨 누르기 게임은 모든 참여자가 동그랗게 서서 하는 짧은 즉흥이다. 참여자 중 한 사람이 다른 참여자에게 가서 벨을 누르면 그는 역할을 선택할 수 있다. 상대방은 그 반응으로 자신과 관련된 인물을 구성한다.

이 과제의 목표는 현재 있는 것에 직접적으로 반응하기, 제시된 게임 주제를 받아들이기, 그리고 장면을 예측하고 생각해 내기, 그것을 인물로 바꾸기, 즉흥적으로 상호작용이 이루어지는 동안 그 인물을 유지하기 등이다. 그런 다음에 누가 제일 먼저, 두 번째로, 세 번째로 게임에 들어오는가에 대한 동의가 이루어지고, 집단 안에서 할당된 과제에 기초하여 즉흥 장면이 전개된다. 여기서 처음 사건이나 갈등, 그리고 마지막 사이에 차이가 생긴다. 각 회기 동안 각 참여자는 세 가지 과제 가운데 하나를 취하고, 따라서 회기가 끝날 무렵에는 각각의 참여자가 모든 과업을 다 수행한 것이 된다.

이 과제의 목표는 참여자가 즉흥극을 하는 동안 어느 과제를 취하는지, 어떤 개인적 혹은 집단 주제가 예측되는지 관찰하는 것이다. 즉흥극은 우리 자신의 경험, 지식, 가능성에 호소한다. 다양한 과제가 어떻게 창조되는지, 주어진 것이 여러 표현 수단을 어떻게 드러내는지, 세 과제 가운데 하나를 유달리 좋아하는지 등이 관찰된다. 첫 과제—즉흥극의 시작을 결정하는—와 더불어 즉흥극을 창조할 때 역할과 공간을 불러올 수 있는, 참여자의 상상 능력이 중요하다. 사건이나 갈등을 암시하는 두 번째 과제에 대해서는 참여자의 가치와 확신, 감정과 정서, 힘과 갈등 영역이 흥미롭다. 세 번째 과제—즉흥의 끝을 결정하는—에서는 참여자의 복합성을 조절하는 능력, 성격과 힘의 다양한 기능의 상호작용이 중요하다. 참여자들이 역할이나 성격 안에서 거짓 상황에 놓이는지 아닌지, 이 요소들이 전체 장면 동안 얼마나 철저하게 전개될 수 있는지, 앞서 제시된 게임 내용들이 그들의 연극에서 선택되고 포함되는지 혹은 그렇지 않은지 등이 보이기 시작한다. 혹시라도 반복적이 되면 참여자들에게 새로운 주제를 즉흥극에 가져오도록 권유할 수 있다. 연극치료사는 그들이 도발적으로 반격 플레이를 할 때 필요한 지점에서 이를 중재의 수단으로 사용할 수 있다.

이러한 즉흥 과제들은 참여자가 갈등과 이야기 구조를 어떻게 다루는지, 그리고 어떻게 다른 참여자들과 그들의 정보에 상호작용하면서 함께 작업하는지를 보여 준다. 참여자들은 갈등을 직면하고 갈등을 만들어 내는가? 아니면 다른 사람들이 야기한 갈등을 회피하는가? 참여자들은 어떻게 장면을 끝맺는가? 아니면 계속하여 게임을 진행하는가? 그리고 게임에 대한 해결책을 찾는 데 얼마나 집중하는가? 즉흥극은 함께 놀고 다른 사람들이 제시한 것을 사용하는 능력, 그리고 관찰과 공간 인식의 능력, 자신을 전체 속에 위치시키는 능력 등을 요구한다. 집단모임에서 관찰한 것이 개별모임에서도 확인되면 개인적 주제나 생존 전략으로 간주될 수 있다.

세 번째 집단 모임. 셋째 모임은 텍스트 연출에 관한 것으로, 어떤 것을 상상할 수 있는 능력에 호소하는 것이다. 참여자에게 5개의 텍스트가 제공된다. 이것들은 기존의 연극 대본을 각색한 것이다. 그들은 각자 연출하고 싶은 텍스트를 선택하고, 배우와 공연할 장소, 어떻게 보여 줄지, 인물들은 어떤지, 그리고 배우들이 어떻게 그 인물을 연기할지 등을 정한다.

이 과제에서는 다른 사람들과 연계하는 것이 중요하다—사실과 허구를 구별하기, 인물의 사회적·인지적·신체적 관점을 표현하기, 배우들에게 자신의 상상적 개념을 이야기하기 등등. 연출가/참여자는 무엇을 강조하는가? 사건, 감정, 행동 아니면 생각? 텍스트 연출 과제는 사람들을 다루는 방법, 추상적으로 생각하고 자신의 경험을 극적 장면에 적용하는 능력, 그리고 다른 사람들을 지도하는 방법 등에 대해 알게 해 준다. 만약 텍스트에서 개인적 주제를 찾을 수 있다면 그것은 참여자에게 그 주제를 기획하고 형상화할 수 있는 가능성을 제공한다. 참여자가 실제로도 많이 밀착되어 있으며, 연기된 사실과 사실 그 자체 사이에 많은 거리를 둘 수 없을 때는 정신적 증상 또는 생존 전략으로 역할을 연기할 수도 있다. 치료사는 참여자의 도움 요청과 문제에 의존하여 어떤 개인적 주제가 치료에서 더 다루어질 수 있는지 고려할 것이다.

또한 텍스트 연출에서는 어떤 것에 대해 판단하기, 설명하기, 책임지기, 무슨 일이 일어나는지 정하기, 공간 취하기, 공간 주기, 할당된 역할을 취하기 등도 있다. 또한 지도할 수 있기, 그리고 다른 사람이 요구하는 것을 하기 등도 중요한 요소다.

집단 모임은 '손님(De Gast)'(Johnstone, 1990)으로 종결된다. 이 과제는 이야기로 진행된다. 손님은 약속 시간에 도착하기 위해 길을 떠난 후 저녁 내내 바람, 비, 싸락눈 등의 날씨와 마주한다. 그는 마침내 마지막 길을 걸어 약속 장소에 도착한다. 흠뻑 젖은 채로 밤늦게야 도착한 그는 크고 육중한 문을 두드린다. 그는 기다리고, 누군가가 문을 연다. 다른 사람들에게는 손님을 보살피고, 스스로 역할과 태도를 선택하여 그를 만나는 과제가 주어진다. 이러한 정보를 근거로 짧은 대화가 두 연기자 사이에 전개된다. 손님이 만나려던 사람은 끝내 나타나지 않는다.

이 과제에서 치료사는 다음과 같은 참여자의 능력을 관찰한다. 현실에서 극적 현실로, 그리고 다시 현실로 돌아갈 수 있는가, 미적 공간을 창조할 수 있는가, 역할을 입고 연기하는가, 개인/집단 주제를 나타내는가, 다른 사람의 행동을 그들 자신의 놀이로 통합하는가 등등.

개별 진단평가

참여자와의 첫 만남에서 그의 배경, 그리고 도움 요청에 대한 정보를 얻기 위해 설문지를 작성하도록 한다. 그다음에는 과제들에 대해 설명하고 참여자로 하여금 선택하도록 한다. 참여자는 두세 번의 개인 만남을 위해 계획된 과제들에 대한 대략적인 정보를 얻는다.

과제는 다음 사항들에 대해 초점을 맞춘다.

- 호흡과 소리 사용
- 신체 표현
- 부모-아이-어른 역할과 관련된 즉흥
- 아홉 가지 감정과 관련된 장면
- "인생에서 무엇이 달랐더라면 치료가 필요하지 않을 수 있었을까?"라는 질문

호흡과 소리. 공 던지기로 호흡과 소리에 초점을 두는 과제. 참여자로 하여금 공을 던지면서 다양한 세기와 억양으로 누군가의 이름을 부르게 하고, 그런 다음 정서에 대해 반응하도록 한다. 이 과제는 참여자가 제대로 표현하기 위해 어떻게 호흡과 소리를 사용하는지 알려 준다. 여기에서 호흡 방식, 소리 지시, 신체 사용, 등의 모든 것들이 역할연기를 한다. 참여자가 다른 사람의 억양과 세기를 관찰하는 방법, 그리고 그들이 그것에 의미를 주는 방법 또한 관찰된다.

신체 표현. 신체 표현에 관한 과제는 음악에 따라 움직이는 것으로 분명하게 형상화된다. 참여자에게 세 종류의 음악을 들려주고, 그중 하나를 골라 움직이거나 이야기를 하도록 한다. 이 과제는 참여자가 자신의 주변 환경을 어떻게 대하는지를 보여 준다. 주위 공간을 폭넓게 사용하는가? 아니면 제한적으로 사용하는가? 움직임이나 행동이 직접적인가, 간접적인가? 크고 외향적인가? 아니면 작고 내향적인가? 참여자는 몸 전체를 활용하는가? 아니면 고립된 행동을 수행하는가? 그들은 무게감이나 템포를 정확히 표현하는가?

즉흥. 부모, 아이, 어른 역할로 구성된 즉흥에 초점을 둔 과제로, 각각의 역할이 쓰여 있는 카드가 두 벌 있다. 참여자와 치료사는 6개의 카드에서 하나씩 집고, 참여자에게 두 역할의 조합에 기초하여 상황을 제안하라고 청한다. 중점 질문은 역할이 무엇을 원하고, 어떤 감정이며, 그 장면이 벌어지는 곳은 어디인지 등이다. 그다음에 짧게 즉흥이 진행되고, 벨 소리가 나면 끝난다. 이 과제는 참여자가 이 역할들을 어떻게 소화하고, 어떤 근거로 선택하는지, 언제 장면이 달라지는지, 언제 시작하고 또 언제 수정되는지, 그리고 시간 제한은 어떻게 처리되는지 등을 보여 준다. 이 과제는 삶의 주제와 대응 전략의 양상들을 밝혀 준다.

감정 장면. 감정 표현에 대한 과제는 기쁨, 재미, 두려움, 죄책감, 수치심, 분노, 혐오, 슬픔, 놀라움의 아홉 가지 감정이 쓰인 카드로 시작한다. 참여자들에게 그 감정들을 자주 표현하는지 아니면 그냥 간직하는지에 따라 순서를 정하도록 한다. 그런 다음 여러 감정과 상황을 연결시키도록 하고, 그 상황 가운데 하나를 선택하여 그것을 장면으로 만들도록 한다. 장면 만들기가 지나치게 저항적이거나 불안정을 나타낼 때는 참여자에게 대사나 시로 써서 감정을 표현하도록 한다. 이 과제는 어떤 감정이 다소 의식적으로 경험되는지, 감정이 어떻게 형상화되는지, 어떤 의미를 지니는지, 어떤 문제 영역이 토론될 필요가 있는지 등을 알려 준다. 감정을 경험하고 사는 것, 혹은 인지 전략을 거쳐 감정을 조절하는 것 가운데 어느 것에 더 강조점이 있는가?

질문. "인생에서 무엇이 달랐더라면 치료가 필요하지 않을 수 있었을까?"라는 과제는 의미 있는 순간들의 인생길을 만드는 것으로 형상화된다. 이 인생길은 장면으로 구상되며, 참여자는 가르침과 대처 능력에 대한 요구에 의존하여 사실적 혹은 원하는 대로 이야기를 써 내려간다. 이 과제는 참여자의 생존 전략과 도움 요청이 인생 전반에 걸쳐 어떻게 얽혀 있는지를 보여 준다.

집단과 개별 만남 후, 관찰된 요소들의 검사 항목에 기초하여 결과물이 하나의 평가 기록으로 통합된다. 기록에서 이 요소들은 참여자의 정신상태, 극적 놀이 능력과 관련된 것으로서 연극치료를 더 받아야 하는지, 아니면 다른 어떤 개입 방식이 바람직한지 등을 권하는 것으로 마무리된다.

연극 관찰 점검표

연극 관찰 점검표는 DOM을 지지한다. 참여자의 심리상태 평가는 주변 환경과 평가자에 대한 참여자들의 태도와 참여자 자신과의 첫 접촉으로 시작하는 관찰에 근거한다. 참여자의 극적 요소와의 관련성 진단은 모방, 즉흥, 연출 과제 동안 나타나는 그들의 행동에 근거한다. 역할, 주제, 서로 간의 상호행동, 감정 표현이 기록된다. 점검표는 환자의 극적 현실의 특성에 대한 확인으로 마무리되는데, 극적 현실은 역할 발달과 체현, 그리고 관객, 배우, 연출가, 작가가 되는 능력에 근거한다. 다양한 관찰 간의 해석과 연관성에 대해서는 블래트너(1975), 클리븐(1987, 1998), 에무나(1994), 존슨과 에무나(2009), 존스

(1996), 라하드(1992), 랜디(1991a), 펜직(2003), 반호머릭(Vanhommerig, 2000), 베로슈타트-드네브(1994) 등을 참조한다. 구체적인 진단 혹은 치료상의 질문을 하기 위해서 DOM과 연극 관찰 항목의 수정이 요구될 수도 있다.

점검표 측정

각 특성마다 약함-1점부터 강함-7점까지로 점수화된다.

정신질환 증상

- 환각
- 기분
- 불안

정신적 태도

- 주변에 대한 태도: 불안전, 수용, 비평적인
- 서로 간의 상호행동: 협력적, 대립적, 지배적/순종적 입장
- 자신에 대한 태도: 독자성, 자기-인식, 자기-배려

극적 요소의 사용

- 표현 기술: 공간 사용, 소리와 몸 표현력, 자발성, 창조성
- 신체: 여러 신체 부분의 통합, 착지, 중심 조절
- 공간: 공간 제한하기와 조직화하기
- 의도: 템포, 흐름, 조절
- 신체와 공간 연계: 생동감, 리듬, 빈틈 없음
- 감정: 기쁨, 공포, 죄책감, 수치심, 분노
- 역할 레퍼토리: 리더/추종자, 적극적인/내향적인, 부모/아이, 주인공/대립자

- 장면 구조: 분위기, 클라이맥스, 끝
- 연기 수준: 모방적, 전통적, 창조적

치료사의 개입 방식

- 지지적
- 구성적
- 증상-지향적
- 성찰-지향적

기록 문서

관찰 결과는 기록 문서에 통합되는데, 환자의 정신적 상태와 극적 표현 간의 연관성을 서술한다. 문서는 객관적 태도로 써야 하며, 연극치료로 더 치료 개입을 해야 하는지에 관한 지침도 제공해야 한다. 문서는 다른 치료들과 협조하여 인간적이고 효과적이며, 효율적이고 힘 있는 치료 계획을 만들기 위하여 참여자와 다른 학문에서도 이해될 필요가 있다. 분명한 참여자 집단을 진단할 때는 항목의 수를 줄이는 것이 가능하다. 예를 들어 다른 정신질환은 없는 중독 환자의 진단에서 DOM은 정서, 상호행동 그리고 이와 관련된 목록—정신 태도, 역할 레퍼토리, 감정과 같은—과 관계된 주제들을 줄일 수 있다.

해석

정신질환 증상(Psychiatric symptoms)은 참여자의 일반적인 행동과 연관되며, 확실한 정신장애가 있는지 혹은 없는지를 알려 준다. 여기에서는 특히 사고, 느낌, 행동, 경계 유지하기와 넘어서기, 참여자 자신의 도움 요청에 대한 성찰 간의 관계를 강조한다.

정신적 태도(mental attitude)에 대한 항목은 주변 환경, 다른 사람들과 자신에 대한 참여자의 태도를 측정하는데, 이는 일반적인 인성의 특성을 가리킨다. 예를 들어 조작된 비난과 투쟁하고 다른 집단 구성원들을 장악하며, 권위적인 역할을 선택하는 참여자는 명백히 인격장애이지 기본적인 정신장애는 아니다. **서로 간의 상호행동**(Interpersonal interaction)과 집단역동 행동은 주로 원가족 안에서 참여자의 행동을 반영한다.

극적 요소(dramatic elements)와 관련된 항목들은 놀이와 현실을 구별하는 참여자의 능력에 초점을 둔다—그들의 상상력과 극적 현실의 특성, 신체적·인지적·사회적 표현력, 반복 패턴, 주제와 갈등 그리고 복잡한 사회적 상호행동을 재현하는 능력. 참여자의 **신체, 공간, 의도의 사용**(use of body, space, intention), 그리고 이것들의 혼합은 연극치료사가 다음의 치료에 사용할 개입 유형에 대한 지침을 제공할 것이다. **느끼고, 인식하고, 감정을 표현하는**(feel, recognize, and express emotion) 참여자의 능력은 자존감, 공감, 자발성을 증가시키는 잠재력, 그리고 현재 문제에 대한 새로운 해결책을 발전시키는 잠재력에 대해 중요한 영향력을 지닌다.

역할 레퍼토리(Role repertoire)는 참여자의 초기 사회화 동안 발전된 정신적 태도 및 행동 패턴과 매우 밀접한 관련이 있다. 그가 연기하는 역할들의 넓이와 깊이, 그리고 유연함은 참여자의 친밀감, 자존감, 효과적인 상호 간의 기능에 대한 능력과 연관된다.

참여자의 정신적 태도, 극적 요소들의 사용, 역할 레퍼토리에 대한 정보의 혼합은 그의 전반적인 생존 전략에 대한 이해를 제공할 수 있다. 예를 들어 어떤 참여자가 순종적인 상태를 더 좋아하고 주도적인 상태의 사람들과 문제가 있으며 역할놀이에서 불안정하다. 그리고 집단 구성원들처럼 그가 직장 일을 하는 동안 어머니를 혼자 두었다는 것으로 어머니에 대한 죄책감을 표현하고 올바른 개입에 대해 저항한다. 이럴 경우 그는 일에서 성공하는 자신의 능력을 약화시키며, 동료 및 가족과의 관계를 방해하는 불안정의 핵심 감각으로 고통받고 있다고 결론지을 수 있다. 치료는 그의 역할 레퍼토리를 확장함으로써 자존감을 세우고 자립심을 지지하는 데 초점을 맞출 필요가 있다.

DOM으로 만들어지는 자료에 대한 해석은 그 관찰이 몇몇 작업에 대하여, 그리고 집단과 개별이라는 두 양상에 대하여 이루어진다는 사실로 인해 더욱 견고해진다. 각 작업은 환상과 사실을 구별하는 능력, 협동 요청, 창조성과 같이 여러 능력을 요구한다.

연극치료를 통한 확실한 개입은 항상 기록 문서에 포함된다. 대개 세 가지의 접근법 중 하나가 바람직한 것으로 제시된다—(1) 기술 만들기, 문제해결하기, 기본적인 소통 기술을 지지하기, (2) 관계에서의 인식, 자존감, 효과성 증진시키기, 또는 (3) 상황과 문제에 대한 새로운 해결책을 발전시키고 연습하기. 클리븐(2004)은 치료를 권하는 것이 어떻게 전개되고, 실제적인 목록 작성을 어떻게 받아야 하는지 좀 더 상세하게 설명한다.

결 론

네덜란드 DOM은 치료사에게 치료 계획을 돕기 위한 조직적이고 이해 가능한 진단 전략을 제공한다. 그것은 참여자에 대해 다양한 관점을 제공하는 경험적 점검표 방법론을 혼합한다. 따라서 DOM은 참여자의 극적 행동에 대한 관찰을 더 넓은 정신건강 분야에서 이해할 수 있는 언어로 변형하는 데 유용하다. 이 방법은 네덜란드에서 여러 구조로 폭넓게 사용되며, 이에 대한 수정과 개선이 현재까지도 계속되고 있다.

참고문헌

Abraham, R. E. (1997). *Het ontwikkelingsprofiel: Een psychodynamische diagnose van de persoonlijkheid.* [*The developmental profile: Psychodynamic diagnosis of personality.*] Assen, the Netherlands: Van Gorcum.

Bartelsman, J. C. (1987a). *Drama and pedagogie. Beschouwingen voor de docent.* [*Drama and pedagogie: Considerations for the trainer.*] Leiden, the Netherlands: Martinus Nijhoff.

Bartelsman, J. C. (1987b). *Expressie in het kwadraat.* [*Expression in the square.*] Tilburg, the Netherlands: Martinus Nijhoff.

Blantner, A. (1975). *Psychodrama. Methode en praktische toepassingen.* [*Foundations of psychodrama: History, theory, and pratice.*] Den Haag, the Netherlands: Alpha boek.

Cleven, G. (1987). *Achter gesloten deuren. De inzet van dramamiddelen binnen training en therapie, de ontwikkeling van een observatiemethode.* [*Behind closed doors. The deployment of resources in training and drama therapy, the development of an observational method.*] Thesis Amsterdam Theaterschool, the Netherlands.

Cleven, G. (1988). Van inspiratie naar integratie. Observatiemethodiek dramatherapie. [Observational methodology of drama therapy.] *Tijdschrift voor Creatieve Therapie, 4,* 20-24.

Cleven, G. (2004). *In scéne. Dramatherapie en ervaringsgerichte werkvormen in hulpverlening en begeleiding.* [*In scene. Drama therapy and experiential methods of assistance and guidance.*] Houten, the Netherlands: Bohn Stafleu van Loghum.

Cullberg, J. (1990). *Moderne psychiatrie. Een psychodynamische benadering.* [*Modern psychiatry: A psychodynamic approach.*] Baarn, the Netherlands: AMBO.

Cuvelier, F. (1977). *De stad van axen. Gids bij menselijke reaties.* [*The city of axes: Guide to human relationships.*] Antwerpen/Amsterdam, the Netherlands: Uitgeverij de Nederlandsche Boekhandel.

de Jong, C. A. J., Brink, W. van den, & Jansma, A. (2000). *ICL-R. Handleiding bij de vernieuwde Nederlandse versie van de Interpersonal Checklist (ICL).* [*ICL-R. Manual for the revised Dutch version of the Interpersonal Checklist.*] Den Haag, the Netherlands: Koninklijke Bibliotheek.

Derksen, J. J. L. (1993). *Handbook persoonlijkheidsstoornissen. Diagnostiek en behandeling van de DSM-IV en ICD-10 persoonlijkheidsstoornissen.* [*Manual of personality disorders: Diagnosis and treatment of DSM-IV and ICD-10 personality disordes.*] Utrecht, the Netherlands: De Tijdstroom.

Emunah, R. (1994). *Acting for real: Drama therapy process, technique, and performance.* New York: Brunner Mazel.

Erikson, E. H. (1998). *Het kind en de samenleving.* [*Childhood and society.*] Utrecht/Antwerpen, the Netherlands: Het Spectrum.

Johnson, D. R., & Emunah, R. (2009). *Current approaches in drama therapy* (2nd ed.). Springfield, IL: Charles C Thomas.

Johnstone, K. (1990). *Impro. Improvisatie en theater.* [*Impro: Improvisation and the theatre.*] Amsterdam, the Netherlands: International Theatre & Film Books.

Jones, P. (1996). *Drama as therapy: theatre as living.* London: Routledge.

Kohnstam, R. (1993). *Kleine ontwikkelingspsychologie.* [*Early developmental psychology.*] Houten/Zaventem, the Netherlands: Bohn Stafleu van Loghum.

Laban, R., & Laban, L. (1960). *The mastery of movement.* London: McDonalds and Evans.

Lahad, M. (1992). Story making assessment method for coping with stress. In S. Jennings (Ed.), *Dramatherapy: Theory and practice 2* (pp. 150-163). London: Routledge.

Landy, R. J. (1991a). A taxonomy of roles: A blueprint for the possibilities of being. *Arts in Psychotherapy, 18*(5), 419-431.

Landy, R. J. (1991b). The dramatic basis of role theory. *Arts in Psychotherapy, 18*(1), 29-41.

Landy, R. (1993). *Persona and performance: The meaning of role in drama, therapy and everyday life.* New York: Guilford Press.

Leary, T. (1957). *Interpersonal diagnoses of personality: a functional theoy and methodology for personality evaluation.* New York: Ronald Press Company.

Levine, B. (1982). *Groepspsychotherapie, praktijk en ontwikkeling.* [*Group psychotherapy, practice and development.*] Houten, the Netherlands: Bohn Stafleu van Loghum.

Linehan, M. (1996). *De Borderline Persoonlijkheidsstoornis.* [*Borderline personality disorder.*] Lisse, the Netherlands: Swets and Zeitlinger.

Pendzik, S. (2003). Six keys for assessment in drama therapy. *Arts in Psychotherapy, 30,* 91-99.

Stanislavki, K. (1985). *Lesson voor acteurs.* [*An actor prepares.*] Amsterdam, the Netherlands: International Threatrebookshop.

Twijnstra, R. (1987). *Dramatiseren een dialectische benadering.* [*Dramatize the dialectical approach.*] Amsterdam, the Netherlands: de Kreeft.

Van der Pol, P. J. (1998). *Gestructureerde orthopedagogische spelobservatie. Handleiding voor observatie van de vormkenmerken van het symbolische spel.* [*Structured orthopedagogical play observation: Manual for observation of the shape characteristics of symbolic play.*] Amsterdam, the Netherlands: MKD.

Vanhommerig, J. G. M. (2000). *Doelgericht observeren met drama.* [*Targeted observation through drama.*] Sittard, the Netherlands: Hogeschool Zuyd.

Verhofstadt-Denéve, L. (1994). *Zelfreflectie en persoonsontwikkeling, een handboek vook ontwikkelingsgerichte psychotherapie.* [*Self-reflection and personal development: A handbook for development-oriented psychotherapy.*] Leuven/Amersfoort, Belgium: Acco.

Way, B. (1977). *Vorming door drama.* [*Development through drama.*] Groningen, the Netherlands: Wolters-Noordoff.

제12장
자기와 공간 그리고 타자를 진단평가하기
네덜란드-벨기에적인 연극치료 진단평가 접근

Daan van den Bossche, Jaap Welten

오늘날의 연극치료사들은 그들과 함께 작업하는 참여자들의 진단평가 과정에 점점 더 많이 기여해야 한다. 존스는 연극치료 진단평가의 기본 목적을 "참여자에 관하여, 그리고 그들이 만나고 있는 어려움들에 관하여 가능한 한 많이 찾아내는 것이고" "참여자들이 치료과정 속으로 가져온 소재로 작업하기 위해 어떻게 연극치료 공간을 사용해야 되는지를 발견하는 것"이라고 말하고 있다(Jones, 1996, p. 263). 진단평가를 통해 치료사는 참여자들과 함께 작업하게 될 영역과 고충을 파악하고, 치료에 있어 연극적 매체의 어느 측면이 참여자에게 가장 적합한지를 알아내고자 한다.

연극치료 문헌은 연극치료 진단평가를 위한 다양한 모델을 제시한다. 거기엔 참여자가 지닌 기능의 다양한 측면들을 조망하는 데 유용한 많은 모델이 있다. 그러나 그 모델 중 일부는 사용하기에 지나치게 광범위하고 복잡하여 일상적인 연극치료 작업의 시행에 적용되기 어려운 면이 있다. 또한 경험적으로 진단평가가 점검표(checklist)와 설문지를 채우는 것으로 한정되는 경우, 참여자의 전인적(holistic) 복합성을 파악해 낼 수 없다. 연극치료는 체현적이며 극적인 기술 사용을 내장한 심리치료 형식이기 때문에 다른 진단평가 전략들을 위해 유용하게 이용될 수 있다. 왜냐하면 연극치료는 참여자를 색다른 관점에서 이해하도록 도움을 주기 때문이다.

먼저 네덜란드와 벨기에에서의 연극치료 영역을 검토한 뒤에 정신건강 진료에서의 연극치료 진단평가의 역할을 설명하고자 한다. 여기에서 가장 잘 알려진 진단평가 모형을 살펴보고, 다음으로는 구성주의적 패러다임에 기반한 연극치료적 진단평가 모형과 방식을 제안할 것이다. 이를 통해 치료사는 참여자와 상호작용하면서 표준화된 측정과 설문지로는 쉽게 파악할 수 없는 중요한 정보를 얻어낼 수 있게 될 것이다. 모형을 제안하는 한편으로, 그 모형 속에서 연극치료 진단평가의 세 가지 결정적인 차원인 **자기**(Self), **공간**(Space), **타자**(Other)를 평가해 보고자 한다.

네덜란드와 벨기에의 연극치료

연극치료 교육

네덜란드에서 연극은 1920년대 이래 치료에 적용되어 왔다. 그 당시 많은 예술가들은 정신건강상의 문제를 치료하기 위해 연극, 미술, 음악을 사용하는 프로젝트에 연루되어 있었다. 심리학자들은 특히 진단과정에서 유익할지도 모를 하나의 관찰도구로서 연극을 이용하는 데 관심을 두었다. 1950년대에 연극치료는 네덜란드에서 독립적인 치료 형식이 되었다. 연극치료 영역은 전문 직종으로 발전하게 되었고 대략 2,000여 명의 연극치료사들을 배출하게 되었다.

쥬드(Zuyd) 실용과학대학교(Heerlen), 우트레히(Utrecht) 실용과학대학교(HAV), 안햄 니메진(Arnhem Nijmegen) 실용과학대학교(HAN), 스텐던(Stenden) 실용과학대학교(Leeuwarden) 등 4개의 실용과학대학교에서는 연극치료 학위과정을 제공한다. 학생들은 1년간의 인턴을 포함하여 4년간의 연극치료 전 교육과정을 이수해야 예술치료(연극치료사) 학사학위를 받을 수 있다. 2004년 이래로 헬렌의 쥬드 대학교에서는 예술치료 석사과정을 도입하였다. 이 석사과정은 2년 과정으로, 창조적 예술치료(creative arts therapy) 연구를 수행하며, 차별화된 연극치료 방법들로 전문적 기술을 심화하고자 하는 예술치료 학사학위를 가진 사람들과 2년간의 실무경력이 있는 사람들에게 개방되어 있다.

벨기에의 연극치료 분야는 시작 단계에 있다. 벨기에에는 연극치료 교육과정이 없기 때문에 벨기에인들은 네덜란드에서 개별적으로 연극치료를 공부하고 있는 실정이다. 1990년대에 아트벨드 실용과학대학교(Arteveldehogeschool Ghent)의 작업치료학과에 창조적 예술치료 석사과정이 개설되어 이 과정에서 공부를 시작하는 학생들이 생겨났다. 1990년대에는 현재처럼 네 부류의 매체(연극, 음악, 춤, 미술)가 구체적으로 분류되어 있지 않았다. 2006년 이래 아트벨드 실용과학대학교에서는 예술치료 고급학사학위(Advanced Bachelor)를 수여하고 있다. 고급학사학위를 받기 위해서는 학생들은 적어도 1년 반 동안 특정한 매체(연극치료, 음악치료, 춤과 움직임 치료, 미술치료)에 대해서 교육을 받아야 한다(BVCT-ABAT, 2010; van den Bossche & Desomviele, 2010). 네덜란드와 벨기에 간에 기간과 학점이 서로 일치하지 않는 것을 볼 때, 예술치료교육유럽협력단과 같은 단체들은 연극치료 교육을 위한 국제적인 가이드라인을 제시할 필요가 있다(ECArTE, 2010).

연극치료 작업

웰튼(2009)에 따르면 네덜란드에서 대부분의 연극치료사들은 정신건강과 관련된 작업을 하는데, 그러한 작업은 대체로 병원, 정신병원, 재활센터, 특별한 결핍이 있는 학생들의 교육, 법의학기관 혹은 개별적 작업 내에서 이루어진다. 네덜란드 연극치료사 협회원들 중 84명의 응답자들을 대상으로 한 양적 조사를 통해 인성, 기분, 불안, ADHD, 외상 후 스트레스 장애(PTSD), 전반적 발달장애, 식이장애, 강박신경장애, 정신이상, 약물남용장애, 치매 등의 장애가 네덜란드의 연극치료에서 가장 흔하게 다루어지고 있음을 알 수 있다.

같은 연구에서 웰튼(2005, 2009)은 네덜란드 연극치료사들이 그들 작업에서 열린/닫힌 즉흥극(Johnstone, 1990), 상호행위 드라마(Cuvelier, 1976, 2008), 연극게임(Boal, 2002; Johnstone, 1990), 드라마 대본(te Kiefte, van Rhijn, & Haans, 1994), 스토리텔링/스토리-메이킹(Gersie & King, 1996), 소시오드라마(Moreno, 1946; Sternberg & Garcia, 2000), 역할 메소드(Landy, 1993), 발달변형(Johnson, 1999, 2005, 2009)을 포함한 다양한 연극치료 방법을 사용한다는 것을 밝혔다. 〈표 12-1〉은 이러한 연극치료 방법이 경계성 인격장애, 우울증, 주의력 결핍/과잉행동 장애(ADHD), 외상

〈표 12-1〉 네덜란드의 정신건강장애 처치에서 연극치료 방법론의 사용

	경계성 인격장애 n=53		우울증 n=51		주의력 결핍/과잉 행동 장애 (ADHD) n=49		외상 후 스트레스 장애 n=48		범불안장애 n=43	
방법	N	%	N	%	N	%	N	%	N	%
드라마 대본	14	26	14	27	11	22	10	21	8	19
발달변형	5	9	5	10	5	10	6	12	3	7
연극게임	19	36	20	39	19	39	13	27	20	47
상호행위 드라마	26	49	25	49	22	45	22	46	21	49
소시오드라마	12	23	9	18	6	12	6	12	6	14
촌극(stop-gap) 방법	2	4	3	6	1	2	2	5	2	5
스토리텔링/스토리-메이킹	15	28	18	35	23	47	19	40	13	30
제의극	6	11	7	14	9	18	8	17	6	14
열린/닫힌 즉흥극	34	64	36	71	32	65	31	65	31	72
역할 메소드	10	19	10	20	6	12	8	17	8	19
관점들(viewpoints)	5	9	3	6	5	10	3	6	3	7

후 스트레스 장애(PTSD), 범불안장애 등을 다루는 데 사용되는 빈도를 보여 주고 있다. 이를 통해서 정신건강 문제를 치료하는 데 있어 열린/닫힌 즉흥극, 상호 행위 드라마, 연극게임, 스토리텔링/스토리-메이킹이 가장 많이 이용된다는 것을 알 수 있다.

많은 연극치료 프로그램이 있는 미국이나 영국과는 대조적으로 네덜란드와 벨기에의 연극치료 프로그램에서는 절충적인 방식으로 학생들을 지도한다. 네덜란드와 벨기에에서는 연극치료를 이해하고 실천하는 데 있어서 하나의 연극치료 이론만을 특정적으로 사용하지 않는다. 대신에 학생들은 연극치료의 통합적 체계(Emunah, 1994), 9개의 핵심과정(Jones, 1996), 역할 메소드(Landy, 1993), 플레이백 시어터(Fox, 1994), 스토리텔링/스토리-메이킹(Gersie & King, 1996), 그리고 사이코드라마(Blatner, 1996, 2000; Cossa & Moreno, 2005; De Laat, 2005; Moreno, 1946, 1959; Verhofstadt, 2001)와 같은 다양한 이론과 모형, 그리고 개념을 통해서 훈련을 받는다. 학생들은 연극치료의 주요 모델의 가능성과 한계를 탐구하고 다른 관점에서 치료적 현상을 이해하는 방법을 배운다. 연극치료사는 한 가지 특별한 방법을 우선적으로 이용하지 않고 그 대신에 참여자나 그룹의 요구에 따라서 다양한 방법론을 선택한다. 〈표 12-2〉는 네덜란드 연극치료사들이 연극치료를 하는 데 있어서 주요한 접근방법들을 어느 정도까지 알고 사용하고 있는지를 보여 준다. 웰튼(2009)은 가장 잘 알려지고 가장 많이 사용된 방법론과 이론은 연극게임과 즉흥극(Keith Johnstone), 연극치료의 통합적 체계(Renée Emunah), 역할 분류 체계(Robert Landy), 사이코드라마(Zerka Moreno, Marijke Arendsen, Adam Blatner, Pierre de Laat)라고 제시한다.

〈표 12-2〉 연극치료와 사이코드라마 영역의 창시자들에 대한 응답자의 친밀도

창시자	방법/이론	알려져 있으나 사용하지 않는 경우		알려져 있고, 사용한 경우		알려지지 않은 경우	
N=84		N	%	N	%	N	%
데이비드 리드 존슨 (David Read Johnson)	발달변형 (Developmental transformations)	34	40	25	30	24	29
로버트 랜디(Robert Landy)	역할 메소드/역할 분류 체계(Role method/role taxonomy)	29	34	34	40	19	23
르네 에무나 (Renée Emunah)	통합적 체계 연극치료 (Integrative framework drama therapy)	17	20	34	40	32	38
필 존스 (Phil Jones)	핵심과정 연극치료 (Core processes drama therapy)	29	34	18	21	36	44
수 제닝스 (Sue Jennings)	체현 투사 역할(EPR)	34	40	19	23	29	34
케이스 존스톤 (Keith Johnstone)	연극게임/즉흥극 (Theatre games/impro)	22	26	50	59	11	13
아담 블래트너 (Adam Blatner)	사이코드라마 (Psychodrama)	11	23	2	2	69	82
피에르 드 라트 (Pierre de Laat)	사이코드라마 (Psychodrama)	11	23	5	6	67	80
마리크 아렌슨 하인 (Marijke Arendsen Heyn)	사이코드라마와 교류분석 (Psychodrama and transactional analysis)	6	7	11	13	66	79
제르카 모레노 (Zerka Moreno)	사이코드라마 (Psychodrama)	29	34	26	31	28	33

연극치료 진단평가

나프제와 반 갈렌-오르딕(Nafzger & Van Gaalen-Oordijk, 1999)은 네덜란드 예술치료사들의 핵심 과제에 대한 연구 논문을 완성했다. 흥미로운 것은 예술치료사들이 진단법을 만들어 내는 대신에 차라리 기존의 진단법과 제시된 치료목표, 그리고 개입을 조정하고자 한다는 점이었다. 네덜란드와 벨기에의 연극치료는 보통 다른 치료들과 함께 하는 학제적 환경(interdisciplinary setting) 속에서 실행된다. 이는 곧 연극치료사들이 자신들의 관찰을 지지하거나 혹은 기존의 정보에 기여할 수 있는 진단평가 형식을 선택할 목적으로 다른 치료방법에서 나온 지식을 사용할 수 있다는 점을 말해 준다(Jones, 1996). 언어치료와 정신감정 외에도 진단평가에 대한 연극치료적 접근은 진단과정(diagnostic process)의 중요한 자산이다. 왜냐하면 연극치료사는 참여자를 다른 각도에서 보기 때문이다. 놀이, 창조성, 자발성, 체현, 투사와 같이 연극치료 방법에 내재하는 기본적인 면면들은 진단평가단에게 혁신적인 정보를 제공한다. 학제적 연구에 참여하는 일원으로 연극치료사는 연극치료에서의 자신의 관찰에 대해 보고하며, 특정한 매체의 관점에서 이루어진 자신의 관찰을 가치 있는 심리학적·진단적 정보로 해석해야 한다.

연극치료에서 진단평가 접근은 치료사와 치료사의 성향, 환경, 참여자와 참여자의 병적 증상, 진단평가의 목표에 따라 다양하게 나타날 수 있다. 분석적인 성향의 치료사는 인지 행동적 성향 혹은 발달적 성향의 치료사와는 다른 접근을 할 것이다. 분석적 체계에서 보는 치료사는 무의식적 소재의 재현을 관찰하려고 하겠지만, 인지 행동적 접근에서 보는 치료사는 기능장애 스키마, 행동, 사회적 기량을 찾으려고 할 것이다. 발달 패러다임을 통해 보면 참여자의 증상은 발달상의 중지나 장애로 보일 수 있다(Jones, 1996). 또한 환경(setting)은 진단평가 접근에 영향을 미칠 수 있다. 모든 정신건강 환경은 그 환경의 문화와 연계된 서로 다른 신념이나 가치를 지니고 있다. 위기 시(crisis unit)에는 장기간 거주를 요하는 정신치료 설계(setting)보다는 다른 종류의 진단평가를 요할 것이다. 환경과 문화가 어떤지에 따라 치료사의 기대가 달라질 수 있으며, 증거를 기반으로 한 작업에 영향을 미칠 수 있다. 치료사의 성향, 작업 환경과 마찬가지로 참여자도 진단평가 전략에 영향을 준다. 모든 개별적 참여자는 개인적인 역사와 특수한 욕구 및 습관을 지닌 독특하고 역동적인 인간이다. 참여자는 그러한 맥락과 더불어 치료 환경과도 적극적으로 상호작용한다. 그러므로 참여자를 단순히 '진단 대상'으로 환원하는 대신에 환경과의 상호행위에서 지속적으로 변화하고 있는, 유일성을 지닌 독특하고 역동적 개별체로 보고 접근해야 한다.

연극치료 진단평가에서의 위험요인과 장애물

표준화의 한계

존스는 "그럼에도 불구하고 진단평가가 부분적인 과정이라는 것을 알고 평가되는 것 못지 않게 평가되지 못하는 것이 무엇인지에 대해 아는 게 중요하다"고 말한다(Jones, 1996, p. 268). 이는 특히 정신건강 치료사가 점검표와 설문지를 채우는 것만으로 진단평가 전략을 대체하는 경우에 반드시 명심해야 하는 말이다. 경험적으로 볼 때 점검표와 설문지로는 참여자의 복합성을 완전히 파악해 낼 수 없다. 스메이스터스(Smeijsters, 2009)에 따르면, 표준화된 도구는 참여자들의 유사성을 진단평가하는 데 유용하다. 유사성을 진단평가하는 경우, 표준화는 효율적이고 능률적이다. 그러나 치료사는 독자적인 특성을 지닌 참여자와 함께 작업을 해야 하는 만큼, 표준화된 측정의 한계를 인식하고 있어야 한다. 표준화된 측정은 참여자의 정신적 조건을 완전히 파악하여 향상시키는 데 불충분하기 때문이다.

치료사는 참여자를 하나의 대상으로서가 아니라 한 명의 사람으로서 만나야 한다. 표준화된 측정의 결과물은 치료사와 참여자 사이의 지금 이 순간의 접촉에서 실제로 무엇이 일어나고 있는지에 대해 말해 주지 못한다. 스메이스터스에 따르면, "표준화된 질병에 약이 처방되는 의학적 인식체계는 치료과정에는 적합하지 않다. 왜냐하면 치료의 목표는 참여자가 자신의 능력을 탐구하여 자신의 문제를 수용하고 극복하는 과정에서 그 능력을 사용하는 데 있기 때문이다"(Smeijsters, 2008, p. 40). 그래서 참여자들과의 치료 작업은 또 다른 접근을 필요로 한다. 왜냐하면 실험적인 조사 계획에 기반하여 인간 간의 만남의 특성을 측정할 수는 없기 때문이다.

관조적 진단평가의 한계

참여자와 참여자의 환경 간의 상호행위의 특성을 보다 철저하게 탐구하고자 하는 치료사의 요구에 부합하는 연극치료 방법과 개입은 많이 있다. 연극치료사는 부수적인 관찰의 역할에 그치지 않고 극적 개입으로 능동적인 참여자가 되는 경우가 많다. 극적 개입을 통해 치료사는 참여자와의 만남에서 생기는 감정, 사유, 행위에 주목할 수 있다. 연극치료 기술과 개입을 성공적으로 이행함으로써, 참여자가 표현하고 성장하는 데 있어 치료적 가속도를 내는 기회를 마련해 준다. 치료사는 창조적 행위에 적극적으로 참여하고, 또한 참여자의 창조성과 자발성, 역할 레퍼토리의 표현과 발전을 허용하는 놀이적 환경을 설치함으로써 참여자에 대한 인식을 기하급수적으로 확장하는 새로운 차원을 창조한다. 그저 사이드라인에서만 보거나 메모만을 하는 치료사는 꼭 필요한 창조적 치료과정을 자극할 수 없으며 극적 행위에 내재한 진단평가 정보의 중요한 자원을 놓치게 된다.

단일어만 사용하는 연극치료사의 한계

연극치료사들이 작업하는 가운데 자주 경험하는 또 하나의 장벽은 연극치료의 언어와 다른 정신건강 전문의들이 사용하는 심리학적 용어 사이의 불일치다. 연극치료사는 보통 관찰한 내용을 임상적 팀에게 정확하게 보고할 때 어려움을 겪는다. 예컨대 치료사는 참여자의 역할 레퍼토리가 제한되어 있다거나 역할의 체현이 제한적이라는 사실을 관찰할 수 있고, 연극치료의 작업을 통해서 참여자들로 하여금 역할 레퍼토리를 확장시키거나 그들 자신의 신체와 다시 연결되도록 도울 수 있다는 사실을 알고 있다. 그런데 치료사는 이러한 지식을 임상적 팀에게 어떻게 전달할 수 있는가? 정신과 의사, 심리학자, 사회복지사와 달리 연극치료사는 극적 행동에서 관찰했던 바를 보고하고 이를 평가할 때 특수한 연극용어와 이론을 사용할 것이다. 학제적 연구팀과 온전히 소통하고 연대할 수 있으려면 연극치료사는 **이중언어**(bilingual) 사용자가 되어야 한다. 다시 말해 연극치료 개념과 좀 더 보편적인 심리학적 전문용어 사이에서 자유자재로 번역이 가능해야 한다. 연극치료와 심리학적 차원 양자를 포괄하는 상호중재적 언어를 개발하고 개선해 나가는 것이야말로 연극치료 영역에서 하나의 도전이다.

연극치료 진단평가 도구로서의 치료사

로버트 스테이크(Robert Stake)는 "조사란 사실들을 균등화하는 기계가 아니다. 모든 조사의 핵심은 조사하는 사람에게 달려 있다."(2010, p. 36)라고 쓰고 있다. 스테이크는 미시분석과 미시해석 대 거시분석과 거시해석 사이를 구별한다. 거시적 수준에서의 조사는 대규모 집단에 속한 사람들이 특정한 상황에서 어떤 행동을 할 것인지에 대한 이해에 도움을 준다. 거시적 조사는 사물이나 사람이 일반적으로 작동하는 방식에 대해 말해 준다. 이러한 거시적 수준에서의 조사 및 진단평가는 보통 표준화된 질문지에 기반하는데, 이는 보편적인 인간 기능을 보다 잘 이해할 수 있게 해 준다. 연극치료사는 참여자와 함께 일상적인 작업을 해야 하기 때문에 단지 보편적 역학을 이해하는 것으로는 만족할 수 없고, 참여자 개인의 독특한 측면을 평가할 필요성을 느끼게 된다. 실제로 연극치료사는 미시적 수준에서 진단평가를 하는데, 미시적인 진단평가를 통해 치료사는 사람들이 특정한 상황에서 어떻게 행동하는지 이해할 수 있으며, 참여자가 그 순간에 경험하는 현상에 대해 의미를 부여할 수 있다. 스테이크(2010)는 **공감적**

탐구(empathic inquiry)라는 개념을 도입하였는데, 이는 치료적 상호작용 속에서 치료사는 참여자와 공감해야 하며 참여자의 감정과 생각, 그리고 치료사 자신의 감정과 생각에 대해서 민감하게 반응해야 한다는 것을 의미한다.

측정이 가치중립적이어야 한다고 보는 실증주의적 견해와는 달리 연극치료 진단평가에서는 구성주의적 접근이 요구된다. 구성주의적 패러다임의 특징은 연구 결과가 참여자와 컨텍스트의 상호행위 속에서 구성된다고 본다. 치료사는 측정을 통해서가 아니라 경험을 통해 이해를 하고자 한다. 구성주의적 진단평가는 치료사의 적극적인 개입을 요구한다. 치료사는 치료사와 참여자 사이의 직접적인 만남 중에 일어나는 지금 이 순간의 일에 대해 민감해야 하며 마음을 열어 두어야 한다.

따라서 치료사는 그 자신을 진단평가 도구로 간주하게 된다. 질적인 연구문헌에서 이러한 사상은 **도구로서의 인물**이라는 용어로 표현되기도 한다(Lincoln & Guba, 1985; Smeijsters, 2009). 이러한 형식의 진단평가를 통해 치료사는 감지하기 힘든 미묘한 의미를 인식하고 참여자와 환경에 대해 반응하는 동시에 다양한 수준에서 정보를 수집할 수 있게 된다. 이처럼 치료사 자신을 진단평가 도구로 간주하는 진단평가에서 치료사는 이러한 접근에 수반되는 도전이 무엇인지에 대해 이해해야 한다. 치료사는 필수적 기술, 능숙함, 통찰력, 암묵적 지식을 자유자재로 다룰 수 있어야 한다. 예를 들어 치료사는 참여자와의 상호작용 속으로 자신이 가지고 들어오는 일련의 독특한 경험, 태도, 신념, 가치가 무엇인지에 대해 명확하게 인지하고 있어야 한다. 치료사는 심리학과 정신병리학에 대해 잘 알고 있어야 하며 경험한 것 전부를 무조건적으로 수용할 수 있는 반성과 공감의 기술을 개발하고 이용하여야 한다.

네덜란드에서 보편적으로 사용되는 진단평가 모델들

연극치료의 통합 모델(르네 에무나)

광범위한 그룹의 관찰을 토대로 르네 에무나(Renée Emunah)는 연극치료 처치 5단계를 기술한다. 에무나는 참여자의 치료적 성장의 표지가 되는 한 단계에서 다음 단계로의 이동을 발견했다. 다섯 단계의 명칭은 각각 극적 놀이, 장면 작업, 역할-연기(role-play), 절정의 상연, 제의 연극이다. 네덜란드에서 시행되는 대부분의 훈련 프로그램에서는 연극치료 처치 계획을 개발하고 참여자가 지닌 치료 욕구의 지점을 진단평가하기 위한 전면적인 토대로서 에무나의 모델을 가르친다. 에무나의 모델에 대한 보다 세부적인 설명을 위해 에무나의 글(1994)을 인용하고자 한다.

극적 놀이. 극적 놀이 단계 동안에 치료사는 참여자에게 위협적이지 않은 놀이적 환경을 설립하는 것을 목표로 한다. 극적 놀이 단계에는 신체적 행위와 사회적 상호행위에 대한 강조를 강화한 상호행위 훈련, 연극게임, 즉흥극이 포함된다. 극적 놀이 단계에서 치료사와 참여자 사이의 유대감이 고무된다.

장면 작업. 두 번째 단계는 **마치 ~처럼**(as-if)의 세계를 강조한다. 참여자는 허구적 장면과 역할을 개발하는 동시에 새로운 역할, 태도, 행위를 탐구하고, 역할 레퍼토리를 확장함으로써 실제 삶과는 다른 모습을 경험할 수 있다. 극적인 장면을 상연하는 동안 치료사는 참여자가 놀이 내용과 극적 행위를 지나치게 위협적으로 느끼지 않도록 하기 위해서 참여자의 실제 삶으로부터 충분한 거리를 둔다.

역할-연기. 역할-연기 단계의 연극치료에서 참여자는 실제 삶의 상황들을 탐구한다. 참여자는 자신의 행위나 상호행위 패턴들에 대해 생각하고 자각하게 되며 대안 행위들을 실험한다.

절정의 상연. 이 단계에서 참여자는 더 깊은 자기성찰의 단계로 이동한다. 여기서 치료 작업의 초점은 참여자 개인의 보다 핵심적인 문제들로 이동한다. 치료사는 참여자의 꿈, 참여자 자신과 타자들에 대해 충분히 깨닫지 못한 생각과 감정, 해결되지 않는 갈등, 되풀이되는 주제를 포함한 참여자의 과거를 심사숙고하도록 돕는다. 이 단계에서의 기본적인 개념의 원천은 사이코드라마다. 또한 모레노의 더블링(doubling), 거울, 역할-전환과 같은 사이코드라마적인 개념을 통해서 주인공의 내적 삶을 극적으로 탐구하게 된다.

제의 연극. 마지막 단계에서 치료사와 참여자는 치료과정을 되새겨 보고 치료

과정의 통합과 동화를 용이하게 하기 위해 제의를 개발한다. 참여자는 치료에서 만들어 낸 변화를 외부로 가져가는 것을 배운다. 그와 동시에 참여자는 치료 과정의 종료로 인해 나타나게 되는 감정을 탐구한다.

필 존스(Phil Jones)의 진단평가 방법론

존스는 2개의 진단평가 구성 방식을 제안한다. 첫 번째 형식은 어떻게 참여자가 연극치료에서 의미를 찾을 수 있는지에, 두 번째 형식은 참여자의 극적 참여에 초점을 둔다.

연극치료에서의 의미: 표현 목록. 이 방식은 연극에서 참여자가 사용할 수 있는 표현 수단(예를 들어 발동 거는 놀이(motor play), 오브제들을 갖고 하는 구체적이고 상징적인 놀이, 상상적인 놀이, 대본, 역할, 목소리), 치료에서 나타나고 발전하게 되는 내용(예를 들어 참여자가 주제를 의식하는지, 참여자가 자발적으로 주제를 도입하는지), 참여자가 작업을 통해 성장시켜 나갈 수 있는 관계의 본질, 참여자와 극적 표현 사이의 관계(예컨대 집중, 향유, 자발성의 단계)를 평가하는 데 도움을 준다. 이러한 진단평가 방식에 대한 온전한 설명은 존스의 글을 참조하기 바란다(1996).

극적 참여 척도에 대한 존스식 적용. 이 척도를 통해서 참여자가 연극치료라는 표현 형식에 얼마나 적극적으로 참여하는지에 대한 전반적인 인상을 얻을 수 있다. 이는 서튼-스미스(Sutton-Smith)와 래지어(Lazier, 1971)의 극적 개입 척도를 각색한 것으로 9개의 범주로 구성된다.

1. (as-if를 활용한) 초점
2. 과제의 완성
3. 연극에서의 상상적 오브제 사용
4. 연극 내 사고의 정교화
5. 공간의 사용
6. 얼굴 표정

7. (수용적이고 표현적인) 신체 움직임
8. 음성표현
9. 행위 내에서의 사회적 관계

이러한 진단평가 방식에 대한 완전한 서술은 존스의 글을 참조하기 바란다(1996).

놀이공간의 다섯 차원(데이비드 리드 존슨)

데이비드 리드 존슨(David Read Johnson, 1999, 2005, 2009)은 연극치료의 발달 모델을 제안하고, 연극치료사가 참여자와의 치료 작업 동안 고려해야 할 5개의 발달 원리를 기술했다. 이 발달 원리에는 모호성, 복합성, 재현 매체, 대인 간의 요구, 정서표현이라는 다섯 가지 차원이 있다. 이러한 5개의 차원은 치료사가 참여자의 놀이 기술에 대해 생각하고, 치료 회기를 분석하며, 참여자의 욕구에 더 잘 맞추기 위한 개입의 조정에 대해 매우 유용한 정보를 제공한다. 연극치료 회기 동안에 다섯 가지의 차원 중 하나 혹은 그 이상을 변화시키면 참여자의 더 좋은 흐름(flow)과 참여의 결과를 얻을 수 있다.

모호성. 안전하다고 느끼기 위해 참여자는 얼마나 많은 예측 가능성을 필요로 하는가? 개입이 지나치게 구조화되고 예측 가능해진다면 참여자의 연극 에너지는 감소할 수 있다. 만약 개입이 참여자가 받아들일 수 있는 이상으로 모호해진다면 참여자의 불안 수위는 증가할 수 있으며 놀이성과 자발성은 억제될 것이다.

복합성. 참여자는 단순한 연극치료 기술을 지나치게 유아적이라고 느낄 수 있다. 이에 따라 참여자는 자신의 능력이 인정받지 못한다고 느끼게 되어 반항심을 가질 수 있다. 이와 반대로 만일 참여자가 느끼기에 기술이 너무 복잡하다면 참여자의 놀이성은 억압되고 불안과 저항이 유발될 수 있다.

재현 매체. 이 차원은 움직임, 소리, 이미지화, 역할, 말놀이라는 표현의 발달적 연속체와 연관된다. 피아제(Piaget), 브루너(Bruner), 바이너(Weiner)와 같은 아동심리학자들은 발달은 순전히 운동감각과 신체적인 움직임의 표현으로부터 이미지화된 몸짓형식, 역할행위, 말, 언어적 표현형식으로 전개된다는 것을 주시했다. 존슨과 샌들(Johnson & Sandel, 1977)은 재현 매체와 정신병리학 사이의 관계를 연구하였고, 병리가 어떻게 나타나는지에 따라 참여자가 특정한 표현 매체에 대해서 보다 능숙하게 참여하거나 혹은 미숙하게 참여한다는 사실을 밝혀냈다. 예를 들어 퇴행의 감정들을 피하고자 하는 일부 청소년들은 순수한 움직임을 일부러 회피함으로써 좀 더 조직적인 게임을 좋아하게 될 가능성이 높다(Johnson & Eicher, 1990; Johnson, 1999).

정서표현. 이 차원은 참여자가 정서를 표현하는 정도와 연관된다. 치료과정 초기에 너무 강렬한 정서표현이 행해진다면 참여자를 위협하고 불안을 야기할 수 있다. 참여자는 그 강렬한 표현에 압도당해 마음을 닫을지도 모른다. 만일 치료사가 참여자로 하여금 개인적 감정을 표현할 기회와 참여자의 역할에 관련된 감정을 탐구할 기회를 충분히 제공하지 않는다면, 연극치료의 중요한 가치를 발견할 수 없게 될 것이다.

대인 간의 요구. 참여자는 어떤 종류의 만남을 안전하다고 느끼는가? 어떤 참여자는 시선이 마주치거나 관심의 대상이 되거나 다른 조원과 접촉하거나 쌍으로 혹은 집단으로 작업하는 것이 어렵다고 느낄 수 있다. 쌍을 이루어 거울놀이 과정에 참여하는 것은 전체 그룹과 함께 움직임에 동참하는 것보다 대인관계적인 차원에서 더 어려운 일일 수 있다.

치료사는 앞서 언급한 다섯 가지의 차원과 더불어 여섯 번째의 차원을 고려해 볼 수도 있을 것이다.

진실성. 이는 참여자들이 놀이에서 진실해질 수 있는 정도를 나타낸다. 진실해질 수 있는 정도란, 참여자가 어느 특정한 상황에 있다는 것을 상상하며 감정과 사유를 경험하는 능력이 어느 정도인지, 또한 스스로 진정성 있고 신빙성 있는 방법으로 놀이 안에 출현할 수 있는 능력이 어느 정도인지를 의미한다. 참여자는 놀이에 대한 감정을 느끼는 것이 불가능하다고 생각하거나 혹은 감정을 느끼기를 거부할 수도 있다. 왜냐하면 놀이에 대한 감정을 느끼는 경험이 참여자 자신을 더 취약하게 만들기 때문이다. 이 지점에서 참여자는 가면 뒤로 숨거나 혹은 바보 같은 모습을 보이면서 자신의 공포와 불안감을 감추려 할 수도 있다.

치료적인 성장에서 가장 핵심적인 요소는 수치심, 두려움, 불안의 감정에 의해 압도되거나 혹은 제한받지 않으면서 진실한 방법으로 자신을 표현하기 위한 능력을 개발하는 것이다. 치료사는 참여자가 있을 수 있는 안전한 공간을 창조하여 참여자로 하여금 참여자가 맡는 역할과 장면 속에서 출현하는 감정과 생각을 조율하도록 돕는다.

통합적 진단평가 모델

앞서 네덜란드와 벨기에의 연극치료에서 사용되는 몇몇 주요 모델을 소개했다. 이러한 주요 모델은 연극치료사가 참여자의 기능을 숙고하는 데 유용한 도구다. 또한 모델은 치료과정을 평가하고, 참여자의 욕구에 따라 적절히 개입을 조정하는 데 사용될 수 있는 도구이기도 하다. 이 장의 마지막에서 하나의 진단평가 모델을 제안하고자 하는데, 이 모델은 연극치료사가 참여자의 종합적인 진단평가에 개입하기 위해서 기존 모델에 꼭 필요한 사항을 첨가한 것이다. 이 진단평가 모델은 구성주의적 패러다임에 기반하며 개인, 타자 및 관계에서 발현되는 내용으로 구성되는 복잡한 현실에 대한 지각을 강조한다([그림 12-1] 참고).

연극치료사의 진단평가를 위해서는 자기, 공간, 타자라는 3개의 서로 다른 단계가 있다. 자기 단계를 진단평가하는 동안 치료사는 스스로가 진단평가의 도구가 되도록 준비해야 한다. 치료사는 자신이 능력과 한계를 지닌 한 개인, 즉 자신의 생각과 행위, 감정, 그리고 (불량한) 기능적 스키마를 지닌 **망가진 장난감**(Johnson, 2005)임을 인식한다. 치료사는 정신적·정서적·신체적 상태의 철저한 준비(자기 안의 개인)와 극적 도구로서의 능력과 신체적인 힘을 발현할 수 있는 준비(자기 안의 연기자), 치료사 역할로서의 준비(자기 안의 치료사)로 시간을 보낸다.

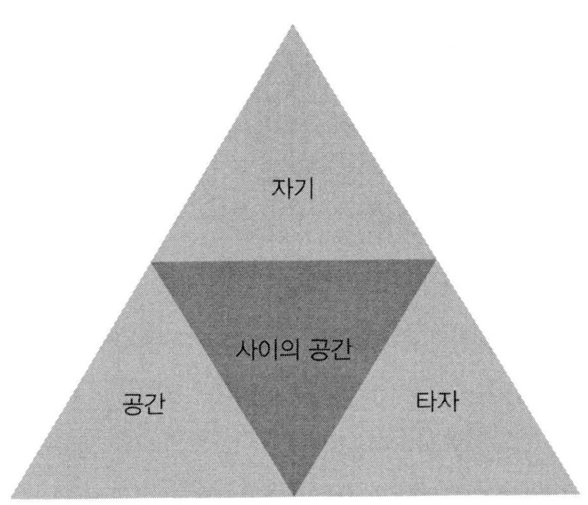

[그림 12-1] 자기, 공간, 타자 그리고 사이의 공간을 평가하기

두 번째 단계에서 연극치료사는 참여자와 함께 작업하게 될 공간을 평가한다. 치료사는 그 공간이 개인으로서의 자기 자신에게 미칠 영향(공간 속의 개인), 연기자로서의 자신에게 미칠 영향(공간 속의 연기자), 치료적 조건에 대해 미칠 영향(공간 속의 치료사)을 심사숙고한다.

치료사는 자기와 공간을 진단평가하는 데 충분한 시간을 들여야만 비로소 자신의 외부를 관찰하고, 자기와 상호작용하는 과정 속에서 타자를 진단평가할 수 있는 준비를 할 수 있게 된다. 치료사와 참여자와의 상호작용 중에는 참여자의 정신적·정서적·신체적 상태에 대한 자극과 관찰뿐만 아니라 상호행위와 전이/역전이 역동의 특성(타자 속의 개인)이 포함된다. 또한 연극치료사는 참여자의 놀이능력과 참여자가 놀이 안으로 가져올 수 있는 개인적 내용이 무엇인지를 평가한다(타자 속의 연기자). 타자를 평가하는 세 번째의 부수적 차원은 진단과 심리약물적 처방과 같은 참여자에 대한 서류상의 지식을 포함한다(타자 속의 참여자).

자기에 대한 진단평가

자기를 평가하는 것은 한 개인으로서(자기 속의 개인), 연기자로서(자기 속의 연기자), 치료사(자기 속의 치료사)로서 자신의 존재 상태에 대한 치료사의 조율을 포함한다. 자기 속의 개인을 평가하는 동안 치료사는 현재 자신의 삶 속에서 나타나고 있는 개인적 주제에 대해 생각한다. 오늘 나의 심리적 기후는 어떠한가? 치료사는 자신의 개인적 욕구와 프로타고니스트적인 에너지를 주시한다. 치료사는 내면의 극장 무대에 존재하고 있는 개인적인 문제를 자각하게 된다. 치료사는 자신의 연극적 신체에서의 의도와 에너지, 그리고 장애를 인지하려 노력한다. 또한 치료사는 내적인 역할과 지금-여기 현존 사이에서 자유롭게 움직일 수 있는 상태가 되기 위해 준비한다. 치료사는 참여자와 만날 때 미지의 것과 맞닥뜨릴 준비가 된 열린 마음이 될 수 있도록 준비한다.

또한 연극치료사는 자기 속의 연기자를 평가한다. 이 지점에서 치료사는 연기할 수 있을 만큼 충분히 준비되었다고 느끼는지, 치료과정인 연극 속에 얼마나 참여하고 싶은지를 스스로에게 질문한다. 치료사의 주요한 극적 도구에는 신체와 음성이 있는데, 치료사는 준비과정에서 신체와 음성에 주목한다. 신체는 깨어 있는가? 혹은 피곤하다고 느끼는가? 신체적 긴장을 느끼는가? 신체의 어떤 부분이 이완되어 있거나 혹은 긴장되어 있는가? 치료사는 자신의 놀이적인 역할 레퍼토리를 돌이켜 보고 연극 내에서 지배적인 움직임, 소리, 이미지, 역할이 무엇인지, 혹은 놀이로 가져올 수 없는(unplayable) 움직임, 소리, 이미지, 역할이 무엇인지를 판단한다. 자기 속의 연기자를 준비함으로써 치료사는 놀이공간 내에서 참여자와의 개방적이고 진실된 만남에 해가 될 만한 요소를 모두 없애 버리고자 한다.

세 번째로 치료사는 자기 속의 치료사로서 준비한다. 치료사는 전반적으로 치료사로서의 그들의 기능과 임상적 환경에서의 그들의 위치에 관해 성찰한다. 그들은 자신감을 가졌던 시기와 참여자의 치료적 과정을 용이하게 하기 위해 임상적 지식을 받아들였던 단계에 대해 반성한다. 치료사들은 다가오는 치료 회기의 준비를 위해 어느 정도 생각할 시간을 갖는다.

이와 같은 자기에 대한 세 번째 부분의 진단평가는 참여자와의 진실하고 가치 있는 치료적 관계의 설립을 위해, 또한 참여자의 기능에 대한 믿을 만한 진단평가를 위해 필수적인 조건이다. 만약 치료사가 자신의 개인적 상황으로 인해 혼란스러운 상태에 처해 있거나 혹은 연기자나 치료사로서 충분하게 준비된 상태가 아니라면 치료사는 참여자에게 진실하게 열려 있을 수 없을 것이다. 이 경우 참여자의 기능 전체를 포괄하지 못하는 관찰 내용과 판단으로 해석의 오류를 범하게 될 수 있다. 이에 따라 좋은 진단평가와 양질의 치료를 내리기 위한 근본적인 요소로서 치료사가 개인, 연기자, 치료사로서 개인적인 준비를 해야 함을 알 수 있다.

공간에 대한 진단평가

공간에 대한 진단평가에는 치료사가 작업하게 될 치료공간에 대한 조율이 포함된다. 연극치료사는 공간이 치료사 자신에게 미치는 영향(공간 속 개인), 공간이 자신의 놀이하는 힘에 미치는 영향(공간 속 연기자), 공간이 치료 환경에 미치는 영향(공간 속 치료사)을 인식한다.

공간 속의 개인을 평가하는 동안 치료사는 텅 빈 연극치료 공간이 치료사 자신에게 미치는 영향을 깨닫게 된다. 치료사는 연극치료 공간이 치료사 자신의 기분, 행위, 에너지, 자유감각에 어떻게 영향을 주는지 검토한다. 치료사는 연극치료 공간 내에서 나타나는 자신의 개인적 주제가 무엇인지, 연극치료 공간의 어떤 요소가 마음에 들고 어떤 요소가 마음에 들지 않는지, 연극치료 공간 속에서 관심을 끄는 요소가 무엇인지를 깨닫고 느낀다.

공간 속의 연기자에 대한 진단평가에는 치료공간이 어떻게 놀이를 유도하는지에 대한 검토가 포함된다. 치료사는 한 사람의 연기자로서 연극치료 공간이 매력이 있는지 없는지를 감지한다. 치료사는 참여자와 함께 작업하게 될 공간인 연극치료 공간 안에서 자신의 놀이 능력과 극적 신체를 준비하는 시간을 가져야만 한다. 음성적 · 신체적 훈련을 하고 극적인 신체를 준비하는 한편, 치료사는 자신의 놀이 능력을 활성화한다.

치료사는 치료공간이 비어 있지만 **잠재적 공간**이라는 사실을 자각하기 위해 노력한다. 이러한 자각은 음악가가 음악을 연주하기 전의 침묵이나 그림을 그리기 전의 화가의 흰 캔버스와도 유사하게 이해될 수 있다. 예술을 통해서 공간은 아직은 말에 매어 있지 않은 감각, 감정, 경험으로 채워진다. 예술치료사로서의 연극치료사는 이처럼 공허하지만 잠재적 능력을 가진 연극치료 공간에 대한 인식을 해야 한다. 여기에서 만남과 창조가 가능하며 기성의 패턴과 이미지를 넘어선 자아가 재창조될 수 있다. 또한 그 공간 내에서는 일상적인 시간과 장소의 경계가 보다 유동적이 되는데, 그 이유는 **마치 ~처럼**(as-if)이라는 잉여현실의 차원이 존재하기 때문이다. 예술은 다마시오(Damasio, 2003)가 핵심적 자아(core self)라고 명명한 것에 대해 접근할 수 있게 해 주며, 핵심적 자아를 현재 순간에 살아 있게 만든다(Stern, 2004).

공간 속의 치료사를 평가하기 위해서는 연극 공간의 환경이 연극치료에서의 개인적 탐구를 하기에 충분히 안전한 환경을 제공할 수 있는지에 대한 질문이 수반되어야 한다. 안전한 환경이란 치료사와 참여자의 사생활의 수위, 방해를 줄 수 있는 외부의 소음, 치료 회기 중에 공간에 침입하거나 지나가는 행위가 치료적 과정에 해를 끼칠 수 있다는 사실에 대한 동료들의 이해와 관련된 요소를 포함한다. 표현에는 돌아다니면서 움직이는 것, 소리를 내는 것, 웃음이 있다는 사실을 스태프 및 참여자가 이해할 수 있도록 연극치료사는 이들을 자주 교육해야만 한다. 연극치료사는 그저 사용 가능한 공간을 참여자의 표현을 북돋는 연극치료적 공간으로 어떻게 변형할 것인지를 생각해야 한다.

타자에 대한 진단평가

자기와 공간에 대한 철저한 진단평가 이후 치료사는 타자 속의 개인, 타자 속의 연기자, 타자 속의 참여자라는 서로 다른 세 단계의 타자를 평가하기 위해 준비한다.

타자 속의 개인을 평가하는 동안 치료사는 참여자의 인성, 능력과 무능력, 신념과 가치, 치료적 상호행위 내에서 참여자가 가진 독특한 특성이 나타나는 방법과 같은 참여자의 독자적인 역사에 초점을 맞춘다. 치료사는 참여자의 삶, 기분, 생각, 주제, 고통 속에서 현재 나타나고 있는 개인적인 주제에 관심을 집중한다. 치료사는 참여자의 '내면의 극장' 무대 위에 있는 문제를 감지하려고 하며, 참여자의 잠재적인 프로타고니스트적인 에너지를 찾기 위해 노력한다.

하지만 타자 속의 개인에 대한 진단평가는 일회적 진단평가에 국한되지 않으며, 이는 전체 치료 작업 내내 끝없이 계속되는 과정이다. 타자 속의 개인에 대한 진단평가는 효과적인 연극치료 진단평가에서 결정적인 원리다. 치료사는 함께 작업하는 참여자와의 상호작용, 연계된 전이와 역전이 속에서 나타나는 미묘한 요소를 반드시 계속해서 지각하고 있어야만 한다. 연극치료사는 치료사 자신에 의해서 일깨워진 참여자의 감정, 이미지, 역할이 무엇인지(전이), 그와 반대로 참여자에 의해서 일깨워진 치료사의 감정, 이미지, 역할이 무엇인지(역전이)를 파악한다.

연극치료사는 참여자를 하나의 대상으로 환원하지 않고, 상호작용을 통해 이해해야 하는 한 인간으로 대한다. 참여자와의 상호작용을 통해 치료사는 인간으로서, 연기자로서, 치료사로서 영향을 받게 된다. 이에 따라 치료사는 자신의 개인적인 주제를 떠올리게 된다(자기 속의 개인). 또한 참여자와의 상호작용 중에 치료사의 놀이의 단계가 달라질 수 있다. 치료사는 극 중에서 자신이 느끼는 자유의 정도를 인식한다. 치료사는 참여자의 존재로 인해 자신의 역할 레퍼토리가 어느 정도 제한되었다고 느낄 수도 있다. 치료사는 자신이 특정한 역할만 맡도록 강제되고 있다고 느낄 수도 있고, 자신의 개입 능력이 제한적이라고 느낄 수도 있다. 혹은 그와는 반대로 치료사는 자신의 역할 레퍼토리를 확장하고, 새로운 행위를 탐구하도록 자극을 받았다고 느낄 수도 있다(자기 속의 연기자). 마지막으로 참여자와의 상호작용은 불가피하게 불안 혹은 부적합한 전문성과 같은 치료사와 연계된 감정을 불러일으킬 것이다(자기 속의 치료사).

연극치료는 전이와 역전이의 역동을 통해서 적극적으로 작업할 수 있는 수단이다. 왜냐하면 연극치료를 통해서 극 안에서 전이와 역전이를 행하고 탐험하는 것이 가능하기 때문이다. 치료사는 전이와 역전이의 역동을 이용해서 치료적 변화를 이끌어내는 데 가치 있는 적대자(antagonist)의 극 내용을 개발할 수 있다. 극과 현실 사이의 불일치야말로 이러한 탐험을 보다 덜 위협적이게 한다.

치료사는 상호작용 속에서 무엇이 출현하는지에 대해 민감해야만 정확한 연극치료적 진단평가를 내릴 수 있다. 따라서 연극치료에서의 진단평가는 현장연구 혹은 더 나은 표현으로는 **연극 현장 연구**(play field study)로 간주되어야만 한다. 연극치료에서 의자에 앉아 종합 검사표 혹은 진단평가 도구를 쥐고서 참여자를 관찰하는 것은 최선의 방법이 아니다. 치료사는 참여자의 복잡한 극 기능을 진단평가하기 위해 극 과정 속에 적극적으로 개입해야 한다. 이와 같은 개입을 통해 참여자와 만남으로써 치료사는 참여자에 대해 전통적인 진단평가 형식으로는 알 수 없는 가치 있는 정보를 얻을 수 있다.

타자 속의 연기자를 진단평가하기 위해서는 함께 작업하는 참여자의 놀이성에 대한 인식이 필요하다. 놀이성 차원의 진단평가는 연극치료의 많은 모델에서 강조된다. 타자 속의 연기자에 대한 진단평가를 하기 위해서 치료사는 참여자가 잠재적 공간을 사용해서 표현과 자기 반성을 해내는 능력을 지속적으로 지각해야만 한다. 치료사는 참여자가 놀이나 특별한 극 내용 혹은 역할과 친숙한지 여부를 파악한다. 치료사는 참여자가 놀이 조건[07]을 받아들이는지의 여부와 **마치 ~처럼**(as-if)의 원리를 이해하는지의 여부를 평가한다. 치료사는 참여자가 사용하는 표현적 수단(발동을 거는 놀이(motor play), 구체적 연극, 상징적 연극 등), 극에

07 존슨(2005)은 놀이공간을 세우기 위한 세 가지 주요 조건들을 기술한다. (1) 놀이공간은 위해함에 맞서는 안전벨트다. (2) 놀이공간은 서로 어긋나는 모순된 의사소통으로 구성되는데, 바로 거기서 현실과 상상이 둘 다 동시적으로 재현된다. (3) 놀이공간은 모든 참가자들이 서로 이해하는 상호주관적 경험으로, 거기서 그들은 타자의 행위가 재현이자 묘사라는 것을 인식한다.

서 나타나는 내용(좋아하는 역할, **마치 ~처럼**(as-if)의 이야기, 현실에 기반한 장면 등), 참여자가 작업을 하면서 어려움을 느끼는 주제가 무엇인지를 관찰한다. 치료사는 표층에 있는 내용이 무엇인지, 왜 그 내용이 자발적으로 출현하는지를 평가한다. 치료사는 참여자가 탐구할 준비가 되어 있는 주제가 무엇인지, 이야기를 조직하는 방법이 무엇인지를 감지한다. 참여자는 풍부한 세부 묘사를 통해 이야기를 공유할 수도 있고, 혹은 이야기의 파편만을 공유할 수도 있다. 참여자는 어떠한 정서표현도 없이 이야기를 공유하거나 혹은 과도한 정서표현으로 이야기를 공유할 수도 있다. 참여자는 언어적 표현 양식을 선호하는 반면 신체와 신체적 감각과는 거리를 둘 수도 있다. 참여자는 침묵을 지키거나 자신의 경험을 말로 표현하지 못할 정도로 감정에 압도되어 있을 수도 있다.

타자 속의 참여자라는 차원에는 문화적·정신적·심리적 배경 및 발달상의, 가족적 병력을 포함하는 참여자에 대한 조사가 포함된다. 치료사는 이상 기능을 조사하기 위해 인간의 행위와 정서상의 기능에 대한 전문적 지식을 사용한다. 심리학자, 정신병리학자나 다른 정신건강 전문의가 흔히 사용하는 많은 관찰 척도와 설문지가 있다. 이러한 정보는 보통 참여자에 관한 서류파일에서 발견되는데, 예컨대 치료적·의료적 과거사와 진단, 약물요법, 예후가 해당된다.

타자 속의 참여자를 통해 치료사는 출현 가능한 놀이 내용과 상호작용이 무엇인지, 이에 대해 조심해야 할 사항들이 무엇인지에 대해 미리 파악할 수 있다. 예를 들어 참여자가 정신건강 전문의를 거부했던 과거를 알고 있는 치료사는 보통 예상하는 정도보다 더 많은 시간을 할애하여 참여자의 기대 사항을 파악하고 치료 내용과 목표에 대한 동의를 구함으로써 위험을 피할 수 있다. 규율 위반 행위를 하는 성향이 있는 아동과 작업해야 하는 치료사는 놀이공간에서도 역시 아동이 규율 위반 행위를 할 것이라고 예상할 수 있다. 치료사는 평소보다 더 놀이공간을 구조화하고 놀이공간 안팎에서 적용되는 규칙을 설명하는 것과 같은 노력을 통해 개입을 조정할 수 있다. 그러나 타자 속의 참여자 정보는 작업 동안 중심적인 위치를 차지해서는 안 된다. 타자 속의 참여자 정보는 자기-부정

(self-negating)되어야 하며 중심적인 위치에서 제거되어야 한다. 이러한 측면에서 존슨(2005)은 치료사가 미리 형성해 놓은 목표를 기반으로 행동하게 된다면 참여자의 행위에 대한 중요한 요소를 놓치게 될 것이라고 주장한다. 치료사는 이러한 함정을 깨닫고 이론과 선험적 지식을 중요 위치에서 제거하거나 혹은 이를 놀이 중에 변형을 겪는 하나의 **놀이대상**으로서 놀이공간에 가져와야 한다.

또한 타자 속의 참여자를 통해 연극치료사는 연극치료 내에서 더 탐구하고 조사할 여지가 있는 사상적 가정을 형성할 수 있게 된다. 예를 들어 만일 치료사가 참여자가 과거에 성적 학대를 당한 경험이 있다는 사실을 안다면 치료사는 참여자가 접촉과 관련된 극적 놀이에 대해 두려움을 느끼게 될 것이라고 예측할 수 있다. 치료사는 참여자가 신체를 보다 더 많이 사용하는 극적 훈련과 상호작용에 참여하기를 저항할 것이라고 예상할 수 있다. 이러한 정보를 통해 치료사는 특정한 참여자가 연극치료에서 안전하게 느낄 수 있는 적절한 방법과 개입을 선택할 수 있다.

결론

연극치료 진단평가는 결코 손쉬운 작업이 아니다. 연극치료 작업에서의 표준화는 위험성과 한계를 갖는다. 표준화된 측정은 보편적인 인간 기능(거시분석)에 대한 더 나은 이해를 구하는 연구에 이점이 될 수 있을지는 모르나, 이를 통해 참여자의 미묘하고 특별한 성격을(미시분석) 평가하기에는 불충분하다. 연극치료사는 보편성을 찾는 것이 아니라 참여자 이면의 독특한 개인을 탐구한다. 치료사는 참여자의 복합성을 전부 고려해서 개인을 파악하려 한다. 의학계는 질병과 병리학에 초점을 두고 이상성을 질병의 증후로서 다루기 때문에 증상 완화를 위한 표준화된 치료를 처방한다. 그러나 심리학에서 보자면 이러한 패러다임은 단점을 드러내며 정신건강 문제를 치료할 수 없다. 연극치료 영역은 표준화된 도구로 측정될 수 없고 규격화된 치료로 다뤄질 수 없는, 참여자의 유일성에 대한 인식을 요구한다. 이에 연극치료 진단평가에 대한 구성주의적 접근을 제안하고자 한다. 구성주의적 접근은 공감적인 탐구 패러다임(Stake, 2010)으로, 치료사가 참여자 개개인의 복합성과 유일성을 깨닫게 해 준다. 치료사는 참여자의 감정과 생각에 대해 민감하게 반응할 수 있으며, 참여자와 함께 장면을 연기하는 동안 치료사 자신의 감정과 생각을 맞닥뜨릴 수 있다.

사이드라인 진단평가를 하게 될 경우 치료사가 연극 활동에 적극적으로 참여할 수 있는 가능성이 감소하기 때문에 진단평가에서 장애물이 될 수 있다. 단순히 의자에 기대서 참여자의 놀이와 기능을 해석하는 것만으로는 중요한 정보를 판단할 수 없다. 만약 그렇게 한다면 치료사는 중요한 정보를 놓치게 될 것이다. 연극치료 진단평가에서 치료사는 참여자와 적극적으로 상호작용하고 연극적 상호작용 속에서 출현하는 감정, 생각, 행동에 주목해야 한다.

연극치료 진단평가에서 나타날 수 있는 세 번째의 잠재적 한계는 **단언어적 연극치료사**라 불리는 것이다. 효율적인 연극치료 진단평가를 위해서는 치료사가 놀이를 통해 참여자의 정신건강 문제의 기호를 알아내고, 학제적 팀이 이해할 수 있는 용어로 참여자의 기호를 번역해야 한다.

세 단계의 진단평가 모델을 통해 규격화된 측정이나 사이드라인 진단평가의 한계를 뛰어넘는 몇 가지 원리를 발견하고, 연극치료 진단평가의 잠재력을 확장시킬 수 있다. 세 단계 진단평가 모델을 통해 연극치료 작업이 원만하게 이루어질 수 있으며, 치료사는 연극치료 진단평가에서의 상기한 것과 같은 위험과 장애를 극복할 수 있게 된다.

자기, 공간, 타자라는 세 가지의 기본적인 진단평가 차원이 있다. 이와 같은 3개의 차원은 각각 3개의 하위 단위로 구성되어 있다. 자기에 대한 진단평가를 위해서는 자기 속의 개인, 자기 속의 연기자, 자기 속의 치료사를 인식하고 이에 대해 준비해야 한다. 공간에 대한 진단평가를 위해서는 공간 속 개인, 공간 속 연기자, 공간 속 치료사를 인식하고 이에 대해 준비해야 한다. 타자에 대한 진단평가를 위해서는 타자 속의 개인, 타자 속의 연기자, 타자 속의 참여자를 인식하고, 이에 대한 감각을 개발해야 한다. 각각의 측면은 서로 영향을 끼친다. 진단평가는 지속적인 과정으로서, 치료사는 진단평가 동안 하나의 역할에서 다른 역할(개인, 연기자, 치료사)로, 하나의 진단평가 영역에서 다른 영역(자기, 공간, 타자)으로 유동적으로 이동한다.

자기, 공간, 타자 모델에서는 치료사가 치료사의 역할(자기)에 대해 신뢰성 있고 자기비판적인 태도를 보여야만 한다. 치료사는 치료공간과 놀이공간에서 참여자와 만나기 전에 한 개인으로서, 연기자로서, 치료사로서 준비가 되어 있는 상태여야 하기 때문이다. 자기, 공간, 타자라는 세 가지 차원의 진단평가를 준비함으로써 치료사는 실효성과 신뢰성을 갖춘 **도구로서의 개인** 진단평가 전략을 구사할 수 있게 된다. 이를 위해 치료사는 순간적인 행위나 감정 속에는 치료사 자신의 상태(자기에 대한 평가), 맥락적 요소(공간에 대한 평가), 참여자의 상태(타자에 대한 평가)가 혼합되어 있다는 사실을 깨달아야 한다. 전체적으로 진단평가를 하는 과정 속에 치료사는 참여자와 치료사 사이에 있는 공간에서 일어나는 일에 어떤 것이 있는지에 대해 집중하면서 그 순간 속에 있고자 한다. 따라서 연극치료사는 참여자에 대한 전인적인(holistic) 관점을 얻어내기 위해 **거리 감각**(시각과 소리)뿐만 아니라 **근접 감각**(냄새, 접촉, 감정)에 의존해야 한다. 점검표나 인터뷰 같은 좀 더 전통적인 진단평가 방법을 통해서는 참여자의 개인 사정, 관심을 가져야 할 만한 참여자의 능력이나 증상, 참여자가 살면서 영향을 받아 온 삶의 영역과 같은 거리 감각과 관련된 정보를 알 수 있다. 반면에 연극치료 진단평가는 거리 감각뿐만 아니라 근접 감각도 사용하여 참여자를 진단평가한다. 이를 통해 참여자가 신체적 활동, 접촉, 근접성에 어떻게 반응하는지, 치료사와 함께 놀이하는 동안 참여자가 얼마나 편안함을 느끼는지, 참여자의 언어적 표현이 신체적 변화와 일치하는지, 치료사가 참여자와의 상호작용을 통해 무엇을 느끼는지에 대한 사항과 같은 추가적인 정보를 알 수 있다. 진단평가에서 근접 감각을 사용하게 될 경우 참여자를 보다 전체적인 관점에서 관찰할 수 있다. 연극치료의 체현 작업을 통해 참여자는 자신의 핵심자아와 좀 더 밀접해지고 삶 속에서 자신의 완전한 복합성을 마주할 수 있다.

참여자에 대한 이러한 미묘성을 경험하기 위해서는 치료사가 진단평가 과정 속에 적극적으로 참여해야 하고, 개인적인 주제와 문제, 참여자에 대한 편협한 가정, 그 순간의 존재로서의 자신을 방해하는 주조된 구조에서 가능한 한 자유로워져야만 한다. **사이의 공간**에 대한 진단평가에서 치료사는 어떠한 특정한 참여자와 함께 현재 이 순간에 있으면서 어떠한 감정을 느끼게 되는지를 진단평가 과정에 포함시키게 된다. 연극치료사는 기본적인 진단적·치료적 능력으로서, 참여자와 함께 하는 동안 치료사 본인의 경험에 대해 민감하게 반응해야 하고 직관적인 감을 유지할 수 있어야 한다. 이를 통해 연극치료사는 참여자와 타인들이 어떻게 관계를 맺는지, 또한 놀이와 일상생활의 상호작용 내에서 참여자의 정신병리가 어떻게 표면에 드러나는지에 대한 정보를 의료 팀에게 전달할 수 있다.

자기, 공간, 타자에 대한 평가를 통해 연극치료사는 놀이공간에서 체현된 만남을 설계할 수 있다. 놀이공간에서 자기에 대해 알려진 부분과 알려지지 않은 부분 사이에 놀이적이고 개방적인 내적 대화가 일어날 수 있다. 바로 이 공간에서 참여자는 개인적인 장애, 두려움, 이루지 못한 희망을 해결하기 위한 방법을 발견할 수 있다. 이러한 발견과정은 일상적 행위와 평범한 사회적 패턴의 **가면을 벗기는**(démasqué), 자기에 대한 진실한 탐구로 시작한다. 이를 통해 참여자는 적절한 태도가 무엇인지 알아내고, 순간 속에 온전하게 존재하는 방법을 배움으로써, 자기 자신의 유일성과 전인적 복합성에 대한 인식의 기반 위에서 타자를 만날 준비를 하게 된다.

참고문헌

Blantner, A. (1996). Practical applications of psychodramatic methods (Rev., 3rd ed.). New York: Springer.

Blantner, A. (2000). *Foundations of psychodrama: History, theory and practice* (Rev., 4th ed.). New York: Springer.

Boal, A. (2002). *Games for actors and non-actors.* London: Routledge.

BVCT-ABAT vzw. (2010). *Geschiedenis.* [*Histoy.*] Retrieved September 14, 2010, from the website of the Belgian Association of Creative Arts Therapies, from http://www.bvct-abat.be

Cossa, M., & Moreno, Z. (2005). *Rebels with a cause: Working with adolescents using action techniques.* London: Jessica Kingsley.

Cuvelier, F. (1976). Psychodrama en Interactiedrama, sociodrama en roltraining. [*Psychodrama and Interation drama, sociodrama and role-training.*] *Tijdschrift voor Psychotherapie, 2,* 5.

Cuvelier, F. (2008). *De stad van Axen. Gids bij menselijke relaties.* [*The city of the Axen. Guide in human relations.*] Kampen: Klement Uitgeverij.

Damasio, A. (2003). *Looking for Spinoza: Joy, sorrow and the feeling brain.* New York: Harcourt.

De Laat, P. (2005). *Psychodrama. Een actiegerichte methode voor exploratie, reflectie en gedragverandering.* [*Psychodrama: Action focused method for exploration, reflection and change of behaviour.*] Assen: Van Gorcum.

ECArTE (2010). About ECArTE. Retrieved November 8, 2010, from the website of the European Consortium for Arts Therapies Education, from http://ecarte.info/

Emunah, R. (1994). *Acting for real. Drama therapy process, technique, and performance.* New York: Brunner/Mazel.

Fox, J. (1994). *Acts of service: Spontaneity, commitment, tradition in the nonscripted theatre.* New Paltz: Tusitala Publishing.

Gersie, A., & King, N. (1996). *Storymaking in education and therapy.* London: Jessica Kingsley.

Johnson, D. R. (1999). Refining the developmental paradigm in the creative arts therapies. In D. Johnson, *Essay in the creative arts therapies: Imaging the birth of a profession* (pp. 161-181). Springfield, IL: Charles C Thomas.

Johnson, D. R. (2005). *Developmental transformations text for practitioners.* Institute for the Arts in Psychotherapy, New York.

Johnson, D. R. (2009). Developmental transformations: Towards the body as presence. In D. Johnson & R. Emunah, (Eds.), *Current approaches in dramatherapy* (2nd ed., pp. 89-116). Springfield, IL: Charles C Thomas.

Johnson, D. R., & Eicher, V. (1990). The use of dramatic activities to facilitate dance therapy with adolescents. *Arts in Psychotherapy, 17,* 157-164.

Johnson, D., & Sandel, S. (1977). Structural analysis of group movement sessions: Preliminary reseach. *American Journal of Dance Therapy, 1,* 17-30.

Johnstone, K. (1990). *Impro, improvisatie en theater.* [*Impro, improvisation and theatre.*] Amsterdam: International Theatre & Film Books.

Jones, P. (1996/2007). *Drama as therapy: Theatre as living.* Londo: Routledge.

Landy, R. J. (1993). *Persona and performance: The meaning of role in drama, therapy and everyday life.* New York: Guilford Press.

Lincoln, Y. S., & Guba, E. G. (1985). Naturalistic inquiry. Newbury Park, CA: Sage Publications.

Moreno, J. L. (1946). *Psychodrama* (Vol. 1). Beacon, NY: Beacon House.

Moreno, J. L. (1959). *Psychodrama: Foundations of psychotherapy* (Vol. 2). Beacon, NY: Beacon House.

Nafzger, J., & Van Gaalen-Oordijk, I. (1999). *Eindrapport arbeidsmarkt-onderzoek creative therapie.* [*Final report: Reseach on the labour market in the arts therapies.*] CINOP: 's-Hertogenbosch.

Smeijsters, H. (2008). *Handboek creatieve therapie.* [*Handbook of the arts therapies.*] Utrecht, NL: Coutinho.

Smeijsters, H. (Ed.) (2009). *Reseach in pratice in the arts therapies.* Heerlen, NL: Melos.

Stake, R. (2010). *Qualitative reseach: Studying how things work.* New York: Guilford Press.

Stern, D. (2004). *The present moment in psychotherapy and everyday life.* New York/London: W.W.Norton.

Sternberg, P., & Garcia, A. (2000). *Sociodrama. Who's in your shoes?* Westport, CT: Praeger Publishers.

Sutton-Smith, B., & Lazier, G. (1971). Psychology and drama. *Empirical Reseach in Theatre, 1,* 38-46.

te Kiefte, J., van Rhijn, N., & Haans, T. (1994). Begeleid toneel: Keuzes maken en spelen. [*Drama scripts: Making choices in play.*] *Tijdschrift Voor Creatieve Therapie, 1,* 2-16.

van den Bossche, D., & Desomviele, L. (2010). *Creatieve therapie in een Vlaamse multidisciplinaire hulpverlening [Creative Arts Therapies in a Flemish multidisciplinary mental health system].* [*Arts therapies in a Flemish multidisciplinary mental health system.*] Symposium on the Firth Congress of the Flemish Mental Health, Gent.

Verhofstadt, L. (2001). *Zelfreflectie en Persoonsontwikkeling. Een handboek voor ontwikkelingsgerichte psychotherapie.* [*Self-reflection and personality development: A handbook for developmental-oriented psychotherapy.*] Leuven: Acco.

Welten, J. (2005/2009). Drama therapy and psychodrama with traumatized clients: Playing with fire. In H. Smeijsters (Ed.), *Reseach in pratice in the arts therapies* (pp. 147-176). Heerlen: NL Melos.

Welten, J. (2009). *Wie, wat, waar . . . zijn wij?* [*Who, what, where . . . are we?*] Quantitative reseach for Master of Arts Therapies. Unpublished Masters' thesis. Zuyd University, Heerlen.

제13장
청소년의 목소리 회복을 위한 연극치료 진단평가

Pamela Dunne

이 장에서는 법원의 명령에 따라 집에서 나와 그룹홈에 사는 청소년들을 위하여 드라마와 창조적 예술치료를 어떻게 활용하는지 알아보고자 한다. 아이들은 다음과 같은 경우에 그룹홈에서 살게 된다. (1) 법원의 피후견인이 되었을 때, (2) 심각한 행동, 반사회적 혹은 정서적 문제가 있을 때, (3) 비행이나 범죄 행동 기록이 있을 때, (4) 방치 혹은 성적이나 신체적 학대로 고통을 받았을 때, (5) 부모가 심각한 약물남용자이거나 감금되었을 때다. 이와 같은 아이들에 대한 진단평가는 그들이 지닌 문제, 태도 및 행동을 이해하고 효과적인 치료 계획을 발전시켜 가는 데 필수적이다.

그룹홈의 청소년들은 대개 버려짐, 약물 사용(부모와 청소년 본인의), 신체적 폭력, 성적 학대, 법적 문제, 친척 중 한 명 이상이 범죄자, 반사회적 행동 등의 공통된 이야기를 포함한다. 이들 중 대다수가 폭력의 피해자, 갱 조직의 일원, 버려진 아이들이거나 소년가장들이다. 또한 많은 경우 가족과 분리된 이유를 알지 못한 채 자신을 비난하기도 한다.

그룹홈은 가정위탁 대상자인 아이들에게 가장 제한적인 집 밖으로의 배치 방안을 제공한다. 그중 11%가 그룹홈에 있고, 보호관찰 대상 아이들 중 83%가 그룹홈에 있다(California Department of Social Services, 2001). 이 통계는 양육 보호 시스템에 미성년자들이 꽤 높은 비중을 차지하고 있음을 보여 준다. 현재 50만 명 이상의 아이들이 부모를 떠나 가정위탁 시스템 안에 있다. 정부 당국에 의해 이런 식으로 흩어진 집단 속에는 아프리카계 미국인이 가장 많다. 흑인 아이들은 미국 전체 인종의 5분의 1도 되지 않음에도 불구하고 가정위탁 인구의 거의 절반을 차지한다(Roberts, 2002). 뉴욕의 경우 학대나 방치의 확실한 기록을 근거로 부모로부터 격리되는 흑인 아이들은 백인 아이들의 2배가 넘는다. 가정위탁 아동 4만1,980명 가운데 3%가 백인이고, 73%는 흑인, 그리고 24%가 라틴계 아이들이다(Child Welfare Watch, 1998).

그룹홈의 아이들이 향정신약이나 그 외의 약을 복용하는 것은 흔한 일이다. 아이들과 청소년에게 향정신약을 처방하는 것은 지난 10년간 2배에서 3배까지 증가하였다. 공격적 정신약리학의 위험은 아동복지 시스템의 아이들 사이에서 높은데, 그들 중 40~60%의 아이들이 DSM-IV 장애 가운데 적어도 하나에 해당되는 것으로 알려져 있다. 정부의 예측평가에 따르면, 이 아이들 중 14%가 향정신약을 복용한다고 본다—지역사회 아이들의 수치와 비교할 때 2~3배에 해당하는 수치다(Raghavan & McMillen, 2008). 일부 주의 보고에 따르면, 가정위탁 아동의 60% 이상이 기분 완화 약 처방을 받는데, 이는 국가 전체 평균의 300%를 넘어서는 수치다(Citizens Commission on Human Rights, 2008). 아동 대상 향정신약의 효과에 대한 연구는 상대적으로 많지 않지만 그 연구들은 어른 대상의 유사한 연구와 비교할 때 효능이 떨어지는 것으로 나타났다(Ingersoll, Bauer, & Burns, 2004). 복잡한 필요 양상, 정신병리학, 도움을 받는 복합적 방법들로 인해 아동복지 시스템의 아이들은 여러 향정신약을 동시에 사용할 위험성이 보다 높다.

이 청소년들은 그룹홈을 자주 바꾸며, 보다 우수한 수준의 보살핌으로 더 한층 체계적인 관리가 필요할 수도 있다. 특히 장성한 아이들의 경우에는 가정위탁 대상자의 '대상 연령에서 제외'되기 전에 계속해서 여러 위탁 가정이나 그룹홈들을 전전할 수도 있다(O'Hare, 2008). 이렇게 계속해서 옮겨 다니는 과정을 통해 치료는 중단되고, 이미 불거졌던 신뢰 문제가 더 부각된다. 많은 청소년들이 단지 시늉만 하거나 심지어는 치료를 거부할 것이다. 그들은 수많은 치료와 수업들(가족치료, 집단치료, 개인치료, 분노 조절, 약물 예방, 자립생활)을 넘치게 접해서 이와 같은 도움에 오히려 반감을 갖게 된 것이다.

그룹홈의 청소년들은 종종 학교와 현장실습에서 동일한 전통적 진단평가 도구를 받게 되므로 그것들을 수용하는 방법도 알고 일부 정답에도 이미 익숙하다. 따라서 이와 같은 평가 도구들이 쓸모없게 되는 경우가 많다. 이러한 연습 효과 외에도 아이들은 반복되는 검사로 인해 부정적 성향, 분노, 지루함과 반항적 태도까지도 보이게 된다. 학교에서 진행한 검사 결과는 대개 현장 실습에서의 결과와 공유되지 않으며, 반대의 경우도 마찬가지다.

연극치료 진단평가

이 장에서는 L.A.와 그 주변의 그룹홈 아이들에 대한 진단평가를 중점적으로 다루고 있다. 33명의 평가 대상자들은 12명의 아프리카계 미국인, 11명의 히스패닉계, 5명의 코카서스인, 2명의 하와이인, 1명의 푸에르토리코인, 그리고 1명의 유럽과 히스패닉계 혼혈로 구성되어 있다. 이 평가 결과는 유사한 특성의 그룹홈 아이들의 경우에만 일반적인 것일 수도 있다. 그리고 이 장에서는 이러한 평가에서 찾아볼 수 있는 특정한 양상과 주제들을 밝히고 있다. 이와 같은 논의를 통해 교육자와 치료사들이 이 아이들과 그들이 직면한 문제에 대해 보다 깊이 이해할 수 있기를 바란다.

일련의 검사는 특정 연극치료와 창조적 예술 진단평가, 그리고 일부 지필검사로 구성되어 있다. 이 장에는 여섯 조각 이야기 만들기(6PSM), 역할 프로파일, 이야기하기(TAS)와 인물 그리기 등의 검사들이 포함된다. 33개의 개별적 무작위 검사 기록들은 공통 주제, 쟁점, 패턴과 심리적 문제를 대조하고 비교함으로써 철저하고 상세한 내용들을 다루고 있다. 먼저 검사 자료를 분석한 다음, 상세한 치료적 개입으로 한 회기의 검사 결과들을 통합하는 유용한 방법들에 대해 다루고자 한다. 각각의 검사들은 따로 소개될 것이다.

여섯 조각 이야기 만들기

여섯 조각 이야기 만들기(6장 참조)는 개인적(긍정적 태도, 작업 전략), 대인관계적(친구나 가족의 지지), 조직적(훈련과정, 전문적 도움), 그리고 공동체적(공동체 활동) 방식 등과 같이 스트레스에 대처하는 다양한 방식에 초점을 두고 있다. 라하드(1992)는 대응 방식을 (1) 인지-행동적 양식(정보 수집, 문제해결), (2) 정서적 대처 양식(울거나 웃는 등의 표출, 누군가와 경험에 대해 이야기하기), 또는 그리기, 읽기, 쓰기와 같은 비언어적 기법, (3) 집단의 지지를 요청하는 것과 같은 사회적 대처 양식, (4) 어려운 현실을 완화하기 위해 공상을 사용하는 상상적 양식, (5) 전반적인 안내 구조를 형성하는 신념과 가치 양식, (6) 이완, 신체 훈련, 탈감각에 의한 신체적 양식으로 구별하고 있다. 일부 부정적 대응 기제의 예로는 공격성, 운명론적인 행위, 멍해짐을 포함하고 있다.

6PSM에서 참여자는 말없이 그림으로만 이야기한다. 평가자는 참여자가 그림을 그릴 수 있도록 페이지를 찢지 않는 범위에서 자유롭게 여섯 칸으로 나누도록 한다. 첫 번째 그림에서 참여자는 남성이든, 여성이든, 실존하는 혹은 상상 속의 어떤 이야기의 주인공을 생각하고 그 인물이 사는 곳을 그린다. 두 번째 그림은 주인공이 완수해야 하는 임무나 과제를 보여 준다. 세 번째 그림은 그 주인공을 도울 수 있는 것이 있다면 누구인지 혹은 무엇인지를 보여 준다. 네 번째 그림은 주인공이 임무를 수행하는 과정에서 방해하는 사람이나 장애물을 나타낸다. 다섯 번째 그림은 주인공이 어떻게 그 장애물에 대처하는지를 보여 준다. 여섯 번째 그림은 어떤 일이 생기는지를 보여 준다. 각각의 그림은 대처 양식에 대한 정보를 제공한다. 예를 들어 주인공이 요정일 경우에는 대처 양식으로 상상력이 사용될 것이라는 것을 암시한다. 목표는 가치나 신념과 연관될 수 있다.

어떤 대응 방식을 사용할 것인지를 결정하기 위해서 대처 양식이 나타날 때마다 이를 센다. 이 검사를 위한 점수 체계 정보에 대해서는 라하드와 덴트-브라운(6장)을 참조한다.

검사 표본 대상자들 중 위탁 아동들은 전반적으로 6개의 그림을 만들어 내는 것에 모두 다 잘 참여하였다. 많은 청소년들(66%)이 슈퍼맨이나 배트맨 또는 다양한 영웅 캐릭터들과 같은 특정 주인공들과 동일시하였다([그림 13-1]과 [그림 13-2]). 다른 아이들도 마찬가지로 강한 남성의 이미지에 의존하였다([그림 13-3]과 [그림 13-4]). 소수의 아이들(14%)이 자기 자신 혹은 다른 사람을 주인공으로 선택하였다.

대부분의 이야기(71%)에서 주인공이 지닌 힘은 파괴나 초인적인 힘을 지닌 공격 수단에의 접근에서 비롯된다. 싸움, 살인, 폭파, 칼싸움으로 문제들이 해결된다. 예를 들어 어떤 이야기에서 주인공은 모든 '악당들'을 죽임으로써 집 안의 사람들을 구한다([그림 13-5]). 6개의 그림들 가운데 4개의 그림에서 총이 의미 있는 도구로 등장한다. 또한 다른 이야기([그림 13-6])에서는 스콜 중령이 원자폭탄을 투하한다. 어떠한 사회적 지원도 보이지 않으며 공격이 가장 강력한 대응 방식으로 드러날 뿐이다.

이야기에 등장하는 적들은 연필맨([그림 13-7]), 악당 그리고 캣맨([그림 13-8]) 등의 예에서 볼 수 있듯이 주인공과 마찬가지로 공격적인 행동을 보여 준다.

대부분의 주제들이 악과 선의 대결에 집중하고, 선이 악을 물리치는 과정에서 공격적이고 폭력적인 행동들이 지배하는 것을 보여 준다. 여러 적대자들은 사람들을 해하고 파괴하거나 소외시키기 위해 애쓴다. 한편 대부분의 주인공들에게 육체적 강인함이 가장 중요한 특성으로 나타나는데, 이것이 범죄조직과 그로 인한 폭력들에 둘러싸인 환경으로 인한 위탁 아동들의 정체성을 반영하는 것임은 두말할 필요가 없다. 개인, 조직 혹은 공동체를 통해 긍정적인 사회적 지원을 찾으려는 시도는 거의 드러나지 않는다.

또 다른 이야기에서는 운명론과 폭력성이 내면화된 나머지 주인공이 마약을 복용하여 호텔 방을 청소하는 임무조차 완수하지 못하는 것으로 나타난다([그림 13-9]와 [그림 13-10]). 이 주인공은 마약에 중독되어 결국은 미쳐서 죽고 만다. 이야기의 마지막에 마약 영웅이 나타나 마약이 세상을 지배하고, 이 세상의 모든 문제를 해결하게 된다.

[그림 13-1] 슈퍼맨

[그림 13-2] 천사 소녀

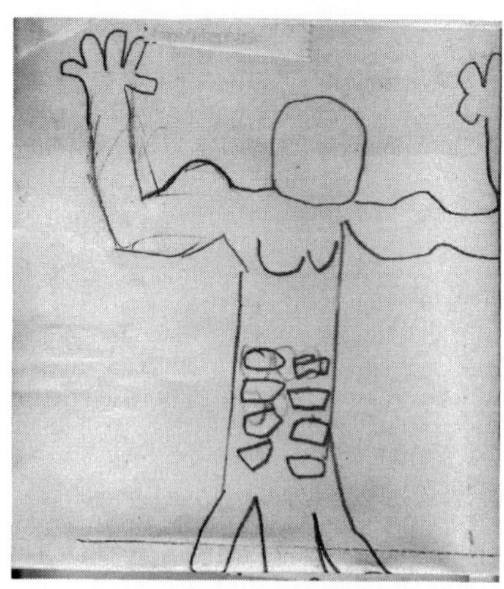

[그림 13-3] 근육맨

[그림 13-4] 강한 남자

[그림 13-5] 집을 불태우는 악당

[그림 13-6] 원자폭탄 투하

[그림 13-7] 연필맨

[그림 13-8] 악당과 캣맨

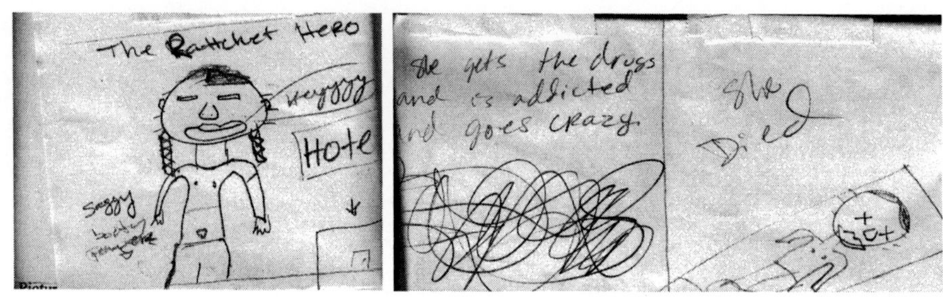

[그림 13-9] 러첫 영웅　　　　[그림 13-10] 마약과 죽음

대응기제로 폭력을 사용하지 않는 대안적 이야기

이야기 가운데 14%는 주인공이 폭력이 아닌 스스로 생각하는 능력이나 창조성을 사용함으로써 갈등을 해결하는 내용으로 되어 있다. 다음의 두 예시에서는 보통 사람을 주인공으로 묘사하고 있다([그림 13-11]과 [그림 13-12]). 각각의 예에서 주인공은 생각하는 능력을 사용하거나 혹은 열심히 일하는 것을 대응기제로 사용하고 있다.

10%의 이야기가 '슈퍼걸'의 예에서 볼 수 있듯이 공격 대신에 선을 위한 마법의 힘을 사용하는 영웅을 묘사하고 있다([그림 13-13]).

일부 청소년들은 생각하는 능력과 문제해결 능력의 사용에서 높은 점수를 받았다. 이와 같은 자료들에서 청소년들은 책임감, 사람들을 행복하게 하기, 선행하기, 가족 부양을 위해 일하기 등과 같은 신념과 가치를 보여 주었다. 몇몇 이야기에서는 문제를 해결하는 데 있어서 주인공에게 좋은 조언을 해 주고, 친구에게 도움을 구하는 능력이 나타나기도 하였다. 이러한 이야기들은 종종 다른 사람들을 문제에서 해방시켜 주거나 더욱 행복한 삶을 영위하게 함으로써 보다 큰 사회 시스템에 영향을 주는 것으로 끝을 맺는다. 이것들은 자기-신뢰, 친사회적 가치, 안정적인 정서 관계, 긍정적 의사소통, 그리고 상상력의 사용에서 높은 점수를 기록한다.

[그림 13-11] 지식 영웅

[그림 13-12] 열심히 일하는 영웅

어떤 이야기([그림 13-14]과 [그림 13-15])의 주인공은 슈퍼맨과 유사한 초인적 특성을 가지고 있는데, 난감한 장소(키 큰 나무)에서 옴짝달싹 못하거나 길을 잃은 동물들을 찾는 것을 도와주고, 날아가서 그들을 구출한다. 주인공은 동물을 주인에게 돌려주는 과정을 통해 타인을 행복하게 하고, 보다 고차원적인 선행을 행함으로써 사회적 의식을 드러낸다. 애완동물을 잃어버려서 슬퍼하며 울거나 다시 되찾았을 때 미소 짓는 사람들의 모습에서 격한 감정을 보여 준다. 주인공은 어떠한 사회적 공동체 혹은

[그림 13-13] 슈퍼걸

[그림 13-14] 동물 구조자의 집 / 잃어버린 개를 구하다.

[그림 13-15] 동물 구조자가 새를 구하다.

조직의 지지에도 의존하지 않고 스스로 문제를 해결한다.

또 다른 대안적 이야기에서는 자신의 딸을 돌봐야 하는 엄마가 주인공으로 등장한다. 그녀는 자신의 능력이 사회적 원조가 아닌 그녀 내면으로부터 나온다는 것을 알고 있다. 그녀는 딸이 미소 짓기를 바란다. 비록 경제적인 어려움에 직면하지만 그녀는 기꺼이 책임감을 가지고 일하러 간다. 그녀는 사람들을 돕는 일을 하는데, 이를 통해 보다 높은 사회적 책임과 세상 사람들에 대한 염려를 보여 준다. 이것이 그녀의 딸을 행복하게 하고, 마지막 그림에서 그녀와 딸 두 사람 모두를 미소 짓게 한다.

치료를 위한 예시

아이를 돕는 엄마에 관한 대안적 이야기에서 '다른 사람들을 미소 짓게' 하려는 아이의 생각은 '미소 짓기'와 '미소 없애기'의 두 가지 가능한 생활양식을 표면화하는 것에 초점을 맞춘 서사드라마를 통해 다양한 가능성을 보여 준다. 참여자는 우선 천, 색깔, 물건과 소리를 가지고 방 안에 이 두 세계를 구현할 수 있다. 그 후에 '미소 짓는' 공간을 걷고 경험하며, 이어서 '미소를 없애는' 공간을 경험한다. 또한 미소를 창조하고 사라지게 하는 순간들의 생생한 조각을 만드는 작업을 첨가하고, 이때 떠오르는 감정들을 반영할 수 있다. 이러한 순간들을 디지털 카메라로 포착할 수도 있다. 이러한 '이중의 표현' 기법은 행동을 통해 두 세계가 어떻게 보이고 느껴지는지 경험하도록 한다. 이것은 또한 참여자가 미소를 지을지 아니면 사라지게 할지를 선택할 수 있는 상황을 조성한다. 그룹 내에서 구성원들이 이 그림들의 생생한 몽타주를 만드는 동안, 참여자는 자신에게 영향을 미친 순간들과 감정들을 디지털 사진으로 포착하며 몽타주 주변을 걸어다닌다. 이후의 치료 회기에서 참여자는 사람들의 얼굴에 미소가 생긴 미래의 순간을 상상하고 연기해 본다. 또한 자신을 포기하도록 유혹하는 사람들과 장애물에 대항하여 스스로를 무장할 수 있는 생존 도구들을 만들 수도 있다. 참여자는 생존 도구들이 연기 장면에서 어떻게 작동하는지 보여 줄 수 있다. 그리고 미래의 '가능성 지도'를 그리는 과정 속에서 다양한 길이 어디로 이끄는지, 또 각각 표현하는 공간의 종류들을 보여 주기 위해 기존에 찍은 디지털 사진들과 다른 사진들을 활용한 다양한 길을 보여 줄 수 있다.

문제투성이 이야기로부터 끌어낸 치료 방향의 사례로, 약물 복용으로 죽는 인물의 이야기를 들 수 있다([그림 13-9]와 [그림 13-10]). 이 여섯 조각 이야기는 아무 힘이 없는 인물(그림을 그리는 대신 아이는 "아무 힘이 없음"이라고 썼다)을 보여 준다. 이 인물은 마약에 대해 '아니오'라고 말할 능력이 결핍되어 있으며, 어떠한 사회적 혹은 공동체적 지원에도 접근조차 하지 못한다. 이 그림과 이야기는 절망, 자살 가능성, 그리고 마약 문제에 따른 위험성을 내포하고 있다.

주인공 러쳇 영웅(Rattchet Hero)은 가사도우미로 일하면서 호텔 방을 청소한다. 이러한 일은 자기 스스로를 지탱하기 위한 인물의 노력을 표현한 것일 수도 있다. 치료사는 더 많은 정보를 얻고, 특히 가사도우미로서 어떤 특별한 능력을 가지고 있는지에 대해 묻기 위해 주인공을 인터뷰할 수 있다. 이러한 가정생활 기술에 대해 더 알기 위해서 치료사는 장면을 만들어서 주인공 역할을 하도록 이끌면서, 마약에서 벗어나 자신의 일을 하는 연기를 해 보라고 격려한다. 이를 통해 주인공이 마약을 하지 않은 채 다른 활동에도 참여하는 장면들을 상상하고 연기하도록 이끈다. 치료사는 이와 같은 상황 속에서 주인공이 '아니오'라고 말할 수 있는 능력을 찾을 수 있을 것인지에 대해 호기심을 보일 수 있다. 참여자 자신의 삶의 장면을 생각하라고 물으면 마약에서 벗어난 실제 상황을 생각하는 것이 불가능하다고 여길지도 모른다. 하지만 치료사는 그것을 상상하게끔 할 수 있다. 이와 같은 마약에서 벗어난 상상 속의 장면들을 확장하기 위하여 참여자는 감독처럼 행동하고, 그룹 내의 다른 사람을 사용하여 역할들을 연기하도록 함으로써 살아 있는 조각상을 만들어 낼 수도 있다.

또 다른 개입의 방식으로 참여자는 마약을 나타내는 추상적 대상을 만듦으로써 마약을 표현할 수 있다. 그리고 자신의 인생에서 마약 전력과 소통할 수 있는 다른 정지된 조각상을 만들 수 있다. 조각상 1은 마약에 처음 접하게 된 관계를 나타낸다. 조각상 2와 3은 마약이 어떻게 더욱 중요해졌는지 보여 준다. 조각상 4는 마약에 대해 '아니오'라고 말하는 순간을 나타낸다. 마지막 조각상은 마약과의 관계에서 자신이 더 우세함을 보여 준다. 이러한 모든 조각상 가운데 참여자는 자신과 마약의 관계를 보여 주는 대상으로 사물을 놓는다. 참여자는 그룹 내에서 마약 역할을 맡을 지원자를 선택하고, 지원자에게 각각의 조각상에서 마약을 어떻게 형상화할 것인지를 보여 준다. 그리고 참여자는 자신의 역할을 할 다른 사람을 고르고, 연출가가 되어 조각상들을 함께 모아서 관찰자의 입장에서 바라볼 수 있다. 이러한 작업 방식은 실제 참여자의 삶 속에서 일어난 독특한 결과의 사건 혹은 행동을 감추고, 드라마 내에서 이러한 사건과 행동을 확장하기 위한 서사 드라마의 개념을 보여 준다. 또한 이를 통해 참여자가 자신의 문제로부터 분리되는 것을 어떻게 느끼는지 경험하도록 도와주는 외현화 기법을 보여 준다.

이야기하기

TAS(7장; Landy, 2001a)에서 평가자는 참여자에게 적어도 하나의 인물이 나오는 실제 혹은 만들어 낸 이야기를 하라고 청한다. 그룹홈에서는 시간 제약으로 인해 참여자들에게 먼저 이야기를 쓰고 그 후에 말하도록 한다. 평가자는 이야기에 따라 참여자에게 인물들과 중요한 대상을 식별하고, 이름을 붙이라고 한다. 그리고 각각의 인물에 대한 보다 자세한 특성을 묘사하고, 그 인물이 무엇을 원하는지 말하라고 한다. 그다음 평가자는 주제와 제목을 묻고, 이야기 스타일이 공상적인지 아니면 사실적인지 질문한다. 평가자는 갈등을 해결하는 방법을 찾을 수 있는지의 여부와 그 이야기가 개인적으로 어떻게 연관되는지를 묻는다. 여기에서 다루는 대부분의 이야기에서 참여자들은 자신의 경험과 관련된 실제 삶의 이야기를 하였다.

나는 신뢰, 유대, 거리 두기 등의 요소로 인해 참여자들에게서 나온 이야기들이 그들에 대한 실제 정보를 많이 드러낼 거라고는 예상하지 않았다. 참여자의 목소리를 존중하여 이야기를 하라고 청하는 것은 이러한 감동적인 이야기를 듣고 목격할 수 있는 기회를 제공한다. 그런데 참여자들 중 대다수(65%)는 자신이 주인공인 진짜 이야기를 하였다. 글쓰기와 실제 이야기를 말하지 않았던 사람들은 자신의 경험과 유사한 가상의 이야기를 창조하였다. 폭력, 범죄조직, 버려짐, 범죄학, 죽음, 배신으로 가득 찬 대부분의 이야기에서 문제투성이 주제들이 나타났다. 다른 사람 돌보기, 책임감 갖기, 다른 사람을 행복하게 하기, 실수로부터 배우기를 포함한 대안적 주제들도 일부(12%) 이야기에서 나타났다. 오직 12%만이 실제 삶의 이야기가 아닌 환상을 사용한 이야기를 하였다.

문제투성이 이야기

사례 1. 자, 이제 시작하자면 내 이름은 J다. 나는 내 식대로 말하자면 캘리포니아 가데나(고속도로 도시)에서 태어났다. 어린 시절의 나는 지금의 나 같은 사람이 될 거라고는 단 한 번도 생각해 본 적이 없다. 이 모든 것은 내가 열두 살이나 열세 살쯤이었을 때 내가 항상 우러러보던 사람들과 어울리게 되면서 시작되었다. 갱들! 나는 예전부터 그 갱단을 알았지만 지금에서야 그들과 함께 어울리기 시작했다. 예를 들자면, 내 삼촌들이 그 갱단에 있어서 나는 이전부터 그들 중 몇몇을 알았다. 그 이후에 나는 내가 한 일들을 사랑하였다. 마리화나 피우기, 길가 높은 곳에 벽보 붙이기, 시내에서 가장 좋은 담배 팔기, 돈 벌기, 부수기(열심히 일하기), 이전에 단 한 번도 갖지 않았던 물건을 소유하고 운반하기. 나는 이 모든 것들을 사랑하였다. 내 친구들은 모두 마치 입 안의 혀처럼 내게 잘해 주었다. 내가 곤경에 처했을 때조차 나는 이들을 위하여 일하였다. 이 모든 과정에서 내가 후회하는 단 하나는 고등학교 농구 팀에서 쫓겨난 것이었다. 땡땡이 친 것 때문에 내 성적은 당연히 좋지 않았다. 나는 법적 문제에 휘말리기 시작했다. 나의 열여섯 번째 생일날 철로에서 친구들과 함께 있을 때 경찰에게 잡혔다. 다행히도 나는 그저 보호 관찰 처분을 받았을 뿐이었다. 그 이후 나는 계속 감옥을 들락거렸다. 정확히 말하자면 다섯 번이었다. 그리고 지금의 나는 여기에서 현장실습 중이다. 바라건대 나는 가족과 친구들과 함께 하기 위해서 다시는 이전으로 돌아가지 않을 것이다. 물론 이 곳에서 나가면 나는 여전히 친구들과 함께 할 것이고, 길가 높은 곳에 벽보를 붙일 것이다. 나는 그저 좀 더 현명하게 일을 할 필요가 있다. 여기에서 나가면 학교에서 잘해서 어머니를 기쁘게 해 드리고 싶다. 계속해서 언젠가는!!! RIP BF와 LRR은 언제나 우리 마음에! G's

사례 2. 옛날 옛적에 위탁 가정에 사는 소녀가 있었다. 그녀는 6명의 다른 소녀들과 함께 그룹홈에 사는 게 싫었다. 그래서 그녀는 어느 날 친구 집으로 떠나 다시는 돌아오지 않았다. 그녀는 법적으로 문제를 일으키기 시작했다. 한번은 친구들과 은행을 털기도 했고, 술집에 가서도 마찬가지였다. 결국 그녀는 그곳에 있던 경찰들에게 체포되었다. 그녀는 계속해서 그곳에 있었다. 끝.

사례 3. 어느 날 내가 길을 걷고 있는데 몇 명이 나를 공격하려 하였다. 그런데 그때 내 친구가 도우러 왔고, 그들은 내 머리에 쇠파이프를 던졌다. 그래서 나와 내 친구는 그 녀석들과 싸움을 하게 되었고, 얼마 후 경찰이 와서 모든 것이 끝났다. 나랑 싸웠던 녀석들 중 한 명과 나는 붙잡혔고, 내 친구와 다른 녀석들은 도망갔다. 나와 싸웠던 녀석은 감옥에 갔고, 나는 상처 때문에 의사에게 갔다. 나는 나와서 길을 걸었고, 나랑 싸웠던 녀석 중 한 명을 만나서 복수하였다.

사례 4. 어느 날 토미가 잠에서 깨어 보니 옆에 가방이 있었다. 그 가방은 풀로 가득 차 있었다. 그는 궁금해서 그것을 열어 보았다. 거기에서는 강한 냄새가 났고, 그는 그 냄새가 좋았다. 그것은 그에게 살아 있다는 느낌을 주었다. 그는 지금까지 그렇게 좋은 냄새를 맡은 적이 없었다. 그는 무엇에 사용되는 것인지 궁금해서 그것을 실험해 보기 시작했다. 먼저 그는 달걀을 요리하면서 그것을 한 티스푼 넣었지만 아무 일도 일어나지 않았다. 그는 계속해서 그것을 소비하려고 노력했지만 결국 눈이 빨개지기 시작했고, 그는 뭔지 이상한 기분이 들었다. 토미는 마치 자신이 하늘을 걷는 것같이 느껴졌다. 이러한 기분은 6시간이나 지속되었고, 다시 깨어났을 때는 자신이 옻나무를 먹었다는 것을 알았다. 왜냐하면 병원 침대에 누워 있었기 때문이다.

사례 5. 나는 B라고 불리던 소년을 기억한다. 그는 열두 살이었다. 그는 자신이 가장 잔인한 마약상이라고 생각했다. 그는 친구들에게 강한 인상을 남기기 위해 훔치는 것을 반복하였지만 친구들은 그가 자신들의 수준에 미치지 못한다는 것을 알고 있었다. 몇 주 후 그는 유치장에 갇혔는데, 친구들을 서슴없이 고발하였다는 소문이 퍼지게 되었다. 그래서 그 친구들은 그를 쫓아내기로 하였다. 쫓겨난 후로 그는 코카인과 마약을 팔기 시작했다. 며칠 후 그는 판매하는 것에 지쳐서 결국 그의 탐욕에 굴복하였다. 그는 돈이 결코 존경을 가져오지 않는다는 것을 진작에 알고 있었다. 나는 그의 고객 중 한 사람이었다. 이렇게 나는 B를 만나게 되었다. 몇 주 뒤 그는 좀 더 큰 규모의 새로운 무리를 만나게 되었다. 그는 존경할 만한 악당이었다. 마약 중독자와 같이 손에 쥘 수 있는 어떤 마약도 다 취하였다. 그 무리는 그에게 깜짝 놀랄 만한 어떤 것을 해야만 한다고 말했다. 바로 그날 밤 그들은 그 계획의 실행에 착수했고, 한 여자를 보았다—무리는 그에게 지금 그것을 해야만 한다고 말했다. 그녀의 얼굴은 가려져 있었다. 곧장 그는 나가서 그녀를 때리기 시작했다. 그들은 그녀를 계단으로 질질 끌고 갔다. 한 블록 떨어진 곳에서도 그녀의 비명 소리를 들을 수 있었다. 계단으로 그녀의 피가 흘렀다. 그녀가 느끼는 고통을 느낄 수 있었다. 그들은 지붕 문을 열고 그녀를 밖으로 끌어냈다. 그들은 그녀가 더 이상 움직이지 못하고, 아무것도 느끼지 못할 때까지 때렸다. 그들은 그녀를 강간하기로 하였다. 모두가 돌아가면서 차례로 했지만 B가 제일 먼저 해야만 했다. 그들은 그에게 어떤 일을 당했는지 증언할 수 있기 때문에 그녀를 죽여야 한다고 말했다. 그는 22구경 권총을 꺼내 그녀의 머리를 조준하였다. 하지만 그는 그녀의 얼굴을 보기로 결정했다. 그는 그녀의 얼굴을 보고 더듬거리기 시작했다. 그는 엄마의 눈을 바라보았다. 그녀는 울기 시작했다. 그녀는 그들이 성폭행할 때보다도 더 크게 목놓아 울었다. 그는 그 상황에서 도망치려고 뒷걸음질치기 시작했다. 그는 그렇게 혼이 나간 채로 움직이다가 지붕에서 떨어졌다. 사람들은 죽으면 더 좋은 세상으로 가겠지만 나는 그것을 믿을 수 없다. 이 이야기를 조심스럽게 읽어 달라, 왜냐하면 내가 쓴 것은 사실이니까, 내가 B와 함께 그곳에 있었으니까. 그리고 나는…… 그 후에 우리는 그의 엄마를 죽였고, 결코 말하지 않았다.

대안적 이야기

사례 6. 나는 열여덟 살이다. 나는 캘리포니아 롱비치에서 태어났고, 나의 엄마는 L이다. 나는 L 가문의 일원인 것이 매우 자랑스럽다. 나는 6월에 고등학교를 졸업한다. 나는 운동과 비디오 게임을 좋아한다. 나는 양부모가 되어 아이들을 도와줄 계획을 가지고 있다. 나는 그들에게 내가 결코 갖지 못했던 인생을 주고 싶었다. 나는 가을에 Sac 산에 가려고 계획한다. 나는 매우 거친 삶을 살아

왔다. 하지만 나는 스스로 성공적인 젊은이가 되고 있다.

사례 7. 내가 아홉 살이었을 때 엄마는 네 번째 아기를 가졌다. 엄마의 자녀들은 모두 아빠가 달랐고, 이번에도 예외는 아니었다. 아기는 12월 16일에 태어났고, 그녀는 아기를 R이라고 이름 지었다. 물론 아들이었다. 엄마는 최고의 엄마가 아닌 최악이었다. 엄마는 집에 왔을 때 나를 앉혀 놓고 말했다. "난 너도, 이 아기도 원하지 않아. 난 남자 친구와 나갈 거니까 너에게 엄마가 되는 방법을 알려 줄게." 그녀는 그날 밤 내게 아기를 주었다. 돈 한 푼 없이 반쯤 남은 우유병과 함께. 엄마는 3일 동안 나가 있었다. 나는 돈을 구걸해야 했고, 이웃들에게 나와 내 동생들이 먹을 것을 달라고 청해야 했다. 나는 정말이지 어떻게 혼자 크는지를 배웠다. 아기는 계속 울면서 종일 먹을 것을 달라고 했고, 똥을 쌌다. 나는 너무 힘들었지만 갈 곳도, 도움을 청할 사람도 하나 없었다. 둘째 날 밤 아기는 새벽 2시에 잠이 들었고, 다음 날 나는 학교에 가야 했지만 아기 때문에 갈 수 없었다. 엄마가 돌아왔을 때 그녀는 마치 아무것도 잘못된 것이 없는 것처럼 행동하였고, 나나 아기에게 아무 말도 하지 않았다. 나는 너무나 화가 나서 밖으로 나왔지만 동생을 두고 나온 것은 실수였다. 왜냐하면 나는 그 누구도 상상할 수 없는 여러 감정들을 느꼈기 때문이다. 그날부터 영원히 엄마를 내 마음속에서 차단하였다. 그날 엄마는 딸을 잃었고, 나는 엄마를 잃었다. 그때부터 지금까지 마약, 돈, 그리고 오직 내 동생 외에는 아무에게도 아무 느낌도 느끼지 못했다. 지금까지도 내 머릿속은 동생에 대한 생각으로 꽉 차 있다.

치료적 예시

이 이야기에서 '아홉 살짜리 엄마' S는 그녀 자신, 엄마 그리고 그녀의 어린 남동생을 주요인물로 나타내고 있다. S는 다른 남동생들과 이웃들을 부수인물로 언급한다. 그녀는 자신을 어리고, 겁 먹고, 외롭고, 화난 것으로 묘사한다. 그녀는 자기 남동생을 아기, 배 고프고, 울고, 칭얼대는 것으로 묘사한다. 그녀는 엄마를 이기적이고, 나쁜 엄마로 묘사한다. S가 그리는 중요한 사물들은 우유

병, 기저귀, 음식, 마약 등이다. S가 말하고자 하는 주제는 성장, 후회, 남동생이다. S는 주된 문제(엄마와의 관계)를 해결할 수 없는 것으로 본다. S는 자신의 마약 문제는 달라질 수 있다고 생각한다. S는 남동생을 구하고자 하는 소망을 해결할 수 없는 것으로 보지만, 그와 관계를 맺는 가능성은 받아들인다.

TAS의 이야기는 치료사에게 유용한 정보를 제공하고, 여기에서 특별한 주제, 역할, 그리고 대안적인 이야기를 확인한다. '아홉 살 엄마 이야기'에서 S는 나이답지 않게 보살필 줄 아는 능력을 보여 준다. 이 이야기를 서사적 방법으로 추적해 보면서 치료사는 S에게 어린 시절의 다른 돌보던 장면들을 살펴보라고 권할 수 있다(어린 남동생을 보살피는 것, 친구의 숙제를 도와주는 것 등). 그다음 S는 이 장면들을 극으로 만들면서 그녀의 보살피는 행동을 자랑스럽게 여길 수 있다. 또한 이러한 어린 시절의 장면들은 남동생을 돌보고 그를 위해 자신의 욕구를 포기하는 S의 특별한 능력을 확인할 수 있게 해 준다. 그녀는 음식을 구걸하러 가기도 하고, 수업도 빠지면서까지 밤늦도록 아기가 필요한 것을 얻을 수 있도록 돌본다. 종종 S의 상황에 있는 청소년은 마약 남용, 가출 혹은 문제아와 같은 부정적인 낙인을 달고 살게 되고, 이로 인해 그의 성격에서 특별한 면을 인식하지 못하게 된다. '아홉 살 엄마 이야기'는 S에게 자기 이야기의 다른 면을 존중할 수 있게 해 주면서, 자신의 삶을 다시 이야기하는 많은 가능성을 열어 놓는다. 이와 같이 '다시 이야기하기' 과정은 '재구성된 삶의 대본'을 만드는 과정을 통해 발전되는데, 그 극본에서 S는 시, 음악, 연극, 비디오를 사용한 대안적 서사를 통합하여 자기 삶의 새로운 이야기를 극화하는 방법을 찾게 된다.

치료사는 다른 치료적 방법을 취하여 S에게 남동생과의 누락된 이야기를 창조하라고 권할 수 있다. 즉 조각상, 즉흥극 그리고 인형을 사용하여 그가 놓친 순간들(처음으로 학교에 가던 날이나 첫 번째 생일, 동생이 자라서 축구나 다른 운동을 할 때 응원하는 것 등)을 꾸며 보게 할 수 있다. 또한 S는 동생에게 편지를 쓸 수도 있으며, 그 편지를 치료사에게 읽어 준다. 게다가 그녀가 달아난 이후 다시 만나는 장면을 극화할 수도 있다. 이 장면을 극화하기 전에 치료사는 S에게 그 만남의 장소로 가까이 갈 때 맨 처음 떠오르는 사람에 대한 생각을 말하도록 할 수 있다.

TAS는 다른 검사에서 드러난 주제에 대한 부가 정보들을 제공하고, 이러한 경험들을 알리고 존중하도록 해 준다. 그룹홈 청소년들의 이야기들은 슬프게도 개인적이고 외적 자원들의 결핍인 동시에, 그리고 때로는 강하게 이 아이들의 삶에 숨겨진 힘을 드러낸다.

역할 프로파일

역할 프로파일(7장; Landy, 2001b)에서 평가자는 참여자가 다양한 역할을 탐색하도록 한다. 각 참여자에게 카드 묶음이 주어지는데, 각 카드에는 역할의 이름이 적혀 있다. 참여자는 각각의 카드를 지금 자신이 어떻게 느끼는지 가장 잘 묘사하는 4개의 범주 가운데 하나에 놓는다. 4개의 범주는 다음과 같다. '나는 이런 사람이다' '나는 이런 사람이 아니다' '내가 이런 사람인지 모르겠다' '나는 이런 사람이 되고 싶다'

이 검사에서 선택된 일부 역할들(급진적인, 이기주의자 등)은 성인이나 10대 후반에 더 적합하다. 따라서 (본래 검사에는 없는) 몇 가지 지시사항이 부가된다. "카드에 적힌 역할들이 익숙하지 않거나 의미를 모른다면 그것을 제쳐 두시오. 이해된 역할들만 지시된 범주에 놓으시오." 랜디(2001b)의 역할 프로파일에는 70가지의 역할 목록이 있다. 보다 어린 청소년들을 대상으로 한 검사에는 다음의 역할들이 추가된다(〈표 13-1〉 참고). 이 역할들은 역할연기게임(Dunne, 2006)에서 첨부한 것들이다.

역할 프로파일검사를 하는 청소년들은 특정 범주를 위한 역할을 고르는 일에 몰두한다. '나는 이런 사람이다'에서 가장 많이 선택된 역할은 전사, 몽상가, 돕는 사람, 연인, 장난기 많은 사람, 가장 친한 친구, 선지자, 범죄자 순이다.

'나는 이런 사람이 아니다'에서는 집 없는 사람, 마법사, 고아, 가난한 사람, 양성애자, 아픈 사람, 노예, 자살자 순이다.

'내가 이런 사람인지 모르겠다'에서는 화난 사람과 영웅이 가장 자주 선택된

〈표 13-1〉 청소년들을 위해 역할 프로파일에서 추가된 역할

생각이 많은 사람	매우 냉담한 사람	발명가
가장 친한 친구	긍정적인 사람	부정적인 사람
흥분을 잘하는 사람	멋진 사람	문제해결자
연예인	발명가	로켓 과학자
아이디어 인	생각이 많은 사람	냉담한 사람
장난꾸러기	예술가	몽상가
상상의 인물	주동자	최고로 멋진 사람
여자	문제해결자	수수께끼 내는 사람
창의적 사람	꼬인 사람	

다. 흥미롭게도 많은 참여자들이 '이런 사람이 되고 싶다'에는 아무 역할도 놓지 않는다는 점이다. 부자 역할이 가장 잘 선택된다.

치료적 예시

집단심리치료에서 청소년들은 최우선 순위의 서너 가지 역할을 골라 정지동작 사진을 만든다. 그 후 그들은 각각의 조각상에 제목을 붙이고 대사를 준다. 치료사는 왜 그것을 선택했는지 알기 위해 각 역할에 질문을 한다. 전사 역할이 가장 높은 선호도를 보인다는 점을 통해 치료적 개입에 대한 가닥을 잡게 된다. 치료사는 독서치료적인 접근을 취하면서 집단 구성원들에게 다른 종류의 전사들을 보여 주는 관련 이야기를 관찰하게끔 할 수 있다. 그들은 대략적으로 만든 전사의 윤곽을 이용하여 그들이 조사한 것을 근거로 여러 가지 서술하는 단어들을 적는다. 각 아이들은 관심 있는 특정 전사의 가면을 만들 수 있다. 그다음 그들은 전사 가면을 사용하여 (다양한 기술이나 능력을 요구하는) 여러 종류의 장면을 극화한다.

계속 함께 작업하면서, 각각의 아이들은 소중한 특성을 지닌(절반은 사실적이고, 절반은 신화적인) 전사 인물을 만들고, 그림이나 오려내기를 사용하여 전사에 관한

그림 이야기의 윤곽을 만들 수 있다. 그다음으로 아이들은 방에 전사를 위한 공간을 만들고, 그곳에 전사를 위한 의미 있는 물건들을 놓을 수 있다. 치료사는 그들에게 그 공간과 그곳에 놓은 물건들과의 연관성을 보여 주는 조각상을 만들라고 청한다. 그리고 치료사는 전사 역할을 맡은 각각의 참여자에게 질문한다. 마지막 작업에서 청소년들은 그 전사가 그들 자신을 만나는 장면을 만들어 낼 수 있다.

인물 그리기

인물 그리기 검사는 매코버(Machover, 1949)가 개발한 것으로, 이후 현재에 이르기까지 결과를 분석하는 다양한 점수 체계들로 발전하였다. 청소년들은 종이와 연필을 갖고 남자 혹은 여자의 전신을 그린다. 그림을 완성한 다음 그들은 두 번째 종이에 먼저 그린 인물과 반대되는 성별의 사람을 그린다. 이 그림들은 인물의 불안, 충동, 자존감, 성적 문제 등과 같은 여러 면을 드러내며 또한 인지 능력에 대한 정보도 제공한다.

인물 그리기 검사에서 84%의 청소년들이 불안이나 우울을 보였다. 18%의 그림들에서는 공격 성향이 명백히 드러났으며, 15%는 매우 큰 형체나 지나치게 큰 머리를 그렸다. 그림에서 특히 네 가지 유형들이 두드러지게 나타났다. (1) 주로 발이나 손이 없는 작은 형체의 그림은 힘을 빼앗긴, 나약한, 무력한 느낌을 암시한다([그림 13-16]). (2) 그림이 크고 어두운 것은 긴장과 불안을 보여 준다. [그림 13-17]의 여자 그림에서 진한 연필선과 정중선은 충동이나 불안을 억압하는 것을 암시한다. 또한 소녀의 머리색을 지나치게 진하게 강조하는 것은 정력 문제, 성적 몰입, 또는 성적 부적합이나 발기불능 같은 느낌에 대한 보상을 보여 준다(Handler, 1996). 짧은 팔은 부적절함의 느낌이나 무능함의 일반적인 느낌을 암시한다(Handler, 1996). (3) 얇은 꼬챙이 같은 몸에 비대한 머리 그림은 행동화 성향의 표지로서 불안이나 갈등의 기호다([그림 13-18]과 [그림 13-19]). (4) 근육, 지나치게 긴 팔이나 매우 남성적으로 보이는 넓은 어깨는 공격 성향을 암시하거나([그림 13-20]) 지나치게 성적 매력을 뽐내는 여성의 그림(큰 가슴, 뾰족하고 큰 입술)은 공격적이고 성적인 충동을 암시한다([그림 13-21]). 나머지 아이는 이러한 특성들의 혼합을 보여 준다([그림 13-22]와 [그림 13-23]). 다리와 팔 근육으로 묘사된 남성은 공격 성향을 보여 주지만 몸에 비해 상대적으로 매우 작은 머리는 불안정성을 드러낸다. 크고 성적인 매력을 뽐내는 여성의 모습(엉덩이 굴곡, 가는 허리)

[그림 13-16] [그림 13-17] [그림 13-18] [그림 13-19]

[그림 13-20] [그림 13-21] [그림 13-22] [그림 13-23]

에는 팔이 없는데, 이는 불안정성과 무능함을 보여 준다. 매우 진한 연필선으로 그린 머리카락은 불안을 암시한다.

치료적 예시

집단 내에서 치료사는 그림 속의 인물들을 가지고 그들이 묘사한 자세를 취하고, 그가 말할 것 같은 대사를 말하게 함으로써 살아 있는 인물로 만들 수 있다. 그리고 그들은 다시 그 자세로 돌아가 이를 실제 장면으로 만들 수 있다. 보다 깊이 실험하기 위해서 그들은 남성과 여성 뒤에 배경을 그린 다음 이로부터 두 가지 다른 역할들을 재상상하고 이야기를 만든다. 남자와 여자 사이의 대화를 극화하는 것도 유용하다.

종합적으로 사용한 사례

L은 열여섯 살의 히스패닉계로, 열두 살 때 신체적 학대로 인해 위탁 가정에 보내졌다. 그녀의 아버지는 L이 세 살 때 가정폭력과 마약 남용으로 쫓겨났다. L이 열세 살이 되었을 때는 어머니가 돌아가셨다. L의 최근 기록에는 싸움, 마리화나 소지, 국기에 대한 맹세 암송 거부로 학교에서 정학을 당했다고 나와 있다. 싸움과 공공장소에서의 주취로 구금되었던 기록도 있다. 지난 3년간 그녀는 매일 마리화나를 피우고 술을 마셨다. 그녀는 우울증과 분노 조절에 문제가 있다는 진단을 받았으며, 일반적으로 만연하는 감정인 불행, 방어, 불안에 빠져 있었다.

검사에서 L은 지시에 협조하면서, 특히 이야기와 역할 측정에 관심을 보였다.

6PSM에서 신체적 강함, 분노, 통제력 부족을 지닌 주인공이 나타났다. 5번째 그림에서는 주인공이 미쳤고, 여섯 번째 그림에서는 6개의 묘비가 나타난다(이 6명은 주인공이 죽인 사람들이다). 그 후 주인공은 이를 취소하고 "농담이었어요."라고 말한다. 그는 어떤 부가적 구조나 긍정적 관계를 보여 주지 않는다.

TAS에서 L은 그룹홈에서의 경험을 '좋아하지 않음' '이 집에서는 신나는 일이 전혀 없음'으로 간단히 묘사하는데, 이는 극도로 낮은 자존감, 우울증, 불안을 나타낸다.

그녀는 역할 프로파일의 4개의 범주 중 '나는 이런 사람이 되고 싶다'에서는 발명가, 영웅, 판사, 아내, 엄마가 되기를 바란다. '나는 이런 사람이다'에서는 가장 친한 친구, 현명한 사람, 매우 멋진 사람, 미인, 장난기 많은 사람, 자매 그리고 긍정적인 사람을 고른다. '나는 이런 사람인지 모르겠다'에서는 성인, 연인, 반역자를, '나는 이런 사람이 아니다'에서는 부정적인 사람, 전사, 노예, 잃어버린 사람, 화난 사람, 버림받은 사람, 괴롭히는 사람, 동성애자, 집 없는 사람, 아이를 고른다.

인물 그리기 검사에서 그녀는 팔이 없는 인물을 그렸는데, 이는 사회적 상호교류에 대한 열망을 보여 준다.

요약

L은 오래 지속된 우울증으로 고통을 받고 있는데, 이는 그녀의 실제 이야기와도 상응하는 고립적이고 분노하는 행동의 양면에서 드러난다. L이 엄마의 죽음을 애도할 수 있는 기회를 가졌는지는 알 수 없다. 그녀는 때때로 절망하고, 슬퍼하며, 화나고, 통제력을 상실한 것처럼 느낀다. L은 마약 남용, 자살 시도, 싸움의 위험에 놓여 있다. 검사 결과, 가장 친한 친구, 현명한 사람, 긍정적인 사람으로서 L의 대안적 이야기가 드러난다. 이런 특정한 역할들이 치료에서 다루어져야 할 것이다. 또한 발명가, 판사, 영웅과 같이 소망하는 역할들도 극적 행동을 통해 경험할 수 있다.

검사 결과에 기초한 치료적 개입

이 검사에 대한 그녀의 선택을 근거로 L은 그녀가 이미 드러낸 역할, 주제, 쟁점들을 확장하는 치료과정에 참여할 수 있다. 치료사는 특히 그녀의 이야기와 정체성을 지배하고 있는 문제투성이 역할과 그녀의 성격에서 소외된 부분에서 나타났지만 보다 많은 성장의 기회를 제공할 수 있는 대안적 역할들 사이의 차이점을 주목한다.

역할 프로파일에서 L이 자신인지 확신하지 못하는 역할로 반역자를 고른 것은 흥미롭다. 왜냐하면 그녀의 이야기 중 어떤 것들은 반항적인 특성을 보여 주기 때문이다. 또한 그녀는 가장 친한 친구, 현명한 사람, 긍정적인 사람, 매우 멋진 사람을 골랐다. 그녀는 겉으로는 사회적으로 고립한 것처럼 보이지만 사람과 관계 맺기를 원한다. 치료 회기에서 L의 역할 선택을 확장하기 위해 그녀는 몇몇 대안적 역할 선택의 사진을 찍을 수 있도록 세상에 나와야 (제한된 시간 동안) 할 수도 있다. 그녀는 추상적인 이미지, 동물이나 사람을 통해 이러한 역할들을 나타내는 사진을 찍을 수 있다. 카메라를 빌리거나 주변 환경으로 나오는 것이 안 되는 상황이라면 참여자는 잡지에서 역할을 고르거나 그림을 그려서 역할 모음을 만들 수도 있다. L은 이러한 과제를 즐기면서 많은 사진을 찍는다. 그 후에 그녀는 이러한 이미지들을 포함하는 몇몇 장면의 살아 있는 조각상을 만들고 즉흥극으로 발전시킨다.

두 번째 회기에서 그녀는 의자 조각을 만들어서 한 의자는 자신으로, 각각의 추가된 의자는 그녀 삶 속의 어떤 역할로 설정하고 이 역할들을 체험해 본다. 그 후 그것들이 자신에게 지닌 중요성의 관계에 따라 의자를 놓는다. 그녀는 각 역할의 의자에 앉아 해당 역할들을 소개하고는 다른 역할을 위해 다음 의자로 옮겨 간다. 치료사도 각 역할에서 그녀에게 질문을 할 수 있다. 이러한 실습을 통해 각각의 역할에 그녀가 지니는 흥미의 미묘한 차이를 드러낼 수 있게 도와준다.

3회기에서 그녀는 슬픈 생각을 하는 사람과 같은 감정 역할을 경험한 다음 그녀에게 두드러진 감정 역할(지금 경험하는 것이나 후에 좋아할 감정 역할 등)의 사진이나 이미지에 기반하여 각각의 스펙토그램을 만든다. 감정 스펙토그램의 한쪽 끝에서는 감정의 풍부함을 보여 주고, 다른 쪽 끝에서는 감정의 부재를 보여 준다. 최근의 상태를 보여 주는 것에서 L은 풍부함 쪽에 슬픈 사람을 놓을 수도 있다. 소망하는 상태에서는 슬픈 사람을 부재 쪽에 놓을지도 모른다. 혹은 그렇지 않은 경우에는 희망찬 것을 위한 미래의 스펙토그램을 만들고, 희망찬 모습을 풍부함 쪽에 놓을 것이다. 그 후에 그녀에게 몸으로 그 느낌을 표현하고, 각 감정을 묘사하는 형용사 3개를 고르라고 한다. 마무리 단계에서 그녀는 좋아하는 감정 사진들을 모아 콜라주로 만든다.

4회기에 이르면 L은 공간에서 희망을 나타내는 사진들을 더 많이 찍게 된다. 그녀는 자신이 직접 만들고 '희망의 만다라'라고 부르는 만다라에 이 사진들을 출력하여 놓는다. 만다라를 완성한 후에 그녀는 역할을 바꾸어 만다라가 되어 만다라로서 움직이고 말한다. 그녀는 깊은 호흡, 초점 맞추기, 주의 집중 기술에 온 힘을 기울인다. 현재에 대해 이처럼 인식하고 받아들이는 작업은 그녀로 하여금 자신의 슬픔과 분노의 감정을 받아들이고 존중하며, 결국에는 보다 생산적인 상태로 변형하도록 한다.

결 론

그룹홈의 사람들은 6PSM, 역할 프로파일, 그리고 TAS의 연극치료 진단평가에 대해 성실히 응해 주었다. 이 검사들은 이후의 치료에서 좀 더 탐색하기 위한 구조를 만드는 대안적 이야기와 독특한 결과 및 그들의 삶 속에서의 역할들에 접근함으로써 환자에 대한 중요한 정보를 밝혀 준다. 이 검사들은 그룹홈 환자들에게는 친숙하지 않을 뿐만 아니라 그들의 상상과 창조성을 유도하기 때문에 환자들에게 열린 마음으로, 솔직하고 흥미롭게 접근하였다. 그 결과들은 치료적으로 계속해서 실험할 수 있기 위한 이야기, 역할, 주제 등의 형태로 된 매우 가치 있는 정보를 제공하였다. 또한 전통적인 검사 도구에서는 나타나지 않았던 힘과 대안적 역할 묘사를 보여 주는 정보를 드러내 주었다. 앞으로 이 검사들이 위탁 가정의 보호나 그룹홈 시스템에 있는 아이들에게 계속 사용될 수 있기를 바란다. 더 많은 사례와 다양한 인구통계를 가지고 이 연구를 반복한다면 더 많은 정보와 결과를 생산하는 데 한층 더 유용할 것이다.

참고문헌

California Department of Social Services. (2001). *Children in group homes: Characteristics.* Sacramento: California Department of Social Services.

Child Welfare Watch. (1998). *Race, bias and power in child welfare.* Monograph, Spring-Summer, No. 3. Washington, DC: Child Welfare Watch.

Citizens Commission on Human Rights. (2008). *Facts about foster care children abused with psychotropic drugs.* Los Angeles. CCHR International.

Dunne, P. (2006). *The narrative therapist and the arts* (2nd ed.). Los Angeles: Drama Therapy Institute of Los Angeles.

Handler, L. (1996). The clinical use of figure drawings. In C. Newmark (Ed.), *Major psychological assessment instruments* (2nd ed., pp. 206-293). London: Allyn and Bacon, Inc.

Ingersoll, R., Bauer, A., & Burns, L. (2004). Children and psychotropic medication: What role should advocacy counseling play? *Journal of Counseling and Development, 82,* 338.

Lahad, M. (1992). Story-making in assessment method for coping with stress: Six-piece story-making and BASIC Ph. In S. Jennings (Ed.), *Dramatherapy: Theory and practice 2* (pp. 150-163). New York: Tavistock/Routledge.

Landy, R. (2001a). Tell a story. In *New essays in drama therapy: Unfinished business.* Springfield,

IL: Charles C Thomas.

Landy, R. (2001b). Role Profiles: An assessment instrument. In *New essays in drama therapy: Unfinished business*. Springfield, IL: Charles C Thomas.

Machover, K. (1949). *Personality projection in the drawing of the human figure*. Springfield, IL: Charles C Thomas.

O'Hare, W. (2008). *Kids count: Data on children in foster care from the Census Bureau*. Stamford, CT: Annie Casey Foundation.

Raghavan, R., & McMillen, C. (2008). Use of multiple psychotropic medications among adolescents aging out of foster care. *Psychiatric Services, 59*, 1052-1055.

Roberts, D. (2002). *Shattered bonds: The color of child welfare*. New York: Civitas Books.

제14장

성장을 위한 리허설을 이용한 커플치료의 대인관계 기능 진단평가

Daniel J. Wiener

완전히 일상적이거나 계획되지 않은 상황에 처했을 때 사람들은 즉흥적으로 반응한다. 즉흥(improvisation)과 유사한 예로 일상적인 사회적 대화가 있는데, 사회적 대화에 참여하는 각각의 화자는 대화가 이끌어 나가는 방향에 대한 준비, 인식, 통제 없이 지속적으로 상대방의 발화와 반응에 맞춰 나간다. 사람들은 살아가면서 무언가를 만들어 내는 능력을 가지고 있기 때문에 즉흥극을 만들어 낼 수 있다. 대본이 있는 공연과는 달리 즉흥극(theatre improvisation, improv)은 무대를 사용하는 공연으로서의 즉흥극이며, 특히 놀이적이고 상호행위적인 연극게임(Spolin, 1983)이 이용된다.

성장을 위한 리허설

즉흥극(improv)은 연극치료 활용에서 중요한 자원이다. **성장을 위한 리허설**(RfG: Rehearsal for Growth)은 대인관계의 상호행위 패턴을 변경하기 위한 목적을 가진 즉흥극 상연(enactment)의 치료적인 적용이다(Wiener, 1994). 따라서 필자는 RfG를 **'관계에 대한 연극치료'**로 간주한다.

RfG 치료의 기본적인 시각은 즉흥행위에 적합한 원리가 곧 관계 기능에도 적합한 원리라는 점에 있다. 오로지 구성원들과 관객들의 상호동의로만 성립되는 무대 즉흥극에서와 마찬가지로 RfG 치료에서도 구성원들은 각각의 대인관계를 공동으로 창조하여 수행하게 된다. 원만한 관계 기능과 적절한 즉흥행위는 여러 특성을 공유한다. 이러한 공통적인 특성에는 협조, 서로에 대한 깊은 관심, 쾌감을 주는 상호작용, 상호 인정이 있다. RfG 접근을 가능하게 하기 위해서는 상연이 도움이 될 수 있어야 하는데, 이를 위해서는 지지와 신뢰를 통한 놀이적 분위기가 전제조건으로 갖춰져야 한다. 나중에도 언급하겠지만, RfG를 능숙하게 실행하기 위해서는 치료적인 분위기와, 그 분위기에 대한 지속적이고 주체적인 진단평가가 필수적으로 요구된다.

RfG 즉흥극 메소드는 진단평가 도구로, 또한 습관적인 관계역학을 변경할 수 있는 새로운 가능성을 제공하는 개입(intervention)으로 사용될 수 있다. RfG 치료 내에서 이러한 상연은 관계성을 진단평가하는 도구로, 참여자들에게 상호작용에 대한 새로운 선택지를 제공하는 개입으로 사용된다. 점점 더 많은 치료사들이 개입으로서 RfG 상연을 사용하는 것에 우선적인 중점을 두는 한편, 1985년 이래로는 RfG **커플치료**(RfG-CT)[08]라는 명칭으로 수렴하여 계속 진전시켜 나가고 있다. RfG-CT는 앞서 언급했던 즉흥극적인 상연과, 사실상 어떤 접근에서도 도출 가능한 언어적(verbal) 커플치료 기술을 결합한 독특한 접근법이다.

08 비록 이 글이 커플치료에 대한 RfG 적용에 대부분 초점을 맞추고 있다 할지라도 RfG는 다른 관계 체제, 특히 가족과 그룹과 함께하는 임상 작업에 성공적으로 적용되어 왔다.

회기 구성 방식

단계

RfG-CT 회기는 보통 다음 단계로 구성된다.

1단계: 언어적 치료를 통해 참여자가 상연을 제안하는 치료사를 받아들인다.
2단계: 커플과 치료사는 사무실('무대')의 또 다른 영역으로 이동하고, 치료사는 상연을 지시한다. 무대에서 행위할 때 참여자는 '연기자'로 불리게 된다.
3단계: 참여자와 치료사는 원래의 자리로 되돌아간다. 치료사는 필요할 때 커플 '역할에서 벗어나서' 상연 이후 과정(PEP: Postenactment Processing)이라 불리는 토론을 이끈다. PEP는 현재의 반응, 최근에 행한 상연에 관한 관찰, 그 공연을 이전의 경험과 연계하는 통찰로 이루어진다. 상연이 반복되거나 다른 상연이 이루어지는 경우 1단계로 돌아가거나, 2단계로 바로 갈 수도 있다.

상연 내(Intraenactment) 교정과 지도(coaching)

상연 동안 치료사는 참여자를 지도할 수 있다. 참여자가 일부 지시를 무시한 경우에 이 지시를 다시 따르도록 환기하거나 참여자가 더 나은 상연을 할 수 있도록 지시를 덧붙일 수 있다. 치료사는 참여자가 지도를 받아들이는지의 여부를 평가한다. 만일 참여자가 지도를 받아들이지 않는 경우, 이러한 거부 반응이 능력 부족에 기인한 것인지, 아니면 의도적으로 하지 않는 것인지에 대한 형성적 가설을 세울 수 있을 것이다. 또 다른 가능성은 커플의 관계에서 작동하는 어떤 내적 억제가 주어진 과제로 인해 활성화된다는 것이다. 어떠한 지도(coaching)도 제공되지 않는 경우, 참여자가 초기에 보인 즉흥 연기에서의 한계는 이후의 즉흥 연기에서도 지속된다. 따라서 참여자가 즉흥 연기에서 보이는 한계를 지도를 통해서 극복할 수 있을 것인지의 여부는 오로지 지도가 제공될 때만 판단할 수 있다.

상연 이후 과정(Postenactment Processing)의 사용

처음에 치료사는 참여자가 최근에 완성한 상연에 대한 자신의 경험에 관심을 집중할 수 있도록 정답이 없는(open-ended) 질문을 던진다. 후속 질문을 통해 치료사는 참여자가 언급하지는 않았지만 치료사의 주의를 끈 요소에 대해 집중하고, 참여자의 기대와 실제 경험이 어땠는지 비교하며, 상연 경험이 실제 삶 속에서 참여자의 파트너 혹은 다른 사람들과의 경험과는 어떻게 연결될 수 있는지를 물어볼 수 있다. 회기 내의 상연을 통해 RfG 치료사는 커플의 관계적 행위에 대한 직접적 정보를 얻을 수 있다. 또한 치료사는 단순히 수동적인 관찰자가 아니라, 커플 참여자가 참가하는 공연 속에서의 연출가, 코치, 배우이기도 하다.[09] 다른 연극치료사와 마찬가지로 RfG-CT 전문가는 참여자가 치료 동안에 맡을 수 있는 다양한 역할에 대해 소개하고, 역할 변동이 일어날 때 이를 알려야 한다.

지도(coaching)를 통한 상연의 반복

맨 처음의 상연에서 커플 참여자는 익숙하지 않은 지시에 집중해야 하기 때문에 완전한 몰입에 방해를 받았을 수도 있으며, 상연 중 어떤 부분을 충분히 강조하지 못할 수도 있다. 따라서 PEP 다음 과정에서 치료사는 커플 참여자로 하여금 똑같은 상연을 보다 익숙한 방법으로 되풀이하게 할 수 있다. 때때로 두 번째 상연에서는 역할을 바꿔서 하게 하거나 전제조건을 바꾸기도 한다.

만일 참여자가 처음의 상연을 성공적이지 않거나 혹은 정서적으로 유쾌하지

---

09 연극치료사가 맡을 수 있는 다양한 역할들에 대한 자세한 제시는 존슨(1992)의 글을 참고하기 바란다.

않은 것으로 받아들인다면, 치료사는 더 긍정적인 결과를 위해 변화되어야 할 것이 무엇인지에 대한 분석을 제공할 수 있다. 치료사는 관객 역할을 수행하면서 항상 관대하고 지지하는 태도를 취하고, 무슨 일이 일어나든지 간에 거기서 참여자가 무언가를 배울 수 있도록 격려해야 한다. 만일 참여자 중 한 명이라도 다시 상연하는 것을 거부한다면 치료사는 이러한 결정을 존중하여 책임 추궁이나 방어 없이 넘어가야 한다. 사실 실패가 발생한 경우에 치료사가 이에 대한 책임을 지는 것이 바람직하기는 하다. 참여자가 보기에 상연이 성공적이었다면 치료사는 참여자에게 그 공을 돌리고, 회기 사이에 숙제로 그 상연을 이용할 것을 제안할 수 있다. 이러한 경우, 다음 회기는 보통 커플 참여자가 집에서 상연을 시도했을 때 어떤 일이 일어났는지에 대한 PEP로 시작한다.

연속적 상연

PEP가 끝난 다음에 치료사는 마음속으로 떠올렸던 몇몇 가설과 관련한 다른 상연을 제안하게 된다. 또한 연속적 상연을 통해 참여자는 초기에 행한 보다 기초적인 장면 속에서 배운 기술을 습득할 수 있다. 이처럼 기술을 확장시킴으로써 참여자는 보다 복잡하고 어려운 즉흥 연기를 할 수 있게 되고, 이를 통해 연습에서 게임으로 나아갈 수 있다. 연습에서 참여자는 본인의 역할을 맡아서 비일상적인 행위의 공연을 하는 반면, 게임에서 참여자는 의인화, 역할 맡기, 내러티브 공동으로 창작하기와 같은 추가적 기술을 요구받게 된다. 게임을 하기 위해 참여자가 배워야 하는 기술은 즉흥 연기 전문 배우와 비교하면 그다지 어려운 것은 아니다.

RfG 상연의 유형

RfG-CT의 독특한 상연을 분류하면, (1) 비일상적인 상황이나 규칙을 포함하는 단순한 과제와 장면(**'훈련'**), (2) 참여자가 동일시하는 캐릭터와는 다른 캐릭터의 놀이(**'게임'**)가 있다. **치환 장면**(Displacement scenes)이란 게임 중 중요한 하위 형태에 속하는 것으로, 치료사가 제시하는 허구의 즉흥적인 장면으로 구성된다. 치환 장면을 통해 참여자는 현실의 친숙한 역할이나 상황과는 상당한 차이가 있는 환경에 처하게 된다. 예를 들어 결혼한 부부가 실제 삶에서 네 살배기 아이를 남편의 어머니에게 맡길 것인지, 말 것인지로 부부싸움을 계속한다면 치료사는 그들에게 기업 컨설턴트를 고용할지, 말지의 문제를 논의하는 두 명의 사업가의 역할을 맡게 하는 치환 장면을 제공할 수 있다. 치환 장면을 구축하기 위해서 치료사는 **미적 거리**를 창출하는데, 이를 통해 참여자는 장면을 연기하기 위한 충분한 참여 의지를 보이는 동시에 비일상적인 선택을 할 수 있을 만큼 충분한 거리감을 갖게 된다. 그러므로 치환 장면은 사실적인 재상연(realistic reenactment)과는 여러 의미에서 다른 점을 갖는다. (1) 치환 장면을 통해 참여자는 실제 삶의 정체성과 반응에 묶여 있지 않은 상태에서 더 준비된 자세로 대안적인 반응을 탐구할 수 있다. (2) 치료사/연출가의 지도로 캐릭터를 통해 표현할 수 있는 정서가 다양해질 수 있으며, 캐릭터를 연기함으로써 보다 풍부한 경험을 가능하게 할 수 있다. (3) 치환 장면의 결과물은 사실적, 논리적, 인과적일 필요는 없고, 예측하지 못한 방식으로 장면이 진전될 수 있다.

커플치료에서의 진단평가

모든 치료적 실행을 향상시키기 위한 근간으로 진단평가 발전의 필요성을 인식하고 있기는 하지만(Snow & D'Amico, 2009), 결혼과 가족치료에서의 진단평가의 발전은 더디다. 정신측정 도구(연필과 종이)에 대한 방대한 연구문헌이 존재한다. 정신측정 도구에는 우선 자기-보고 측정이 있는데, 이는 때로는 지표변수(index variables)와 측정된 결과에 대한 보통 정도의 타당성을 보여 주는 상호관계적 연구(예컨대 커플치료의 정체, 한정된 기간 동안 이혼 혹은 결별의 발생 정도)와 함께 수반된다. 좀 더 일반적으로는 자기-보고 측정 간에 발생하는 상호

관계(예를 들어 결혼만족도와 보고된 성행위 빈도 사이의 상호관계)를 보고하는 연구가 더 많다. 소수의 연구는 경험적으로 지지되는 접근 방식을 통해 결과를 연구하는데, 여기서는 상당히 다양한 구성과 결과 측정을 이용한다. 이러한 연구에는 원만한 결혼생활(Sound Marital House, Gottman,1999), 정서에 초점을 둔 커플치료(Emotionally Focused Couple Therapy, Greenberg & Johnson, 1988), 통합 행위적 커플치료(Integral Behavioral Couple Therapy, Christensen & Jacobson, 2000), 정서적 재구축(Affective Reconstruction, Snyder & Schneider, 2002)이 있다.

즉흥 연구를 차용한 많은 연구 중에서 맥레이놀즈와 드보쥐(1977)는 '즉흥의-커플(Impro-C)'이라는 진단평가 도구(protocol)를 개발하고는 경험에 의거해 이 평가 도구의 타당성을 증명했다. '즉흥의-커플'을 통해 실제 삶의 상황을 가장한 커플의 즉흥 연기를 진단평가할 수 있다. 이 평가 도구를 통해 커플치료 영역에 중요한 추가 요소를 제공할 수 있었다. 왜냐하면 커플 체계라는 상호적 역학은 단순히 개별적 파트너의 상연을 합하는 것만으로는 파악할 수 없기 때문이다. 커플 체계의 상호적 역할을 파악하기 위해서는 반드시 직접적으로 커플의 상호작용을 연구해야만 한다. Impro-C 평가 도구는 연구 도구이기는 하지만 정확성, 구조, 참여자의 선택을 제한하는 장점을 가지고 있다.

RfG-CT에서 진단평가의 위치

연구자가 아니라 실천가로 스스로를 정의하는 전문가는 RfG-CT에 대해 관심을 가진다. 따라서 RfG의 발전은 진단평가보다는 거의 항상 개입의 영역에서 이루어졌다. 물론 실천가라고 해도 진단평가와 개입 간에는 상호적인 관계가 존재하기는 한다. 임상적으로 유용한 정보를 발견하거나 끌어내도록 고안된 언어적인 질문과 극적 상연을 통해 치료 체계에 대한 학습 혹은 변화를 이끌어 낼 수 있다. 또한 변화를 일으키도록 의도된 말과 행동이 치료적 체계에 대한 정보(피드백)를 제공하는 효과를 나타내기도 한다. RfG 훈련을 통해서 치료사는 RfG

상연을 통해 얻을 수 있는 정보가 무엇인지에 대해 적극적으로 생각하는 훈련을 할 수 있고, 참여자가 상연을 할 때 어떤 관찰을 해야 하는지에 대한 훈련을 할 수도 있다. 지난 25년간 진단평가 데이터에 대한 개념화, 축적, 해석에 대한 연구가 이루어졌고, 최근에는 RfG가 처음 유래된 측면에 대한 경험적인 연구가 이루어지고 있다.

RfG 커플치료 진단평가 역사

이 장에서는 시간적 순서에 따라 RfG-CT에서의 평가 도구의 발전과정을 5단계로 나누어서 설명하고자 한다. 이 다섯 단계는 다소 서로 간에 겹치는 측면도 있다. 이러한 평가 도구의 발전에도 불구하고, 대부분의 경우 단지 임상의들이 정보를 얻거나 진단평가 영역에 대한 지식을 증가시키는 정도의 결과밖에 나타나지 않았다. 이러한 이유로 필자는 지금까지의 평가 도구의 발전과정을 기반으로 하여 앞으로 행해질 수 있을 만한 진단평가 연구에 대해서 설명을 하고자 한다.

공연으로서의 '지위(status)'[10]라는 개념은 RfG에서 진단평가 영역과 개입 영역 모두에서 확장적으로 적용되었다. 지위는 사람들이 다른 사람들에게서 끼치는 영향과 끼치고자 하는 영향에 대해서 치료사가 관찰하고 이를 조직하고자 할 때 유용하게 사용되는 개념이다. 몇몇 RfG 상연에서는 지위의 변환에 대하여 명백하게 참여자에게 안내를 해 주는 경우도 있다. 그럼에도 불구하고 지위는 RfG의 상연을 포함하여 모든 상연에서 깊숙하게 침투해 있는 속성이다. 따라서 RfG 평가 도구의 발전과정을 다룸에 있어서 각각의 단계마다 지위에 대한 진단평가를 독자적으로 다루고자 한다.

---

10 지위란 다음과 같이 정의한다. "한 개인이 누군가 혹은 어떤 것(대상 혹은 장소)과 관련하여 가지고 있는 것으로 지각되는 중요한 것."(Wiener, 1994, p. 111) 놀이할 때 지위는 모든 사회적 상호행위에서 사회적 지배와 복종을 의미화하고 신호한다.

제1단계: 1985~1993

RfG-CT 초기에 연구자들이 주목했던 점은 참여자가 RfG 상연에 참여하면서 실제 관계에서 나타나는 협력 및 관심의 정도와 RfG 상연에서 나타나는 협력과 관심의 정도 간에 발생하는 차이점에 대한 감상을 말로 표현한다는 점이었다. 처음에 RfG는 커플이 설명한 내용과 상연이 얼마만큼 일치하는지를 전반적으로 판단하고, 치료사가 커플의 기능에 대해 보다 정확한 판단을 할 수 있게 하며, 참여자에게 커플관계의 실제적인 강점과 약점에 대한 새로운 시각을 제공하기 위한 목적으로 실행되었다. 실제 관계와 RfG 상연 간에 커플의 태도가 차이를 보이는 경우가 나타나게 되자 연구자들은 이러한 변화가 치료의 개입을 통한 실효적인 성공이라고 자부하게 되었고, 이후에는 유사한 상연을 이용해서 부족하거나 실효적이지 못한 것으로 판단된 기술을 참여자에게 가르칠 수 있도록 했다.

1단계에서 진단평가의 목적을 위한 상연의 사용에는 다수의 변수가 작용한다. (a) 커플이 얼마나 경직되어(문자 그대로 해석하고 진지한) 있는지, 혹은 얼마나 유연한지(놀이에 대해 수용적인지)에 대한 변수. 이때의 판단은 커플이 깨뜨리고자 하는 규칙이 무엇인지 혹은 깨뜨리지 않고자 하는 규칙이 무엇인지에 대한 관찰을 통해 이루어진다. (b) 각 파트너의 감정적 범위와 커플관계에서의 전반적인 감정이 무엇인지에 대한 변수. (c) 치료적 관계에서의 강점에 대한 전반적인 인상이 무엇인지, 또한 참여자가 치료사를 얼마나 신뢰하고 있는지에 대한 변수. (d) 상연 동안에 커플이 사회적/표현적 위기에 부딪혔을 때 얼마나 이에 대한 의지력을 보였는지에 대한 변수. 단기간 내에 각각의 참여자가 독립적인 타인과 즉흥 연기를 하는 경우 일정한 패턴이 있거나, 심지어 예측 가능한 행위를 보이기도 한다(Wiener, 1994, p. 154). 때때로 참여자는 자연스럽게 행동하는 대신에 구체적인 캐릭터나 도구를 반복적으로 사용하기도 한다. 지위 퍼포먼스(status performance)의 경우, 특히 참여자의 일상적인 위치나 특정한 감정의 표현과 반대로 상연되는 경우에 참여자는 상연에서 특징적인 행동을 보인다. 또한 참여자는 즉흥 연기 상황에서 즉흥 연기와는 관련이 없지만 실제 관계와 직접적으로 관련되는(예를 들어 지지 않으려고 하거나, 똑똑한 것을 인정받으려고 하는 등) 태도적 변화를 보이기도 한다.

이러한 모든 변수에도 불구하고, 즉흥적인 상연은 안정적인 인격적 특성을 진단평가하기 위한 신뢰성 있는 도구가 될 수는 없다. 첫째, 비록 연습을 통해서 나아질 수 있기는 하지만 참여자의 기술적인 수준에 의해서 선택의 범위가 제한된다. 둘째, 반복적인 즉흥적 상연에서 나타나는 참여자의 캐릭터에 대한 해석은 '시험적(trial) 하위 인격'일 수 있다. 이러한 시험적 하위 인격으로 인해 참여자/연기자는 역할의 확장을 연습할 수 있는데, 이를 진정한 '성장을 위한 리허설'이라고 부를 수도 있을 것이다. 임상적 실행에서 RfG는 개인을 진단평가할 때 먼저 즉흥적 연기 행위를 관찰하는 것에서부터 시작한다. 왜냐하면 즉흥적 연기 행위를 통해서 자존감, 자아에 대한 이미지의 특성, 타인으로부터의 기대, 성공에 대한 욕구, 통제에 대한 욕구, 치료사의 인정에 대한 욕구와 같은 광범위하고 임상적으로 의미가 있는 사안을 알 수 있기 때문이다. 그다음으로 치료사는 탐구를 위한 선택적 혹은 의도적 개입을 하는데, 이때의 개입에는 특히 이동 장면이 포함된다. 이로써 참여자가 안전한 연습을 통해서 평가받았던 자신의 한계를 뛰어넘을 수 있도록 도움을 준다.

한편 중요한 관계에 있는 참여자 커플이 함께 즉흥 연기를 하게 될 때, 그들의 반복적인 즉흥적 연기를 통해서 관찰된 패턴은 그들 관계의 특정 측면을 진단평가함에 있어 임상적으로 유의미하다. 참여자 커플의 특정 측면과 즉흥 연기에서의 반복적 패턴 간에 일정한 관련성이 나타나는 이유는 아마도 연인관계에 놓인 파트너와 함께 장면을 연기하게 될 경우 그 관계에 의해 영향을 받게 되기 때문일 것이다. 관련성이 나타나는 이유에 대한 가설을 설정해 보자면, 관계가 형성되고 안정화되는 경우 파트너 간의 상호작용을 더 예측 가능하게 만들고자 하는 관계 자체의 본질적 특성이 존재한다는 점이다. 관계가 발전해 나감에 따라 파트너 서로 간의 반응에서 일정한 패턴이 증가하는 대신에 즉흥성이 감소하게 된다고 볼 수 있다. 관계 내 상호작용에서 가변성이 나타나는 이유는 주로 두 가지로 설명될 수 있다. (1) 중요성을 갖는 관계의 경우 다양한 범위의 반응을 충분히 포괄하기가 어렵다. (2) 연극적 맥락에 의해서 참여자 커플이 일상적 패턴을 유지하고자 하는 경향은 감소된다. 마지막으로, 참여자가 불안을 느끼는 경우에는 적절한 즉흥 연기를 제한할 것이다. 불안은 대인관계에 따른 것일 수도 있고, 성격에 따른 것일 수도 있고, 치료 그 자체에 의해 나타난 맥락일 수도 있고(또한 즉흥 연기를 해야 한다는 부담감에 의해 불안이 나타날 수도 있다), 파트너에 의해 나타난 것일 수도 있다.

RfG 연구가 처음으로 출판되었을 때(Wiener, 1991), 대인적 갈등을 분석함에 있어 지위(status)를 '갖는 것(having)'(내적으로 경험된 우월감과 열등감에 상응)과 지위를 '연기하는 것(playing)'(우월하거나 혹은 열등한 것처럼 외적으로 행동하는 것에 상응) 간의 차이점이 유용하게 이용될 수 있을 것이라는 견해가 있었다. 경직적 지위를 가진 커플에 비해 서로 간의 지위가 다양하게 변화할 수 있는 커플이 더 빈번하고 빠르게 즉흥 연기를 할 수 있다는 점이 밝혀졌다. 따라서 지위 상연을 통해서 참여자가 다양한 지위를 다룰 수 있는지를 시험할 수 있는 동시에 참여자의 사회적 지위를 조정하고 다양화할 수 있는 사회적 기술을 가르칠 수 있다.

제2단계: 1991~1995

RfG 내에서 커플역동을 이해하고 관찰하는 설명적 렌즈라고 볼 수 있는 여섯 가지의 기본적인 임상적 개념이 발전하게 되었다. 이러한 여섯 가지 개념에는 이야기, 규칙, 친밀함, 표현성, 성 역할에 대한 기대, 지위가 있는데, 이는 모두 사회 구성주의적 관점에 따른 것이다(Wiener, 1994, pp. 185-190). 비록 이 개념들이 아직 일괄적으로 진단평가 과정 내에 포함되지는 않았지만 커플의 상호작용 패턴을 진단평가하는 데 유용하다는 점이 밝혀졌다.

치료사가 정식으로 RfG 내에서 훈련을 받게 됨에 따라, 훈련생이 커플 참여자의 즉흥 연기를 얼마나 잘 관찰하고 이에 따른 시사점을 얻을 수 있는지가 중요하게 되었다. 이에 따라 훈련생이 '좋은 즉흥 연기의 일곱 가지 기호'(〈표 14-1〉; Wiener, 1994)라고 불리는 기준에 따라 즉흥 연기의 과정을 진단평가할 수 있는지에 대해 초점이 맞춰지게 되었다.

'일곱 가지 기호'를 통해 치료사가 즉흥적 과정에 관심을 집중할 수 있기는 하지만 '일곱 가지 기호'를 실제적으로 운용하기가 상당히 어려웠기 때문에 〈표 14-2〉에서 보는 것과 같은 '수정된 기호'로 점수화하기 쉽게 개선되었다. 이러한 개선과정에서는 즉흥극 과정을 평가할 때 장점보다는 보다 구체화하기 쉬운 단점에 초점을 맞추게 되었다. 이에 따라 '좋은 즉흥 연기의 일곱 가지 기호'의 점수화 방향과 '즉흥 연기의 단점에 대한 수정된 (역시 일곱 가지) 기호'의 점수화 방향에 대해 혼란이 발생할 수 있다.

〈표 14-1〉 일곱 가지 기호로 된 좋은 즉흥 연기의 진단평가 기준

기호	좋은 즉흥 연기	문제적 즉흥 연기	논평
(a) 경계의 명료성	연기자는 연극의 맥락을 구성하는 것이 무엇인지와 연극 내에서 허용되는 것이 무엇인지에 대한 명확한 경계를 형성하고, 이를 준수한다. 연기자들은 스스로에 대해서도, 서로에 대해서도 인간으로서의 연기자와 극중 캐릭터로서의 연기자를 명백하게 구분한다.	연기자는 연극의 맥락을 구성하는 것이 무엇인지와 연극 내에서 허용되는 것이 무엇인지에 대한 명확한 경계를 형성하고, 이를 준수하는 데 실패한다. 연기자들은 스스로에 대해서도, 서로에 대해서도 인간으로서의 연기자와 극중 캐릭터로서의 연기자를 명백하게 구분하지 못한다.	구조화되지 않은 연극을 하는 동안이나, 아니면 연극에 대한 협상 혹은 신호가 이루어지고 있는 동안 연극적인 것이 무엇인지, 어떻게 그리고 언제 연기를 할지 말지에 대해서 혼란이 존재하거나 의견 충돌이 발생하는 경우라면, 이는 신뢰와 안정성이 부재하다는 것을 의미한다. 이는 때때로 자기 노출에 대한 두려움의 형태로 나타날 수 있는데, 자기 노출은 진정한 연극을 위한 필수적 전제조건이다. 연기자가 자신의 캐릭터에 지나치게 몰입하게 될 경우(거리의 과소화), 캐릭터에 어떤 일이 일어나는지를 통제하는 데 신경을 쓰기 때문에

(a) 경계의 명료성			자유롭게 즉흥 연기를 할 수 없다.
(b) 균형적 기여	각 연기자는 연극에 빈번하게 기여하며, 서로 간에 주고받는다는 기여에 대한 균형적인 인식을 가지고 있다. 연기자는 서로를 관찰하고, 서로의 제안을 수용한다. 그들은 서로에 대해 귀 기울이고 상대방이 말하는 동안 같이 말하지 않는다.	연기자가 연극에 기여하는 정도는 현저하게 불공정하고, 주고받는다는 개념이나 상호성에 대한 인식이 부재하다. 연기자는 서로를 관찰하지 않고, 반응하지 않으며, 서로의 제안을 거절한다.	연기자가 '장면을 독차지하거나' 혹은 상연에서 냉담하고 주변부적인 태도를 보이는 경우, 이는 책임감을 갖고 상호 간에 존중하는 동등한 관계를 가질 수 있는 기회를 인식하지 못하거나 혹은 확장하려는 의지의 표현으로 받아들여질 수 있다. 이러한 경우 심심치 않게 커플 연기자의 상호작용에 경쟁적 이면이나 불안한 특성이 발견된다.
(c) 캐릭터 수용	연기자는 캐릭터를 부여하고 완전히 수용함으로써 다른 사람들의 표현 방식(예를 들어 영리한, 영웅적인, 섹시한, 높은 지위를 가진, 장면에서 중심적 지위를 차지하는 등)에 대해 조건을 강요하지 않으면서 다른 사람들이 긍정적으로 보일 수 있도록 한다. 연기자는 과시하거나 숨을 수 있는 방법에 대해 고민하는 대신에 연극의 전개에 대해 먼저 고민한다.	연기자는 캐릭터를 부여하고 완전히 수용하는 것을 어려워한다. 연기자는 캐릭터의 해석 방식(예를 들어 영리한, 영웅적인, 섹시한, 높은 지위를 가진, 장면에서 중심적 지위를 차지하는 등)과 연기자로서 역할을 맡는 방식(예를 들어 과시하거나 숨으려고 하는)에 대해 조건을 강요함으로써 자신을 좋게 보이도록 한다.	캐릭터에 대한 수용이 제대로 이루어지지 않는 행동을 통해 연기자에게 과잉 통제의 경향이 있음을 알 수 있다. 연기자는 자신을 보다 흥미로운 존재로 보이고자 시도한다. 연기자는 스스로가 파트너에게 도움을 주고 있다고 생각하지만, 실제로 이러한 연기자의 파트너는 지나치게 통제받는 느낌을 갖게 된다.
(d) 표현 영역의 광범위성	연기자는 이야기에 부합하는 확고한 방식으로 형상을 부여한다. 연기자는 자신의 표현적 범위를 상황의 의미와 부합하는 방식으로 온전히 사용한다.	연기자는 이야기에 부합하는 확고한 방식으로 형상을 부여하는 경우가 거의 없다. 연기자는 자신의 표현적 범위를 상황의 의미와 상치하는 방식으로 제한적으로만 사용한다.	표현 영역을 제한적으로 사용하는 참여자는 '자기 자신에 심취해 있는' 특성을 가진 경우가 많다. 이러한 참여자는 자신의 신체와 감정을 잘 모르거나 억제한다. 즉흥 연기의 경험을 해 보지 못한 참여자들 중에서도 이러한 표현 영역의 제한이라는 특성이 자주 나타나기 때문에 실제로 이 특성을 판단하기 위해서는 연습을 통해 나아지는지의 여부로 판단해야 한다.

(e) 강한 캐릭터	연기자는 무슨 일이 일어나고 있는지 모르거나, 상상력이 고갈된 상태에 처하게 되면 현재의 순간에 머무른다. 연기자는 자기 의식적으로 행동하지 않고, 방어적으로 행동하지 않는다. 예외적으로 무대 위에서 놀이적으로 자기의식적 행동, 방어적 행동을 표현할 수는 있다.	연기자는 무슨 일이 일어나고 있는지 모르거나, 상상력이 고갈된 상태에 처하게 되면 현재의 순간에 머무르지 않는다. 연기자는 때때로 자기 의식적이거나 방어적으로 행동한다. 또는 역할에서 벗어나서 관객에게 사과하거나, 공황을 일으키거나, 무대를 떠나거나, 다른 연기자를 비난하는 것과 같은 일반적인 보호적 행동을 보인다. 또한 연기자는 이러한 행동들을 무대 위에서 놀이적으로 표현하지 못한다.	모호성, 불확실성, 전개의 표면적 실패 등에 대해 잘 대처하기 위해서는 상당히 안정적인 사람이 되어야 한다. 즉흥연기의 경험을 통해 연기자는 상당히 안정적이 될 수 있는데, 특히 방어적 태도를 취하지 않는 다른 연기자를 모델로 삼음으로써 더욱 그렇다. 완벽주의적, 자아비판적 성향을 가진 참여자나 높은 지위를 가진 방어적 성향의 '전문직' 참여자라면 현재의 순간에 집중하는 데 더욱 더 어려움을 느낄 가능성이 높다. 참여자가 무대에서 자기 방어적 성향을 드러내는 경우, 그것과 같은 스타일과 전략이 참여자의 실제 삶의 역동에서, 특히 힘든 사회적 관계에서 나타날 것이라고 잠정적으로 예측할 수 있다.
(f) 긍정적 결과	연극의 결과가 어떻게 나타나는지에 따라 연기자는 자주 놀라고 기뻐한다. 연기자는 모험을 함께 창조하고 공유했다는 사실을 즐기며, 즉흥극이 끝나고 나면 서로를 좋아하게 된다. 연기자는 자신과 다른 사람들에 대한 편견을 쉽게 버린다.	연기자는 연극의 결과에 대해 냉담하거나 불만을 표시한다. 즉흥극이 끝나고 나면 연기자는 다른 연기자가 긍정적으로 기여한 점이 있다는 사실을 외면한다.	상호작용의 수준에서 볼 때, 파트너가 서로를 통제하려는 노력이 실패로 돌아갔을 때 이들은 서로에 대한 불만을 느낄 가능성이 크다. 파트너를 통제하려는 방식에는 자신의 정체성과 파트너의 정체성 간에 거리 두기, 연극의 성공에 대해 인정을 받기 위한 경쟁적 갈등, 즉흥극의 결과의 수준에 대한 비판 등이 있다. 이러한 경향은 즉흥극을 연극으로 받아들이려는 관점이 부재한 경우에 나타난다.

(g) 자발적 아이디어 개발	아이디어가 제공되면 연기자는 이를 발전시키고, 구체적인 제안을 제시하며, 이 제안들이 상투적이든 비합리적이든 비관습적이든 일단 이를 수용하고, 극 중에서 운용한다(연기자는 스스로의 상상에 대해 제약을 걸거나 심의하지 않는다). 연기자는 미리 계획을 짜 놓는 대신에 극 중에서 자연스럽게 이야기를 만들어낸다.	연기자는 아이디어가 제공되어도 이를 거절하는 경우가 많으며, 상투적이든 비관습적이든 제안을 비판한다. 만일 자신의 반대에도 불구하고 다른 사람들에 의해 이러한 제안이 극 중에 포섭된다면, 연기자는 극 중에서 이러한 제안을 운용하는 데 어려움을 겪는다. 연기자는 지나치게 '자기 자신에 심취해' 있기 때문에 모든 것을 미리 계획하고자 한다.	연기자는 즉흥적으로 나타나는 현상이 충분히 좋지 않거나 혹은 위험하다는 일상적인 태도를 취하기 쉽다. 치료사/연출가는 연기자가 즉흥성에 대해 보이는 부정적인 태도를 지도와 격려를 통해 극복해 나갈 수 있도록 도와줄 수 있을 것이다. 연기자는 자신과 파트너를 신뢰하는 대신에 스스로를 검열하고, 다른 사람들로부터 인정을 받고자 하는 습관을 가지고 있다. 건전한 창의성을 발휘하기 위해서는 스스로의 상상력에 대한 신뢰와 자신감을 가지고 있어야 하며, 그 상상력을 행동으로 옮기는 것에 대한 끈기와 의지를 가지고 있어야 한다.

(Wiener, 1994, pp. xix-xx, 154-156 수정 인용)

〈표 14-2〉 RfG 상연 퍼포먼스에서 나타나는 즉흥 연기의 단점에 대한 수정된 기호

불완전한/문제적인 즉흥 연기의 수정된 기호	관찰의 판단 기준
(a) 치료사가 제시한 놀이공간을 이해하거나 존중하는 데 실패	치료사의 지시가 있을 때 연극적 맥락으로 들어오거나 혹은 나가는 데 어려움/거부를 느끼는지의 여부
(b) 파트너의 선택에 대한 무시 혹은 과소평가	언어적, 감정적, 행동적 차원 모두에서 제안*을 온전히 수용하기보다는 거부하는지의 여부
(c) 퍼포먼스에서 개인적인 문제를 공공연하게 강요하는 것	무대 위에서 주어진 과제의 주제에서 지속적으로 이탈하려고 하는지의 여부
(d) 금지되었거나 맥락적으로 정당화될 수 있는 감정의 표현	금지된, 취약한, 부조화적이거나 부적합한 정서적 표현
(e) 캐릭터와 캐릭터의 극적 행동으로부터의 이탈	(진술한 것과 같음)

(f) 함께 놀이를 즐기지 못함	커플 연기자 중 한 명 혹은 두 명 모두가 상호간의 교류를 불만족스러운 것으로 경험하는지의 여부
(g) 자발성보다는 주저함	긴 망설임에서 나타나는 자기검열

*사회적 현실을 인정하기 위해서는 제안을 받아들여야 한다. 다른 사람들의 제안을 무시, 부정, 공격하는 경우, 이는 거부로서 다른 사람의 현실을 수용하지 않는 태도를 나타낸다. 제안에 대한 수용과 거부에 대한 보다 구체적인 설명을 원한다면 Wiener(1994, pp. 59-63)를 참고하기 바란다.

더 나아가서 수정된 기호는 원래의 일곱 가지 기호의 성격과는 다소 다른 변화된 특성을 갖는다. 수정된 기호에서는 일곱 가지 기호와는 달리 커플 참여자의 전체적 측면보다는 개별적 상연 행위에 보다 초점을 맞추기 때문이다. 두 번째로, 수정된 기호에서는 상연에 대한 동등한 기여라는 개념을 사용하지 않는다. 세 번째로, 수정된 기호를 통해 진단평가를 하기 위해서는 반복적인 관찰을 해야 한다. 커플 참여자가 RfG 연습 혹은 게임을 상연하고 난 다음, 치료사는 그 상연에서 관찰한 파트너 각각의 즉흥 연기의 단점을 점수화하여 기록한다(필자를 통해서 점수표를 제공받을 수 있다).

진단평가를 위해 수정된 기호를 사용할 경우, (1) 점수화가 상대적으로 쉽다는 점, (2) 대부분의 RfG 상연에서 나타나는 항목들에 대해 진단평가 자료를 축적해서 비교할 수 있다는 점, (3) 진단평가 항목이 표면적으로 타당성을 갖는다는 점, (4) 더 높은 점수를 받는 참여자일수록 RfG 상연에 더 참여하기를 싫어한다는 점 등 여러 가지 장점이 있다. 수정된 기호의 단점에는 (1) 신빙성/안정성에 대한 검증이 미비하다는 점, (2) 각 파트너의 상연에서 나타난 차이점을 해석하기 어렵다는 점, (3) 두 사람이 함께 보여 준 서로 다른 상연들 간의 차이를 해석하기 어렵다는 점 등이 있다.

수정된 기호가 만들어졌던 당시에는 즉흥 연기가 병적이거나 기술이 결핍된 것을 척도화하려는 생각이 없었기에 이러한 항목들 전체를 아우르는 통합된 점수화를 위한 어떤 체계적인 시도도 이루어지지 않았다. 수정된 기호들 간에 a, b, f, 이 세 가지의 판단 기준은 즉흥극의 전반적인 수준에서 보다 근본적인 항목이라고 여겨졌다.

또한 수정된 기호의 적용을 통해 치료사는 참여자가 상연에 대한 치료사의 지시를 어떻게 해석하는지를 더 면밀하게 관찰할 수 있는 훈련을 받을 수 있게 되었다. 상연의 내용, 양식, 기술 수준, 결과만큼이나 참여자가 치료사의 지시를 얼마나 잘 해석하는지도 진단평가에서 중요한 부분이 될 수 있다. 진단평가의 두 번째 발전 단계에서 진단평가의 과정은 즉흥적 상연을 분류화하기 위한 목적으로 이루어졌지만, 즉흥적 상연이 실제 커플 참여자 관계의 기능과 상응하는 측면이 있다는 점은 간과되었다.

두 번째 발전 단계에서 진단평가에 대한 몇 가지 진전이 이루어졌다. (1) 치료의 비상연적 부분에 있어 커플 참여자 간의 상호작용에서 제안에 대한 거부가 나타난 경우, 이는 수용/거부에 대한 언어적, 행동적, 감정적 세 차원 중에 하나나 혹은 전부에 기인하는 것일 수 있다. (2) 제안에 대한 거부는 제안을 제시한 사람의 지위를 낮추기 위한 시도로 해석될 수 있다. 이에 따라 RfG 지위 상연을 사용함으로써 고위-고위(Hi-Hi) 패턴을 가진 지위 갈등이 제안에 대한 거부라는 형태로 얼마나 자주 나타나는지를 판단하고, 커플 갈등을 진단평가할 수 있다. 더 나아가 제안이 거절된 경우 이에 대한 반응이 같은 차원에서 이루어졌는지, 아니면 다른 차원에서 이루어졌는지에 대한 함의에 대해서도 연구가 이루어졌다. 비록 지위 갈등에 대한 관찰 자료를 축적하기 위한 체계적 시도는 아직 이루어지지 않은 상태였지만, 차원과 상관없이 제안에 대한 거부를 다시 거절하는 경우에 권력 갈등이 나타나고 있다는 점이 명백하게 드러났다. 제안에 대한 거부가 이루어진 경우 이를 같은 차원에서 다시 거부한다면, 이는 곧 지위 갈등이 명시적으로 드러나고 있다는 것을 의미한다. 반면에 제안에 대한 거부에 대해, 그 거부에 대한 거절이 다른 차원에서 나타난다면 이는 지위 갈등이 수면 밑에서 이루어지고 있음을 의미한다. 그러나 이러한 가설에 대한 경험적 검증이 이루어져야 한다.

진단평가에 대한 또 다른 발전으로, 지위에 대한 정의나 위계질서를 아는 것 이상의 훈련이나 설명을 듣지 않은 상태라고 해도 임상의가 관찰을 할 때 지속적이고 정확하게 가족 시뮬레이션 혹은 소그룹 상호작용에서 나타난 연기자들의 위계질서를 도출해 낼 수 있다는 점이 밝혀졌다. 이러한 실험에서 3~5명의 연기자들은 자신의 캐릭터의 지위에 대한 정보를 이미 받은 상태에서(예를 들어 가족이 방학 계획을 세우는 상황에 대한) 즉흥극을 선보였다. 연기자는 단지 자신의 캐릭터의 지위에 대해서만 알고 있었고, 그것이 다른 연기자들에게 알려 준 지위와는 다르다는 점은 알지 못하고 있었다. 모든 연기자는 자신에게 주어진 지위에 따라서 캐릭터를 연기하도록 지시받았다. 연기자의 선택은 지위 책략, 즉 위계질서를 유지하거나 개선하거나 변화시키기 위한 행위로서 탐구되었다.

이처럼 관찰자는 관찰을 통해 연기자의 숨겨진 동기나 의도를 재구성할 수 있다. 이러한 발견을 통해 두 가지의 중요한 사실을 알 수 있다. 첫째, 지위 책략은 의미심장한 표현적 행동이다. 둘째, 연기자가 서로 양립할 수 없는 위계질서를 동시에 추구하는 경우, 갈등은 피할 수 없는 결과다. 이에 따라서 향후 네 번째 단계에서 설명하는 것과 같은 불일치 가설이 형성되었다.

제3단계: 1993~2001

RfG 집단치료의 사례 자료에 기반하여, 두 사람의 즉흥극 상연을 통해 나타나는 결핍이나 불균형이 어떻게 참여자들의 실제 삶에서 문제가 되는 심리사회적 기능과 상응하는지에 대해 설명한 연구가 있다(Wiener, 1999). 그 연구에 제시된 **극작 모델**(dramaturgic model)이라는 개념을 통해 적절한 심리사회적 기능에 필요한 다섯 가지 연극적 기능이 무엇인지를 알 수 있다. 이러한 진단평가의 초점은 즉흥적 상연보다는 실제 삶에서의 기능이 어떻게 나타나는지에 맞춰져 있다.

극작 모델은 개별적 진단평가를 하기 위해서는 유용하기는 하지만 관계적 기능을 직접적으로 예측하는 데는 유용하지 못하다. 앞서 언급한 것과 같이 체계적 관점에서 보면 커플 참여자의 즉흥극 상연은 단순히 파트너 각각의 즉흥 연기를 합한 것이라고는 볼 수 없는, 공동 창작물이다. 이는 커플 참여자가 함께 즉흥 상연을 할 때는 실패했지만 각각의 참여자가 치료사와 함께 짝을 이루어서 즉흥 상연을 할 때는 성공적으로 상연을 하는 경우가 있다는 점을 통해 드러나게 된다. 또한 앞서 언급한 것처럼 RfG의 초기 단계에서부터 공연을 만드는 데 있어 대인관계의 맥락이 끼치는 영향을 깨닫고, 각 장면의 파트너가 즉흥 연기자로서 어떤 차이를 발현하게 되는가에 관심을 가져왔다(Wiener, 1994, p. 145). 참여자가 직접적 관련이 없는 사람과 파트너가 된 경우에는 즉흥 연기에서 훨씬 큰 다양성이 나타나는 반면에, 실제 연인관계에 있는 사람과 파트너가 된 경우에는 상대적으로 즉흥 연기의 선택이 제한되는 현상이 RfG의 실행을 통해 반복적으로 관찰되었다. 이러한 현상이 나타나는 이유는 커플 참여자가 상호작용을 일상화하는 데 그치지 않고 심지어 대본화하려는 경향과 관련이 있는 것으로 보인다.

커플 참여자가 RfG 상연을 시도할 준비가 아직 되어 있지 않은 상황과 치료사가 RfG를 제안할지 말지에 대해 불확실하다고 느낀 상황에 대한 RfG-CT 사례가 상당히 심도 있게 검토되었다. 이 사례들 대부분에서 회기 내에 심각한 갈등이 발생했다. 4개의 회기를 촬영하여 이를 분석한 결과, 모든 회기에서 지위 책략(지위를 변화시키려는 의도를 가진 행위)이 보통 정도의 커플 갈등이 나타난 사례에 비해서 훨씬 반복적이고 강력하게 나타났다는 점을 알 수 있었다. **지위**와 **지위 책략**에 대한 개념밖에 알지 못하는 '결혼과 가족치료(MFT)'의 훈련생들조차도 이들 중 37명 중 35명이 이 사례들을 보면서 지위 책략이 나타나고 있다고 판단하였다. 많은 다른 가족치료사들도 이와 비슷한 관찰을 보고하였다. 문제적 사례에 등장한 커플들은 서로의 제안을 무시하거나 거부하고, 극단적인 구분을 설정하고, 치료사의 관심을 사기 위해 대놓고 경쟁(삼각관계화)하는 등 서로를 무시하는 태도를 보였다. 이러한 고강도 갈등 사례에서는 치료사가 어려움을 겪게 되는데, 상당한 불신이 있거나 경쟁적이거나 반동적인 분위기가 나타나는 경우라면 놀이적 접근의 사용이 금지되기 때문이다. 실전에서는 충분한 신뢰와 협력 의지가 나타날 때까지 오직 말만 하는 치료를 하게 된다.

제4단계: 1998~2007

커플 기능의 이면적 패턴을 진단평가하기 위한 방법으로 상황적 실험(situational testing)이 개발되었다. 상황적 실험은 보다 확대되어 사실적인 양식의 상연(즉흥적이지 않은 형식)을 위한 시나리오를 포함한다. 상황적 실험에는 두 가지 사례가 있다. (1) 먹이 주기 연습: 한 파트너가 다른 파트너에게 음식을 제공하는 상황을 통해 양육과 독립성의 주제를 진단평가하고자 한다. 음식을 제공받는 파트너는 말하거나 움직이지 못하고, 오직 수동적으로 입을 벌려서 음식을 받아먹는 행동만 할 수 있다(Wiener, 1998). (2) 신뢰-의지 연습: 파트너 B가 파트너 A의 등을 보고 선 자세에서, 파트너 A는 파트너 B의 손에 기대어 몸을 점점 뒤로 눕힌다. 이 연습을 통해 서로에 대한 신뢰와 책임감을 진단평가할 수 있다(Wiener, 2008). 참여자가 실제의 자신과는 다른 방식으로 행할 수 있는 캐릭터를 맡고 있는 경우에 대부분의 커플이 놀랍게도 실제 삶에서보다도 더 큰 애정과 능숙함을 보여 주었다.

점점 더 많은 RfG-CT 전문가들이 대부분의 임상적 사례에서 9개의 연습과 게임('the Nine')이 반복적으로 사용된다는 점을 발견했다. 2003년에서 2006년 동안 네 명의 전문가들에 의해 진행된 42개의 RfG-CT 사례에서 RfG 상연이 195번으로, 각 사례당 4.6번이 사용되었으며, 이 중 166개에서(85.1%) 9개의 연습과 게임이 사용되었다. 나머지 29개의 상연에서는(각 사례당 0.69개꼴의 상연) 14개의 다른 게임/연습이 사용되었는데, 이 14개 중에서는 세 번 이상(7%) 사용된 것이 단 1개도 없었다(〈표 14-3〉).

9개의 연습과 게임은 (a) 상연의 간결성, (b) 지도의 용이함, (c) 참여자가 이전에 경험이 없는 경우에도 상연을 즐길 가능성이 높다는 점, (d) 조금만 재능이 있어도 만족스러운 상연을 할 수 있다는 점과 같은 여러 장점을 갖는다. 9개의 연습과 게임은 빈번하게 사용되고 있기 때문에 같은 과제가 주어질 때 어떻게 반응이 나타나는지에 대해 많은 수의 참여자 커플을 대상으로 임상적인 비교가 쉽게 이루어질 수 있다.

9개의 상연은 수용 혹은 거부에 대한 언어적/행동적/감정적 세 가지 차원 모두

〈표 14-3〉 RfG-CT 사례 표본 42개를 통해 본 RfG-CT에서 빈번하게 사용되는 9개의 연습과 게임의 특성 및 사용 빈도, 2003~2006

상연 명칭*	연기자가 상연 시 고려해야 할 독특한 사항	수용/방어 평가 차원	상연 사례 비율/%
거울	선도/추종의 순서를 기꺼이 교대함, 서로를 친밀하게 응시함	움직임	33/(78.6)
한 번에 한 개의 단어 말하기	파트너의 생각을 수용하기 위해 자신의 생각을 기꺼이 거두는 것	말	25/(59.5)
주도권 다툼	이기고 지는 것에 대한 충동보다도 경쟁을 현실적인 것인 양 공동 창작에 우선순위를 두는 것	움직임	22/(52.4)
선물	자신의 상상력에서 나온 제안을 수용하기	정서	20/(45.2)
만나는 방식	파트너의 생각을 수용하기 위해 자신의 생각을 기꺼이 거두는 것	말	18/(42.9)
정서적 목록	한 장면을 연기하는 동안 정서적 이동을 순간적으로 조율	정서	15(35.7)
대사 반복하기	정서적 조정에 대한 다양한 탐구; 감정을 가지고 시나리오를 공동 창작하기	정서	14(33.3)
시인의 코너	공연의 의사-사실적 장면 연기를 위해 협력하는 캐릭터를 공동 창조하기	움직임, 말, 정서	11/(26.2)
기타	-	-	29/(69.0)

*여기서 언급된 RfG 상연에 대한 참조적 설명을 보려면 Wiener(1994, pp. 249-252)를 참고하기 바란다.

를 포함하여 다룰 수 있으며, 이론적으로 비임상적 커플에게 적용할 수 있는 4~5개의 상연으로 구성된 표준적 체계로 압축될 수 있다. 표준적 체계를 형성하기 위한 연구에 대해 한 가지 제안을 해 보자면, 9개의 상연을 '수정판 결혼만족도

검사'(MSI-R; Snyder, 1997)의 11개의 하위 척도 중에서 8개의 하위 척도와 상호 연관시켜서 참여자가 즉흥적 상연을 해 보기 이전에 치료 맨 처음에 사용하는 방법이 있다. MSI-R은 널리 이용되는 자기-보고서 측정으로, 혼인관계를 맺고 있는 파트너 각각에 대하여 혼인관계의 핵심 차원에서 파트너가 불만을 느끼는 본질이 무엇인지, 내용이 무엇인지를 판단한다. MSI-R에서 사용되는 8개의 차원/하위 척도에는 애정 어린 대화, 역할 성향, 문제해결을 위한 대화, 공격성, 스트레스에 대한 가족사, 함께 보낸 시간, 성적 불만, 자산에 대한 의견 불일치 등이 있다.

9개의 상연에 대한 연구에서 다양한 회귀분석(regression analyses)을 통해 9개의 상연 점수(독립 변수)로부터 각각의 하위 척도에 상응하는 점수(의존 변수)를 예측할 수 있다. 만일 MSI-R 차원에서의 반복적인 분석을 통해 유의미한 변동이 상연 분야에 기인했음이 밝혀진다면, 해당 상연 분야를 이용하여 커플관계에서 관찰 가능한 기능장애를 진단평가할 수 있을 것이다. 이를 통해 현재 MSI-R과 같이 참여자의 언어적 보고에 전적으로 의존하는 방식에서 벗어나 관계에서의 기능장애를 진단평가할 수 있을 것이다.

제4단계에서 연구자들은 지위 책략이 항상 파트너를 대상으로만 이루어지는 것이 아니라는 점을 인식하게 되었고, 이에 따라 커플 갈등에 대한 보다 완전한 관점이 나타나게 되었다. RfG 가족치료에서 가족 내에서 발생하는 갈등을 진단평가할 때 지속적으로 지위라는 개념을 사용함으로써 **불일치 가설**이 형성될 수 있었다. 불일치 가설이란 이면적 인식 과정을 상세하게 개념화하려는 시도로, 비너(Wiener), 야가로프(Yagaloff), 알렉시니언(Alexinian), 라로즈(Larose)(2004)[11]가 삼인 가족에 행한 매우 상세한 단독 사례 연구를 통해 뒷받침되었다. 불일치 가설에서는 가족 위계질서에 대한 그들 자신의 인지적 지도와 다른 가족 구성원들의 지

11 체계적이고 실용적인 관점 모두에서 볼 때, 커플관계의 역학은 외부적 체계로부터 독립적으로 진공상태에 존재하는 것이 아니다. 보통 아내는 남편에 대해서 순종적으로 보이는 등 낮은 지위의 행동을 보일 수 있다. 그러나 만일 남편이 자식에게 함부로 대한다면, 아내는 갑자기 대립적인 태도를 취하는 등 높은 지위의 행동으로 전환하게 될 것이다.

위적 행동 사이에 불일치가 존재하는 경우, 이러한 불일치를 감소시키기 위한 (지위 책략이라 불리는) 행동으로 인해 가족 갈등이 발생하게 된다고 주장한다. 집합적 불일치가 크면 클수록 가족 내 갈등이 더 커지게 된다. 2004년의 연구를 통해 가족 구성원을 여섯 가지 갈래로 짝을 지은 사례(아들-아버지, 아버지-아들 등) 중 4개의 사례에서 지속적이고 통계적으로 유의미한 지위 책략 패턴이 나타났다는 점을 알 수 있었다. 또한 수학적 방식으로 도출한 예의 여섯 가지 사례에서 나온 위계와 지위 책략이 나타나는 순간에 점수가 매겨졌는데 어느 정도의 MFT 훈련을 받은 학생 관찰자들의 점수가 거의 완벽하게 상응한다는 점을 알 수 있었다.

비록 이원적 체계에서 (동등한 지위를 가진 유형을 제외한 경우) 가능한 위계질서의 유형으로는 고위-고위, 하위-하위, 고위-하위 유형밖에 없기는 하지만, 커플 참여자와 치료사가 참여하는 삼인 치료 체계는 상당한 복잡성을 갖는다. 〈표 14-4〉를 통해 216가지의 순열이 가능함을 알 수 있다. 심지어 다른 주제(전문성 등)를 다룰 경우 혹은 다른 맥락(신체적 위험 등)에 처하게 되는 경우에 커플의 지위 체계가 달라질 수도 있다. RfG-CT를 적용하기 위한 하나의 방법으로 RfG 지위 상연과 치환 장면을 선택해서 커플 참여자에게 실제 관계에서 일상적으로 사용되는 것과는 다른 지위 책략을 사용하는 캐릭터를 맡도록 지도할 수 있다. 이 방법은 역할 확장으로, 치료사는 커플 참여자의 캐릭터의 지위를 의도적으로 조정하는 지시를 하면서 반복적인 상연을 통해 같은 장면을 연기하게 할 수 있다. 이 과정을 통해 치료사는 커플이 다른 위계질서에 놓이게 되었을 때 얼마나 잘 적응하는지와 관계를 얼마나 잘 설정하는지를 진단평가할 수 있다.

치료 체계 위계질서 내에 치료사의 지위를 포함시키게 될 경우, 이는 RfG-CT 진단평가와 개입의 양 측면 모두에서 중요한 진전을 의미한다. 이러한 진전의 양상은 〈표 14-4〉에서 보는 커플치료 매트릭스의 설명을 통해 알 수 있다.

지금까지의 사례에서 연구자는 오직 커플 참여자의 2인 지위행렬만을 고려했다. 이는 〈표 14-4〉에서 오른쪽 아래 부분에 있는 네 칸을 통해 나타나며, 고위-하위 (낮은 수준의 갈등) 지위행렬이다. 커플 참여자 모두는 A가 B보다 우위에

〈표 14-4〉 가설의 커플치료 체계에 따른 지위행렬의 예

순위를 매기는 인물	인지된 지위 순위		
	치료사	파트너 A	파트너 B
치료사	1	2	3
파트너 A	3	1	2
파트너 B	1	2	3

있다고 인식한다. 치료사를 포함한 완전한 치료 체계에 대해 설명하자면, 치료사는 자신이 커플 참여자에 비해 더 우위에 있다고 인식하며, A가 B보다 우위에 있다고 인식한다. 파트너 A는 스스로가 가장 우위에, 파트너 B가 그다음, 치료사가 가장 낮은 지위에 있다고 인식한다. 파트너 B는 치료사가 가장 우위에 있다고 생각하고, A가 그다음, 스스로가 가장 낮은 지위에 있다고 인식한다.

〈표 14-4〉에서 볼 수 있는 지위행렬의 역학을 가진 치료 체계의 회기 내에서는 다음과 같은 지위 책략이 발생할 수 있다. A와 B 사이에 다툼이 발생한 경우, 이에 대해 치료사가(치료사는 자신이 치료 체계 내에서 가장 중요한 위치에 놓인 사람이라고 생각하기 때문에) 제안을 통해 개입하고자 할 수 있다. 그에 대해 A는 치료사가(A는 치료사가 자신에 비해 낮은 지위에 있는 사람이라고 인식하고 있기 때문에) 끼어든 것에 대해 불만을 표시할 수 있다. 이 경우 B는 A가 치료를 망치고 있다고 공격할 수 있다(이는 A의 지위를 낮추고 치료사의 지위를 높이기 위한 것으로, B가 생각하는 위계질서에 부합한다). B는 A에 비해 자신이 낮은 지위에 있다고 인식하면서도, A의 지위를 낮추기 위해 노력한다는 점에 주목하기 바란다.

앞에서 기술한 지위행렬을 인식하고 있는 치료라면 참여자의 지위 책략이 불일치 가설이 예측하는 결과와 일치한다는 점을 진단평가할 수 있다. 이에 따라 치료사의 제안에 대한 A의 반대가 타당한 것이라고 받아들이는 등의 행동을 통해 자신의 지위 행동을 수정하는(치료사 자신의 지위 책략을 사용하는 등의 방법을 통해) 방

향을 선택할 수 있다.

최근의 작업(2005~2011)

최근에 필자는 RfG-CT 실행에서 커플의 대인관계 기능과 관련된 과정변수를 구체화하기 위해 노력해 왔다. RfG-CT의 실행에서는 치료사가 제기한 문제에 대한 답변 및 언어치료 동안의 관찰을 커플의 RfG 상연에 대한 관찰과 통합하여 탐구한다.

커플 체계에 대한 진단평가

a. 파트너의 연기 방식이 서로 어울리는지의 여부. 이들은 대칭적(유사한)인가? 혹은 상호보완적(대립적)인가? 다른 영역들 전체에서 볼 때 어떤 조화가 나타나는가?(예를 들어 작업 측면에서 결과 지향적인지, 과정 중심적인지, 정보를 말로 표현하는 측면에서 은유적인지 직설적인지, 감정적 표현의 측면에서 강렬한지 자제하는지 여부)

b. 서사적 갈등 양식. 서사적 갈등에는 두 가지 유형이 있다. 첫째, **평행적 서사**란 커플 참여자가 특정 사건을 설명하는 과정에서 상대방이 주장하는 사실이 일부 틀렸다고 서로 주장하는 서사적 갈등이다. 둘째, **교차적 서사**란 커플이 사실 자체는 동일하게 받아들이는 반면에 그 사실에 대한 해석이 서로 다른 경우에 나타나는 서사적 갈등이다.

c. 회기 중의 정서 범위. 각 파트너가 치료사와 상호작용했을 때 표현한 개별적 감정의 범위와 비교되는, 커플이 상호작용하는 경우에 나타나는 감정의 범위를 말한다.

d. 기능화의 균형. 각 파트너가 즉흥극에 대해 기여하는 정도는 균형, 과다, 과소 기능의 범위에서 볼 때 어디에 상응하는가(예를 들어 상대방을 대변해 주는 것)?

e. 커플관계에서 적용되는 규칙과 경계. 치료과정 전반에 걸쳐서 치료사는 커플 참여자의 관계 내에서 작동되는 규칙과 경계에 대해 현재적이고 지속적인 지식

을 얻을 수 있다. 치료사는 참여자가 지각하지 못하는 상태에서 작동되고 있는 규칙과 경계에 대해서도 지식을 얻을 수 있다. 초기의 진단평가 과정에서는 규칙과 경계가 어느 정도로 구조화되어 있는지에 대한 분류가 가장 중요하다. 가장 극단적으로 혼란스러운 사례에서, 커플 참여자의 관계에는 아무런 규칙도 작용하지 않거나 단절적인 규칙만이 있다. 이러한 관계에서는 한 파트너가 다른 파트너의 행동에 대하여 기대하는 바가 충족되지 않을 때 고조된 감정적 반응이 나타나고, 통제/권력 문제에 대하여 빈번하게 말다툼이 발생하며, 파트너를 바꾸겠다는 위협 혹은 반복적 시도가 나타난다. 가장 극단적으로 경직적인 사례에서 갈등은 회피되고, 인지적·감정적·행동적 위치(또한 암묵적 판단이 존재하기도 한다)가 서로에 대해 경직적으로 유지된다. 이러한 관계에서는 상호작용이 예측 가능한 패턴으로 나타나며, 상호작용 동안 감정에 대한 통제가 일상화되고, 대화나 공유하는 활동 없이 서로의 삶이 현저하게 분리되어 있다.

치료 체계에 대한 진단평가

치료 원리에 따르면 치료사는 커플 체계 밖에 있기는 하지만 각 참여자와 마찬가지로 치료 체계의 한 구성원이다. 따라서 치료사는 다음의 영역에 대해 관심을 가져야 한다.

a. 치료사의 운용 방식이 커플 전체 및 각 파트너와 잘 어울리는지의 여부.

b. 커플과 각 파트너의 존재가 치료사의 정서에 미치는 영향(예를 들어 긴장/이완되는지, 상호행위 동안 재미있는지/경직되는지). 영향을 받게 되는 치료사의 행동에는 치료사가 감정적으로 활성화되었는지(예를 들어 역전이적 반응)와 참여자의 대인적 요구에 대해 치료사가 어떻게 이를 수용했는지(예를 들어 안심시키기, 위기 상황에서 있어 주는 것, 대화 동안 '점유 시간'을 갖는 것, 사생활에 대한 존중 등) 등의 요소가 포함된다.

c. 치료사가 개입한 상태에서의 연합체 혹은 삼각구도. 이는 특히 치료사가 한 파트너의 편을 들고, 다른 파트너와 경쟁하는 경우에 나타난다.

d. 치료에서의 통제 문제. 통제 문제에는 (1) 치료사의 지도력에 대해 경쟁을 하

려고 하거나 혹은 지지하기 위해 치료사를 목표로 행해지는 지위 책략, (2) 치료사의 신뢰나 혹은 공감을 얻기 위해 치료사를 대상으로 경쟁하는 지위 책략, (3) 치료의 목적과 방법에 대한 커플의 협력적 동의 등이 있다. 이는 치료사의 질문 및 지시에 대한 커플의 반응을 통해 평가될 수 있다.

지위

현 단계에서는 불일치 가설의 함의를 구체화하려는 작업이 이루어지고 있다. 이러한 작업은 (1) 순위 순서만을 사용하는 대신(순서 척도)에 지위 차이들(간격 척도)의 정도를 고려하고, (2) 고정된(동등한 지위) 순위를 포함함으로써 이루어진다.

참여자가 실제 삶에서 가지고 있는 것과 다른 위계질서를 가진 캐릭터를 부여받게 된다면, 일반적으로 자신의 캐릭터가 가지고 있는 지위적 목표를 알고 있음에도 불구하고 이 목표를 실현하기 위한 지위 책략을 이용하는 데는 빈번하게 실패한다는 가설이 있다. 일화적 증거의 축적을 통해 이러한 가설을 뒷받침할 수 있다. 이러한 위계질서에 대한 관찰을 더 구체화해 본다면, 참여자가 실제 삶과 다른 위계질서를 가진 캐릭터를 부여받는 경우에 적절한 지위 책략을 선택한다거나 이를 믿을 만하게 연기할 수 있는 기술과 경험이 부족하다고 말할 수 있을 것이다. 치환 장면을 구성함으로써 참여자의 지위 기술을 향상시킬 수 있는 구체적 훈련과 경험을 제공할 수 있다. RfG-CT에서 2인용 이동 장면을 통해 커플의 실제 삶에서 나타나는 위계질서를 반전시킬 수 있을 뿐만 아니라, 익숙한 역할 레퍼토리에서 벗어나 이를 확장시킬 수 있는 모험을 시도할 수 있게 된다.

이와 마찬가지로 RfG 임상 훈련에서도 역시 치료사 스스로가 지위 책략을 통해 지위 변화에 영향을 주고자 하는 시도에 대한 관심이 점점 증가하고 있다. 이러한 시도는 가족치료사 제럴드 죽(Gerald Zuk, 1968)의 **일관성 없는 편들기** 책략과 구조적인 가족치료에서 사용한 **불균형** 기법과 유사한 과정이다(Minuchin & Fishman, 1981). 치료사의 지위 책략은 치료의 초기 단계 동안에(참여하는) 즉흥적 상연 외부에서 자주 일어난다. 만일 이러한 책략을 시기적절하게 능숙한 방법으로 행할 수 있다면 커플치료의 효과성을 상당히 증진시킬 수 있다. 또한 이러한 책략은 전략적 가족치료사들이 참여자들에 미치는 영향을 증진하기 위해 사용한 전술과 일치한다(Madanes, 1981).

앞으로의 연구

좋은 즉흥과 좋은 관계 기능 사이의 연관성

후속 연구의 착수 단계에서 제기되는 문제들 중 하나가 좋은 관계 기능과 커플/부부의 만족과 기능이라는 보다 광범위한 측정과의 관련성에 관한 것이다. 이와 같은 구성요소들 사이의 관계를 보다 명확하게 하기 위해서는 좋은 관계 기능에 대한 네 가지 특성을 먼저 운용해야 할 것이다. 이 네 가지 특성에는 협동, 서로에 대한 더 많은 관심, 서로에게 만족을 주는 상호작용, 상호 인정이 있다. 〈표 14-5〉는 이와 같이 4개의 공유된 특성에 대한 실무적 정의를 보여 준다.

이와 같은 정의의 기반을 위해 좋은 관계 기능을 전반적으로 측정할 수 있는 지표를 이용할 수 있다(QGRI). 이 연구를 위해서는 비임상적 커플 표본이 필요하다. 또한 이들 커플의 응답과 자기-보고 측정 도구를 통해서도 자료를 수집하게 된다. 자기-보고 측정 도구는 두 가지가 사용되는데, 인터뷰 진행자와 접촉하기 전에 이루어지는 (1) FACES-IV 검사(Olson & Gorall, 2003)[12]와 (2) MSI-

12 FACES-IV는 결속력과 유연성이라는 두 차원뿐만 아니라 세 번째 차원인 의사소통의 용이성을 진단평가한다. 객관적 버전인 CRS도 동일한 차원을 진단평가한다(Kouneski, 2001). FACES를 사용함으로써 5개의 커플 유형이 더 넓은 표본에서 확인되었다(Olson & Fowers, 1993)

〈표 14-5〉 좋은 즉흥과 좋은 관계 기능에 공통적으로 나타나는 특성의 실무적 정의

특성	좋은 관계 기능에 작용되는 정의	좋은 즉흥에 작용되는 정의	수정된 기호들(〈표 14-2〉에서 나온 것으로, 좋은 즉흥에 관해, 거꾸로 점수 매겨짐)
협동	파트너들은 상호이해의 영역을 찾고 이에 동의한다. 각 파트너는 모두 다른 파트너를 지지하는 행동과 태도를 보인다.	파트너들은 상대 파트너가 제공한 형식과 정신적 측면의 모든 제의를 수용한다.	(b) 제의를 **차단**하기보다 완전히 **수용** (c) 지속적으로 장면/과제의 정신과 일치하는 선택을 하는 것
서로에 대한 더 많은 관심	각 파트너는 열심히, 열정적으로, 특히 상대방이 이를 요청할 때 자주 관심을 보인다.	각 파트너는 무대에서의 시간 내내 상대방과 함께하며 관찰한다.	(b) 제의를 **차단**하기보다 완전히 **수용**
서로에게 만족을 주는 상호작용	각 파트너는 (1) 함께하는 것에 대해 기쁨을 표출하거나 상대방에게 이를 상기시켜야 한다. (2) 상대방과의 긍정적 접촉을 증가시키기 위한 시도들을 해야 한다, (3) 상대 파트너의 동료가 되기를 선택하고, 선호하는 것에 대해 스스로를 지지한다.	각 파트너는 (1) 연기과정에서 함께 만들어 낸 것에 대해 기쁨과 만족감을 표출한다, (2) 상대 파트너와 함께 무대에서의 경험을 공유할 수 있다는 것에 대해 기쁨을 보여 준다.	(f) 파트너는 즉흥적 활동을 상호 만족적인 것으로 경험한다.
상호 인정	각 파트너는 (1) 상대방이 자신과 다를 수 있다는 권리를 옹호하고, 이를 존중함을 보여 준다, (2) 조건 없이 상대방에 대한 지지를 보인다.	각 파트너는 (1) 자신의 욕구를 만족시키는 것보다 우선순위로서 상대방에 대한 지지를 무대에서 보여 준다, (2) 장면에서 상대방이 보다 좋게 보일 수 있도록 노력을 기울인다.	(c) 지속적으로 장면/과제의 정신과 일치하는 선택을 하는 것

R(snyder, 1977)이 있다. 이와 같은 측정방법은 각각의 결혼의 기능과 만족도에 관해 경험적으로 입증되어 널리 사용되고 있다. 치료사/인터뷰 진행자는 1시간짜리 회기 두 번 동안 커플을 인터뷰한 이후, RfG 연기가 수행되기 이전에 좋은

관계에 대한 지표를 완성할 수 있다. 이러한 모든 도구는 커플 만족과 기능 두 가지 모두의 좋은 관계지표를 입증하는 데 상호 관련성을 지닌다.

좋은 즉흥과 좋은 관계 기능 사이에 상당히 의미 있는 대응 관계가 존재한다는 가정이 가장 중요하다. 커플은 그 후 RfG 커플 시스템 평가를 완료한 훈련된 RfG 치료사의 지도 아래 9개의 RfG 즉흥 연기를 완성해야 한다. 2개의 지표 사이의 부정적 상호관계를 통해 기본 가정이 뒷받침될 수 있다. RfG를 평가 도구로 사용하는 것에 대한 경험적 증거를 제공하기 위해서는 추후의 연구가 필요하다.

RfG 상연의 구체적인 효과에 대한 평가

진단평가를 위해 RfG 즉흥극을 사용하면서 다루어지지 않았던 다른 문제점으로는 진단평가를 수행하는 치료사가 참여자로부터 구두의 정보를 받아들였다는 점이다. 이로 인해 그들의 평가가 어느 정도까지 온전히 RfG 상연에 기반하고 있는지/기반할 수 있는 것인지가 불명확해진다. 이 두 번째 연구 제안에서는 치료사의 평가를 관찰자의 순위평가와 비교할 수 있다. 관찰자는 (1) 구두로만 이루어진 최초의 인터뷰, (2) 상황 속에서 수행된 모든 즉흥적 연기, 또는 (3) 참여자와 치료사에 의해 차후에 이루어진 언어적 과정(PEP)과 결합된 모든 즉흥적 상연 등의 정보를 비디오테이프를 통해서만 얻는다.

좋은 즉흥과 좋은 관계 기능 척도에 입각하여 실제로 참여한 치료사와 중립적인 관찰자 사이의 순위 평가를 비교함으로써 연기 그 자체의 중요성에 관한 구체적인 수준을 명확히 할 수 있다. 물론 실제 작업의 어떤 참여자에게 적용해도 유용할 것이고, 아마도 RfG 회기에서 구두로 이루어지는 상호작용 부분도 매우 중요할 것이다. 그럼에도 불구하고 결정적 정보를 구성하는 RfG 방법에서 가장 중심이 되는 즉흥 연기과정을 확립하는 것이야말로 중요하다. 이 연구는 저자의 대학교로부터 큰 도움을 받았으며, 현재 실행화 단계에 있다.

결 론

RfG는 관계에 관한 치료적 작업을 위한 독특한 연극치료적 접근 방식으로서 1985년에 처음 시도된 이래 치료적 적용에서는 상당 부분, 개념적 기반에서는 적정 수준, 이것의 추정에 대한 경험적 실험에서는 그저 완만한 정도의 확장을 이루었다. RfG에서의 진단평가는 2개의 평행한 영역—즉흥 과정 그 자체와 대인관계의 갈등을 이해하기 위한 비결로서의 지위 책략의 공연—에서 진행되었다. 이 글에서는 1985년부터 현재에 이르기까지 5개의 연대기적 단계로 된 각 영역의 주요 발달 양상을 다루고 있다.

실행에 있어 한정된 자원으로 인한 제약이 있을 수도 있지만, 미래의 RfG-CT 진단평가 연구의 방향은 개념적으로 보다 명확해졌다. 이는 좋은 관계 기능을 측정하기 위한 척도를 구축하고 즉흥의 결핍에 대한 여덟 가지 수정된 기호를 운용화하는 면이 최근에 향상됨에 따라 가능하게 된 것이다. 여전히 남아 있는 두 가지 문제점들은 개별적인 파트너의 공연이 아니라 한 쌍을 하나의 시스템으로 보는 포괄적인 기능적 차이점을 평가하기 위한 상연을 어떻게 활용할 것인지와 일련의 즉흥극 상연이 어떻게 미래의 관계 기능을 예측하기 위해 구성될 수 있을 것인지에 관한 것이다. 지위의 영역에서, 치료사의 지위 책략의 효능에 관한 앞으로의 연구는 지위 책략에 관한 상급의 훈련이 제공되고 있으므로 현재 조금 더 실현 가능한 것으로 보인다.

아마도 미래에 있어서 RfG의 진단평가 연구와 실행의 가장 중요한 결정적 요소는 교육생과 전문가가 치료적 실습에서 자료 수집과 표준화된 도구를 사용하는 것에 얼마나 흥미를 느낄지에 달려 있을 것이다.

참고문헌

Christensen, A., & Jacobson, N. S. (2000). *Reconcilable differences.* New York: Guilford Press.

Gottman, J. M. (1999). *The marriage clinic: A scientifically based marital therapy.* New York: Norton.

Greenberg, L. S., & Johnson, S. M. (1988). *Emotionally focused therapy for couples.* New York: Guilford Press.

Johnson, D. R. (1992). The dramatherapist "in-role." In Jennings, S. (Ed.), *Dramatherapy theory and practice* (pp. 112-126). New York: Routledge.

Kouneski, E. (2001). *Circumplex model and FACES: Review of literature.* Available online at: http://lifeinnovations.com/familyinventoriesdatabase.html.

Madanes, C. (1981). *Strategic family therapy.* San Francisco: Jossey-Bass.

McReynolds, P., & DeVoge, S. (1977). Use of improvisational techniques in assessment. In P. McReynolds, (Eds.), *Advances in psychological assessment* (Vol. 4, pp. 222-277). San Francisco: Jossey-Bass.

Minuchin, S., & Fishman, H. C. (1981). *Family therapy techniques.* Cambridge, MA: Harvard University Press.

Olson, D. H., & Fowers, B. J. (1993). Five types of marriage: Empirical typology based on ENRICH. *Family Journal: Counseling and Theraoy for Couples and Families, 1*(3), 196-207.

Olson, D. H., & Gorall, D. M. (2003). Circumplex model of marital and family systems. In F. Walsh (Ed.), *Normal family processes* (3rd ed., pp. 514-547). New York: Guilford Press.

Snow, S., & D'Amico, M. (Eds.). (2009). *Assessment in the creative arts therapies: Designing and adapting assessment tools for adults with developmental disabilities.* Springfield, IL: Charles C Thomas.

Snyder, D. K. (1997). *Marital satidfaction inventory* (Rev.). Los Angeles: Western Psychological Services.

Snyder, D. K., & Schneider, W. J. (2002). Affective reconstruction: A pluralistic, developmental approach. In A. S. Gurman & N. S. Jacobson (Eds.), *Clinical handbook of couple therapy* (3rd ed., pp. 151-179). New York: Guilford Press.

Spolin, V. (1983). *Improvisation for the theatre: A handbook teaching and directing techniques.* Evanston, IL: Northwestern University Press.

Wiener, D. J. (1991). You wanna play? Using enactments in couples therapy. *Journal of Feminist Family Therapy, 2*(3), 213-219.

Wiener, D. J. (1994). *Rehearsals for growth: Theater improvisation for psychotherapists.* New York: Norton.

Wiener, D. J. (1998). Feeling the relationship by feeling each other. In L. L. Hecker, S. Deacon, & Associates (Eds.), *The therapist's notebook: Homework, handouts, & activities* (pp. 163-166). New York: Haworth Press.

Wiener, D. J. (1999). Using theater improvisation to assess interpersonal functioning. *International Journal of Action Methods, 52*(2), 51-69.

Wiener, D. (2008). Assessing trust in actionL The couples leaning exercise. In L. Hecker & C. Sori (Eds.), *The therapist's notebook III: Homework, handouts, & activities* (pp. 137-142). New York: Haworth Press.

Wiener, D. J., & Yagaloff, C., & Alexanian, J., & Larose, D. (2004). Status: a sociometric tool for understanding intra-familial conflict. In D. J. Wiener (Ed.), *Rehearsals for growth: Collected papers, 1991-2004.* Leverett, MA: Author.

Zuk, G. H. (1968). Family therapy: Formulation of a technique and its theory. *International Journal of Group Psychotherapy, 18,* 42-58.

제15장

산후우울증 여성을 위한 표준화와 개별화의 혼합 진단 접근법

Ditty Dokter

이 장은 표준화된 진단평가 도구 사용이 어떻게 진행과정의 기본 틀을 정립하는지, 그리고 연극치료 진단 도구의 사용이 어떻게 극적 매체와 환자의 은유 사용 능력과 연관된 평가를 할 수 있는지 알아보는 것을 목적으로 한다.

진단평가의 주요 기능은 다음과 같다.

- 치료의 초기 개입
- 이것이 치료의 바른 형태인지 아닌지, 여정을 시작하기에 적절한 시기인지 아닌지 참여자와 함께 탐색하기
- 참여자의 연극, 그리고 연극에 접근하는 유형과의 관련성
- 치료 목표를 세우고 동의하기

이 내용은 영국보건복지국(NHS: British National Health Service)과 영국연극치료사협회(BADth: British Association of Dramatherapists)의 연구 과제로 진행한 성인 정신건강연극치료 분과의 임상 작업을 기초로 이루어졌다. 연구 과제의 중요한 발견은 연극치료 사례 연구에서 검증된 것을 다른 상황에 적용하기 어렵다는

것인데, 이는 검증된 내용을 자신들의 상황으로 전환시키기 위한 맥락과 그 세부사항들이 충분히 제시되지 못했기 때문이다. 따라서 이 장에서 다루는 사례 연구의 증거 기반 작업은 이 장의 첫 부분에서 개략적으로 살펴볼 국가적·사회문화적·정치적 맥락과도 맞닿아 있다. 다음으로 NHS 연극치료 부서의 지엽적 맥락과 치료적 지향점에 대하여 서술할 것이다. 이처럼 앞뒤 맥락을 명확히 한 다음 진단평가와 위탁 절차에 초점을 두고자 한다. 그리고 연극치료 환자의 진단평가와 치료의 일환으로 '사회적 원자(social atom)' '스토리텔링 카드'와 '커뮤니큐브(communicube, 21세기 의사소통장치)' 등과 같은 연극치료 평가 도구와 결합한 CORE(the Clinical Outcomes in Routine Evaluation, 관례적인 평가에서의 임상 결과) 결과 측정의 사용에 초점을 둘 것이다(Casson, 2004). 이와 같은 진단평가 도구의 이점과 한계점 모두를 증명하기 위해 사례 연구를 살펴볼 것이다. NHS에서 지향하는 영국 심리치료의 방향성은 점차 영국 국립보건임상연구원(www.nice.org.uk)이 권고하는 것과 같이 특정한 인지 범주를 일체의 증거 기반 표준틀로 제시하고자 하는 움직임으로 가고 있다. 예술치료는 증거에 기여하는 사례 연구의 사용 가능성에 대해 토론하였다.

영국의 국가 건강 정책

영국 정부는 보건부를 통해 1995년에 효과성 계획을 도입하였다. 그 목적은 '모든 건강 관련 담당자들이 효과적인 증거를 입증하는 임상 서비스의 비율을 증가시키도록 환자들과 협력하여 함께 작업하도록 하기 위한' 것이었다(Evidence Based Medicine, 1995).

증거 기반 임상(EBP: Evidence-based practice)은 모든 개입이 효과적이며, 엄격한 연구에 기초한 것임을 입증하고, 서비스가 가장 효율적이고 경제적인 방법으로 이루어진다는 것을 확인하기 위한 일련의 업무를 진행한다(Gilroy, 2006). 그 패러다임은 논란의 여지가 있는데, 왜냐하면 EBP는 무작위적 통제시도(RCT: the Randomized Control Trial)라는 방법론이 다른 어느 것보다 증거로 탁월하다는 상황을 만들었기 때문이다.

패리와 리처드슨(1996)의 보고서는 EBP가 심리치료에서 어떻게 발전될 수 있는지 보여 주었다. 로스(Roth), 포나기(Fonagy) 그리고 패리는 공동 연구에서(1996) EBP 조사가 임상 실습에서 어떻게 발전해야 하는지 보여 준다. 여기에 질적 연구는 포함되지 않았으며, 예술치료사들은 이 점에 대해 비판하였다(Gilroy, 1996, 2006; Jones, 2005). 예술치료사들이 EBP에 개입해야 한다는 견해도 물론 있었지만, 이는 EBP를 영국 공공부문 시장에 자리 잡게 한 원칙과 정책에 대한 전반적인 지식이 있을 때 가능한 것이다(Gilroy, 2006).

예술치료는 아직도 EBP가 요구하는 결과 조사의 임계 질량을 갖지 못한다. 여러 저자들이(Aldridge, 1996; Gilroy & Lee, 1995; Payne, 1993; Smeysters, 1997; Wheeler, 1995) 예술치료사들에게 잠재적으로 유용한 조사 방법론에 관하여 글을 썼다. 대부분의 글은 예술치료 과정을 서술하고 분석하는 목표를 가지고 쓰는 질적 조사에 관한 것이다. 일부 예술치료사, 특히 음악치료사들은 양적 조사를 해 왔다. 그들은 『**국제재활저널***(International Journal of Rehabilitation)*』과 같은 연구지에 실험적 연구로 인정받는 제어 실험과 상관성 연구를 출간하였다(Bolton & Adams, 1983). 다른 연구자(Aigen, 1995; Meekums & Payne, 1993)들은 주관성과 참여적·총체적 지식, 그리고 행동하는 지식을 허용하는 새로운 패러다임 조사를 옹호하였다. 길로이와 리(1995)는 예술치료사들이 자신의 작업이 효과적임을 입증할 수 있도록 하는 결과 도출 연구의 필요성을 강조하였다. 영국 연극치료사들의 조사는 질적인 부분을 좀 더 강조하는 질적·양적 혼합 방법론의 경향을 보인다(Grainger, 2000).

2008년 3월, 영국연극치료사협회는 EBP에 대한 조사 과제에 착수하는 데 관심이 있는 회원들의 제안을 요청하였다. 그 결과는 회원들이 연극치료의 증거를 찾기 위해 접근하는 전자 데이터베이스로 나왔다. 린다 윈(Linda Winn)은 연극치료의 다른 결과 측정들의 사용에 대해 조사하였고, 디티 독터는 이용 가능한 문헌들과 다양한 환자 집단과 상황에서의 증거의 질을 평가하기 위한 회원 비평 집단을 조직하여 연극치료 서적에 대한 체계적인 검토를 진행하였다(Dokter & Winn, 2009).

예술치료사들은 NHS에 규정된 대로의 증거 단계에 대해 비판하였다. 위그램(Wigram), 뉘고르-페데르센(Nygaard-Pedersen), 본데(Bonde, 2002)는 음악치료 증거가 EBP의 체계적 검토의 단계 구조, RCT, 사례 제어 연구, 사례 모음, 사례 기록과 연구, 질적 연구와 전문가 견해에 적합하다는 것을 입증하였다. 그들은 이 단계의 많은 부분에 음악치료 증거가 유용하지 않다는 것을 알았다. 대부분의 증거들은 마지막 세 범주에 유용하다.

따라서 길로이(Gilroy, 2006)는 예술치료를 위한 증거의 다른 단계를 주장한다.

1. 적어도 하나의 RCT에서의 증거, 혹은 적어도 하나의 제어된 그리고/혹은 유사 실험적 연구에서의 증거
2. 사례 연구, 현상학적, 민족지적/인류학적, 예술에 기초한 혹은 공동 연구와 같은 다른 조사에서의 증거
3. 학문적으로 확실한 다른 문헌에서의 증거
4. 전문가 위원회의 기록이나 견해, 혹은 권위 있는 임상 경험이나 둘 다로부터의 증거
5. 지엽적 합의나 사용자 대표들로부터의 증거(Brooker et al., 2005)

전문가의 견해와 숙달된 치료사들의 임상적 합의는 표준화된 합의 절차 및 표적 집단을 통해 특별 소집회의에서 함께 논의될 수 있다. 이처럼 다른 출처의 결과들을 결합하여 한 주제에 관해 요약 정리한 전체적인 보고서를 만들 수 있으며, 그것은 공용의 국가적 표준과 안내지침이 되어 임상가, 환자, 사용자에게 유용하게 쓰일 수 있다. 그렇게 되면 예술치료 문헌에 수록된 결과물, 그리고 전

문가 및 경험 많은 임상가들의 견해들을 모아 합쳐 평가할 것이다. 또한 원칙에 따른 기준에 의해 EBP 구조 안에서 설명될 것이다. 여기에서는 무엇을 포함시킬 것인가에 대한 강조와 다른 관점으로 묘사하는 것이 관건이 된다(Gilroy, 2006).

길로이(2006)는 다음과 같이 매우 중요한 세 가지 전략을 제안한다.

- 단기: 예술치료 조사를 통합하고 설명하는 과정, 글로 쓰고 실제 작업으로 체화된 지식과 경험, 다시 말해 출판되고 실행되고 검증될 수 있는 서술적 총합과 지침서를 지역적으로 그리고 국가적으로 개발한다.
- 중기: 증상, 교육적 성과 혹은 상습적 범행 등과 같은 전문분야의 성과를 측정하기 위해, 관례적 임상 작업의 부분으로 동료들과 함께 작업하는 방식의 단일 사례 실험 조사를 진행한다.
- 장기: 사용자들을 개입시키거나 그들과 협력한 질적·양적 결과 조사를 발전시키기 위해 동료들과 공동 작업을 한다.

영국연극치료사협회의 조사 과제는 단기 전략을 다룬다. 그것은 작업에 기초한 증거 전략을 수집 분석하기 위해 현재 진행 중인 지역 집단, 그리고 유용한 글을 읽고 평가하는 집단을 결성하여 그것을 실행하는 데 목표를 둔다. 2개의 주요 지역 방문 집단은 에딘버러(스코틀랜드)와 브리스톨(영국 서남쪽)을 기점으로 하였다. 그들은 시범적으로 모든 연극치료사들에게 보내는 설문지를 고안하였고, 79개의 응답이 있었다. 연극치료사들이 사용하는 2개의 대표적인 결과 측정은 강점·난점 설문지(SDQ: the Strenghths & Difficulties Questionnaire, www.sdqinfo.com)와 CORE(www.coreims.co.uk)였다. SDQ는 3세에서 16세의 대상자를 위한 간단한 행동 검사 설문지로, 조사자, 임상가, 교육자의 요구에 부합하기 위한 몇 가지 버전이 존재한다. CORE 체계는 결과를 측정하고 서비스 감사, 평가, 업무 관리를 제공하기 위해 영국에서 고안되었으며, 심리치료, 카운슬링, 다른 심리적 치료에 사용된다. 그것은 일단 등록하면 자유롭게 쓸 수 있다(www.coreims.co.uk). CORE는 영국 심리치료와 카운슬링 서비스를 위한 감사, 평가, 결과 측정에 대하여 제일 처음으로 표준화된 공공(public domain)의 접근 방식이다. 리드 대학교의 심리치료 연구센터는 1995년부터 1998년까지 주요 심리치료 전문가들을 대표하는 연구자들과 치료자로 구성된 여러 전문 분야의 팀을 통해 CORE의 발전을 조성하였다. CORE 결과 측정은 주관적 웰빙, 흔히 경험하는 문제나 증상, 삶의/사회적 기능을 포함하여 전 세계적으로 공통되는 환자들의 고통을 측정할 수 있도록 고안된 34항목의 설문지다. 여기에 자신과 다른 사람의 위험에 관한 항목이 추가되어 위험 진단평가를 할 수 있다. 이 도구의 주된 목적은 전반적인 고통의 수준을 제공하는 것인데, 서른네 가지 항목의 평균 점수로 임상적 변화를 신뢰할 수 있도록 정하는 임상적 임계값(clinical thresholds)의 전과 후를 비교할 수 있다.

SDQ와 CORE 설문지는 공동체 및 외래병동에서 작업하는 거의 모든 연령층의 환자들에게 적합하다. CORE는 성인 정신건강을 위해 고안되었지만 청소년과 학습 부적응 환자를 위해서도 특별히 적용할 수 있다. SDQ는 젊은 층, 그리고 건강센터뿐만 아니라 교육환경에도 적용된다.

영국연극치료사협회 사무국은 2009년에 총 403명의 회원이 있었다고 발표하였다. 그들은 NHS(43%), 교육(39%), 자원봉사 분야(20%), 사회복지(17%), 범죄수사나 교도소(1%) 등에서 일한다. NHS는 아동과 청소년 정신건강, 성인 정신건강, 노인 정신건강과 같이 연령별 기관을 포함한다. 아동, 청소년, 성인과 작업하는 연극치료사들의 비율은 비슷한 반면, 노인과 작업하는 치료사들은 상대적으로 적다(Dokter & Winn, 2009). 많은 치료사들이 한 가지 이상의 조직 유형에서 다양한 환자와 연령의 집단들과 작업을 하는데, 예를 들어 범죄수사 집단의 경우만 해도 나타난 것보다 훨씬 광범위하기 때문이다.

정부는 '최상의 증거'에 대한 개입 기반을 다지기 위해 전문성을 목표로 EBP를 시작함과 동시에 복지 단체에 기업 관리 절차를 도입함으로써 경제적 관점

(Gilroy, 2006)을 촉진하기 위한 계획을 제공하였다. 이는 관리와 자원 배분 절차에 전문가들을 끌어들이기 위해 계획되었다(Johnson, Larkin, Saks, 1995). 정치적 정책 과제가 공공지출의 통제에서 특정 배분과정과 그 배분에의 전문적 개입으로 옮겨졌다(Alaszewski, 1995). 의학 전문단체 조직이 우선순위 결정 그리고 환자의 필요성 파악에 따라 약을 제공하도록 허락하였다(Dent, 1995). 정신질환에 대한 서비스는 3개의 주요 단체, 즉 건강, 사회, 독립 분과에 의해 제공된다. 대부분의 예술치료 서비스는 건강 분과에 기반을 두지만 4개의 예술치료 사이에 차이점이 있다. 카쿠의 조사에 따르면, 영국에서는 48.7%의 음악치료사, 58.7%의 미술치료사, 29.4%의 연극치료사, 27.5%의 무용동작치료사들이 건강보호기관에서 일한다고 한다(Karkou & Sanderson, 2006). 이것은 2004년부터의 카쿠의 표본을 다루고 있다. 영국연극치료사협회에 따르면 2009년에는 NHS에서 일하는 연극치료사들의 수가 조금 더 늘었다고 한다. 그들은 모두 자신의 개입에 대한 환자의 효과와 비용을 고려해야 한다.

NHS에서의 연극치료부서

NHS에서 연극치료부서는 1980년대 후반에 설립되었고, 처음에는 런던 주변의 그린벨트 지역의 큰 정신병원 등에서 주로 입원환자와 통원 환자들을 위한 서비스를 제공하였다. 분과는 성인 정신건강 환자들을 위한 공동체 기반의 서비스로 옮겨 가고, 정신병원이 문을 닫음에 따라 주간(day) 서비스와 심리치료 서비스와 함께 도시 중심부에 위치한 외래환자병동으로 이동하였다.

연극치료부서는 도시 내 '홈 카운티', 즉 영국의 상대적으로 부유한 백인 중산층 자리에 위치한다. 분과는 2개의 대도시와 시골을 포함한 주의 절반에 해당하는 지역에 서비스를 제공한다. 2001년 국가 인구조사에 따르면, 건강 서비스 수용 영역에서 흑인과 소수민족(BME: Black and minority ethnic)의 인구는 총 11.2%이고, 이 가운데 6.3%가 백인이 아닌 것으로 분류된다. 정신건강 서비스 자체

내에서 사용자들의 민족 분포는 4%의 소수 민족과 91%의 백인 영국인들로 분류된다(National Service Users Survey, 2006). 인구조사 결과 영국의 시골 인구 대부분이 백인인데 비해 도시는 혼합 민족이 더 많은 경향이 있다. 연극치료부서는 백인이 아닌 인구 비율이 각각 6.9%와 4.6%인 두 도시에서 활동한다. 하지만 민족적 태생에 아일랜드계와 다른 백인의 범주를 포함하면(후자는 최근의 망명자와 이민자를 포함한다), 비율은 두 도시에서 13.15%와 8.3%로 증가한다. 연극치료 환자의 민족 배경을 보면 백인인 영국인이 70.4%, BME 환자가 12.7%다. 나머지 17%의 배경은 알려져 있지 않으므로 오류의 여지는 있지만 연극치료에 접하는 소수민족의 비율을 뜻하며, 이는 주변 인구의 구성과 보다 일치한다(Dokter & Khasnavis, 2008).

최근의 부서는 정신건강 문제가 있는 성인과 노인들에게 입원환자(급성과 법의학수사의)와 외래환자 공동체 기반 서비스를 제공한다. 이들은 다섯 명의 연극치료사와 세 명의 음악치료사로 구성되어 반나절에서 주당 4일까지 각각 파트타임으로 일한다. 외래환자의 경우 네 명의 파트타임 연극치료사(1.75 전일근무에 해당하는)가 매주 환자와 만난다. 대략 1년에 55번의 위탁을 받는데, 10%는 타처에서 의뢰받고, 10%는 진단평가의 연장 그리고/혹은 단기치료로 요청받는다. 20%는 장기 개인치료(매주 1회씩 2년까지)를, 20%는 단기(16~24회기) 개인치료를, 그리고 40%는 집단치료를 의뢰받는다. 환자의 진단은 40%가 만성 혹은 재발 우울증, 40%는 성격장애(대부분 경계성 인격장애), 그리고 20%는 다양하게 나타난다(정신분열증, 조울장애, 외상 후 스트레스 장애, 강박장애, 섭식장애). 이 사례 연구에서 환자의 문제점들을 서술하는 대안적 방법을 강구할 것이지만, 우리의 지역 건강 서비스는 국제질병분류표(ICD-10: International Classification of Diseases-Tenth Revision) 진단 범주를 사용하며, 이는 우리가 진행하는 전후 상황을 이해하는 데 중요하다.

최근 부서의 이름이 연극치료에서 예술심리치료(연극과 음악)로 바뀌었다. 이것은 재구조화 결과, 음악과 연극치료사를 포괄하기 시작했다는 사실을 반영한다. 예술심리치료에 대한 강조는 영국 내에서 다른 전문적 발전이 있음을 보여 준다. 예술치료(미술, 연극, 음악, 곧 합류하게 될 무용/동작)는 1990년 초반부터 보건전문위원회(HPC: Health Professions Council, www.hpc-uk.org)에 등록되었다. 이것은 대중을 보호하기 위해 만들어진 국가규제기관이다. 그곳에서는 훈련, 전문적 기술, 행동과 건강 분야에 HPC의 승인된 기준에 부합하는 의료종사자들을 등록해 놓고 있다. 최근 그들은 작업치료, 언어 능력, 언어치료와 같이 보다 기능적인 목표를 지니는 14개의 연합 의료 전문직을 등록하였다. 예술치료는 심리학적 치료의 유일한 형태다. 2009년 가을 심리학자들이 HPC 등록에 합류하였고, 거기에서 심리치료 또한 HPC에 의해 규제를 받는 것에 관한 논의가 진행 중이다. '심리치료(psychotherapy)'라는 용어는 다른 전문가들에 의해 예술치료를 심리학적 치료로 쉽게 인식하게 해준다. 이는 전국적으로 심리학적 치료에 대한 접근이 증가하는 최근 추세에 있어서 매우 중요한 사실이다. 최근의 추세를 살펴보면 1차 진료에서 인지행동치료를, 2차 진료와 3차 진료에서는 보다 넓은 범위의 심리학적 치료를 제공하여 광범위한 재정적 보조를 해 주는 새로운 정부 계획을 들 수 있다. 우리 지역 서비스에서는 최근 심리학적 치료를 검토하면서 어떤 유형의 심리학적 치료가 국립보건임상연구원(NICE: National Institute for Health and Clinical Excellence)의 지침(www.nice.org.uk)에 따라 어떤 환자집단에게 보다 적합한지 알아보고 있는 중이다. 정신건강에서 NICE는 정신분열증과 경계성 인격장애와 같은 특정 정신건강 진단 범주에 적용 가능한, 증거에 대한 체계적인 검토에 근거하여 지침서를 출간하였다. 이 장의 사회정치적 맥락 부분에서 인용한 증거의 단계는 우리 지역 건강 서비스 공급에 적용되었고, 예술치료사로서 우리는 심리학적 분야에 포함될 필요가 있으며 재정적 지원에 있어 '적합한 개입'으로 인정받을 필요가 있다. 영국연극치료사협회는 2009년 HPC-정식인정 직함으로 연극 심리치료라는 용어를 포함시키기로 결정하였다.

연극치료의 방향

우리 부서의 연극치료사들은 개인과 집단의 단기/장기 치료를 진행하는데, 간단한 개별 인지 분석(Carr, 2006; Dokter, 1996)과 집단역동(Dokter, 2006, 2007, 2010a; Hubbard, 2007, 2008) 변형을 포함하여 주로 심리역동적(Karkou & Sanderson, 2006; Searle & Streng, 2001)인 것을 지향한다.

심리역동 이론은 19세기 말, 20세기 초에 예술치료가 등장한 이래 연극치료와 관련이 있어 왔다. 정신건강과 관련된 연극 예술의 변화, 특히 연극에서 스타니슬라브스키, 예브레이노프, 아르토(Jones, 2007)는 프로이트의 글과 함께 나타난 심리치료의 변화와 동시에 나타났다. 융(1990)은 무의식적 상징주의의 중요성을 강조하였고, 위니컷(1971)은 자발적 연극의 중요성을 강조함으로써 대상관계를 발전시키는 데 중요한 요소를 제공하였다. 클라인(1975)은 상징놀이를 아이의 내면세계를 이해하는 수단으로 강조하였다. 위니컷은 창조적 과정을 건강한 심리적 발달의 중요한 지표로 보았다(Karkou & Sanderson, 2006). 위니컷의 안아 주기 개념은 예술치료사들의 일반적인 상담 기술에 포함되었다(Pelham & Stacey, 1999). 젠킨스(Jenkyns, 1996)는 연극치료에서 텍스트를 사용할 때 대상관계적 사고를 적용하였다. 우리는 진단평가에서 사회 원자(모레노가 처음 고안하였고, 2007년 존스가 말한 대로 연극치료사들이 수용한)와 같은 투사적 접근법, 그리고 인본주의적 방향성을 지닌 연극치료사들이 고안하여 사용한 방법인 커뮤니큐브라는 21세기 의사소통장치(Casson, 2004)를 사용한다. 이는 이러한 투사장치의 사용을 환자, 치료사, 예술 형태 간에 존재하는 삼각의 전이관계 맥락에서 고려해야 한다는 것을 의미한다(Jones, 2005; Karkou & Sanderson, 2006). 치료적 관계에 대해 심리역동적 관점으로 생각한다는 것은 환자가 예전에 어떤 중요한 존재가 자신에게 보여 주었던 감정, 특성, 태도를 치료사에 대해 투사하는 과정을 알고 있음을 포함한다. 하지만 우리의 인지 분석 단기 치료 적용에서 상호 참여, 따뜻함, 긍정적 시선, 진정성(주로 인본주의적 전통의 부분들인)을 포함한 심리역동적 접근 방식, 실제적 관계는 환자와 치료사 간의 공동 치료적 관계를 성립하는 중요한 관점이다.

발렌테와 폰타나(Valente & Fontana, 1993)는 영국에 근거를 둔 연극치료사들 사이의 이론적 영향력에 대해 언급하였는데, 이들은 놀이이론과 더불어 집단역동과 심리치료를 가장 중요한 영향력을 지닌 것으로 인용하였다. 10년 뒤 카쿠의 조사(Karkou & Sanderson, 2006)에서는 인본주의적/절충적/창조적 치료 동향, 그리고 마지막으로 심리역동적 방향, 이 네 가지가 지배적이다. 바로 이것이 치료사들이 중요하게 생각하는 이론적 치료 경향이다. 환자의 관점에서 본다면 그들은 중요한 치료적 요소로서 유머와 놀이가 있는 치료, 즉 신체적으로 참여하고 능동적인 본성을 지닌 치료의 중요성을 강조하는 경향이 있다(Casson, 2004; Dokter, 2010b). 이러한 관점은 개인치료보다 집단치료를 위해 도출된 것이지만, 치료적 변화과정에 대해 환자와 치료사의 관점을 유도하는 것이 중요함을 알려준다.

위탁과 진단과정

부서의 위탁과정은 공동체 정신건강 팀, 심리상담가, 심리학과 심리치료 부서로부터의 위탁을 포함한다. 우리가 일한 두 도시에서는 2개의 다른 위탁과 진단 체계가 진행된다. 한 도시에서는 심리적 치료 원칙을 넘어서 연계된 위탁과 진단 절차가 있고, 다른 도시에서는 가장 적합한 치료의 형태로서 연계적 고려 없이 분리된 부서에서 위탁이 이루어진다. 이를 통해 우리는 두 가지 위탁과 진단 접근법의 장점과 단점을 비교할 수 있었다. 우리는 심리적 치료를 넘어선 독립적인 위탁 체계가 환자를 더 오래 기다리게 한다는 것을 알았다. 환자들은 한 부서에서 진단받기를 기다렸고, 그것이 그들에게 적합하지 않다는 것을 알게 되면 다른 부서로 넘어가 또다시 기다려야 한다. 시간이 흐르고 진단과정이 반복되면 자연감소율이 증가하였다. 우리가 독립적으로 진단하였던 도시는 54%의 자연감소율이 있는 반면, 위탁과 진단과정이 연계된 곳은 28%의 자연감소율이 있었다. 대체로는 정신분석치료와 특히 심리치료가 높은 자연감소율을 보였다. 이에 대한 대부분의 조사 연구는 개별 외래환자 심리치료 처치에 관한 것으로, 첫 번째 진료 전 또는 후에 40에서 49%의 중간 탈락자의 변동을 보여 준다(Sue, Mckinney, & Allen, 1976). 우리의 결과는 독립적 진단 체계를 가진 도시의 연극치료에서 매우 높은 자연감소율을 보여 주었다. 이것을 분석한 결과 위탁의 3분의 2가 어떤 진료에도 참석하지 않은 것으로 나타났다. 나머지 3분의 1의 경우에는 절반이 진단을 거부하였고, 나머지 절반은 진단 후 취소하거나 처음에는 거부한 다음 나중에 처치받기를 수락하였다. 이처럼 23명의 환자 가운데 19명이 위탁 후 진단에 나타나지 않았다. 23명 가운데 단지 4명만이 이 시점에서 이러한 치료가 적합하지 않다고 결정하기 전까지 남아 있었다. 청년(18~25세)들의 중도 포기는 조금 더 높은 수치를 나타냈다. 청년은 58명의 위탁 가운데 단지 16명에 불과했는데도 불구하고 19명의 중도 포기자 가운데 10명이 청년들이었다(Dokter & Khasnavis, 2008). 이 조사는 우리가 연계하여 위탁을 논의하고 심리적 치료를 거쳐 취합 진단을 하는 통합 심리적 치료 취합과정이 훨씬 더 효과적임을 보여 준다.

예술심리치료(연극과 음악) 부서는 매주 임상 모임을 갖고 새로운 위탁과 진단을 논의한다. 처음 토론에서는 위탁의 적합성과 최상의 진단치료사가 누구인지를 정한다. 진단치료사는 효용성과 잠재적 최상의 개입에 관한 최초의 판단, 집단 혹은 개인, 단기 혹은 장기가 적절한지 등의 요소에 영향을 받을 수 있다. 가능하다면 우리는 환자가 이 치료관계에서 다른 후속 평가로 옮겨 갈 필요가 없도록 평가자와 치료사 간의 협약을 예측하고자 한다. 실제 진단은 2개의 만남으로 이루어진다. 환자의 진단과 그의 이전 치료 내용은 우리가 고려할 두 가지 의학적 요인이지만, 환자의 사회문화적 그리고 가족력 역시 동일하게 중요한 요인이다. 이러한 정보는 위탁 편지, 환자 기록, 자신의 문제점과 병력, 즉 이전의 치료에 대해 어떻게 생각하는지에 대해 환자가 직접 작성한 설문지를 통해 제공되는 경우가 많다.

진단 회기에서 우리는 연극에 접근할 수 있는 환자의 능력을 정할 필요가 있지만 위탁자는 이 영역에 대해 피드백을 제공할 수 없는 경우가 많다. 환자가 입원환자라면, 급성 환자 병동에서 제공되는 공개 연극치료 집단 회기에 참석할 수도 있다. 환자의 연극치료 참여에 관한 정보는 이와 같이 공개 집단 구조에서 제공된다.

우리는 다양한 연극치료 기법을 사용할 수 있도록 최소 2번의 진단 회기를 제공한다. 또한 우리는 회기 사이에 치료에 대한 참여자의 생각을 진단하고, 질문도 받고, 치료 관계를 맺는 환자의 능력에 대한 인상을 얻을 수 있다.

진단의 기본 목표는 환자와 치료사가 서로를 알고, 치료사는 "환자와 그들이 직면하게 될 문제에 대해 가능한 한 많이 발견하는 것"(Jones, 2007, p. 285)이며 또한 환자는 이러한 치료형태와 치료사가 자신에게 도움이 될지 아닐지 알아내는 데 있다.

연극치료사는 환자의 행동 관찰 그리고 환자 자신에 대한 스스로의 기록, 다른 전문가의 기록, 투사 기법과 다른 연극치료 진단 매체들을 첫 진단의 핵심요소로 사용한다(Valente & Fontana, 1997). 이 기간에 치료사와 환자는 관련 문제 및 연극치료 회기 진행방법을 함께 규정한다(Jones, 2007). 환자는 또한 치료사의 행동 관찰과 관계 맺는 방법, 치료사와 치료에 대해 알게 된 것 등을 관찰하고, 이 치료가 자신을 위한 것인지 아닌지 결정하기 위해 연극치료 기법을 경험해 보기도 한다. 이 대화과정은 예약 편지, 결과 측정, 치료적 입장을 생각할 때 중요한 것으로 간주된다. 한편으로는 환자에게 관계를 맺도록 격려하기 위한 충분한 따뜻함과 열림이 필요하고, 다른 한편으로는 처음 만남에서 앞으로 작업할 방법에 대해 기대하는 문화가 형성된다. 지나친 보살핌은 의존을 조성할 수도 있고, 지나친 폐쇄는 거리감과 참여 불가를 가져올 수 있다. 너무 많은 측정은 의학적 기호를 지향한다는 인상을 줄 수 있어서 치료가 수동적으로 흡수하는 약물의 형태가 될 수도 있다. 치료사의 지나치게 적극적인 자세는 변화를 향한 공동의 접근을 막을 수도 있다. 다른 한편으로 환자는 이 과정을 새롭게 느끼고 어떤 도구, 여행을 위한 나침반을 미리 기대할 것이다. 만남의 과정에서 바로 이 순간의 나는 다음의 질문들로 들썩이기 시작한다. 얼마나 표준화되었는가? 얼마나 개별화되었는가?

진단의 두 번째 목표는 EBP와 동일하다. 우리는 증거 기반 연극치료 작업에서 진단 도구를 어떻게 증거로 사용할 수 있을까? 진단 도구는 치료를 위한 목표를 세우는 증거의 일부다. 우리는 그것을 개인치료 계획을 발전시키고 과정을 관찰하기 위한 자료로 사용한다(Feder & Feder, 1999). 네덜란드 음악치료사 헨크 스마이스터스(Henk Smeysters)는 사례 연구 증거로 이 모든 도구를 포함하는 일련의 실습 기반 연구를 개발하였다(Smeysters & van den Hurk, 1993).

그가 말하는 일련의 실습 기반 연구는 진단과정에 문헌 조사를 포함시킨다. 이것은 진단평가가 개인의 데이터를 다른 사람의 것과 연결시킨다는 것을 의미한다. EBP는 우리의 작업을 다른 사람의 것과 관련지을 것을—최상의 작업을 정의하는 중요한 단계를— 요구한다. 연극치료사로서 연계하지 않는 것에는 위험이 있다. 예술가로서 우리는 독창성과 창조성에 가치를 두고 판별하기 때문이다. 하지만 우리는 연극치료에 유용한 문헌을 비판적으로 진단하고 평가할 필요가 있다. 많은 우리의 문헌은 사례 연구의 형태로 되어 있다. 증거로서 전통적 사례 연구의 문제는 얼마나 많은 치료과정이 치료사에 의한 (무)의식적 선택의 결과인지 종종 명확하지 않다는 것이다. 차후의 불완전한 데이터 제시는 치료와 효과 간의 연계에 대한 정당하지 않은 암시라는 결과로 나타날 수 있다. 이는 또한 대안적 설명을 간과하게 될 가능성을 증가시킨다. 많은 사례 연구가 결론의 정확도를 점검하기에 불충분한 정보를 제공한다. 치료사가 선별된 데이터를 쓸 때 맞게 암호화했는지 아닌지, 묘사와 해석이 서술 내용(치료와 그 효과에 관련된)에 적합한지 아닌지 불분명하다. 연극치료사들은 주어진 변수의 수량화에 어떤 노력도 하지 않고 자신의 사례 연구를 이야기로 쓰는 경향이 있다. 일반적인 접근법은 질적인 것으로, 치료과정을 통해 변화함에 따라 정의된 변수를 수동적으로 묘사하는 것에 의존한다. 필자는 치료적 변화를 위한 특정 변수를 선택하고, 그러한 변화가 어떻게 표현되는지 정의한다. 이러한 접근에서는 가매개

변수를 정립하는 어떤 시도도 없이 환자를 꽤 자유롭게 대하고 관찰하고 묘사한다(Aldridge, 1996). 앨드리지(Aldridge, 2005)는 음악치료 사례 연구에서 흥미로운 질적·양적 혼합 조사를 보여 주는데, 그것은 또한 연극치료사들에게 유용하게 쓰였다.

연구 목적에 도움이 되는 사례 서술(Keeken & van Maaskant, 1995)을 위하여 다음을 포함할 필요가 있다.

- 사회적 배경, 치료 기간, 회기 수, 성별, 나이, 문제 유형
- 치료 상황과 원칙
- 치료 환경의 변화
- 치료 단계

특정 진단 범주를 위한 연극치료 문헌 증거를 비판적으로 평가함에 있어서(Dokter & Winn, 2009) 우리는 치료사가 자신의 환자와 상황에 내용을 적용할 수 있도록 충분한 세부항목을 묘사하고 있는 글들로 한정한다. 기관과 국가의 건강에 대한 충분히 좋은 토론이나 이를 영국의 상황과 비교하고 대조할 수 있는 교육적 맥락을 포함하지 않는 글들은 제외하였다. 우리는 대부분의 글이 논설 형식과 책의 장으로 된 사례 연구의 형태로 되어 있음을 알았다. 선별된 주제들은 자폐 스펙트럼장애/학습장애(모든 연령), 기분장애(모든 연령, 하지만 18세 이하는 별도로), 성격장애, 중독(성인), 65세 이상의 기능장애, PTSD(모든 연령), 정신병(성인)이다. 이러한 선택은 NHS, 교육, 그리고/또는 법의학수사와 같은 특정 상황을 명시하였다. 연극치료사 자원봉사자들은 논문을 비판적으로 평가하고, 동료와 함께 마지막 체크 목록에 합의하기 위해 길로이(2006)가 채택한 표준화된 체크 목록을 사용하는 비판적 평가 기술을 훈련받았다. 이러한 증거 체크 목록은 현재 영국 연극치료사협회 웹 사이트에서 회원들에게 EBP 문헌 검토의 부분으로 참조하도록 하고, 재정단체, 고용인, 그리고 환자와의 작업에 매우 유용하게 쓸 수 있도

록 제공되고 있다. 우리는 연극치료사를 위한 최상의 증거가 정신병과 성격장애 진단 범주에 유용하다는 것을 알았다. 주로 집단치료 일지와 몇몇 평론에서 이를 확인하였다(Ruddy & Dent-Brown, 2007; Smeysters & Cleven, 2006; Yotis, 2006).

환자의 문제를 규정하는 방법으로서의 진단 주제는 쉽지 않다. 우리는 문헌에서 몇몇 연극치료사들이 제목이나 사례 묘사에서 진단 범주를 사용하였고, 다른 사람들은 그렇지 않았다는 것을 알았다. 이는 유용한 증거를 문제가 많은 것으로 만들었다. 많은 연극치료 연구 논문이 동료들이 심사하는 저널에 실리지 않는다는 사실 또한 일반적인 검색엔진에서 유용한 증거들을 찾기 어렵게 만든다. 유용한 증거의 국제적 기반을 발전시키는 것은 중요하다.

진단의 주제는 또한 심리역동적 관점에서도 문제일 수 있다. 그것은 의학적 진단뿐만 아니라 환자의 문제에 대한 심리역동적 관계 공식을 요구한다. 대상관계에 따르면, 환자가 지금-여기, 이 방에서 치료사와 관계를 맺는 방식뿐만 아니라 보호자와의 초기 관계 패턴도 이러한 진단평가 유형에 사용되는 자료다. 문헌 조사에서 우리는 종종 이와 유사한 환자 문제와 작업한 다른 치료사들의 문헌들을 찾아내기 위해서 환자의 문제점에 대한 다양한 관점을 고려할 필요가 있다. 한 젊은 여성은 ICD-10에 따라 정서적 불안정(경계성) 인격장애로 진단받을 수도 있지만, 보호자에 의한 성적 학대의 결과에 대한 심리역동적 이해는 자상, 과다복용, 정서적 흔들림으로 나타나는 거부에 대한 공포와 거듭되는 검사를 연계하여 살펴볼 수 있게 된다. 또한 연극치료 문헌에서 의학적 진단 제목뿐만 아니라 PTSD, 중독 범주, 범죄수사 세팅 명명법과 관련된 내용을 찾을 수도 있다. 최근 정황은 조사에 대한 유연하고 독창적인 접근을 옹호하며, 출판과 조사에 대한 보다 조직화된 접근은 환자와 치료사 모두에게 유익할 것이다.

이제 나는 진단의 주제, 진단평가, 그리고 표준화된 연계방법과 개별 방식 사이의 증거와 비교를 입증할 한 환자의 이야기를 하고자 한다. 그것은 만성 산후우울증으로 인한 고통으로 진단받은 한 환자의 개별 연극치료에 관한 것으로, 여기에는 유용한 증거가 거의 없다. 나는 진단 문제에 초점을 둘 것이며, 또한

CORE와 같이 표준화된 결과 측정의 사용, 스토리텔링 카드, 사회 원자 조각, 커뮤니큐브와 같은 연극치료 진단 도구와의 조합을 살펴볼 것이다. 그것들이 어떻게 치료적 관계를 성립하는 방법을 쉽고 가능하게 할 수 있는지 논의하고 과정을 살펴볼 것이다. 나는 킨켄과 반 마스칸트(Keeken & van Maaskant, 1995)의 지침서를 사용하지만, 두 단계를 하나의 확장된 것으로 합친 처음 진단 단계에 집중할 것이다. 치료를 짧게 요약하고, 마지막 단계로 결과를 입증하는 것으로 사례 연구를 마무리할 것이다.

사례 연구-엄마와의 문제

지아나(Gianna)는 35세의 여성으로, 지역의 심리치료 간호사가 처음으로 연극치료를 의뢰하였다. 그녀의 상담사는 이것을 두 번째 맞는 심각한 우울증이라고 하였지만, 지아나는 현재 6세 반인 아들의 출생 이후에 만성적 우울감을 느꼈다고 한다.

병력

지아나는 6년 전 아들이 태어난 지 몇 개월이 지나지 않아 자살을 시도했다. 그녀의 진단명은 심각한 산후우울증이었다. 그녀는 그때 약물 과다 복용이 충동적인 것이었다고 주장하며 아기를 비난했다. 위기평가 팀은 그녀를 처음에는 외래환자로 봤지만, 그녀가 자신의 삶을 더 이상 견딜 수 없어 하고, 집을 떠나는 것에 대해 생각하며 자해하기 시작해서 한 달 후에 입원환자로 수용하였다. 그녀의 입원은 한 달 정도 지속되었고, 퇴원 후에도 위기관리팀에 의해 6개월가량 관리되었다. 그녀의 아기는 아버지쪽 조부모에게 맡겨졌다. 4개월 후 그녀는 또다시 자살시도를 하였다. 그녀는 남편과 떨어져서 혼자 살았고, 조부모는 당시 9개월 된 아기를 오직 감독하에만 볼 수 있도록 허락한 것에 대해 불만을 표시하였다. 그녀는 2주 동안 병원에 입원했고 퇴원해서는 그녀의 부모와 아기와 함께 살게 되었다. 그리고 이후로 3개월 동안 계속해서 위기관리 팀에 의해 보살핌을 받았다. 그해 말 크리스마스 즈음, 아기가 아버지쪽의 조부모와 하루를 보낸 이후 그녀는 아기를 데리고 일주일 정도 잠적하였다. 4일 후 그녀는 가족에게 어디에 있는지 알리기 위해 전화하였다. 이로 인해 아기의 안위에 대해 더 큰 걱정이 생겼는데, 지아나 혼자가 아닌 대가족에 의해 아기가 보살핌을 받고 있는 것 같았기 때문이다. 결국 사회복지국(social service)이 관여하게 되었다.

이후로 수년에 걸쳐 지아나는 서서히 회복되었다. 그녀는 계속해서 항우울제를 복용하였고, 아이 양육에 가족들의 도움을 받아 파트타임으로 일하게 되었다. 항우울제를 복용한 지 3년이 지나자 그녀는 약물 복용을 중단하려고 하였으나 결과는 좋지 않았다. 말을 제대로 할 수 없었고, 몸무게도 매우 많이 줄었으며 제어할 수 없을 정도로 몸이 떨렸다. 그녀는 병으로 인해 직장을 포기해야 했다. 그러나 일을 통해 그녀는 새로운 파트너를 만났고, 그녀는 그가 자신을 잘 지지해 주는 사람이라고 평가하였다. 또한 아들이 3세 반 정도 되었을 무렵에는 아들과 유대감을 느끼기 시작하였다.

그녀의 아들이 5세가 되었을 때, 그녀의 감정상태는 지속적으로 나빠졌다. 혼자 있을 때면 우울해하며 눈물을 흘렸고, 매우 쉽게 화를 냈으며 어떤 것도 통제 불가능한 상태처럼 느꼈다. 그녀는 자신감을 상실했고 자존감도 낮았으며 자신을 나쁜 엄마라고 여겼다. 정신과 의사는 수면장애, 이른 기상, 식욕 상실과 집중력 부족을 우울증 증상들로 꼽았다. 이런 진단을 받자 그녀는 지역사회의 정신건강 팀에 의해 지원을 받았고, 1년 후에 심리치료를 받게 되었다. 이처럼 위탁치료를 받게 된 것은 지아나로 하여금 양육의 정신적 충격과 특히 크리스마스와 새해 초에 재발되는 우울증 양상을 이해하도록 하기 위해서였다.

가족사

지아나는 친모가 23세 때 그녀를 입양 보내기 전까지 6주 정도를 호스텔에서 함께 살았다. 그녀의 입양가족은 그녀가 어렸을 때 입양된 사실에 대해 알려 주었다. 그들은 그녀의 외양이 그들과 달라 보였기에 이를 알려 주는 것이 중요하다고 생각했다. 지아나는 그녀의 친부가 누구인지 알지 못했다. 최근의 우울증 이전에 지아나는 추적 기관을 통해 그녀의 친모에 대해 알아보았고, 친모가 동남쪽 유럽 출신이며, 그녀와 마찬가지로 크리스마스 직전에 태어났다는 사실을 듣게 되었다. 그녀의 입양가족은 영국인 어머니와 남부 유럽 출신의 아버지, 그리고 오빠와 여동생으로 구성되어 있었다. 지아나는 학교에서 독서장애로 인해 괴롭힘을 당했다. 그녀는 A 레벨(상급 시험)을 치르지 않았으며, 16세에 학교를 떠났다. 그녀는 여러 직업을 전전했고, 아들이 태어나기 전까지 아들의 친부와 5년 정도를 함께하였다. 그들은 3년간 함께 살았다. 그녀의 산후우울증이 그들의 관계를 긴장시켰고, 그들은 1년 후 크리스마스 직전에 헤어졌다. 지아나는 그와 헤어진 이후에도 몇몇 남자들을 사귀었지만 이에 대해 그녀는 '잇따라 발생한 재난'이라고 표현하였다. 그녀는 자신이 사람들을 감정적으로 혹은 신체적으로 가까이 할 수 없다고 느꼈다. 양가의 조부모들은 손자의 인생에 있어 확고하게 남아 매주 하루 혹은 오후에 손자를 돌봐주었다. 지아나는 빚에 시달렸는데, 직장을 그만두고 수당으로 분투해야 했기 때문이다. 그녀는 아들과 애인과 함께 지방당국에서 제공하는 아파트에서 살았다. 그녀는 또한 난소낭종으로 몹시 고통스러워하였다. 그녀의 부모는 이에 대해 개인적인 의료 도움을 원조하였다. 지아나는 소수의 가까운 친구들과 친분을 유지했으나 아파트를 떠나기 위해 몹시 애를 썼다.

위탁할 즈음에 그녀는 지역사회 정신치료 간호사(CPN: Community Psychiatric Nurse)에게 상담을 포함하여 매우 긴밀한 도움을 받았다. CPN은 자신의 일자리를 떠날 때가 되었기 때문에 그녀와 지아나는 심리치료 개입이 그녀에게 도움이 될 지 아닐지 알고 싶어 하였다. 그녀는 동시에 연극치료와 심리치료에 보내졌다. 이는 분리된 위탁 시스템을 가진 도시에서 이루어졌기 때문에 부서에서는 이와 같이 동시에 이루어진 위탁에 대해 알지 못하였다. 심리치료 평가를 위한 대기 순서는 약 1년을 기다려야 했지만, 그녀는 위탁 직후에 바로 연극치료 평가에 참여할 수 있었다.

첫 번째 평가 단계

CPN은 서면으로 위탁을 요청하기 전에 분과에 전화하여 위탁이 적합한지 상의하였다. 그녀가 자신의 환자에 대해 염려하고 있다는 것은 분명했다. 그녀는 1년 전부터 지아나가 공공장소에 나가는 것에 대한 불안감과 관련해 그녀와 작업하기 시작하였다. CPN은 지아나가 자신은 어떤 좋은 것도 받을 자격이 없다고 느끼는 것 같다고 생각했다. 그녀는 좋은 일이 생길 때마다 우울하게 반응하였으며, 때때로 자해를 하겠다고 협박하기도 하였다. CPN은 두 달 후 직장을 떠났지만 다른 간호사에게 그 일을 넘겼다. 우리는 그녀가 떠나기 전에 평가를 할 수 있겠지만 치료를 위해서는 6개월의 대기 시간이 걸릴 것이라는 것도 분명히 밝혔다. 환자 감정의 불안정함과 어린 아들을 고려해 볼 때 지역사회 정신건강 팀의 지속적인 관여가 매우 중요하였다. 이러한 사항들에 대해 동의가 이루어지고, 지아나는 6주 후에 첫 번째 평가를 받게 되었다.

지아나는 매우 내키지 않아 하는 모습으로 정시에 도착했다. 그러고는 CPN이 여기에 오라고 말했기 때문에 왔을 뿐이라고 말했다. 그녀는 30대 중반이었으나 훨씬 어려 보였다. 지아나는 말하는 데 어려움을 느끼며, 자신의 감정을 표현하는 데 확신이 없다고 말했다. 나는 그녀에게 여러 상황에서 포착한 사람들의 다양한 감정들을 묘사해 놓은 스토리텔링 카드를 보여 주었다. 이것은 '정서카드(emotion cards)'라는 것으로, 평가할 때 주로 환자들이 자신의 감정에 대해 말하는 데 어려움을 겪거나 그것을 인식하고 말로 표현할 수 없는 환자들에게 제공하곤

한다. 그들의 감정상태를 나타내는 이미지를 보여 주는 것은 종종 환자들이 무엇을 느끼는지 알게 하고 비언어적으로 소통하는 것을 돕는다. 지아나는 7개의 카드를 집었다. 첫 번째 이미지는 운동선수가 경기를 마치고 보도에 앉아 있는 모습이었다. 그녀에게 이 이미지는 더 이상 갈 수 없는 기진맥진한 상태를 의미했다. 두 번째 카드는 어머니가 어린 아들을 꾸짖는 그림이었는데, 그녀에게는 자식으로서나 부모로서나 그녀 자신을 대변할 수 없는 상황을 나타내는 것이었다. 2개의 사진들은 외로움을 나타냈는데, 하나는 대상이 혼자였고, 두 번째는 다른 사람들과 함께 있는 상황이었다. 3개의 남은 사진들은 그녀의 당혹감을 나타냈는데, 첫 번째는 거기 쓰여 있는 글자에 의해(그녀의 독서장애와 그에 대해 어떠한 도움도 받을 수 없었던 것), 두 번째는 사람들에 의해(세상을 차단하고자 하는 마음) 그리고 마지막은 혼란스러운 집(그녀가 가정 내에서의 혼란을 견딜 수 없어함)의 이미지였다.

지아나는 자신의 감정을 표현하는 과정을 통해 자신이 이전에 비해 얼마나 다른 사람이 되었는지 뼈저리게 느낄 수 있었다고 말했다. 나는 그녀에게 작은 오브제들을 주면서 예전과 지금의 그녀, 그리고 중요한 대상들을 표현해 보라고 하였다. 이러한 '사회 원자 조각'(social atom sculpt, 2007년 Jones가 설명하였듯이 Jacob Moreno에 의해 고안된)은 나의 평가 방식에서 표준화된 도구로 사용된다(Dokter, 1996). 나는 환자들에게 그들의 삶에서 중요한 대상과 그들 자신을 나타내는 사물을 선택하라고 한다. 그리고 3개의 시간대—현재와 과거의 중요한 시간, 그리고 바라는 미래의 모습—에서 이들의 관계를 배열하도록 한다. 환자들은 지위, 자존감 그리고 그들 사이의 감정적 거리를 나타내기 위해 사물들을 가까이 혹은 멀리, 위 또는 아래에 배치시킨다. 이처럼 사회 원자 조각을 통해 누가 과거와 현재 사이에 나타나는지(혹은 사라지는지), 그리고 해결되지 못한 관계가 미래에서는 어떤 식으로 나타나기를 원하는지에 대한 변화의 모습을 알아보는 것은 흥미롭다. 지아나의 경우에는 입양부모와 친부모, 형제자매와 애인들뿐만 아니라 그녀의 아들에 이르기까지 관계의 복잡성을 파악할 수 있었다. 그래서 나는 커뮤니큐브를 사회 원자 조각의 기반으로 선택하였다. 커뮤니큐브는 퍼스펙스로 된 투명한 5개 층의 구조물로, 연극치료사 존 카슨(2004)이 환청을 듣는 환자들과 함께한 집단연극치료에 관한 연구를 할 때 고안한 것이다. 그는 외상적 경험, 즉 비밀스럽게 유지되고 사람 혹은 이전 세대에 의해 말해지지 않거나 석연치 않게 전해 내려온 충격적인 경험들은 환자의 심리적 경험을 통해 전달되고 무의식적으로 표출된다고 주장한다. 이전 세대의 비탄과 상실은 다음 세대로 전이될 수 있다(Schutzenberger, 1998).

카슨은 커뮤니큐브를 다양한 시각을 허용하면서도 명확한 경계를 나타낼 수 있도록 디자인했다. 각각의 단계들은 다른 세대, 시간에 따른 변화 그리고/혹은 의식의 변화를 나타낸다. 지아나가 실제로 환청을 들은 것은 아니지만, 그녀의 우울증은 심리적 요소들을 가지고 있었다. 초기 입양 경험의 트라우마, 이후의 따돌림은 그녀의 우울증과 관련이 있을 것이다. 커뮤니큐브는 치료과정에서 의사소통의 도구로서 사용된다. 단추 또는 다른 작은 크기의 상징적 물체들, 패턴과 떠오르는 이야기들을 사용하여 반영과 통찰력을 자극하는 것이다. 구조는 유연해지는 것을 목표로 하며 사람들로 하여금 자신에 대한 관점, 타인과의 관계 그리고 세계관 등을 탐구할 수 있도록 하는 강력한 컨테이너 역할을 하는 것을 목표로 한다(www.communicube.co.uk).

지아나에게 커뮤니큐브를 사용하여 시간에 따른 관계의 변화를 나타내도록 하였으며, 현재와 산후우울증 직전을 대조하여 선택할 수 있게 하였다. 그녀는 아들이 태어나기 전인 8년 전의 자신을 공주로 나타냈다. 그녀의 입양가족은 왕, 여왕, 기사 그리고 여성 피규어로, 당시의 애인은 '헐크' 피규어로 골랐다. 그녀는 그를 자신과 한 살 난 아들을 두고 떠나 6개월 후에 그녀가 아는 누군가와 결혼함으로써 그녀를 배신한, 걱정 하나 없어 보이는 미남으로 묘사했다. 그녀는 그가 자신을 두 번이나 버렸다는 사실뿐만 아니라 한 번도 그녀에게 청혼하지 않았음에 대해 매우 비통함을 느꼈다. 이 조각상은 커뮤니큐브의 중간 정도(3단계)에 놓여졌다. 2단계에는 공주 주변을 배회하는 귀엽기도 하고 위험할 수도 있는 북극곰을 놓았는데, 이것은 그녀의 친모였다. 그녀는 자신의 친모와 연락하기 위해 수차례 노력했으나 결국 1년 반 전에 전화번호만을 얻을 수 있었던 것과 연관지었다. 그녀는 친모에 대해 매우 상반된 감정을 가지고 있었다.

커뮤니큐브의 제일 꼭대기에 지아나는 현재의 자신을 길 잃은 작은 양으로 표현하였다. 그녀의 애인은 의사—보살펴주는 사람의 피규어로, 그녀의 아들은 기사로 나타났다. 그녀의 가족들은 똑같았으나 과거에 비해 훨씬 먼 거리에 있었는데, 그녀의 우울증에 그들이 그다지 의미 없다고 느꼈기 때문이다.

자신의 커뮤니큐브를 보면서 지아나는 보다 말하기가 쉬워진 것처럼 보였다. 그녀는 자신의 우울증이 출산 후에 시작되었다고 내게 말했다. 그녀는 이것을 엄마가 되는 데 있어서의 어려움과 연관지었다. 그녀는 '다른 사람들이 뭐라고 하든' 자신을 나쁜 엄마라고 느꼈다. 나는 그녀의 치료사-목격자로서 그녀의 조각상과 이야기에서 그녀의 특성들을 심각하게 이해하지 못하는 사람들에 대해 알 수 있었다. 나는 그녀에게 이러한 사람들과의 관계에 대해 어떻게 생각하는지 물었고, 그녀는 으르렁거리는 늑대를 집어 커뮤니큐브의 4단계에 놓았다. 이는 그녀의 10대 시절을 나타낸다. 그때 그녀는 특히 아버지의 '무서울 정도로 불같은 성격'과 싸워야 했다. 지아나는 늑대와 길 잃은 양으로 표현된 자기 자신이 싫다고 하였는데, 그녀는 그저 행복하고 쾌활한 공주였던 자신을 되찾고 싶어 하였다.

나는 기록을 통해 그녀가 10대 시절에 마약을 경험하는 반항적 시기를 거쳤다는 것과 그녀가 보살핌을 받고 도움을 받는 것을 매우 꺼려했다는 것 또한 기억한다. 그녀는 도움을 받는 것이 싫다고 말했으며, 나는 그녀가 이러한 치료에 대해 어떻게 느끼는지 궁금했다. 이것이 도움이 되는지? 아니면 그저 문제/변화에 대해 함께 작업하는 것에 불과한지? 지아나는 이것이 어떻게 도움이 될 수 있을지는 모르겠다고 하였다. 왜냐하면 그녀는 전에 CPN과 함께 약간의 인지치료를 했지만 아무 소용이 없었다는 것을 알았고, 이것이라고 다를 수 있겠냐는 것이었다. 우리는 그녀가 연극치료가 어떤 것인지 보다 잘 알 수 있도록 다른 회기를 갖는 것에 동의하였다. 나는 그녀가 혼란스러울 때 누군가와 함께 있도록 허락하는 것에 관한 그녀의 양면성에 대해 질문하였다. 그녀는 노력해 보겠지만 이

치료가 오히려 예상치 못한 문제를 야기할까 봐 두렵다고 하였다. 그녀는 나쁜 경험들을 상자에 넣어 가둠으로써 대응하는 듯했다. 그녀는 이번 회기에서 그녀 자신에게 놀랐다. 그녀는 자신의 삶에 대해 은유적으로 매우 많은 것들을 이야기할 수 있었으며, 그녀 자신과 친모는 동물로, 다른 사람들은 사람 피규어로 나타낸 것을 관찰하였다. 이는 남들과 다르다는 그녀의 감정을 반영한 것이었다.

치료사의 성찰

나는 이 회기를 통해 지아나가 자신의 감정에 대해 말하는 것을 얼마나 어려워하는지 알게 되었으며, 또한 은유적으로 자신을 표현할 수 있는 능력이 있음을 볼 수 있었다. 그녀는 나와의 관계 형성에서 양가적이었으며, 사람들이 자신을 이해하지 못한다는 고집으로 인해 내게 다른 사람들을 믿을 수 없다고 말한 것 같았다. 그녀가 자신을 싫어하고, 스스로 나쁜 엄마라고 여기는 감정은 그녀가 나쁜 아이었다는 것에 대한 숨겨진 감정들로 나에게 전달되었다. 바로 그것이 왜 그녀의 엄마가 그녀를 떠났는지, 그리고 그녀 또한 자신의 아들에게 좋은 엄마가 될 수 없는지에 대한 이유였던 것이다. 다른 사람들은 도움을 줄 수 없으며, 그녀는 나 또한 나쁜 엄마/치료사가 되기를 바랐다. 연극적 수단이 그녀에게 아주 적합할 것 같지만 그녀가 치료적 관계를 형성하는 것을 충분히 안전하게 느끼는지에 대한 확신이 없었다. 그녀는 극적 은유가 자신이 의사소통하는 것을 용이하게 하였다는 점에서 놀랐다. 그녀에게 부정적 요소라면 아마도 이것으로 인해 그녀가 공포에 압도되거나 치료에서 통제되지 못할 수도 있다는 것이다.

2번째 평가 회기에서 그녀는 자신의 다른 측면들에 대해 귀 기울여 주는 할머니 피규어로 나타냈던 CPN이 떠나 버린 것에 대한 생각으로 가득 차 있었다. 으르렁거리는 티라노사우루스 렉스가 늑대를 대신하였는데, 당시에는 그 부분이 보다 크고 훨씬 위험하게 느껴졌기 때문이다. 할머니 피규어는 길 잃은 양과 공주 피규어에 귀 기울여 주었다. 이에 덧붙여 지아나는 유아기의 소녀를 골랐다. 어린 소녀는 어른으로 성장하기를 거부하는 피터팬 피규어를 나타낸다. 그녀는 치료에 대한 공포를 '지브랄타의 바위'라고 명명한 숨겨진 고통의 바위로 나타냈다. 그녀는 자신이 너무 많이 드러나게 될까 봐, 그리고 너무 쉽게 상처를 받기 때문에 도망가게 될까 봐 두렵다고 말했다. 치료뿐만 아니라 고용기관에도 연락을 취해 다시 직업도 찾고, 금연도 하려고 노력하였지만 이 모든 것들은 그녀에게 압박감에 대한 공포를 증가시켰다. 우리는 치료에 집중하는 것이 얼마나 중요하고, 또한 그녀가 자신을 드러낼 때 어떻게 좀 더 통제력을 가질 수 있는지에 대해 논의하였다. 우리는 평가의 연장으로 또 다른 5회기를 갖기로 동의하였다. 그런 다음 치료를 계속할지 아니면 끝낼지를 결정하게 될 것이다.

다음 회기 때 지아나는 아이를 돌봐야 한다는 이유로 취소하였다. 그다음 주에 만난 그녀는 아들이 아파서 거의 밤을 지새운 상태로 매우 지쳐 있었다. 그녀는 어쩔 줄 몰라 하였고, 자신이 어떻게 느끼는지를 표현하기 위해 다시 커뮤니큐브를 사용할 수 있냐고 물었다.

제일 윗 단계에 그녀는 남자 친구에게 화를 내는 두 살짜리 자신을 놓았다. 그때 그는 밤에 일하고 있었고, 그녀는 그가 3개월 만에 처음으로 누리는 저녁의 자유시간을 친구들과 보내기로 한 것에 몹시 화가 나 있었다. 그녀는 아들이 아팠기 때문에 그와 함께할 수 없었다. 두 번째 단계에서는 표출되지 않은 그녀의 감정들이 나타났다. 판단하는 눈(judging eye), 돈(그녀 남자 친구의 수입이 가족을 부양한다는 점을 기억하려 함), 그리고 양육의 고역을 나타내는 간호사. 커뮤니큐브의 세 번째 단계는 길 잃은 어린 양인 그녀 자신을 보여 주었다. 그녀는 다가오는 크리스마스를 두려워하고 있었고, 그래서 과거의 크리스마스 유령을 덧붙였다(약물 과다 복용, 이전 애인과의 이별, 도망가고 싶은 소망, 또한 드러남을 통제하고 싶어 하는 그녀 자신의 욕구를 알 수 있었다). 큐브의 다음 단계는 비어 있었지만 제일 아래층에 그녀는 현재의 남자 친구와의 관계에 대해 긍정적 측면을 나타냈다. 그녀는 그 사이에 빈 공간이 있다고 말했다. 왜냐하면 그때 그녀는 그러한 측면에 접근하기 어렵다고 느꼈기 때문이다. 나는 CORE 형식이 위험 평가 부분을 포함하고 있다는 것을 알고 있었기 때문에 지아나가 압박감을 느낄 시점이 거의 임박한 상황에서 이것을 완성하는 것이 과연 유용할 것인지 생각했다. 크리스마스(그녀에게 위험한 시간)가 다가오고 있었고 게다가 그녀의 CPN도 아직 대체되지 않았다. 우리는 CORE 형식을 작성하였다. 회기의 마무리 단계인 커뮤니큐브를 해체하는 과정에서 우리는 제일 아래층에 보다 집중하였다. 지아나는 그녀의 사랑스러운 면을 환기시켜 주는 남자 친구의 보다 부드러운 면을 계속 간직하고 싶어 하였다.

지아나는 다음 회기를 아프다며 취소했고, 나머지 두 번의 예정된 회기에도 참석하지 않았다. 그녀는 연락을 달라는 편지에도 답하지 않았다.

치료사의 성찰

나는 그녀가 정말로 힘든 그때 자신을 도울 수 없다는 느낌과 자포자기를 재현한 것을 안다. 또한 나는 CORE 형식이 제 역할을 했는지도 알고 싶다. 그것은 34개의 질문들로 구성되어 있는데, 지아나가 무방비로 이미 기분이 가라앉은 상태에서는 매우 강요받는 것처럼 느꼈을지도 모른다. 나는 불안감에서 이 형식을 사용하였는지, 무신경한 타이밍은 아니었는지에 대해 생각하였다. 이를 수행하는 규정된 시간이나 방식은 정해져 있지 않으며, 관할 부서는 단지 치료의 시작과 끝부분에서만 이를 사용하였고(이전과 이후의 실험) 나는 이를 생략할 수도 있었다. 나는 지아나가 이 형식을 나로 인해 남자 친구와 동일하게 그의 친구들과도 거리를 두는 것으로 경험했는지 아닌지 알고 싶었다—나의 형식이 그녀보다 더 중요했던 것일까?

나는 지아나에게 마지막 편지를 쓰면서 연극치료가 그녀의 삶에서 지금 이 순간에 최적의 방안이 아닐 수도 있지만 만약 나중에 상황이 변한다면 그만둔 환자들을 위한 부서에서 언제든 다시 만날 수 있다고 하였다.

이처럼 환자가 그만두게 되는 경우 치료사들에게는 거의 대답되지 않은 많은 질문들만 남게 된다. 이 경우 나는 운이 좋았는데, 1년 후에 평가를 위해 지아나를 만난 심리치료 동료로부터 전화를 받았기 때문이다.

두 번째 평가 단계

지아나에게 심리치료 대기 순서가 돌아왔다. 그녀는 정해진 약속에 참석하였고, 내 심리치료 동료에게 나와의 평가 경험에 대해 이야기하였다. 그녀의 기억은 흐릿했지만, 당시에 연극치료를 거부했다는 것을 기억해 냈다. 그러나 그녀는 자신이 현재에는 다른 심리상태에 있다고 느꼈다. 그녀의 삶에서 변화가 생긴 것이다. 그녀는 새로운 남자 친구를 만났다. 전하는 바에 따르면, 그녀는 그를 만난 이후 자신의 아들에게 보다 좋은 엄마가 되었다고 느끼는데, 그녀의 아들은 독서장애로 진단받아서 부가적인 도움과 학교에서의 모임을 필요로 한다고 하였다. 또한 지아나는 남자 친구의 도움으로 자신의 친모와 만남을 시도하였다. 이후 그녀는 그다음 크리스마스에 재회하였는데, 그것은 23년 만에 가장 좋은 일이었다.

지아나는 심리치료사에게 그녀의 입양부모에게는 다가가는 것에 지쳐서 친밀감을 간절히 원하였는데, 친모와는 만나자마자 바로 느낄 수가 있었다고 설명하였다. 또한 그녀의 아들이 태어날 때 겪었던 비극에 대해서도 털어놓았다. 그녀는 자신의 양부가 갓 태어난 아이를 안고 "이 아이가 너의 유일한 친족이라는 것을 아니?"라고 말했다고 하였다. 그녀는 엄마를 만남으로써 그녀가 아기였을 때 사랑받지 못했다는 공포를 내려놓을 수 있게 되었다. 그녀의 엄마는 자신이 영어도 몰랐고, 시스템에 대해서도 거의 이해하지 못했었다고 말했다. 만약 그것이 어떤 결과를 수반할지 알았더라면 그녀는 지아나를 포기하지 않았을 거라는 것이었다. 지아나는 연극치료 평가에서 그랬던 것과 마찬가지로 심리치료사와의 치료과정에 대해서도 모순된 감정을 경험하였다. 그녀는 매주 1회기씩 진행되는 것은 부족하고 그것이 문제점이라고 하면서, '이미 시작하였기에 다시 상처를 긁어내는 것부터 시작할 필요가 없는' 연극치료로 돌아갈 수 있는지에 대해 물었다. 동료는 이것이 '집으로 돌아오고자 하는' 그녀의 무의식의 소망을 반영한다고 느꼈다. 지아나는 자신이 여전히 해방되고자 하는 것에 무의식적으로 끌려가는 마음과 싸워야 할지도 모른다는 것을 인식하고 있었다. 나의 동료는 이를 그녀의 초기 트라우마 역사의 맥락에서 '어머니 대상을 떨어뜨리기'를 원하는 것으로 해석하였다. 그래서 다시 연극치료로 돌아오는 것을 추천하였고, 지아나는 다시 나와 만나게 되었다. 첫 번째 회기에서 그녀는 마지막으로 나를 만난 이후에 그녀의 인생에서 나타난 변화들에 대해 말해 주었다. 그녀는 두 번째 애인과 헤어지고 지금은 아들과 함께 자립해서 살고 있다고 말했다. 그녀의 새 남자 친구는 150마일 떨어져 있으며, 그녀는 둘의 관계가 보다 상호의존적이고 동등하다고 느꼈다. 그녀는 또한 아들과의 관계에서도 개선되었다고 느꼈다. 나는 '예전과 지금'의 조각상을 포함하여 첫 번째 평가에서 만들었던 커뮤니큐브를 다시 만들자고 그녀에게 제안했다. 친모와의 만남은 북극곰에서 미키마우스 피규어로의 변화를 가져왔다(지아나는 '어떻게'와 '왜'에 대해서는 분명히 표현하지 않았지만, 나는 이상화된 디즈니 피규어의 의미에 대해 말없이 의문을 품었다). 지아나는 간호사로서의 자신이 보다 뒷부분에 있고, 공주가 보다 앞에(소중하고 보다 쾌활한) 위치한다고 느꼈다. 그녀의 부모는 똑같은 상태였지만 여동생은 남편을 얻었다. 지아나는 여동생의 결혼식에서 매우 질투심을 느꼈으며, 당시의 애인에 대해 자신이 얼마나 불만족스러운지 깨달았다고 말했다. 그녀는 그에게 있어 자신이 열 번째 순위에 해당한다고 느꼈고, 자신이 최우선이 되고 싶어 하였다. 새 남자 친구는 그녀의 아들과 동갑인 아들이 있으며, 그들은 서로 그리고 각자의 아이들을 공평하게 우선시할 수 있었다. 나는 그녀에게 나와 함께 다시 시작할 것인지, 아니면 다른 동료와 함께 시작하기를 원하는지 물었다(나와 함께할 경우 대기 시간은 더 길었다). 그녀는 기꺼이 나와 다시 시작하고 싶다고 하였다. 나는 2주 후에 최종 결정을 위해 다시 만날 것이라고 말했다. 그녀는 부활절을 새 남자 친구와 보내고 왔는데, 그를 떠나 집으로 돌아오는 것이 너무 힘들다는 것을 알게 되었다. 그녀는 자신이 얼마나 쉽게 버림받고 길을 잃어버렸다고 느끼는지에 대해 화가 났으며, 이를 작은 양으로 표현하였다. 이 회기에서 그녀는 직장으로 돌아가는 것에 대한 공포를 새끼 돼지로 나타냈고, 티라노사우루스 렉스를 자신의 화와 공격성을 나타내는 것으로 골랐다. 하지만 티라노사우루스 렉스를 자신의 새끼를 보호할 수 있는 긍정적일 수도 있는 피규어로도 보았다. 그녀는 어머니로서의 자신을 캥거루로 나타냈다. 그녀는 피터팬 이야기로 돌아와 지금은 자신이 좀 더 성숙의 경계에 있는 어린 여성인 웬디와 같이 느낀다고 말했다. 그녀는 보살핌을 원하는 우는 아이와 성숙한 여성을 통합하는 치료를 원한다고 말했다. 그녀는 자신의 다양한 측면들의 균형을 맞추고자 하는 소망을 여러 색으로 칠한 달걀로 표현했다. 그녀는 남자 친구와 함께 있고 싶어하는 소망은 퇴행적일 수도 있다는 것을 알고 있었고, 이사를 고려하기 전에 문제해결을 위해 치료를 받고자 했다.

우리는 CORE 형식을 다시 작성하였다. 지아나는 이번에는 완성하는 것이 보다 쉽다고 생각했고, 우리는 함께 무엇이 동일하고, 무엇이 변화되었는지를 살펴보았다. 그녀는 지난번에 처음 했을 때는 압박감을 느꼈지만 지금은 무엇이 여전히 문제이고, 어떤 것들이 변화되었는지를 볼 수 있다는 것이 흥미롭다고 하였다. 첫 번째 CORE 형식에서 지아나는 위험에서 최고 24점 가운데 낮은 점수인 2점을 기록하였다. 그녀는 고통에서는 거의 최고 수준을, 웰빙, 기능과 문제적 경험에서는 매우 높은 점수를 기록하였다. 1년 후에 이루어진 두 번째 평가에서 그녀는 모든 영역에서 매우 낮은 점수를 기록하였다. 그녀의 고통 수준이 치료의 범위 안에 있지 않았기 때문에 만약 내가 이 단계에서 무언가 이상화가 진행되고 있다는 것을 의심하지 않았다거나 혹은 형식이 절대적 표준으로 사용되었다면, 나는 아마도 치료를 제안할 수 없었을 것이다. 첫 번째 평가에서 매우 우세했던 고립과 공포/불안, 자기 비난과 압박감은 상당히 감소하였다. 그녀의 삶에서 여전히 가장 문제시되는 영역들은 에너지와 열정 부족, 견딜 수 없어 하는 느낌과 수면장애였다.

치료 단계

우리는 학교 공휴일은 제외하고 40회기 동안 매주 만나면서 1년 정도 함께 작업하였다. 치료의 마지막 단계에서 그녀는 남자 친구와 함께 살기 위해 자신의 집과 도시에서 이사하였다. 작업의 주 초점은 그녀의 양육 관계였다. 친모와 그녀의 관계는 여전히 불안정했다. 그녀는 가족의 집을 팔기 위해 친모와 함께 출생지로 가서 그녀의 식구들을 만났다. 그녀와 남자 친구는 함께 집을 알아보고, 그녀는 이사를 준비하였다. 그와 살기 위해 입양가족을 떠나는 것은 다시금 분리에 관한 모든 문제를 불러일으켰다. 그녀가 입양가족과 의절하기를 원하는 친모와의 갈등은 그녀의 삶에서 다른 가족 구성원의 위치에 대한 더 큰 통합으로 이어졌다. 그녀는 새로운 복합가족의 구성(남자 친구의 아들에게는 그녀가 새엄마가 되고, 그녀의 아들에게는 남자 친구가 새아빠가 되는 것)이 그녀에게 어떤 새로운 양육의 문제를 일으킬 것인지에 대해 예측하였다. 의붓아들과 엄마와의 관계에서 그녀가 두 번째로 우선시되는 감정에 대한 갈등으로 인해 그녀는 자신의 친모의 질투와 불안함을 이해할 수 있게 되었다. 치료하는 동안 우리는 세 달에 한 번씩 CORE 형식을 작성하였다. 크리스마스 즈음에 이사가 예정되자 그녀의 점수는 스트레스의 증가와 보다 신체적인 증상들이 많아짐을 알려 주었다. 그녀는 성취의 부족에 대한 자기 비난과 불행함에 대한 갈등을 겪으면서 자신의 문제점들에 더욱 몰두했지만, 첫 번째 평가에서 나타난 것보다는 훨씬 낮은 수준이었다.

종료 및 후속 작업

우리 작업은 그녀가 이사 가기 바로 직전인 봄에 끝났다. 그녀는 아들의 학교를 위해 준비하고, 애인과 새 집을 사기 위해 계획하고, 의붓어머니로서의 양육에서 예상할 수 있는 긴장감들을 다루기 위한 대처 방안을 마련하는 과정에서 자신이 일정 수준의 독립심을 얻었다는 진정한 성취감을 느꼈다. 우리는 그녀가 변화를 준비하는 동시에 그녀에게는 힘든 시간으로 인식된 크리스마스(그녀의 출생과 입양 기념일)를 극복하도록 하기 위해 6개월 뒤의 후속 작업을 정하였다.

후속 만남에서 그녀는 새로운 환경에 잘 적응하고 있었지만 여전히 크리스마스 무렵과 그녀의 친모가 계속해서 그녀에게 불규칙하게 연락한다는 사실에 대해 갈등을 겪고 있었다. 그녀는 입양가족과 떨어져서 외로움을 더 많이 느낀다는 것을 알았지만 동시에 그녀 스스로의 삶을 발전시키기 위한 회복력과 능력이 자라났다는 것도 인식하였다. 애인과의 관계는 좋았고 친밀했다. 그녀의 아들은 새로운 중학교와 보다 넓은 사회적 환경에 잘 적응하였다. 지아나는 사랑받음에 있어서 어떻게 보다 안전함을 느끼는지 나와 이야기하였고, 바로 그것이 그녀 자신의 삶을 계속 발전시킬 수 있도록 해 주었다. 이때 만든 CORE 형식은 새로운 친구를 만들어야 할 필요에 대한 어려움을 보여 주었지만, 견딜 수 있는 감정에 대한 회복력과 자존감에서 놀랍도록 향상되었음을 알 수 있었다. 우리의 헤어짐 역시 또 한 번의 놓아 주기와 분리의 행위였다.

논의

40주간의 치료, 두 기간 동안 이루어진 8회의 평가와 2번의 회기, 여기에 추가된 후속 조치를 포함하면 총 51회기에 이른다. 이 장의 앞부분에서 나는 평가의 네 가지 기능에 대해 논의하였는데, 이제 지아나의 경우에 대한 보다 자세한 설명과 함께 살펴보고자 한다. 섣부르게 빨리 치료에 들어가는 것은 평가의 첫 번째 단계에서 확실히 문제가 있었다. 이것은 부분적으로는 연극을 접하는 지아나의 능력과도 연관이 있다. 연극이라는 매개체에 대한 쉬운 접근성은 그녀를 놀라게 한 동시에 두려워하게 한 것으로 보이며, 이로 인해 통제력 부족과 압박감을 느끼게 하였던 것이다. 치료사로서 위기 평가(부가적인 평가 업무 중 하나)에 대한 나의 관심은 결과적으로는 여러 분야에서 좋게 연계하도록 하였지만 CPN이 떠나자 무너졌으며, 지아나와 그녀의 아들에 대한 걱정을 악화시켰다. 연장된 평가에서는 지아나로 하여금 이것이 치료를 위해 적합한 형식과 시간인지에 대해 함께 작업함으로써 평가의 두 기능에 좀 더 많은 시간을 할애하도록 권한을 부여할 수도 있었다. 그러나 이것이 다가오는 그녀의 생일과 입양 기념일이자 1년 중 가장 문제시되는 시간과 맞물렸다는 것이 문제였다. CORE 점수에서 그녀가 경험하는 고통의 수치가 명확하게 나타났지만 내가 그녀와 함께 치료의 목적을 설정하고 관여할 수는 없었다. 그럼에도 불구하고 충분히 좋은 잠재적 관계가 형성되었기 때문에 그녀는 나를 다시 만나기를 요청하였던 것으로 생각된다.

심리치료와 연계된 여러 분야의 협업은 또 하나의 매우 중요한 요소였다. 지아나는 자신의 삶에서 보다 안정을 찾고, 특히 관계를 형성하기 위한 능력이 갖추어짐에 따라 이번에는 그녀 스스로의 결정에 의해 보다 명확한 의제를 가지고 다시 치료를 받으러 올 수 있었다. 그녀는 관계 속에서도 독립적이기 위한 자신의 능력에서 보다 안정감을 느끼기를 원했던 것이다.

수집한 평가 자료들은 그녀의 의료기록, 회기 내에서 그리고 회기 사이에서 그녀가 보인 행동, 그리고 커뮤니큐브와 같은 평가 도구들로부터 나왔다. 전반적으로 나타난 주제는 지아나의 애착 문제였다.

여러 맥락에서 이루어진 동료들과의 연락을 통해 얻은 자료들로 인해 지아나의 관계 맺는 방식에 대해 선명한 이미지를 만들 수 있었다. 의료 기록들은 내가 보았던 패턴들에 대한 설명을 제공하였던 것이다.

나의 심리치료 동료는 첫 번째 중도탈퇴를 클라인학파의 해석인 '어머니 대상의 탈퇴'로 해석하였다. 이것은 지아나의 경우에 일리가 있다. 상호문화 간의 실습에 개인적이고 학술적 관심을 지닌 치료사로서, 나는 또한 외국인 치료사(나는 네덜란드인이다)라는 사실이 그녀를 거부한 외국인 엄마에 대한 감정을 일으켜서 그녀가 애착대상을 구성하기 전에 떠나고자 했는지가 궁금해졌다. 그녀가 친모와 접촉한 이후에 나에게 다시 돌아올 수 있었고, 그 후에 치료에서 차이점을 둘러싼 논점들에 대해 작업할 수 있었다는 점은 주목할 만하다. 그 전에는 가족과의 외관상의 차이점, 아버지의 '두려울 정도로 급한 성격'과 학교에서의 따돌림은 모두 부정적이고 거리를 두는 애착 경험과 연관되어 있었다.

애착에 대한 과거와 현재 형태의 연관관계는 매우 흥미로웠다. 지아나는 공백으로 비워 두거나 아니면 화나고 공격적인 충동들을 투사하였다. 아기와 아버지쪽 조부모는 그녀의 약물과다를 비난하거나 도망갔던 것이다. 그녀는 자신 안의 분노하는 늑대와 의존적인 양을 구분하여 생각하기를 원했다. 그녀는 내가 그녀를 통제하려고 하는지 알고 싶어 하였다. 그녀의 CPN이 '그녀를 오도록' 했듯이 내가 고립된 상자들을 '그녀로 하여금 보도록' 하는지 말이다. 어머니 대상물들은 이상화되거나(여왕이나 미키마우스) 혹은 위험한 것이었다(북극곰). 이상화된 대상(양육하는 자, 바위)으로서의 애인은 그가 그녀 대신 다른 것들을 선택하는 무심한 경험(헐크, 의사)과는 맞지 않는다. 투사적 평가 도구들은 그녀의 감정들을 나타내고, 포착하고 관찰할 수 있는 형태로 만드는 데 효과적인 방식들을 제공하였다. 이것은 그녀의 대응기제 가운데 하나인 비우기를 보다 어렵게 하였다.

첫 번째 평가 단계에서 CORE 결과 측정을 사용하는 것은 지아나에게 압박감을 느끼고 관계에서 훨씬 더 거리감을 갖게 하는 부분이었지만, 두 번째 단계에서는 이를 수월하게 사용할 수 있었다.

지아나를 이해함에 있어서 나는 연극치료와 우울증에 대한 그레인저의 연구(1991)를 연관지어 살펴보았다. 그녀는 우울증에서 고전적인 과잉밀착을 보였고, 나는 내가 사용한 평가 기법들의 영향에 대해서 알고 싶었다. 사회적 원자와 커뮤니큐브는 환자의 연극과 삶 사이에 '마치 ~인 것처럼'과 거리 경험을 하게 하는 것보다 오히려 더 직접적인 연관관계를 만든다. 지아나가 CPN과의 인지 경험이 그다지 유용하지 않았다고 말했던 것이 아마도 나에게 보다 비유적인 접근 방식을 사용할 수 있도록 하는 단서를 주었을지도 모른다. 후반부 작업에서 삶-연극 연관관계(Jones, 2007)는 긴밀하게 남아 있었지만, 우리는 글과 역할 연기를 활용하여 투사보다는 체현과 역할 경험으로 이끌 수 있었다(Jennings, 1992). 지아나는 이러한 유형의 체현 연극을 할 수 있게 되기 전에 관계에서 신뢰를 형성할 필요가 있었다. 나는 초기 관계에서의 모호한 애착이 평가의 첫 단계에서 특정한 연극치료 기법보다 더 관련되어 있을 것이라고 생각한다. 하지만 예술 형태가 과도하게 밀착되었다는 사실은 환자와 치료사 사이의 문제적 감정 전이를 유지할 수 없었다는 것을 의미한다. 환자-치료사-매개체의 삼각형의 세 번째 축은 불충분한 유지를 제공한다. 지아나는 세 번째 관계 대상으로서 커뮤니큐브가 그녀의 감정을 표출할 수 있도록 해 주었음을 보여 주었다. 이처럼 분리에서 관계로 이어지는 단계는 유용하였지만 또한 압박감을 느끼게 되는 공포를 야기하였다. 나는 바로 이것을 지아나가 상자 속에 꽁꽁 가둬 버리는 것을 극복하고 대응기제를 발전시키도록 도와주기 위하여 연장 평가에서 작업해야 할 논점으로 잡았다. 하지만 그녀로서는 그 당시에 이를 견디는 것이 어려웠다.

평가의 두 번째 단계에서 나쁜 것과 좋은 애착대상 사이의 분리는 여전하였지만 이번에는 좀 더 이상적인 애착 단계에 있었다. 나는 심리치료 동료가 내가 첫 번째 단계에서 들었던 것과 마찬가지로 그녀의 현재 남자 친구에 대해 비슷하게 이상적인 말을 들었다는 점이 매우 흥미로웠다. 이제 지아나는 불만족스러운 관계를 정리하고, 그녀와 아들을 위해 보다 독립적일 수 있다는 사실을 보다 잘 받아들일 수 있었다. 친모에 대한 이상화가 그녀를 다시 치료받게 했을 수도 있지만, 이상화되고 폄하된 부모 대상들을 통합하기 위한 치료가 중요하였다. 이는 (1) 친모와 입양부모, (2) 그들이 이사 가기 전에 아들의 아버지로 다시 받아들인 경멸스러운 이전의 남자 친구, (3) 그녀의 새 가정에서의 양부모와 친부모를 포함하였다.

비록 그녀의 초기 경험들의 고통이 여전히 '축제의 계절'이면 다시 떠오르긴 하지만, 그녀는 고통과 얻는 것의 균형을 보다 잘 맞출 수 있게 되었고, 그녀의 정신에서 내적·외적 어머니들과 무엇을 해야 하는지 보다 잘 알 수 있게 되었다.

지금까지 초기 평가에서 얻은 자료가 투사 기법 및 다른 진단적 연극치료 매체들을 사용함으로써 어떻게 환자들의 행동, 그들 스스로의 기록, 다른 전문가들의 기록들과 함께 하나의 틀을 만드는지 살펴보았다(Valente & Fontana, 1997).

이러한 과정은 환자, 치료사, 매개체 간의 삼각형의 전이에 대한 연극치료사들의 이해와 치료적 관계의 사용을 통해 알 수 있다.

결 론

이 사례 연구에서 사용된 연극치료 평가 도구들은—정서카드, 사회 원자 조각과 커뮤니큐브—지아나가 불편하게 느끼는 상황에서 그녀의 내적 갈등과 문제들을 표현하는 데 도움을 주었다. 이는 감정 차단, 문제 분류(상자에 넣기) 그리고 친밀한 관계로부터의 회피, 소외감, 낮은 자존감 그리고 호전되는 것에 대한 무력감으로 이어지는 그녀의 대응기제들을 입증하였다. 비록 이 기법들이 첫 번째 평가 단계에서 치료적 동맹관계를 만들어 낼 만큼 강력하지는 않지만, 그녀가 다시 치료 작업으로 돌아오도록 하는 기반을 제공하였던 것은 사실이다.

CORE와 같은 표준화된 결과 측정의 주요 장점은 동료들과 소통하는 데 있어서의 편리함이다. 우리의 NHS 환경에서는 모든 심리치료들이 CORE를 표준화된 결과 측정으로 사용하고 있으며, 또한 위험평가와 증상 완화를 위해 이용함으로써 의료진들과의 소통에서도 도움이 된다. 둘째로, 표준화된 평가 덕분에 연극치료사들은 환자의 상태가 치료와 생활환경의 결과로 변화되었음을 입증할 수 있다. 또한 후속 만남에서 사용한 것처럼 시간의 흐름에 따라 어떻게 변화가 이루어졌는지도 보여 줄 수 있다.

우리는 환자들에게 CORE 형식을 제공할 타이밍과 수단을 위한 보다 표준화된 규정을 확립하였다. 지금은 이것을 첫 번째 만남을 위한 편지에 함께 제공하는데, 이를 통해 환자들은 오기 전에 작성하거나 아니면 첫 번째 회기에서 치료사와 함께 작성할 수 있다. 치료가 시작되면 환자는 다시 양식을 작성하고, 환자와 치료사가 초기 면담 이후에 이루어진 변화들에 대해 논의한다. 치료 전반에 걸쳐 치료가 단기인지 장기인지에 따라 격주 혹은 매달 CORE-10 양식이 실시된다(단기에서는 34개보다는 10개의 질문이 치료 시간에 덜 방해가 된다). CORE 형식은 중간, 마지막 그리고 후속과정에서 다시 작성되고, 환자와 치료사가 설정한 목표들과 연관하여 논의된다. 환자들은 또한 진행과정, 방식 그리고 치료사에 대한 의견을 표출하도록 만든 치료 관련 피드백 질문지를 작성한다. 환자들이 치료사에 대해 불만을 표시하는 것이 어려운 일이라는 것은 이해할 수 있지만, 이처럼 치료사, 치료 그리고 환자에 대한 평가는 종료과정의 일부인 것이다. 물론 환자에게 어려움을 드러내는 기회가 항상 제공되어야 하지만, 유감스럽게도 치료사에 대한 불만족이 여전히 무의미하게 표현되는 경향이 있다.

나는 표준화된 평가 접근 방식의 잠재적 위험을 증명하기 위해서 지아나의 사례 연구를 선택하였다. 첫 번째 평가 단계에서 CORE 형식을 사용한 것이 그녀에게는 연극치료 평가 도구들에 의해 환기된 그녀의 감정들을 유지시킬 수도 있다는 신뢰를 감소시키고, 거리를 두는 것으로 경험되었을 수도 있다. 우리가 얼마나 많이 표준화하든지 우리는 환자들의 개별적 다양함과 환경, 그리고 그들과의 관계에 대해 민감하게 남아 있을 필요가 있다. 우리의 도구는 그저 도구일 뿐이다. 대부분의 심리치료 연구에서 나타나듯이(Lambert, 2004), 최종적으로 차이를 가져오는 것은 치료적 관계인 것이다. 치료 패키지를 위한 규정은 우리가 치료사로서 관련되어야 하는 지역, 그리고 경제 상태에 의해 영향을 받는다. 이는 평가의 일부로 우리가 이 시점에서 환자를 위해 다른 치료사 혹은 다른 치료 방식이 더 나을 것인지를 생각해야 한다는 것을 의미한다. 치료 형태 그리고 치료사로서 우리의 강점과 한계를 아는 것은 평가에서 필수적인 부분이다.

참고문헌

Aigen, K. (1995). Principles of qualitative research. In B. Wheeler (Ed.), *Music therapy research.*

Quantitative and qualitative perspectives (pp. 283-312). NH Gilsum: Barcelona Publishers.

Alaszewski, A. (1995). Restructuring health and welfare professions in the United Kingdom: The internal markets on medical, nursing and social work professions. In T. Johnson, G. Larkin, & M. Saks (Eds.), *Health professions and the state in Europe* (pp. 55-75). *London: Routledge.*

Aldridge, D. (1996). *Music therapy research and practice in medicine: From out of the silence.* London: Jessica Kingsley.

Aldridge, D. (2005). *Case study design in music therapy.* London: Jessica Kingsley.

Bolton, A., & Adams, M. (1983). An investigation of the effects of music therapy on a group of profoundly mentally handicapped adults. *International Journal of Rehabilitation,* 6(4), 511-512.

Brooker, J., Cullum, M., Gilroy, A., McCombe, B., Ringrose, K., Russell, D., Smart, L., & Waldman, J. (2005). *The use of art work in art psychotherapy with people who are prone to psychotic states.* London: Goldsmiths College and Oxleas NHS Trust.

Carr, P. (2006). Dramatherapy and cognitive analytic therapy with a narcissistic patient. *Dramatherapy, 27*(4), 3-8.

Casson, J. (2004). *Drama, psychotherapy and psychosis.* London: Routledge.

CORE System (clinical Outcomes for Routine Evaluation). http://www.coreims.co.uk/ [accessed 27.08.08].

Dent, M. (1995). Doctors, peer review and quality assurance. In T. Johnson, G. Larkin, & M. Saks (Eds.), *Health professions and the state in Europe* (pp. 86-103). London: Routledge.

Dokter, D. (1996). Being together briefly. One on one brief dramatherapy with clients hospitalized for chronic of reactive depression. In A. Gersie (Ed.), *Dramatic approaches to brief therapy* (pp. 188-201). London: Jessica Kingsley Publishers.

Dokter, D. (2006). The fool and stranger anxiety: Creative and destructive prossibilities. *Dramatherapy, 27*(4), 9-14.

Dokter, D. (2007). The potential body in action. In P. Jones (Ed.), *Drama as therapy: Theory, practice and research* (pp. 232-235). London: Routledge.

Dokter, D. (2010a). Helping and hindering processes in UK therapies group practice. *Group, 34,* 13-20.

Dokter, D. (2010b). Embodiment in dramatherapy. In P, Jones (Ed.), *Drama as therapy* (Vol.2, pp. 208-224). London: Routledge.

Dokter, D., & Khasnavis, R. (2008). Intercultural supervision: the issue of choice. In P.Jones & D. Dokter (Eds.), *Supervision in drama therapy* (pp. 111-130). London: Routledge.

Dokter, D., & Winn, I. (2009). Evaluating drama therapy: EBP and PBE. A research project. *Dramatherapy, 31*(1), 30-10.

Evidence Base Medicine. (1995). *Evidence Based Medicine, 1*(1):5.

Feder, P., & Feder, E. (1999). *Assessment and evaluation in the arts therapies.* Springfield IL Charles C Thomas.

Gilroy, A. (1996). Our own kind of evidence. I*nscape, Winter,* 52-60.

Gilroy, A. (2006). *Art therapy, research and evidence based practice.* London: Routledge.

Gilroy, A., & Lee, C. (Eds.). (1995). *Art and music: Therapy and research.* London: Routledge.

Grainger, R. (1991). *Drama and healing.* London: Jessica Kingsley Publishers.

Grainger, R. (2000). Arts therapies resarch. *A dramatherapist's perspective.* London: Jessica Kingsley.

Hubbard, C. (2007). Island. In P. Jones (Ed.), *Drama as therapy, Theory, practice and research* (pp. 195-198). London: Routledge.

Hubbard, C. (2008). The expressive body: finding another language. *Dramatherapy,* 30(1), 6-13.

Jenkyns, M. (1996). *The play's the thing: Exploring text in drama and therapy.* London: Routledge.

Jennings, S. (Ed.). (1992). *Dramatherapy theory and practice 2.* London: Routledge.

Johnson, T., Larkin, G., & Saks, M. (1995). *health professions and the state in Europe.* London: Routledge.

Jones, P. (2005). *The arts therapies: A revolution in health care.* London: Routledge.

Jones, P. (2007). Drama as therapy. *Theory, practice and research.* London: Routledge.

Jung, C. G. (1990). *Man and gis symbols.* Harmondsworth: Penguin.

Karkou, V., & Sanderson, P. (2006). *The arts therapies: A research based map of the field.* Bodmin: Elsevier Ltd.

Keeken, H., & van Maaskant, T. (1995). Casus beschrijvingen: een schat aan onderzoeken materiaal. [Case descriptions: A treasure of research material.] Tijdschrift voor Kreatieve Therapie [Journal for Creative Therapy], 14, 3-5.

Klein, M. (1975). *Collected works of Melanie Klein.* London: Hogarth Press and Institute of Psychoanalysis.

Lambert, M. (2004). *Bergin and Garfield's handbook of psychotherapy and behavior change* (5th ed.). New York: John Wiley & Sons.

Meekums, B., & Payne, H. (1993). Emerging methodology in dance movement therapy research. In H. Payne (Ed.), *Handbook of inquiry in the arts therapies: One river, many currents* (pp. 164-177). London: Jessca Kingsley Publishers.

National Service User Survey. (2006). Wetherby: NHS Executive.

Parry, G., & Richardson, A. (1996). *NHS psychotherapy services in England.* Wetherby: NHS Executive.

Payne, H. (Ed.). (1993). *Handbook of inquiry in the arts therapies: One river, many currents.* London: Jessica Kingsley Publishers.

Pelham, G., & Stacey, J. (1999). *Counseling skills for creative arts therapists.* London: Worth Publishing.

Reason, P. (1998). *Human inquiry in action.* London: Sage Publications.

Roth, A., Fonagy, P., & Parry, G. (1996). Psychotherapy research, funding and evidence based practice. In A. Roth & P. Fonagy (Eds.). *What works for whom? A critical review of psychotherapy research* (pp. 37-57). London: Guilford Press.

Ruddy, R., & Dent-Brown, K. (2007). Drama therapy for schizophrenia of schizophrenia-like illnesses. In H. Spitz &. Spitz (Eds.), *Group therapy with the chronic psychiatric patient: A pragmatic approach to group psychotherapy* (pp. 141-152). Philadelphia: Brunner/ Mazel.

Schutzenberger, A. (1998). *The ancestor syndrome.* London: Routledge.

Searle, Y., &Streng, I. (2001). *Where analysis meets the arts.* London :Karnac Books.

Smeysters, H. (1997). *Multiple perspectives. A guide to qualitative research in music therapy.* Gilsum, Netherlands: Barcelona Publishers.

Smeysters, H., & van den Hurk, J. (1993). Research in practice in the music therapeutic treatment of a client with the symptoms of anorexia nervosa. In M. Heal &T. Wigram (Eds.), *Music therapy in health and education* (pp. 235-263). London: Jessica Kingsley Publishers.

Smeysters, H., & Cleven, G. (2006). The treatment of aggression using arts therapies in forensic psychiatry: Results of a qualitative inquiry. *Arts in Psychotherapy, 33,* 37-58.

Sue, S., McKinney, H., & Allen, D. B. (1976). Predictors of the duration of therapy for clients in the community mental health system. *Community Mental Health Journal, 12,* 365-375.

Valente, L., &Fontana, D. (1993). Research into dramagherapy theory and practice. In H. Payne (Ed.), *Handbook of Inquiry in the arts therapies: One river, many currents* (pp. 56-67). London: Jessica Kingsley.

Valente, L., & Fontana, D. (1997). Assessing client progress in dramagherapy. In S. jennings (Ed.), *Dramatherapy theory and practice 3* (pp. 17-31). London: Routledge.

Wheeler, B. (Ed.). (1995). *Music therapy research: Quantitative and qualitative perspective.* Gilsum, Netherlands: Barcelona Publishers

Wigram, T., Nygaard-Pedersen, I., & Bonde, L. O. (2002). *A comprehensive guide to music therapy.* London: Jessica Kingsley.

Winnicott, D. W. (1971). *Playing and reality.* Routledge: London.

Yotis, L. (2006). A review of dramatherapy research in schizophrenia: methodologies and outcomes. *Psychotherapy Research, 16*(2), 190-200.

찾아보기

인명

내용

집필 저자 소개

제이슨 버틀러(Jason D. Butler, MA, RDT-BCT, LCAT) 몬트리올 콘코디아 대학교 창조예술치료학과 조교수이며, 피닉스 대학교에서 상담교육학 석사학위와 뉴욕 대학교에서 연극치료 석사학위를 취득하였다. 또한 뉴욕시에서 홈리스와 정신병 환자들을 위한 사회심리 프로그램인 '다른 장소(The Other Place)'의 지도자와 미국연극치료협회(NADT)의 커뮤니케이션 부문 의장을 역임하였으며, 현재 몬트리올 발달변형연구소에서 훈련을 지도하고 있다.

안나 체스너(Anna Chesner, MA) 연극치료사, 사이코드라마 심리치료사, 집단분석 심리치료사의 교육을 받았다. '집단과 개인의 사이코드라마 심리치료 런던 센터'의 공동이사로, 신입 심리치료사들을 훈련하면서 '창조적 슈퍼비전 학위과정(Creative Supervision Diploma)'을 운영하고 있다.

고리 클리븐(Gorry Cleven, RDT) 로테르담 대학교의 인간과 조직 행동 학부 교수이며, 생활방식에 문제가 있는 참여자들을 위한 사설 클리닉 로더사나(Rodersana)의 연극치료사다. 네덜란드 창조예술치료협회(Dutch Association for Creative Arts Therapies) 회장을 역임하였으며, 연극치료와 경험 기반의 치료 개입, 그리고 법정신의학에서의 창조예술치료, 복지와 정신건강 관리에서의 팀워크에 관련한 저서를 출간하였다.

미란다 다미코(Miranda D'Amico, PhD) 지적장애와 발달장애를 지닌 개개인들에 대한 심리적 학습능력진단평가와 심사에 학문적 배경을 둔 발달심리학자로, 인류발전예술센터(Centre for the Arts in Human Development, 1996)를 창설하였다. 현재 발달장애를 지닌 개인의 삶의 문제 특질과 사회적 견인에 대한 다양한 측면에서의 작업을 하고 있다.

킴 덴트-브라운(Kim Dent-Brown, PhD) 인격장애에 적용한 여섯 조각 이야기 만들기(six-part storymaking)에 중점을 둔 논문으로 훌 대학교에서 박사학위를 받았으며, 현재 영국 보건국에서 만성 피로 증후를 지닌 사람들을 위한 부서에서 인지 분석 치료사로 일하고 있다.

디티 독터(Ditty Dokter, PhD) 하트포드셔 보건국 협력 기관(Hertfordshire Partnership NHS Foundation Trust)과 캠브리지 앤글리아 러스킨 대학교에서 연극치료 교육을 담당하고 있다.

팸 던(Pam Dunne, PhD, RDT-BCT) 로스앤젤레스 연극치료협회 상임이사이며, 캘리포니아 주립대학교의 연극예술학과 명예교수다. 『내러티브치료사, 예술과 내러드라마: 연극치료와 내러티브와 창조예술의 통합(The Narrative Therapist and the Arts and Narradrama: Intergrating Drama Therapy, and Narrative and the Creative Arts)』을 포함한 많은 책을 저술했다.

수 제닝스(Sue Jennings, PhD) 연극치료사, 놀이치료사이며, 여러 나라에서 연극치료를 가르쳤다. 루마니아에서 불우한 청년들과 함께하는 '회복극장(Theatre of Resilience)'에서 작업하면서 연극치료에 대한 많은 책을 저술하였다.

물리 라하드(Mooli Lahad, PhD) 이스라엘에 있는 텔 하이 대학의 연극치료연구소와 스트레스 방어 공동체 센터(Community Stress Prevention Center)를 설립하였다. 예술치료의 통합과 심리적 트라우마를 위한 개입에 대한 전문가이며, 외상 후 스트레스 장애, 우울, 그리고 삶을 위협하는 상황에 대응하는 창의적인 치료에 관한 많은 저서와 논문을 썼다.

로버트 랜디(Robert J. Landy, PhD, RDT-BCT, LCAT) 뉴욕 대학교의 교육연극학과 응용심리학 교수이며, 연극치료 과정의 책임자다. 연극치료의 개척자로서 많은 책과 논문들을 출간하였다.

단 반 덴 보쉬(Daan van den Bossche) 임상심리학자이자 연극치료사다. 그는 미국, 네덜란드, 벨기에에서 작업하였으며, 현재 벨기에 정신건강센터에서 다양한 정신병리를 지닌 성인과 청소년에게 치료 작업을 하고 있다.

얍 웰튼(Jaap Welten, MA, CP, ECP) 쥬드 응용과학대학교 교수이며, 정신병리를 지닌 사람과 청소년들을 위한 폭넓은 작업을 하고 있다.

대니얼 비너(Daniel J. Wiener, PhD, LMFT, RDT-BCT) 센트럴 코네티컷 주립대학교 가족상담치료학 교수다. 공인 심리학자, 결혼가족치료사이며, 뉴잉글랜드 연극치료센터의 공동책임자다. 1985년 '성장을 위한 리허설!(Rehearsals for Growth!)'을 창안하였으며, 연극치료에 관한 많은 전문적인 논문과 저서를 집필하였다.

편저자 소개

데이비드 리드 존슨(David Read Johnson, PhD, RDT-BCT)

뉴욕 예술심리치료연구소 책임자이며, 코네티컷 주 뉴헤븐의 외상 후 스트레스 장애센터의 공동 책임자다. 연극치료의 한 방법론인 발달변형(Developmental Transformations)을 창안하였으며, 『연극치료 접근의 현재(*Current Approaches in Drama Therapy*)』(Renée Emunah와 공편)와 『여성의 트라우마 집단치료(*Trauma-Centered Group Therapy for Women*)』(Hadar Lubin과 공저) 등의 책을 저술하였다.

수잔나 펜직(Susana Pendzik, PhD, RDT)

이스라엘 헤브루 대학교 예술연극학과(School of Arts and the Theatre Studies Department), 스위스 게셀샤프트 연극치료 훈련과정(Dramatherapie Gesellschaft Training Program), 이스라엘의 텔 하이 대학에서 강의하고 있다. '국제응용치료연극연구소(International Institute of Applied and Therapeutic Theatre)'를 창설하였고, 『학대받은 여성들과의 작업을 위한 행동 기술(*Action Techniques for Working with Abused Women*)』을 저술하였으며, 연극적 공명(dramatic resonances) 6-열쇠 모델을 개발하였다.

스테판 스노우(Stephen Snow, PhD, RDT-BCT)

인류발전예술센터(Centre for the Arts in Human Development, 1996)와 콘코디아 연극치료 대학원 과정(1997)을 설립하였고, 현재 콘코디아 대학교 창조예술치료학과 교수다. 그는 문화적 다양성과 문화상호적 소통 증진을 목적으로 하는 연극치료, 민족지드라마(ethnodrama), 그리고 플레이백 시어터(play-back theater)에 관한 연구를 진행하고 있다.

역자 소개

박미리

용인대학교 뮤지컬 연극학과 및 예술대학원 연극치료학과 교수이며 (사)한국연극치료협회장이다. 이화여자대학교 불어불문학과 및 동 대학원을 졸업(문학박사)하고, 프랑스 파리 10대학의 불문학 박사과정을 수료하였다. 주요 저서로는 『발달장애와 연극치료』(학지사, 2009)와 『감정 모델 연극치료』(학지사, 2013)가 있다. 연극심리상담사 양성과정을 개설하여 근 10년간 감정과 역할 중심의 연극치료를 가르치고 있으며, 훌륭한 많은 제자를 배출하여 건강한 사회를 만들기 위해 힘쓰고 있다.

김숙현

연극평론가이며 한국연극학회 및 연극예술치료학회 이사다. 전북대학교 불어불문학과 및 동국대학교 대학원 연극학과 석사·박사 과정을 마쳤다(문학박사). 주요 논문으로는 「햄릿 캐릭터에 재현된 라캉의 주체화 연구」「연극치료와 변형-데이비드 리드 존슨의 발달변형이론을 중심으로」가 있다. 연극학과 정신분석학을 가르치면서 이를 기반으로 한 연극치료의 모델을 연구하고 있다.

연극치료의 진단평가
Assessment in Drama Therapy

2013년 11월 25일 1판 1쇄 발행
2024년 1월 25일 1판 4쇄 발행

편저자 • David Read Johnson · Susana Pendzik · Stephen Snow
옮긴이 • 박미리 · 김숙현
펴낸이 • 김진환
펴낸곳 • (주) 학지사
04031 서울특별시 마포구 양화로 15길 20 마인드월드빌딩
대표전화 • 02)330-5114 팩스 • 02)324-2345
등록번호 • 제313-2006-000265호

홈페이지 • http://www.hakjisa.co.kr
인스타그램 • https://www.instagram.com/hakjisabook

ISBN 978-89-997-0245-7 93180

정가 22,000원